国家出版基金项目
NATIONAL PUBLICATION FOUNDATION

中国共青团的
一百年

胡献忠　著

中国青年出版社

第三章 紧跟党在土地革命中奋起

第四章 抗战大势中接受改造

第五章 在解放战争中重建

第六章 新中国成立之初的探索

第七章 开展有青年特点的独立工作

第八章 在社会主义艰辛探索中砥砺前行

第九章 经受"文化大革命"的磨炼

第十章 历史性转折与改革新局

第十一章 跨世纪搏击市场大潮

第十二章 奋进在全面建设小康社会进程中

第十三章 走进新时代

结束语

序 幕

历史是现实的过去，现实是将来的历史。现实从历史中走来，历史常常在现实中重现，历史与现实在交错中共融。当代中国经济状况、社会结构、政治运作、组织形态、体制机制、文化精神都植根于它的历史。如果不理解新中国成立后的探索与曲折，就无法理解改革开放后的变迁与辉煌；如果不理解新民主主义革命的浴血奋战与百折不挠，也就无法理解 1949 年之后的国家建构与社会改造；如果不理解 1840 年之后的屈辱与抗争，就无法理解中国共产党对马克思主义的选择以及新民主主义革命的奋斗与成功。再往上溯，就是要了解中华民族五千多年文明史了。历史精神是贯通的，思想脉络是相承的，不可割裂。中华民族历经沧桑而生生不息，苦难深重却绵延不绝，关键在于每当重要历史关头，总会有一批仁人志士挺身而出，以集体的力量担起时代的重任，扛起民族的命运。如果只有孤立的个体，而无有机组织化的团体，那么，任何人才都难有更大的用武之地。况且，组织内部结构的适应性变革及其所依赖的外部政治、经济、社会资源，往往发挥着决定成败的重要作用。

一、晚清大变局与社会变迁

不论是"李约瑟之问",还是黄仁宇的大历史观,均认为中国封建社会大势"涨停"于明代中期。实际上,超大规模的中国经济社会凭其自身运作的巨大惯性,直到 18 世纪的清代康熙、雍正、乾隆三朝,中国的生产总值仍占世界的1/3。然而,此时在地球的另一侧,工业革命方兴未艾,资本主义正在迅猛发展,开始向外实行大规模殖民主义扩张,古老中国即将遭遇前所未有的严重挑战。

1840 年,西方头号资本主义强国——英国发动了侵略中国的鸦片战争,用坚船利炮这一工业化产物轰开了自给自足的农业国的大门。随后,列强对中华帝国的侵略接踵而来:1856 年至 1860 年英法联军发动第二次鸦片战争,1883 年至 1885 年法国发动侵华战争,1894 年至 1895 年日本发动侵华战争,1900 年八国联军发动侵华战争。列强掠夺中国领土,勒索中国"赔款",划分"势力范围",设立租界、驻扎军队,用不平等条约赋予的特权控制中国的通商口岸、交通线和海关。中华民族经历"三千年未有之大变局"[①]。中国社会的发展脱开了既有的自我演进轨道,发生了两个根本性变化:一是独立的中国逐步变成了半殖民地的中国;二

---

① 同治十一年(1872)五月,直隶总督李鸿章《复议制造轮船未可裁撤折》称:"臣窃惟欧洲诸国,百十年来,由印度而南洋,由南洋而中国,闯入边界腹地,凡前史所未载,亘古所未通,无不款关而求互市。我皇上如天之度,概与立约通商,以牢笼之,合地球东西南朔九万里之遥,胥聚于中国,此三千余年一大变局也。"

是封建的中国逐步变成了半封建的中国。

鸦片战争的失败，在死水一潭的中国封建社会激起轩然大波。正如马克思所言："看起来很奇怪的是，鸦片没有起催眠作用，反而起了惊醒作用。"①中国曾经创造出灿烂的古代文明，对人类的发展与进步作出过重要贡献，到了近代却大大落后了，陷入半殖民地半封建社会的深渊。"其原因：一是社会制度腐败，二是经济技术落后。"②面对严重的民族危机和深刻的社会危机，中国社会各阶级从各自立场出发，提出不同主张，探索挽救危机的出路。

晚清以降，中华民族遭遇前所未有的严重危机，不得不在世界工业化的旋涡中重新思考、寻找生存发展的方式和途径。1851年至1864年洪秀全等领导的太平天国农民起义，是中国旧式农民战争的又一次高潮。1898年至1900年兴起的义和团运动，是一场震撼中国大地的以农民为主体的反帝爱国运动。农民阶级的英勇斗争给外国侵略者和本国封建统治者以有力的打击，但他们作为小生产者，并不代表新的生产力和生产关系，不可能找到中国实现独立和富强的正确道路。他们的斗争不能不以失败而告结束。

龚自珍、林则徐、魏源等有识之士睁眼看世界，较早提出"师夷长技以制夷"，但腐败的清政府依然延误了鸦片战争后大约20年可供变革的重要机会。直到1861年1月，恭亲王奕䜣等上奏《通筹夷务全局酌拟章程六条》，才开始推行以富国强兵为目标的洋务运动。洋务派以"自强"

---

① [德]马克思：《中国纪事》（1862年7月），《马克思恩格斯全集》第15卷，人民出版社1963年版，第545页。

② 毛泽东：《把我国建设成为社会主义的现代化的强国》（1963年9月），中共中央文献研究室编：《建国以来重要文献选编》第17册，中央文献出版社2011年版，第114页。

为旗号，30 多年间相继开办了几十个近代化的工矿企业，兴办了轮船、铁路、电报等新式交通部门；建立了近代化的海军，兴建了一批新式学堂，并派遣了几批出洋留学生。洋务派首领奕䜣、曾国藩、李鸿章等受的是旧式教育，没有人能读外国书。他们办洋务的思想"师夷制夷"和"中体西用"，是基于这样的认识："中国文武制度，事事远出西人之上，独火器万不能及。"[1] 至于打开思维禁锢，吸纳西方技术之上的制度、精神，显然不是他们的诉求。然而，技术不可能解决国家发展的根本问题。甲午战争中北洋水师全军覆没，标志着清朝海军实力的完全丧失，也宣告了持续 35 年的洋务运动彻底破产。

甲午战争带来的瓜分危机，很大程度上促使变法维新成为人们的普遍要求。不论是位高权重的保守改革者翁同龢、张之洞，还是草根出身的激进改革者康有为、梁启超，都认为仅仅学习外国的器物是不够的，必须要学习资本主义的经济、政治制度，只是对于谁领导变革、在多大程度上变革以及如何变革上持有不同看法。当康有为们争取到了光绪皇帝的支持，并于 1898 年 6 月开始制定新法、开办学堂、改革科举、奖励实业时，并没有多少争议。等到他们开始革新政治、裁减冗员、任用新人、开放言路时，才遭到慈禧太后严厉斥责："从你（指光绪皇帝）这儿坏了祖宗之法，如何对祖宗！"最终斩杀"戊戌六君子"的罪名竟以政治道德标准，定了个"大逆不道"，实际上反映的是帝后之间、满汉之间、守旧与维新之间的重重矛盾。

人们看透了清末新政和立宪运动的虚伪，又突遭八国联军入侵——此次西方强盗们武装占领中国的首都北京长达一年之久。中国真的要灭

---

[1] 《筹办夷务始末（同治朝）》第 3 册，中华书局 2008 年版，第 1088 页。

亡了吗？昔日的辉煌同任人宰割的现实形成强烈反差，每一个有血性的中国人对这种屈辱都难以忍受。一种共识在潜滋暗长，这就是只有推翻满洲皇权的专制统治才能拯救中国、振兴中国。以孙中山为首的资产阶级革命派明确提出建立独立、民主的新中国的目标，以武力推翻清王朝，建立民主共和国，并"防止资本主义在最近将来的孳生崛兴"①。各地爱国志士纷纷结集社团，宣传革命，发动武装起义。1911 年武昌城头一声枪响，打出了一个新的民国，于是有了孙中山就任临时大总统，有了清帝退位，有了袁世凯出任大总统，再后来又有了袁氏背叛共和、二次革命、袁世凯称帝、护国运动、张勋复辟、护法运动、军阀混战……然而，资产阶级革命派的很多政治、经济方案一与社会现实交锋，就显得力不从心、无所作为。中华民国的建立并没有带来和平、秩序和统一，必须要有一些更深层、更根本的精神来唤醒国家和人民。

二、政治结社成为时尚和趋势

在中国历史上，一些具有共同文学志趣和政治观念的文人常常自发地组织在一起，从事一些有组织有目的的活动，结社传统源远流长。比如，唐代有香山九老会，宋代有洛阳耆英会、彭城诗社，元代有月泉吟社，明代有湖州苕溪社、应社，明末清初有东林社、复社等。风雨飘摇的动荡

---

① 孙中山：《中国革命的社会意义》（1912 年 4 月 1 日），《孙中山全集》第 2 卷，中华书局 1982年版，第 326 页。

岁月，更加激发了士人的结社意识，而以传承道统为目的的士人集团的民间化，则直接孕育了后世的社团组织。清代统治者鉴于前朝结社形成的党派门户之争，"背公行私，党同伐异"，因此"严禁社盟陋习，以破朋党之根事"。

鸦片战争后，有志之士对内外挑战的回应、对上下危机的应对，都是发自内心深处的呐喊。有共识者开始越来越多地聚集在一起，他们迫切需要互通信息，互为声援，朝廷的禁令开始出现被突破的可能。1895 年，康有为等维新人士效法英国人韦廉臣在上海成立的广学会，在北京公开成立强学会，这是晚清出现的第一个政治团体。强学会定期组织集会演讲，宣传维新变法主张；购置、翻译反映西方科技进步、历史、地理及新思想的图书，研习政治，关注国事，活动范围遍及全国。1896 年至 1898 年间，在维新派的推动下，形成了立会、办报、建学堂、设书局的热潮。当时开办的新式学堂 185 所，报馆 64 家，书局 10 多个，各类学会 103 个。这些学会有的纯属政治性的，也有讲求幼童教育的，有提倡改变社会风气的，有学习西方技术的，一定程度上都有改革旧社会、旧习俗的要求。梁启超后来回忆说："彼时同人固不知各国有所谓政党，但知欲改良国政，不可无此种团体耳。"[1]

1898 年 1 月，康有为在北京组织粤学会。3 月，维新人物又组织闽学会、蜀学会和关学会。4 月，趁各地举人在北京会试之机，康有为发起成立保国会。这是百日维新前维新派政治活动的一次高潮。维新社团的一系列活动冲击了沉闷腐朽的社会氛围，激发了人们尤其是士人阶层关心国家民族命运的热情。一时间，举国上下形成了一个要求变法的社会风

---

[1]　梁启超：《鄙人对于言论界之过去及将来》，《庸言》第 1 卷第 1 号，1912 年 12 月 1 日。

气。这些信守"国家兴亡，匹夫有责"观念的传统士人，在康有为、梁启超维新变法主张感染下，"他们在思想上资产阶级化，他们又通过这些工具（学会、学校、报刊等）而使资产阶级分子政治化。他们的宣传组织活动所起的影响，超越了他们自己的意愿，为后来的资产阶级的革命运动作了准备"①。

戊戌变法失败后，康有为、梁启超逃往海外，更加大胆地宣传维新思想，由"保国"变为"保皇"。1899 年，康有为在加拿大成立"保救大清皇帝公司"，后改称"保救大清光绪皇帝会"（又称"中国维新会"），吸引许多海外华人参加。该会在各地设有分会，集会宣传、募集捐款，成为一个影响很大的政治团体。但是，历史潮流从来不以个人意志为转移。一股更为激进猛烈的革命浪潮已经悄然而至。1894 年，28 岁的孙中山在美国檀香山成立中国近代第一个资产阶级革命团体——兴中会，其章程明确提出："驱除鞑虏，恢复中华，创立合众政府。"兴中会建在夏威夷群岛上，"欲纠合海外华侨，以收臂助"。兴中会在国内多次发动小规模军事暴动，虽未成功，但影响深远。

伴随着爱国运动的兴起和革命思想的传播，特别是进步留学生的纷纷回国，以留学生为骨干的青年知识分子革命团体竞相涌现，影响较大的有黄兴、宋教仁在长沙成立的华兴会，蔡元培、章炳麟在上海组建的光复会，吕大森、刘静庵在武昌成立的科学补习所，陈独秀、柏文蔚、常恒芳组建的岳王会。各地还成立了一些革命小团体，比如上海有旅沪福建学会、对俄同志会、上海青年学社，江苏有励志学会、知耻学会、强国会，江西有自强会、易知社、我群社，四川有公强会、华阳阅书报

---

① 胡绳：《从鸦片战争到五四运动》下册，人民出版社 2010 年版，第 460 页。

社、公德社，福建有益闻社、文明社、汉族独立会，贵州有自治会、科学会，云南有誓死会，东北有抗俄铁血会，等等。这些政治团体不同程度存在着旧式会党的某些特点和属性，且受地域限制，远未达到资产阶级政党的规模。

1905 年 8 月，在孙中山的倡议和推动下，活动于日本东京的兴中会、华兴会、光复会、科学补习所以及其他革命团体共同成立同盟会。成立大会上通过了《中国同盟会总章》，规定了组织名称、宗旨、会员的权利义务、本部及各地区组织系统等；选举总理，并设立执行、评议、司法三部。大会还决定在重要城市建立国内分部和海外分部。中国第一个有明确政治纲领和系统组织机构的资产阶级革命政党诞生了。同盟会成立后，海内外革命者纷纷加入，不到一年，人数过万。孙中山感慨，同盟会集结了中国的饱学文武之才，"中国前途诚为有望矣"[1]。

为了更有力地指导革命斗争，孙中山对其政治纲领作了进一步充实和阐发。1905 年 11 月，他首次把同盟会政治纲领概括为民族、民权、民生的"三大主义"。一年后，又称之为"三民主义"，从此成为革命党人的旗帜。同盟会成立后，积极开展革命宣传鼓动工作，发起一次次推翻清朝暴政的武装起义。许多国民被革命的枪炮和热情的宣传唤醒，清政府的统治在一次次反抗中摇摇欲坠。

辛亥革命后，西方政党观念及政党政治体制对都市知识界、社会活动界产生重大冲击，"集会结社，犹如疯狂，而政党之名，如春草怒生"，

---

[1]　孙中山：《复陈楚楠函》（1905 年 9 月 30 日），《孙中山全集》第 1 卷，中华书局 1981 年版，第 287 页。

以至出现"遇到不相识者，问尊姓大名而外，往往有问及贵党者"①。从1911 年 10 月武昌起义爆发到 1914 年 1 月国会被袁世凯强令解散，新兴的公开活动的各种会党达 682 个，其中从事政治活动的就有 312 个。②在这段中国近代政党林立的时期，政党一般都有明确的纲领，政治主张差异明显，但也存在着显而易见的雷同和相似；代表人物跨党派现象颇为严重，最多者达 11 个党籍。

当时的政党很不规范，也很不成熟。民初报刊和政治家多有指责："党友众多，流品斯杂，迁流所极，垢污丛积。本以救民，乃至误国。"③其弊端有：一盲从，二猜忌，三倾轧，四跨党，五造谣，六利诱，七窃权，八物弊。等到专制的袁世凯强硬出手，这些政党便瞬间灰飞烟灭。到 1919 年五四运动爆发时，国内的政党仅有中华革命党（1914 年 7 月 8 日孙中山在日本建立，1919 年 10 月 10 日正式重建为中国国民党）了。解决中国的问题，推动中国现代化新路，期待新型革命组织的诞生。

三、局部组织下的青年运动

德国社会学家齐美尔认为，如果围绕某个静止的建筑物形成一组特定的社会关系，那么前者将在人们的互动中充当至关重要、具有社会意义的

---

① 善哉：《民国一年来之政党》，《国是》1913 年 5 月第 1 期。
② 张玉法：《民国初年的政党》，岳麓书社 2004 年版，第 32 页。
③ 凤文祺：《篋政党》，《言治》1913 年 5 月第 2 期。

枢纽。马克思、恩格斯在《共产党宣言》中的论述可以看出，工厂中工人的大量集中将提高无产阶级的政治能力。历史学家周策纵也认为，民国初期中国校园拥挤的生活环境促进了学生运动的组织与发展。纵观中国近现代历史，酝酿发起青年运动的物理空间主要有两个：一是学校，二是工厂。在传统农业社会，"各人自扫门前雪""老死不相往来"等个人主义观念形成于散居的村落。近代以来，学校与工厂的人群高密度聚集，利于信息迅速传播和相互影响。他们年龄相仿，需求相似，认识相近，情感相通，更易形成声势浩大的运动队伍。中国早期的青年运动是以新式学生运动为主要形式的，一开始就具有明显的反帝反封、爱国救亡的政治色彩。

上海南洋公学全体学生退学事件，昭示着一个新时代的到来。1902年11月，清朝官吏盛宣怀创办的训练洋务人才的学校——上海南洋公学的全体200余名学生，因不满校方压迫，于16日集体退学。在这场斗争中，蔡元培出面向南洋公学督办转达学生要求，并通过中国教育会①，于19日成立爱国学社，专门接收从日本归来的留学生和上海、南京等地因学潮而退学的学生。蔡元培亲自担任学社总理，在学社设置完备的课程，施行学生自治制度，提倡民主和自由，受到大批青年学生的欢迎。

这一事件在全国学界引起了连锁反应，浙江吴兴浔溪公学、江宁（今南京）江南陆师学堂、杭州浙江大学堂、杭州教会学校、蕙兰书院等发生学生集体退学活动。这类抗议活动此起彼伏，形成一股"学界风潮"，学

---

① 1902年4月27日，蔡元培、章炳麟、黄宗仰、蒋智由等人在上海创办"中国教育会"，抱定民族主义、民主主义的教育宗旨，会聚国内一批比较激进的新派人士，成为进步学生运动的组织者和支持者。

生们自称为"学界革命"。

留学日本的中国学生极为活跃，矛头直指腐败的清王朝。1902年，在日本的中国资产阶级革命派发起召开"支那亡国二百四十二年纪念会"，号召进行反清革命。会议的10名发起者中，有8人为留日学生；报名参会的留日学生多达数百人。由于清政府驻日人员和日本警方的破坏，这次会议未能按计划如期举行，但广为散发的大会宣言却产生了较大影响。

同年七八月间，清政府驻日公使蔡钧阻挠自费留日中国学生学习军事，并勾结日本警方拘捕到使馆请愿、抗议的爱国学生，引起了广大留日学生的愤慨。他们在日本东京集会声讨，并通电清政府，强烈要求撤换蔡钧，同时向日本当局提出抗议。他们还致电上海中国教育会，争取国内支援。清政府被迫派出专使赴日安抚学生，这次斗争始告结束。留日学生从斗争中意识到了组织起来的必要，当年冬天，以早稻田大学留学生为主的青年会宣告成立。

组织起来的留日学生爱国热情空前高涨，发起了一系列的抗议斗争，计有1903年2月的"大阪博览会事件"，3月的"弘文学院退学事件"，4月的"成城学校中国学生抗议事件"等。他们对祖国遭受列强欺凌痛心疾首，对中国人遭受的不公正待遇奋力抗争。

1903年4月27日，在上海的18省爱国人士和爱国学社，以及育才学堂、爱国女校、务本女校等学生千余人，集会抗议沙俄的侵略行径，痛斥清政府的外交政策。许多留日学生参加斗争，在各地推动拒俄运动，产生了广泛社会影响。由于清政府采取高压政策，拒俄运动后来失败了。这场运动打击了沙俄的气焰，显示了中国人民不甘受外来侵略的爱国主义精神。中国第一代新式学生群体初试锋芒，经受了锻炼。通过这场斗争，广大爱国学生看清了清政府媚外卖国、镇压人民的反动本质，走上了反清的革命道路。

拒俄运动以后，中国早期青年运动便成为资产阶级民主革命的有机组成部分，以新式学生群为基本力量在国内外掀起了一个反清革命宣传高潮。其中，留日学生的作用极为突出。当时，"在日本各省留学生，均有留学生会，会中必办一报，报以不言革命为耻"，而以《民报》影响最大[①]。中国留日学生还发愤著书，为反清革命提供精神武器。四川留日学生邹容写的《革命军》和湖南留日学生陈天华写的《猛回头》《警世钟》，堪为代表。

在宣传救亡的同时，留日学生不断揭露清政府的腐朽和卖国罪行，深入浅出阐述反清革命的道理，理直气壮宣传资产阶级民主革命的政治理论。这些宣传活动反映了新式学生群追求真理、向往革命的精神风貌，对辛亥革命的进程起到了擂鼓进军的积极作用。孙中山曾赞赏道，对辛亥革命作过重大贡献的有三部分人，一是华侨，二是留日学生，三是会党。具体来说，"其慷慨助饷，多为华侨；热心宣传，多为学界；冲锋破敌，则在军队与会党"[②]。

随着 1905 年中国同盟会的成立，资产阶级革命出现了高潮。广大爱国学生也很快投身到埋葬清王朝的革命洪流之中，大批爱国学生加入了同盟会。据统计，从 1905 年到 1907 年，同盟会有据可考的会员有 379 人，

---

① 《民报》创刊于 1905 年 11 月，以宣传同盟会的三民主义（民族、民权、民生）为总纲，在抨击清政府、鼓吹反清革命、介绍西方资产阶级学说等方面成绩卓著。1905 年至 1907 年间，还领导了与康有为、梁启超等保皇派关于革命和保皇的大论战，击败了康梁保皇派。

② 孙中山：《中国革命史》（1923 年 1 月 29 日），《孙中山全集》第 7 卷，中华书局 1985 年版，第 65 页。

其中 354 人是学生，占 93%。同时，同盟会的实际主持者大都是留日学生。同盟会领导了多次武装起义，爱国学生在历次起义中都表现出勇往直前、奋不顾身的革命精神。著名的黄花岗 72 烈士中，有 12 人是青年学生。孙中山在辛亥革命十年后回顾说："本党从前在日本组织同盟会所得的会员，不过一万多学生，他们回国之后到各省去宣传，便收辛亥年武昌起义登高一呼，全国响应，不到半年全国就统一的大效果。"①

四、五四运动与中国青年觉醒

思想是变革的先声，更是行动的先导。1915 年兴起的新文化启蒙运动，锋芒直指旧道德、旧文学和文言文。陈独秀无情指责儒家三纲五常的封建礼教造成了独立人格的丧失，由此而生的忠、孝、节等是奴隶道德，是妨碍中国民众觉醒的大敌。李大钊则把对孔教的批判上升到政治层面，他认为"孔子者，历代帝王专制之护符也"。针对当时有人提出把孔教载入宪法的主张，李大钊一针见血地称之为"此专制复活之先声也"②。鲁迅在《狂人日记》中更是把几千年的封建文化概括为"吃人"两个字。这场新文化运动对封建主义的旧思想、旧文化、旧礼教的批判，其尖锐彻底的程度、所向无前的气势，远远超过辛亥革命时期，更不用说

---

① 孙中山：《在广州中国国民党恳亲大会的演说》（1923 年 10 月 15 日），《孙中山全集》第 8 卷，中华书局 1986 年版，第 285 页。

② 李大钊：《孔子与宪法》（1917 年 1 月 30 日），《李大钊全集》第 1 卷，人民出版社 2013 年版，第 423 页。

以前了，确实起到了振聋发聩的启蒙作用。它带来思想的解放，为人们接受新思想作了重要准备。

初期新文化运动是在西式民主旗帜下展开的，主要鼓吹以个人为中心的"独立人格"和"个性解放"，着眼点主要是个人权利，而不是民族的整体利益。因此，不能从根本上给灾难深重的中国人指明真正的出路。当时挪威作家易卜生的剧本《娜拉》在中国影响很大，书中女主人公娜拉不甘心做"丈夫的傀儡"而离家出走，一时被赞扬为"女性的自觉"。鲁迅却在《娜拉走后怎样》的演讲中深刻反思道："从事理上推想起来，娜拉或者也实在只有两条路：不是堕落，就是回来。因为如果是一匹小鸟，则笼子里固然不自由，而一出笼门，外面便又有鹰，有猫，以及别的什么东西之类……还有一条，就是饿死了。"①

不改造整个旧社会，个人再努力也没有前途可言。大家都意识到这一问题时，"改造社会""建设新社会"的呼声就越来越高，在思想界被提到突出的地位。但对于怎么改造、怎么建设，人们最初并不很清楚。俄国十月革命恰恰为苦苦思索的中国先进分子提供了一个成功范例。李大钊发表《庶民的胜利》《布尔什维主义的胜利》，所欢呼的就是广大民众的胜利。

各种思潮在知识分子群体中热烈讨论和相互碰撞之际，第一次世界大战的胜利方为解决战后问题在巴黎凡尔赛宫举行会议。中国作为战胜国之一，原先期望能将战败国德国在山东攫取的特权归还中国，巴黎和会却不容讨论地把这些特权又交给了日本。出席巴黎和会的中国代表顾维钧在回忆录中写道："以前我们也曾想过最终方案可能不会太好，但却不曾

① 《鲁迅全集》第1卷，人民文学出版社2005年版，第166页。

料到结果竟是如此之惨。"① 这件事给中国人的刺激太大了，原来抱着很高热情期待的"公理战胜强权"，至此全部化为泡影。过高的期望，使这种失望带来的痛苦格外强烈。

愤怒终于像火山那样爆发了。5 月 4 日那天，高喊着"外争国权、内惩国贼"等口号的北京十几所学校的数千名师生在天安门前集合，他们的文言宣言写道："山东亡，是中国亡矣！我同胞处其大地，有此山河，岂能目睹此强暴之欺凌我，压迫我，奴隶我，牛马我，而不作万死一生之呼救乎？"② 白话宣言中写道："中国的土地可以征服而不可以断送！中国的人民可以杀戮而不可以低头！国亡了！同胞起来呀！"③

学生们先到东交民巷外国使馆区抗议，但被阻挡而无法通过。愤怒的学生奔赴在山东问题上负有严重责任的曹汝霖家采取激烈行动，不少人被捕。第二天，北京大专院校总罢课，中学生也参与进来，运动迅速推向全国。5 月 7 日，上海学生和各界人士两万多人集会抗议。9 日，是当年袁世凯承认"二十一条"的国耻纪念日，上海许多学校停课一天，许多工商团体停业一天，各娱乐场所停止营业一天。6 月 3 日，北京学生大批被捕的消息传来，许多工厂的产业工人宣布罢工。据邓中夏《中国职工运动简史》记载："总共人数无确实统计，大概有六七万人。"④ 中国工人开始以独立的姿态、以如此规模的行动走上政治舞台，这又是中国历史上破天荒的大事。各地纷起响应，其中特别激烈的有济南、天津、武汉、长沙等。

一场暴风雨式的群众运动的冲刷，使很多人短时间内思想发生剧变。

---

① 顾维钧：《顾维钧回忆录》第 1 分册，中华书局 1983 年版，第 199 页。
② 彭明：《五四运动史》，人民出版社 1998 年版，第 275 页。
③ 《每周评论》第 21 号，1919 年 5 月 11 日。
④ 《邓中夏全集》下册，人民出版社 2014 年版，第 1352 页。

运动中，学生们去街头演说，到工人区调查，举办平民学校；冲破以往知识分子的狭小圈子，接触社会，发现在自己周围还存在一个更加广阔的天地；开始看到自身存在的弱点，于是提出要把"小我"融入"大我"之中，奉献给"大我"。这种成千上万人的思想大变动，在一般情况下往往多少年也难以达到，也不是几个刊物或者几次演讲的影响所能比拟的。

这场规模空前的群众运动，还使当时的先进分子真正看到了实现中华民族伟大复兴的力量源泉。吴玉章回忆五四运动时说："这是真正激动人心的一页，这是真正伟大的历史转折点。从前我们搞革命虽然也看到过一些群众运动的场面，但是从来没有看到过这种席卷全国的雄壮浩大的声势。在群众运动的冲击震荡下，整个中国从沉睡中复苏了，开始散发出青春的活力。""在五四群众运动的对比下，上层的社会力量显得何等的微不足道。在人民群众中所蕴藏的力量一旦得到解放，那才真正是惊天动地、无坚不摧的。"[1]

经过五四运动，情况就大不相同了。在五四运动的高潮中，人们处于异常激动和兴奋的状态。经过这样一场疾风暴雨的冲刷后，下一步该怎么办？中国的出路在哪里？在运动高潮的那些日日夜夜里，人们从过去宁静的以至孤寂的小天地里惊醒过来，投身到火热的集体生活中。运动逐渐平复后，一部分人回到自己原来习惯的生活轨道上去，而一部分先进分子转向更深层次的探索，并且和一些志同道合的人在一起，结成社会主义团体。当时，宣传马克思主义的中心有两个地方：一个是北京，一个是上海。在北京，宣传马克思主义的基地是北京大学。1920 年初，由李

---

[1]　吴玉章：《回忆五四前后我的思想转变》，中国社会科学院近代史研究所编：《五四运动回忆录》上册，中国社会科学出版社 1979 年版，第 60 页。

大钊主持，北大一批青年学生组织了马克思学说研究会，这是把"对于马克思派学说研究有兴味的和愿意研究马氏学说的人"①联合起来的最初尝试。在上海，陈独秀和一批留日学生等成立马克思主义研究会，探讨社会主义学说和中国改造问题。陈独秀还帮助校对出版了浙江青年陈望道翻译的《共产党宣言》，这是马克思主义基本著作的第一个中文全译本。马克思主义逐渐成为新思潮的主流。

① 《北京大学发起马克思学说研究会启事》，《北京大学日刊》1921 年 11 月 17 日。

第一章

中国共产党创建青年团组织

在五四爱国运动的激荡下，一大批先进青年的思想十分活跃，改造社会的愿望也相当强烈，青年群体中蕴藏着无限的革命动力。恽代英在日记中写道："读报载北京学界事，但觉感情偾兴，恨不躬逢其盛。"[①]通过青年组织把政党的思想、主张灌输到青年之中，并实施有效动员，是政党推动社会运动最有效的路径之一。在创建共产党早期组织的过程中，陈独秀等"很重视青年，不仅需要其中少数急进人物参加，而且需要用各种形式来组织更广泛的青年，使他们参加多方面的工作"。

---

① 李良明、钟德涛主编：《恽代英年谱》，华中师范大学出版社2006年版，第118页。

一、从老渔阳里到新渔阳里

　　民国之初的上海，有一片旧式石库门里弄建筑，称作渔阳里。这是一家名为义品放款银行投资兴建的，老渔阳里始建于 1912 年。当时渔阳里有一条南北贯通的弄堂，一头向南连着环龙路（今南昌路），这一段街坊被称为老渔阳里；一头向北连着霞飞路（今淮海中路），这一段街坊被称为新渔阳里。一南一北两个"渔阳里"，南面的老渔阳里 2 号与北面的新渔阳里 6 号，相距不过百十米，都是汇集有志青年的重要场域，在中国革命史上留下了一段耐人寻味的佳话。

老渔阳里建党

　　1920 年 2 月，为躲避反动军阀政府的迫害，陈独秀从北京秘密返沪[1]。在护送陈独秀离京的途中，李大钊和陈独秀商讨了建立中国共产党组织的问题。回到上海后，陈独秀无处安身，先下榻于惠中旅舍，不料又生疾病，被好友汪孟邹接到亚东图书馆养病并暂住。此时，住在老渔阳里 2 号的柏文蔚[2] 得知曾经患难与共的辛亥革命老友居无定所，恰逢自

---

[1]　陈独秀曾长期在上海活动，1915 年 9 月在上海创办《青年杂志》。

[2]　柏文蔚与陈独秀是多年好友，1905 年两人在安徽芜湖发起成立民主革命团体岳王会。辛亥革命时期，两人在安徽都督府共事，柏为都督，陈为秘书长。

己又另有重任离沪（一说迁居新渔阳里），便将这栋宅邸交由陈独秀一家居住。陈独秀入住老渔阳里 2 号以后，《新青年》编辑部也随之从北京箭杆胡同迁到这里。在陈独秀周围，很快会聚了李汉俊、沈雁冰、俞秀松、施存统、陈望道等一批爱国青年。

20 世纪初，上海早已是中国最大的工商业城市，资本主义最为发达，无产阶级也最为强大。从"六三"工人大罢工后，五四运动乃至中国革命的中心就转移到了上海。上海当时是中国最大的对外口岸，与世界各国有着密切联系，文化教育也最为发达，各种思潮涌动。五四运动前后，政治团体林立，思想流派纷呈，出现了一大批在全国有影响的报章杂志。上海又是一座典型的半殖民地半封建的城市，各种政治势力展开复杂博弈。当时作为中国政治中心的北京，处于北洋军阀政府的严密控制之下，上海却存在着各种互相矛盾的政治力量，还有大面积的美、英、法等国租界，客观上都为中国革命提供了活动空间。因此，上海成为中外政治、经济、社会、文化信息交流的中枢之一。孙中山就把中华革命党总部设在上海，他本人也长期在上海居住。当时各地许多有志于改造中国的热血青年，在 1920 年前后纷纷来到上海。正如李达所说："'五四'运动后，湖南、湖北、安徽、四川等地，有不少青年对旧社会不满，要求思想解放……许多人脱离了家庭和学校，到上海找'新青年社'、民国日报副刊'觉悟'（邵力子等人办的）、'星期评论'（李汉俊等人办的）。"[①]

于是，在上海成立共产主义组织的基本条件逐渐成熟了。

4 月，共产国际派东方局的维经斯基以记者身份到中国来了解社会

---

① 李达：《1920 年的中国社会主义青年团》，《红旗飘飘》第 31 集，中国青年出版社 1990 年版，第 27 页。

和革命情况。他们一行先到北京与李大钊及一些倾向马克思主义的青年学生、进步人士座谈。一见面，维经斯基就称李大钊"达瓦里西"（俄语"同志"的发音）。李大钊说，自己不过是在学习，称不上"同志"。维经斯基说，读了他写的宣传马克思主义和十月革命的文章，认为已经达到了"同志"的水平，但马克思主义者绝不能停留在思想上；为了实现革命理想，就应该组织起来，由此提出了建党的问题。一直敬佩陈独秀思想境界和崇高威望的李大钊，介绍维经斯基等人到上海会晤陈独秀。

5月，在维经斯基的帮助下，陈独秀组建了马克思主义研究会，邀请邵力子（时任《民国日报》副刊《觉悟》编辑）、陈望道（时任《新青年》编辑）、李汉俊（时任《新青年》编辑）、戴季陶（时任《星期评论》主编）、沈玄庐、俞秀松、沈仲九、刘大白等参加，组织学习和研究马克思主义的理论，同时酝酿建立政党的问题。6月，陈独秀同李汉俊、俞秀松、施存统、陈公培等人开会商议，决定成立共产党组织。据陈望道回忆：

> 大家住得很近（都在法租界），经常在一起，反复的谈，越谈越觉得有组织中国共产党的必要，便组织了"马克思主义研究会"。……那时候，我们时常在环龙路渔阳里开会（现在已改为纪念馆），陈独秀住在这里，我后来也搬到这里来住。①

也是在炎热的6月，第二次来上海的毛泽东前往老渔阳里2号拜访陈

---

① 陈望道：《回忆党成立时期的一些情况》（1956年6月17日），中国社会科学院现代史研究室、中国革命博物馆党史研究室选编：《"一大"前后：中国共产党第一次代表大会前后资料选编》第2辑，人民出版社1980年版，第20页。

独秀，两人一起探讨马克思主义和马列书籍。1936 年，毛泽东在延安接受美国记者斯诺访谈时说：

> 在那里我再次见到了陈独秀。我第一次同他见面是在北京。当时我在国立北京大学，他对我的影响也许比其他任何人的影响都大。
>
> 到了 1920 年夏天，我已经在理论上和在某种程度的行动上，成为一个马克思主义者，而且从此我也自认为是一个马克思主义者了。[①]

8 月，上海的共产党早期组织在老渔阳里 2 号成立，推选陈独秀担任书记。11 月，共产党早期组织拟定了《中国共产党宣言》，指出"共产主义者的目的是要按照共产主义者的理想，创造一个新的社会"。上海的共产党早期组织实际是中国共产党的发起组织，是各地共产主义者进行建党活动的联络中心。

新渔阳里建团

上海的共产党早期组织筹建之初，陈独秀根据俄共（布）的经验和中国的实际情况，明确指出要"组织一个社会主义青年团，为中共的后备军，或可说是共产主义的预备学校，这个团的上海小组预计最先约有三十多人参加，他说这在苏俄叫作'少年共产党'，在中国则可命名为社会主

---

① 《毛泽东自述》增订本，人民出版社 1996 年版，第 43、45 页。

义青年团，加入的条件不可太严，以期能吸收较多的青年"。

上海的共产党早期组织正式成立后，1920 年 8 月 22 日，陈独秀即委派共产党发起组中最年轻的成员俞秀松等在新渔阳里 6 号^①组建上海社会主义青年团。当事人施存统后来回忆："所谓社会主义青年团的'八个发起人'，名字记不起了……是党通过他们出面的，并不是有八个人忽然异想天开地起来组织一个青年团。"^②

这"八位发起人"是俞秀松、施存统、沈玄庐、陈望道、李汉俊、金家凤、袁振英、叶天底。其中，俞、施、陈、李、沈、袁等 6 人为上海的共产党早期组织的成员。当时，施存统参加了上海的建党活动，6 月下旬去日本边养病边学日语，并建立共产党组织，与陈独秀保持着联系。9 月，陈独秀去信给他，谈上海的共产主义活动。金家凤当时 17 岁，出身于江苏吴县甪直镇一个富裕家庭，五四运动时是上海的学运人物之一，以"赴法留学"之名向家中要到 6000 银圆，帮助陈独秀办"建党、建团""办外国语学社"。

当时，上海社会主义青年团机关所在地新渔阳里 6 号，对外挂牌"外国语学社"。湖南青年萧劲光、任弼时等 6 人，就是湖南俄罗斯研究会推荐的首批赴上海入外国语学社作留俄学习准备的。为了招募更多有志青年，9 月 28 日，《民国日报》头版登载《外国语学社招生广告》："文法课本由华人教授，读音会话由外国人教授，除英文外各班皆从初步教起……

---

① 霞飞路新渔阳里 6 号（今淮海中路 567 弄 6 号），原为戴季陶寓所。1920 年春戴季陶迁出后，维经斯基、杨明斋曾租用此处筹设"中俄通讯社"。

② 施复亮：《中国社会主义青年团成立前后的一些情况》，中国社会科学院现代史研究室、中国革命博物馆党史研究室选编：《"一大"前后：中国共产党第一次代表大会前后资料选编》第 2 辑，人民出版社 1980 年版，第 71 页。

日内即行开课，名额无多，有志学习外国语者请速向法界霞飞路新渔阳里6号本社报名。"

这座典型的石库门民居，门前挂出校牌，楼上是办公室和宿舍，楼下是教室和饭堂。杨明斋担任社长，俞秀松担任秘书。李达教日文，李汉俊教法文，袁振英教英文，杨明斋教俄文，会话则由维经斯基夫人库兹涅佐娃负责。学员获得的第一册理论教材是由陈望道翻译的《共产党宣言》。该社实行半天上课和半天实践制度。所谓实践，或在由学员李启汉、严信民开办的上海工人半日学校宣传革命思想，或在由上海社会主义青年团团员李中创立的上海机器工会帮助建立基层工会，或在社内协助编辑《劳动界》周刊和油印中俄通讯社稿件。这所在外人看来是俄文专修馆或留俄预备班的地方，实际上是中共早期组织开办的第一所培养青年革命者的学校。

不久，上海社会主义青年团就从外国语学社的学员发展任弼时、罗亦农、萧劲光、任作民、王一飞、柯庆施、彭述之、李中、许之桢、傅大庆、周兆秋、梁百达、卜世奇、廖化平等人成为团员。刘少奇是在湖南入团后再到外国语学社的。以后，又在工人和学生运动中相继发展了一些团员。1920年至1921年间，团员曾达200人。

8月，上海共产党早期组织在老渔阳里2号创办了中国最早的宣传马克思主义的工人刊物《劳动界》，由陈独秀担任主编。9月1日，在老渔阳里2号编辑的《新青年》从第8卷第1号起，正式成为上海的共产党早期组织的机关刊。为了更直接更全面地向进步知识青年开展社会主义和党建理论教育，11月7日，《共产党》月刊在老渔阳里2号创刊，李达担任主编。

上海团组织建立后，很多团员深入到工人群众中，宣传马克思主义。

团的书记俞秀松参加了中共上海发起组创办的《劳动界》周刊的编辑工作。青年团的一些工作报告、决议、文件也刊登在《共产党》月刊上。1920 年 10 月 3 日，俞秀松和陈独秀等以参观员的身份，参加了在外国语学社召开的上海机器工会筹备会。1921 年 1 月，俞秀松又被中共上海发起组指派为刚成立的职工运动委员会负责人，和李启汉一起负责组织与领导工人运动。早期团员之一李中是海军造船所青年工人，他积极组织上海机器工会。他写的《一个工人的宣言》在 1920 年 9 月 26 日《劳动界》第 7 册上发表后，在工人中引起很大反响。上海团组织的其他成员，也经常深入工厂作社会调查，写出了一批抨击社会黑暗、启发工人觉悟的调查报告，如《我们底劳动力哪里去了？》《失业问题与社会主义》等。

上海的共产党早期组织也利用青年团的平台开展工作，曾在外国语学社以青年团的名义举行过马克思诞辰纪念会、李卜克内西和卢森堡纪念会，庆祝三八妇女节、五一国际劳动节等活动。当时上海党组织的负责人及其成员都直接参与上海社会主义青年团的工作。"青年团成立之初，共产党员不管年龄大小，都参加进去。陈独秀、李达也都参加了。"[1] "S. Y. 经常开会，讨论如何进行工作，都是在夜晚八九点钟开的，一般的会开一两小时"，"有时陈独秀和杨明斋也来参加"[2]。包惠僧也曾回忆："当时青年团每星期举行一次会议，是学习性质，每次会议都有政治报告，报

---

[1] 施复亮：《中国共产党成立时期的几个问题》（1956 年 12 月），中国社会科学院现代史研究室、中国革命博物馆党史研究室选编：《"一大"前后：中国共产党第一次代表大会前后资料选编》第 2 辑，人民出版社 1980 年版，第 36 页。

[2] 《魏以新谈社会主义青年团成立时的情况》（1980 年 6 月），中国社会科学院青少年研究所青运史研究室编：《青运史资料与研究》第 1 辑，1982 年内部印行，第 146 页。

告的内容多半是由党规定下来的。"① 一些文献也显示，各青年团接到了党的关于罢工和其他政治示威的组织的指示，但它们在自己的工作中保持完全的独立，许多青年团的团员也是共产党员。②

经过半年多的学习，1921年春，外国语学社的学员先后有30多人分三批赴莫斯科东方大学学习，包括刘少奇、罗亦农、任弼时、萧劲光、王一飞、任作民、许之桢、傅大庆、周兆秋、谢文晋、汪寿华、彭述之、卜世奇、曹靖华、梁百达、廖化平、柯庆施、华林等。外国语学社在1921年冬结束办学。

上海社会主义青年团成立后的出色活动，被青年共产国际东方部书记格林誉为"中国青年团中最好的一个"③，并应邀派代表参加1921年7月在莫斯科举行的青年共产国际第二次代表大会。上海团书记俞秀松与张太雷、陈为人出席了这次会议。

二、南北呼应的建党建团

最早酝酿在中国建立共产党的是陈独秀和李大钊，最早倡导在中国

---

① 包惠僧:《党的一大前后》,《一大回忆录》,知识出版社1980年版,第28页。

② 《中国代表团在青年共产国际第二次代表大会上的报告》(1921年7月),《俞秀松文集》,中共党史出版社2012年版,第91页。此件署名为张太雷、秀松、陈为人。原件系英文,存俄罗斯现代文献保管与研究中心,全宗号533,目录号1,卷宗号39。

③ 《青年共产国际执行委员会东方书记处致中国上海社会主义青年团书》(1921年3月),共青团中央青运史研究室、中国社会科学院现代史研究室编:《青年共产国际与中国青年运动》,中国青年出版社1985年版,第38页。

建立社会主义青年团的也是陈独秀和李大钊。"南陈北李"作为革命导师，共同担当了发起人的重任。上海的共产党早期组织成立以后，通过各种方式积极推动各地共产党早期组织的建立。当上海、北京两地建立社会主义青年团之后，又通过写信寄发团章、派人指导或具体组织等方式推动各地青年团早期组织的建立。

继上海建党、建团之后，北京的党团早期组织是最早建立起来的。随后，长沙、武汉、广州等地建立了共产主义组织。这些位于京广线上的城市，成为早期建党建团的重镇。

北大进步师生成为骨干

1920 年夏，陈独秀频繁写信给北京的李大钊、张申府，商议建立组织的问题。8 月，张国焘从上海陈独秀处回到北京，将陈独秀有关建党的主张和计划告知李大钊。李大钊表示赞成，提出也应该一致进行建党工作。北京的基础较好，同年 3 月就成立了以五四运动骨干和积极分子为主的马克思主义研究团体——马克思学说研究会。9 月中旬，张申府到上海同陈独秀进一步商谈建党工作。陈独秀希望李大钊"从速在北方发动，先组织北京小组"，再向山东、山西、河南、天津、唐山以及东北、西北等广大地区发展。10 月，李大钊、张申府、张国焘三人在沙滩北京大学红楼李大钊的办公室成立了北京共产党早期组织[①]。他们随即着手筹建北京社会主义青年团。

11 月，北京社会主义青年团成立大会在北京大学学生会办公室举行，

---

① 中共一大召开前，各地建立的共产党组织名称不一，现统称为"共产党早期组织"。

参加会议的有张国焘、高君宇、邓中夏、罗章龙、刘仁静、何孟雄、缪伯英、朱务善、黄日葵、李骏、范鸿劼等 40 人左右，大多是北京共产党早期组织的成员。张国焘致开幕词，会议推举北大学生会主要负责人高君宇为书记。李大钊"亲自入团，直接领导了它的活动"[1]。北京社会主义青年团初期的工作，主要是学生会方面的联络活动，以及在学生会中吸收同志。李大钊指派北京共产党早期组织成员、北洋大学学生张太雷回天津创建社会主义青年团，委派另一名早期党员、山西籍的北大学生高君宇以多重身份到太原建党建团。

北京共产党早期组织为了传播马克思主义，1920 年 11 月创办了《劳动音》，由党和团的早期成员邓中夏担任主编。党还派邓中夏、何孟雄、罗章龙、张国焘等先后到长辛店、南口、唐山开展工人运动，他们均具党团双重身份。北京团组织还加强与青年共产国际的联系，为准备赴苏俄学习的人员筹集经费，召开特别会议报告青年共产国际代表格林来华后在京活动情况，推举何孟雄为出席青年共产国际代表大会代表（何到满洲里被扣，未去成），还专门致信青年共产国际第二次代表大会，报告北京团的情况。

从当时打入青年团内部的密探写给北洋政府步军统领衙门的密报中，可以看出李大钊经常参加团的活动，在处理重大事件时常常起到主脑的作用。[2] 另据史料记载，北京共产党早期组织自 1920 年 10 月成立至 1921年 7 月，仅在 1920 年 11 月召开过一次更名会。北京社会主义青年团自

[1]　《李大钊传》，人民出版社 1979 年版，第 108 页。

[2]　参阅北京大学图书馆、北京李大钊研究会编：《李大钊史事综录》，北京大学出版社 1989 年版，第 504—512 页。

1920 年 11 月成立后，先后于 1921 年 3 月 16 日、3 月 30 日、4 月 6 日、4 月 24 日召开了四次会议，李大钊、张国焘、罗章龙等早期党员几乎都参加了青年团的所有会议。[①] 这种党团不分、党团一体的态势与上海早期建党建团的情况基本一样。

长沙建团找"真同志"

湖南当时是军阀政权统治最严密的省份之一，政治极端黑暗。毛泽东在北京、上海活动了半年多时间，与李大钊、陈独秀有了直接的接触和联系。[②]1920 年 7 月返湘后，相继以长沙新民学会会员为骨干，发起成立文化书社和俄罗斯研究会，以先进思想吸引进步青年。11 月，毛泽东收到陈独秀、李达的来信，正式受托成立长沙共产主义小组。毛泽东还收到自上海、北京寄来的两份社会主义青年团章程，随即在长沙开始筹备组建社会主义青年团，在第一师范、商业专门学校、第一中学等校的先进学生中，寻觅团员的对象。

在这一过程中，毛泽东也与新民学会的中坚分子讨论建党的问题。

① 中共北京市委党史研究室编：《中国共产党北京历史大事记（1919—1949）》，北京出版社 2001 年版，第 16—21 页。

② 毛泽东本人 1918 年 10 月开始担任北京大学图书馆助理员之后，时常到李大钊处请教，并参加李大钊组织的学生研讨各种新思潮的活动（参阅《毛泽东年谱（1893.12—1937.06）》第 1 卷，中央文献出版社 2023 年版，第 38 页）；1920 年春，毛泽东在北京组织驱张活动期间，与李大钊、邓中夏、罗章龙等有密切联系（《毛泽东年谱（1893.12—1937.06）》第 1 卷，第 55 页）；1920 年 6 月，毛泽东在上海期间，与陈独秀讨论过组织湖南改造促进会的计划和自己读过的马克思主义的书籍，而这时陈独秀正在上海筹备组建共产党（《毛泽东年谱（1893.12—1937.06）》第 1 卷，第 59 页）。因此，北京、上海两地马克思主义的传播和共产主义者的活动，都对他产生了很大影响。

蔡和森从法国来信，提出必须建立中国共产党，"因为他是革命运动的发动者、宣传者、先锋队、作战部。以中国现在的情形看来，须先组织他，然后工团、合作社，才能发生有力的组织。革命运动劳动运动，才有神经中枢"。毛泽东回信说，我对"和森的主张，表示深切的赞同"①，同时通告说陈独秀已在国内开始建党活动。

1920 年秋，新民学会已经拥有 100 多名会员，是一个有相当社会影响的进步团体。其中一些先进分子已接受马克思主义，主张走十月革命的道路。在毛泽东、何叔衡等人的积极活动下，长沙的共产党早期组织于 1920 年初冬在新民学会的先进分子中秘密诞生。在反动军阀的残暴统治下，长沙党组织的建立和活动都十分隐蔽。1921 年 7 月，长沙党组织的成员有毛泽东、何叔衡、彭璜等人。

1920 年 11 月，毛泽东致信张文亮，随信寄上社会主义青年团章程十份。章程的宗旨在研究并实行社会改造。信中托张文亮为发展团员"代觅同志"。随后，毛泽东在湖南通俗报馆与张文亮会见，告知将赴醴陵考察教育；社会主义青年团的发展，此时"宜注重找真同志，只宜从缓，不可急进"。12 月，毛泽东又到张文亮处商讨建立社会主义青年团问题，嘱告"青年团等仲甫来再开成立会，注意研究和实行"，"多找真同志"。② 毛泽东首先从新民学会、俄罗斯研究会、文化书社的成员中发展团员，先后入团的有何叔衡、彭璜、陈子博、肖铮、夏曦、彭平之、郭亮、晏远怀、李代鄂、唐自刚、欧阳晕、龙起赓、杨骏、杨韶华、周毓明、谭克定、唐

---

① 《新民学会资料》，人民出版社 1980 年版，第 150 页。

② 《张文亮日记（摘录）》（1920 年 9—12 月），中共中央党史资料征集委员会编：《共产主义小组》下册，中共党史资料出版社 1987 年版，第 518 页。

鉴、彭章达、李英、熊月腾等人。他们原计划等陈独秀来长沙主持成立仪式，后因陈去了广州未能来湘，长沙社会主义青年团遂于 1921 年 1 月 13 日召开成立大会，毛泽东担任书记。这应该是有清晰记载的毛泽东担任的第一个政治职务。

正是因为"找真同志"，使长沙社会主义青年团成为一个信仰明确且坚定的青年团体。由于社会主义是一个相当宽泛的概念，包括很多思潮在内，各地的早期团员信仰并不统一，有的甚至互起冲突，最终成为导致队伍涣散、工作停顿的重要原因。长沙社会主义青年团是唯一没有中断的组织。这说明坚持信仰是一个过程，也是需要付出代价的。

广州建党建团的复杂过程

广州和上海一样，较早受到帝国主义侵略的同时，也较早接触了西方文化。五四运动之后，广州青年中的社会主义思潮蓬勃发展，聚集了一批青年先进分子：有广州五四运动的学生领袖阮啸仙、刘尔崧等，有刚从北京大学毕业回来的谭平山、陈公博等，有从国外留学回来的杨匏安等。谭平山、陈公博、谭植棠[①]等人得知陈独秀在上海建党、建团并接到函约之后，立即起来响应，在粤籍的北大毕业生和广东高等师范、广州一中、农业学校、广东甲种工业学校的学生中物色发展对象。

①　谭平山、陈公博、谭植棠三人在北京大学文科就读时，参加过北京五四运动，深受陈独秀、李大钊等具有初步共产主义思想的知识分子的影响。1920 年 7 月，他们从北大毕业后回到广州，一直与陈独秀保持着联系。

　　此时，俄共（布）党员斯托扬诺维奇和别斯林来到广州，准备建立共产党组织。由于他们是在北京党组织的无政府主义者粤籍学生黄凌霜陪同下来的，所以到广州后即与无政府主义者区声白等取得联系，并于同年底开始建党活动。参加这个组织的九人中除两个俄国人外，其他七人都是无政府主义者。由于观点不一致，谭平山、谭植棠、陈公博拒绝加入。在谭平山等人筹备下，1920年11月，广州社会主义青年团成立大会在广东高等师范召开，选出谭平山为主要负责人，并制定章程。① 陈公博曾说："中国前途殊可忧虑，兼之那时也震于列宁在俄国革命的成功，其中更有仲甫先生的关系，平山、植棠和我，遂赞成仲甫先生的主张，由我们三人成立广州共产党，并开始作社会主义青年团的组织，公开在广州宣告成立。"② 为了更好地宣传马克思主义，团结教育青年群众，谭平山等人在1920年10月创办《广东群报》。陈独秀积极支持该报的创办，在创刊号发表了《敬告广州青年》的文章。

　　广州社会主义青年团成立不久，无政府主义者区声白、黄凌霜等组织的青年互助团大多数成员提出与社会主义青年团合并的要求。经广州社会主义青年团第二次常会讨论通过，互助团并入了青年团。团组织成员

---

① 《广东群报》（1921年1月27日）登载了广州建团的全过程："两月以前，广州里的学生界，平素主张社会主义的，和对于社会主义性喜研究的，起来组织个青年团。初发动于高师、一中、农业等校，就中以高师学生居多数，而粤籍的北大学生也有数人，此外更有现任教员和新闻记者。发起时统共不过十数人。第一次团成立会于高师学校，制定章程，选定职员。""先是高师和男女各校学生，在去年（1920年）六七月间曾组了一个互助团，团员数十人，多半已是主张社会主义。至青年团成立，互助团分子多数主张与之合并，于是第二次常会提出通过，两个组织体遂合而为一。而青年团之外来加入者，又十数人，所以现在统共有数十人了。"

② 陈公博：《我与共产党》，中共广东省委党史研究委员会办公室、广东省档案馆编：《"一大"前后的广东党组织》，1981年内部印行，第88页。

迅速发展至数十人，并有许多同情者。早期团组织成员有谭平山、陈公博、谭植棠、刘尔崧、阮啸仙、杨匏安、林祖涵（伯渠）等人。

无政府主义组织的并入，给广州社会主义青年团开展革命活动带来很多消极影响。1920 年底陈独秀到广州后，领导广州团组织内坚持科学社会主义的成员与无政府主义者进行了坚决斗争，并开展了一些革命活动。1921 年春，在陈独秀主持下，"开始成立真正的共产党"[1]，取名"广州共产党"，谭平山、陈公博、谭植棠加入进来，并担任负责工作。同时，谭平山派团员梁复然、王寒烬到佛山开展工人运动，并负有发展团员的任务。1921 年 4 月 18 日，广州青年团结合纪念"五一"，开展工人运动。他们在致劳动界的信函中，号召工人们进行总同盟罢工，向资本主义制度宣战，实行社会主义。

武汉在上海指导下建党建团

武汉的共产党早期组织，是在上海的共产党早期组织直接指导下成立的。1920 年夏，李汉俊从上海写信给董必武和张国恩，后又亲自到武汉面见董必武，商议在当地建立共产党组织。随后，陈独秀派湖北籍的上海早期党员刘伯垂到武汉筹建共产党组织。刘伯垂从上海带回了一份手抄的中国共产党党纲和一些新青年社出版的丛书。同年 8 月，在武昌抚院街董必武寓所，由刘伯垂主持召开会议，成立武汉的共产党早期组织，取名"共产党武汉支部"。参加成立会议的除刘伯垂外，还有董必武、张

---

① 《广州共产党的报告》（1921 年 7 月），中共中央党史和文献研究院、中央档案馆编：《中国共产党重要文献汇编（1921 年 7 月—1921 年 12 月）》第 1 卷，人民出版社 2022 年版，第 18 页。

国恩、陈潭秋、郑凯卿、包惠僧、赵子健等。刘伯垂在会上介绍了上海
的共产党早期组织成立的有关情况，与会者传阅了上海党组织起草的党纲
草案，研究武汉党组织日后的工作安排。由刘伯垂提议，会议推选包惠
僧任书记。到党正式成立前，参加武汉共产党组织的还有黄负生、刘子
通、赵子俊等。

随后，根据刘伯垂从上海陈独秀处带回的有关建立青年团的要求，在
共产主义研究小组的青年中组织社会主义青年团。最初吸收入团的是董
必武、陈潭秋直接影响下的张培鑫等 10 多名进步青年。11 月初，董必武
和张国恩、李书渠等研究，正式成立武昌社会主义青年团，确定"团的主
要任务就是实现社会主义"①。

早期共产党与青年团如影随形

由此可见，1920—1921 年各地诞生的社会主义青年团早期组织，有
的是当地共产党早期组织直接建立的，有的是在党的早期组织指导下建立
的，有的是在党的早期组织影响下建立的。虽然最根本的原因是共同信
仰的吸引，凡事从细小做起时依循的却是社会逻辑，师生关系、同乡关系
的联络在早期建党建团过程中发挥了重要的桥梁作用。

由于党的早期组织也是刚刚成立，党与团两个组织的成员大多是青
年，而团员更为年轻，可谓"年轻的共产党创建了更为年轻的青年团"。
这一历史史实，奠定了中国共产党与中国共青团关系的基本框架，即共产
党领导或指导青年团的工作，青年团在工作中担当党的助手和后备力量。

---

① 《董必武年谱》，中央文献出版社 2007 年版，第 45 页。

当时，党团早期组织的工作内容主要有三项：一是创办进步报刊和研究阵地，传播马克思主义，宣传社会主义思想；二是发展成员，壮大组织；三是开展工人运动，努力促进马克思主义同中国工人运动的结合。党团均属初创时期，在工作上相互借助，密不可分。青年团没有做自己独立的青年工作，党员团员也相互重叠，因而两个政治组织的功能边界比较模糊，工作关系尚未定型，甚至在"党"与"团"名称上都没有明显的区别，认为"党"与"团"是一样的政治组织，只不过"团"中青年人较多而已。比如，1921 年在俞秀松或张太雷提交给少共国际二大的报告中，曾经提到上海团的名称最初定为"青年社会革命党"，以后才确定为"上海社会主义青年团"。[①] 实际情况是，尽管中共努力在做党与团区分工作，但一直到大革命时期，基层"青年团与中共的工作往往纠缠在一起，一般党员与团员也常从事同样性质的工作"。

三、中共一大与青年团组织

翻开上海市区地图就会发现，中共一大旧址到老渔阳里 2 号的直线距离也就五百多米，到新渔阳里 6 号不过六七百米，到中共二大旧址（李达住所）也仅有一千米左右。这一带当年都是法租界，新老渔阳里都曾作

[①] 《中国代表团在青年共产国际第二次代表大会上的报告》（1921 年 7 月），《俞秀松文集》，中共党史出版社 2012 年版，第 89 页。此件署名为张太雷、秀松、陈为人。原件系英文，存俄罗斯现代史文献保管与研究中心，全宗号 533，目录号 1，卷宗号 39。

为中共一大会议代表的中转站和讨论场。①

中共一大代表与青年团关系密切

1921 年 7 月 23 日，中国共产党第一次全国代表大会在上海望志路 106 号（今兴业路 76 号）召开。7 月 30 日会议遭租界巡捕干扰，最后一次会议被迫转移至浙江嘉兴南湖举行。会上通过了中国共产党的第一个纲领和决议，选举了中央局领导机构。陈独秀当时在广东，没能出席中共一大，但是由于他的威望和资历，还是被推选担任中央局书记。北京代表张国焘被推举负责组织，上海代表李达被推举负责宣传。会议最后一天，也就是在南湖的红船上，代表们曾专门研究了在各地建立和发展社会主义青年团作为党的预备学校的问题，还研究决定了吸收优秀青年团员加入共产党的办法。②

参加会议的代表有：上海的李达、李汉俊，北京的张国焘、刘仁静，长沙的毛泽东、何叔衡，武汉的董必武、陈潭秋，济南的王尽美、邓恩铭，广州的陈公博，旅日的周佛海；包惠僧受陈独秀派遣，出席了会议。这些代表大多都与各地的社会主义青年团关系密切，有的是创建人，有的是参与者（如下表所示）。

---

① 受陈独秀派遣参会的包惠僧一开始就住在新渔阳里 6 号，他把这里称为"党的机关部"。他还说："党的公开的或不公开的集会都在这里举行"，"在第一次全国代表大会时，此处是我们的联络机关"。（《"一大"前后：中国共产党第一次代表大会前后资料选编》第 2 辑，人民出版社 1980 年版，第 303、353 页）

② 参见李达：《七一回忆》，《七一》创刊号，1958 年 7 月 1 日；又见陈模：《董老的嘱咐》，《中国青年报》1956 年 9 月 15 日。

中共一大代表与青年团的关系

所代表区域	姓名	出生年月 / 年龄	籍　贯	与青年团的关系
上海	李　达	1890.10 / 31	湖南零陵	参与上海社会主义青年团活动
	李汉俊	1890.04 / 31	湖北潜江	
武汉	董必武	1886.03 / 35	湖北黄安	创建武昌社会主义青年团
	陈潭秋	1896.01 / 25	湖北黄冈	
长沙	毛泽东	1893.12 / 28	湖南湘潭	创建长沙社会主义青年团
	何叔衡	1876.05 / 45	湖南宁乡	
北京	张国焘	1897.11 / 24	江西萍乡	参与创建北京社会主义青年团
	刘仁静	1902.03 / 19	湖北应城	
广州	陈公博	1892.10 / 29	广东南海	参与创建广州社会主义青年团

早期青年团涣散的原因

中共一大后，因陈独秀尚在广州，中央局书记一职暂由周佛海代理。[①]1921 年 9 月，陈独秀返回上海主持中共中央工作，中央工作部就设在他的家里。李达曾经回忆说：

> 九月间，陈独秀辞去广东教育厅长，回到上海来任中央局书记，他住在老渔阳里 2 号（他的家是住楼上的）。中央三人的集会，是在老渔阳里 2 号楼下客堂，或统厢房举行的。[②]

---

① 周佛海（1897—1948），湖南沅陵人。1924 年 9 月退出中国共产党，蜕化为国民党右派分子，抗战全面爆发后沦为汉奸。

② 李达：《关于中国共产党建立的几个问题》（1954 年 2 月 23 日），中共二大史料编纂委员会编：《中国共产党第二次全国代表大会》，中共党史出版社 2006 年版，第 171 页。

也在 8 月，张太雷出席共产国际三大和青年共产国际二大之后回国，带回了青年共产国际要求中国完成创建青年团工作的指示。中共中央局决定由张太雷、施存统等人负责整顿和恢复中国社会主义青年团。当然，要先清楚原因，以便对症下药。

首先，团内思想信仰出现分歧。当时虽然马克思主义已在中国传播，但关于社会主义的讨论还在继续。"那时的中国社会主义青年团，只不过带有社会主义的倾向，并没确定了那一派社会主义。"各种社会主义流派在团内造成的思想信仰的分歧，使各地早期团组织往往不能确立共同的斗争目标，"团体的精神，当然非常不振"，从而影响了青年团组织的号召力。比如，1921 年 3 月，广州社会主义青年团中的无政府主义者集体退出，团员人数大大减少，5 月前后团组织就暂时停止活动了。

其次，组织成分比较混杂。在团员中，除了大部分坚持科学社会主义，并力图走十月革命道路的青年以外，"无政府主义者也有，基尔特社会主义者也有，工团主义者也有，莫名其妙的也有"。因此，"凡遇见一件事情或一个问题，各人所提出的解决方法或意见就不能一致，常常彼此互相冲突"，"每开一次会均有争论，并且有时甚至动武"。[①]青年团组织成分的混杂，造成了严重的内耗，团的"团体规律和团体训练，就不能实行"，严重削弱了青年团组织的战斗力。

第三，缺乏统一的领导机构。各地早期团组织创建后，还缺乏一个

---

① 《中国社会主义青年团的建立与青年共产国际的关系——录自中国社会主义青年团第一次全国代表大会文件》（1922 年 5 月），中共中央党史研究室第一研究部编：《联共（布）、共产国际与中国国民革命运动（1917—1925）》第 2 卷，中共党史出版社 2020 年版，第 224 页。

统一的领导机构。特别是 1921 年春上海团组织的主要领导者和大批骨干奔赴苏俄后，上海团组织的自身活动受到了影响，与各地的联系也减少了，造成各地早期团组织之间步调不能一致。

由于上述各种情况，加上经费、人事变动等原因，1921 年 5 月前后，一些地方团组织的活动相继出现了暂时停顿。

中共领导整顿恢复青年团

1921 年 11 月，为进一步加强对青年团的领导，陈独秀在老渔阳里 2 号第一次以"中央局书记"的名义，向各地党组织发出了《中国共产党中央局通告》，对党的组织、宣传工作作了部署，同时要求"全国社会主义青年团必须在明年七月以前超过二千团员"，并要求各级党组织"切实注意"青年运动，对青年团组织的领导要"依新章从速进行"。[1]

在具体工作中，张太雷等吸取了 1920 年建团的经验教训，明确规定了"社会主义青年团为信奉马克思主义的团体"[2]。他代表正在筹建的中国共产党向共产国际远东书记处的报告中指出："我们党认为自己当前的任务是：……进一步巩固共产主义者在社会主义青年团中的威信。"[3]1922

---

① 中共中央文献研究室、中央档案馆编：《建党以来重要文献选编（1921—1949）》第 1 册，中央文献出版社 2011 年版，第 47、48 页。

② 《中国社会主义青年团第一次全国代表大会》（1922 年 5 月），中国新民主主义青年团中央委员会办公厅编：《中国青年运动历史资料（1915—1924）》第 1 册，1957 年内部印行，第 125 页。

③ 《张太雷向共产国际远东书记处的报告》（1921 年春），中共中央党史研究室第一研究部编：《联共（布）、共产国际与中国国民革命运动（1917—1925）》第 2 卷，中共中央党史出版社 2020 年版，第 104 页。

年1月，中国社会主义青年团临时中央局创办机关刊《先驱》①，由北京社会主义青年团组织出版。《先驱》发刊词明确指出，刊物的一个重要任务是："努力研究中国的客观实际情形，而求得一最合时宜的实际解决中国问题的方案。"这时，中国共产党关于民主革命纲领的重要原则正在逐步酝酿，并不断体现在对青年团的思想整顿方面。例如列宁的《民族和殖民地问题提纲初稿》就由《先驱》创刊号首先译载，使列宁的民族民主革命思想首先在团内传播。这对于团组织的思想整顿起了事半功倍的效果。

在加强团的思想建设方面，团的机关刊《先驱》发挥了重大的作用。它在创刊后即投入了与基尔特社会主义等思想流派的激烈论战，并出版了专刊《非基督教学生同盟号》，为廓清帝国主义奴化思想在青年中的影响摇旗呐喊。《先驱》还探讨和研究了青年团建设等一系列问题。总之，《先驱》在统一全团思想、加强对团员的马克思主义教育等方面作出了很大贡献。

各地恢复青年团的工作都是在党组织的领导下进行的。比如，广东青年团的改组和团员的重新登记工作就是由中共广东支部负责人谭平山直接领导的。他在1922年3月14日说："去年十月间上海总团提出改组，标明以马克思主义为中心思想……我当时受了上海总团的委托，再在粤

---

① 《先驱》自1922年1月15日创刊号到第3期由北京社会主义青年团主办，邓中夏、刘仁静担任主编。1922年3月，从第4期开始迁往上海，改由团的临时中央局主办，施存统担任主编，蔡和森、高君宇等也参加了编辑工作。团一大后，从第8期转归团中央执行委员会出版，一直到1923年8月15日停刊，共出版25期。

组织分团。"①

在重视青年团思想建设的同时，张太雷等人也在加强团的组织建设。经过整顿，一部分团员因为信仰分歧离开了团组织，一部分团员则转变立场，接受了马克思主义，取得了思想和组织上的一致。1921年11月重新制定了团的临时章程，明确规定"正式中央机关未组成时，以上海机关代理中央职权"，"各地方团以各地社会主义青年团名之，为本团之一部"②。这样，就开始有了临时性的全国性领导机构——青年团临时中央局，负责人是施存统，初步确立了对各地团组织的集中统一领导。

继1921年11月上海团组织首先恢复活动后，北京、广州、长沙、武汉等地团组织的活动也相继恢复和发展，更多的地方团组织如雨后春笋般建立起来。从1921年11月至1922年5月，恢复和已正式成立的各地团组织共有18处，它们是上海、北京、南京、天津、太原、保定、唐山、塘沽、武昌、长沙、杭州、安庆、广州、潮州、佛山、新会、梧州、肇庆，共有团员5000多人。这些团组织主要分布在以上海为重心的长江中下游沿线、以北京为重心的京津冀一带、以广州为重心的珠江三角洲。这些地区交通便利，民族工业相对发达，产业工人比较集中，教育业、新闻出版业也有较多发展。一方面，这里的工厂、学校内能够聚集起大量青年；另一方面，新的社会思潮在这些地区得到较为广泛的传播。各地正在筹建和即将成立的团组织还有很多，一个拥有统一纲领、统一行动的全国性青年团组织呼之欲出。

---

① 《谭平山在广东社会主义青年团成立会上的答词》（1922年3月14日），广东省档案馆、中共广东省党史研究委员会办公室编：《广东区党、团研究史料（1921—1926）》，广东人民出版社1983年版，第16页。

② 《先驱》第5号，1922年4月1日。

四、团一大在广州东园召开

1921 年第四季度到 1922 年初，濒临南海的广州，社会政治环境相对宽松。愈挫愈奋的孙中山第二次在广州建立政权——中华民国政府，仍打着"护法"旗号积极准备反对北洋军阀的北伐。广州一时又成为革命力量的大本营。1922 年 1 月举行的香港海员大罢工，坚持了 56 天，5000 多名海员回到广州，罢工最终取得胜利。陈独秀于 1920 年 12 月至 1921 年 9 月担任广东教育行政委员会委员长期间，积极宣传新文化、科学社会主义，在广州留下了变革精神和革命种子。所有这些，都是北京、上海等城市不可能拥有的独特政治优势。

一封信改变了会议地点

各地社会主义青年团已迅速发展到近 20 个，迫切需要从思想、组织上进一步加强和巩固。团的临时章程规定："有五个地方团成立时，即召集全国大会，通过正式章程及组织中央机关。"因此，召开团的第一次代表大会，制定正式章程，组建正式的中央领导机构，已成为重新恢复发展的团组织的最迫切任务。1922 年 2 月，上海团临时中央局通知各地团组织，准备于 4 月在上海召开团一大。3 月，青年共产国际代表达林抵沪，帮助筹备中国社会主义青年团第一次全国代表大会。

此时，青年团临时中央局收到中共广东支部领导人谭平山 3 月 6 日发出的致施存统的信，信中建议"大会地点，如能够改在广州更好，因为比较的自由"①。党、团中央考虑到广州的政治环境比较好，而且全国劳动大会将在广州召开，决定将团一大会议延期至 5 月 5 日，会议地点定在广州。大会确定在马克思诞辰纪念日召开，有着重要的政治含义。它表明中国社会主义青年团是以马克思主义为基本信仰的。

4 月，由张太雷（代表筹备大会组织处）、达林（代表青年共产国际）、蔡和森（代表中国共产党）三人乘船由上海去广州经停汕头期间（约在 4 月 19 日至 25 日），拟成社会主义青年团的纲领和章程草案。

4 月 27 日至 30 日，中共中央局在广州素波巷 19 号（今广州第十中学院内）召开党、团干部会议，出席会议的有陈独秀、张国焘、张太雷、蔡和森、谭平山、林伯渠、达林等 20 多人。根据达林的建议，"开会的目的，乃是讨论党在劳动大会和社会主义青年团代表大会上应遵循的路线问题"，以及对国民党的态度问题。

5 月 1 日下午，召开第一次预备会议，张太雷、施存统、邓中夏等 15 人参加，讨论办理大会事务、提案、大会主席、代表旅费等 6 项问题。会议决定设立总务委员会、审查委员会和组织委员会，分别办理大会事务，推选施存统为大会总务委员会委员，易礼容、吕一鸣、张绍康、邓中夏为大会审查委员会委员，易礼容为会计。施存统、张继武以团中央部委员资格加入审查委员会。

5 月 2 日上午，总务委员会召开第一次会议，决定成立三个股。第一股：蔡和森为团纲起草员，张太雷为章程起草员，邓中夏为提案征集员；第二股：施存统为文牍员，俞秀松为记录员，陈公博为新闻员；第三股：

---

① 《平山致国昌信——广东团的工作情况》（1922 年 3 月 6 日），中共广东省委党史研究委员会办公室、广东省档案馆编：《"一大"前后的广东党组织》，1981 年内部印行，第 7 页。

张继武为杂务员。会议决定俞秀松为总务委员会主任，大会总务委员会办事处设在广州东南旅店览胜所。

5月3日下午，总务委员会召开第二次会议，陈独秀、张太雷、张继武、施存统、蔡和森、陈公博、俞秀松、达林等人参加。会议讨论了达林起草的青年团纲领，认为有不妥之处，推举蔡和森进行修正；会议通过了张太雷起草的青年团章程；会议还决定，由陈独秀起草中国青年工人之经济状况及改良之奋斗，由张太雷起草社会主义青年团与各团体之关系，由施存统起草临时中央执行委员会报告，由陈公博起草教育改良问题等事宜。

在马克思诞辰纪念日开幕

1922年5月5日下午1时，中国社会主义青年团第一次全国代表大会在广州东园召开。这次大会的开幕式是同马克思诞辰纪念大会和欢迎全国劳动代表大会一并举行，来宾众多。有上海、北京、广州、长沙、武昌、南京、唐山、天津、保定等15个地方团组织25名代表①，青年共产国际代表达林等2人，朝鲜青年代表泰洪，中共中央局领导人陈独秀、张国焘等，以及来宾彭湃、刘尔崧、张善铭、郭瘦真、周其鉴、李启汉、

---

① 会议记录中记载"S.Y.代表"的顺序为——中央部：方国昌（即施存统）、张椿年（即张太雷）、张继武；上海：蔡和森、许白昊；南京：莫耀明；北京：金家凤、邓仲澥（即邓中夏）；天津：吕一鸣、李峙山；保定：张仲毅、王仲强；唐山：树彝（即李树彝）；太原：王振翼；武昌：张绍康；长沙：易礼容、陈子博；杭州：俞秀松；广州：谭平山、陈公博、谭植棠、谢英伯；潮州：叶勿芳；佛山：梁复燃、梁桂华。（俄罗斯国家社会政治历史档案馆藏，全宗533，目录10，案卷1778，手稿）

谌小岑、胡占魁、王枭等出席了会议，还有出席全国劳动大会的代表及来宾。1500多人出席大会开幕式。

因未有会歌，经大会主席提议三呼"社会革命万岁"，大会全体起立，向去年牺牲的黄爱、庞人铨致哀。张太雷致开幕词说，社会主义青年团一方面为经济革命运动，同时联络各种革命势力，反抗国际帝国主义的势力；今天又是马克思的诞生纪念日，我们纪念他，非因他是大学问家，而是因为他是革命的实行家，而且与其他社会改革家不同，他指出革命的方法——经过无产阶级专政，达到共产主义的社会。张继武宣读了高丽共产党中央委员会代表金万海、高丽共产青年团临时中央局代表曹勋、高丽共产党女党员金济惠给大会的贺信。

陈独秀作了题为《马克思的两大精神》的讲演，特别强调这次大会是"中国社会主义青年团成立大会"，进而指出"社会主义青年团就是根据马克思的学说而成立"，"马克思的学说和行为有两大精神"，一是"实际研究的精神"，二是"实际活动的精神"；希望"青年们尤其是社会主义青年团诸君，须发挥马克思实际活动的精神，把马克思学说当作社会革命的原动力，不要把马克思学说当作老先生大少爷太太小姐的消遣品"。①陈独秀的这篇讲话不是即兴发挥，而是有备而来，有鲜明的针对性和导向性。

青年共产国际代表达林也在会上发表了题为《国际帝国主义与中国及中国社会主义青年团》的演说。

---

① 陈独秀：《马克思的两大精神》（1922年5月5日），《陈独秀文集》第2卷，人民出版社2013年版，第249页。

会议过程与成果

大会一共开了 6 天，共举行了 8 次会议。会议先后听取了施存统代表青年团临时中央局和上海团的情况报告，以及各地代表谭平山（广州代表）、邓中夏（北京代表）、易礼容（长沙代表）、莫耀明（南京代表）等人所作的关于本地团的情况报告。

10 日晚，会议通过认真讨论，通过了《中国社会主义青年团纲领》和《中国社会主义青年团章程》。团的纲领接受中国共产党的政治主张，明确提出"铲除武人政治和国际资本帝国主义的压迫"，建设共产主义社会的远大理想。纲领指出，"中国社会主义青年团，一方面为改良青年工人、农人的生活状况而奋斗，并为青年妇女、青年学生的利益而奋斗；一方面养成青年革命的精神，使向为解放一般无产阶级而奋斗的路上走。然这种奋斗的道路并非直径的，所以现在中国社会主义青年团特规定下列现时的方针，以期达到最后的目的"[①]。团章规定了入团的基本条件、团的组织原则以及对于拒绝履行团员义务和责任者的处置办法等，使青年团从制度设计上一开始就是严谨缜密的而不是懈弛松散的。

当晚，大会还讨论通过了《青年工人农人生活状况改良的议决案》《关于政治宣传运动的议决案》《关于教育运动的议决案》《中国社会主义青年团与中国各团体的关系之议决案》等文件，并一致同意加入共产国际

---

① 中国新民主主义青年团中央委员会办公厅编：《中国青年运动历史资料（1915—1924）》第 1 册，1957 年内部印行，第 129 页。

领导的无产阶级青年国际组织——青年共产国际[1]，推动中国青年运动与世界革命运动的有机联系。

晚上最后一项议程是"选举中央执行委员会"。通过投票选举，高君宇、施存统、张太雷、蔡和森、俞秀松当选为中央执行委员会委员，冯菊坡、林育南、张秋人为中央执行委员会候补委员。11日，在团中央执行委员会第一次会议上，施存统被推选为书记，团机关报《先驱》编辑由蔡和森担任。会议决定俞秀松、蔡和森、施存统三人驻上海；张太雷、高君宇二人驻广州，高君宇未到以前，候补委员冯菊坡代理其职务。

大会通过的决议表明，中国社会主义青年团完全接受了中国共产党的政治主张，实现了思想上、组织上的完全统一，真正成为纲领明确的、全国性的先进青年组织。大会成立的中央执行委员会是一个行动机构，确保之后中国社会主义青年团在中国共产党领导的青年运动中，以组织者、动员者、协调者的身份成为党的助手开展工作。

社会主义青年团把青年人组织起来，是在理想信念感召下坚定信仰的结合、科学主义的结合。参加团一大的代表大多是二十来岁的青年，大部分出身相对富裕的家庭，风华正茂，怀抱救国救民的远大抱负，不避艰险，不畏辛劳，为唤醒全国青年、组织全国青年做了大量工作，业

---

[1]　青年共产国际于1922年12月致信中国社会主义青年团："青年团最初一期分子非常复杂……往往混乱你们团体的阶级性。你们毅然反对此等分子因此而益巩固，做得非常恰当。""到你们第一次全国大会时，你们这种肃清团体的工作，大致已完。你们那次大会的最大的意义在于肃清内部的复杂分子，即以决定革命的政纲为方法，拒绝一切与共产主义无渊源的分子。""因此，我们认为你们决定加入青年共产国际是绝对合格的，从此就是我们亲密的国际团体中之正有平等权利的分子。"（《先驱》第18号，1923年5月10日）

绩可歌可敬。由于种种原因，后来他们走出不同的人生道路，但毕竟把一个具有明确纲领和奋斗目标的全国性先进青年组织创建起来了。团一大宣告了中国社会主义青年团的正式成立，这在中国革命史和青年运动史上具有里程碑意义。

团一大执委会委员概况

人物	生卒年	籍贯	受教育情况	1922年年龄	生平简历	早年出国情况	辞世情况
施存统	1899—1970	浙江金华	浙江一师	23	参与上海建党、旅日建党，团临时中央局书记，一届团中央局书记，二届团中央委员，上海大学、中山大学、黄埔军校、农讲所任教；民主建国会常务理事，劳动部第一副部长，全国人大第一、第二、第三届常务委员，第一、第二、第三、第四全国政协常委。	曾赴日本留学。	1970年11月在"文革"中被迫害致死，时年71岁。
高君宇	1896—1925	山西静乐	北京大学	26	参与北京建党，北京社会主义青年团书记，一届团中央执委、书记，二届中共中央执行委员，孙中山政治秘书。	曾赴苏联参加远东各国共产党及民族革命团体一大。	1925年3月因病在北京去世，时年29岁。

续表

人物	生卒年	籍贯	受教育情况	1922年年龄	生平简历	早年出国情况	辞世情况
张太雷	1898—1927	江苏武进	北洋大学	24	参与北京建党，天津社会主义青年团书记，一届团中央执委，二届团中央常委，三届团中央总书记；五届中共中央政治局候补委员，中共广东省委书记、南方局书记。	曾赴苏联任共产国际远东书记处中国科书记，参加共产国际三大、青年共产国际二大。	1927年12月在广州起义中牺牲，时年29岁。
蔡和森	1895—1931	湖南湘乡	湖南一师	27	参与旅欧建党，团中央执委、宣传部主任，《先驱》编辑，《向导》主编，五届、六届中共中央政治局常委，中共两广省委书记。	曾赴法国勤工俭学，赴苏联参加共产国际五届六次会议，任驻共产国际代表。	1931年6月因叛徒出卖被捕，8月在广州就义，时年36岁。
俞秀松	1899—1939	浙江诸暨	浙江一师	23	参与上海建党，上海社会主义青年团书记，杭州社会主义青年团书记，一届团中央执委、书记，新疆民众反帝总会秘书长、新疆学院院长。	曾赴苏联参加共产国际三大、少共国际二大后在莫斯科中山大学学习。	1937年11月被诬为"托派"；1939年在苏联遇害，时年40岁。

团一大25位代表平均年龄约为26.9岁，其中张太雷、蔡和森、邓中夏、俞秀松、许白昊、梁桂华、王仲强、王振翼、李树彝等12位代表先后为革命献出生命，占代表总数的近1/2。他们这种果敢行动和自我牺牲精神永远值得后人敬仰和学习。

五、青年团的海外支部

诞生在法兰西土地上的中国少年共产党，是唯一在海外创建的青年团组织，是中国社会主义青年团最早的海外支部。

"赶快团结起来"

留法勤工俭学的青年分别来自湖南、四川、广东、福建、江西、浙江、河南、陕西、贵州、直隶、奉天、山东、湖北、云南、山西、安徽、广西等地，价值信仰不尽相同，看问题的角度、视野，干事的能力、胆识也各有差异。在1921年2月"二·二八"运动不久，一些先进分子就觉得有消除隔阂、团结起来的必要。1921年4月，李立三、赵世炎从克鲁邹致信在蒙达尼的蔡和森，提出成立一个包括留法学生和华工中优秀分子在内的共产主义同盟的主张。蔡和森很快回信表示同意，并主张用"少年共产党"的名称。这便是成立旅欧青年团的最初酝酿。7月，在一次工学世界社的会议上，蔡和森曾提出过成立少年共产党的建议，当时不同声音很多。

1921年10月，"争回里大"运动虽然失败，但更多的留法勤工俭学学生的政治觉悟有了很大提高。一些原来信奉无政府主义思想的学生如陈延年、陈乔年因而转变为马克思主义者，还有很多人抛弃了原来持有的各种不切实际的幻想，接受了马克思主义。这说明建立共产主义组织的思想条件正在进一步成熟。旅欧学生中的先进分子越来越认识到，"在勤工俭学生中建立一个严格的战斗的共产主义组织的必要性"①。

1920 年 12 月，天津学生领袖周恩来乘法国"波尔多斯"号邮船抵达马赛港。1921 年春，周恩来经张申府、刘清扬介绍加入了中国共产党。他在 3 万字的长篇通讯《勤工俭学生在法最后之运命》中写道：

> 途穷了，终须改换方向。势单了，力薄了，更须联合起来。马克思和恩格斯合声嚷道："世界的工人们，联合起来啊！"他们如今也觉悟了："全体勤工俭学的同志们，赶快团结起来啊！"②

"赶快团结起来"成为勤工俭学学生中先进分子的共同要求。1921 年底，周恩来和赵世炎托人带信约在蒙达尼的李维汉到巴黎一个旅馆会面。经过讨论，他们一致认为应尽快成立旅欧青年共产主义组织。随后三人分头进行筹备工作。周恩来经常奔波于柏林和巴黎之间，在勤工俭学学生中宣传共产主义，李维汉也积极在勤工俭学学生中宣传。赵世炎因证件在占领里昂大学事件中被没收，难以在巴黎居住，只得避居法国北方，通过通信同旅法、旅比的同志联系。他先后两次给因参加"争回里大"抗争被驱逐回国的中共党员陈公培写信，报告"欧洲方面决定成立一个'青年团'（大约一月以内可以完成，因为现在开会地址是很难觅）"的详细情况，要求国内"速寄关于青年团一切的书报印件等来"，并提出了建

---

① 李维汉：《回忆新民学会》（1978 年 12 月 22 日），《五四时期的社团》第 1 辑，生活·读书·新知三联书店 1979 年版，第 630 页。

② 《益世报》（天津）1921 年 12 月 23 日第 6 版。

团中的一些问题，希望陈公培能"转告青年团总部指示应有的方略"①。

　　经过周恩来、李维汉、赵世炎等卓有成效的宣传组织工作，把信仰共产主义的旅欧革命青年联合起来的条件业已成熟。

布伦森林里的韶光

　　1922 年 5 月，为了尽快完成筹建共产主义组织的工作，赵世炎频繁奔走于法国巴黎、里昂、蒙达尼等地，进行了大量的卓有成效的组织工作，并与在比利时沙洛瓦的刘伯坚联系，汇总了德国、法国、比利时参加共产主义组织的人员名单。当时，参加筹建工作的工学世界社领导人李维汉、薛世伦等建议全社成员集体加入团组织，另有一些人则要求"有关的进步组织可由代表参加"②。显然，这两种意见都不符合团的组织原则。经过赵世炎的耐心说服，持这两种意见的人最后都同意了赵世炎"极端严格""取个人行动"的意见，统一了思想。③赵世炎还争取了陈延年、陈乔年参加组织。

　　6 月 3 日，在巴黎西郊布伦森林的一块空场上，一个经营露天咖啡茶座的法国老太太租出 18 把椅子。来自法、德、比三国的 18 名代表赵世

---

① 《赵世炎旅欧书信选》，中国社会科学院现代史研究室、中国革命博物馆党史研究室选编：《"一大"前后：中国共产党第一次代表大会前后资料选编》第 1 辑，人民出版社 1980 年版，第 387、390 页。

② 李维汉：《回忆新民学会》(1978 年 12 月 22 日)，《五四时期的社团》第 1 辑，生活·读书·新知三联书店 1979 年版，第 631 页。

③ 《赵世炎旅欧书信选》，中国社会科学院现代史研究室、中国革命博物馆党史研究室选编：《"一大"前后：中国共产党第一次代表大会前后资料选编》第 1 辑，人民出版社 1980 年版，第 387—390 页。

炎、周恩来、李维汉、王若飞、陈延年、陈乔年、刘伯坚、佘立亚、袁庆云、傅钟、王灵汉、李维农、萧朴生、萧子璋、汪泽楷、郑超麟、尹宽、任卓宣，在此团团落座，举行旅欧共产主义组织第一次代表大会。

赵世炎主持会议并报告筹备经过，周恩来报告由他组织起草的章程。周恩来最初提议组织的名称是"共产主义青年团"，但多数人不赞成，主张叫"少年共产党"。会议开了三天，最后确定组织的名称为"旅欧中国少年共产党"。会议通过了章程，选出中央执行委员会三人：赵世炎任书记，周恩来任宣传委员，张伯简负责组织（因张在德国，先由李维汉代理，不久便由李正式接任）。

旅欧中国少年共产党的党部，设在巴黎 13 区意大利广场戈德弗鲁瓦街 17 号赵世炎所住的小旅馆内，经常在那里工作的有赵世炎、李维汉和陈延年等人。赵世炎和周恩来在旅欧革命青年中享有很高的威望，两人有不少相似的特点：坚定，机智，待人诚挚，富有组织才能。当时正在法国的蔡畅曾多次这样评价他们："恩来和世炎全身都是聪明！"

旅欧中国少年共产党是旅欧勤工俭学学生中先进分子的革命组织，具有鲜明特点。一是成员身处欧洲，在系统了解马克思学说的完整体系和基本原理上，在掌握马克思主义的立场、观点和方法上，有比国内团员更深的理论修养。二是成员较之国内的青年团员受到了更为广泛、复杂的国际环境的陶冶和影响，能够从更广阔的角度来比较半殖民地半封建的中国与西方资本主义社会以及社会主义苏俄之间的不同之处，因此对整个人类社会的发展、对共产主义事业有着更为深刻的了解。三是组织更为严密，纪律更加严明。它直接借鉴了法国、德国共产党和青年团的一些组织形式，很多人甚至直接就是法共、德共的党员，或者原先就是国内一些进步社团和学生运动的领袖。骨干成员如蔡和森、赵世炎、周恩来、陈毅、聂荣臻、邓小平、李富春、王若飞、李立三、李维汉、陈延年、蔡畅等，后来都成为中国共产党的杰出人物。

"旅欧之部"

旅欧中国少年共产党建立时，并不知道中国社会主义青年团第一次全国代表大会已于 5 月在广州召开，而且通过了团的纲领和章程，选出了中央执行委员会。稍后他们得知这一消息，即于 10 月召开大会，举行全体总投票，决定加入中国社会主义青年团。会后他们筹集路费，派李维汉回国与团中央接洽，表示"愿附属于国内青年团，为其旅欧之部"[1]。

在等待消息期间，陈独秀率中共代表团赴莫斯科参加共产国际第四次代表大会和少共国际第三次代表大会。周恩来等闻讯后即去信表示敬意，并声明已向国内提出加入中国社会主义青年团的请求。陈独秀代表中共中央复信建议将"旅欧中国少年共产党"改名为"中国共产主义青年团旅欧之部"，将"领导机关中央执行委员会改为执行委员会"[2]。此函于 1923 年 1 月 2 日到达巴黎，周恩来等人遂决定不待国内回信至，即实行少共改组，立即归属国内本团。

2 月 17 日至 20 日，旅欧中国少年共产党在巴黎租了一个礼堂召开临时代表大会，到会代表 42 人，代表法、德、比团员 72 人。大会由赵世

① 《"旅欧中国共产主义青年团"（中国社会主义青年团旅欧之部）报告第一号》（1923 年 3 月 13 日），中国社会科学院现代史研究室、中国革命博物馆党史研究室选编：《"一大"前后：中国共产党第一次全国代表大会前后资料选编》第 1 辑，人民出版社 1980 年版，第 431 页。

② 中共中央文献研究室编：《周恩来年谱（1898—1949）》修订本，中央文献出版社 2020 年版，第 57 页。

炎主持，经过讨论，大会正式通过把少年共产党改名为"旅欧中国共产主义青年团"①，明确宣布"中国社会主义青年团中央执行委员会为本团上级机关"。大会通过了周恩来起草的《旅欧共产主义青年团章程》和关于学生运动、华工运动等问题的决议案，选举了新的执行委员会，周恩来为书记，尹宽（负责共产主义研究会）、汪泽楷（学生运动委员会主任）、萧朴生（华工委员会主任）、任卓宣（出版委员会主任）为委员，刘伯坚、王灵汉、袁子贞为候补委员。会后不久，周恩来代表旅欧中国共青团执行委员会向团中央写了"报告第一号"：

我们现在已正式为"中国社会主义青年团"的旅欧战员了，我们已立在共产主义的统一旗帜之下，我们是何其荣幸！你们希望我们"为本团的勇敢忠实的战士"，我们谨代表旅欧全体团员回说："我们愿努力毋违！"②

在报告即将发出之际，旅欧青年团收到了团中央 1923 年 1 月 29 日正式同意他们加入中国社会主义青年团的复信。

① 这次会议之后，旅欧团组织的发文，一般署名为"旅欧中国共产主义青年团——中国社会主义青年团旅欧区"。团旅欧区委下属旅法、旅德、旅比三个地方会。1925 年 1 月，中国社会主义青年团第三次全国代表大会后，又更名为"中国共产主义青年团旅欧区"。

② 周恩来：《"旅欧中国共产主义青年团"（中国社会主义青年团旅欧之部）报告第一号》（1923 年 3 月 13 日），中国社会科学院现代史研究室、中国革命博物馆党史研究室选编：《"一大"前后：中国共产党第一次代表大会前后资料选编》第 1 辑，人民出版社 1980 年版，第 436 页。

从《少年》到《赤光》

旅欧共产主义青年团的主要活动内容是什么？周恩来在给团中央的报告中说："大体规定为共产主义的教育工作，换言之，即是列宁所谓'学'，'学共产主义'。"① 他们成立了共产主义研究会，组织青年阅读马列主义著作，用马列主义理论和俄国十月革命经验来武装团员和青年，并在思想教育的基础上发展团员。他们积极地在留法勤工俭学生中做工作，并通过袁子贞担任书记的华工总会对旅法华工做工作。

还有一项重要工作，就是出版理论刊物——《少年》。《少年》创刊于1922 年 8 月 1 日，陈延年任主编，编辑部就设在戈德弗鲁瓦街 17 号小旅馆三楼第 16 号的一个小房间里。② 这个刊物的主要任务是"传播共产主义学理"，发表过马克思的《历史要走到无产阶级专政》(《法兰西内战》的一部分)、列宁的《告少年》(即《青年团的任务》) 等译文，还刊登过共产国际和少共国际的文件和消息。周恩来在《少年》上接连发表《共产主义与中国》等多篇文章，热情洋溢地赞美："共产主义之为物，在今日全世界上已成为无产阶级全体的救时良方。""资本主义的祸根，在私有制。故共产主义者的主张乃为共产制。私有制不除，一切改革都归无效。共产主义者决不作枝叶的问题，要大刀阔斧地来主张共产革命。"法国巴

---

① 周恩来：《"旅欧中国共产主义青年团"（中国社会主义青年团旅欧之部）报告第一号》（1923 年 3 月 13 日），中国社会科学院现代史研究室、中国革命博物馆党史研究室选编：《"一大"前后：中国共产党第一次代表大会前后资料选编》第 1 辑，人民出版社 1980 年版，第 433 页。

② 这个房间的面积只有 5 平方米，除了一张单人床和一张小木桌外，所容东西很少。一开始这里是赵世炎的住处，也是旅欧中国少年共产党的机关所在地。1923 年夏，周恩来从德国返回法国，居住在此，旅欧党、团组织的事情都在这里办理。有时来的人多了，房间容纳不下，就到附近一家咖啡馆活动。

黎是中国无政府主义思潮的重要发源地之一。同无政府主义思潮作斗争，便成为《少年》的另一个重要内容。周恩来、赵世炎、陈延年等先后在《少年》上发表文章批判无政府主义。

1923 年 11 月，旅欧中国共产主义青年团第三任书记刘伯坚奉命回国工作，李富春接任书记。同年 12 月，旅欧中国共产主义青年团在巴黎召开第四次代表大会，选出李富春、周恩来等五名委员和穆清等三名候补委员组成新的执行委员会。李富春、刘伯庄、张若名组成书记局，李富春任委员长，周恩来任宣传部主任。

随着国内革命运动的迅速发展，旅欧中国共产主义青年团的机关刊物《少年》于 1924 年 2 月改名为《赤光》。与《少年》比较起来，《赤光》更着重于揭露帝国主义列强和封建军阀压迫中国的黑暗事实，阐述现阶段中国革命的任务和方针，推动国民革命运动的发展，故称"改理论的《少年》为实际的《赤光》"。它的印刷份数比《少年》多，发行范围也比较广。周恩来负责编辑、发行，并担任主要撰稿人。李富春、邓小平、傅钟、李大章等曾先后参加这里的工作。邓小平负责刻蜡版，还为此得到"油印博士"的称号。周恩来和邓小平从这时起建立了深厚的革命感情。几十年后，邓小平告诉女儿毛毛（邓榕），当年他们身居陋室，条件艰苦，白天做工糊口，晚上通宵苦干；开会挤在周恩来住的小房间里，床上、桌子都坐满了人；吃的是面包，喝的是白水，有时连菜蔬都吃不上。毛毛问父亲："在留法的人中间，你与哪个人的关系最为密切？"邓小平沉思了一下回答说："还是周总理，我一直把他看成兄长，我们在一起工作的时间也最长。"①

---

① 毛毛：《我的父亲邓小平》上卷，中央文献出版社 1993 年 8 月版，第 119、122 页。

六、初期的运作与奋斗

中国社会主义青年团正式成立后，立即跟着中国共产党发动和组织第一次工人运动的高潮。受历史条件局限，当时党与团的工作无法划分清楚，党团关系也不是十分明晰，两个组织基本从事相同的工作，只是青年团组织更侧重学生运动。这个时期，团的组织发展和组织建设也是一个重要任务，总体上发挥了党的助手和预备学校的作用。

投身第一次工人运动高潮

1921 年 7 月中国共产党成立后，从中央到地方的各级组织都以主要精力从事工人运动，党在上海建立公开领导工人运动的总机关——中国劳动组合书记部。年轻的中国共产党利用直系军阀图谋"武力统一中国"而暂时表现出的尊重民权、"保护劳工"、恢复民国"法统"等一些笼络民心的姿态，积极推动工人运动的兴起。此时，各地社会主义青年团正在整顿恢复，全国性青年团组织正在创建。早期青年团组织成员清醒地认识到，青年团是"学生团"，成员多是学生和青年知识分子，所以明确指出："共产党底骨子是劳动者，劳动者是将来社会底主人翁。将来社会上的人都应当是劳动者。劳动者是最有势力的。所以我们要到民间去，深入农工社会中，宣传指导以促进革命。"[1] 还明确提出团员要"常和工人农人接近、谈话"，"每个团员，至少也要担任唤醒三四个工人或农

---

① 红彩：《今后中国的青年应当怎样的运动？》，《先驱》第 5 号，1922 年 4 月 1 日。

人，来加入本团；并且不当拉进就算，必须使那人于入团之后，若干时之内，能够彻底觉悟"①。早期青年团成员有意识地深入工农，发动群众的工作，有力地配合了党领导的工人运动的开展。

1921 年冬，长沙劳工会领导人黄爱、庞人铨在毛泽东的帮助下，放弃了原来持有的无政府主义观点，加入长沙社会主义青年团。1922 年 1 月，他们在领导工人开展年终索薪斗争时被当地军阀杀害。这场索薪斗争是在 1 月中旬开始的。资本家为了瓦解索薪斗争，曾经派人送重金给黄、庞二人，遭严词拒绝后气急败坏，便勾结军阀赵恒惕在 1 月 16 日夜以谈判书签字为名，诱捕了他们，不经审讯即于 1 月 17 日凌晨 4 时斩杀于长沙浏阳门外。二人牺牲时都年仅 25 岁，他们是中国社会主义青年团中最早牺牲的团员，也是五四运动以来最早牺牲在刑场上的革命烈士。他们的牺牲在当时社会上激起强烈反响，毛泽东先后在长沙、上海等地多次主持召开了黄、庞追悼会。李大钊为黄、庞写了纪念文章，周恩来写了《生别死离》的诗悼念黄爱。《先驱》第 15 号赞扬黄、庞"是我们社会主义青年团的好团员，中国无产阶级最能奋斗的指导者"，"全国学生的先觉"。

青年团一大是和全国劳动代表大会在同一地点、同一时间段召开的。以稍前的 1922 年 1 月香港海员罢工为起点，以 1923 年 2 月 7 日京汉铁路大罢工为终点，在持续 13 个月的时间里，全国发生大小罢工 100 多次，参加人数在 30 万以上。这些罢工大多数取得了胜利，中国第一次工人运动逐渐发展到高潮。在这一过程中，社会主义青年团积极地站在斗争的前列。

1922 年 5 月，上海浦东日华纱厂工人因对日本资本家迫害工人、破坏

①　樵子：《对于青年团的意见》，《先驱》第 6 号，1922 年 4 月 15 日。

工人运动不满，举行罢工。社会主义青年团中央立即发出《中国社会主义青年团请求全国各界和各团体援助上海浦东纺织工人书》，声援上海工人：

中国社会主义青年团为青年社会主义者的团体，就是青年工人的先锋；所以他的任务特别是为少年工人的利益而奋斗，而同时也为壮年工人的利益而牺牲的，而且那4000余人中间，差不多半数是青年工人，尤其是他们不得不帮助的。所以中国社会主义青年团中央执行委员会诚恳的请求全国工人、农人、军警、学生一致来为这样重要事实来奋斗，因为我们大家是要把我们被压迫的人们都从资本制度之下解放出来，都从那种外国的压迫者手中解放出来……全国工人、农人、军警、学生，一致起来为解除压迫与剥夺而奋斗呀！①

1922年8月，直系军阀控制下的北洋政府宣称要重开国会，制定宪法。中国共产党利用这个机会，由中国劳动组合书记部拟出了维护工人权益的劳动法大纲，要求国会通过，并且动员全国工人广泛开展劳动立法运动。这个劳动法大纲有劳动立法的四项原则，即保护工人政治上的自由、改良经济生活、参加劳动管理、对工人实行劳动补习教育。还有《劳动法案大纲》19条，主要内容包括承认劳动者有集会结社、同盟罢工、缔结团体契约等权利，实行八小时工作制，保护女工、童工，保障劳动者的最低工资等。各地党团组织随即发动当地工人群众，开展斗争，要求国会通过。中国社会主义青年团机关刊物《先驱》第11号全文刊登

---

① 《先驱》第8号，1922年5月15日。

了《劳动法案大纲》19条，并发表了由澄宇写的《少年工人与劳动立法》的文章，号召青年工人"尤其应当为他们自己的利益"，与成年工人协力合作，向国会请愿，举行游行、罢工以及其他示威运动，以求在宪法上规定劳动法案。由于《劳动法案大纲》中有直接关系到青年工人利益的条文，广大青年工人积极参加了劳动立法斗争。

1922年9月14日，安源路矿1万多工人，在当地党、团组织的领导组织下，举行了产生重大影响的大罢工，提出保障工人权利、增加工资、改善待遇、发清欠饷、废除封建把头制等17项要求。这次罢工迅速得到全国各地工会的声援和社会舆论的支持。在罢工斗争中，青年团员战斗在最前列，充分发挥了先锋骨干作用。罢工胜利后，安源地方团组织发展很快，当年冬团员总数已达到100多人，年底即建立了团的地方执行委员会。安源成为青年团正式成立后最早建立地方团委的地区之一。

伴随着工人运动高潮的出现，纵贯直隶、河南、湖北三省京汉铁路沿线的工人决定建立全路统一的工会组织，并准备于1923年2月1日在郑州召开成立大会。由于京汉铁路具有重要的政治、经济和军事意义，京汉铁路总工会的成立必然引起工人运动的进一步高涨，直接影响军阀政府的统治。直系军阀吴佩孚撕下了"保护劳工"的面具，破坏总工会的成立大会，并出动两万多名军警镇压京汉铁路工人大罢工，制造了震惊中外的二七惨案。包括很多青年工人在内的52名罢工工人壮烈牺牲，300多人受伤，40余人被捕。

二七惨案发生后，各地团组织随即开展了声援京汉铁路工人、抗议反动军阀的斗争。2月9日下午，北京各校学生不顾北洋政府颁布的"整顿学风"、取缔"学生干政"的命令，分别在北京大学和女子高等师范举行学生联合大会。会上，长辛店等地工人及被害工人家属报告了工人罢工情况和工人惨遭杀害的实际情形，激起学生极大义愤。会后，全体与会学生和民众举行了示威游行。3月1日，中国社会主义青年团中央执行委员会发出了《中国社会主义青年团为"二七"大惨杀宣言》，强烈谴责反动军阀的血腥罪行，决心和全国工人"一致团结起来，奋力打倒军阀和帝国主义，争回我们的自由，以继诸先烈未竟的伟业"①。3月2日，北京学生举行提灯大会声援罢工工人，抗议军阀政府的暴行。由于遭到军警袭击，酿成流血事件，遂再次举行集会并发表通电和宣言，呼吁全国人民起来开展抗议斗争。此后，上海、长沙等地学生也纷纷举行集会游行，发表通电宣言，开展形式多样的声援罢工工人活动。

第一次工人运动高潮后，一些工运领袖如邓中夏、林育南等在不久召开的团二大上，当选为团的中央执行委员。其实，他们原本就已经同时在从事青年运动了。

开展反帝反封建学生运动

近代以来，西方列强对中国进行政治、军事、经济侵略的同时，又在各地设立教堂，创办学校，进行文化渗透和侵略。有识之士反对帝国主义利用宗教侵略中国的斗争，从来没有停止过。非基督教运动是中共及其助手青年团成立后，反击帝国主义的第一个有组织的民众运动，使五四运动以后相对沉寂的学生运动又重新活跃起来。

1922年初，当世界基督教学生同盟②准备在北京清华学校召开第十一次大会时，在北京的社会主义青年团临时中央局便发起了非基督教运动。

---

① 《先驱》第17号，1923年5月10日。
② 该同盟成立于1895年8月，是美国垄断资本扶植的一个国际性的基督教机构。

3月15日,《先驱》第4号发表上海各校非基督教学生同盟宣言,指出世界的资本主义"先后拥入中国,实行经济的侵略主义了,而现代的基督教及基督教会,就是这经济侵略底先锋队","我们反对资本主义,同时必须反对这拥护资本主义欺骗一般平民的现代基督教及基督教会"。宣言对世界基督教学生同盟准备集合全世界基督教徒在北京清华学校开会表示抗议,号召广大青年学生和工人起来反对帝国主义的这种"学生同盟"。

各地爱国学生和教育界爱国人士积极响应这一号召。北京各校学生和教职员200多人签名发起非宗教运动。他们鲜明地提出自己的运动目的:"笃信科学,尊重人们的自觉,拒绝帝国主义者的愚弄、欺骗,反对他们的侵略,要求自主、独立。极力铲除依赖性,铲除靠天、靠上帝、靠外国人帮忙的奴隶思想,力求自力更生,自求多福,加强四万万人民的觉悟和团结,争回已经丧失的领土主权,做一个有理智、没有迷信、头脑清爽、自由自在和自信的国民。"[①] 广州、南京、长沙、湖北、杭州等30余地也纷纷成立反对宗教的组织。

4月4日至8日,世界基督教学生同盟在大批军警保护下在清华学校开会,北京学生前往抗议。4月9日,非宗教大同盟在北京大学第三院召开演讲大会,到会者中外人士1000多人,李大钊等发表演说。5月10日,非宗教大同盟在北大三院召开成立大会,500多人到会,选举李大钊、邓中夏、黄日葵等15人为干事。该同盟在各校开展活动的基础上,把组织扩大到社会各阶层及劳动人民中,并出版论文集《非宗教论》。其他许多地方也举行了反基督教的集会。这一运动没有常设的机关和舆论

---

① 范体仁:《记五四运动前后北京若干团体》,中国社会科学院近代史研究所编:《五四运动回忆录》续集,中国社会科学出版社1979年版,第191—192页。

阵地作指导，因而在世界基督教学生同盟大会闭幕后不久，便陷于停顿状态。

1922 年 11 月，由直系军阀控制的北洋政府任命湖南军阀赵恒惕保举的政客彭允彝为教育总长。彭允彝到任后，克扣教育经费，以整顿校风为名，排除异己，安置私党。1923 年 1 月，北京大学校长蔡元培出于义愤，提出辞职。消息传出后群情哗然，许多教师、学生纷纷上书或发表通电要求"驱彭挽蔡"，伸张正义。1 月 19 日和 24 日，北京学生举行了两次请愿活动，军阀政府无视教师、学生的正义要求，反而派出军警殴打学生，致 50 余名学生重伤。在这种情况下，党团组织及时引导学生看清事件的本质，把斗争的锋芒指向封建军阀政府。北京地方团负责人邓中夏撰文指出，这次运动的目标不是"驱彭挽蔡"，也不是简单的"维护人权"或"教育独立"这些小节问题。只要反动势力即军阀政治根本推翻，这些问题便可"迎刃而解"。在党团组织的引导和影响下，这场以"驱彭挽蔡"为起因的学生运动开始向"打倒军阀"的方向转变，锋芒指向整个封建军阀统治。这场从北京发起的学生运动迅速扩展到全国，各地学生会纷纷发表宣言、通电，抗议军阀政府的暴行，声援北京学生。经过广大青年学生的坚决斗争，1923 年 9 月北洋政府免去了彭允彝教育总长的职务，学生斗争取得了胜利。

中国共产党、中国社会主义青年团通过发动学生开展反对帝国主义文化侵略的非基督教运动和反对封建军阀统治的"驱彭挽蔡"斗争，使全国各地的学生重新组织起来。经过积极有效的工作，学生接受了打倒帝国主义、打倒封建军阀、建设自由独立民主国家，为青年学生利益和被压迫的民众利益而奋斗的正确的政治目标，把中国学生运动推上一个新高度，从而为国共合作后青年运动的新高涨奠定了思想基础和组织基础。

在斗争中发展

中国社会主义青年团带领团员青年投身第一次工人运动高潮的时候，还是一个刚刚建立的青年群众组织，在工作实践中完善和发展自身组织也是一项十分重要的任务。团一大之后，1922 年 5 月 27 日，团中央执行委员会就地方团组织改组问题专门发出通告，要求各地团组织"均应立刻按照新章改组"，并提出了改组的具体要求和开展工作的办法。7 月 2 日，又发出第 10 号通告，指出在地方团代表大会闭会期间，该地方团的领导机关是地方团委而不是团委的职能部门，以克服职能部门"颇有独立进行的倾向"。7 月 18 日，再发出第 12 号通告，规定了地方团组织如何利用属地名称确定本地团组织的名称和地方及基层团组织建立后的批准程序。此外，团中央发出的通告还就地方团一律要执行团的全国代表大会制定的团章，不得自定团章，以及对机关刊《先驱》的编辑、发行等问题作了相应的规定。

各地团组织根据团中央这一系列的要求和指示，对团的组织形式普遍进行了改组和整顿，一些原已建团的省区地方团组织无论在质量上和数量上都有了一定的发展，湖南在一年内"扩充地方团至十一处之多，几乎无县无同志"[①]。一些原来没有团组织的省份如山东开始建立团组织。从团一大召开至团二大召开之前，全国已经建立起 16 个省 30 多个地方团组

[①] 《关于中央执行委员会报告的决议案》(1923 年 8 月 25 日)，中国新民主主义青年团中央委员会办公厅编：《中国青年运动历史资料(1915—1924)》第 1 册，1957 年内部印行，第 359 页。

织，共有团员2000多名①。为了改变团的组织实际上"成了一个学生团"的现象，实现团一大关于"我们的团体是青年无产阶级的团体"的规定，1923年3月6日团中央执行委员会通告各地，要求"用种种法子使本团工人同志增加"，"极力设法使青年工人加入本团"②。

　　然而，一个新型的革命青年组织的发展总有一个过程。初创时的社会主义青年团的工作开展面临多重挑战，比如外界环境残酷、组织运作初步磨合、经费困难与人才缺乏、自由主义与小农意识习惯，可以说是筚路蓝缕，甚至有些举步维艰。团中央执委张太雷1922年6月在广州致函上海的团中央："葡案③发生后，青年团未有何种举动，由我一人督促，亦未有何效果。"④1923年上半年，施存统无奈地写道："现在本团竟可以说，上自中央，下至团员，几乎都不守纪律。中央对于少年国际有好多命令没有奉行，地方对于中央有好多命令没有奉行，甚至于不做报告的都有。"⑤贺易也深刻反思道："中央执行委员会几次通告各地方令其注重在青年工人中间的青年运动，而各地执行者实属寥寥。最近京汉工人因争

---

① 2000多名团员中，"除去几处纯系由少数工人组成的地方团外（唐山、安源、水口山、石家庄……），其余青年工人还占不着全体团员的十分之一，大多数都是青年学生。这种现象，多半是由于中国的经济落后、工业幼稚的原故；所以本团最初努力吸收了许多较有革命精神的男女学生而不马上就照西欧那样严格的以百分之六十为青年工人来组织，也正是为适合这种落后经济的原故"。参见贺易：《第二次全国大会最重要的一个使命》（1923年6月21日），《先驱》第23号，1923年7月15日。

② 《中国社会主义青年团中央执行委员会通告——促各地同志多介绍青年工人入团（第卅五号）》（1923年1月6日），中国新民主主义青年团中央委员会办公厅：《中国青年运动历史资料（1915—1924）》第1册，1957年内部印行，第232页。

③ 葡案，指1922年5月28日澳门发生的葡兵残杀中国工人事件。

④ 张太雷：《致蔡和森、俞秀松、施存统的信》（1922年6月10日），《张太雷文集》，人民出版社2013年版，第60页。

⑤ 施存统：《本团的问题》，《先驱》第17号，1923年5月10日。

自由而被军阀惨杀，中央执行委员会亦曾通告各地方，令其全体动员，为京汉被难诸同志募款，但除去北京和一二处地方团稍似努力外，余均视为具文。"[1] 另一份报告反思得更为透彻：一年来的青年运动与群众隔离，只获得一部分学生的同情，没能引起青年工人的注意。

还有一个重要问题，在党、团初创之际，党的早期成员基本上都参加了各地青年团组织的创建工作，许多早期党员当时也是团员。由于党员人数太少，分布不广，而且处于秘密状态，此时青年团人数较多，所以很多工作由青年团出面执行，在一些条件不成熟、未创建党组织的地方更是如此。这就在事实上造成了"党团不分"的情形。无论党的一大，还是团的一大，都没有对党、团关系作出明确规定。

团一大召开四个月后，经党、团中央联席会议研究讨论，确定了处理党、团关系的原则。团中央在 1922 年 9 月 6 日发出了内容为"本团与中国共产党之关系"的第 17 号通告，规定："（1）除了政治上的主张须与中国共产党协定以外，社会主义青年团有完全自主权；（2）两团体各级执行委员会会议，得互派有表决权之代表一名出席。"[2] 这是当时关于党团关系的初步探索。

鉴于团一大后各方面工作虽取得一定成绩，但也存在明显不足，青年团中央在 1922 年 12 月 24 日发出第 28 号通告，提出："中央现在因欲急速解决本团种种困难问题，很感着有提前召集第二次全国大会的必要，所

---

① 贺易：《第二次全国大会最重要的一个使命》（1923 年 6 月 21 日），《先驱》第 23 号，1923 年 7 月 15 日。

② 中国新民主主义青年团中央委员会办公厅编：《中国青年运动历史资料（1915—1924）》第 1 册，1957 年内部印行，第 192—193 页。

以议决于 1923 年 3 月间开第二次全国大会。"① 公布的会议议题中，不仅有团的工作任务议题，还明确提出了要讨论党团关系问题，引发团内关于青年团工作的讨论，其内容涉及党团关系、组织建设、思想建设、工作方式方法等多方面。

1922 年底，青年团中央随党中央由上海搬到北京，机关设在东城南池子附近的小巷子里。施存统回忆：

> 当时团内团员和党员的数量比例大约为 2:1（"一大"② 的时候，共产党员都参加青年团），即是团内的党员占 1/3。年纪大的党员开始退出青年团，超过团员年龄（22 岁）的，叫作"特别团员"。
>
> 当时青年团的经费很少，而且分散在各地，集中起来全国大约有 300 余元。我个人起初是不拿薪金的，后来领取一部分稿费，到最后连写稿的时间也没有了，每月领取 30 元生活费。团中央当时只有我一个人拿薪水，《先驱》刊物的出版工作，从约稿、写稿、编辑到校对、跑印刷厂，都是我一个人干。
>
> 共产党的组织当时是秘密的，青年团是半公开的。党的许多活动都以团的名义出现。党中央和团中央的关系非常密切，党中央开会，大都是我去参加，有时张太雷也去（张太雷那个时候非常忙，除了作团的工作和担任少共国际驻中国的代表，大部

---

① 中国新民主主义青年团中央委员会办公厅编：《中国青年运动历史资料（1915—1924）》第 1 册，1957 年内部印行，第 217 页。
② 指中共一大。

分时间用在替来中国的共产国际的代表作翻译）。团中央开会的时候，陈独秀常来参加，在 1922 年至 1923 年期间，邓中夏是北京地区青年团组织的负责人。[①]

关于中国社会主义青年团和中国共产党之间的关系，当时存在着多种认识。社会主义青年团北京地方执行委员会书记、中国劳动组合书记部主任邓中夏认为，青年团是将来无产阶级的主力军，比共产党更重要，他认为如果把优秀青年都送到党内去，有失青年团的威严，主张"年长者加入共产党，年少者直接加入 S.Y."。他还认为，在组织上要保持青年团的独立性，以保持"共产党乃兄，S.Y. 乃弟"[②]的关系。施存统认为，中国共产党是中国共产主义运动的中心，中国社会主义青年团是中国共产主义运动的一部分；两者都在第三国际旗帜之下进行活动，均为世界无产阶级解放而奋斗，两者对于政策的意见自然应求一致。共产主义运动最忌"分裂"，无论怎样都应该排除万难来拥护运动的"一致"。欲求运动的一致，必须进一步决定完全服从共产党的政策，根本理由是"因为共产党是一个政党，他对于政治的观察比我们要清楚，他是共产主义全部运动的指挥者"。这是共产国际所决定的原则，"各国皆然"。[③]

在中共二大的决议案中，党与团是"协定"关系，为方便了解情况、协同行动"互派代表"；中共三大的决议案则强调了对青年团施以"组织

---

① 施复亮：《中国社会主义青年团成立前后的一些情况》，中国社会科学院现代史研究室、中国革命博物馆党史研究室选编：《"一大"前后：中国共产党第一次代表大会前后资料选编》第 2 辑，人民出版社 1980 年版，第 72—73 页。

② 中夏：《讨论本团此后进行的方针》（1923 年 6 月），《先驱》第 22 号，1923 年 7 月 1 日。

③ 施存统：《本团与中国共产党之关系——政策、工作、组织》，《先驱》第 23 号，1923 年 7 月 15 日。

上指导上之援助"；中共四大决议案又进一步强调"少年共产团在政治上是要绝对的受党指导"。中共五大决议案中提出"今后党应处处积极指导团的工作"，但在中共五大党章中并没有明确强调这一点，只是指明要互派代表，强调的是"平行性"。我们也可以认为，从党"派中央委员任青年团中央执行委员会委员，各级青年团执行委员会书记应为当地党的委员会委员"的规定中，透露出了党对团的指导关系。

党的五大闭幕后，中共中央政治局对党章进行了修订，第一次把党与青年团的关系列为专章。1928 年党的六大通过的党章也有"与共产主义青年团的互相关系"一章，同时通过《共产主义青年团工作决议案》，提出"建立正确的党团关系"的基本原则和路径。

第二章

搏击大革命洪流

20 世纪 20 年代初，中国人民面前摆着两个突出的问题。第一，一战结束后，西方列强在远东又卷土重来，加紧对中国的经济掠夺。大多数中国人尤其民族工业从业者都直接感觉到来自列强的巨大压力。第二，在西方列强操纵下，军阀割据和军阀混战成为国内社会生活中的突出现象。国家陷入四分五裂，苛捐杂税使人民难以承受，生命财产的起码保障甚至也荡然无存。一场变革现状的大革命，已经成为中国社会中多数阶层的强烈的共同需要。中国共产党敏感地把握住了这一时代脉搏，决定联合掀起一场"打倒列强，除军阀"的大革命。中国社会主义青年团积极行动起来，配合中国共产党实现国共合作，动员广大青年投身轰轰烈烈的大革命潮流之中。

一、在大革命兴起中顺势而为

京汉铁路工人大罢工惨遭镇压后，中国共产党人进一步认识到，要推翻帝国主义和封建军阀在中国的统治，仅仅依靠工人阶级的力量是不够的，必须争取一切可能的同盟者。力量弱小的中国共产党应该采取积极的步骤去联合既有的革命性力量，建立工人阶级和民主力量的联合战线。而此时孙中山在几经挫折之后，深感国民党内许多人已经日趋腐败，中国革命必须改弦易辙。他开始同共产党建立联系，真诚欢迎共产党员同他合作，也欢迎苏联对中国国民革命的援助。而经过一年发展的中国社会主义青年团，也开始反思自身存在的局限和不足，在配合中国共产党的新策略中，不断调整思路，推动党的青年工作进入第一个辉煌时期。

青年团二大贯彻党的三大决议

1923 年 6 月 12 日至 20 日，中国共产党在广州召开第三次全国代表大会。鉴于当时的形势，大会经过充分讨论，通过了《关于国民运动及国民党问题的议决案》《中国共产党第三次全国代表大会宣言》等文件，指出党在现阶段"应该以国民革命运动为中心工作"，采取党内合作的形式同国民党建立联合战线，"共产党党员应加入国民党"，"努力扩大国民党的组织于全中国，使全中国革命分子集中于国民党"①。会议明确指出，共产党员加入国民党的目的有三：一是改组国民党为左翼政党；二是在共产党不能公开活动的地方，扩大国民党；三是把优秀的国民党吸收到共产党内来。

为了加强对青年运动的领导，会议通过了《关于青年运动议决案》。议决案首先指出，青年运动是党的重要工作之一，对于社会主义青年团，党应极力加以组织上和指导上之援助。根据全党当时的政治斗争任务和青年团自身现状，议决案强调指出，青年团应以组织和教育青年工人为自己的重要工作；对于青年学生的宣传工作，要从普通的文化宣传进而为马列主义的宣传，应引导青年学生从一般的学生运动发展成为反对军阀反对帝国主义的国民运动；应即开始从事对于各地农民运动的宣传与调查工作。议决案最后号召社会主义青年团应根据党的三大《关于国民运动及国民党问题的议决案》的内容，积极参加国民运动。

党、团创建初期的全国代表大会不像现在形成的规制，每五年定期举行一次，而是一到两年就召开一次。1945年6月，中共七大党章才作出规定："党的全国代表大会，由中央委员会决定并召集之。在通常情况下，每三年召集一次。在特殊情况下，由中央委员会决定延期或提前召集。"②

---

① 《关于国民运动及国民党问题议决案》（1923年6月），中共中央文献研究室、中央档案馆编：《建党以来重要文献选编（1921—1949）》第1册，中央文献出版社2011年版，第258、259页。

② 《中国共产党党章》（1945年6月11日中国共产党第七次全国代表大会通过），中共中央文献研究室、中央档案馆编：《建党以来重要文献选编（1921—1949）》第22册，中央文献出版社2011年版，第541—542页。

1923 年初，团中央执行委员会开始筹备团的二大。3 月 7 日，毛泽东以长沙社会主义青年团执委会书记的身份致信团中央执委会书记施存统：关于在湖南召开社会主义青年团第二次全国代表大会问题，青年团长沙地方执行委员会议决照办，唯开会日期改在中国共产党第三次全国代表大会之后为宜。①5 月 10 日，团中央执行委员会召开会议，决定第二次代表大会 7 月 10 日在长沙举行。不久，长沙爆发了日本水兵枪杀中国平民的"六一惨案"，造成局势动荡。团中央执行委员会遂决定另择地择时召开团二大。7 月，团二大召开地点定在南京，日期定为 8 月 20 日。

8 月 20 日，中国社会主义青年团第二次全国代表大会预备会议在南京国立东南大学梅庵召开。参会代表 29 名，分别来自长沙、铜官、长沙纺纱厂、新河、安源、北京、上海、武昌、徐家棚、常德、太原、杭州、莫斯科、石家庄、济南、水口山、日本、唐山、南昌、芜湖、南京、临安、巴黎。8 月 21 日，中国社会主义青年团第二次全国代表大会第一次会议在南京东南大学召开，全体起立唱《国际歌》。大会执行主席邓中夏致开会辞，强调青年团的使命是联络无产阶级青年学生、劳工、农人，一致向压迫者作战。随后，青年共产国际代表瞿秋白在致词中指出：五四运动以来，中国青年反帝反封建的斗争对世界革命有很大推动，但一年来 S.Y. 的运动对于学生运动与工人运动界限不甚分明。而且，"S.Y. 自去年至今年团员人数由五千减至二千零几十，更可证明 S.Y. 组织和宣传上的缺点"，希望"自此次大会后勉力纠正这些缺点，使团体的革命运动日益

---

① 中共中央党史和文献研究院编：《毛泽东年谱（1893.12—1937.06）》第 1 卷，中央文献出版社 2023 年版，第 108 页。

发达"。① 接着，中共中央代表毛泽东② 发言，大意是：

> S.Y. 年来最好的现象是在各地方能彼此谅解，没有如 C.P. 一样发生彼此的误会与隔阂。希望以后仍保持这样的精神。S.Y. 年来的缺点，就是不与群众接近，而又自露色彩太甚，令人望而生畏，今后应训练团员到群众间去。S.Y. 以前的运动太空洞，不合实际生活的要求。希望今后由空想进于实际，注意民众痛苦症结之所在，而从事于脚踏实地的工作。③

瞿秋白、毛泽东的这两篇致词，都指明了青年团工作早期存在的问题和缺点，同时也提出了要求和希望。这与青年团内部的认知高度吻合。在团二大上，各地代表清醒地认识到，"这一年来本团几乎绝对没有做自己独立的青年工作；学生运动虽有成绩，而实在还没有能真正得到学生群众；青年工人的运动更是没有实行——这也的确有许多事实上不得已的原因，以致如此"④。此时中国共产党成立不久，力量还很弱小，青年团在实际工作中主要是协助党甚至是代替党从事政治宣传、发动群众运动乃至

---

① 参阅共青团中央青运史档案馆编、胡献忠主编：《中国共青团历次全国代表大会概览》，中国青年出版社 2012 年版，第 27 页。原件在俄罗斯国家社会政治历史档案馆藏，全宗 533，目录 10，案卷 1781，手稿。

② 毛泽东参加了 1923 年 6 月在广州召开的中共三大，被选为五人中央局成员，担任中央局秘书，协助委员长陈独秀处理中央日常工作。

③ 参阅共青团中央青运史档案馆编、胡献忠主编：《中国共青团历次全国代表大会概览》，中国青年出版社 2012 年版，第 28 页。原件在俄罗斯国家社会政治历史档案馆藏，全宗 533，目录 10，案卷 1781，手稿。

④ 《关于中央执行委员会报告的决议案》（1923 年 8 月 25 日），中国新民主主义青年团中央委员会办公厅编：《中国青年运动历史资料（1915—1924）》第 1 册，1957 年内部印行，第 357 页。

建立和发展党的组织。这就造成了团一大纲领所规定的各项工作很难全面铺开。

于是，团二大通过有关决议，对工作提出明确规范："教育工作是本团根本工作之一，以共产主义的原则和国民革命的理论教育青年工人、农民、学生群众是本团最重大的责任。""教育青年应以向他们宣传改良目前利益为起点（如青年工人、学徒之工作苦况；学生在学校的生活，他们所受的古典、机械和非政治的教育，等等），以次引导他们到改造社会的思想，以致国民革命和共产主义的理论。"① 在一些有关开展具体革命工作的决议中，还从为青年特殊利益奋斗出发，进一步提出要通过有效的工作引导青年工人加入工会，在农村创办农会，同时要求青年团员为青年工人、农民举办义务教育，引导学生关心社会、服务社会，带领青年妇女参加争取男女平等、婚姻自由的斗争。大会宣言明确宣告："中国社会主义青年团是拥护青年利益的团体，中国的青年农民、工人、军人、学生等应当集合在他的旗子下面，为他们的目前利益奋斗。并且与全国国民携手合作，造成雄厚的国民革命势力，推倒帝国主义及军阀的强权。"②

大会坚决接受党的三大所确定的与国民党建立统一战线的方针，决定社会主义青年团团员以个人名义加入国民党。大会指出，党的三大方针"最合中国实际情形"，"是中国目前革命的唯一道路"，"本团愿努力协调中国共产党诚实执行"。大会明确规定：本团团员加入国民党，当受本团

---

① 《教育及宣传决议案》（1923 年 8 月 25 日），中国新民主主义青年团中央委员会办公厅编：《中国青年运动历史资料（1915—1924）》第 1 册，1957 年内部印行，第 368 页。

② 《中国社会主义青年团第二次全国大会宣言》（1923 年 8 月 25 日），中国新民主主义青年团中央委员会办公厅编：《中国青年运动历史资料（1915—1924）》第 1 册，1957 年内部印行，第 376 页。

各级执行委员会之指挥；但本团之各级执行委员会，当受中国共产党中央及其各级执行委员会对于团员加入国民党问题之种种指挥。本团团员在国民党中：（1）应赞助中国共产党党员之主张，与其言语行动完全一致；（2）本团应保存本团的独立的严密组织。

大会对党团关系作了明确规定。青年团在政治上要完全服从共产党的主张，同时要在工作和组织上保持一个独立的团体，有完全自主权。会议首次用"决议案"的形式确定了共产党领导青年团的原则规定。

大会选出由邓中夏、施存统、刘仁静、夏曦、卜世奇、林育南、李少白7位中央执行委员和恽代英、梁鹏云、李求实、张秋人4位候补中央执行委员组成的青年团第二届中央执行委员会。会后施存统因病提出辞职，恽代英递补为执行委员。团二大闭幕后，因为会议选举产生的7名中央委员只有4名到会，无法召开团中央全会，所以会后先由这4名中央委员组成临时中央局，邓中夏任临时中央局委员长。9月29日，青年团第二届中央执行委员会第一次全体会议正式召开。会议决定了各委员的分工，决定由刘仁静、林育南、恽代英和邓中夏4人组成中央局，刘仁静担任团中央执行委员会委员长，林育南任秘书，恽代英任编辑，邓中夏任会计。

团的二大闭幕后，各地团组织在参加政治运动和注重青年、学生运动指导的同时，加强了团的组织以及青年群众组织的建设工作。

参与国民党改组

1923年10月，应孙中山邀请，苏联代表鲍罗廷到达广州。孙中山聘请他担任国民党组织教练员（后又聘为政治顾问），国民党改组很快进入实行阶段。12月22日，青年团中央执行委员会发出第24号通告：

国民党此次改组正合全国革命者之所要求，亦为本团素所希望，故本团对于凡可以有益于扩大该党之组织，改善其内部的事，应极力与之合作，以助此次改组之成功。

......

（一）各地方同志应尽量加入国民党。（二）各地方对于国民党改组事，应组织一国民党改组委员会（其有党的地方者，应当与党合组并受其指导），担负下列工作：（1）尽力介绍国民革命分子加入国民党；（2）在国民党及群众中吸收信仰社会主义之分子加入本团；（3）约束本团团员在国民党中言论行动之一致；（4）在各地方团，须将各地方分为若干区，每区指定同志负改组进行之专责……（三）各地方若无国民党组织，应由各地委将愿加入国民党人数报告中央，以便代请国民党派员前往组织。①

1924年1月，标志着第一次国共合作正式形成的中国国民党第一次全国代表大会在广州召开。大会审议并通过《中国国民党第一次全国代表大会宣言》，对三民主义作出顺应时代潮流的新解释。国民党一大的政治纲领同中国共产党在新民主主义革命阶段的若干政治纲领的基本原则一致，这是第一次国共合作的政治基础。大会确认了共产党以个人身份加入国民党的原则，共产党员李大钊、谭平山、毛泽东、林祖涵、瞿秋白等10人当选为国民党中央执行委员会委员或候补委员，约占委员总数的1/4。

此后，各地团组织组织广大团员投入帮助国民党改组的工作中，许多

---

① 《青年团的组织史料（之二）》，中国社会科学院青少年研究所青运史研究室编：《青运史资料与研究》第2辑，1983年内部印行，第58、59页。

团员遵照团组织指示加入国民党，成为国民党的骨干力量。实际上，广州社会主义青年团在国民党一大召开前，就已经开始参加国民党地方党部的改组工作。1923 年 12 月 30 日，广州团地委给团中央写信报告：

国民党各区党［部］及区分部，本团同志当选执行委员者如下：第一区党部阮啸仙当选秘书，刘尔崧为委员；第一区分部未正式成立，预选张元凯、周其鉴、张善铭。第二区分部（高师）蓝裕业、杨石魂及与我们接近的孙甄陶；第三区分部郭瘦真秘书，沈厚垄、郭寿华。第二区代理施卜。第四区党部杨命夔。第五区分部黄贵群。第七区分部邹师贞秘书，黄居仁、赖国航、关肇康及（新）学生社社员卢季循委员。第三区分部（甲工）邹师贞、黄居仁、周文雍。第十区代理杨匏安、潘侠夫。[①]

到 1924 年三四月间，国民党执行部的农工、青年、组织等部，均由广州社会主义青年团团员担任职务。广州新学生社社员人数已由数十人增加到 200 余人，并已在 4 个县设分社。广州学生群众几乎都受到青年团影响，在工人群众中亦有一部分势力。青年团曾在各工厂办青年工人补习学校，500 余青年学徒在补习学校读书。

国共合作之初，中共党员和青年团员人数总量不大，几乎全部加入了国民党。一年之后的中共四大决议指出："今后我们的党员及在我们指

① 《团广州地委报告（第六号）——团的组织、新学生社改组及团员在国民党地方党部任职情况》（1923 年 12 月 30 日），广东省档案馆、广东青运史研究委员会编：《广东青年运动历史资料》第 1 辑，1986 年内部印行，第 169 页。

导之下无党的产业工人，必须有工作上的需要才加入国民党。"[①] 由此注重
对青年国民党员的吸纳，1925 年 7 月戴季陶在《国民革命与中国国民党》
一书中指责中共在国民党员中扩张 C.Y. 和 C.P. 的组织。实际上，自国民
党改组之日起，中国共产党就在国民党内开展秘密的党团活动。虽然共
产党和青年团在人数上不及国民党，其组织内聚力却相当强，在国民党
内很快形成一种"反客为主"的态势。当国民党发现中共党员和青年团
员这些活动时，明确表示不能容许，"既有党团作用，则已失其为本党党
员之实质与精神，完全不忠实于本党，且其行为尤不光明"。在中国共产
党看来，"既准跨党，便不能无党团之嫌疑。国民党外既然有一共产党存
在，则国民党内便不能使共产派无一致之行动"。

当时，国民党中的左派青年转党的程序，一般都是先加入中国共青
团。在 1926 年 3 月中山舰事件后的几个月内，从国民党转到共产党的青
年学生有 300 人，约占广州中共党员总数的 1/7，占广州知识分子党员的
3/4。在蒋介石视为其基本势力的黄埔军校中，左派学生占到 80% 以上。
国民党元老之一谭延闿曾向陈独秀抱怨：一些国民党左派青年"比共产
党更激进，这些人不会听国民党的。当我们同他们谈话时，他们回答说：
'你们太老了，我们只听共产党的。'"[②] 当时共产党员中普遍流传着一种说

① 《对于民族革命运动之议决案》（1925 年 1 月），中共中央文献研究室、中央档案馆编：《建党以
　来重要文献选编（1921—1949）》第 2 册，中央文献出版社 2011 年版，第 224 页。
② 《中共中央执行委员会中央局会议记录》（1927 年 4 月 20 日），中共中央党史研究院第一研究
　部译：《联共（布）、共产国际与中国国民革命运动（1926—1927）》第 4 卷，中共党史出版社
　2020 年版，第 203 页。

法："国民党是 C.Y. 的预备学校，C.Y. 是 C.P. 的预备学校。"① 实际上，由于中共党员和共青团员在国民党各级组织中努力工作，很多学生、工人、农民踊跃加入国民党。1926 年国民党二大前夕，其党员已达 20 万之多。而同期到 1925 年 1 月统计，全国共有共产党员 994 人，共青团员的人数是党员人数的两倍多，有 2400 多人。

推动国民会议运动

1924 年 10 月 23 日，直系将领冯玉祥发动北京政变，推翻了曹锟政府。孙中山认为中国出现了辛亥革命以来和平统一"最难得的机会"，遂以中国国民党总理名义发表《北上宣言》，重申反帝反封建的政治立场和国民革命的目的，主张召开国民会议，以谋中国之统一与建设。中国共产党支持孙中山北上。其实，中共早在 1923 年 7 月就正式提出召开国民会议。苏联驻国民党代表鲍罗廷和苏联驻华大使加拉罕认为，"10 月 23 日的政变及其后发生的事件给国民党提供了一个登上国民革命斗争大舞台并成为大政党的极好机会"②，主张利用这一机会。在共产国际的指导和中共的推动下，全国范围的国民会议运动蓬勃兴起。

广州、上海、北京、天津、武汉、济南、南京、徐州、张家口等地

---

① 《上海法界部委对中央扩大会议决议案的意见书》（1926 年 8 月 29 日），中央档案馆、上海市档案馆编：《上海革命历史文件汇集：中共上海区委宣传部组织部等文件（1925—1927）》，1986 年内部印行，第 364 页。

② 《鲍罗廷〈关于国民党〉的书面报告》（1925 年 1 月 24 日），中共中央党史研究院第一研究部译：《联共（布）、共产国际与中国国民革命运动（1920—1925）》第 1 卷，中共党史出版社 2020 年版，第 557 页。

的人民团体纷纷发表通电，拥护召开国民会议。上海、广东、湖北、湖南、浙江等省市成立了国民会议促成会或筹备处。上海国民会议促成会由 143 个团体组成。工人阶级在运动中发挥了重要作用。汉冶萍总工会、广州工人代表会、全国铁路工会第二次代表大会等，都号召工人积极投入运动。上海、北京还成立了妇女界国民会议促成会。1924 年 11 月，孙中山北上途经上海，俞秀松作为共产党和青年团的干部，在国民党浙江临时省党部履职，组织领导群众游行，表示欢迎和支持。12 月，浙江国民会议促成会成立，俞秀松被选为委员。随后，上海国民会议促成会成立，俞秀松担任委员，并主持起草章程。

1924 年 12 月，中国共产党中央和中国社会主义青年团中央联合发布通告《开展促成国民会议运动的方针》，指出："此次国民会议及其促成会这个运动，不但是国民运动一大时机，并且是我们的党建筑社会的基础之一大时机。"[1]

1925 年 1 月，俞秀松、邵力子、陈望道（后改为施存统）发表《我们所要的国民会议是什么》，提出国民会议的 28 条主张，指出："必须实现这样一个国民会议，才是中国国民从帝国主义的列强及军阀宰割之下解放出来的道路。"[2]

为了同段祺瑞的善后会议对抗，1925 年 3 月 1 日，国民会议促成会全国代表大会在北京召开。参会代表包括工、农、知识分子、民族资本

---

[1]　团中央青运史研究室、中央档案馆编：《中共中央青年运动文件选编（1921 年 7 月—1949 年 9 月）》，中国青年出版社 1988 年版，第 36 页。

[2]　俞秀松：《我们所要的国民会议是什么》（1925 年 1 月），《俞秀松文集》，中共党史出版社 2012 年版，第 118 页。

家，共 200 余人。他们代表 20 余省区、120 余个地方的国民会议促成会。大会坚决反对段祺瑞的善后会议，讨论了不平等条约及外人特权、外国驻兵、军阀军队与内乱、人民自由、工人、农民、妇女等重大问题，通过了一系列决议。大会各项决议符合国民党一大宣言，是共产党的民主革命纲领的具体化。

为了推动国民会议运动的发展，中国社会主义青年团的机关刊物《中国青年》连续发表文章，号召全国青年积极投入这场运动中，争取早日召开国民会议。恽代英在《为"国民会议"奋斗》一文中，详细叙述了孙中山和中国共产党提倡的国民会议的主张，号召全国青年起来，形成一股召开国民会议的强大洪流。他明确指出："我们应当努力宣传代表优秀民众利益的主张，使民众在他们还未能预防的时候便已经组织，而且行动起来；这样，我们要逼迫到使这些强盗魔鬼不敢不召集孙中山先生所主张的国民会议。"①

在党、团组织的号召下，各地青年纷纷踊跃投身国民会议运动。他们积极开展形式多样的宣传组织活动，一些青年团员还成为各地国民会议促成会的骨干力量和领导人，为促进国民会议的召开做了大量工作。

面向工农运动的思考

中国社会主义青年团在成立之初，学生团员居多，所从事的工作内容大多也以学生为中心而展开。张太雷曾指出："青年团在从前的时候差不

---

① 恽代英：《为"国民会议"奋斗》（1924 年 11 月 29 日），《中国青年》1924 年 11 月第 55 期。

多可说完全是'学生团'。"① 青年共产国际代表达林也认为中国社会主义青年团是"自修社会主义理论的学生团体"②。随着青年团介入参与各项社会运动，这种特点越来越凸显出来。因此，青年团内部在青年运动是否就是学生运动、如何看待学生运动等问题上，进行了比较深入的探讨和争论。

　　1923 年 5 月，陈为人在《先驱》上撰文指出："我们将近五年以来的青年运动的表现观察一下，只可说是学生运动，其他如青年工人、青年农人、青年兵士的运动实未开始。"③ 他主张青年运动应该包括青年工人、青年农人、青年兵士以及青年学生的运动，它以一切劳苦群众的青年为基础，而不是仅仅以学生为基础。6 月，刘仁静针对在中国青年运动中存在着只重视学生运动的现象尖锐地指出：

　　　　我们一年来运动的成绩除去得着一部分学生的同情外，千千万万的青年工人几不知有我们团体名字。我们与群众隔离，不能在民众中伸张势力，不能引导民众。④

　　他认为在青年运动中偏重学生运动是一种"病的现象"，它"于中国的革命运动是无多大的直接的动力的"，他主张青年团的工作还应该深入到士兵、学徒等所有的劳苦青年中去。

　　施存统 1923 年 7 月在《先驱》发文认为，"中国的共产主义青年运

---

① 张太雷：《对青年团的意见》，《先驱》第 7 号，1922 年 5 月 1 日。

② [苏]C.A. 达林：《中国回忆录（1921—1927）》（侯均初等译），中国社会科学出版社 1981 年版，第 62 页。

③ 陈为人：《我们青年在中国如何作青年运动？》，《先驱》第 20 号，1923 年 6 月 10 日。

④ 敬云：《青年共产主义运动在中国的意义》，《先驱》第 19 号，1923 年 6 月 1 日。

动，不起于无产阶级的青年而起于非阶级化的青年学生"，这是由中国的产业幼稚和无产阶级的微弱造成的。中国的学生虽然不能做社会革命的主体，但它对社会革命的作用是不可忽视的。"所以中国的社会革命除了须以一部分无产阶级为基础外，还须注很大的力量于其他非无产阶级的分子（尤其是智识分子），决不能单靠无产阶级的力量来完成。"他强调，"我们目前的问题，实在不是无产阶级的青年运动的问题，乃是运动无产阶级的青年做无产阶级的青年运动及运动非无产阶级的青年投身无产阶级的青年运动中的问题"。他进而指出："中国的青年运动，除了应该注重无产阶级的青年以外，还须极力注重其他非无产阶级的青年。至少在目前，应该两者并重。"①

可以说，陈为人和刘仁静认为中国青年运动应偏重青年工人运动，施存统承认青年工人运动应该与青年学生运动并重，但他更强调学生运动在当时的重要性。

8月，刘仁静再度撰写文章《再论学生运动与工人运动答存统》，他进一步分析道："一年以来，本团的地位，上不在天，下不在地，对于学生群众及工人群众都失了托足的根基。学生群众因为我们板着社会主义的面孔，看着怕人，所以怕和我们接近。工人群众，因为我们斯文儒雅，不知应用社会主义解决当前的问题，所以也不理会我们。"②他认为，学生运动的根本是国民革命、文化宣传和赞助劳动运动；只有少数的学生才能容受社会主义的宣传，才能为无产阶级服务；此时应尽本团的全力向青年

---

① 存统：《中国青年运动究竟应该怎样？——本团在最近期间应该做些什么？》，《先驱》第22号，1923年7月1日。

② 《先驱》第25号，1923年8月15日。

工人中发展。

其实，自建团之日起，学生就是青年团依托的基本群体。团二大明确指出，"中国的学生在国民革命的运动中居一位置"，指挥、扩大、集中学生运动是"本团在学生活动中间的根本责任"，"但须切于实际，不必空谈"。[①]恽代英对于如何组织开展学生运动有着独到的见解，他认为：

> 学生运动并不是比工人运动农人运动可以看轻的事情。再进一步，学生运动有成效的时候，学生自身亦可以成为一种革命的群众，而且他们又可以有力的赞助工人运动农人运动，以蔚成伟大的革命军。[②]

恽代英还专门撰写文章《怎样整顿学生会》《整顿学生会》，非常详细地阐述了学生会的发展历程、总结不足、愿景等。

团二大所遵奉的《少年国际"关于工厂支部运动决议案"》，对工厂支部工作进行总体设计。首先明确在工业发达的各地——大的或中等的实业市，青年团的地方团必须马上开展支部运动。同时，要求每个团员明白支部的意义和活动。随后对支部工作作了细致规定：

> 至少要有五个团员在一个工厂内，才好做支部的工作。
> 在每一支部第一次开会之时，必须选出一个书记，若人数已

---

① 《学生运动决议案》（1923年8月25日），中国新民主主义青年团中央委员会办公厅编：《中国青年运动历史资料（1915—1924）》第1册，1957年内部印行，第365页。

② 代英：《学生运动》，《中国青年》1924年10月第48期。

经很多了，就要选举三个或五个同志出来组织一个干事会。

在支部组织发创之初，也要计划最近将来的工作。支部要立刻开始群众活动。其活动方法，就是集中某时间内与青年工人利益攸关的问题活动。[1]

国共合作后，中国共产党继续坚持减租的主张。在中国共产党的推动下，国民党中央设立了农民部，共产党员林伯渠任部长，彭湃任秘书，同时设立有共产党员参加的农民运动委员会，辅助农民部工作；广州国民政府接连三次发表农民运动宣言，承认农民有减轻田赋的权利。在国共合作的推动下，广东各地的农民运动和减租斗争广泛开展起来，且比较注重仪式感。在 1923 年海丰农会庆祝大会上，就通过公开排演戏剧的方式对群众进行宣传鼓动。

中共中央执行委员会候补委员、青年团中央执行委员邓中夏曾多次论述农民运动问题。1923 年 10 月底，他在《本团应注意农民运动》一文中指出，农民至少占全国人口 2/3，我们现在要积极分出精力来做农民运动。[2]12 月，邓中夏又在《中国青年》撰文指出，中国农民多年来在种种环境的逼迫之下发动了不少抗税罢租运动，呼吁中国青年"到民间去"教育、组织农民。1924 年 1 月，他发表《中国农民状况及我们运动的方针》，总结广东海丰与湖南衡山地区的农民运动状况及其经验，强调组织农民协会和重视教育农民的重要作用。

---

[1]　中国新民主主义青年团中央委员会办公厅编：《中国青年运动历史资料（1915—1924）》第 1 册，1957 年内部印行，第 384、385 页。

[2]　邓中夏：《本团应注意农民运动》（1923 年 10 月 31 日），《邓中夏全集》上册，人民出版社 2014 年版，第 244 页。

1926 年 10 月，张太雷撰文对青年运动进行了广义上的界定，同时又把青年运动同民族革命结合起来。他说：

> 中国的青年运动不是一种狭义的，乃是广义的。狭义的青年运动乃是指着一种青年人民的集合，为某一种目的的运动。但中国的青年运动乃是一种范围很广、使命很大的运动。他的范围在以前的时候，虽多半限于学生与智识界内，但以后是应当纠正这个重心，而应包括全国各种的青年。他的使命，不仅是以谋青年的福利为中心的目的，乃是以谋全国的福利，当作他任重道远的事业。简括言之，他的使命就是革命的事业。[1]

参加黄埔军校和农民运动讲习所

对照俄国革命成功的经验，屡败屡战的孙中山痛切地感到，中国革命"只有革命党的奋斗，没有革命军的奋斗；因为没有革命军的奋斗，所以一般官僚军阀便把持民国，我们的革命便不能完全成功"。因此，他认为必须创立一支真正革命的军队，否则"中国的革命永远还是要失败"。[2] 他还认为这支军队必须是一支有组织有主义的军队，要用革命的三民主义来加以武装和训练。国民党改组后，在苏联和中国共产党的帮助下，孙中山在广州黄埔长洲岛创办了中国国民党陆军军官学校（即"黄埔军校"）。

---

[1] 张太雷：《青年运动的使命》（1926 年 10 月 4 日），《张太雷文集》，人民出版社 2013 年版，第 420—421 页。

[2] 孙中山：《在陆军军官学校开学典礼的演说》（1924 年 6 月 16 日），《孙中山全集》第 10 卷，中华书局 1986 年版，第 291、292 页。

这是一所以三民主义建军的新型军事学校。

为了利用这所学校培养大批革命干部，国共两党都同时要求各地的组织广泛吸收进步青年，甄选其中的优秀者进黄埔深造。1925 年 11 月 1 日，中共中央发出通告第 62 号，指出：

> 广州黄埔军校正拟招收 3000 名入伍生，望各地速速多选工作不甚重要之同学、少校同学及民校左派同学[1]，自备川资和旅费，前往广州投考，以免该校为反动派所据；此事关系甚大，各地万勿忽视。[2]

一时间，各地青年纷至沓来，云集黄埔。许多青年知识分子投笔从戎，献身革命。军校学员以广东、湖南、湖北、浙江等省籍居多。据不完全统计，第一期学员中就有湖南籍青年 170 多人；第一至第四期的浙江籍学员计有 419 人。

在帮助国民党进行改组之后，根据中国共产党的指示，中国社会主义青年团又选派大批团员青年到黄埔军官学校学习。据现有史料，先后在黄埔军校学习的团员约 500 人，这些人日后大多成为北伐军中的骨干。

创办黄埔军校的同时，国共两党还在广州创办了农民运动讲习所，以培养各地农民运动骨干。广州农民运动讲习所名义上是由中国国民党中

---

① 民校，此处指中国国民党；少校，指中国共产主义青年团；三处同学，分别指中共党员、共青团员、国民党员。

② 《中共中央通告第六十二号——选派同志报考黄埔军校》（1925 年 11 月 1 日），团中央青运史研究室、中央档案馆编：《中共中央青年运动文件选编（1921 年 7 月—1949 年 9 月）》，中国青年出版社 1988 年版，第 75 页。

央执行委员会创办，农民部主管，实际上是由中国共产党提议开办和领导的。彭湃、罗绮园、阮啸仙、谭植棠、毛泽东先后担任负责人，周恩来、瞿秋白、吴玉章、萧楚女、邓中夏等都曾担任过教员。大多数学员也是由共产党的地方组织选送来的共产党员、青年团员和进步青年。1924年7月至1926年9月，广州农民运动讲习所共举办了六届，培养了772名毕业生和25名旁听生。他们从农讲所毕业以后，其中1/3由国民党中央农民部分派到广东各地任特派员，2/3回原籍从事农运工作。

随着农民运动讲习所生源从广东扩展至全国，这些毕业的学生回到各省之后也大都成为重要的农民运动骨干。以江西省为例，第六届农民运动讲习所中有大批来自江西的学员，这批学员1926年9月毕业之后，大多回到江西省内开展农民运动，比如在广州黄埔军校担任军事教官的兴国籍共产党员陈奇涵，就以国民革命军特派员的身份，率领兴国籍黄埔军校学生和广州农民运动讲习所的学员胡灿、丘倜、萧以佐、黄天存、陈其骆、曾燕堂等回江西开展革命活动。农讲所的两广学员黄学增、李民智、陈伯忠成为广东省著名的农运领袖，广西的农运领袖韦拔群也是农讲所第三届学员。

黄埔军校与农讲所的成立，是国共合作的重要标志。它为大革命时期各地工农运动的迅速发展，为北伐战争的胜利培养了基础力量；使大批进步青年受到了初步的马克思主义理论教育，为中国革命历史上工农割据时期的到来准备了干部。

南方工农群众运动的迅速发展，引起了帝国主义及国内反动势力的恐惧和反扑。为了巩固广东革命根据地，1924年8月，党、团组织共同在广州创建了工团军和农团军（农民自卫军），团广东区委选派团广州地委负责人之一施卜任工团军团长，选派团广东区委农工委员彭湃任农团军总指挥，派团的骨干徐成章任农团军教练。这两支武装同黄埔军校师生一起，平定了广州商团的叛乱。1925 年 4 月，当滇桂军阀杨希闵、刘震寰在广州策划反革命叛乱时，团广州地委组织了由丁愿、周文雍、赖玉润、谭竹山等 5 人组成的临时政治宣传委员会，开展强有力的反对杨、刘叛乱的宣传活动和政治攻势。团广东区委委员杨石魂和汕头团组织领导人廖其清、余青等利用参加国民党汕头党部工作的方便，以国民党的名义召集各界群众大会，大量散发广东区委揭露杨、刘叛军罪行的文告和传单，使广大群众认清了叛军的反动面目。东征军打下潮汕后，根据党的指示，团广东区委书记赖玉润及丁愿、蓝裕业、郭瘦真等人与两名国民党人一起，组成国民党特派委员会，赖玉润担任主任委员，到潮梅地区开展工作。广东青年团在广东革命根据地巩固中发挥了重要作用。

持续推动非基督教运动

第一次非基督教运动陷入低潮后，中国社会主义青年团坚持开展各种宣传，营造社会舆论，等待新的时机。1923 年 12 月，恽代英在《中国青年》第 8 期发表《我们为甚么反对基督教？》一文，揭露基督教的欺骗性、侵略性、排他性，最后一针见血地指出，"基督教实在只是外国人软化中国的工具"。1924 年国共合作实现以后，随着全国各地废除不平等条约运动的兴起，各地反对帝国主义利用基督教进行侵略的斗争又活跃起来。

1924 年 8 月，上海各校的爱国学生重新发起组织非基督教大同盟，同时成立了一个有共产党员柯柏年、张秋人等参加的五人委员会，具体负责运动的宣传、鼓励和组织工作。非基督教大同盟吸取了过去的教训，不但建立起比以前更加坚强的组织，而且借《民报》副刊《觉悟》，出版"非基督教特刊"。12月，社会主义青年团与非基督教同盟联合出书，题目为"反对基督教运动"，对非基运动起了很好的宣传作用。

上海非基督教大同盟成立以后，各地群起响应。南京、苏州、宁波、杭州、绍兴、广州、长沙、青岛、武汉、河南、太原、西安、重庆及日本等地都先后组织了非基督教同盟，广泛从事发行刊物、演讲游行等活动。到了圣诞节前后，各地非基督教同盟掀起了宣传高潮。在许多教堂和教会学校里，贴满了反对基督教的传单、标语。这次运动的规模和声势，都远远超过了1922年的第一次非基督教运动。

通过各地对基督教会所办学校黑幕的揭露，非基督教运动呈现向前推进了一步的态势。1924年4月，广州教会学校"圣三一"中学学生首先发表宣言，反对奴隶式的教育，要求收回教育权。接着，东北教育界、广东学生会收回教育权运动委员会、广州反抗文化侵略青年团、中华教育改进社等团体也先后发表宣言，号召一致力争，收回教育权。少年中国学会、全国学生联合会、全国教育会联合会也纷纷响应。

中国共产党和社会主义青年团多方加强对这次运动的领导。1924年7月，团中央决定恽代英由宣传部委员转任学生部委员，以加强对学生运动的指导。12月，团中央通告各地，按照学生总会的通告，应及时整顿和改组各地的学生会，使他们能够真正代表学生群众的利益，积极组织各校学生参加收回教育权的运动。与此同时，《向导》《中国青年》《中国学生》也发表相关文章来指导运动的开展。1925年1月，《中国青年》第60期发表恽代英的《打倒教会教育》一文。文章指出：

有一百万的民众，二十余万的青年，正在帝国主义者派遣来的一般牧师、神父、教会教育家手中，受他们的蛊惑劫制。我们天天怕色彩、怕党派；然而帝国主义者已经借教堂学校、青年会的帮助，在中国造成这样一个大的党派了。我们愿意永远一盘散沙地屈服于他们这种党派行动之下吗？还是我们应当为反对他们而即刻组织起来？

在收回教育权的运动中，教会学校的爱国学生愤然退校，一些青年教徒也退出教会。1925 年，随着五卅反帝怒潮的激荡，上海圣约翰大学学生发起退学运动。南京、九江、南昌、武昌、汉口、汉阳、湖南、北京、开封、广州、福建等地的教会学校，有的全体退学，学校被迫解散，有的虽没有退学，也不断出现反对读经祷告、驱逐洋教员的风潮。

在各地学生运动的压力下，1925 年北京军阀政府曾三次颁布取缔教会学校的命令。尽管后来在施行中打了许多折扣，又慑于西方列强的威胁而有所变动，但它毕竟是收回教育权运动的一个重要成果。更为重要的是，在这场反对帝国主义文化侵略的斗争中，扩大了共产党、青年团组织的政治影响，提高了广大学生的政治意识和斗争技能。

二、在反帝斗争中敏于行动

1924 年至 1927 年，一场旨在推翻帝国主义和北洋军阀统治的革命运动，似洪流席卷中国大地，人们通常把它称为中国的"大革命"或"国民革命"。发生在 1925 年的五卅运动，是将大革命推向高潮的重要事件。它冲破了二七大罢工失败后长期笼罩着的沉闷空气，开始形成热气腾腾的革命景象。在这场运动中，中国共青团作为中国共产党的得力助手，勇敢地挑起动员青年、激励青年的历史重任。

迎接大革命高潮的团三大

1925 年的上海，对中国革命来说是一个非常重要的历史时空。1 月 11 日至 22 日，中国共产党第四次全国代表大会在上海东宝兴路（今属虹口区）254 弄 28 支弄 8 号的一幢三层石库门建筑内举行。大会总结了国共合作一年来的经验教训，提出了无产阶级在民主革命中的领导权问题和工农联盟问题。大会通过《对于青年运动之议决案》指出："青年运动是共产主义运动中一部分重要的工作，因共产党是这一般共产主义运动的总指挥，青年运动必须在共产党指导之下，是无疑的。"社会主义青年团"在政治上是要绝对的受党指导，而在青年工作范围以内是须有自由活动的可能"。该决议案明确指出，青年团最重要的青年工作有三个方面，即青年工人运动、青年农民运动和青年学生运动，并且明确要求社会主义青年团"在将来联合的团体中能获得指导的地位而能指挥中国一般的青年运动"。[1]

党的四大闭幕 4 天之后，即 1 月 26 日至 30 日，团三大也在上海召开。出席会议有表决权的地方团代表 18 人，代表全国 2400 多名团员。

---

[1] 中共中央文献研究室、中央档案馆编：《建党以来重要文献选编（1921—1949）》第 2 册，中央文献出版社 2011 年版，第 245、249 页。

参加大会的还有中共中央代表彭述之，特请列席人陈独秀、张太雷、张伯简等，青年团二届中央委员恽代英、林育南、邓中夏、张秋人、刘仁静。大会首先通过了主席团、秘书、各委员会名单和议事日程、会场规则，接着，青年共产国际代表发表了演说。大会一致决议不再沿用"社会主义青年团"的名称，而改称"中国共产主义青年团"。大会通过的《中国共产主义青年团第三次全国大会宣言》指出：

我们中国共产主义青年团为中国无产阶级青年，以及一切被压迫的青年的利益，决定要努力扶植扩大无产阶级的势力，以从事中国的革命运动。在我们的第三次全国大会中间，我们决议不再沿用以前那种不甚合当的"社会主义青年团"的名称，我们相信为要促成中国的革命运动，必须引导中国的青年认识而且信赖无产阶级的力量，所以我们用不着隐讳我们代表无产阶级利益的主张。共产主义是帝国主义、军阀以及一切反革命派所最恐怖的名辞，我们正应当很勇敢的揭示我们共产主义者真面目，让他们在我们的面前发抖。

中国的无产阶级青年，以及一切被压迫的青年们起来啊！我们越是能使帝国主义与军阀恐怖，我们便越有力量为我们自己，而且为全中国人民的解放而奋斗！①

1月30日下午，大会依照第二次修正章程的有关规定，选举产生了

---

① 中共中央文献研究室、中央档案馆编：《建党以来重要文献选编（1921—1949）》第2册，中央文献出版社2011年版，第277页。

中国共产主义青年团第三届中央执行委员会。委员有张太雷、恽代英、贺昌、张秋人、任弼时、刘尔崧、夏曦、涂正楚、刘伯庄等9人，候补委员有张伯简、林育南、李逸、陈乔年、刘昌群等5人。随后，举行了第三届中央执行委员会第一次全体会议，决定以张太雷、任弼时、恽代英、贺昌、张秋人等5人组成中央局。张太雷任总书记兼妇女部主任和会计，任弼时任组织部主任，恽代英任宣传部主任兼学生部主任，贺昌任工农部主任，张秋人任非基督教部主任。在思想、组织、名称和号召上，团三大为迎接大革命的到来都作了比较扎实的准备。

同年5月初，中共中央决定派张太雷赴广州担任共产国际代表鲍罗廷的助手兼翻译。5月6日，中共中央和共青团中央联席会议决定，免去张太雷团中央总书记职务，确定团中央候补执行委员、学生部主任林育南为总书记，在林育南没有到任前，暂时由任弼时代理。7月21日，团中央重新进行分工，决定任弼时为中央局总书记，兼组织部主任，林育南任学生部兼妇女部主任。

为了进一步理顺共产党与共青团的关系，中共中央和共青团中央规定：各地党和团的执行委员会须经常互派代表，支部必要时亦得互派代表；团员年龄在25岁以上者，应酌量介绍其入党，党员年龄在25岁以下者，应兼为团员；在团内负重要责任的党员兼为团员的，其去留必须经党和团的中央或各级执行委员会共同决定。这项通告由党中央总书记陈独秀和团中央代理总书记任弼时于5月14日共同签署。这些规定对于坚持党的领导，密切党团关系，在斗争中统一思想和行动，起到了很重要的作用。

风暴在酝酿

1925 年上海的二月罢工，是五卅运动的前奏。2 月 8 日，中共上海地委派李立三、邓中夏去领导，以沪西工人俱乐部为活动基地，发动附近 11 家日商纱厂的工人起来响应。3 天以后，罢工风潮扩展到上海杨树浦、小沙渡一带，全市 22 家日商纱厂的 4 万工人一致行动起来，成立内外棉厂工会，组织工人纠察队，形成了罢工高潮。15 日，团中央宣传部主任恽代英发动全国学生总会、上海的同文书院、沪北公学、政法大学、菲律宾华侨学生会等学校和团体的代表，召开联席会议起来声援。一时间全市的工界、学界和商界也成立了"上海东洋纱厂罢工工人后援会"。当时，纱布的行情看涨，工人罢工直接影响资方的利润。日本资本家迫于群众压力，不得不让步。2 月底，在上海总商会的调停下，日本资本家被迫与工人谈判，签订了不得无故开除工人等四项协议，长达 20 多天的二月大罢工告一段落。这次罢工的胜利，正如任弼时在致旅莫（斯科）同志的信中所说："我们完全得到指导的地位。"① 沪西工人俱乐部因而成为团结工人的场所。

为了发动社会各界声援工人阶级的斗争，3 月，任弼时在《中国青年》发表文章，发动学生向社会各界募捐，支持被资本家开除的工人。9 月，在中国共产党的领导下，上海成立了中国济难会，选举恽代英、杨贤江等为委员，对一切为爱国运动而死难或入狱者给予经济、舆论和法律援助。

二月罢工胜利后，纱布行情低落。5 月，资本家为了报复，断然宣布

① 任弼时：《致旅莫诸同志》（1925 年 2 月 18 日），中共中央文献研究室编：《任弼时书信选集》，中央文献出版社 2014 年版，第 10 页。

关闭内外棉纱厂，企图取缔工会，借故开除参加工会活动的工人。工人经过二月罢工，积累了斗争经验，基层工会也已经组织起来，显示了初步的阶级力量，于是决心再次起来抗议。5月15日，日本资本家借口"存纱不敷"，关闭工厂，停发工人工资。共产党员顾正红带领工人据理力争，日方竟开枪杀害顾正红，打伤10余人，逮捕3人。这一事件成为五卅反帝运动的导火线。

日方资本家枪杀工人顾正红事件发生后，上海学界首先起来声援工人，但遭到英租界巡捕的镇压，一些学生被捕。5月25日，共青团中央向全国发出通告，号召掀起一个反对日方暴行的"大运动"，指示各地团组织与当地党组织召开联席会议，"下全体动员令"，组织游行演讲队，揭露控诉日本帝国主义者在全国各地压迫中国人的罪行，"向日本帝国主义者加以总攻击"①，并要各地党团组织联合发表宣言，通电军阀政府对日本资本家予以制裁。一场伟大的反帝民族斗争已势不可当。

5月28日，中共中央在上海召开紧急会议，决定在30日举行反帝示威运动。当时负责团中央工作的任弼时立即召开会议，布置有关事宜。5月29日，恽代英又召集分派到各校的宣传报告员举行紧急会议，具体部署游行示威事宜。恽代英根据中央指示，与全国学联、上海学联的主持人林钧、刘一清、朱义权（三人均为上海大学学生）等一起，积极发动各校学生参加5月30日的反帝示威游行，并派人分别到南洋大学、同济大学和复旦大学进行动员宣传。恽代英任总指挥，侯绍裘任副指挥。

---

① 中共中央文献研究室编：《任弼时年谱（1904—1950）》，中央文献出版社2014年版，第39页。

冲锋在五卅运动第一线

5月30日，在中国共产党领导下，数千名学生、工人走上街头，在公共租界内进行反帝示威宣传。上海大学的师生除少数留校看守校舍外，几乎全部动员到南京路参加游行示威。下午3时左右，英租界当局悍然向群众开枪射击，共青团上海地委组织主任、上海大学学生何秉彝，共青团员、同济大学学生尹景伊，南洋大学附中学生陈虞钦等13人被杀害，伤者无数，酿成了五卅惨案，鲜血染红了老闸捕房门前的土地。

惨案发生当晚，中共中央、共青团中央都召开了紧急会议，决定把斗争扩展到各阶层人民中去，发动上海人民实行罢工、罢课、罢市，并决定统一行动，成立上海工商学联合会领导这次斗争。共青团组织通过学联，每天派出许多讲演员向群众演讲，动员广大群众起来参加反帝斗争。在党团组织的领导下，自6月1日起，上海实现了以罢工为核心的"三罢"运动。

反帝爱国运动在全国范围势如破竹地掀起后，共青团中央开始主要研究斗争策略，指导运动深入发展。6月2日，团中央第52号通告指出，要把"此次反帝运动尽量扩大到全国"。团中央的通告鲜明提出：

上海以外的运动共同要求：惩凶赔款；收回租界；取消领事裁判权；集会、结社、出版、言论、罢工自由。[1]

共青团中央还根据斗争实际情况，提出了不同的斗争策略和办法。

---

[1]　中共中央文献研究室编：《任弼时传》上册，中央文献出版社2014年版，第82页。

（1）各地学生一律罢课，召集各社会团体开会，游行示威，做扩大的反帝宣传，借机"组织并整顿学生会"。（2）各地租界及其他帝国主义资本家所管理之企业皆应举行政治罢市、罢工，租界内中国资本家之工厂则应取总请假形式，不取罢工反抗形式，不提条件，外国资本家工厂则可提必要的条件。（3）内地概不罢市，内地凡非帝国主义者管理之企业概不罢市。（4）"罢工中应极力进行组织工会，并发展团的组织"。

为了争取暂时的同盟者、扩大反帝联合阵线，通告详细规定了对民族资产阶级应采取的态度："资产阶级尚未公然背叛民族利益以前，应努力使之与民众合作，但同时我们要时时处处留意他们的妥协性，须联合小商人的群众逼之节节前进，至少也要使他们不即时反动。"对军阀政府，要通过指出示威民众"致电北京政府，向外交使团抗议此次惨杀，要求惩凶赔款，并提议收回租界，废除不平等条约"，"目前集全力于反帝运动，暂不向北京政府及地方政府进攻，但至其公然为帝国主义者压迫此运动，并且已触动民众愤怒时，那我们就要向之进攻"。[1]

为了把这场反帝斗争引向深入，6月13日，共青团中央又发出了告全世界青年工人书和告全国青年书，揭露帝国主义在中国的血腥罪行，呼吁世界青年工人予以声援，并给予"一些精神上和物质上的帮助"，号召中国青年"准备这次长期反对帝国主义运动的斗争"，"希望全国民众注意自己力量的团结"，"加倍努力'趁热打铁'以继死者未竟之志"[2]。团中

---

①　中共中央文献研究室编：《任弼时传》上册，中央文献出版社2014年版，第84页。

②　《中国共产主义青年团为反抗帝国主义屠杀中国市民告全国青年》（1925年6月13日），中国新民主主义青年团中央委员会办公厅编：《中国青年运动历史资料（1925）》第2册，1957年内部印行，第129、132页。

央总书记任弼时还发表了《上海"五卅"惨杀及中国青年的责任》的署名文章，系统阐明运动的性质、斗争的政策、前途和对青年的希望。

6月26日，30多个地方学联60余位代表召开中华民国学生联合会总会第七届全国代表大会。大会代表和大会选举产生的学总执委会成员中，共青团代表占多数。恽代英在会上作了《"五卅"后政治形势》的报告，充分肯定五卅运动的历史意义，提出了"全国一切民众团结起来，打倒帝国主义"的战斗口号，号召全国青年学生一定要成为民族解放的先锋战士，英勇坚持斗争。[①]大会宣言说，"中国民众，应当赶紧自己团结，有一致的坚持的长久的斗争，才能达到目的。我们学生当始终为全国民众运动的勇猛的冲锋队"，"应当更进一步的尽我们救国的天职，协助全国平民的解放运动"[②]。会议通过了《反对帝国主义议决案》《援助工人农民运动议决案》等，明显受到了中国共产党的影响。

会后，全国学联向北京、天津、河南、陕西、湖南、湖北、安徽、福建、广东等地派出特派员指导运动。林育南以笔名林根在《中国青年》上介绍全国学联代表大会，中国学生运动"从单独学生一部分的运动，进而为宣传民众及参加农工市民等社会运动；从松懈的组织，进而为精密的团结——这都是他们进步的最大的明证"，"援助工人农民案，是开学生会议案之创举，亦是此后学生运动新开的途径，参加到工农群众中去宣传组织，如此才能使中国民族解放成功"。关于学生组织问题，"最堪注意者即各级学生会均设有工农部，为专司学生参加工农运动之机关，可知他

---

① 张崇文：《关于第七届学生代表大会的回忆》，上海社会科学院历史研究所编：《五卅运动史料》第2卷，上海人民出版社1986年版，第458页。

② 《中华民国学生联合会总会第七届全国代表大会宣言》，中国新民主主义青年团中央委员会办公厅编：《中国青年运动历史资料（1925）》第2册，1957年内部印行，第166、167页。

们所谓援助工农运动，非徒托之空言，且能实际行动"。[①]

为了坚定民众的斗争信念，8 月 18 日，中共中央和共青团中央发表文告：《全国被压迫阶级在中国共产党旗帜底下联合起来呵！》，郑重告诫工人及民众，无论敌人怎样压迫和破坏，"共产党和共产主义青年团是最觉悟的工人所组织者，永久领导着工人奋斗，不论是成功是失败"[②]，号召先进分子赶快加入共产党。第二天，团中央又发布第 73 号通告，布置秘密工作，指出"我们在没有取得政权以前，无论何时何地，都有秘密组织的必要，因为我们敌人是有武装的，他们立时可以封禁、捕捉、屠杀我们，所以我们无论在某种环境，必须保有自己的秘密组织"，"但是不要误会，以为进行秘密工作就等于要缩小范围，或是停止活动。要知道，秘密工作做的更好，我们就离开军警和侦探及其他一切敌人愈远，则我们的活动范围愈能扩大，我们的指导愈能有力"[③]。

在共产党、共青团的领导下，五卅风暴迅速从上海席卷全国，各地各阶层民众纷纷举行声势浩大的反帝示威游行、集会通电、抵制外货和罢工、罢课、罢市等斗争。中国台湾学者评价说，各地反帝斗争"参加人数之多，地区之广，历时之久，都可谓空前；民众情绪的激昂，工作执行的严密，亦是前所未有；而募捐款项之多，罢工、抵制英货所得效果的丰硕，亦是史无前例，实可惊人。鸦片战争时三元里的反英运动，固不能与之同日而语，就是民国八年的五四运动，就反对帝国主义而言，其规

---

① 林根：《介绍第七届全国学生大会决议案》，《中国青年》1925 年 8 月第 88 期。

② 中国新民主主义青年团中央委员会办公厅编：《中国青年运动历史资料（1925）》第 2 册，1957 年内部印行，第 252 页。

③ 中共中央文献研究室编：《任弼时传》上册，中央文献出版社 2014 年版，第 88 页。

模、效果也远逊于此。谓之中国史上空前所未有，决不为过"①。

可以说，五卅运动冲破了二七大罢工失败后长期笼罩着的沉闷空气，开始形成热气腾腾的革命局面。恽代英 1926 年在《中国民族革命运动史》中总结道："经过五卅运动以后，反帝国主义的空气就普及于全国，大多数人都知道了。""各地工人、学生很多都组织起来了，商人亦渐知引他们的组织来参加反抗帝国主义，且有工学联合组织，这种民众的力量影响政治方面的运动，使军阀内部分化。"②

在社会运动中加强组织

青年团在成立之初就充分认识到基层组织建设的重要性。团的一大章程中对团基层组织"小团体"作出了明确细致的规定："各工厂、各学校、各乡村及其他足资活动之机关中，有团员三人以上，即须组织小团体"，小团体"每星期须开会一次"。③各地方组织地方青年团，该地方各小团体属之。1923 年 8 月通过的团的第一次修订章程中又进一步要求，把原章程的小团体的设置明确改为支部，规定各工厂、铁路、矿山、农村、兵营、学校等机关及其附近，凡有团员三人以上者，即当组织支部；支部下面，还可按三人至五人分组小组，每组推选组长一人；每支部当设一干事会，其人数随时配定，但必当设一书记负专责。同时，对支部组

---

① 李健民：《五卅惨案后的反英运动》，（台北）"中央研究院"近代史研究所 1986 年版，第 213 页。

② 《恽代英全集》第 8 卷，人民出版社 2014 年版，第 465、466 页。

③ 《中国社会主义青年团章程》，中国新民主主义青年团中央委员会办公厅编：《中国青年运动历史资料（1915—1924）》第 1 册，1957 年内部印行，第 131、133 页。

织生活作了详细规定。

1925 年团三大对团员的准入有着比较严格的规定。为进一步保证团员质量，规定农工入团应经过一个月的候补期，学生及职员入团应经过两个月的候补期。候补期为特别训练及察看期，必要时地方委员会得延长或缩短候补期。[①] 预备团员制的实施主要用于考察入团者的个人品质和对团的信仰坚定与否。

在大革命高潮即将来临之际，青年团对这一问题的认知有了新的发展。1925 年 1 月，团的三大认为，团的组织发展工作总原则是"深入到广大群众中去"，"应该扩大遍及于全国，使之真正成为青年群众的团体"[②]。5 月初，斗争刚刚起来时，团中央要求每个团员在两个月内发展一名新团员，规定凡工农青年，"只要有相当的阶级觉悟，并很愿意做事而勇敢者"；学生及职员，"对于主义有相当的认识，而有活动之才力，且愿遵守本校纪律，接受执行机关之指挥而去参加实际工作者"均可入团，为使发展的"手续敏捷起见"，特别支部干事会可以先行批准新团员。[③] 5 月底，任弼时提出，共青团是"代表一般受苦青年的利益"而奋斗的"行动的群众组织，并不是一种学院式的研究团体"，团员要认清责任，"努力于主义上的训练"，"在行动的奋斗过程中，方可得到真正而有意义的经验"。[④]

7 月下旬，任弼时以青年无产阶级革命家的战略目光预言道：

① 《中国共产主义青年团第二次修正团章》，中国新民主主义青年团中央委员会办公厅编：《中国青年运动历史资料（1925）》第 2 册，1957 年内部印行，第 68 页。

② 《组织问题决议案》（1925 年 1 月），中国新民主主义青年团中央委员会办公厅编：《中国青年运动历史资料（1925）》第 2 册，1957 年内部印行，第 61 页。

③ 中共中央文献研究室编：《任弼时年谱（1904—1950）》，中央文献出版社 2014 年版，第 37 页。

④ 中共中央文献研究室编：《任弼时年谱（1904—1950）》，中央文献出版社 2014 年版，第 39 页。

在这次全国群众的行动中，实给我们以极好的发展机会，如果坐视过去，那就是我们极大的过错。我们要知道，将来斗争的途径长而且远，所以我们主观实力的预备至为重要，现在即是我们培植实力以应日后长期斗争之时。①

任弼时主持发布的团中央 62 号通告中指出：

我们吸取新同学之条件不要太严。对于工人，更绝对不可以明白马克思主义为介绍之入校之标准，只要他是诚实勇敢，能活动而服从纪律者即可。就是对于学生，亦应较前从宽。②

他还认为，"我们的团体，是一个教育机关"，是为引导工人阶级奋斗而去训练自己的一种组织，是要在工人阶级直接谋自己利益的斗争中去训练自己，而不是先训练好再入团。团不同于党，吸收团员的条件不能太严，但是对于新团员"则须进行特别训练的工作"。

9月，共青团三届二次扩大会议通过《组织问题决议案》，明确"要注意从团员数量上的扩充，去求质量与数量同时增善"，同时为巩固扩大青年团阶级基础，该决议案规定：

应采取种种方法使青年工人易于加入本团。以后只要是忠

---

① 任弼时：《关于共青团工作的三个通告》（1925 年 7 月—11 月），《任弼时选集》，人民出版社 1987 年版，第 14—15 页。

② 《任弼时选集》，人民出版社 1987 年版，第 15 页。

实于革命的青年工人即可介绍作为同志，同时亦应注意多吸收学生中有无产阶级革命意识的分子，对于青年农民尤应注意。[①]

五卅运动不仅锻炼了广大共青团员，提高了他们的政治觉悟，也使共青团组织得到迅速发展。1925年9月，据统计，全国共青团员已由三大时的2400多人发展到了9000多人，增加了2.7倍，其中工人由原来不到10%增加到38%。1927年5月共青团四大召开时，全国团员数量猛增到37638人，各地几乎都有团的基层组织在开展工作。

如果说在五卅运动前，共青团因为数量、质量的问题，在社会上影响和作用存在一定局限，那么经过一年多的奋斗，全国除西藏、贵州、新疆、甘肃之外，都已建立了组织。1926年7月统计，年龄分化之后，全团人数已发展到10072人。其中广东最多，为2594人；江浙次之，为2321人。在反帝、反军阀以及与各种反动思想的斗争中，团是"实际领导群众站在前线指挥斗争的组织"，因而被"敌人认作洪水猛兽一般似的大加压迫"。[②]在五卅运动中，共青团上海地委执行委员何秉彝、团员尹景伊英勇献身；在北京的"三一八"惨案中，有8名团员被段祺瑞政府杀害；在安源遇难的黄静源，在青岛牺牲于军阀枪口下的李慰农，在上海被孙传芳暗杀的刘华，都是共产党员兼共青团员的中坚分子，至于被捕入狱的团员，总数在200人以上。

---

① 中国新民主主义青年团中央委员会办公厅编：《中国青年运动历史资料（1925）》第2册，1957年内部印行，第316—317页。

② 任弼时：《中国共产主义青年团过去的一年》（1926年5月30日），中共中央文献研究室、中央档案馆编：《建党以来重要文献选编（1921—1949）》第3册，中央文献出版社2011年版，第219、216页。

三、站在思想理论的高地上

中国共青团是中国共产党领导的先进青年的群团组织，这一先进性主要体现在它以马克思列宁主义思想理论作武器。大革命时期，社会变革十分剧烈，各种思潮在民众中尤其是在青年中产生很大的影响。革命首先是观念的革命，中国共产党所领导的中国革命更是一场观念先行的革命，共产主义革命是高度强调信仰和对未来充满理想的革命，所以对广大的党员、团员开展宣传教育，贯穿于整个革命斗争发展的历史。

《中国青年》成为"良师益友"

中国社会主义青年团正式成立后，一方面非常重视动员组织广大团员投身于反帝反封建的实际革命运动，另一方面也十分注意开展思想战线上的斗争。青年团中央机关刊《先驱》被迫停刊两个月后，根据团二大提出的"教育工作是本团根本工作之一，以共产主义原则和国民革命的理论教育青年、工人、农民、学生群众是本团最重大的责任"的会议精神和工作宗旨，经过恽代英、邓中夏的筹备，1923年10月，《中国青年》作为团中央机关刊物在上海正式创刊，恽代英担任主编。

《中国青年》创刊，时值广大青年在中国社会这间"绝无窗户而万难破毁"的铁房子里碰撞之际，他们"常常苦于不知道应当怎样做事，以及他们做的事不知应当怎样改良"。创办《中国青年》，正是"为青年的这种需要，供给他们一种忠实的友谊的刊物"。发刊词中明确指出《中国青年》的任务是"引导一般青年到活动的路上"，"到强健的路上"，"到切实的路上"。

　　青年团中央局十分重视《中国青年》，抽调得力干部从事编辑工作，多次讨论《中国青年》的编辑问题，明确规定每期刊物内容"均须经中央局审查方可付印"。1924年9月25日，团中央又专门作出决定，在中央宣传委员之下组织一个编辑部，负编辑《中国青年》和供给《团刊》《平民之友》稿件之责，并指定任弼时、何味辛、邓中夏、张秋人、恽代英、林育南为编辑，林育南为总编辑。正是由于团中央的高度重视，《中国青年》自创刊后一直受到广大团员青年的欢迎。《中国青年》作为社会主义青年团中央的机关刊，从创办之初就以"为革命的青年作革命的指导"为宗旨，成为中国共产党最早用马列主义教育青年的刊物之一。

　　恽代英等人是在极其艰苦、秘密的条件下出版发行《中国青年》的。"狭窄的房子，有一两个书架子的参考书，在那里开会、看书、写文章，有时还校对，夜里就在那里睡觉。"由于其鲜明的革命性和无畏的战斗精神，办刊活动遭到反动军阀的迫害与摧残。"为了避开敌人的警察和特务的破坏，常常搬家，印刷是在秘密的印刷所里进行的"，"开始还可以半公开发行，以后变得只能秘密发行了"。[①] 因此，《中国青年》周刊常常不能定期出版，然而这丝毫无损它成为广大青年和群众最喜爱的革命刊物。刊物的发行量由最初的300多份上升到1万余份、3万余份。随着革命高潮的到来，1927年上半年发行量超过了5万份。印刷地由上海一处扩展到广州、河南、北京等地，广西、福建、湖南、浙江等地也有代办业务。四一二反革命政变后，《中国青年》编辑部、发行处也随党、团中央迁至

---

① 《陆定一同志在〈中国青年〉创刊三十周年纪念会上的讲话》，《中国青年》1953年11月第22期。

武汉，大革命失败后又迁回上海，在极端白色恐怖之下一直坚持战斗到1927 年 10 月 10 日停刊。

这一时期的《中国青年》前后出版四年，恽代英、邓中夏、萧楚女、林育南、李求实相继担任过主编，其中以恽代英任职时间最长。他为《中国青年》组织了一支强有力的优秀作者队伍，陈独秀、瞿秋白、毛泽东、邓中夏、陈潭秋、沈雁冰等中共早期领导人与革命活动家都是刊物的作者，国际友人阮爱国（即胡志明）等也曾撰稿。恽代英本人以天逸、但一、但、毅、子怡、雅宜、F.M. 等笔名和代英的真名及记者、编者的名义撰文 130 多篇，通讯三四十篇。这些文章占恽代英毕生 500 多篇文章的 1/3。

《中国青年》发表大量文章无情揭露帝国主义的腐朽，深刻分析中国的社会状况，指明中国社会和革命的性质、对象，论证中国革命的动力问题。《中国青年》还广泛宣传团史和团组织的纲领、路线、政策，同时结合党团组织工作重点发表一些指导性文章，推动国民革命的发展。

《中国青年》自创刊以来就一直在党的领导下，"以共产主义的原则和国民革命的理论教育青年工人、农民、学生群众"为指导思想，以"为革命的青年作革命的指导"为历史使命，在广大青年群众中积极热情地传播马列主义的基本观点，向读者推荐介绍马列主义经典著作，专门开辟列宁纪念特号、十月革命专刊、苏联革命纪念特刊，广泛宣传中国共产党的纲领路线、方针、政策，探求中国革命的基本理论。它以马列主义观点回答和解决了当时革命运动和青年运动中的很多问题，动员和鼓舞青年群众参加反帝反封建的革命斗争。《中国青年》因此成为传播马列主义的重要阵地和一所学习研究共产主义的"大学校"。

每当大规模的斗争高潮兴起，《中国青年》总是发表大量文章，推动斗争向纵深发展。废约运动、非基督教运动、收回教育权运动、国民会议运动、五卅运动……概莫能外。当废约运动开始之时，蔡和森、萧楚女、恽代英等在《中国青年》上连续发表文章，以大量的事实揭露帝国主义利用不平等条约控制中国内政外交的罪行，号召全国人民尤其是青年要积极投身于这一运动。这就为运动的发展起了指导和推动作用。

正是由于《中国青年》紧密结合中国革命实际和青年实际，因此深深赢得了广大青年团员的欢迎，成为青年人前进中的"良师益友"，斗争中的"精神食粮"，教育和培养了一代革命青年，推动了青年运动的发展。曾经担任《中国青年》主编的任弼时说：大革命时期的《中国青年》，是"当时青年知识分子及一部分青年工人所喜爱的刊物，在它的鼓舞教育下，千百万青年投入了中国人民伟大的解放斗争"①。

反对国家主义派

中国社会主义青年团的成立发展始终伴随着中国青年运动的蓬勃发展，那个时代的各种社会思潮也如同风起云涌的各种改良、革命运动，伴随着如饥似渴、企盼光明的中国青年。资产阶级的右翼国家主义派就是其中的一个重要派别，它始终在思想上同中国共产党和共产主义青年团争夺青年运动的领导权。

国家主义产生于18世纪，它对资本主义自由竞争年代民族国家的建立和国内统一市场的形成曾起到一定的促进作用。到了垄断资本主义时

---

① 任弼时：《纪念〈中国青年〉创刊二十七周年》，《中国青年》1950年10月第50期。

代，国家主义以"国家、民族至上"为幌子，成为实行对外侵略、对内阶级压迫的工具。十月革命以来，国家主义成为反苏反共的极端反动思潮。1923 年底，资产阶级右翼分子曾琦、李璜等在巴黎成立"中国青年党"。因其对外以"中国国家主义青年团"的名义出现，因而被称作"国家主义派"。1924 年，曾琦、李璜等回国后，陆续在各地建立 30 多个国家主义组织，并在上海创办《醒狮》周报，故又称作"醒狮派"。他们亮出全民革命的旗号，将五四时期革命群众提出的"内惩国贼，外争国权"，改为"内除国贼，外抗强权"，作为他们的行动纲领，反对中国共产党，反对方兴未艾的大革命运动。

为了巩固中国共产党对青年运动的领导权，争取一部分受蒙蔽的青年学生，中国共产党和共产主义青年团联合国民党左派，以《中国青年》为主要阵地，对国家主义派进行了彻底的揭露和猛烈的反击。据不完全统计，1925—1926 年，《中国青年》有 33 期刊登了共 45 篇反击国家主义派的批判文章。1925 年 9 月，共青团三届二次扩大会议通过的《政治宣传工作决议案》明确提出，各级团组织要做"各种公开的宣传活动，以坚固我在群众中的指导地位"。1925 年 11 月，党中央向团中央下达第 65 号通告，明确指出："和国家主义派的争斗，在宣传上应说明要救国，要爱国，但反对国家主义，因为站在国家主义上面来救国爱国，其结果必然对外为帝国主义者破坏国际反帝国主义的联合战线，对内为资产阶级抑制工农群众之奋起，尤其要指摘国家主义者卖国家骗民众的具体事实，在民众中宣传。"①

---

① 《中央通告第六十五号——与国家主义派及国民党右派斗争问题》（1925 年 11 月 25 日），团中央青运史研究室、中央档案馆编：《中共中央青年运动文件选编（1921 年 7 月—1949 年 9 月）》，中国青年出版社 1988 年版，第 76 页。

《中国青年》对国家主义派的批判，主要集中在以下几点。其一，批驳了国家主义派宣扬的超阶级的国家观和反对建立无产阶级专政的反动观点。其二，针对国家主义以"阶级划分，争斗益烈，国内混乱时局无法廓清，而国家干涉的惨祸终难幸免"为由，反对工农运动，反对阶级斗争的论调进行了批判。其三，揭露了国家主义派的反动本质。中国共产主义青年团对国家主义的揭露和批判，进一步传播了马克思主义，宣传了共产党的政治主张，也使广大青年逐渐认清了国家主义派的反动本质，使国家主义派的影响日益缩小，国家主义派内部也发生了分化。1926年下半年，许多人宣布退出国家主义派，如当时人数最多的上海"中国少年自强会"自行解散，四川的"起舞社"也宣告瓦解。许多人还发表文章，宣称他们"从国家主义中觉醒过来"。连国家主义派的主要人物曾琦也感叹"赤焰熏天势莫当，纷纷余子竞投降"，表达了他无可奈何的心境。

抨击"戴季陶主义"

戴季陶，浙江吴兴（今湖州）人。早年留学日本，参加同盟会。五四运动前后，他在上海主编《星期评论》，1920年夏参与陈独秀发起的筹建共产党早期组织的活动。李达回忆，"孙中山知道了这件事，就骂了戴季陶一顿，戴季陶就没有参加组织了"①。1924年1月，在国民党一大上，戴季陶当选中央执行委员会委员，担任中央宣传部部长。戴季陶是

---

① 李达：《中国共产党的发起和第一次、第二次代表大会经过的回忆》（1955年8月2日），中国社会科学院现代史研究室、中国革命博物馆党史研究室选编：《"一大"前后：中国共产党第一次代表大会前后资料选编》第2辑，人民出版社1980年版，第7页。

国民党新右派的重要理论家，是"右派中最危险的一个家伙"①。他对孙中山确定联俄、联共、扶助农工的三大政策，一开始就表示反对。国民党一大以后，他曾要求加入国民党的共产党员撤销共产党党籍，做一个"纯粹"的国民党员。

孙中山逝世后，1925年三四月间，戴季陶在北京、广州四处讲演，反对阶级斗争和国共合作。他在国民党三中全会上，极力主张确定国民党的最高原则，即以他所主张的三民主义作为中国革命的中心思想。五卅运动的风暴，显示了中国工人阶级的伟大力量和中国共产党领导中国革命的能力，革命统一战线中资产阶级同无产阶级争夺革命领导权的斗争日益尖锐。同年6月和7月，戴季陶相继写成《孙文主义之哲学的基础》《国民革命与中国国民党》两本小册子，反对阶级斗争，反对共产党，从思想、政治、组织等方面提出了一套理论。

戴季陶主义的中心思想是反对马克思列宁主义关于阶级和阶级斗争的学说，宣扬阶级调和与阶级斗争熄灭论。戴季陶从根本上否认中国存在着阶级对立，他说中国"没有显明的强大的阶级区分"，在中国"革命与反革命势力的对立，是觉悟者与不觉悟者的对立，不是阶级对立"②。治者阶级、资本阶级、地主阶级"觉悟了"，就可以为被治者阶级、劳动阶级、农者阶级"来革命"。因此，中国革命根本不需要采取阶级对立的方式，不需要用阶级意识去教育和发动工农进行革命斗争。"拥护工农群众的利益，不需要取阶级斗争的形式……可以用仁爱之心感动资本家，使

---

① 周恩来：《关于一九二四至二六年党对国民党的关系》（1943年春），《周恩来选集》上卷，人民出版社1984年版，第113页。

② 戴季陶：《孙文主义之哲学的基础》，三民书局1925年版，第31页。

之尊重工农群众的利益"，就能使他们为工农去谋福利。戴季陶还把阶级斗争与民族斗争对立起来，用民族斗争否定阶级斗争。他攻击共产党是"争得一个唯物史观，打破了一个国民革命"①。

戴季陶主义曾广泛传播，为国民党内部的老右派——"西山会议派"提供了反共的理论武器，也成为以蒋介石为首的国民党新右派反动篡权的理论基础，为蒋介石叛变革命作了舆论准备。共产党和青年团对戴季陶主义进行了严厉批判，出现了国共两党尖锐的政治理论斗争。

中国共产党严厉驳斥了戴季陶要求无产阶级在统一战线中放弃阶级斗争的谬论，捍卫了马克思主义的阶级斗争学说。1925年9月，共青团三届二次扩大会议通过的《关于本团目前任务决议案》，及时向全体团员指出："国民党右派戴季陶的阶级调和论调，已影响及于青年学生，甚至于我们的同志也受其影响，这就是对于我们一个极重要的警告。"会议号召全体团员要"在党的指导之下，与一切妨碍无产阶级斗争的反动思想奋斗，在各种行动斗争中，去批评反动思想的错误。当我们的机关报宣传我们的主张时，不能假作灰色的思想，以掩饰自己的真面目，应将本团刊物当作思想斗争的中心工具，随时批驳各种反动思想，阐明各种日常发生的问题，并登载关于青年运动的问题和消息"。在此次会议上，团中央局决定将《中国青年》"改成本团公开而有力的机关报，对于全团团员"进行"有系统的列宁主义教育"。②

据此，共青团以《中国青年》为阵地，开展了对戴季陶主义的批判。

---

① 戴季陶：《国民革命与中国国民党》，明东书局1925年版，第53页。
② 中国新民主主义青年团中央委员会办公厅编：《中国青年运动历史资料（1925）》第2册，1957年内部印行，第314页。

第一，针对戴季陶主义的"道统说"，驳斥了他所谓不相信中国固有文化价值，便不能创造文化、进行革命的观点。第二，针对戴季陶主义中的团体"排拒性"及"共信不立"的言论进行批判。第三，批判了戴季陶主义反对马克思主义阶级斗争学说。第四，批判了戴季陶反对国共合作的言论。

批判戴季陶主义的斗争，有力地揭露了资产阶级右派争夺青年运动领导权的企图，团结教育了广大团员青年，捍卫了孙中山的新三民主义，捍卫了中国共产党的政治路线和革命理论。

回击国民党右派

在第一次国共合作的过程中，国民党内一直存在着左派和右派的分歧与斗争。早在国民党一大召开之前，当孙中山正式宣布改组国民党、实行国共合作时，国民党右派邓泽如等 11 人就联名写信给他，反对共产党人加入国民党。孙中山就联名信逐段进行了批驳。1924 年 1 月，国民党一大召开期间，林森、谢持、邓泽如、方瑞麟等又多次密谋，商讨对付共产党的办法。1 月 28 日，趁孙中山没有出席大会之机，方瑞麟提出在党章上明文规定"本党党员不得加入他党"，这是国民党右派反对联共政策的一次公开挑战。李大钊当即发言，表明共产党人的原则立场和合作诚意。廖仲恺也在发言中指出，共产党人加入"是本党一个新生命"。[1] 最

---

① 《中国国民党第一次全国代表大会会议录》（1924 年 1 月 20 日—30 日），中国第二历史档案馆编：《中国国民党第一、二次代表大会会议史料》上册，江苏古籍出版社 1986 年版，第 51、53 页。

终，大会否决了方瑞麟的提案。

随着群众革命斗争的深入发展，右派势力日益走向反动。孙中山在世时国民党右派的活动还有所顾忌，往往采取阳奉阴违的态度，孙中山逝世后，他们就肆无忌惮地活动起来。1925 年 8 月，国民党左派领袖廖仲恺被右派暗杀。之后，国民党中央执行委员中的大地主、大资产阶级代表人物林森、居正、邹鲁、谢持、张继、叶楚伧等 10 余人纷纷由上海和广州跑到北京，聚集在西山碧云寺孙中山灵前召开非法的"国民党一届四中全会"，正式形成"西山会议派"。这个右派群体通过决议，实行清党反共，同时大造舆论，反对国共合作。他们还以国民党正统自居，宣布广东国民党中央为非法，在上海另立中央党部。

针对国民党右派攻击排挤共产党，说共产党员和青年团员加入国民党是想控制国民党，把国民党"逐渐变为属于中国共产党"，"侮辱纯粹国民党党员的人格"，提出要取消中国社会主义青年团，把它合并于国民党，任弼时发表《"社会主义青年团"是什么？》一文，愤然反击道：青年团是"为中国一班青年工人农人以及其他被压迫青年群众谋经济利益，作文化运动，并且受着共产党的指挥去作政治斗争的青年组织，它是青年无产阶级的革命团体，所以它绝对不与一班帝国主义者和军阀妥协，它主张联络全世界上反对帝国主义的大力量去作反对帝国主义和军阀的工作"。它极诚恳地为国民革命而加入国民党，目的是"欲使现有的国民党真正变成一个能担负国民革命使命的政党，以图国民革命早日的成功"，而国民党右派竟然"费许多的光阴和经费印出许多印刷品来攻击他们，这真是令人为国民党惋惜的事"。[①] 恽代英也在《中国青年》上发表《国民党

---

① 辟世：《"社会主义青年团"是什么？》，《中国青年》1924 年 10 月第 49 期。

中的共产党问题》一文，以犀利的笔锋驳斥了国民党右派的论调。

在反对国民党右派势力的斗争中，共青团组织不仅在理论上进行了猛烈抨击，在组织上也采取了积极策略，以确保与右派势力争夺青年运动领导权斗争的胜利。在没有右派势力的地方，共青团采取措施加紧巩固团的基层组织，进行反对右派势力的宣传工作；在右派势力已经形成组织力量的地方如上海、广东、四川等地，共青团组织一方面加紧思想斗争，廓清右派势力的影响，用运动统一战线策略争取他们的群众（如在上海，团组织指示上海学联有意识地团结吸收了一部分右派分子参加学联）。这一斗争策略，有利于共青团开展工作。

"每个团员都要能成为有力量的宣传煽动家"

中国共产党一成立，就认为宣传工作是革命运动成败的关键，尤其是在党建立自己的武装力量之前，宣传工作是各级党组织的主要工作手段。中国共产党第一次全国代表大会成立时议定的工作机构只有两个，一是组织，二是宣传。青年团的工作形式由共产党的任务而决定。中国社会主义青年团第一届中央执行委员会第二次会议决定机构的设置时，也只有经济部和宣传部。在团一、二、三大上，分别作出了《关于政治宣传运动的决议案》《教育及宣传决议案》《宣传及煽动决议案》。

团二大认为："教育工作是本团根本工作之一，以共产主义的原则和国民革命的理论教育青年工人、农民、学生群众是本团最重大的责任。"[1]

---

[1] 《教育及宣传决议案》（1923 年 8 月 25 日），中国新民主主义青年团中央委员会办公厅编：《中国青年运动历史资料（1915—1924）》第 1 册，1957 年内部印行，第 368 页。

团三大则指出"本团宣传及煽动的工作，是为要使全中国青年群众普遍了解本团的主义与一切主张，使他们认识本团是唯一无二的、最忠诚、最勇敢的代表被压迫阶级，特别是代表无产阶级青年群众利益的团体"①，进而对宣传工作的定位、功能、内容及以往存在的缺点和以后应注意的事项作了详细阐述。

共青团高度重视宣传的内容，强调在宣传中要让青年群众了解他们自身的地位、所受痛苦的原因与救济方法，要让青年了解各种必要的国内外及本地的政治经济知识，灌输以唯物主义的学说，使他们知道资本主义帝国主义的特性、共产主义的基本原理、中国社会各阶级的性质、世界革命与中国民族解放的关系，了解信仰且拥护团的主义与一切主张，毫不犹豫跟从团的指挥而奋斗，这样便能使青年团成为深入群众的革命团体。

宣传教育还紧扣青年的实际利益，如青年工人、学徒之工作苦况，学生在学校的生活及他们所受的古典、机械和非政治的教育等，引导他们学习改造社会的思想，包括国民革命和共产主义的理论。团员须竭力避免武断的社会主义的理论宣传——这种空想的与实际社会生活不接触的教育只能使团员与群众隔离，青年群众也易中资产阶级教育之毒。

在宣传手段上，根据当时中国识字的人少的特点，在一般民众特别是在青年农工群众中口头宣传尤为重要。各地团员应注意练习谈话演说的技能，多为有宣传意义的谈话与群众集会演说。发布的宣言与传单要用简短浅近的口号或标语，张贴图画。要采用群众喜闻乐见的方式，利用机会组织晚会，以讲故事和娱乐等方法辅助宣传。有时也可组织特别讲

---

① 《宣传及煽动决议案》（1925 年 1 月），中国新民主主义青年团中央委员会办公厅编：《中国青年运动历史资料（1925）》第 2 册，1957 年内部印行，第 50 页。

演，在短时间内对某问题作系统介绍，使青年群众接受团的主张，扩大团的影响。

在宣传教育过程中，有效地运用情感动员的方式。投身大革命的知识青年是五四新文化的产物，有着炽热的情感、沉积的苦闷，其精神的苦闷与革命的冲动既来自现实生活的压迫，更来自个人主义思想本身的困境。而改变小资产阶级身上固有个人主义思想、散漫自由的状态，既要有理想信仰的灌输，还要有细致入微有情有义的情感传递。情感的丰富性和复杂性，要求党团的组织者充分借助灵魂深处的感性力量与广大青年个体进行思想上情感上的碰撞交融，团结凝聚更多的青年，以期塑造坚贞、正义、团结和富有牺牲精神的革命品质。

共青团清醒认识到，宣传工作绝非少数团员的工作，每个团员都要能成为有力量的宣传鼓动家。地方委员会应负责切实教育团员，使每个团员都能明确了解团体的主义与一切主张。每个团员应负责设法发起或参加各种集会（如演说会、辩论会等），利用机会介绍党与团的刊物，宣传团的思想，提出而且力求贯彻团的主张。集会时，每个团员都应努力邀友人参加，并于当时或事后引起其疑问与辩难，注意其反应的程度。

对于党与团的刊物，每个团员都应当用各种方法广为推销，为之发表广告，转录文字，引起其讨论与辩难。团员应发起或参加各种新剧社、游艺会、旅行队等事业，以扩大与青年群众接触的机会，随时进行宣传工作，团员也应到反对派一般青年群众中间去努力宣传，指出反对派领袖的欺骗行为，吸收他们中间的进步分子。

团内著名理论家恽代英在革命高潮中撰文指出："我们怎样改造世界呢？我们靠宣传的工作；靠一张嘴，一支笔，宣传那些应当要求改造世界的人起来学我们一同改造世界。"他提出做一个宣传家的六条方法。第一，"要有一个坚强的信念"，"只要你能说明理由，解释疑惑，群众一定能够接受你的宣传"。第二，"须对于所要宣传的理论，自己先有充分的明了，而且对于一切反对理由要都能够答辩"。第三，态度要谦和，"要表示出来你自己很有把握"，"但不可骄傲夸大，惹起被宣传人的反感"。第四，要注意说话的语速，"不要说得太快"，每一句、每一个字都要说清楚。第五，要贴近生活，要从被宣传人的"生活中找你说话的材料，找那些可以证明你所说理由的例子，而且利用他生活中常要听见的土话或其他流行的术语说明你的意思"。第六，对于反对者或为难者，要心平气和地解释。[①]

四、"唤醒全国工农群众更加勇敢争斗"

经历了五卅运动的淬炼，中国共青团不论在团员数量上，还是行动能力上，都得到较大提升。随后，各级共青团组织凭着敏锐的政治觉悟和丰富的斗争经验，团结带领广大青年投身北伐战争及其引发的工农运动高潮中。他们或冲锋陷阵于战场，或深入工厂农村，动员组织人民支持北伐战争，或参与各种战勤工作，为北伐军将士服务，以自己的实际行动在中国革命史上谱写下了光辉的篇章。

---

① 恽代英:《怎样做一个宣传家?》(1925 年 7 月 25 日),《恽代英全集》第 7 卷, 人民出版社 2014 年版, 第 199—201 页。

团的工作青年化群众化

"青年群众化本来是本团（共青团）的老口号。"[①]五卅运动前后，大革命形势急剧发展，一方面中国共产党需要尽快壮大力量（1923 年 6 月中共三大时全国党员仅有 420 人，1925 年 1 月中共四大时也不过 994人），来承担越来越重要的革命任务，应对越来越复杂的革命局面，开展越来越尖锐的革命斗争；另一方面，共青团需要尽快打破学生组织的局限，转变为群众性共产主义青年组织，最大范围地动员广大青年工人、青年农民投身大革命热潮之中。当务之急有两项工作：一是开展党团分化，壮大党组织，优化团组织；二是为青年工农利益而奋斗，争取他们的信仰。

实际上，党团分化工作在党团创建伊始就开始了。中国共产党和中国社会主义青年团创建时期，党和团的工作相互借助，团组织承担了很多党的工作，大量党员兼任团员。团一大前后，党员全部参加青年团，当时青年团内团员和党员的比例大约为 2:1，即团内的党员占 1/3。虽然团一大章程规定团员年龄应是 15 岁以上 28 岁以下，但实际上没有严格执行，造成"团员在 22 岁以上的居多，因各地活动人才不够分配，有时不得不代做党的工作而党化"[②]。青年团参与党的工作较多，自身工作开展较少。在成都、太原、衡阳等已建团而暂没建党的地区，团组织"事实上不能不担任共产党应做的工作"。此外，还有一些大龄的党团员双重身

---

① 任弼时：《怎样使团的工作青年化群众化》（1926 年 1 月），中共中央文献研究室、中央档案馆编：《建党以来重要文献选编（1921—1949）》第 3 册，中央文献出版社 2011 年版，第 93 页。

② 赵朴：《团的二次大会至三月扩大会》，《青运史研究》1981 年第 3 期。

份的同志不愿做团的工作。团中央负责人施存统 1923 年 7 月曾抱怨说：
"大多数已入共产党的团员，都不把本团放在眼里，都不肯受本团的指挥，
不做本团的工作，都不受本团的纪律，都只挂了一个虚名。"①

　　1923 年 11 月，青年团中央代表在中共三届一次中央执行委员会上发
言时重申："现 S.Y. 分子缺乏真正青年，尤缺乏青年工人，故实际上无什
么独立工作，此应设法改正。"② 对于党员团员身份不清造成组织和工作上
的不顺，中国共产党负责人也看得非常清楚。12 月，中共中央致信团中
央，提出"使 S.Y. 逐渐成为纯青年的组织"，实际上就是党团分化问题。
1924 年 5 月，中共中央扩大执行委员会作出党团分化决议。6 月 14 日，
党、团两中央联合发出《关于团的青年化问题》通告，要求三个月内完成
超龄团员退团入党。各地党团组织分化活动陆续开展起来，直到 1924 年
12 月才基本结束。

　　1925 年 1 月，青年团三大通过的《组织问题决议案》规定："团员
在 25 岁以上者，应酌量介绍其入党。党员在 25 岁以下者，应兼为团
员。"5 月 14 日，党团中央联合发出《关于互派代表及党员兼团员等之规
定》，强调各地在"最近两周内即行执行"。五卅运动爆发后，全国各地
反帝爱国运动风起云涌，各地方党、团组织忙于反帝运动，不少地区党团
分化延迟至 8 月才开始。

　　随着国内革命形势的发展，共青团中央于 1925 年 12 月下旬发出第

---

① 光亮：《本团与中国共产党之关系——政策、工作、组织》，《先驱》第 23 号，1923 年 7 月
　 15 日。

② 《中共三届一次中央执行委员会各委员报告》（1923 年 11 月），中共中央文献研究室、中央档
　 案馆编：《建党以来重要文献选编（1921—1949）》第 1 册，中央文献出版社 2011 年版，第
　 347 页。

121号通告，就党团分化作出新的规定，要求从严分化党团组织。"凡年满20岁的团员均应转党，但同时还是团员；未满20岁但是是团的负责工作人员的团员也应入党；超过23岁的团员均应转党并且退团，但在团内担任负责工作者不退团。"[①]1926年1月，任弼时要求共青团"必须设法帮助党的组织扩大而强固有力，同时使团员的年龄降低"，提出"党团须从严分化，将过了20岁的团员全数介绍加入C.P.，年过23岁之团员完全脱离C.Y."。[②]

五卅运动以后，全国共产党员有3000多人，共青团员有9000多人。为了壮大党的组织，特别是在重庆、大连、福州、南京和西安等空白地区建立党的组织，特将年龄20岁以上的团员全数推荐入党；年龄超过23岁的团员完全脱离团组织，输送给党；不满20岁但能干的团员也须推荐入党。这样，全国共有3000多名团员输送给党组织，占全团人数的1/3。当时，有些团的干部担心因此而削弱团的力量，任弼时在1926年初深谋远虑地说：

> 我们要知道，若是党的组织不能扩大，则政治工作和工人及农民运动不能充分的发展，仍然是使团没有发展的机会。反之，如党的组织扩大，各方面工作发展，则我们持有深入青年群众的更好机会。因此，党团分化的工作，我们应不犹豫地切实执行；同时，我们希望C.P.方面以后更能帮助团的发展，对

①　中共中央文献研究室编：《任弼时年谱（1904—1950）》，中央文献出版社2014年版，第54页。
②　任弼时：《怎样使团的工作青年化群众化》（1926年1月），中共中央文献研究室、中央档案馆编：《建党以来重要文献选编（1921—1949）》第3册，中央文献出版社2011年版，第90页。

于团内负责同志的工作，不要随便调动。[1]

1926 年底，20 岁以下的团员占总数的 75%，基本实现了团组织的青年化。党团之间人员的分化，使团组织成为真正的青年组织，更好地发挥共青团应有的功能。

群众化问题实质就是早期青年团"变成狭窄的学生团体"，"没有力图成为群众运动"。团一大提出把青年团由"狭窄的学生小团体变成青年工人的群众性组织"[2] 的任务，但团的主要工作仍然是学生工作，团组织在青年工人、农民中的工作并没有摆上议事日程。团二大重申"扩大本团成为民众的组织"，"愿意努力集中其组织和宣传到工人阶级身上"[3]。青年团随后加强了青年工人、青年农民工作，但仍然不够，以至于团三大再次明确提出："本团不与青年工人群众发生密切的关系，自然离开经济斗争的境域甚远，以致本团至今不能成为领导无产阶级青年群众为他们的利益而奋斗的组织，失却他成立的重要意义。"[4]

团三大之后，任弼时根据大会决议精神撰文《怎样布尔什维克化》，强调指出："要使团体能群众化……须纯视组织上的结构是否合于与群众

① 任弼时：《怎样使团的工作青年化群众化》（1926 年 1 月），中共中央文献研究室、中央档案馆编：《建党以来重要文献选编（1921—1949）》第 3 册，中央文献出版社 2011 年版，第 91 页。

② ［苏］C.A. 达林：《中国回忆录（1921—1927）》（侯均初等译），中国社会科学出版社 1981 年版，第 97 页。

③ 《关于少年国际第三次大会报告决议案》（1923 年 8 月 25 日），中国新民主主义青年团中央委员会办公厅编：《中国青年运动历史资料（1915—1924）》第 1 册，1957 年内部印行，第 360 页。

④ 《经济斗争决议案》（1925 年 1 月），中国新民主主义青年团中央委员会办公厅编：《中国青年运动历史资料（1925）》第 2 册，1957 年内部印行，第 40 页。

接近的需要。"① "一切组织的方式和内容，都要适合青年群众心理和生活的需要。"② 在团三大之后的一年里，虽然经济斗争的工作有所改进，但在任弼时看来，仍"有极大的缺点，就是工作上没有表现关于为青年本身利益的斗争及文化运动的成绩，未能使全团工作与组织青年群众化"③。

1925 年 10 月，任弼时在北京主持召开共青团三届一次扩大会议，会议认为"本团目前根本责任不外：在思想上与斗争中去获得青年工人群众，并在中扩大团的组织去指导他们为自己利益而奋斗"④。任弼时认为，"领导群众为其本身利益而斗争。使他们在斗争中，认识我们是代表他们利益而奋斗的团体而取得其信仰"⑤。这是一个非常重要的观点，道出了对普通青年进行思想引领的基本规律。

1926 年，任弼时专门撰写《怎样使团的工作青年化群众化》一文，分析中国青年运动虽然有了很好的下层基础而未能使其深入的根本原因，在于"没有能注意到学生本身利益的斗争及文化运动，以致使学生群众不能坚固地团结在学生团体之下，反而不满于自己的团体，不觉得学生团体是他们利益的保护者。在工人方面，因为我们未能注意青工利益的斗争和宣传，很难取得他们的信仰。换言之，就是我们在过去各方面工作中，

---

①　任弼时：《怎样布尔什维克化》（1925 年），《任弼时选集》，人民出版社 1987 年版，第 2 页。

②　《组织问题决议案》（1926 年 7 月），中国新民主主义青年团中央委员会办公厅编：《中国青年运动历史资料（1926—1927）》第 3 册，1957 年内部印行，第 196 页。

③　任弼时：《怎样使团的工作青年化群众化》（1926 年 1 月），中共中央文献研究室、中央档案馆编：《建党以来重要文献选编（1921—1949）》第 3 册，中央文献出版社 2011 年版，第 89 页。

④　《关于本团目前任务决议案》（1925 年 9 月），中国新民主主义青年团中央委员会办公厅编：《中国青年运动历史资料（1925）》第 2 册，1957 年内部印行，第 311 页。

⑤　弼时：《本届扩大会议的重要意义及其解释》，中国新民主主义青年团中央委员会办公厅编：《中国青年运动历史资料（1925）》第 2 册，1957 年内部印行，第 339 页。

未能使青年群众感觉到本团是为他们的利益而斗争的领导者"。他接着批评道："一般同志还没有明白关于青年本身利益斗争（尤其是关于经济斗争工作）与本团发展的关系。""只要实际领导青年学生与工人为他们本身利益而斗争，我们自然会得到活动的经验，明白其中关系之重要。"①

　　面对大革命发展的新形势和共青团发展的新态势，1926 年 7 月 19日，任弼时在上海主持召开共青团第三届中央执行委员会第二次扩大会议，中心议题是讨论共青团工作的青年化群众化问题，研究如何根据青年特点广泛深入地开展工作。会议首先讨论"什么是 C.Y."，回答是各式各样的。有的说，"C.Y. 是青年共产党"，"是党的左手"，"是党的后补学校"；有的说，"是做文化工作的组织"。任弼时后来说，从中看出"先锋主义与取消主义的成分都是包含得非常充分"。会议的决议案最后总结说：

　　　　本团是在共产党（领导）下的青年群众组织，是列宁主义的学校。

　　　　团要在大多数青年群众中发生影响。因此，本团目前主要的任务，就是如何获得青年工农学生和一切被压迫的青年群众，从思想上组织上行动中去领导他们从自己的利益斗争去参加党所领导的一切政治运动。②

① 任弼时：《怎样使团的工作青年化群众化》（1926 年 1 月），中共中央文献研究室、中央档案馆编：《建党以来重要文献选编（1921—1949）》第 3 册，中央文献出版社 2011 年版，第 90、92 页。

② 《目前任务决议案》（1926 年 7 月），中国新民主主义青年团中央委员会办公厅编：《中国青年运动历史资料（1926—1927）》第 3 册，1957 年内部印行，第 191 页。

如何着手呢？这就要进一步扩大团的规模。加强团员的教育训练，除继续执行年龄分化外，强调"一切组织的方式和内容，都要适合青年群众心理和生活的需要"，发展工作应面向 20 岁以下的青年，注意在青工、童工、学徒、手工业工人及农村贫苦青年中发展新团员，学生中要注意中学、高小、女校及教会学校中的发展工作。在无党派的青年中，以各种方式组织团体，包括文学研究，社会科学研究，美术研究会和俱乐部等开展教育的娱乐的活动，吸引他们参加斗争。在宣传方面，应着重"事实分析与理论辩论"，避免轻视理论学习或经院式研究的两种偏向，但"不可忘了政治鼓动"。

从 1925 年 10 月第一次扩大会议提出"深入群众"到第二次扩大会议提出"青年化群众化"，反映了共青团工作的新发展。共青团在各项政治斗争中积极站在前列，但是在工作内容、工作方法上，共青团和党组织区别不大，客观上是"第二党"。正如任弼时所说，"工作上没有表现关于为青年本身利益的斗争及文化运动的成绩，未能使全团工作与组织青年群众化"，因而团在青工中"很难取得他们的信仰"，学生团体不被学生认为是"他们利益的保护者"，这是"极大的缺点"。[①]造成这些缺点的原因，一方面是政治斗争紧张，团体政治活动多，有关切身利益的活动少，另一方面是干部没有经验。

1927 年上半年，青年团员的数量得到长足发展，团员中工农所占比例也超过学生。到 1927 年 5 月，湖南团员有 7000 余名，湖北有 12000

---

① 任弼时：《怎样使团的工作青年化群众化》（1926 年 1 月），中共中央文献研究室、中央档案馆编：《建党以来重要文献选编（1921—1949）》第 3 册，中央文献出版社 2011 年版，第 89、90 页。

多人，全国团员为 5 万余人，而且"质量也有些长进（工人占 41%，农民占 18%，其他占 22.8%）"①。此时的中国青年团已经是以工农青年为核心的群众性的先进组织了。任弼时说青年团到 1925 年三大时，还是一个"组织很小，影响极微，带了很浓厚的学生色彩的青年团体"。到团四大时，团"已经走向渐次变成无产阶级青年群众革命组织的道路"。②青年共产国际代表在青年团四大作报告时说，"中国 C.Y. 已由一小组织进到一群众的组织了"③。同时，青年团也已经"由学生运动转变为无产阶级运动，由年青的缺乏经验的小组织成长为组织严密的共青团，由人数不多的小组织发展成为群众性的组织"④。

在北伐战争中成长

国共合作开始后，便积极筹划北伐战争，争取推翻军阀割据统治，实现全国统一。在国民革命军北伐过程中，很多共青团员驰骋战场，屡建功勋，还有很多团员在地方积极开展宣传、运输、侦察等工作，配合北伐军作战。1926 年 7 月 12 日至 18 日，中共四届三中全会扩大会议在上

① 任弼时：《中国共产青年团的过去与现在》（1928 年 12 月 31 日），中国新民主主义青年团中央委员会办公厅编：《中国青年运动历史资料（1928）》第 4 册，1957 年内部印行，第 477 页。
② 任弼时：《中国共产青年团第四次全国大会的意义》（1927 年 5 月），《任弼时选集》，人民出版社 1987 年版，第 26 页。
③ 《少年国际代表在中国共产青年团四次大会中的报告》（1927 年 5 月 13 日），中国新民主主义青年团中央委员会办公厅编：《中国青年运动历史资料（1926—1927）》第 3 册，1957 年内部印行，第 454 页。
④ 《青年共产国际代表许勒关于中国和印度工作经验的报告（1928 年 7 月 19 日）》，共青团中央青运史研究室、中国社会科学院现代史研究室编：《青年共产国际与中国青年运动》，中国青年出版社 1985 年版，第 254 页。

海召开。会议开幕当天，国民革命军已经到了长沙。会议通过《军事运动议决案》，规定在国民革命军和国民军中从事政治工作的军官，"其责任必须是使这个军队愈渐团结和愈渐革命化，极力避免革命军队的过早分化"，这就使共青团难于动作。也正因为如此，19日在上海举行的共青团第三届中央执行委员会第二次扩大会议，没有对北伐军中的青年工作形成决议。为此，任弼时叹惜道："那时候中国共产党中央反对在军队中有党与团的组织，因而不独禁止团去发生组织，并且还禁止党在国民党的军队中有组织！"①

尽管如此，经团中央选送投考黄埔军校的青年先后有500余人，他们分布到国民革命军各军中，但因陈独秀不许建立团组织，他们只能分散发挥作用。

在发动群众助力国民革命军北伐的工作中，各级基层共青团都是积极主动的。1926年7月23日至31日，共青团中央领导下的全国学联在广州召开第八次全国代表大会，通过了《拥护国民政府并赞助北伐决议案》，号召全国青年学生从本地实际出发，宣传群众、组织群众，积极参加北伐战争。为了迎接北伐军进入湖南，湖南党、团组织加紧开展群众工作。共青团湖南区委鉴于书记夏曦主持国民党省党部工作，决定改选肖述为书记，夏曦只任一般委员。3月初，为了利用唐生智与赵恒惕的矛盾，争取唐生智参加北伐，夏曦和王基永赶到衡阳，劝说唐生智参加反对吴佩孚、驱除赵恒惕的联合战线。北伐军叶挺独立团挺进湖南后，在中共湖南区委的统一领导下，共青团湖南区委发动和带领各界青年，组

---

① 任弼时：《中国共产青年团的过去与现在》（1928年12月31日），中国新民主主义青年团中央委员会办公厅编：《中国青年运动历史资料（1928）》第4册，1957年内部印行，第484页。

织侦探队、交通队、疑兵队、运输队、宣传慰劳队、冲锋队等，参加战斗。团安源地委陆续动员1000多名团员、青年加入北伐军。湘军将领叶开鑫逃离长沙后，共青团湖南区委和省工团联合会共同组织以共青团员为主体的青年工人1000多人作为保安队，与进抵长沙的国民革命军游击队共同维持城内秩序。8月，北伐军进攻醴陵县，共青团安源地委派出萍乡特支负责人肖保璜、孔原和安源青年工人代表赴醴陵报告敌情，并给北伐军当向导。共青团安源地委还组织300多名青年铁路工人抢修湘东大桥，组织青年矿工帮助北伐军运送武器弹药。9月，叶挺独立团在武昌久攻不下，团安源地委组织100多名青年工人组成工兵大队，来到武昌城下，帮助北伐军开挖地道，放置炸药，给守敌以很大震慑。

在北伐军经过的湖南、湖北地区，共青团组织有了极大的发展。湖南有7000多名团员，湖北有13000余名团员，其中武汉三镇就有8000多名团员。江西的共青团组织也发展迅猛，并且一切活动都是公开的。团组织除了参加一般的工农运动之外，还特别注重童子团的发展和军队工作。两湖地区城市与乡村童子团组织7万人（湖南3万人，湖北4万人）。乡村童子团的主要工作就是帮助农民协会逮捕土豪劣绅、捣毁庙宇、张贴标语、散发传单等，以及自身参加学习和训练。他们绝大部分都是贫农子弟。城市童子团的成分除一部分产业童工与青工外，主要是店员与学徒。城市童子团的工作，除本身经常操练教育和维持群众大会秩序外，就是发动维护本身利益的斗争，成为店员斗争的中心力量。店员和学徒所受的压迫非常严酷，尤其是学徒几乎成了店主的奴隶，所以一旦有了团结，便开始向压迫者争斗，逮捕店主戴高帽子游街的现象时常发生。城市童子团这一为自身利益而斗争的组织，很受童工、店员、学徒的拥护和支持。

中路北伐军程潜部一个团，9月15日趁守敌空虚一举攻占南昌。南昌青年学生通宵达旦赶制标语，第二天反对北军（北洋军阀）欢迎南军（国民革命军）的标语贴满全城。不久，在强敌的反扑下，北伐军仓促撤离，南昌城中许多中共党员、共青团员、青年学生惨遭军阀屠杀。10月，为了配合北伐军挺进抚州，抚州共青团组织安排革命青年章应昌、许瑞芳等人和北伐军取得联系，配合北伐军向沿途群众宣传，动员群众烧茶送水。11月初，为配合北伐军进军九江，南浔铁路沿线一带的九江、德安、永修县分别以团员青年为骨干组成宣传队、向导队、侦察队参加战斗。11月8日，北伐军再克南昌，在共青团南昌地委发动下，南昌青年有的参加北伐军，有的参加各项政治活动，十分踊跃。在江西战场上作战的国民革命军第二、三、六军中，都有相当数量的共产党员和共青团员。凡遇强攻不克之敌，多是由党团员为骨干组成敢死队，冲锋陷阵，重创敌军，起到了先锋模范作用。尤其是在三打南昌和南浔铁路的战斗中，党员、团员更是冲锋在前，作出了重大牺牲。

在东路北伐军进入福建之前，福建的党团组织就发动青年开展瓦解军阀部队军心的工作。1926年10月，福州党组织、团组织发动群众，在西门遍贴欢迎北伐军的标语，还四处宣传，赶制数万份传单，以国民革命军先遣队名义到处散发张贴。10月间，北伐军与福建军阀在永定一带交战。福建地方党团组织利用军阀内部矛盾，派人说服曹万顺、杜起云两旅起义，使北伐军在11月初攻克漳州。此时，军阀孙传芳把主力移向江西，福州敌军防守空虚。福州党团组织抓住时机，一面派人向省防司令李生春进行政策攻心，一面自制手榴弹，组织省会策应军突击队，准备武力挟制。一些从广东派到福建的进步学生还把福州全市的电话线全部割断，搞得守军狼狈不堪。12月1日，共青团福州地委书记方尔灏亲率10多名青年党员，冲进省防司令部，威迫李生春投降。北伐军未发一弹，便占领福州。1927 年 2 月，北伐军中路军和东路军分别从南昌、福州经衢州出发攻占杭州，由共产党员、共青团员为骨干的杭州铁路工人，成立了铁道兵团，抢修沪杭铁路和桥梁，支援北伐军进军上海。

在北伐胜利进军的推动下，从 1926 年底起，湖南、湖北、江西等省以工人阶级为中坚，展开了声势浩大的反帝运动。革命运动要求废除一切不平等条约，撤出外国驻华军队，收回租界，宣布对英日等帝国主义经济绝交。"租界已成反革命之大本营，即为革命之陷阱，国民革命必须打破此陷阱，因之收回租界益形必要。"①

在群众性的反帝运动中，最重要的事件是汉口、九江英租界的收回。1927 年 1 月初，武汉人民连续举行大集会，庆祝北伐胜利。3 日下午，中央军事政治学校宣传队在江汉关附近的广场上作关于民族主义的演讲，听众中爆发出一阵阵呐喊声。英国水兵登陆干涉，用刺刀向群众冲击，刺伤数十人，重伤三人。这就是英国侵略者制造的汉口"一三"惨案。惨案发生后，国民政府外交部即向英领事提出抗议，限令 24 小时内撤退水兵，由中国政府派军队进驻英租界。4 日，武汉工农商学各团体代表500 余人举行联席会议，提出"赔偿损失，惩办凶手，收回租界"等 8 条建议。江西、湖南、上海、北京、广东、福建、浙江、安徽等省市人民，纷纷组织反英援汉委员会，举行反英大示威。共产国际、青年共产国际和苏联、英国、德国、法国等国工人阶级纷纷通电支持中国人民收回英租

---

① 《中国国民党中央执行委员国民政府委员临时联席会议第四次会议决议案》，郑自来、徐莉君主编：《武汉临时联席会议资料选编（1926.12.13—1927.2.21）》，武汉出版社 2004 年版，第67 页。

界的斗争。在收回英租界的斗争中，武汉国民政府执行了革命的外交政策，与英国代表展开坚决的谈判斗争，2月19日和20日，收回汉口、九江英租界的协定先后签字，这是中国人民反帝斗争的重大胜利。

1927年蒋介石发动四一二反革命政变之后，武汉国民政府决定继续北伐，进入河南。北伐军进军河南前夕，在河南省立第一工业学校学习的共青团员杨靖宇、共产党员张耀昶等被派到河南确山从事农民运动，迎接北伐军。各级团组织还组织团员青年开展战勤服务，如破坏敌军经过的桥梁道路、侦察敌情、组织宣传队、为北伐军当向导、为北伐军看护伤员、维持社会治安等。

当北伐军进攻河南时，运回武汉的伤员有5000多人，但是由于医药和看护人员缺乏，伤员的处境非常差。共青团湖北省委便组织一部分童子团，分配到各伤员驻地担负看护工作，同时学生会及其他妇女团体也加入其中。在工作中，他们责任心强，视伤员如亲人，吃苦耐劳，细心为伤员清洗伤口、换药，受到了北伐军的称赞，"甚至有些伤兵联名通电赞扬童子团之议"[1]。

协助党发动工人群众

国共合作之初，中国共产党的工作重心集中于国民党的改组，而且认为既然加入多阶级的国民党从事国民运动，便只好采取劳资协调的政策，不便发动阶级斗争。1924年5月，中共中央在上海召开扩大会议，重申

---

[1]　任弼时：《中国共产青年团的过去与现在》（1928年12月31日），中国新民主主义青年团中央委员会办公厅编：《中国青年运动历史资料（1928）》第4册，1957年内部印行，第498页。

工人运动是党的根本工作，若忽视这种工作，便无异于解散共产党。会议认为，共产党必须保持对工人运动的独立领导，不必帮助国民党在组织上渗入产业无产阶级，只可在不妨碍阶级斗争的前提下帮助国民党组织店员及手工业工会。1925 年 5 月初的第二次全国劳动大会在广州闭幕后不到 20 天，上海就爆发了惊天动地的五卅运动，这是中国共产党领导的第一次具有全国性规模和影响的群众运动。中国共青团在这一运动中得到多方锻炼和快速成长。1926 年 5 月 1 日，第三次全国劳动大会在广州召开，会议明确规定工人阶级目前的任务是支援广州国民政府北伐。中国共青团作为中国共产党的助手，积极参与到推动工人运动的发动工作之中。

1926 年 7 月，共青团第三届中央执行委员会第二次扩大会议提出，在经济斗争中维护青工利益，发起保护童工运动。当时，全国新旧工业中有工人 1075 万人，青工占 40%，其中童工有的不满 6 岁，10 岁左右的普遍常见。单是上海一地，就有童工 17.3 万多人。他们每日劳动 12 小时以上，是资本剥削的"童奴"。因此，要提出反映青工童工利益的条件，使他们和成年工人一起参加斗争。根据全国第三次劳动大会的精神，规定全体青工童工均应加入工会，在工会中设立童工委员会，组织劳动童子团，召开青工大会或代表会；团中央建立经济斗争委员会，调查青工童工的生活状况，提出工作大纲。任弼时要求各级团组织要"在各工人区域，用适当的名义（工会或某种团体）召集各种没有党派的青年工人群众会议或代表会议"，以扩大团的宣传工作，以便"巩固党在工人中的势力"①。

---

① 任弼时：《怎样使团的工作青年化群众化》（1926 年 1 月），中共中央文献研究室、中央档案馆编：《建党以来重要文献选编（1921—1949）》第 3 册，中央文献出版社 2011 年版，第 92 页。

北伐战争的迅猛推进，为沿途各省工人运动的发展创造了机遇和条件。在湖南，中共湖南区委通过省总工会和国民党湖南省党部工人部指导工人运动，开办工会职员讲习班、工人运动讲习所，培养和派遣数十名工运特派员具体指导各地建立工会，并取缔招牌工会，打击反动工会，确保湖南全省工人组织掌控在中国共产党之手。同时，在全省范围内建立工人纠察队，并与农民运动互相配合、互相支持。

在湖北，北伐军到来之前，汉口、武昌只有十几个工会。北伐军攻占汉口不到一个月，便出现了 100 多个工会。武汉地区团组织中青年工人的成分开始增多，团的工作也扩大到工厂、商店、码头、街道等处。青年团经常派人到工人集中的硚口地区，同青年工人谈心交心，十几家工厂中很快建立了团支部。同时，在团组织的推动下，武昌许多学校、工厂建立起学生童子团或劳动童子团。1926 年 11 月，湖北省总工会成立劳动童子团总支部，统一领导武汉地区劳动童子团，团组织派出曹策担任总团长。从 1926 年 10 月到 1927 年 4 月，武汉地区共发生 300 多次罢工，平均每天约 1.5 次，这些罢工体现了无产阶级的战斗精神，也导致很多企业濒临倒闭，生产额大幅下降。

在福建，泉州青年共产党、共青团员以及国民党左派青年，深入到工人群众之中，启发他们的阶级觉悟，成立了泉州汽车公司工会筹备会，接着各行各业工会也纷纷成立。福州等地工会领导了工人要求增加工资的斗争，如建瓯金融、理发业工人的工资提高了近 1/3。

随着北伐战争的胜利，全国很多地方的工人组织都建立和发展起来，建立了工人纠察队，统一在全国总工会的旗帜下。工人组织起来后，积极投入到反帝反军阀的革命洪流中，工人运动出现了前所未有的高潮，在许多地方，工人运动已由罢工斗争发展到武装斗争，直接支援和配合北伐战争。

助推农民运动高涨

中国共产党在推动城市反帝运动、工人运动不断高涨的同时，在北伐军所占领的省份内，党领导的农民运动也蓬勃开展起来，出现了农村大革命的局面。1926 年 7 月，共青团第三届中央执行委员会第二次扩大会议明确提出加强农村青年中的工作。会议制定的大纲指出，"中国革命若不得农民群众有力的参加是不会成功的"，"党或团若不在农民中发展，决不能成为群众中的组织"[①]。农村青年工作不限于青年农民，农村的小学师生、手工业学徒均应为团的工作对象。通过政治宣传、文化宣传及教育运动，广泛联系群众，组织各种形式的青年团体、劳动童子团、小学教师联合会，引导他们反对帝国主义、封建军阀、贪官污吏、土豪劣绅的压迫与剥削，认清国民革命的意义。

北伐军大举进入湖南后，沿途农民踊跃支援北伐，主要得力于共产党员和共青团员的发动。当时北伐军中的政工人员多是中共党员、共青团员，湖南国民党地方党部也掌握在共产党人手中。从 1926 年 10 月起，湖南农运开始进入一个新阶段，农民组织发展迅速，很快超过了广东和其他各省。一个月后，湖南已有 50 多个县有农民协会的组织，成立的县农协有 49 个，农会会员达到 136 万多人。1927 年 1 月，湖南全省农民协会会员增加到 200 万人。湖北也有 40 多个县正式成立了农民协会，会员40 余万人，较之省临时农民协会成立时增加了 150 余倍。[②]

---

① 《农村青年工作大纲》（1926 年 7 月），中国新民主主义青年团中央委员会办公厅编：《中国青年运动历史资料（1926—1927）》第 3 册，1957 年内部印行，第 214 页。

② 参阅《第一次国内革命战争时期的农民运动资料》，人民出版社 1983 年版，第 467 页。

北伐军进军福建后，广州农讲所学员温家福、陈庆隆等人在闽西上杭、龙岩、永定等县先后建立了农民协会，摸索经验，分头深入群众，访贫问苦，鼓动宣传，陆续建立起各区乡农民协会。福州团地委书记方尔灏因领导农民运动，被地主勾结军阀势力打成重伤。这时，由陈应中等人负责，在福州东、西、南、北门四乡都成立了农民协会。各地农会普遍开展了减租减息、打击土豪劣绅的斗争，先后召开两次代表大会。据统计，截至1927年上半年，全省已有147个乡建立了农会，会员2.84万人。

在北伐军进军浙南的影响和推动下，瑞安、平阳、乐清等县相继成立了农民协会、总工会、商民协会。瑞安县党组织发动1000多名农民成立运输队，林允明、洪芷坨还率领青年农民前往福建福鼎迎接北伐军，帮助运输军用物资。

1926年至1927年上半年的农民运动形成了高潮，同时也受到了一些责难。在这个问题上，中共党内产生了意见分歧。1927年初，毛泽东在湖南农村作了一次调查，写成《湖南农民运动考察报告》，明确提出解决中国民主革命的中心问题——农民问题的理论和政策。考察报告充分估计了农民在中国民主革命中的伟大作用，明确指出在农村建立革命政权和农民武装的必要性，科学分析了农民的各个阶层，着重宣传了放手发动群众、组织群众、依靠群众的革命思想。

参加上海第三次武装起义

为了配合北伐战争，在中国共产党领导下，上海工人在1926年10月和1927年2月先后举行两次武装起义，但在帝国主义和军阀的残酷镇压下都失败了。

共青团中央局总书记任弼时认为："第一次暴动时，党与团对于暴动的性质与暴动后的政权问题的观念是很模糊的。只认定这一暴动的主要目的是在于摇动孙传芳的后防，以响应北伐军；把资产阶级看成是这次暴动的主力，无产阶级站在帮助的地位。暴动后的政权由资产阶级支配，决定无产阶级不必参加。不过暴动后无产阶级应当得集会、结社、言论、出版、罢工的自由，为暴动的主要条件。"第一次与第二次暴动失败之经过所得到的教训，就是资产阶级不能为这种暴动的主要力量，他们的动摇畏缩的弱点和想利用工人阶级以达到自己目前的企图。因此，在第二次暴动失败之后，对于暴动主力与政权问题的观念就有根本的改变：认为将来暴动的中心主力必定是工人阶级，"小资产阶级与资产阶级只是一种旁边赞助的别力而已，政权的组织也必须以无产阶级为中心"。[①]

两次起义失败后，中国共产党和共青团总结经验教训，经过周密准备，利用北伐军进入上海市郊，上海只有少量守军的有利时机，于 1927 年 3 月 21 日举行了第三次起义，由周恩来任起义总指挥。罢工后即由工人纠察队先夺取上海华界警察的武装，武装自己，然后向警察署、兵营、火车站进攻。经过 48 小时的激战，终于将千余敌军完全消灭，取得了第三次武装起义的胜利。在占领上海的战斗中，由年轻的共产党员、共青团员和青年工人组成的工人武装纠察队发挥了重要作用，有 15 名共青团员在巷战中壮烈牺牲。在闸北地区的战斗中，上海大学团支部书记杨振铎带领一支由共青团员、青年工人组成的少年先锋队，与工人纠察队并肩作战。

按照中共中央特委的设计和部署，在第三次武装起义爆发之前，就为

[①]　任弼时：《中国共产主义青年团的过去与现在》（1928 年 12 月 31 日），中国新民主主义青年团中央委员会办公厅编：《中国青年运动历史资料（1928）》第 4 册，1957 年内部印行，第 492、493 页。

召开市民代表大会和成立临时市政府作了充分准备。3月12日，上海召开了第一次临时市民代表大会。会议选出执行委员31人，其中共产党员和共青团员15人。3月22日，召开第二次市民代表会议。大会通过了经国民党上海政治分会同意的临时市政府委员19人名单，其中有共产党员和共青团员10人。

上海市民热烈支援这一场伟大的革命。上海广大团员青年积极参加了武装起义。起义前，他们深入基层进行思想动员和组织工作；起义中，他们身先士卒，冲锋在前，用自己的生命和鲜血谱写了光辉篇章。在三次武装起义中共有15名共青团员献出了年轻的生命。起义成功后，他们除协助党组织建立新的市政府和工人纠察队外，还做了大量的宣传工作，如与北伐军搞军民联欢、向外国水兵演讲等，收到了较好的效果。三次武装起义也锻炼了广大青年。上海共青团组织及时把斗争中涌现出来的积极分子吸收入团，使"团的数量由二千发展到八千左右，童子团亦有四千余人的组织"[①]。

五、在血火考验中坚定革命立场

从"四一二"到"七一五"，蒋介石集团和汪精卫集团先后叛变革命，第一次国共合作全面破裂。从1924年到1927年持续了三年多的

---

① 任弼时：《中国共产青年团的过去与现在》(1928年12月31日)，中国新民主主义青年团中央委员会办公厅编：《中国青年运动历史资料（1928）》第4册，1957年内部印行，第494页。

轰轰烈烈的大革命失败了，原来生气蓬勃的中国南部广大地区陷入一片腥风血雨之中。年轻的中国共产党遭受到它成立以来从不曾遇到过的严峻考验，可说是岌岌可危，命悬一线。作为党的得力助手，中国共青团紧跟党的正确政治路线，克服自身缺点和错误，在新老军阀实行的白色恐怖面前，团结广大共青团员和革命青年英勇斗争，迎着狂风恶浪开始了新的战斗。

团四大宣誓坚定跟党走

1927年4月12日，震惊中外的四一二反革命政变爆发。蒋介石方面袭击上海工人纠察队，解散上海总工会，查封革命组织，捕杀工人和共产党员。这一事件在国民党右派中引发连锁反应，反革命事件在全国多个城市爆发。广州发生"四一五"大屠杀，北京发生"四二八"惨案，蒋介石集团控制的江、浙、闽、赣、桂、川等省，也相继进行反共"清党"。这时，除了武汉国民政府控制的少数地区外，全国很多地方均处于白色恐怖之中。李大钊、萧楚女、赵世炎、陈延年等革命家和中国共产主义青年运动的开创人英勇牺牲，大批党员、团员和革命青年惨遭屠杀、逮捕。各地各级共青团组织受到严重破坏，由半公开进入秘密状态。针对出现的一些团员自首叛变现象，共青团迅速出台公告《中国共产主义青年团中央通告五字第三十号——关于团员自首与叛变》来制止打击叛变自首行为。4月18日，蒋介石在南京建立"国民政府"。四一二反革命政变是国民党新右派阶级本性的必然体现。

在中国革命的危急关头，4月27日至5月9日，中国共产党在武汉的国立武昌高等师范学校附属小学（陈潭秋在此以教书作为掩护从事革命活动）召开第五次全国代表大会。这是四一二反革命政变发生后的非常状态下召开的会议，全党期待着这次大会能清醒地判断当前局势，回答人们最焦虑的如何挽救革命的问题。会议对右倾机会主义的错误提出了批评，但并没有采取有效措施纠正这一错误。任弼时作为共青团中央总书记参加了会议，并当选为中央委员。会上，他和瞿秋白、毛泽东、蔡和森、恽代英等一起批评了陈独秀的右倾错误路线。

大会通过的《政治形势与党的任务议决案》指出："C.Y. 是共产主义运动中最主要的一部分，C.Y. 是一条运河，党须经过这条运河，而影响到广大的劳苦青年群众。""C.Y. 将来的工作，一定要很注意于群众运动的发展，要利用一切的机会，在工人之中以及乡村和军队之中去发展青年的群众运动。"①《对于共产主义青年团工作决议案》也指出："C.Y. 夺取广大青年群众的唯一条件要注意他们日常的需要与争斗，用部分的要求具体的口号才能将革命的青年群众团结在 C.Y. 的周围。""C.Y. 工作最大的缺点"是"组织上的发展颇为迟缓，落在党的后面"。该决议案同时对党团关系进行了反思："过去 C.Y. 与 C.P. 的关系不甚密切与完好，重要原因是因党没有注意予团的工作斗争以帮助，甚至有些妨害团的工作（如调动 C.Y. 工作人员过频）。"②

中共五大结束后的第二天，即 5 月 10 日，共青团在同一会址，举行第四次全国代表大会。这时，中国从南到北弥漫着腥风血雨。仇恨、义

---

① 中共中央文献研究室、中央档案馆编：《建党以来重要文献选编（1921—1949）》第 4 册，中央文献出版社 2011 年版，第 184 页。

② 中共中央文献研究室、中央档案馆编：《建党以来重要文献选编（1921—1949）》第 4 册，中央文献出版社 2011 年版，第 209、210 页。

愤、挽救革命的使命感是团四大悲壮的基调。会议礼堂高悬马克思、列宁、孙中山和李卜克内西的画像，横幅上写着："我们的旗帜——列宁，我们的武器——列宁主义，我们的任务——世界革命。"担任会场警戒的是头戴红巾、手持木棍的童子团员。汉口《民国日报》对大会开幕式的报道中称："革命空气之紧张与浓厚，空前未有。"① 共产国际、青年共产国际、中共中央代表（蔡和森、恽代英），苏、美、英、法等国的共青团代表，武汉国民政府的代表等，出席了大会并分别致词。

任弼时发言指出，在帝国主义、军阀、反动资产阶级联合向革命民众进攻的时期，要"反对任何阶级调和论和妥协的理论"。北伐胜利后，中国南部农民运动有了惊人的发展，"中国青年运动有了更广大的下层基础，并且这一运动的领导，完全是由知识阶级的青年学生转交于中国的劳动青年群众了"，"由此而加重中国劳动青年和其先锋——中国共产主义青年团在革命中的责任与使命"②。在蒋介石背叛革命这种前所未有的危机下，各地团组织和所有进步青年应按照中国共产党第五次全国代表大会的决议，"农民应有军事上及政治上的力量，以取得大地主所占据的土地，实现'耕者有其田'的口号，从根本上破坏反动势力的政治经济基础"，"必须建立在无产阶级领导之下的工农小资产阶级的民主独裁的政权，方能保障非资本主义的发展"③。

---

① 《中国共产主义青年团四次代表全代表会志盛》，《民国日报》（汉口）1927 年 5 月 11 日第 9 版。

② 任弼时：《中国共产主义青年团第四次全国代表大会的意义》（1927 年 5 月），《任弼时选集》，人民出版社 1987 年版，第 26、27 页。

③ 《中国共产主义青年团第四次全国代表大会宣言》（1927 年 5 月 26 日），中国新民主主义青年团中央委员会办公厅编：《中国青年运动历史资料（1926—1927）》第 3 册，1957 年内部印行，第 441、442 页。

　　大会接受了中共对中国革命前途的分析及指示，接受了党对土地问题解决的方式。在革命陷入严峻境地的形势下，对于中国革命的前途和革命青年群众本身的系列问题，以及共青团过去与今后的工作，进行了详细讨论，进一步明确了团的性质和任务。大会指出：

　　　　本团是无产阶级青年的革命组织。它应当在党的指导之下，吸引广大的劳动青年群众参加革命的斗争。同时在这些斗争中去养成他们的共产主义者的精神。[1]

　　　　团的任务是应领导工农青年群众，参加争取革命领导权的斗争，反抗背叛民族利益的资产阶级，努力促成工农及小资产阶级的亲密联合，实现其民主独裁的政权，发展农村土地革命，扩大无产阶级在军队中的影响，并建立工农自卫的武装，领导工农青年在工会、农协之内去做改良生活与待遇和反抗压迫势力的经济与政治斗争。[2]

　　大会宣告"在党的领导下确定了中国革命的远景和团的工作新方针"[3]，共青团今后的任务"是要领导一切革命的青年在我们所接受的党

---

[1]　《中国共产主义青年团第四次全国代表大会宣言》（1927年5月26日），中国新民主主义青年团中央委员会办公厅编：《中国青年运动历史资料（1926—1927）》第3册，1957年内部印行，第442页。

[2]　任弼时：《中国共产主义青年团第四次全国代表大会的意义》（1927年5月），《任弼时选集》，人民出版社1987年版，第26页。

[3]　任弼时：《中国共产主义青年团第四次全国代表大会的意义》（1927年5月），《任弼时选集》，人民出版社1987年版，第26页。

和少年国际所决定的策略下去奋斗"①，并"反对任何阶级调和和妥协的理论"②。这正是党当时最需要做的事情。

大会对各项具体工作进行了部署。要求全体团员协同一切被压迫青年工农学生群众，在党的指导之下，一致动员，"努力推翻封建地主的政治经济统治，实行土地革命"，"尤应彻底反对中途背叛革命的蒋介石及其所代表的资产阶级；力谋改进工人生活，为建立工农小资产阶级的民主独裁政权而奋斗"。大会特别号召学生："到群众中去——到农村中去！到军队中去！"③

5月16日，大会选举产生共青团第四届中央执行委员会，有委员16名、候补委员13名，同时还选举7名委员和3名候补委员组成中央局，其中任弼时、李求实、杨善南为中央局常务委员，任弼时为团中央局总书记。

团四大是在中国资产阶级右派脱离革命联合战线，与无产阶级争夺革命领导权的危急时刻召开的，具有特殊的重要意义。中国共青团在严峻形势下依然聚集革命青年的力量，向国民党势力宣战，表明要继承牺牲同志的未竟事业，彻底打倒新旧军阀和帝国主义。这次大会在党的领导下确定了中国革命的奋斗目标和团在下一阶段的工作新方针，对提高革命青年为远大目标的实现而奋斗的坚定性产生积极影响。大会更加明确了共青团的性质，即应该

① 善南：《记第四次全国大会》（1927年5月），中国新民主主义青年团中央委员会办公厅编：《中国青年运动历史资料（1926—1927）》第3册，1957年内部印行，第461页。

② 任弼时：《中国共产主义青年团第四次全国代表大会的意义》（1927年5月），《任弼时选集》，人民出版社1987年版，第28页。

③ 《中国共产主义青年团第四次全国代表大会宣言》（1927年5月26日），中国新民主主义青年团中央委员会办公厅编：《中国青年运动历史资料（1926—1927）》第3册，1957年内部印行，第443、444页。

完全成为真正无产阶级青年的群众组织，努力在工农群众中扩大自己的队伍和影响。大会特别指出领导青年为其利益而斗争的重要意义，反对任何阶级调和、妥协的理论，尤其是要注意青年工人和学徒的经济斗争。

5月30日，为纪念五卅运动两周年，共青团中央发表宣言郑重指出，"五卅"之后的两年，"工人已全数起来，农民运动亦在北伐期间有了长足的发展"，"共产青年团昭告全国的革命青年，革命已进到了新的时期，在资产阶级勾结帝国主义联合一切反革命势力对革命者进攻之时，只有毫不顾忌的前进才是生路！"①

与党内右倾错误作斗争

四一二反革命政变后，国共统一战线发生重大分化，民族资产阶级右翼分子投入了帝国主义、封建军阀和地主买办阶级的阵营，蒋介石成了帝国主义、大地主大资产阶级的政治代表。国内出现了北京、南京、武汉三个政权鼎立的局面，武汉国民政府所辖地区的危机越来越严重。

1927年5月17日，也就是共青团四大闭幕后的第二天，武汉国民政府所辖独立14师师长夏斗寅乘武汉主力部队开赴河南北伐之际，率部叛变，由宜昌东下切断长沙、武昌间的铁路，并联合刘佐龙、杨森等部进攻武汉。武昌卫戍司令叶挺率部平叛，毛泽东主持的武汉农民运动讲习所的400多名学员和恽代英率领的1500多名军事政治学校学员，拿起武器，开赴前线。共青团湖北省委组织了400多名童子团，担任武汉三镇

---

① 《中国共产青年团五卅二周年宣言》，《中国青年》1927年5月第161—162合刊。

的警戒任务。童子团的活动被武汉政府斥责为"过火"行为，中共中央总书记陈独秀也粗暴地要团中央下令团湖北省委，停止童子团的活动，脱下劳动制服，交出木棍，"否则童子团应当枪毙"，"如 C.Y. 不听令执行，连 C.Y. 也要解散"①。共青团中央的同志们对此大为不解，表示了强烈的不满。

5 月 21 日，继夏斗寅叛变后，第 35 军 33 团团长许克祥在长沙发动"马日事变"，血腥屠杀革命工农。29 日，江西省政府主席朱培德，下令停止全省工农运动，将共产党"礼送"出境。四川军阀刘湘、山西军阀阎锡山，先后受命蒋介石携手反共。湖南军阀何键则叫嚣：共产党退出武汉国民政府和国民党中央。

5 月 18 日至 30 日，共产国际执委会第八次全会召开，针对中国革命的危急局面，提出必须坚决领导农民进行土地革命，没收地主土地，把农民协会变成乡村政权，并推动国民政府支持土地革命，提拔一批工农领袖参加领导，改造国民党领导机关。电文指出，"必须根除对不可靠的将军们的依赖性"，"动员两万左右的共产党员，加上湖南、湖北的约五万的革命工农，编成几个新军……组织（目前还不迟）一支可靠的军队。否则就不能保证不失败"②。中共中央收到这电文指示后，陈独秀认为，国民革命阶段军事工作的领导权应由国民党去掌握，共产党人掌握军队容易走上军阀主义的道路。他还说，在这一阶段，中国共产党参加国民革命和领导工农运动，都是处于帮手的地位，没有必要提出自己的政纲，一切工

---

① 参阅中共中央文献研究室编：《任弼时传》上册，中央文献出版社 2014 年版，第 119 页。
② 《共产国际执行委员会给中共中央的信（节录）》（1927 年 5 月），中共中央党史研究室第一研究部编：《联共（布）、共产国际与中国国民革命运动（1926—1927）》第 5 卷，中共党史出版社 2020 年版，第 428 页。

作只能服从国民党。

共青团中央坚决拥护青年共产国际的指示，为此拟定一份《政治意见书》，基本上贯彻了青年共产国际代表关于中国革命的意见，坚决反对党内机会主义的妥协政策。六七月间，任弼时通过不同方式先后三次向陈独秀上陈"意见书"，都被粗暴地否决了，"意见书"甚至被当场撕毁。

当时，共青团中央反对陈独秀右倾机会主义错误的主要表现在以下几个方面。

第一，在土地革命问题上，当时湖南、湖北的农民运动已经开始实行没收地主土地的措施，国民党中央对农民运动的"过火"行为表示反对。党中央唯恐与那些"左派领袖"破裂，因此"不敢直接领导农民自动没收土地的斗争"，而"希望国民政府明令颁布土地法令自上而下解决土地问题，主张由国共两党中央合组委员会讨论土地问题的解决"。共青团中央主张领导农民自发地起来没收大中地主、豪绅、祠堂、庙宇及反动派的土地，反对"犹豫不决、希望两党中央合组委员会讨论办法由国民党政府明令颁布执行的主张，认为这是自欺的政策"。①

第二，在国民党问题上，党中央完全依赖于两党上层领袖联席会议的形式解决一切纠纷，完全不依靠群众的力量，因而对于国民党不敢批评，反而处处退让，毫无独立的阶级政策。共青团中央主张"无产阶级应有独立的阶级政策与主张，尤须信赖群众的力量"，同时应当"利用左派国民党党员群众以民主化的方法去影响国民党的领袖的政策，直到改组国民

---

① 《中国共青团的过去与现在》（1928 年 12 月 31 日），中国新民主主义青年团中央委员会办公厅编：《中国青年运动历史资料（1928）》第 4 册，1957 年内部印行，第 506 页。

党的中央"，反对"仅靠与上层领袖的谈判来解决一切问题"。①

　　第三，在武装工农问题上，共青团中央认为工农是党的组织基础，军队又主要由工农分子组成，所以主张在工农和军队中发展组织力量，主张党要去掌握军队，这样即使国民党叛变革命，党也可以有一部分武装力量保卫革命。

　　在各种力量的综合作用下，汪精卫政府此时日趋右倾。一度为革命青年所向往的大革命中心武汉，暗流涌动，险象环生。7月12日，根据共产国际执行委员会的指示，中共中央进行改组，由张国焘、李维汉、周恩来、李立三、张太雷组成临时中央政治局常务委员会。7月13日，中共中央发表对政局宣言，谴责武汉国民党中央和国民政府的反动行径，宣布撤出参加国民党政府的共产党员，同时严正声明，中国共产党将继续支持反帝反封建的革命斗争，愿意同国民党的革命分子继续合作。

　　7月15日，在共青团中央的推动下，经过紧张筹备，第九届学生代表大会在汉口国民党湖北省党部礼堂召开。出席会议的有来自北京、上海、广东、湖南、山东、四川、江西、河南、安徽、广西等地的学联会代表共51人，另有特别代表3人。经过几天的讨论，大会一致通过了《第八届执行委员会关于会务工作报告决议案》《宣传问题决议案》《组织问题决议案》《农村工作问题决议案》《改进学生本身利益决议案》等。这次大会是在各方势力重重包围的形势下召开的。鉴于当时严峻的形势，大会提出的任务是："拥护革命的国民政府；拥护国民政府消灭蒋介石、张作霖；反对帝国主义；检阅过去的工作，坚固本身组织，决定今后的工作

---

① 《中国共青团的过去与现在》（1928年12月31日），中国新民主主义青年团中央委员会办公厅
　　编：《中国青年运动历史资料（1928）》第4册，1957年内部印行，第507页。

方针。"大会认为，时局已到了一个很严重、很困难的状况，"全世界的帝国主义者联合向革命势力的壁垒进攻……使革命势力，在四面楚歌之中，此刻我们应当团结我们的力量，打出一条生路来"①。

也就是在 7 月 15 日这一天，汪精卫召开国民党中常会第 20 次扩大会议，以"分共"名义正式同共产党决裂，对共产党员和革命群众实行大逮捕、大屠杀。至此，国共合作全面破裂，国共两党合作发动的大革命宣告失败，大批优秀中华儿女倒在了反革命的血雨腥风之中。

中国革命形势遭遇最严重的危机。8 月 7 日，中共中央在湖北汉口秘密召开紧急会议，会议确定了土地革命和武装反抗国民党反动派的总方针。任弼时在会上继毛泽东、蔡和森、李达、罗亦农之后发言，批评了陈独秀在国共合作的大革命中所犯的右倾机会主义错误。会议通过的《中国共产党中央执行委员会告全党党员书》指出，"青年团以其中央委员会为代表证明自己最近期间在政治上的坚决性"，"党应当承认青年团的工作有政治上的重要，应当和他有密切的关系"②。23 岁的任弼时在这次会议上当选为中共临时中央政治局委员。

---

① 《第九届全国学生代表大会开幕志盛》，《民国日报》（汉口）1927 年 7 月 16 日第 2 版。
② 中共中央文献研究室、中央档案馆编：《建党以来重要文献选编（1921—1949）》第 4 册，中央文献出版社 2011 年版，第 439 页。

第三章

紧跟党
在土地革命中奋起

中国革命的进程同世上任何事物发展一样，都不是一帆风顺的，有高潮就有低谷，有挫折就有崛起。中国共产党在探索付出血的代价之后，对开展武装斗争形成了越来越多的共识，而且在敌我力量悬殊、农民占绝大多数的既有情势下，武装斗争要想取得全国性胜利，只能走"农村包围城市"的道路。到1930年夏，共产党在全国已建立大小十几块农村革命根据地，红军发展到约7万人，连同地方武装共约10万人。到1931年9月，中央苏区第三次反"围剿"取得胜利后，赣南、闽西两个革命根据地完全连成一片，形成拥有15座县城、面积5万平方公里、居民250万人的中央革命根据地。中国共青团紧跟共产党，团结带领广大团员、青年参与到保卫苏区、建设苏区的斗争实践中。

一、在低潮中坚持斗争

大革命失败后，中国革命转入了低潮阶段。革命力量受到极大摧残，无数共产党员遭到屠杀，一些不坚定的分子脱党退团。"人数一天天增加，初则一个一个的登报脱离，继则一批一批……不但是在武汉，就在各地方如广东、上海都是这样。"[①] 共产党员的总人数，由大革命时期的 5.7 万人锐减到 1 万人左右，全国共青团员人数由 3.5 万骤降到 1.5 万。大革命失败后一年中，共产党员和革命群众被杀害的约有 31 万至 34 万，还有 4600 多人被关押。全国工会组织由 734 个锐减到 81 个，并且都是秘密存在，参与的群众很少。[②] 革命潮流是低落了，但是引起革命的矛盾一个都没有解决，而且在国民党新军阀统治之下，还越来越趋向激化。新的革命高潮到来是不可避免的。

参加到绝地反击之中

1927 年 8 月 1 日，以周恩来为首的中共中央前敌委员会和贺龙、叶挺、朱德、刘伯承等领导北伐部队两万多人，在南昌打响了反抗国民党新

---

① 李立三：《党史报告》（1930 年 2 月 1 日），中央档案馆编：《中共党史报告选编》，中共中央党校出版社 1982 年版，第 263 页。

② 参阅中共中央文献研究室编：《周恩来传》第 1 册，中央文献出版社 1998 年版，第 211 页。

军阀的第一枪，许多共青团员、革命青年、黄埔军校学生、农讲所学员参加了南昌起义。8月7日，中共中央在汉口召开紧急会议，共青团中央负责人任弼时、李子芬、杨善南、陆定一出席了会议。会议批判了陈独秀右倾投降主义，确定了土地革命和武装反抗国民党反动派的总方针，并把发动农民举行秋收起义作为当时的主要任务。

在中国革命的紧要关头，1927年8月12日，任弼时主持召开共青团中央委员会，向隐蔽在武汉的团中央委员们传达八七会议的精神。会议对党领导土地革命，发动农民起来夺取地主阶级的土地，并在湘、鄂、赣、粤四省立即举行秋收暴动的新的决策表示完全接受，根据中共新的政治路线，通过了《本团目前任务决议案》和《告全团同志书》。会议研究决定了共青团此后的工作方针和青年运动的中心任务：努力帮助中共实行新的政策，积极参加武装暴动和土地革命；要求全团积极协助党搞好湘、鄂、赣、粤四省的秋收起义；严密团的组织，加强团在农村青年中的基础；扩大团的宣传鼓动工作；加紧团在反动军队和国民党及其青年部中的工作。会议号召全团切实担负起在中国革命中的伟大使命。

这次会议坚持革命旗帜，和中国共产党一起挽救革命的危机，为共青团紧跟共产党实现革命的转变确定了正确方向，使中国青年运动转入以土地革命与反对新军阀为中心的革命道路，是共青团历史上紧跟共产党的政治路线，挺身而出、勇往直前的典范。"从此团中央与党中央在政治方面的意见，大体完全一致。"会议经过讨论，"承认团过去工作也犯了很多的机会主义错误"①，决定今后团组织应当更加坚决地努力建筑在"城市青

---

① 　中共中央文献研究室编：《任弼时传》上册，中央文献出版社2014年版，第132页。

工""乡村贫农"基础之上，并提拔新的工农分子以强健无产阶级指导。

共青团中央"八一二"会议表明，共青团紧跟共产党及时实现了革命转变，中国青年运动开始以土地革命和反对国民党新军阀为中心的革命道路。此后，团中央分别派人到全国各地传达八七会议和"八一二"会议精神，建立了团的南方局和北方局，用以加强对武装斗争的领导。

南昌起义和八七会议，开始了中共独立领导武装斗争的新历程。此后，中共先后领导了湘赣边界秋收起义、广州起义和湘、鄂、赣、粤、闽、桂、豫、陕、鲁等省的100多次武装起义，在中国农村点燃了革命的星星之火。根据八七会议和"八一二"会议精神，各地共青团积极协助中共发动和领导武装起义，广大青年学生奋勇投入武装反抗蒋介石为首的国民党新军阀的伟大斗争。

1927年9月，湘赣边界的秋收起义爆发，起义部队中的青年指战员，安源煤矿的青年工人，萍乡、醴陵、平江、浏阳的青年农民，在起义中冲锋陷阵，英勇杀敌。起义受挫后，革命青年跟随毛泽东上井冈山，走上了农村包围城市、武装夺取政权的革命道路。随着井冈山革命根据地和工农红军第四军的创建，边界各地和红军的团组织相继恢复、重建。

广州起义前，共青团广东省委发出《告青年士兵警察和保安队书》，召开青工大会进行动员和部署，并组织宣传队到工厂农村扩大宣传。1927年12月11日凌晨3点，中共所掌握的国民革命军第四教导团、警卫团一部与工人赤卫队、少年先锋队一起走上街头，高呼暴动口号，包围敌人各个机关驻地，展开了英勇搏斗。当天上午成立广州苏维埃政府，广大青年学生自动组成苏维埃政府宣传队，少先队自觉维持治安。广州起义失败后，被杀的近6000名工农兵群众中，绝大多数是青年人。在殊死的血战中，中共广东省委书记、广州起义领导者、中国青年运动领袖张太雷不幸中弹牺牲。年仅 19 岁的教导团女班长游曦率领全班战士坚守街垒，"人在红旗在"，直到最后全部壮烈牺牲。周文雍、陈铁军"刑场上的婚礼"，撼人心魄，催人泪下，一时在革命群众中传为佳话。

从 1927 年秋到 1928 年，包括南昌起义、秋收起义、广州起义在内，中国共产党先后在湖南、湖北、广东、福建、广西、河南、陕西、山东、河北、四川、江苏等地发动武装起义达 100 多起。所有的这些起义，都是共产党领导人民对国民党屠杀政策的英勇回击。在革命低潮和敌强我弱的形势下，虽然大部分起义遭到挫折和失败，但这些起义扩大了中国共产党在群众中的影响，使土地革命的口号深入农民群众之中。起义的武装力量有一部分保留下来，点燃了中国革命在广大农村的星星之火。中国青年在起义中表现出前仆后继、百折不挠的斗争精神和跟着党探索中国革命道路的顽强意志。从此，共青团也把工作重点逐步由城市转入了农村，开始农村包围城市的土地革命斗争。

由于各地工农暴动此起彼伏，共青团的领导机关屡遭破坏。在长沙，共青团湖南省委书记田波扬等 6 名负责人在"马日事变"中惨遭杀害，新任团省委书记吴化之不久也在长沙大观园 7 号新建市的机关被破坏时遭逮捕，全体团员及宣传队名册落入敌手，长沙团的组织丧失殆尽，负责人隐蔽怠工。1927 年 10 月，团中央局总书记任弼时秘密巡视湖南省共青团工作，指导改组了团省委。11 月，共青团北方局常委 3 人被捕，顺直（今北京、天津、河北）、山东、东北三省的共青团省委机关被抄；同月，团浙江省委机关负责人被捕，团河南省委再次遭破坏，江苏的无锡、宜兴和广东暴动受挫。12 月 2 日，共青团中央致函中共临时中央："我们不能因此而消极而停顿，只有重振旗鼓，加倍的努力，才是出路。"①为重建被破坏的机关，请求党中央拨给特别经费。

　　湖北武汉曾为大革命的中心，是革命热情最为高涨的城市之一，大革命失败后成为国民党反动派重点肃杀的地区，许多共青团干部因此倒在血泊之中。团湖北省委书记唐鉴是一个典型例子。唐鉴是在五卅运动中参加共青团的，在学生中很有威信。1926年举行全国学生代表大会时，被选为全国学生总会的委员长。四一二反革命政变后，学总移到武汉，唐鉴辞去委员长之职，担任团湖北省委宣传部长。汪精卫叛变革命后，唐鉴坚持进行秘密工作，1928年2月，担任团湖北省委书记。由于叛徒告密，唐鉴被桂系军阀逮捕。国民党官僚威胁利诱要他投降，唐鉴不为所动，痛骂说："你们是军阀的走狗，我肯做军阀走狗的走狗吗？"这班官僚请他吃酒，要他供出其他同志。他一手把酒席掀翻，厉声说："我就是唐鉴，你们要枪毙我快点枪毙，不要絮絮叨叨那些废话。"就义之前，他笑着与同时被捕入狱的妻子道别，并写"继续奋斗"四个字留作纪念。临刑时，他不断高呼："中国共产党万岁！""共产青年团万岁！"极其悲壮激烈，旁观者为之动容落泪，连警察也在一旁叹息。唐鉴就义时年仅22岁。还有卓恺泽，他曾任《中国青年》编辑，很会写文章，团四大上当选为中央委员，后来在江浙做团的工作。唐鉴被捕后，他继任团湖北省委书记，不到半个月也被捕遇害。

---

① 中共中央文献研究室编：《任弼时年谱（1904—1950）》，中央文献出版社2014年版，第82页。

"暴动是一种艺术"

八七会议的精神传达到各地之后，在近三个月的时间内，由于对国民党反动派屠杀政策的仇恨，对陈独秀机会主义的义愤，和争取革命胜利的小资产阶级急性病相互交织，浙江的金华、衢州、严州，直隶的玉田，江苏的宜兴、无锡等地的工农纷纷起来暴动，血气方刚的革命青年在斗争中冲锋陷阵，前赴后继，抗捐抗税，攻城镇，破监狱，捕杀土豪劣绅，以红色恐怖对抗白色恐怖，革命的英雄主义和冒险盲动情绪同时迸发，大有"无动不暴"，凡斗争皆暴动的气势，又有不少同志倒在血泊之中。

在悲壮激起的群众情绪下，共产国际的罗米纳兹和瞿秋白为首的临时中央，误认为中国革命形势"不断高涨"，容许和助长了冒险主义。尤其是共产国际代表在八七会议之后面对强大的敌人，不是"根据各地不同情况，组织正确的反攻或必要的策略上的退却，借以有计划地保存革命阵地和收集革命力量，反而容许了和助长了冒险主义"的倾向。这种盲动主义倾向在共青团的工作中，集中地反映在宣传鼓动上。11 月 7 日，《无产青年》出版，《发刊露布》（即发刊词）写道：

我们的出路，只有毫不妥协的暴动！我们要为已死的几万兄弟报仇！我们要杀尽阶级的敌人！我们更要把［出］卖革命的机会主义余毒，扫除净尽！……在敌人重重包围之中，与一切走向资本主义的趋向奋斗，走上共产主义的光明大道！

接着，《无产青年》第 2 期又以"无产青年社"的名义发表《暴动中的工作》，其中写道：

现在的情形是"一切争斗皆成暴动"，因此组织与宣传工农兵的工作，几乎只有暴动中有机会做。

最后的大爆发就在眼前！死于反革命刀下之战士们哟！不久，我们就可以沥统治阶级的血，来安慰你们的英灵！不久，我们就可以把大暴动来建立新的社会，完成你们的未竟之志！

这些悲壮的愿望表达适应了广大革命青年的共同心理，但政治上、策略上却缺乏应有的理智！

盲动主义倾向还表现在共青团与共产党的关系方面。10 月，宁汉战争爆发，南京当局下令讨伐唐生智，中共湖北省委和长江局的部分同志，主张趁唐兵败退时，在武汉举行暴动，共青团湖北省委积极支持。中共长江局书记罗亦农从长沙回到武汉后，认为敌强我弱，没有胜利的把握，正确地指出"目前绝非总暴动时期"，要暴动至少要有三五个月的准备，但团省委的刘昌群、韩光汉却坚持要"马上暴动，建立三五天政权也是好的"。结果，仓促行动，遭到失败。事后团湖北省委联名向团中央和中共临时中央控告罗亦农。

再如，江苏省在宜兴、无锡暴动失败后，共青团还坚决主张在苏州继续暴动，后被临时中央及省委阻止。这样，党和团的基层组织往往相互指责，关系颇紧张。

作为共青团中央的总书记，任弼时对当时的局势有相当清醒的认识。他认为，当务之急，是保存实力以图再战，而不是在群众冲动的情绪左右下失去理智地盲动。他强调：

我们运用政策，须求与主义根本不相冲突，且要善于利用时机以定进攻与退让，如此方可以代表群众，为群众的领导者。①

10月下旬，任弼时抵达上海。由于之前他对长沙暴动失败作了详细的调查，深知没有群众工作的基础、单凭少数人的热情冲动和军事行动导致暴动失败会带来怎样的严重后果，所以团中央及时通告制止。通告指出：

这些盲动主义者往往只懂得暴动在军事上技术上的意义，而忽视了在组织上与政治上准备暴动的重要工作，这完全是一种小资产阶级拼命走险心理的表现，直等于玩弄暴动。②

11月14日出版的《无产青年》第2期刊登了一篇文章，题为《防止机会主义的余毒》，署名"烈火"，旗帜鲜明地提出要防止"'左'的机会主义"。这篇文章和同期用"无产青年社"名义发表的文章《暴动中的工作》针锋相对。文章肯定"南昌与两湖的暴动乃是实现新政策的表示"，但是在各地暴动中，机会主义的最主要表现是"忽视群众力量"，"偏重于离开群众的军事力量"，"致使暴动变成了军事投机的失败"。文章批评：

这种"左"的机会主义，若是不能及时纠正，将使中国革

---

① 任弼时：《怎样布尔什维克化》（1925年），《任弼时选集》，人民出版社1987年版，第3页。

② 任弼时：《中国共产青年团的过去与现在》（1928年12月31日），中国新民主主义青年团中央委员会办公厅编：《中国青年运动历史资料（1928）》第4册，1957年内部印行，第511页。

命变成少数英雄主义者的斗争，结果永远不能消灭反动势力的统治，更不能实现土地革命。

从今我们应当认清一切军事势力只是群众暴动的副力，暴动的基础应当建筑在工农群众之上。只有在暴动中创造出来的武装和不离开群众的军队，方才能够战胜敌人，方能真正发动广大群众从下而上的实行土地革命。只有工人和农民的斗争连贯起来，方才容易推翻统治阶级的政权，使农村中的一切斗争在工人阶级的领导和影响之下发展。

随着任弼时从湖南巡视回到上海，共青团中央的机关刊物《无产青年》在一周之间言论导向开始发生变化。

11月中旬，任弼时主持召开共青团中央扩大会议。瞿秋白、周恩来代表中共临时中央向会议作政治报告。尽管党的十一月会议决议认为军事投机不是主要危险，但是，从共青团的实际情况看来，盲动的结果带来了极大的危害。首先是各地暴动失败后，共青团的地方领导机关纷纷遭到敌人的摧残，11月，团的北方局三名常委被捕，顺直、山东、东北三省的机关被抄，团浙江省委的领导人被捕，机关被破坏。

会后，任弼时在《中国共产青年团中央局扩大会议的经过与意义》一文中写道：这一个时期的工农暴动，"起了唤醒全国工农群众更加勇敢争斗的信号作用"，但是，在策略的运用上，"很严重的缺憾"是"各地暴动没有引起广大群众的参加，成为单纯军事投机的失败，仍然表现机会主义遗毒犹未完全肃清"。他进一步指出，取消主义和先锋主义这"两种极端的主张"，其结果"都可以削弱青年无产阶级的革命作用，阻碍革命的发展"。那么，在严重的白色恐怖下，团的出路应当如何呢？怎样才能在中国革命中表现其特殊作用与力量呢？任弼时认为："扩大会议对于这个问题的回答，就是'切实在青年工农与兵士中做点艰苦的群众工作'"，为了适应土地革命的要求，他认为要进一步改造团的基础，以小资产阶级学生为基础的团"不能担负土地革命的使命"，"不在农村中建立基础是团的绝路"；在工作方法上，他谆谆告诫："群众工作是一种艰苦的任务，是中国革命的基本工作，因为过去经验的缺乏，绝不是很容易收效果的，必定要具有坚决忍耐的精神方才能够实现这一任务。"①

12月24日，中共临时中央政治局会议讨论共青团湖北省委控告罗亦农和长江局取消原定的当唐生智在宁汉战争中败退时，湖北省立即举行暴动一事。中共中央政治局常委、组织局代理主任周恩来在发言中指出：估量时局，共青团实有"无动不暴"的意见，可见他们的暴动观点并未成熟。会议确认，在唐生智溃退时，因革命主观力量薄弱，武汉不能举行夺取政权的总暴动，罗亦农对于湖北的政治指导并没有犯机会主义的错误。

1928年1月3日，中共临时中央政治局通过《关于湖北党内问题的决议》，肯定"长江局反对马上暴动是对的"。1月6日，中共临时中央召开政治局常委会议。周恩来在临时中央政治局常委会议上强调，中央对暴动问题是一天一天清楚的，问题对暴动的认识是有帮助的。长沙的暴动，他第一天即觉得是过早的。"无动不暴"在共青团是一严重的问题。在讨论各地工农暴动的经验教训时，任弼时认为过去中央没有明确规定发动暴动的条件，中央第15号通告即有"无动不暴"的精神。共青团政治上简单些，最容易接受此精神，以为不暴动就是机会主义。他接着指出，

---

① 《无产青年》1928年1月第3期。

"政治上的错误和机会主义是不同的，党中央对机会主义要有更进一步的解释"。过去，"未将全国暴动连贯起来，以致有些地方过早的暴动"。对暴动的条件，"我的意思是要群众有认识，有悟性，党有好的工作，才能决定暴动。C.Y. 的错误观念，团中央十月扩大会议时已开始纠正，但还是容易发生，C.Y. 当然应尽力纠正，中央对此也应有明确的决定"。[①]

随后，任弼时在《无产青年》第 4 期上发表《对于暴动问题的意见》，编者注文指出："本文所批判的论点和援引的文句，有一些是出自《暴动中的工作》一文，现将该文附录于后。"这表明经过扩大会议，共青团中央对两个月以前的错误言论作公开的自我批评。任弼时在《对于暴动问题的意见》中写道：

> 恩格斯说"暴动是一种艺术"，绝对不是"一切争斗皆成暴动"的"无动不暴"。若是我们不顾暴动的条件，不论成败如何，或是群众有了强固的组织和暴动情绪，而统治阶级并没有动摇，或是统治阶级已经动摇了，而群众尚没有具备暴动条件而贸然发动，这便是玩弄暴动的冒险主义了。由这样而引起无产阶级及暴动民众的极大牺牲，直等于革命的罪过！

纠正取消主义和先锋主义倾向

八七会议前后，共青团和部分党员内部出现了两种错误论调。一是

---

① 参阅中共中央文献研究室编：《任弼时年谱（1904—1950）》，中央文献出版社 2014 年版，第86 页。

取消主义，另一种是先锋主义，在当时历史环境下产生的这两种极为偏颇的观点，极大地干扰了共青团发展的正确方向，也极大地损害了正确的党团关系。

由于青年团在很长一个时期偏重学生运动，虽然团的重要会议上也作出青年工人运动决议案、农民运动决议案，个别地区如广州、上海、湖南等也开展了一些青年工农的工作，但对整个青年团来说，在青年工农基层群众中还没建立很好的基础，所以到了1927年国民党叛变革命，共青团的组织和工作被迫转入秘密状态，整个团的活动和发展遇到了空前的困难，学生运动也很难发动，也不会有大的作为。因此，有些同志主张把团完全归并于党组织，把18岁以上的团员和现有的团员干部统统输送给党，以便集中力量帮助党组织的发展；把青年入团的年龄上限从23岁降到18岁，减轻团的政治任务，让团组织仅做文化教育工作和儿童工作。团的下层组织支部小组，也与党合并。团没有了单独的指导系统，没有团的生活，也不能切实地执行青年工作，于是就有了取消主义，即取消共青团，在党内设青年部。

与此同时，由于在反对陈独秀右倾机会主义的斗争中，共青团起到了积极的作用，团的个别负责人就错误地认为团比党强，对党不信任，甚至说"党是机会主义，团是列宁主义"，在实际工作中不尊重党的领导，主张由团独立地来领导工农群众的革命斗争，甚至写信给团中央，团应改名为"青年共产党"，要以"布尔什维克的团"来代替"机会主义的党"。先锋主义的"第二党"倾向重又抬头。

1927年11月中旬，任弼时主持召开共青团中央扩大会议，申斥团的取消主义，改进团的工作。任弼时认为，产生取消主义的原因是过去团的工作偏重抓学生工作，国民党反动后，阶级阵线发生剧烈的变化，一度蓬勃的学生运动趋于消沉，而发动工农青年斗争，无论是组织基础、工作方法和经验都不适应新的形势，于是有人认为党负责领导工农运动，团没有特殊的工作，主张取消团的组织，可以仿照国民党的办法，在党内增设青年部管理青年运动。有的主张将团的干部分化给党，"共青团今后可以专做文化运动和儿童运动"，这样无异于改变了团的性质和任务，沦为第二国际的非政治的社会主义青年团，"这样的结果必定是引导青年工农走向改良主义的道路，消灭青年无产阶级的政治作用"。①

任弼时认为，"过去团的基础完全建筑在缺乏争斗力量群众之上（轻工业工人与学生），而且指导机关以内的同志多半是不了解工农生活的智识分子，这样的团在阶级斗争最剧烈的革命阶段中——苏维埃革命时期中——当然不能够成为极大的力量，担负自己所负的责任与使命"②。因此，一要纠正团内的错误观点和倾向，取消主义的结果是，削弱青年无产阶级的革命作用，阻碍革命的发展，"主张取消团的人，仿佛取消团的组织便可以加强党的力量，其实取消的结果必定是消灭党在青年工农中的影响，完全是犯了取消主义的错误"③。二要改造团的组织，在各种重要工业的工人中、一切农村中和兵营中建立团的组织，提拔工农分子参加指导机关的工作以改造团的指导。三是整饬团的纪律，机关负责同志与基层团员在纪律面前一视同仁。

会议分析了"先锋主义"倾向产生的原因：首先是党的八七会议召

---

① 任弼时：《纠正取消主义和先锋主义倾向》（1927年12月6日），《任弼时选集》，人民出版社1987年版，第33页。

② 《无产青年》1928年1月第3期。

③ 任弼时：《纠正取消主义和先锋主义倾向》（1927年12月6日），《任弼时选集》，人民出版社1987年版，第32—33页。

开之后，中央曾决定在党组织力量未达到的地方，共青团可以单独开展一些独立的政治斗争，而在斗争中，个别党的基层组织受右倾机会主义的影响，有畏难情绪，致使共青团轻视该地方党的力量和工作；其次是处于革命形势的转折时期，党对团未能及时实行切实的指导和帮助，处处怕团犯错误而加以各种限制，阻碍团开展实际斗争；第三是在工作重心转移过程中，一些团组织尚未找到新时期开展青年运动的正确的工作方法，反而与党的组织争领导地位。产生这种错误倾向的根本原因则在于从思想上和理论上未真正认识到共产党是中国无产阶级唯一的政治领导集团，从而在批判党内右倾机会主义错误的时候也就否定了整个党。对"取消主义"倾向产生的原因，会议认为主要是一些领导机关的团干部脱离群众，不去认真分析和研究中国青年运动所面临的新形势和新任务，因而找不到工作出路造成的。取消团组织对青年的政治影响，势必要导致取消整个中国的无产阶级青年运动。

任弼时清醒地指出，取消主义和先锋主义这"两种极端的主张"，其结果"都可以削弱青年无产阶级的革命作用，阻碍革命的发展"。共青团应该毫不动摇地集合在党的旗帜下，坚决贯彻党的八七会议精神，开展土地革命和武装斗争，跟着党把革命进行到底。

会议通过了《对中国共产党代表报告决议案》《政治任务决议案》《农村青年斗争决议案》《经济斗争及工会工作决议案》《组织问题决议案》《政治纪律决议案》等，规定目前本团的主要任务就是领导、团结工农青年参加革命的武装斗争和暴动；要求全团努力执行中共扩大会议决议案，与机会主义斗争到底；建立正确的党团关系，既要防止团员轻视党的倾向，又要在当地党组织犯错误而影响革命斗争时，可在党与团的上级指导和决议下协同党的下层同志担负起斗争的领导责任；改造团的组织，提拔工农青年干部参加团的领导机关，重视在青工、青农和士兵中建团。

共青团中央扩大会议对"先锋主义"和"取消主义"错误的批评，对保证团的工作转变和青年运动的健康发展起到了重要作用。

11月27日和12月6日，中共临时中央政治局常委会两次讨论团的工作，任弼时在向中央汇报时强调指出："先锋主义是这次扩大会议最严重的问题"，既要反对"取消派""文化派"，更要注意纠正"第二党的倾向"。周恩来指出：某些党部自然有机会主义的余毒，团勇敢的批评是好的，但团近来有点军事投机，是另一方面的机会主义，是冒险的，它可以牺牲许多同志，党和团负责指导的人要注意此种危险。[1]常委会一致认为纠正这种错误倾向，处理好党团关系对革命具有重要意义。

会议委托任弼时起草一个文件，这就是12月6日发出的中央通告第19号（关于党团关系的）。通告指出：取消主义和先锋主义"是青年运动中的危机"，只有"肃清团内的机会主义，以及军事冒险、玩弄暴动的倾向"，"方能与党同时实现布尔什维克化之任务"。通告进一步明确了党团关系，指出既要坚决反对"不顾共产党的领导，而企图代替党的领导"，把青年团看作是"第二党"的"先锋主义"倾向，又要坚决反对把团组织看成是单纯"文化团体"的"取消主义"倾向，坚持认为"团是帮助党获得青年工农群众参加革命斗争的组织"。[2]

---

[1] 参阅中共中央文献研究室编：《任弼时传》上册，中央文献出版社2014版，第146—147页。

[2] 任弼时：《纠正取消主义和先锋主义倾向》（1927年12月6日），《任弼时选集》，人民出版社1987年版，第33—35页。

唯一在国外召开的团代会

为了总结大革命失败以来的经验教训，确定党的路线、中国革命任务和解决党所面临的一些主要问题，1928 年 6 月 18 日至 7 月 11 日，中国共产党在共产国际帮助下于苏联莫斯科近郊的五一村举行第六次全国代表大会。这次大会在一系列存在严重争议的有关中国革命的根本问题上作出了基本正确的回答，在党内思想十分混乱的情况下大体上统一了全党的思想。

六大的路线基本上是正确的。大会指出：中国仍然是一个半殖民地半封建的国家，引起现代中国革命的基本矛盾一个也没有解决。因此，"中国革命现在阶段的性质是资产阶级的民权主义革命"。大会指明，目前"最主要的危险倾向就是盲动主义和命令主义，他们都是使党脱离群众的"。[①] 六大把工作中心从千方百计地组织暴动转到从事长期的艰苦的群众工作，确定以争取群众作为党的首要任务。大会的缺点是仍把城市放在中心地位，没有认识到中国革命的长期性和复杂性，没有认识到农村在中国革命中具有特殊重要的地位。

大会制定的《关于共产青年运动的决议案》肯定了共青团在大革命中的贡献："中国 C.Y. 已渐渐把自己变成了群众的组织"，"是中国共产党动员和组织广大的劳动群众到革命方面来的最亲近的助手之一"，在革命最紧急关头表现出更大革命性。近期的根本任务，"在于取得全部青年工人

---

① 《政治决议案》（1928 年 7 月 9 日），中共中央文献研究室、中央档案馆编：《建党以来重要文献选编（1921—1949）》第 5 册，中央文献出版社 2011 年版，第 377、391 页。

和被剥削的青年农民群众，以保证夺取政权的工农斗争"。①

　　在中共六大召开前，共青团中央决定在中共六大闭幕后召开一次团中央扩大会议。为此，团中央总书记任弼时专门写报告请示中共中央："因为党的大会后，事实上团在国内无召集代表大会的可能，因此各省都决定由团派人出席党大会，以便党的大会之后，团能召集比较完满之扩大会议。"② 中共中央批准了团中央的这个要求，各省共青团组织便根据这个精神选派了出席中共六大和出席团的扩大会议的代表。中共六大一闭幕，团中央又向党中央和青年共产国际请求在莫斯科召开团的第五次全国代表大会，因为原定出席团的扩大会议的代表分别来自国内 12 个省的共青团组织，只有少数省的团组织的代表没到莫斯科，召开团的全国代表大会的条件已经具备。

　　青年共产国际和中共中央经研究批准了团中央的请求，就在中共六大闭幕后的第二天，即 7 月 12 日，中国共青团第五次全国代表大会也在同一会址召开。出席这次会议的代表分别来自山东、四川、河南、广东、湖南、东北三省、顺直省、江苏、浙江、福建、陕西、云南 12 个地方团组织，共计正式代表 17 人。另外，团中央代表和青年共产国际代表 5 人，亦作为正式代表。会议召开时，青年共产国际又派出了 6 位代表，地方党组织从江苏、湖北、安徽又选派了 3 名代表，中共中央又派出了以蔡和森为书记的中共 5 人代表团，团中央又委派了 10 位代表。这样一来，出席会议的代表总数达到 46 人。

---

① 中共中央文献研究室、中央档案馆编：《建党以来重要文献选编（1921—1949）》第 5 册，中央文献出版社 2011 年版，第 491、493 页。

② 参阅朱世荣：《共青团第五次全国代表大会》，《青运史研究》1985 年第 6 期。

为了使出席大会的代表更有代表性，在大会之前，代表资格审查委员会对各代表资格进行了审查，同时还规定：（1）各省的正式代表在大会上有表决权和选举权；（2）以党的代表身份参加大会或由共青团组织派来的代表只有发言权；（3）列入主席团的党中央代表也只有发言权。7月12日下午2时，大会召开了预备会议，通过了大会主席团、大会秘书处、审查委员会名单及大会议程。下午3时，会议正式召开。

首先，由大会执行主席致开幕词。开幕词说，这次大会将"决定共青团今后工作的新路线"，大会要在党的正确领导下，解决共青团面临的各项任务，制定今后的正确政策。要求各级共青团要把"广大青年群众团结在党的周围，保证革命取得胜利"。接着，苏兆征代表中共中央向大会致贺词。贺词指出："现阶段中国革命的基本任务是争取群众，共青团应该完成自己的任务——争取青年工人群众。"最后，由英国共产主义青年团代表向大会致贺词。当天晚上，青年共产国际代表赫达罗夫向大会作报告。

7月13日上午，大会举行全体会议，瞿秋白代表中共中央向大会作报告。他指出当前中国革命的任务："一是消灭帝国主义在中国的统治；二是完成土地革命；三是实现工人阶级和农民的民主专政。"并指出现阶段中国革命的性质是资产阶级民主革命，共青团"现在主要任务就是争取群众，准备起义"。下午，大会又举行全体会议，由关向应代表团中央作工作报告。他着重指出，党中央的政治路线已经确定了，我们"共青团和党的中心任务就是争取群众，我们要争取千百万青年工人"。他尖锐地指出，共青团工作中的主要缺点就是"脱离群众，所以，我们现在的中心任务就是争取群众"，共青团"如果不争取群众，就会走投无路"。[①] 随后几天，大会继续讨论中央的工作报告，听取青年共产国际代表的总结报告，讨论通过各种会议文件。

这次大会系统总结了团四大以来的工作和经验教训，充分肯定了共青团在大革命失败以后的工作。大会根据中共六大对中国形势的估计和分析，认为团的基本任务应该是把广大的劳动青年团结在党的周围，进一步发动他们参加民主革命，协助党建立红军，建立农村革命根据地。大会根据中共六大的路线、方针，制定和通过了政治任务、组织问题、农村青年工作、教育宣传工作、儿童运动等项决议案，还制定了革命根据地内团的工作大纲和军事工作决议案。大会认为党的六次大会决议案是完全正确的，就是暴动的口号已经转变为宣传的口号，而不是直接实际行动的口号了。大会号召全国坚决转变工作方针，移向夺取群众的斗争与工作，努力扩展群众工作以夺取广大劳苦青年群众。

在这次会议通过的团章上，第一次写入"本团与中国共产党的关系"一节，使得共青团作为党的助手作用得到制度上的保证。另外，团章还明确规定在团的职能部门中设立儿童工作委员会，明确了共青团要担负起领导少年儿童工作的任务，从而使共青团的工作内容更为完善。

大会选举出关向应、李求实、华少锋（即华岗）、李子芬、温裕成、袁炳辉、顾作霖、陆定一、刘明佛、吴振鹏、袁佩根、冯广、凯丰（即何克全）等组成新的团中央委员会，关向应当选为团中央局书记，华少锋为宣传部长，李子芬为组织部长。

---

① 参阅朱世荣：《共青团第五次全国代表大会》，《青运史研究》1985 年第 6 期。

在国民党统治区坚持工作

鉴于武汉严重的白色恐怖，1927 年八九月间，中共中央迁回上海，共青团中央机关也同期迁到上海。从此时起到 1933 年初中央机关迁到江西中央苏区，这期间有五年多，大概分三个阶段。

第一阶段从 1927 年下半年到 1930 年上半年，将近三年时间，属于筹备团六大、贯彻团六大精神阶段。1927 年 11 月开始的"左"倾盲动主义，使经过大革命失败而艰难保存下来的力量又遭到新的沉重损失。团五大之后，同党一样，团中央实际工作中强调了三个原则：一是必须切实地深入到青年群众中去，从下层做起；二是力求使秘密工作同公开工作结合起来；三是坚持团的干部要做到"职业化"和"社会化"，充分利用职业和社会关系的掩护开展工作。据 1929 年 6 月统计，上海青年团已有 100 余个支部，1000 余名团员。南京、南通、无锡等地团员也有一定的发展。中共江苏省委还领导各校成立学生会，反对国民党对学生的政治压迫。在上海，成立了青年工人联合会、青年反帝大同盟、青年革命互济会等群众团体。这些青年组织在斗争中一般都能起作用。[1] 随着局势的好转，中国共产党内"左"的急性病又逐渐发展起来。

第二阶段从 1930 年下半年开始"左"倾冒险主义，取消团中央，三个多月后又恢复。1930 年 11 月，团中央根据党的六届三中全会告青年团书指出的"赶紧积极的整顿，切实执行工作上的转变——主要是团的工作的青年化"的精神，召开了团的五届三中全会。这次全会完全同意党的三中全会对团在新形势下的各种任务的具体指示，认为要完成团的总任

---

[1] 李维汉：《回忆与研究》上册，中共党史资料出版社 1986 年版，第 290 页。

务，就必须坚决地实际上进行青年团工作的转变——转变到"向着青年群众，领导青年群众斗争"①。这次全会虽然批判了立三路线取消主义的错误，但对立三路线错误的思想实质，以及它对青年运动的深刻影响，却认识和估计得不够。同年 12 月 30 日，在"左"倾分子的影响下，团中央发出紧急通告，宣布团的三中全会决定无效。

第三阶段从 1931 年 1 月中共六届四中全会，到 1933 年初中共临时中央局迁入江西中央苏区。1931 年 1 月，中共召开六届四中全会，以王明为代表的"左"倾教条主义在党中央领导机关取得统治地位。3 月 11 日，共青团召开五届四中全会，正式通过了贯彻中共六届四中全会路线的决议，谴责团中央局的"调和态度"，强调"右倾是目前主要的危险部分"，再次批判根据地团组织被"富农的成分充塞着"，"做了许多右倾机会主义和'左'倾的错误"。② 同时，团中央的领导机构也作了调整。团中央宣传部部长博古（即秦邦宪）取代温裕成当选为团中央书记，胡鋆鹤任组织部部长，何克全为团中央委员，不久被任命为共青团广东省书记。当时，广州白色恐怖，共青团广东省委的临时办公地点设在香港。1931 年 4 月，按照团中央的安排，何克全从上海来到香港，化名"凯丰"，开始从事秘密工作，不久被捕入狱，经党组织营救出狱，回到上海担任团中央宣传部部长。这大概是 1932 年初，此时，团中央书记是胡鋆鹤，秘书长陈卓闻，组织部部长吴大海，总交通是蒋平。

这个时期，国民党的白色恐怖十分严重，他们抓到共产党员、共青团

---

① 《C.Y. 三中全会告同志书》（1930 年 11 月 11 日），中国新民主主义青年团中央委员会办公厅编：《中国青年运动历史资料（1930 年 7 月—12 月）》第 8 册，1960 年内部印行，第 406 页。

② 《中国共产青年团四中全会决议》（1931 年春季），中国新民主主义青年团中央委员会办公厅编：《中国青年运动历史资料（1931）》第 9 册，1957 年内部印行，第 93 页。

员实行"宁可错杀一千，也不放过一个"的政策，无须什么确凿证明，没几天就把人杀了。发生于 1931 年 1 月的东方旅社事件、中山旅社事件就相当典型，国民党上海公安局在公共租界工部局协助下，4 天内逮捕了 36 名重要的共产党员。这是之前没有过的。林育南早年与恽代英一起创立互助社、利群社，是五四时期武汉地区学生领袖，1921 年入党，二七大罢工领导人之一。在团二大上当选为中央委员，任宣传部长，团三大后担任过学生部主任、妇女部主任、组织部主任，1926 年任中华全国总工会执行委员兼秘书长，在党的五大上当选中央委员。李求实是早期的社会主义青年团团员，1922 年就入了党，后担任团中央宣传部长，主编过《中国青年》杂志。何孟雄是北京社会主义团的老团员，也是 1921 年入党的老党员，早期工人运动的领导人之一，后来担任江苏省委书记和上海沪西等区区委书记。殷夫（即徐祖华），诗人、作家，曾任《列宁青年》编辑，懂德文，很有才华，之前被捕过，后来经组织营救出狱。他到鲁迅那里，大热天还穿着棉袍子，鲁迅给他钱叫他赶快去买衣服穿。还有冯铿、柔石、胡也频等，他们都在这 36 位被捕人员之中，也同是 2 月 7 日在上海龙华监狱英勇就义的 23 名烈士。

在那个白色恐怖的年代，震动和影响最大的有两件事：一是 1931 年 4 月，中共中央政治局委员、参与领导中央特科工作的顾顺章在武汉被捕叛变；二是同年 6 月，担任中共中央政治局常务委员会主席的向忠发在上海被捕叛变。这两人的叛变给中共中央机关和中央领导人的安全造成极大威胁。幸好当时共青团有相对的独立性，顾顺章被捕叛变，并不清楚团中央的情况，团组织暂时没有遭到破坏。

不过，第二年即 1932 年，共青团就没有这么幸运了。10 月，共青团江苏省委书记袁炳辉在上海被捕后叛变[①]。11 月，国民党中统局上海行动区总部建立。该组织以侦破中共中央在上海的秘密机关为行动目标，利用叛徒，安插内奸，破坏上海的中共地下组织。上海的白色恐怖日益严重，中共上海地下党不断遭到重大破坏。12 月，先是团中央交通员黎行被捕叛变，随后团中央书记胡鋆鹤等多人被捕叛变。[②]团江苏省委巡视员李干城、团沪西区委书记陈同、新任中共沪西区委书记孔昭辛也被逮捕。

由于国民党上海当局的残酷破坏，中共临时中央机关面临严重生存危机，在上海难以立足，而且此时一些重要的领导人已陆续转到江西苏区，有的去了莫斯科。1933 年 1 月，临时中央不得不迁入中央根据地，团中央机关的干部只剩下宣传部负责人凯丰、组织部干事陆定一两人，他们是分头秘密前往苏区的。

临时中央迁入根据地后，党成立上海中央局，作为临时中央的派出机关，领导党在国民党统治区的工作，负责同共产国际的联系。从 1934 年 3 月到 1935 年 2 月，遭到六次大的破坏。7 月后，上海中央局停止活动。1933 年春，少共中央的派出机关共青团上海中央局秘密成立，许宝锋担任团上海中央局书记，赵克昂（又名李一凡）负责组织，黄药眠等做宣

---

① 袁炳辉 1930 年 8 月前曾担任共青团中央书记。

② 中共中央文献研究室编：《陈云年谱》上卷，中央文献出版社 2015 年版，第 157 页。据唐益之回忆："1933 年初，团中央遭到破坏，蒋平和团中央书记胡鋆鹤、秘书长陈卓闻、组织部长吴大海，均被捕叛变……团中央宣传部长凯丰由于事前获得消息及时转移，才未遭逮捕。"（《党史资料丛刊》1983 年第 2 辑，上海人民出版社 1983 年版，第 35 页）陆定一作为当事人曾讲述道：1933 年元宵节，团中央遭到了大破坏。"在此之前，团中央已经遭到过几次大破坏了，袁炳辉、胡鋆鹤等先后被捕叛变。这次元宵节的大破坏首先是从团中央总交通蒋平被捕叛变开始，然后是团中央书记王云程、组织部长孙际明被捕。他们被捕之后都叛变了。"（《上海党史资料通讯》1984 年第 3 期）

传，李华生任秘书（负责印刷和收发文件）。1934 年 10 月，由于叛徒出卖，团上海中央局遭到重大破坏，许宝铎、赵克昂、黄药眠等被捕。

从《无产青年》到《列宁青年》

大革命失败后团的工作，除了参加暴动进行武装斗争外，另一项重要工作就是进行宣传。大革命高潮中，共青团的主要宣传工具《中国青年》曾经发行到 3 万份，在青年中影响很大。

在当时向国民党反动派复仇的强烈氛围中，主持《中国青年》编辑工作的共青团中央宣传部部长陆定一觉得这个名字不够革命，把它改名为《无产青年》，于 1927 年 11 月 7 日十月革命 10 周年这一天出版第 1 期。发刊词开篇便讲："现在革命已经到了绝对暴动的时候！"接着写道："我们的出路，只有毫不妥协的暴动！我们要为已死的几万兄弟报仇，我们要杀尽阶级的敌人！""我们面前的责任正是非常重大，不仅要把旧的统治打个粉碎，把反动阶级杀个净尽……以完成中国的革命，并且要建立工农无产者的政权，在敌人重重包围之中，与一切走向资本主义的趋向奋斗，走上共产主义的光明大道！这些责任，从今朝此刻起，就负在我们的肩上了！"《无产青年》在沉闷恐怖的长夜里吹响了嘹亮的战斗号角，但发刊词只讲暴动，不讲民权革命，不讲斗争策略，更不讲团结小资产阶级和知识分子。

《无产青年》一创刊，就勇敢地站在斗争的最前沿。它以较多的篇幅报道中国共产党领导武装斗争的情况，着重介绍团员和青年在武装斗争中的英雄事迹，鼓舞团员和青年与国民党反动派作英勇的斗争。同时，还以署名文章的形式介绍党、团组织的一些重要会议，宣传会议精神，总结斗争的经验和教训，批评团内出现的一些错误倾向等。在当时极其残酷、困难的斗争的环境下，这份刊物使得许多革命青年看到希望和受到鼓舞，但是由于环境过于险恶，《无产青年》根本无法定期出版。它的第1期和第2期间隔一周，而第2期和第3期却相隔两个月。就是这样，这份杂志在出版5期后，1928年初又不得不停刊。

1928年7月，共青团五大召开时，在会议有关决议中明确指出："过去各种事实证明，本团对于教育宣传工作异常缺乏……中央唯一的机关报《无产青年》，也没有继续出版，团内教育和训练工作更是非常之少……这是本团莫大的危机。"因此这个决议明确提出："中央机关报必须冲破一切困难继续出版，内容应注重青年工农及一切劳苦群众生活与各地实际斗争的叙述，与各种思想上的斗争。"[①]

共青团五大闭幕不久，在1928年10月22日，共青团中央领导出版了秘密机关刊物《列宁青年》。该刊曾用"青年杂志""青年旬刊""光明之路""青年半月刊"等伪装封面出版，华岗、陆定一等先后任主编。该刊先出半月刊，自38期起改为旬刊，41期起以周刊出版。但由于经常受到国民党特务机关的破坏，常常不能正常按时出刊。《列宁青年》在发刊词中明确宣布该刊是"继续《中国青年》而出版"的，同时指出："曾经站在革命最前线的主要地位，而为革命重要动力的中国工农贫民青年群众，在国民党统治之下受着比以前更严厉的痛苦，在新的苏维埃革命阶段之中，青年的地位与任务是更加重大了！革命的青年只有更加勇猛的踏着无数阶级先锋的鲜血，在列宁主义的领导之下，冲倒反动统治的铜墙铁

---

① 《教育宣传工作决议案》（1928年7月），中国新民主主义青年团中央委员会办公厅编：《中国青年运动历史资料（1928）》第4册，1957年内部印行，第171、174页。

壁，获得阶级的自由与解放！"①

《列宁青年》主要发表中共中央及青年共产国际关于青年工作的指示或文件、团中央对时局或团的工作发表的各种宣言、决议，以及各地团员青年参加武装斗争或地下斗争的消息和经验等，有时还登载青年烈士的传记。此外，《列宁青年》还登载一些宣传马列主义的理论文章，对中国革命和共青团工作进行理论探讨的文章和探讨解决青年切身利益问题的文章，以教育和引导广大青年。这个刊物一直坚持秘密出刊到 1932 年底，在共青团中央迁入江西中央革命根据地时才停刊。

二、在创建农村革命根据地中发展组织

大革命失败后，中国共产党发动的反击国民党反动派的武装起义遭遇挫折，中国革命面临着向何处去的严峻难题。以毛泽东为代表的注重实践的共产党人，在认真分析中国当时的社会性质后，毅然提出"上山"思想，主张将部队转移到偏远的农村去，因为那里敌人统治力量比城市相对薄弱，自古以来农民反抗意识也很强烈，容易被号召起来闹革命，同时也有利于农村革命根据地的建设。这样，一个工农武装割据的局面开始兴起了。

---

① 《〈列宁青年〉发刊词》(1928 年 10 月 22 日)，中国新民主主义青年团中央委员会办公厅编：《中国青年运动历史资料(1928)》第 4 册，1957 年内部印行，第 244 页。

在井冈山根据地建立秘密组织

井冈山根据地是中国共产党领导创立的第一个农村革命根据地。井冈山根据地刚开辟时，毛泽东便立即着手湘赣边界各县党、团组织的重建工作。1927 年 12 月，工农革命军在宁冈站稳脚跟后，立即从军队中抽调党员干部毛泽覃、陈东日、赵发仲、朱云卿等人到乔林、长富桥、葛田、大陇等村创建党、团组织。毛泽东还在宁冈茅坪召集宁冈、永新、莲花三县原党、团组织负责人联席会议部署创建党、团组织的工作。会议公布了工农革命军在湘赣建立根据地的决定，指示大家按照党的八七会议提出的土地革命和武装斗争的总方针和团中央"八一二"汉全会议提出的参加党领导的土地革命和武装斗争的新任务，尽快回去重建党、团组织，发动群众，进行土地革命，开展武装斗争。会后，三个县党、团组织的重建工作开始全面展开。

在井冈山革命根据地创建初期，湘赣边界各县还处于白色恐怖之中，为了躲过豪绅地主及其反动武装的耳目，团组织的建立完全在秘密状态中进行。团的工作者或是利用办平民夜校等形式，把青年群众吸引过来；或是装扮成砍木的、织篾的、打铁的、看病的、做生意的、走亲戚的，出没在各村庄，暗地里把革命种子散布开。对于反动势力较强的村庄，则通过关系，在夜深人静时潜进村去活动。他们对青年群众反复进行阶级教育和实际斗争的考察，然后吸收那些苦大仇深、诚实勇敢的贫苦青年入团，建立团的秘密组织。在红军和赤卫队等革命武装力量到达的地方，则公开对青年进行革命宣传，发动青年群众参加打土豪、分田地的斗争，然后把从斗争中涌现出来的积极分子秘密发展为团员，建立团的秘密组织。

湘赣边界各县团组织的重建工作，一直得到毛泽东以及湘赣边界各级党组织的关心和帮助。毛泽东不仅从军队中派出许多党员干部到湘赣边界各县帮助发展地方党、团组织，而且他率领的工农革命军走到哪里，就在哪里做好党、团组织的发展工作。1928年1月，毛泽东率领工农革命军攻克遂川县城后，立即派人找回流落在万安和南康的陈正人、王茨榛、罗凤鸣、王遂人、李正芳、肖万燮等遂川县原党、团组织负责人，帮助建立了中共遂川县委和共青团遂川县委。1928年3月，毛泽东率领工农革命军在鄜县中村做地方工作时，他根据鄜县党、团组织的发展情况，帮助建立了党、团鄜县县委。

中共湘赣边界特委成立后，把帮助发展团组织列为边界党的一项重要工作，湘赣边界党的第二次代表大会明确要求各级党组织都必须划出一部分力量，经常注意团的工作，帮助团在边界各县普遍地建设团的支部，扩大团的组织，健全团的指导机关。同时考虑到湘赣边界的团组织成员几乎全是农民，政治思想理论水平较低，为了提高团组织的战斗力，共产党、共青团湘赣边界特委曾联合举办党团员训练班，对党团员进行马克思主义教育和进行党、团工作的培训。各县的党、团组织也按照特委的布置举办党、团训练班或培训所。正是因为上述原因，湘赣边界各县团组织的重建工作进展很快，至1928年4月，根据地所辖江西的宁冈、永新、遂川、莲花和湖南的鄜县、茶陵6县先后建立了团的县委或临时县委，团县委以下建立了区委、支部和小组，有的团县委以下建立了特别区委、区委、特别支部、支部和小组。湘赣边界的共青团员已发展到2000多人。

随着土地革命的深入，红军和根据地的不断壮大，共青团组织也迅速壮大起来。到1930年10月，根据地团员发展到10万人，村、乡、区、县都建立了各级委员会。

从少共苏区中央局到少共中央局

经过大革命失败后两年多的艰苦奋斗，中国共产党逐渐从极其严重的困境中摆脱出来，革命事业开始走向复兴。在农村，红军和根据地进一步巩固和扩大。在城市，党和团的组织及其工作也有了一定程度的恢复和发展。在这个时期，各个革命根据地相继开展了土地革命，许多无地或少地的贫苦的农民获得了土地，根据地的苏维埃政权也相继建立起来，革命根据地在当时被统称为"苏区"。苏区的扩大和土地革命的开展，使团的工作也得到快速发展，至 1931 年 12 月，各苏区普遍建立和健全了少共[1]省委、特委、县委以及区、乡、村等各级组织，苏区团员队伍也在不断发展壮大，团员数量已达到 10 万人。另据有关资料记载，少共湘鄂赣省委在 1931 年 10 月时，全省共有团员 2.5 万余人，少共江西省委在 1931 年 11 月召开第一次代表大会时全省约有团员 6000 人，但在 1933 年 11 月召开第二次代表大会时，全省团员数已达 1.01 万人。

在这种革命事业出现复兴的形势下，为了加强对苏区党和团工作的领导，中共六届三中全会作出决定，在江西苏区建立中共苏区中央局和少共苏区中央局。1930 年 9 月 4 日，团中央为此专门写信给前往江西苏区工作的"小关"[2]，指示他代表团中央在最短的时间里召集一次苏区各特委及中心县委的代表大会或扩大会议，除贯彻落实党中央和团中央有关会议精神，安排和布置工作外，一个重要任务是成立 C.Y. 苏区中央局，并且委托他确定一个"较好的人"代理 C.Y. 苏区中央局的书记，"C.Y. 中央当于

---

① 在苏区，共青团通常被称为"少共"，有时也与"共青团"混用。
② "小关"，真实姓名不详。

最短期内决定派人来负责书记（如果这次会议万不能或迟开的时候，你亦必须指定数人成立中央分局名单交中央批准）"①。

1931 年 2 月 19 日，共青团中央局通过了《团在苏区中任务决议》，明确指出少共苏区中央局成员包括书记、组织部长、宣传鼓动部长、经济法权部长、参加革命军事委员会的代表。少共苏区中央局要接受中共苏区中央局的领导，要经常向团中央局报告工作。决议还要求少共苏区中央筹备召开团苏区代表大会、筹备建立苏区少年先锋队总队部、立即创办团苏区中央局的机关报，"应在二月内开办团校"等。

1931 年 4 月中旬，由任弼时、王稼祥与共青团中央组织部长顾作霖组成的中央代表团，到达湘赣革命根据地的宁都青塘后，建立了少共苏区中央局，由顾作霖担任书记。由于正处于湘赣苏区反击国民党军队的第二次"围剿"时期，所以少共苏区中央局跟随中共苏区中央局一起随红一方面军总部行动，没有固定驻地，机构也比较简单，工作人员只有 3 人。1931 年 5 月打破国民党军队的第二次"围剿"后，少共苏区中央局在永丰县的龙岗有了一个相对固定的驻地。同年 9 月下旬，中共苏区中央局和红一方面军总部迁驻瑞金县叶坪村，少共苏区中央局迁到距叶坪村约 3 华里的庙背村。

1932 年 1 月 9 日，中共临时中央作出《关于争取革命在一省与数省首先胜利的决议》，对革命形势作了夸大的估计。1 月 15 日至 20 日，少共苏区第一次代表大会在江西瑞金召开，出席会议的各方面代表 200 多

---

① 《共青团中央为成立苏区团中央分局的任务致小关同志的指示信》（1930 年 9 月 4 日），中国共产主义青年团中央委员会办公厅编：《中国青年运动历史资料（1930 年 7 月—12 月）》第 8 册，1960 年内部印行，第 159 页。

人。毛泽东、项英、朱德等中央和红军领导人出席会议开幕式并致词。大会讨论通过政治决议案、在工会运动中的任务决议和儿童运动决议案等文件。由于受"左"倾冒险主义错误影响，这次大会提出苏区团的任务是"必须把国际路线执行到实际工作中去，把团的工作青年化，发动广大青年群众，团聚在自己的周围，领导他们为巩固苏区、扩大红军向外发展、争取一省数省的首先胜利而斗争"。大会选举了少共苏区中央局的领导机构：顾作霖为书记，张爱萍为秘书长，胡鐄鹤为组织部长，陆定一为宣传部长，王盛荣为少先队总队长，曾镜冰为儿童局书记，冯文彬、张绩之、谭启龙等为巡视员。

1933 年 1 月，原来在上海的共青团中央机关① 随中共临时中央局迁入江西中央苏区，驻瑞金沙洲坝下肖村。4 月，少共苏区中央局从庙背村迁至此地合署办公，对外改称"少共中央局"（亦称"共青团中央局"），仍由顾作霖任书记。5 月，顾作霖调任中共闽赣省委书记，原少共中央局宣传部长凯丰接任书记。1934 年初，胡耀邦接替张爱萍，担任秘书长。这时，刘英担任组织部长和宣传部长，陈丕显担任儿童局书记。

当时，中共中央局就在下肖村杨氏私宅办公②，与少共中央局离得很近。据刘英回忆："那时没有等级观念，领导和下面同志相处，不分彼此，亲密无间。"少共中央局的干部都很年轻，胡耀邦 18 岁，陈丕显 17

---

① 实际上，团中央到中央苏区的干部只有凯丰和陆定一。
② 1933 年 4 月，中央苏区中央局迁至沙洲坝下肖村，与同年初从上海迁来的中央临时中央合署办公，开始仍称苏区中央局，同年 6 月改称中共中央局。1934 年 7 月，中共中央局迁往云石山马道口，少共中央局随迁。

岁，"每天晚饭前后，常聚集在树下草地上打山歌，还爱搞点体育活动。爱打篮球的，吆喝一声上球场去了"①。

少共中央局成立后，负责领导全国各革命根据地的青年工作，但由于交通不便和国民党军队的不断"围剿"，实际只能领导江西境内的中央苏区、湘赣苏区、湘鄂赣苏区和赣东北苏区的共青团工作。国民党统治区共青团的秘密工作，主要由共青团上海中央局代理。

红军队伍里的共青团工作

1928年，中共六大决议指出："在军队中应组织党的支部和青年团的小组，后者宜直接服从前者"②。这是中共中央第一次规定要在红军中建立青年团的独立组织。当时一部分红军就开始建立团的组织，如1929年4月在陕西渭华起义的部队中，就有 C.Y. 独立的组织。

经过三湾改编后的秋收起义部队，把支部建在连上，从组织上保证了党对军队的领导。中国工农红军正式成立后，各部队普遍十分重视建立共产党的组织和党员的工作，但对共青团和青年工作的认识，有一个过程。1929年12月，红军第四军第九次党代表大会认为：

---

① 《在历史的激流中：刘英回忆录》，中共党史出版社1992年版，第44页。刘英还回忆道："在中央苏区，博古是总书记，谁都称他为总书记。……当时我在青年团。青年团每次开常委会，博古作为总书记，代表党来参加。他会随便开玩笑的。博古、凯丰、我，大家都年轻，比较活泼。"（何方采访、宋以敏整理：《刘英忆延安岁月》，《炎黄春秋》2016年第4期）

② 《苏维埃政权的组织问题决议案》（1928年7月10日），中共中央文献研究室、中央档案馆编：《建党以来重要文献选编（1921—1949）》第5册，中央文献出版社2011年版，第456页。

军队中青年利益与成年利益不能划分，团没有特殊的工作对象。又党的小组以班为单位建设方才有利斗争。因此党的支部里头无设立团的小组的必要。

争取青年工农群众是党的重要任务之一，须有专门组织去担任这种工作。因此，应在支部中划出年龄在二十岁以下的青年党员（有特别情形如担任党的重要工作的除外），成立青年工作会议。

前委及纵委里头各设立五人之青年工作委员会，支队委及支委则各设一个青年委员，在各级党部的指导之下从事工作。①

1930 年 5 月 5 日，中共中央致青年团中央的信中指出："红军发展将近七万人，现在还没有青年团的组织与工作，希望团能于短期间开始来征调团员加以相当的训练，送到红军中工作与建立团的小组，并应确定团在红军中经常的工作。"②

同年 5 月，共青团中央局书记温裕成在《列宁青年》上发文指出：

在红军中青年工作我们也要去努力建立起来，这不仅是一些"文化""娱乐"工作，尤其重要的是鼓舞士兵勇气和战斗力量。

---

① 毛泽东：《中国共产党红军第四军第九次代表大会决议案》（1929 年 12 月），中共中央文献研究室、中央档案馆编：《建党以来重要文献选编（1921—1949）》第 6 册，中央文献出版社 2011 年版，第 740 页。

② 《中共中央政治局给共青团中央的信——关于团的政治、组织任务与路线》（1930 年 5 月 5 日），中共中央文献研究室、中央档案馆编：《建党以来重要文献选编（1921—1949）》第 7 册，中央文献出版社 2011 年版，第 181 页。

因此在红军中俱乐部的工作是更重要，团在俱乐部中要用各种方式和方法来使士兵精神振作起来，如召集俱乐部大会、晚会、演新剧、做滑稽双簧等，来教育士兵和提高他们的文化程度及政治认识。①

1930年夏，李立三主张"党团合一"成立行动委员会，实际上就取消了红军中的青年工作。李立三"左"倾错误纠正以后，红军中的青年工作逐步得到恢复。

同年10月，中共中央颁布《中国工农红军政治工作暂行条例（草案）》。这是人民军队历史上第一个政治工作条例，包括总则和10个分条例，其中第9个分条例为《中国工农红军青年团工作暂行条例草案》。条例规定：

在红军中青年团员及候补团员中的一切工作，是党的工作之一部分，并在政治机关和党的组织直接指导之下进行。

红军中不另设青年团支部，青年团员的工作是受党支部直接指导。

连支部中有青年团员三人以上时，得在党支部干事会直接指导之下成立列宁青年组。

连支部及团总支部下的列宁青年组长和青年干事，由各该党的机关提出最积极和最有威望的青年团员（必须是兼党员），在

---

① 裕成：《建立红军中的青年工作》，中国共产主义青年团中央委员会办公厅编：《中国青年运动历史资料（1930年1月—5月）》第7册，1959年内部印行，第513页。

各该团员大会上通过。①

至 11 月，红军中团的组织工作有了相当成绩，师以上政治部均设青年科，连队都建立了团小组，连、团、师选举产生了三至五人组成的青年团委员会。

1931 年后，随着三次反"围剿"作战的胜利，大批青年加入红军。加强青年团的组织和积极开展青年工作，成为提升红军队伍战斗力的一个重要方面。

1932 年 1 月 15 日至 20 日，中国共产主义青年团苏区第一次代表大会在江西瑞金召开。毛泽东代表中共苏区中央局出席开幕式并向大会致词。会议讨论了共青团建设和加强红军中青年工作，通过了《红军中团的工作问题》等决议，要求加强红军中的青年团组织和青年工作，以最大的努力使团的组织有大的转变和扩大。会议强调了红军中开展共青团工作的重要意义，总结了以往红军中共青团和青年工作的经验教训，理顺了红军中共青团和共产党组织的关系，以及青年工作与红军政治工作的关系。会议指出：

> 红军中团的组织原则是根据于军队便利作战及统一行动的特殊条件，不能有独立的组织系统。团的组织完全隶属于党的系统之下进行工作，团不能成立单独的支部，而应在党的支部中建立列宁青年组，在党支部的直接领导之下工作。军事学校中团

① 总政治部办公厅编：《中国人民解放军政治工作历史资料选编》第 1 册，解放军出版社 2002 年版，第 616、617 页。

应该成立支部，但亦应在党的领导之下。①

共青团苏区第一次代表大会后，中国工农红军总政治部组织出席会议的红军代表召开红军全军青年工作会议。会议总结了红军共青团建设和青年工作的经验教训，明确了共青团"是一种群众性广泛的组织，是党的后备队"的思想，决定"以最大的努力要使团的组织有大的转变与扩大"。会议制订了为期三个月的团员发展计划，要求各军以团为单位举办团员训练班、新团员训练班，选派团干部到中央苏区列宁团校进修学习，以提高广大团员和团干部的素质。会议要求红军各军召开连以上青年团委员会议，以师为单位召开团员大会，传达宣传苏区共青团代表大会和全军青年工作会议精神，积极发展团员，促进共青团工作的开展。全军青年工作会议后，总政治部编印下发《战争与青年》《反帝运动与青年》《苏维埃与青年》《共产青年团》等学习材料，供部队各级共青团组织和广大青年学习。

1932 年 3 月 17 日，总政治部发出《关于青年队的组织与工作方法的规定》，决定在部队中建立青年队：

青年队是在部队中一般的文化、政治的教育工作外，特别用适合于青年心理的方式方法教育青年士兵，以提高青年士兵的文化程度和政治水平的一种方式。

过去某些部队中（如四军、三军团等）工作的经验已经证

---

① 《苏区团第一次代表大会政治决议案》（1932 年 1 月），中国共产主义青年团中央委员会办公厅编：《中国青年运动历史资料（1932 年 1 月—5 月）》第 10 册，1960 年内部印行，第 126 页。

明，青年队是一种教育青年士兵的最好的方式。[1]

要求凡 23 岁以下富有朝气的年轻士兵都应编入青年队，营成立小队，团成立中队，师成立大队，进行有组织有针对性的教育。

红军党组织和政治机关非常重视青年干部队伍的建设。1932 年 9 月，总政治部主任王稼祥、副主任贺昌共同发布《总政治部关于红军中党的工作的训令》。训令强调，"党要加强对团的工作指导"，"帮助团培养干部与进行教育工作"[2]。总政治部决定，总政治部和师以上各级政治部增设青年部，团政治处设青年工作干事，负责指导部队的青年团和青年工作。

11 月，红军总政治部组建青年部。在物色部长人选时，王稼祥同周恩来、朱德研究，认为萧华是最合适的人选，决定调他来担任。当时只有 16 岁的萧华曾任红四军军委青年委员、红一军团政治部青年部长，刚去担任红十师第三十团政治委员。关于这段往事，20 多年后，王稼祥曾对萧华说："那次调你，罗荣桓同志就是不放，我们坚持非调你不可。罗荣桓同志说调走了他，'砍了我的膀子'。但我们还是把你调来了。"

共青团组织在红军中普遍建立后，青年工作在红军中蓬勃开展起来。在残酷的战争中，共青团把巩固和提高部队战斗力作为主要任务，行军中巩固部队，团结群众，遵守纪律，发扬阶级友爱；作战时冲锋在前，带头完成战斗任务；整训时举办晚会或各种竞赛。共青团所开展的政治、教

---

[1]　总政治部办公厅编：《中国人民解放军政治工作历史资料选编》第 2 册，解放军出版社 2002 年版，第 81 页。

[2]　总政治部办公厅编：《中国人民解放军政治工作历史资料选编》第 2 册，解放军出版社 2002 年版，第 218 页。

育、娱乐、文化等工作，促进了红军基层建设，提高了红军官兵的政治素养、精神面貌、文化水平和战斗力。

1933年5月，周恩来担任红军总政治委员兼红一方面军总政治委员，由于他的热情支持和直接关怀，红军总政治部曾在全军青年战士中开展了"四不五要三努力"的竞赛活动，要求全军青年战士不抽烟，不喝酒，不怕苦，不掉队；要团结友爱，要遵守纪律，要讲究卫生，要搞好军民关系，要积极参加文体活动等；努力提高政治觉悟，努力提高军事本领，努力提高文化水平。这项活动符合部队的实际和青年战士的特点，所以为巩固和提高红军的战斗力发挥了重要作用。

为了加强红军各级政治部对共青团与青年工作的领导，更加务实地推动团真正成为党的有力助手，教育全体青年战士来巩固红军与提高红军战斗力，1933年9月，红军总政治部发出第5号训令，要求"各级政治部（处）的青年部（科）一律取消，在组织部（科）之下设立青年干事，进行团与青年战士中的组织工作"，特别强调要"向全体青年战士说明取消青年部（科）的意义与目前团与青年工作的任务，要坚决反对以为取消青年部（科）便为放松或甚至取消青年工作的错误倾向"。①

1934年2月，为加强严酷战争环境下的政治工作，总政治部颁布了《中国工农红军政治工作暂行条例》。其中第18项为《中国工农红军共产青年团工作暂行条例》，该条例重申了1930年暂行条例草案中的基本原则和具体要求，新增在团的总支委下成立青年团委员会的规定，并对团的青年团委员会的工作进行了细化。同时，新增对连支部下青年干事的工作要求。

---

① 总政治部办公厅编：《中国人民解放军政治工作历史资料选编》第2册，解放军出版社2002年版，第463、464页。

宣传和教育

井冈山根据地是中国共产党在土地革命初期建立的第一个革命根据地，它不仅在建立革命武装，开展土地革命，加强政权建设方面有着比较完整的经验，而且在共青团组织建设和团骨干培训以及充分发挥共青团作用方面，也有许多成功经验。在农村革命根据地开展共青团工作，对团干部的培养，不断提高团干部工作能力方面，是各根据地共青团组织面临的一项紧迫而重要的任务。

为了解决这个问题，在 1928 年 10 月，湘赣边界党、团特委决定在茨坪村李家祠堂联合举办党、团训练班，由苏区所辖各县选派约 300 名党、团员参加，原则上规定每个党、团支部各选派 1 名，实际上参加的多是红色区域的党、团员。训练班按军事编制，全班编为 1 个大队，大队下设3 个中队，每个中队下设 3 个小队。每天清早上操，上午和下午上课，晚上也安排有活动。为搞好这次训练班，湘赣边界党、团特委制定了详细的训练大纲，主要安排由中共湘赣边界特委领导人谭震林、陈正人等讲党课，团特委领导人史训川、宋新怀等讲团课，红四军军委书记毛泽东、军长朱德也到训练班作形势报告和讲授马克思主义基本原理。

毛泽东、朱德在讲课时，很注意学员的实际水平，尽可能做到形象化、通俗化。他们用"一根筷子易折，一把筷子难断"来说明"人多力量大"的道理；用"星星之火，可以燎原"来比喻革命发展的趋势；用讲述苏联的情况来揭示中国未来的前景。这种通过一些生动形象事例来深入浅出地讲述革命道理的教学方法，使学员一听就懂，从而进一步提高了学员的思想政治觉悟，增强了革命必胜的信念。

共青团特委的有关人员给学员们讲团的性质、任务和组织原则，传授具体工作方法，如怎样召开会议，怎样作报告，怎样搞宣传，怎样发展组织等，使大家明白了为什么要加入共青团和怎样做一个共青团员的道理，了解了开展团的工作的基本方法和知识。

这次两个多月的学习期间，尽管学员们的生活条件比较艰苦，吃的是红米饭、南瓜汤，睡的是地铺，有时这些学员还要和红四军指战员一道上山砍木、背木、修筑五大哨口或到宁冈县大陇、茅坪挑粮食，但是学员们普遍都感到学习生活比较充实，不仅提高了马克思主义理论水平和团的知识水平，而且思想觉悟也有了很大提高。

训练班结束后，参加团的工作培训的学员虽有一部分或是参加了湘赣边界宣传队的工作，或是到外县团组织去工作，但多数都回到自己的家乡，在团的岗位上起到了骨干和带头作用，从而使地方团组织的力量得到进一步充实和加强。

江西苏区各地团组织充分利用中央苏区各类干部学校较多的特点，举办各种类型的团干培训班，对团干部和青年骨干进行了比较系统的教育培训；赣东北苏区各县团组织主要按照少共赣东北省委下发的训练大纲，举办短期训练班的办法进行培训；湘赣苏区则采取团特委、县委、特别区委等层层举办团务班的办法，轮训了大批团干。

共青团永新县西北特别区委在天龙山的杉木坳、双江口等地举办团训班时，还吸收了一些从国民党占领区来的秘密团员。为了不暴露秘密团员的身份，以便结业后仍然回白区村里开展秘密工作，团永新县西北特区委采用"苦肉计"，派游击队战士到白区去把他们五花大绑地押上天龙山团训班参加学习。这些团训班办得很有成效。1928年10月，15岁的谭启龙入团不久就参加了这种培训。他后来深情地回忆道：杉木坳团训班"对我来说，是一次政治上的启蒙教育，增长了知识，开阔了视野。我从此开始接受革命道理"①。

　　1931年7月1日，少共苏区中央局的机关刊物《青年实话》在江西永丰县龙岗正式出刊。这是中共六大决定的。开始总编辑所设在于都，总发行所设在汀州，每周出一期，每期30至40页不等。但是由于第三次反"围剿"开始，在出版两期后，不得不休刊。反"围剿"胜利后，又继续出刊，总编辑所也于当年九十月间迁入瑞金。1932年1月，由少共苏区中央局宣传部部长陆定一担任主编。作为少共苏区中央局的机关刊，《青年实话》以宣传马克思列宁主义理论和对青年进行共产主义教育为主要内容。该刊主要刊载中共苏区中央局文件、中共中央的有关指示及苏区青年工农武装斗争的消息，对苏区红军中的青年工作和苏区少先队工作予以指导。该刊还经常发表时事解说性文章，刊登歌曲、山歌和红军故事等文艺、通讯作品，文字通俗易懂。九一八事变后，《青年实话》常常发表文章揭露日本帝国主义的暴行，这种文章一般都放在重要版面位置。当时瑞金是中共中央所在地，虽有"红都"之称，但印刷设备非常落后，出版物仍要送到长汀去印刷。文章是铅印的，封面常常用木刻。1933年初，共青团中央局迁入苏区后，《青年实话》就成了团中央机关刊物。随着苏区共青团工作的开展，该刊的发行量在1934年单期曾达到2.8万份，发行量和影响力仅次于《红色中华》。

　　从1931年10月开始，为了培训红军中的青年工作干部、训练地方团干部和少先队干部，少共苏区中央局先后举办第一至四期列宁青年学校。1932年12月，少共苏区中央局、少先队中央总队联合发出关于开办第五期列宁青年学校的通知，明确指出："在第四期列宁青年学校毕业后，

---

① 谭启龙：《谭启龙回忆录》，中共党史出版社2003年版，第14页。

立刻继续开办第五期，专门训练少先队干部"，训练时间为一个月，要求"各地学生一定要在 1933 年 1 月 14 日以前到达瑞金中央局与中央总队部所在地"。①

共青团苏区第一次代表大会召开以后，为了培养根据地的共青团干部，少共苏区中央局于 1932 年下半年在瑞金开始筹办列宁团校。当年 12 月 24 日，列宁团校第一期在瑞金叶坪洋溪村举行开学典礼。朱德、任弼时（时任中共苏区中央局代理书记）等出席了开学典礼。任弼时在会上讲了话，并且宣布由少共苏区中央局书记顾作霖兼任列宁团校校长。这期学员共 124 人，都是 14 岁至 25 岁的青年，其中女学员 35 人。

列宁团校第一期学习时间是两个月左右，学习内容有中共党史、共青团史、政治、地理常识和游击战术等。教员由中共苏区中央局领导人担任，任弼时讲党史，顾作霖讲团史，徐特立、陆定一讲地理、政治常识，总参作战科派人讲游击战术。

1933 年 2 月 25 日，毛泽东来到列宁团校给学员讲中华苏维埃革命运动史。他深入浅出地讲了要把马列主义同中国革命的具体实践相结合的道理，还讲了建立农村革命根据地的重要性，并且勉励学员要在工作上、学习上起模范作用，做好党的助手，扎扎实实做好苏维埃、红军中的青年工作，调动广大青年的积极性，为革命战争服务。

1933 年 2 月底，列宁团校第一期结业。中共苏区中央局书记周恩来出席了结业式，并勉励学员要发扬共青团的革命传统和作风，做反"围剿"的先锋战士。

---

① 共青团中央青运史研究室、中央档案馆编：《中国青年运动历史资料（1932 年 6 月—12 月）》第 11 册，中共党史资料出版社 1988 年版，第 720、722 页。

在发展苏区文化教育方面，共青团组织也发挥了重要作用。在苏区开展群众性的识字活动中，共青团积极发动青少年参加识字组，还协助教育部门编写了许多文字通俗、富有鼓动性的识字课本。另外，由共青团直接主办的俱乐部和红色体育活动也十分活跃。

三、建设苏区，保卫苏区

在土地革命战争时期，从农村革命根据地拓展到工农政权的建立，从经济利益格局的调整到各类组织的创建，根据地的社会生活在一种新的秩序规则导引下呈现革故鼎新之势。到 1930 年 10 月，根据地的共青团员发展到 10 万人。村、乡、区、县都建立了各级委员会。各革命根据地的共青团组织在党和苏维埃政府的领导下，积极动员和组织团员、青年投身各项事业中去，为巩固和保卫苏区红色政权，发展苏区经济作出了突出贡献。

参加分田地与种田地

在各个农村革命根据地，建立和巩固苏维埃政权是首要的任务，而动员和组织广大农民参加土地革命是完成这项任务的基础，所以根据地的共青团组织积极带领广大青年参加打土豪分田地工作。在 1930 年，随着根据地各县苏维埃政权的建立，共青团主动协助区、乡苏维埃政府深入开展了打土豪分田地活动。赣南、赣西和湘赣苏区各县认真贯彻执行了毛泽东的依靠贫雇农、联合中农、限制富农，保护中小工商业者，消灭地主阶级的土地政策。在具体实施过程中，对于公共土地和地主阶级的土地，以及富农多余土地予以没收。分田的原则是：在原耕地的基础上，实行"抽多补少"，按人口平均分配，之后又进行了"抽肥补瘦"，因而深受广大农民的欢迎。在这一活动中，共青团一方面带领广大青年勇敢地向地主阶级展开了清算斗争，大胆地同瞒田、转移田和分田不均的现象作斗争；另一方面组织青年帮助政府调查户口，登记土地，评定土地等级等。土地革命的顺利开展，不仅极大地鼓舞了广大农民的革命热情，而且大大提高了农民的生产积极性，从而使苏区的农业生产获得了连年的大丰收。据统计，1933年，中央苏区农产比1932年增长15%，而湘鄂赣苏区则增长20%。

农村革命根据地建立以后，国民党当局就不断派军队前来围攻。根据地的青壮年男子一批又一批地参加红军，奔赴前线，致使农村劳动力严重不足，影响了苏区经济建设的发展。为了解决农村劳力不足的困难，共青团组织积极响应党和苏维埃政府的号召，把动员和组织青年妇女参加农业生产作为一件大事来抓。在当时，动员青年妇女参加农业生产并不是一说就通那么简单。主要存在两个问题：一是封建迷信的束缚，当时赣南、闽西以及湘赣边区都有"妇女犁田会遭雷公打"的说法；二是农村中不少妇女从小就缠着一双小脚，她们连走路都困难，更不要说是下田劳动了，即使是大脚妇女，下田劳动的也很少，会犁田、插秧的更是凤毛麟角。针对上述问题，共青团组织一方面要求女团员带头，率先破除封建迷信的束缚，在农业生产、开垦荒地和兴修水利中起骨干作用；另一方面，动员小脚妇女放脚，并组织有经验的老农手把手地教她们学犁耙、插秧。功夫不负有心人，经过一段时间的细致工作，苏区农村妇女大多学会了农业生产技术，成为农村生产的主要劳动力。

1934 年春，在瑞金叶坪召开了苏区妇女劳动模范大会。会议期间，代表中的犁田能手还应邀到瑞金的武阳区作现场示范表演。参加示范表演的青年妇女们个个英姿飒爽，她们扶着犁，高扬着鞭子，十分熟练地赶着大水牛往前疾走，身后泥浪翻滚。毛泽东那天也参加了现场会。他看到这个情形，高兴地跷着大拇指说："按封建社会的迷信说法，妇女犁田会遭雷公打。现在时代不同了，男女平等。男人能做到的事情，你们妇女也可以做到。今天你们不是做到了吗？"

土地革命的深入开展，使农村革命根据地的面貌发生了根本性变化。广大农民尤其是青年农民在政治上、经济上的翻身，极大地激发了革命积极性。他们纷纷参加红军或支援前线。在兴国，8 岁至 15 岁的少年儿童参加劳动童子团，任务是"放哨""检查烟赌""破除迷信打菩萨"。

打破封锁办经济

为了打破敌人对农村革命根据地的经济封锁，共青团积极协助苏维埃政府在赤白交界点设立采办处或交换所，建立赤白区间的通商关系，把苏区生产的粮食、钨矿、樟脑、烟叶、竹木等销往白区，又从白区进口苏区急需的食盐、煤油、布匹、药品等。从 1932 年起，国民党更加紧了对苏区的经济封锁，在接近根据地的白区，限定每人每天只许购买食盐、煤油三钱，凭证供应。苏区食盐价格陡然上涨。1932 年，一斤盐卖到三块多光洋，一斤硝盐也要一块八九角光洋，后来甚至发展到有价无市。

　　面对这种严峻的局面，为了使根据地红军和群众有盐吃，在党和苏维埃政府的统一领导下，共青团一面组织各地团员、青年用土法熬硝盐，把年久的房墙地基的土弄来，或挖陈年粪窖，用水过滤，熬出硝盐；一面发动青年群众冲破敌人封锁线，通过各种途径到敌占区去购盐，然后又想方设法把盐运回来。有的青年群众化装成乞丐到白区去要饭，买了盐装在讨米袋子里带回来；有的半夜翻山越岭，从僻静小路把盐挑回来；有的把盐装在竹筒里，泅水潜渡；有的用棉衣浸透盐水，回来再熬成盐；有的把粪桶做成双层，到白区挑粪时将盐放在底层挑回来；还有的把棺材改成双层，下层放盐，上层放一些臭猪肠，让一些人装成送葬，从白区把盐运回来。在冲破敌人封锁线，开展赤白区商业交易中，不少团员、青年不怕危险，不怕艰难，表现出英勇无畏的精神，有的甚至为此付出了宝贵的生命。

　　随着根据地的发展，在一些苏维埃区域产生了合作社商业，这是由群众自己集资、经济互助、自行抵制私商中间剥削的一种集体所有制组织。在当时通常是以消费合作社和粮食合作社为主要形式。消费合作社采取自愿入股的原则，社员既是股东又是消费者。合作社大批买进，零星卖出，利润规定不能超过20%，目的是向社员提供比市面更加廉价的日用消费品。粮食合作社是专门经营粮食流通业务的群众合作经济，是粮食调剂局的群众基础，由群众自愿以交钱或交谷集股。主要任务是，秋收时以高于当地市场谷价向社员购谷，除存储一部分供来年青黄不接时社员作急需外，其余大部分陆续运至粮价高的地区出卖或运到白区，盈利一部分作公积金，一部分给社员分红。

　　为推动和促进消费合作社和粮食合作社的发展，中央苏维埃政府于1932年8月颁布了《发展粮食合作社运动问题的训令》和《粮食合作社

简章》，1933 年 12 月又颁布了《消费合作社章程》。为进一步响应中央
政府的号召，共青团江西省委、湘赣省委和湘鄂赣省委等先后发文，号召
共青团员带头入股参加合作社，并发动广大青年踊跃加入合作社。为推
动合作社工作，一些革命根据地的共青团组织选派大批干部供给苏维埃做
合作社的工作，并在合作社的经营和管理中发挥了重要作用。各根据地
的合作社商业不是单纯以牟取利润为目标，而是以支援革命战争和改善群
众生活为目的。它根据自愿互利原则，实行民主管理，坚持集体利益和
社员个人利益兼顾的分配原则，因此受到包括革命根据地团员、青年在内
的广大群众的普遍称赞与积极参与。

礼拜六行动

为了使红军战士安心在前线英勇杀敌，形成当红军光荣的社会风尚，
1931 年 12 月，少共苏区中央局根据列宁在《伟大的创举》中倡导的"星
期六义务劳动"的精神，发动了群众性的"共产青年团礼拜六"——拥军
优属活动，倡议团员、青年每周抽出一天，义务为红军家属搞生产，做家
务，或帮助红军挖战壕，运弹药，修枪械，缝补衣鞋袜等。这一倡议得
到各苏区共青团组织和广大团员、青年的热烈响应。

对于少共苏区中央局的倡议，各苏区团省委都相应提出了具体的贯彻
意见，如少共湘赣省委在 1932 年 1 月 28 日召开的第一次扩大会议上通过
的《三个月工作计划》中明确提出："共产青年团礼拜六的工作各级团部
要发动全团同志，并要鼓动青年群众每逢礼拜六热烈举行，每个月要做四
天，同样以支部小组或几支联合不限定，举行礼拜六主要是帮助红军家属

做事及做公共卫生等。"①每逢星期六或节假日，苏区的许多团员、青年都会主动上门，帮助红军家属耕田、打柴、挑水、扫地，有的女团员还给红军家属梳头、洗衣服；逢上乡里演新戏，团员们总是安排红军家属坐在前排，并端上茶水。在苏区许多乡村，在分田时都留下了一部分土地作为红军公田，主要用于维持外地红军家属及白区红军家属的生活。

在开展"共产青年团礼拜六"活动中，许多团员青年主动提出"先种红军公田和红军家属的田，后种自己的田"，而后把公田收获的粮食统一交给苏维埃政府，再转送给外地红军家属及白区红军家属。苏区"共产青年团礼拜六"活动的广泛开展，使广大红军家属和群众深深地感到党的温暖和做红军家属的无比光荣。很多红军战士的父母、妻子儿女、兄弟姐妹都纷纷表示要经常写信给前方的亲人，鼓励他们安心杀敌，不要挂念家属。这一活动的开展，不仅大大消除了前方战士留恋家乡、挂念亲人的顾虑，而且增强了后方青年勇于加入红军的决心，从而为扩大红军、粉碎敌人的军事"围剿"创造了有利条件。

"共产青年团礼拜六"活动对苏区党政部门产生了重要影响。1934 年 1 月 8 日，中共中央、中华苏维埃共和国人民委员会联合作出《关于优待红军家属的决定》，要求"严格的普遍的实行优待红军家属的礼拜六。党、政府、后方军事机关、青年团以及其他群众组织各级机关的工作人员，从中央到乡政府支部止，必须全体参加"②。1 月 10 日，中国共产党中央委员会、中华苏维埃中央人民委员会又联合发布《优待红军家属礼拜六

---

① 共青团江西省委、江西省档案馆选编：《江西青年运动史料选编》上册，江西人民出版社 1987 年版，第 531 页。
② 《红色中华》1934 年 1 月第 143 期。

条例》，作出更加明确的具体的规定。

扩红与少共国际师

土地革命战争时期，中国工农红军所以能取得前四次反"围剿"胜利，除正确运用了行之有效的战略战术，以及得到广大苏区群众的拥护和支援外，兵源能得到及时补充并不断扩大也是一个重要原因。从1930年底至1933年3月，仅两年半的时间，国民党反动派就对苏区连续发动了四次大规模的所谓"围剿"。为了巩固和不断扩大红军的有生力量，保卫与发展革命根据地，为了更有力地粉碎国民党反动派的多次"围剿"，从1932年起，在中共苏区中央局的领导下，各苏区都先后进行过几次规模较大的扩军运动。应征的对象主要是青年，所以这项光荣而艰巨的任务无疑主要是落在共青团的肩上。每当扩军任务下达后，苏区共青团组织都要层层召开团干部会议或团干部和少先队干部联席会议进行动员，并在此基础上组织宣传队、群众大会等，大张旗鼓地开展宣传动员工作。由于思想动员比较充分，加之共青团干部和团员能以身作则，带头报名参军，因而也激发了广大青年报名参军的热情，出现了父送子，妻送夫，少先队员和儿童团员鼓励自己父亲、兄弟加入红军的许多动人情景。

为培养少先队真正成为红军的可靠后备军，根据地各级少先队中还成立了模范少先队，是完全仿照红军编制，按班、排、连、营、团组建起来的不脱产的军事化组织，队员全是18岁以上的男性，身体强健，政治觉悟高，军事训练内容多，组织纪律要求严，主要承担作战任务，经常单独或配合红军和赤卫队在本地区或敌占区开展武装斗争。当时中央根据地的模范少先队员曾发展到10多万人。

为了不断扩大红军有生力量，保卫革命根据地，从 1932 年到 1934 年，根据地多次进行了大规模的扩军运动，共青团责无旁贷地承担了这个光荣而艰巨的任务。中央根据地的江西省一马当先。1000 多名省、县区团干部，少先队员干部带头组建了工人模范师（青工）、少队模范师（兴国县少先队员），输送给红军部队。仅 1933 年红五月全省就有近 10 万新兵到军区报到。到 1933 年 7 月，福建共青团组织也动员了 315 个连的模范少先队上前线。

在第二、三、四次反"围剿"时，少先队中央总队部曾组织了 3 次较大规模的参战活动。第一次有 10 个少队模范连，第二次有 6 个少队模范连，第三次有 7 个少队模范团。1932 年八九月间，第四次反"围剿"中，总队部从汀州、瑞金、兴国、赣县、万安等地调了 7 个少队模范团，组成少年先锋师，配合主力红军在黎川、邵武一带抗击敌人。虽然大部分人是第一次上战场，但表现了有我无敌的英雄气概，受到了朱德总司令的表扬。

1933 年 2 月上旬，中共中央局提出"在全中国各苏区创造一百万铁的红军"的号召，全国各苏区掀起了前所未有的扩红热潮。同年 5 月，少共江西省委召开了由各县、区共青团干部和少先队及模范团营团长参加的联席会议。会上，大家通过热烈讨论，上至团省委书记、省队长，下至区委书记、模范团营团长共 1000 余人统统报名当红军。会议结束后，各地又展开了县与县，区与区，少先队与模范团，营与营，团与团的比赛，因此很快出现了许多整个支部，整个区的团员，整连、整营、整团模范少先队和整大队、整中队、整小队普通少先队参加红军的动人景象。据统计，在红五月中，江西苏区全省就扩大红军 2.5 万人。

少先队是红军的后备队，所以在动员青年参加正规军方面，少先队也发挥了重要作用。1933 年 5 月上旬，红军总政治部在宁都召开全军青年工作会议，提出建立少共国际师的建议。5 月 20 日，少共中央局根据红军总政治部的建议，作出了《关于创立"少共国际师"的决定》。6 月 20 日，少先队中央总队部在瑞金召开了江西、福建、闽赣等省少先队区队长以上干部联席会议。中国工农红军总司令朱德亲临大会讲话，分析了苏区面临国民党反动派第五次军事"围剿"的严重情况，阐述了青壮年积极参军和建立"少共国际师"的重要意义，号召团和少先队的干部、团员和少先队员踊跃参军，用武装上前线的实际行动保卫土地革命的胜利成果，推翻国民党反动派的黑暗统治。与会的 1000 多名团员和少先队干部受到很大鼓舞，一致表示，以实际行动响应党的号召，并发表宣言，大力号召队员踊跃参军，积极组建少共国际师。

会后，一股踊跃报名参加少共国际师的热潮迅速在苏区各地掀起。素负盛名的扩红模范县兴国在 5 月刚刚把 4000 多人的少先模范师送往前线，这次会议结束后，团县委和县少先队立即召开会议决定在全县发起成立新的模范少先队，并在规定时间组织他们集体加入了少共国际师。在这次建立少共国际师的热潮中，江西、福建、闽赣 3 省的少先队组织都有许多突出感人的事迹，出现了不少模范少先队整排、整连，甚至整营、整团集体报名参加少共国际师的动人场面。结果，原计划征调 8000 名少先队员组建少共国际师，前后只用了两个月时间就胜利建成，而且在编人数达到 9000 人，大大超过了原定计划。

8 月 5 日，少共国际师正式建立。全师由近 1 万名青年组成，其中团员占 70% 以上，年龄 18 岁左右，还有不少十四五岁的红小鬼，历任师长、政委也是 20 岁上下的青年人。[①] 在中央军委的授旗典礼上，全师指战员宣誓："我们是工农的儿子，高举着少共国际师的旗帜，要消灭帝国主义国民党，准备以最后一滴血，为着苏维埃奋斗到底。"[②] 此后，少共国际师进入了紧张的集训。9 月上旬，少共国际师开赴反"围剿"战场，一连打了几个胜仗，朱德、周恩来、杨尚昆致电嘉勉。以后，少共国际师在将军殿、团村、大脑寨等地进行了几十次战斗，仗仗打得英勇壮烈。在石城保卫战中，5000 余名少共国际师的战士，血洒疆场，完成了掩护主力部队转移的任务。1934 年 10 月，少共国际师随红军主力一同长征，遵义会议后，被编入红一军团。

中央红军长征后，蒋介石又策划了更加残酷的"川陕会剿"。为扩红西进，开发新区，中共川陕省委和红四方面军决定由少共川陕省委组建少共国际先锋师，以配合红军作战，完成策应中央红军北上、西渡嘉陵江、冲破"川陕会剿"的中心任务。1935 年 1 月上旬，2800 多名由 12 岁到 20 岁的男女优秀团员、少先队员和部分儿童团骨干组成的少共国际先锋师在旺苍坝正式成立。短短 8 个月，先后参加了广昭战斗、强渡嘉陵江战役、牛角洞战斗，在保卫后方机关、宣传扩大红军、支援前线中，出色完成了党和四方面军交给的任务。1935 年 4 月，少共国际先锋师随红军总部撤出川陕根据地，踏上了北上抗日的征途。

---

① 少共国际师的指战员经过血与火的洗礼，有 23 人成长为开国将军。其中包括两位上将：第二任师政委肖华、第四任师长彭绍辉；两位中将：第三任师长曹里怀、团长陈正湘；还有 19 位少将。此外，还有两个重要人物，第一任政委冯文彬，后曾任团中央局书记、中央青委副书记、书记，中国新民主主义青年团中央书记；第一任师长陈光，后曾任红一军团代理军团长、八路军 115 师代理师长。

② 《红色中华》1933 年 8 月第 104 期。

四、少年先锋队与儿童团

土地革命战争时期，各农村革命根据地由共青团领导的少年先锋队和共产主义儿童团等组织，在根据地的经济建设、文化建设、宣传、支前乃至直接参战等方面都发挥了重要作用。同时，通过这些实践活动，一大批党、团组织的后备力量也茁壮地成长起来。共青团四大着重指出：应该"整顿童子团的组织，加紧其政治训练，使其在工会、农会与学生会的有系统的指导之下活动，准备着成为革命的后备军"[①]。

"红军的后备队"：少年先锋队

苏区少年先锋队（简称"少先队"），是革命根据地共青团组织直接领导下的"工农劳动青年的群众的半军事性的阶级自卫组织"，"是红军的后备队"[②]。凡承认队章，年龄16岁至23岁的劳动青年皆可加入，共青团员则必须参加，并成为少先队的领导骨干。少先队的任务是在党和团的领导下，组织青年学习政治，学习文化，提高阶级觉悟和政治文化水平，参加军事训练，掌握军事知识和技术，随时准备完成苏区党政部门交

---

① 《中国共产主义青年团第四次全国代表大会宣言》(1927年5月26日)，中国新民主主义青年团中央委员会办公厅编：《中国青年运动历史资料（1926—1927）》第3册，1957年内部印行，第444页。

② 《苏维埃区域少年先锋队章程——苏区少先队第一次代表大会通过》(1932年5月5日)，中国共产主义青年团中央委员会办公厅编：《中国青年运动历史资料（1932年1月—5月）》第10册，1960年内部印行，第518页。

给的各项任务，包括配合红军正规部队的作战任务，并且随时准备加入工农红军。在人口不足 300 万的中央苏区，1930 年少先队员就达 30 万人；1931 年时湘鄂赣根据地的少先队员超过 10 万人，湘鄂西根据地有少先队员 14.5 万人。

少先队的组织系统为：中央总队部—省队部—县队部—区队部—乡队部—村队部（或村小队）。为加强党对少先队组织的领导，县以上各级队部设党代表，由同级党委书记或军事部长兼任。为把少先队培养成为红军的可靠后备军，在苏区少先队组织中还建立了模范少先队组织。模范少先队是在普通少先队员中挑选身体强壮、政治觉悟比较高的男性队员，按"三三制"军事性质组成，并设有政工干部，组织纪律性比较强，政治军事教育比较多。

苏区少先队组织大都成立于各革命根据地发展初期。1929 年 3 月，赣东北信江特委成立后，为军事上的需要，成立了少年先锋队。同年 8 月至 9 月，湘鄂赣和湘赣根据地的部分县也成立了少先队组织。随着根据地的扩大和发展，各苏区少先队组织得到不断发展和壮大，至 1930 年，广东的东江，湖北的鄂西、鄂东、鄂东北，江西的赣西南、赣东北、湘鄂赣边界以及福建的闽西等都已普遍建立了少先队各级组织。1930 年 11 月，湘鄂赣苏区召开少先队全省第一次代表大会时，共有少先队员 106885 人。

1931 年少共苏区中央局成立不久，少先队中央总队部也随即成立，少先队总队长为王盛荣。1932 年 8 月，王盛荣受命赴上海，其职务由张爱萍代理。1933 年 3 月，王盛荣回到苏区，仍任少先队总队长。少先队总队党代表先是博古，1934 年以后由周恩来担任。

为加强对全苏区少先队工作的宣传和指导，1932 年 8 月 1 日，由少先队中央总队部主办的《少年先锋》在江西瑞金正式创刊。《少年先锋》

为半月刊，小 32 开本，每期为 24 页至 33 页，由少年先锋编辑委员会编辑，瑞金汀州少年先锋总发行所发行。《少年先锋》的主要栏目有：《参加革命战争》《模范队员》《轻骑队》《来电》等。主要撰稿者有张爱萍、刘玉堂、王盛荣、周济、魏挺群等。《少年先锋》共出刊 6 期，至 1932 年 11 月，该刊因苏区财政困难等原因停刊，该刊的有关内容转登在少共苏区中央局的机关报《青年实话》开设的专栏中，以指导苏区少先队工作。《少年先锋》虽只出刊 6 期，但它以丰富的内容，鲜明生动、通俗易懂的语言文字，活泼有趣的图画吸引着广大青少年，为苏区青少年所喜闻乐见。

苏区少先队中央总部成立后，苏区各级党团组织不断加强对少先队工作的领导，因而少先队组织得到快速发展。至 1933 年，中央苏区少先队已发展到 30 万人，全国革命根据地的少先队员达到 80 万人以上。少先队在建设和保卫苏区红色政权的各项事业中发挥了极其重要的作用。

苏区少先队开展的工作首先是参加各类教育培训，开展扫盲工作。土地革命时期，革命根据地大都是建立在南方各省边境的广大农村地区，因而群众的文化水平普遍很低，如赣南闽西根据地文盲占人口总数的 80%，占劳动妇女的几乎 100%。苏区红色政权建立后，党和苏维埃政府把扫盲工作作为文化教育中的一项中心任务来抓，各乡村都办起了夜校、业余补习班和识字班。因为即使在苏区，共青团组织也是不公开的，所以扫盲工作一般都由少先队出面组织。各级少先队组织积极动员队里所有文盲或半文盲参加夜校和识字班的学习。为迅速提高队员的识字水平，他们还采取"老公教老婆，儿子教父亲，识字的教不识字的，识字多的教识字少的"的方法，形成浓厚的学文化氛围。兴国县平均每乡有夜校 15 所，全县共有 1900 多所，35 岁以下的不识字的男女青年差不多都上了夜校。经过一段时间的集中扫盲，农村中大多数的少先队员能看懂通行证、标语，并有不少还能写简单的慰问信和看《少年先锋》《青年实话》等。其次是学习政治军事。为搞好少先队的政治教育和军事教育，少队中央总队部根据周恩来的指示，编写政治教材《少队读本》和军事教材。《少队读本》的主要内容是深入浅出地介绍马克思列宁主义的基本原理；军事教材主要内容：队列、射击、投弹、夜间潜伏、放哨、盘查行人等。此外，还编写了供活跃文艺、体育活动用的《少队游戏》和《少队体操》。上述教材经周恩来亲自审阅后下发到各省苏区，受到各少先队组织的欢迎。

为抓好普通少队和模范少队的军政教育工作，自 1933 年起，各苏区省按照少队中央总队部的指示，加强对各县区大队队部的领导，各区队部在原来只有正副队长经常办公的基础上，增添了参谋员和训练员；各大队部由原来只有队长 1 人，增添政治训练员、军事训练员、党代表，共 4 人领导全大队的工作。在加强对少队模范营的训练方面，各省少队部除经常挑选一批优秀的队员到红军大学代训外，省、县两级也经常办短期训练班专门训练区、乡优秀青年，毕业后回到原地方担任模范少队连排长或普通少队大中小队长。区、乡两级则在不影响生产的前提下，经常组织集中训练，既抓政治军事训练，又抓文娱体育活动的开展，从而获得了较好的教育训练效果。少队中央总队部成立以来，由于中央及各级少队组织都比较重视队员的军政教育，苏区广大少先队员在政治觉悟和军事本领方面都有了很大提高。

苏区少先队在根据地经济建设方面也发挥了重要作用。在反"围剿"斗争中，少先队响应苏区政府提出的"一切为了前线胜利"的号召，积极投身工农业生产和各项经济活动。在农业生产中，他们通过组织帮工队、耕田队、犁牛合作社等有效地解决了劳力不足和耕牛不足的困难；通过组织各种突击队，开展生产竞赛活动，通过兴修水利、开垦荒山荒地以及推广农业生产先进技术等，使根据地的农业生产出现连年丰收的好景象。在工业生产中，他们除参加国营工业建设外，还积极投身各县苏维埃政府利用当地资源办起的小型工厂，如樟脑厂、夏布厂、纸烟厂、被服厂、铁矿、煤矿、石灰厂等，为苏区工业生产发展发挥了重要作用。此外，他们还在搞活苏区商品经济流通，打击奸商以及完成税收、筹款捐款、推销公债、节省开支等方面也取得了很大成绩。

苏区少先队是一支半军事化的青年组织，所以主动配合红军作战是其重要任务之一。在历次反"围剿"战斗中，少先队中央总队部都曾组织过参战活动。例如，在第一次反"围剿"斗争中，少先队中央总队部抽调了7个少先队模范团，组成少年先锋师，配合红军主力在黎川、邵武一带打击敌人。虽然他们之中的大部分队员都是第一次上战场，但都表现出了有我无敌的英雄气概。因此受到了朱德总司令的表扬。在粉碎国民党反动派的军事"围剿"中，各苏区少先队在配合红军作战中都有很出色的表现。例如，在粉碎国民党第三次"围剿"时，兴国县组织了3个少先队模范团配合模范赤卫军、游击独立团，牵制了敌人一个师困守在兴国龙山附近寸步难移，使主力红军便于在崇贤万太之间消灭敌人。1933年4月，国民党反动派向湘赣苏区发起军事"围剿"时，少共湘赣省委紧急动员永新县各级少先队组织，组成了由600余名团干部和少先队员参加的湘赣模范少先队第一团，此外，还组织了由普通少先队员参加的担架队、运输队等，协助红八军作战。

"时刻准备着"：共产主义儿童团

土地革命战争时期的共产主义儿童团（简称"儿童团"）组织是农村革命根据地广大劳苦儿童的群众组织，受党委托由共青团直接领导，是青年团的后备军。这个组织的成员是 7 岁至 15 岁的出身于劳动人民家庭的儿童，最初称劳动童子团，1930 年 12 月后，根据共青团五届三中全会的决定，改名为"共产儿童团"。儿童团的任务是在共青团的领导下，组织儿童学习文化知识；用儿童喜爱的形式教育儿童拥护苏维埃与红军；开展丰富的文娱活动，维护其正当权益；领导广大儿童参加建设和保卫根据地的各项斗争。儿童团的组织系统为：中央儿童局—省儿童局—县儿童局—区儿童局—乡儿童团委员会—村儿童团委员会；苏区各级儿童团部的正职名称为：省总团长—县团长—区大队长—中队长—村小队长。儿童团的标志是红领带，儿童团的口号是："准备着，时刻准备着。"儿童团的礼节是举手礼（举右手平头，伸五指手心向上）。

苏区儿童团组织大都成立于各农村革命根据地发展初期。1929 年江西、湘赣、湘鄂赣和赣东北根据地，在少数县成立了劳动童子团组织。1930 年起，随着各革命根据地的扩大和发展，儿童团组织也得到迅速发展。1930 年 6 月，湘鄂赣边区有劳动童子团 4000 余人，到 1931 年 11 月召开湘鄂赣劳动童子团第一次代表大会时，儿童团人数已达 42374 人。到 1932 年上半年，湘赣儿童团已发展到 7 万余人，江西儿童团发展到 151059 人，其中兴国县 7 岁至 14 岁的儿童共有 29163 人，而加入儿童团的就有 28714 人，占儿童总数的 98%。

根据毛泽东 1930 年在兴国县的调查，凡有一个赤卫大队的地方，就有一个少队，不分男女，年龄 16 岁至 23 岁。有一个赤队及少队的地方，就有一个劳动童子团。不分男女，年龄 8 岁至 15 岁。每村一个团长。"童团的工作：第一是放哨，第二是检查烟赌，第三是破除迷信打菩萨。童团查烟赌打菩萨很厉害，完全不讲人情，'真正公事公办'。"[1]

1931 年初，少共苏区中央局成立后，苏区中央儿童局也随即建立。少共中央儿童局书记为曾镜冰，后来先后为陈丕显、李才莲。中央儿童局成立后，各苏区也都先后设立和健全了省、县、区儿童局。为提高儿童团干部的业务和技能，1931 年 9 月，少共苏区中央儿童局在瑞金县下坊区举办了闽、粤、赣 3 省各县儿童干部培训班。参加培训班的既有各县儿童局负责人，也有县区儿童骨干。培训内容开设了适应儿童特点的政治、革命形势教育、唱歌及打夜操演习[2]等课程。经过 10 天的受训，参加培训的儿童团员练就了一套夜间捕捉敌人的能力，学会了唱歌、跳舞等，为宣传、发动广大农村儿童打下了基础。

为加强对全苏区儿童工作的宣传和指导，1933 年 10 月 5 日，由少共苏区中央儿童局主办的机关刊物——《时刻准备着》在瑞金正式创刊。该刊共出了 18 期，每期发行 4000 份，于 1934 年 7 月下旬停刊。少共苏区中央局的领导人及儿童局的负责人凯丰、陈丕显、胡耀邦等都曾为该刊撰稿。

少共苏区中央儿童局成立后，各苏区共青团组织也普遍重视和加强了对儿童团组织的领导，并采取层层举办培训班和不定期举行省、县、区儿童工作大检阅活动等，有力地推动了各级儿童团工作的开展。苏区广

---

[1]　毛泽东：《兴国调查》（1930 年 10 月），《毛泽东农村调查文集》，人民出版社 1982 年版，第 249 页。

[2]　一种类似捉迷藏的活动，一般在月色朦胧的夜晚进行。

大儿童团员在共青团组织的领导下，在各级儿童团组织的带领下，无论在文化学习方面，还是在参加建设和保卫根据地的各项斗争中都取得了突出成绩。

根据地刚开辟时，边界地区农村经济贫困，文化教育十分落后，绝大多数上不了学。苏维埃政权建立后，苏区内各乡村都办起了列宁小学，对所有学龄儿童实行免费义务教育。各级儿童团组织把动员和鼓励儿童到列宁学校读书作为一项重要工作来抓，认真做好宣传教育工作，取得了好成效。1934 年 1 月，仅江西、福建和粤赣 3 省统计，在 2932 个乡中，就办起了列宁小学 3052 所，在校学生 89710 人，苏区的学龄儿童大多数都入了学。儿童团员们在学校里，不仅学习文化知识，还学习劳动知识、军事知识，懂得了许多革命道理，在苏维埃工作中发挥出更大的作用。此外，对于一些因要放牛、砍柴或有其他实际困难未入学的儿童，儿童团就把他们组织起来，成立识字班，利用夜晚或空余时间来读书写字。各村、乡还在路边设了识字牌，每天轮换 5 至 10 个字，由识字多的儿童当"先生"。

由于国民党当局对根据地进行严酷的经济封锁和不断的武装进攻，中国工农红军面临粮食缺乏、武器弹药缺乏等问题。自 1933 年起，苏区各级儿童团组织响应中央苏区政府和中央儿童局的号召，在广大儿童中开展了声势浩大的"有钱出钱，有物出物"的运动，发动儿童或动员家长捐钱捐物，支援前线。1933 年 3 月，闽赣两省各县儿童局书记联席会议上决定，四五月间开展两省儿童募捐竞赛，江西儿童募捐购买飞机，福建儿童募捐购买高射炮，赠送给英勇的红军叔叔。儿童们把飞机和高射炮命名为"红色儿童号"。在竞赛中，两省各县儿童都有很出色的表现，他们一方面节省自己的零用钱，一方面组织募捐队向群众募捐，其中永丰县儿童成绩最好，募集到大洋 200 余元。江西儿童总计募集大洋 944 元。

为了解决红军枪支弹药不足和兵工厂材料来源不足的困难，1932 年，湘赣省儿童局书记胡耀邦号召湘赣儿童开展收集废钢破铁活动，这一号召得到湘赣苏区儿童的热烈响应，他们一方面把家中的破铜器、旧铜钱源源不断地送往兵工厂，另一方面，每当战斗结束，当地儿童团便立即组织儿童团员打扫战场，捡子弹壳，送交乡苏维埃政府。1932 年仅永新县一县的少年儿童就收集废钢破铁达 36 万斤，从而在一定程度上缓解了兵工厂原材料不足的困难。

此外，中央苏区不少县儿童局还发动儿童开展了节省活动，用于充足红军经费；购买公债，用于支援苏区经济建设；主动把公债退还政府，不要政府归还等活动。如 1934 年四五月间，江西儿童就退还政府公债 4483 元。苏区儿童在上述活动中虽然所涉及的款项数目不多，但已充分表现了他们对革命的热诚和真诚，因而也大大鼓舞了红军的士气。

为了防止敌探进入苏区刺探情报，维持苏区的治安，苏区普遍实行赤色戒严，站岗放哨，警戒敌人，维持社会治安。当时每个区乡的重要路口都设有哨卡，由儿童团担负警戒，来往行人都要出示乡政府以上的通行证，才能放行。凡形迹可疑者，经详细检查后，用梭镖押送乡苏维埃政府处理。多次有敌人想派敌探打入苏区，都因为哨卡检查严密，阴谋未能得逞。儿童团员们站岗时，办事认真，不徇私舞弊，不论刮风下雨都能坚守岗位。有一次湘赣省军区总指挥蔡会文因事经过永新涅田，未带通行证，被儿童送交乡政府处理。事后，他高兴地夸奖这几个儿童团员：做得对，做得很好。

根据地刚刚创建时，赣南、湘赣等苏区农村封建迷信、抽鸦片、赌博风气较浓，苏维埃政府多次下文予以禁止，但往往效果不甚明显。后来，各苏区儿童团发动广大儿童组织抓这件事，取得了意想不到的效果。1932年，兴国的儿童团发起了一次反对封建迷信、节省香烛钱的运动。这些儿童团员打菩萨、扫庙宇、禁止做香烛，连"老太婆"敬神都跑去抹掉香烛，结果当年"老太婆"敬神（装香，供饭，求神，拜佛）基本上看不到了。此外，儿童团在查烟（鸦片）禁赌方面，办起事来严肃认真，不分白天黑夜，一查到底，因而也起到很好的效果。毛泽东在《兴国调查》中说："儿童团查烟禁赌打菩萨很厉害，完全不讲人情，真正公事公办。"① 由于儿童团在执行苏维埃法令，查烟禁赌，破除封建迷信中发挥了生力军作用，在苏维埃时期，旧社会的流行病——赌博、敬神、吸鸦片烟等封建陋习已基本销声匿迹。

当时，在各个革命根据地，每当红军打胜仗回来，苏区各级儿童团组织便自发组织歌舞队到红军宿营地或红军医院进行慰问演出。1931年至1932年，胡耀邦在担任湘赣省儿童局书记时，每逢部队胜利归来，凡由省团部出面组织的儿童团慰问红军时，都由他负责训练文艺骨干，亲自编写节目和慰问词，并率领慰劳队去慰问红军伤病员。当战士们听到那嘹亮悦耳的歌声和热情洋溢的慰问词时，都很是感动。遇上夏天红军打仗回来，当地的苏区儿童团便会组织打扇队、送水送饭队、歌舞队走上前去，给红军打扇的打扇，送茶端水的送茶端水，唱歌的唱歌，跳舞的跳舞……红军战士看到他们那种既活泼可爱，又忙上忙下的感人情景，一个个会心地笑了，满身的疲劳也消除了。

---

① 《毛泽东农村调查文集》，人民出版社1982年版，第249页。

五、在曲折中经受锻炼和考验

中国革命是在复杂的历史社会场景中发生的。一方面，革命形势如燎原之火，苦大仇深的基层民众翻身做主人的革命情绪不断高涨；另一方面，作为革命的领导者中国共产党，也曾经一度明显表现出理论准备不足，对中国社会、中国革命、中国无产阶级以及军事斗争的基本特点研究不足，领会不深，进而出现严重偏差，造成重大损失。

冒险主义带来的影响

中共六大的召开及其各项决议的传达贯彻，对于全党准确认清形势，明确革命任务，推动革命运动的复兴和发展产生了积极的作用。党的六大后的两年间，出现革命走向复兴的局面。到 1930 年夏，全国已有十几块农村革命根据地，红军发展到约 7 万人，连同地方武装共约 10 万人，根据地的团员发展到 10 万人，村、乡、区、县都有团组织。在农村根据地建立和扩大的同时，党和团在国民党统治区的组织和斗争也获得了恢复和发展，团组织领导的青年工人及学生运动逐渐活跃，一些城市中的团的组织也逐渐恢复和发展。

但是，随着革命运动的复兴和局势的好转以及 1929 年下半年以蒋桂战争为起点的新军阀混战的爆发，再加上共产国际对中国脱离实际的工作指导，党内"左"倾冒险错误急剧升温。1930 年 6 月 11 日，中共中央政治局召开会议，通过了由李立三起草的《目前政治任务的决议》（即《新的革命高潮与一省或几省首先胜利》），李立三"左"倾冒险错误在党的领导机关取得了统治地位。7月18日至22日，中共中央在上海召开全国组织工作会议。会议通过《目前政治形势与党的组织任务》，规定"党与团的组织暂时统一起来，成为一个组织系统，按照各级组织形式成立行动委员会"，"行动委员会之下设立青年秘书处、妇女委员会、组织和宣传委员会、军事委员会等等组织"。指出，党要"加强对于青年团的领导，帮助团的路线转变"，"党应帮助青年团在青年工农群众工作，并充分予以工作发展的机会"。①

8月1日，中共中央政治局在上海召开会议，讨论全国形势与共产国际来电，决定停止党、团、工会的正常活动，把各级党、团、工会的领导机构合并为各级行动委员会，并成立中央总行动委员会。6日，中央总行委会在上海成立，向忠发、李立三、徐锡根、袁炳辉、顾顺章组成总行委主席团。由于实行这种党团合并的做法，共青团及其外围组织青年反帝同盟、少年先锋队等组织系统完全被取消，只是在行动委员会下设青年秘书处负责共青团及与之有关的青年组织的工作。

共青团中央局认为"这种组织方式对于青年团的活动是有很大的帮助"，"绝对不是取消了青年团"，并且承诺"在行委结束，党团组织马上分开，还是成立党团二个组织系统"②，因此不顾青年共产国际代表对合并的反对，在事实执行合并后向少共国际去信要求批准此种组织方式。

8月15日，中央总行委青年秘书处召开第一次会议，讨论的主要问

---

① 中共中央文献研究室、中央档案馆编：《建党以来重要文献选编（1921—1949）》第7册，中央文献出版社2011年版，第330、325、335页。

② 《少共中央局给少共国际的信》（1930年8月9日），中国新民主主义青年团中央委员会办公厅编：《中国青年运动历史资料（1930年7月—12月）》第8册，1960年内部印行，第53、54页。

题有青秘本身组织与工作、江苏青秘组织与工作建议、苏代会准备会中青年工作、《列宁青年》问题、《学习》问题、青年秘书处经费预算等。会议决定："《列宁青年》为 C.Y. 机关报，今后仍由青年秘书处主持，独立名义出版。"①

1930 年 8 月下旬，瞿秋白、周恩来从共产国际一回到国内，便开始纠正这个"左"倾错误。对于建立"行委"、实行党团合并的问题，周恩来于 9 月 4 日写给中共中央长江局的指示信中说："过去将党与团合并在行委组织之中，不再存在团的独立组织系统，这是错误的。团是非党的组织，必须容许其存在独立的组织系统与工作。团从支部起直到中央，参加党的行委组织是加重其政治责任，而不是与党合并。团本身的组织与工作系统，仍应存在。过去的办法，你们应有所改正。尤其是青年工作，更须督促团加紧注意。团的工作人员要尽可能地不调动。"②

9 月 19 日，中共中央、共青团中央就"党团划分组织"问题联合发出第 89 号通告。通告指出：团是独立的政治组织，在任何条件下都应单独存在。中共中央组织行委，错误地取消了团的独立组织，必须立刻把党团组织划分开来。"团的各级组织（局、省、县、市、区）以至支部小组，应当立刻像以前一样的工作与开会。团应有单独指导系统。""团的干部仍由团各级机关指导工作，不能随便调动。""各级行委，在划分党团组织的时候，要无情的反对党中、团中对青年工作的取消主义。应当帮

① 《中行委青年秘书处第一次会议录》（1930 年 8 月 15 日），中国新民主主义青年团中央委员会办公厅编：《中国青年运动历史资料（1930 年 7 月—12 月）》第 8 册，1960 年内部印行，第 59 页。

② 周恩来：《关于武汉工作问题》（1930 年 9 月 4 日），《周恩来选集》上卷，人民出版社 1980 年版，第 52—53 页。

助团来恢复其组织，建立各级机关与指导系统。"同时强调，"必须防止与党对立的倾向发生，务必以团的组织服从党的政治领导"。①

9月24日至28日，中共中央在上海召开扩大的六届三中全会，纠正了这次"左"倾错误。会议通过了"告青年团书"，指出取消共青团是严重错误，各级团组织"必须坚决的加紧反对这种取消倾向的斗争"②。

10月25日，中共中央政治局、共青团中央局联合发出致各级党部、团部的一封公函，指出，过去成立行动委员会，把党团合并，结果是取消了团，取消了青年运动。根据党的六届三中全会，马上执行党团划分，团马上照旧存在，马上开始一切工作。针对党内存在的种种疑惑，公函鲜明指出，"共产青年团是无产青年群众共产主义的群众的组织，他在政治上完全受党的领导，但在组织上，无论在任何的时期都必须单独存在，他是党争取广大无产阶级青年及劳动青年群众唯一的武器，是党最亲密最得力的助手，若把团取消，便是取消了整个共产主义青年运动，也就是取消了党的最主要一部分的群众工作，不仅是团本身的最高损失，也是党最大的损失"。公函指出，中央对于各级党部对党团划分的执行情形，"除上海外绝对的不能满意"。公函批评了党内对团的取消观念，提出划分的具体办法，如"在团工作原有的干部，必尽可能的全数回到团工作"，"原有的团员，一律须划入团，在合并过程中

---

① 《中国共产党中国共产主义青年团中央通告第八十九号》(1930年9月19日)，中国共产主义青年团中央委员会办公厅编：《中国青年运动历史资料 (1930年7月—12月)》第8册，1960年内部印行，第211页。

② 《中共六届三中全会告青年团书——关于纠正错误倾向、转变团的工作》(1930年9月)，中国共产主义青年团中央委员会办公厅编：《中国青年运动历史资料 (1930年7月—12月)》第8册，1960年内部印行，第453页。

新介绍的青年分子，以二十三岁为标准，均须加入团的组织"，"团的机关，完全照旧恢复，党须积极加以帮助"等。公函强调："今后的党团关系，绝不是要形式上的建立，而是必须要建立在工作上，尤其是要在支部的基础上建立起来，反对过去形式上建立关系，而没有建立在工作上去。""党团划分，绝不是单纯地恢复团的组织，而要恢复与发展团的青年群众工作。"[①]

尽管李立三的冒险主义在中国共产党最高决策层仅仅存在了三个月，但是要从思想深处去清除这种复仇的情绪并非易事。这种政策对地方基层的影响渐次波及的，其纠正也总是比中央慢一个节奏。例如，按照党的上海组织工作会议的决议，当时湘鄂赣、赣东北、鄂豫皖、赣西南和湘赣等苏区先后于1930年8月至10月进行党、团、工会合并，成立了湘鄂赣行委、赣东北行委、鄂豫皖行委、江西省行委和湘东南等行委，其结果在1931年3月15日赣东北团特委第三次执委会会议上通过的决议案中有较为详细的呈现：

第一，团的组织的取消。因为执行组织总行委，连团的独立组织完全取消，在赣东北也是如此。名义上的一个青年秘书处工作，只是做行委的技术工作，其实青年工作一点也没有做。支部也取消了，同时因为要广大的青年都来参加武装暴动，将团员年龄也减小了，将团变成了儿童性质。

第二，青年群众工作停顿。因为取消了团——青年无产阶级的先锋队，所以一般青年群众失去了单独领导。少年先锋队的名义上虽未取消，

---

① 《党中央政治局团中央局为党团划分致各级党部团部的一封公函》（1930年10月25日），中国新民主主义青年团中央委员会办公厅编：《中国青年运动历史资料（1930年7月—12月）》第8册，1960年内部印行，第349、350、351、352页。

实际上都调去做补充队、野战队、守备队的队员了，只是一个少年先锋队总部成了无名的空头机关。儿童团虽未取消，但是自团取消后也没有人去召集开会了。青工部更是一点儿工作没有做，其余一切辅助组织更是谈不上了。在这段时间里，青年群众工作都在停顿状态。

第三，削弱了团的活动能力。因为党团合并时，所有团的干部都去做党的工作，专门去做领导暴动的工作（从前做区委委员和支书，后来不少去做行委书记或县行委常委）。在这时候，团的干部在机关高谈阔论什么"革命高潮"，什么"武装暴动"，而不愿深入到群众中去做切实的宣传鼓动工作，认为红军可以攻下城市，可以占领地方，所以都不愿意去做艰难困苦的秘密工作，削弱了团在苏区与非苏区的在群众中的活动能力。

第四，工作清谈。赣东北虽恢复了团的独立组织，但是在刚恢复时无论在工作执行上，还是在指导上，自下而上都成了清谈。空喊"冲破围攻"，而没有真正去组织群众。空喊"造就工人干部"，实际上在特委机关的工人同志也不去训练，并且有些同志专为在机关上大讲要实现什么计划，实际上一点儿工作也不做。这一计划不能实现，又来空想一个计划。专为在机关上等通告，不去下层参加实际工作，不到青年群众中去，这都是"清谈"的表现。①

---

① 参阅《C.Y.赣东北特委决议案——赣东北团目前工作的政治任务》(1931年3月15日第三次执委会通过)，江西省档案馆、共青团江西省委选编：《江西青年运动史料选编》上册，江西人民出版社1987年版，第232—233页。

"左"倾教条主义登场

中共六届三中全会后，党内的"左"倾错误逐步得到纠正，各项工作逐步恢复正常。但是，1930年10月共产国际又致信中共中央，要求中共继续执行"进攻路线"，不指名地批评中共六届三中全会犯了"调和主义"错误，实际上否定了三中全会的成绩。这样就使六届三中全会已经开始的纠"左"势头无法继续下去，并且使党内出现了严重的混乱。从苏联回国不久，受到共产国际执委会远东局负责人米夫器重的王明、博古等人预先得知共产国际的上述精神后，便在10月底趁机打起"反调和主义"的旗号，猛烈攻击六届三中全会后的党中央，要求彻底改造党的领导机关。三中全会后的中共中央已难以正常工作。

不久，米夫秘密来到上海，直接干预中共的内部事务。在他的策划下，1931年1月7日，中共六届四中全会召开，这次会议以不正当的方式批判了三中全会"调和主义"错误，强调党内目前主要危险是"右"，主张在湘鄂赣各省"真正实现一省或几省的首先胜利，进而推进与争取全国范围内的胜利"，并决定"改造和充实各级的领导机关"。[①] 由于得到米夫的支持，原来不是中央委员又缺乏实际斗争经验的26岁的王明，不仅被选为中央委员，而且成了政治局委员、党中央的实际负责人。从此，以王明为代表的"左"倾教条主义在中共中央领导机关内开始了长达4年的统治，给中国共产党造成严重的灾难。

---

① 陈绍禹：《为中共更加布尔塞维克化而斗争》（1931年2月），中共中央文献研究室、中央档案馆编：《建党以来重要文献选编（1921—1949）》第8册，中央文献出版社2011年版，第129、177页。

中共六届四中全会后，共青团中央局立即于 1 月 12 日召开会议，通过了《团中央局关于党四中全会的决议》，表示完全同意中共六届四中全会的召开及其决议。同年 2 月 19 日，团中央局又通过《关于团在苏区中的任务的决议》，认为"右倾是目前主要的危险"。3 月，团中央局召开五届四中全会，对全团全面贯彻中共六届四中全会精神进行了整体上的部署和安排，这样就使得王明的"左"倾错误路线开始在共青团组织内全面推行。

宗派主义干部路线盛行

王明等人掌握了党中央的大权后，就伸手来夺共青团中央的权。当时团中央书记是工人出身的温裕成，秘书长陈卓文，组织部长顾作霖，宣传部长陆定一。王明推行的"左"倾路线比"立三路线"的错误更为严重，他们大搞宗派活动，打击不同意见的同志，甚至搞"顺我者昌，逆我者亡"。温裕成不和他们一伙，便被撤职，派博古来担任团中央书记。博古争取顾作霖，打击陆定一，以所谓"调和路线"的罪名，撤销了陆定一宣传部长的职务，连团的中央委员也被除名。团中央的主要干部，不是被撤职，就是降职。新派来的有王云程、凯丰、孙际明、王盛荣等人，陈昌浩也在团中央工作过一个时期。温裕成被派到鄂豫皖苏区去，继续遭到王明一派的打击。张国焘到鄂豫皖后，在肃反中把他杀掉了。

1933 年 1 月，共青团中央局随同中共临时中央局从上海迁入江西中央苏区，团中央局和少共苏区中央局随后合署办公，这使得王明"左"倾错误在根据地的共青团工作中，得到进一步的贯彻和实施。湘赣省不少团组织由于受"左"倾思想的影响，在干部使用问题上采取了简单组织处理的工作方式，有些干部在个别问题上稍微犯了一些错误就会被作为"机会主义分子"而受到无情的打击，撤销其领导职务；有的地方一味突出阶级成分，只要不是贫雇农出身的，主张从支部到区县委的干部一概撤销；有的不考虑客观原因，只凭主观臆断，认为哪里的工作没有成绩，不加分析，不加教育，就撤销在哪里工作的领导人职务，以至于刚上来一批又很快被撤换掉。这种情况再加上战争的原因，使得湘赣省的团各级领导干部变换比较频繁。这种状况在全国不少苏区都有程度不同的表现。干部的频繁变换，不仅严重影响到干部队伍的稳定和发展，而且也直接影响到团组织建设的长远发展。

反右倾斗争的偏差

1931 年 2 月，《团在苏区中的任务决议》对农村革命根据地的团组织作了错误的分析，认为党和苏维埃政权的右倾机会主义错误，"在苏维埃区团的目前的状况和工作中都有它的表现"，"吸收富农入团，在团及少年先锋队的领导机关中，到处有很多富农的成分（甚至有 50% 以上）"，"团及领导干部的成分不能满意"[1]。团的五届四中全会的决议中进一步批评根据地团组织是"还不曾能够将青工及雇农、贫农的主要阶层团结在自己的队伍之中；富农的成分充塞着，有时甚至领导机关的成分中，富农占 50%，做了许多右倾机会主义和'左'倾的错误。这些错误妨害苏区的团变成有力的广大青年群众的共产主义的组织"[2]。

---

[1]　中国共产主义青年团中央委员会办公厅编：《中国青年运动历史资料（1931）》第 9 册，1960 年内部印行，第 55 页。

[2]　《中国共产青年团四中全会决议》（1931 年春季），中国共产主义青年团中央委员会办公厅编：《中国青年运动历史资料（1931）》第 9 册，1960 年内部印行，第 93 页。

为了贯彻这些决议，一些根据地的团组织片面强调增加团干部的工农成分，大批清洗知识分子和出身剥削阶级家庭的团干部，这样一来造成团干部的大换班，工作上产生脱节现象。在团的组织建设和发展中，由于贯彻"左"倾路线，对于出身剥削阶级家庭的青少年，采取坚决排斥的态度，不但不吸纳他们，而且还把共青团、少先队、儿童团中的这类人全部清洗掉，有些地方还把这类人连同他们的家人全部驱逐出根据地。

这种清洗活动造成团员数量减少，为了在短时间增加团员数量，便大搞突击入团活动。那些没有完成发展团员计划的或对这种做法提出异议的团干部，则一律被看作是"机会主义分子"，受到批判。此外，在开展这些组织整顿工作中，还采取宗派主义的做法，对于那些持有不同意见的干部都当作"机会主义者"，开展"残酷斗争"和"无情打击"。结果，一大批经过斗争考验的具有丰富经验的领导骨干被撤换，团组织建设蒙受巨大损失。

肃反运动造成严重恶果

苏区的肃反工作最初从赣西南肃清"AB团"①开始。赣西南苏区在肃反时采取刑讯逼供、屈打成招的办法，造成了"AB团"无孔不入，已

---

① "AB团"是大革命时期国民党新右派的一个反共组织，其全称为"AB反赤团"。AB是"反布尔什维克"的英文缩写。北伐军攻占南昌后，蒋介石为了破坏江西的工农革命运动，夺取由共产党人掌握的江西国民省党部的领导权，派段锡朋（曾求学于北京大学，五四运动时期学生领袖，中国学生联合会第一任主席）为国民党中央特派员到南昌，网罗国民党右派、地方土豪劣绅等，秘密组织了专门反共活动的国民党右派组织——"AB团"。1927年1月，在蒋介石的支持下，"AB团"篡夺了国民党江西省党部的领导权，但随后即遭到共产党员和国民党左派的反击。同年4月2日，中共江西区委发动南昌人民举行大暴动，一举摧毁"AB团"组织。从此，"AB团"彻底解体。

渗透苏区各级组织的假象。1931 年 3 月，王明把持中共中央后，导致苏区肃反扩大化现象迅速蔓延，致使根据地一大批优秀领导干部，党、团员和革命群众遭到错杀。

1931 年 4 月 28 日，少共苏区中央局通过了对赣西南工作的决议，主观断定："赣西南的阶级基础，是异常的薄弱，团内包含了很多阶级的异己分子，尤其是团的各级指导机关，几乎完全被地主富农出身的知识分子所盘踞了。由于整个革命运动的高涨，特别是土地斗争的深入，团内这些地主富农的分子逐渐动摇背叛，大部分从青年团员变为 AB 团的分子，以致大多数的团的指导机关，被 AB 团所操纵。"①

少共苏区中央局对赣西南组织基本状况所作的错误估计，使中央苏区团组织内的肃反扩大化错误进一步发展，团组织遭受严重损失。赣西南苏区（1931 年 5 月份改名为江西省苏区）在对团组织进行自下而上的改造过程中，大批团的干部被当作 AB 团，错捕错杀，那些出身不好的知识分子和敢于抵制"左"倾路线的干部甚至团员被当作是"社会民主党"而遭到清洗。据闽西团组织 5 月份统计，共有老团员 4400 多人，除当红军的 400 多人外，经过 3 个月的清洗，只剩下 1000 人左右。"县、区委负责人在机关工作椅还未坐热，已一批又一批送到肃反委员会去了。"②1931年闽西苏区大肃"社会民主党"，又涉及江西瑞金苏区，全县以所谓"社党分子"罪名被危害的共 435 人，其中有不少是团干部和团员；在被危害

---

① 《C.Y. 苏区中央局对赣西南工作的决议》（1931 年 4 月 28 日中央局会议通过），江西省档案馆、共青团江西省委选编：《江西青年运动史料选编》上册，江西人民出版社 1987 年版，第 265 页。

② 《少共闽粤赣省委向苏区团代表大会的一年来工作的书面报告》（1932 年 1 月 12 日），江西省档案馆、共青团江西省委选编：《江西青年运动史料选编》上册，江西人民出版社 1987 年版，第 487—488 页。

的 105 个县、区、乡党政领导干部中，也包括时任团县委书记的杨荣连。

湘赣省委整肃"AB 团"斗争开展较晚。1932 年底，湘赣省委政治保卫局根据逼供信中有人的乱供，把湘赣省儿童局书记、17 岁的胡耀邦，中央苏区少先队总队部巡视员、19 岁的谭启龙列入"AB 团"名单。在省委常委会上，有的委员认为，根据揭发胡耀邦的供词，胡的一个老师就是"AB 团"，已经被处决了。胡受这个老师影响很大，能不是"AB 团"吗？有的委员提出异议，胡耀邦只是个 17 岁的娃娃，而且来苏区一直表现很好，这件事要慎重。省委书记王首道处境两难，不好下决心。恰好少共苏区中央局巡视员冯文彬在回中央苏区前列席了这次会议。他本来已选定了胡耀邦、谭启龙、宋新怀三人，要带回中央苏区去工作，现在说他们是"AB 团"，无论如何难以置信。于是见状就说，既然大家意见不一致，胡耀邦、谭启龙又属于共青团系统的干部，那就带回团中央审查吧。会议同意了冯的意见。1933 年 1 月，胡耀邦与谭启龙一起，被冯文彬带到瑞金。少共苏区中央局书记顾作霖、少年先锋队中央总队总队长张爱萍在深入了解情况之后，解除对胡、谭的审查，分配工作。胡耀邦担任反帝拥苏总同盟青年部干事。1989 年 4 月在胡耀邦去世前几天，冯文彬到医院去看他。胡耀邦还深情地说：当年如果不是你把我带出来，我就完了；如果把我送回去，我也完了。

1933 年，湘赣省苏区的肃反扩大化出现了高潮。少共湘赣省委书记易心平被错杀，一大批团干部、团员因"AB 团"冤案被捕被杀。当时担任永新县城厢工人团支部书记兼城厢少先队政委的左国泉，在 20 世纪 80 年代写了一篇文章《任弼时救我出监狱》，里面对当时肃反扩大化的情况作了如下记述：

我被抓不久，国民党反动派又对湘赣苏区中的永新县发起了军事进攻。我们这些囚犯脸上套着牛笼嘴（农民套在牛嘴上，使牛不能吃庄稼的篾织物），只露出两颗眼珠看路，被押到离县城100多里路外的西乡高坑村，关进前清翰林段友兰家的几栋大房子里。那时军情紧急，为了不使"遗留后患"，在以"赤色恐怖镇压白色恐怖"的口号下，杀"AB团"杀得更凶了。几乎天天杀人，一天杀几十，杀几百。到高坑不几天，我们团支部的17名团员被杀了13名。①

由此可见，湘赣苏区当时的肃反扩大化已到了何等严重的地步。苏区肃反扩大化的结果，不仅使党的工作蒙受了严重损失，给团的工作也带来了极大的危害。曾有一段时间，不少地方的青年不愿入团，更不愿意当团干部，害怕有朝一日被打成"AB团""社党分子"。这一点，在少共鄂豫皖中央分局给团中央的报告中讲得很实在："苏区干部本来缺乏极了，加上这次的大肃反和大洗刷以后，干部更感受极大的困难。"

王明路线害死人

苏区工作中推行"左"倾政策，搞乱了阶级阵线，脱离了群众。据统计，在苏区的查田运动开展后的7月至9月，江西、福建和粤赣3省就查出地主6988家，富农6638家。首先，这些新查出的地主、富农

---

① 《江西青运史研究》1989年第1期。

中，有相当大一部分是中农，甚至是贫雇农和工人。苏区查田运动中出现的乱划阶级成分的结果，严重搞乱了原本分明的阶级阵线，使苏区包括共青团员、少先队员在内的广大群众反感，甚至引起恐慌。其次，把地主富农逼上绝路，使他们大批逃跑，有的逃往白区，有的上山为匪，进行报复和破坏。再次，错误清洗了一大批地主富农出身的党团干部。苏区湘赣省永新县儿童局书记胡学明，就是因为在查田运动中发现其曾祖父有一点历史问题，被开除出党，清洗回家。一批原为中农、贫雇农出身的少先队干部、队员甚至儿童团团员也因家庭出身被错划为地主、富农而被清洗回家。这种极端错误的"左"倾政策，严重打击了广大党、团干部的积极性，也严重损害了党团干部队伍的建设。

王明"左"的路线在国民党统治区的推行给青年工作造成严重危害，共青团组织遭到重大损失。中共六届四中全会后，由于"左"倾领导者在白区工作中坚持推行"进攻路线"，他们在斗争方式上，不讲策略，盲目出击，采取了冒险主义的方针，无视斗争环境险恶，强令组织罢工、罢课、游行示威，致使过多地暴露了党团力量，造成严重损失。九一八事变后，"左"倾错误领导者尽管也坚决主张抗日，但都坚持采取关门主义和冒险主义的策略，不仅延误了共产党领导组织抗日民族统一战线的时机，而且造成白区党、团组织绝大部分被敌人破坏。许多共青团员、优秀青年被国民党当局逮捕、屠杀，许多进步青年组织被国民党当局取缔、摧垮，许多优秀的共青团干部献出了年轻的生命。尤为严重的是，王明"左"的路线的推行，使共青团内先锋主义第二党倾向又有了某种程度的抬头，在工作方式方法上严重脱离群众，在组织发展上实行关门主义，国民党统治区的共青团变为无法带领广大青年群众共同斗争的狭小组织，共青团的作用日益削弱，工作异常艰难。

第四章

抗战大势中
接受改造

近代以来，中国社会最主要的矛盾，就是帝国主义与中华民族的矛盾。抗日战争的爆发彻底改变了近代中国行进的步伐，给中国革命带来新的转机。随着抗日民族统一战线的形成，国共两党在民族危亡关头再度合作。已经逐渐成熟起来的中国共产党，审时度势，及时作出一系列策略性调整。共青团的改造就是在这样的历史背景下完成的。从此，中国青年组织形态呈现为发散性、包容性组织。

一、抗日救亡运动的兴起与共青团工作格局

一直抱着独霸东亚野心的日本帝国主义对中国赤裸裸的武装侵略，是从 1931 年在东北地区制造九一八事变开始的，广大中国民众痛感亡国惨祸已迫在眉睫，抗日救亡运动在全国迅速发展，中国政治局势发生剧烈变化。中日之间的民族矛盾逐渐上升为主要矛盾，中国国内的阶级关系到了需要调整的时候了。中国工农红军一开始就是坚决主张抗日的，由于国民党统治集团奉行"攘外必先安内"的策略，倾力"围剿"红军，造成日本侵略者得寸进尺，而全国人民逐渐汇聚起来的反抗侵略者的热潮却不可阻挡。

红军长征到达陕北后重启共青团工作

红一方面军长征到达陕北后，1935 年 10 月 27 日，中共中央在吴起镇召开政治局常委会议，讨论部队工作、行动方针及常委分工问题。会议指定凯丰任少共中央局书记。这等于说恢复团中央日常工作提上了议事日程。实际上，"长征时把原来的建制打乱了，到瓦窑堡才重新建制。军队、工会、青年团，各归各的口"[1]。

---

[1]　何方采访、宋以敏整理：《刘英忆延安岁月》，《炎黄春秋》2016 年第 4 期。1935 年 12 月上中旬，中共中央各机关进驻瓦窑堡。

红一方面军开始长征后，少共中央局也随军出发①，工作人员被分配到各个部队。比如，少共中央局秘书长胡耀邦一开始任中央工作团党总支书记，在总政治部做民运工作，并负责共青团的思想政治工作。1935年1月，由中央工作团转入作战部队，任红三军团第五师第十三团党总支书记。2月，红军二占遵义参加战斗负伤，伤愈后调红三军团政治部做民运和青年工作，任三军团直属总收容队队长。

由于军情一日紧似一日，少共中央局的工作显然无法正常展开。从现有史料来看，自1934年10月至1935年1月，共青团中央没有公开发布过重要文献。遵义会议后，1935年2月15日，以"共青团中央"的名义发出了《为反对日本帝国主义独占中国进攻苏联的紧急宣言》。此后"团中央局"密集发文，包括重要时评、纪念重大节日、指示各地工作，所有这些在紧张的行军打仗之中是不可能完成的。而且，团中央在1935年2月27日作出的《关于目前形势与团的战斗任务的决议》（长达7000多字）有这样的表述："不遵守秘密工作原则，在破坏后不迅速戒备移动，随便到有问题的地方等，如最近□□发生问题完全是自己投到敌人的罗网"；4月3日给江苏团的信的抬头便是"江苏省委及上海全团同志们"；4月19日发出的《纪念五一劳动节宣言》的第一句话是"全上海全中国的青年工友们，一切劳苦的青年们"；6月13日，团中央就团的最近状况

---

① 据刘英（时任少共中央局组织部长）回忆：1934年10月初，她接受通知骑马从于都赶往瑞金，180里的路一天就赶到了。到瑞金后立即到少共中央局，得到凯丰（少共中央局书记）留下的一封信。信上说，他去部队了，少共中央局的事要刘英安排。信中写明，少共中央局机关谁走、谁留。那时还没有长征这个词，走的叫上前方，留的叫在后方。少共中央局的干部中，张爱萍（少先队总队长）已经先到部队去了，胡耀邦（秘书长）、赖大超（儿童团书记），还有几个年轻同志都在跟红军一起突围的名单上。陈丕显当年才17岁，大家都亲切地叫他"阿丕"，调任赣南团省委书记，留下来坚持赣南游击战。（《刘英自述》，人民出版社2005年版，第44页）

向中共中央发去报告，指出团中央已建立恢复了去年遭受严重打击的首脑机关的组织和工作。由此推断，这个"团中央局"不在长征的红一方面军队伍中，而是在上海，应该相当于团中央的派驻机构。因为此时中共上海临时中央局也在活动。由于遭到重大破坏，党的临时中央局在7月之后就停止活动了，上海团中央局也遭到重创。①

1936年1月22日，中共中央政治局在瓦窑堡召开常委扩大会议，讨论青年工作和张国焘另立中央问题，出席会议的有张闻天、博古、周恩来、凯丰②、刘道生③、陈时夫、刘英、赖大超、吴亮平、邓发。关于青年工作问题，凯丰作报告。张闻天在发言中指出："在青年中要实现广泛的统一战线。首先是推动学生运动的扩大与深入，要组织青年抗日会、义勇军等抗日组织，其他如文化教育、娱乐等青年感兴趣的组织，也应当注意。"强调团的领导"要彻底转变工作方式"，"应当指出团组织发展迟缓

---

① 1935年3月初，中共湘鄂川黔省委任弼时致电中共中央，告知上海中央局派人来联系，说：上海中央局、共青团、工会和特科组织"均受极大破坏，干部牺牲很多"，工作完全坍台，望中央注意与之联系。（任弼时给中央的电报，1935年3月5日）同年7月22日，中共上海中央局和江苏省委再次遭到大破坏。在这次大破坏中，继2月19日上海中央局书记黄文杰等36人被捕后，上海中央局负责人浦化人、宣传部代理部长董维键等又被捕。7月24日，共青团上海中央局也遭破坏，书记文德等8人被捕，文德叛变。（中共中央文献研究室编：《陈云传》（一），中央文献出版社2015年版，第183页）

② 1935年11月，中华苏维埃共和国中央政府西北办事处成立，凯丰担任粮食部部长。1936年1月，凯丰担任中央地方工作委员会主任。2月，随中国人民抗日先锋队东渡黄河，参与东征。

③ 刘道生（1915—1995），湖南茶陵人，1930年2月加入中国共产主义青年团，同年转为中国共产党党员，并参加工农红军。在湘赣苏区，担任过团支部书记、团湘赣省委副秘书长、红八军青年部长等职。据刘英回忆："到陕北后赖大超当少共中央书记，我当宣传部长，胡耀邦是组织部长。张浩建议由我任少共中央书记。我说张闻天是党的总书记，又让我当团的总书记，多不好啊，还是刘道生当好。后来刘道生当了，但他是军队作风，实在抓不起来。耀邦和我一起去找闻天，反映了这个问题。耀邦推荐冯文彬接替。"（何方采访、宋以敏整理：《刘英忆延安岁月》，《炎黄春秋》2016年第4期）

的原因是有第二党的倾向"，"应该看到团与党的不同，教育工作也要适合于团员的需要，提高他们自己尊重自己的观念，勇敢的、大胆的投到工作中去"。①

5月17日，中共中央政治局在瓦窑堡召开常委扩大会议。周恩来作陕北根据地军事形势和组织问题报告。出席会议的有张闻天②、周恩来、博古、王稼祥、邓发、李富春、凯丰、冯文彬等。会议决定将陕甘省委改为陕甘宁省委，李富春为书记；同时成立陕豫鄂省委（又称"陕南省委"），贾拓夫为书记。会议决定成立由周恩来负责的中共中央东北军工作委员会；少共中央局冯文彬③为书记，成员有刘英、胡耀邦、赖大超等。

这时，在陕北这块新的根据地和红军队伍中，共青团的工作正在重新梳理。在国民党统治区，共青团依然是第二党式的秘密狭小的以少数先进英勇的无产阶级青年组成的，组织的发展落后于客观形势的需要和青年运动发展的要求，不能适应广大青年日益高涨的抗日要求，工作青年化群众化的问题长期未能解决。由于受到国民党极端压迫，屡遭破坏，有的地方甚至没有团的组织，保存下来的也无法公开活动，只能秘密存在，团员被捕后与党员同样遭到杀害，全国绝大多数工农劳动青年处于无组织状态。在苏区，团组织也比较狭小，工作范围局限于积极分子范围。这种

---

① 张闻天：《青年团要彻底转变工作方式》（1936年1月22日），《张闻天文集》第2卷，中共党史出版社1993年版，第67、68页。

② 1936年5月初，张闻天从瓦窑堡赴延长县迎接东征后西返的红军。5月8日至9日，在延川县大相寺主持召开中共中央政治局扩大会议，总结东征，决策西征。5月11日，动身返回瓦窑堡。

③ 据冯文彬回忆：1936年5月，红军东征回师途中将要过黄河时，毛泽东找他谈话，说中央决定让他到团中央接任书记职务。回到瓦窑堡后，他便到团中央上任了。（冯文彬：《共青团改造的前前后后》，《冯文彬论青年运动和史料工作》下卷，中国青年出版社2023年版，第956页。）

状况很难实现团结各阶层爱国青年参加抗日民族统一战线的重任。

所以，后来刘少奇在 1947 年全国解放区青年工作代表会议上指出：土地革命时期，"党犯了左倾，青年团更左，左到孤立脱离群众，团员比党员还少，成了光杆子，因而影响不好，很多人怕青年团"[①]。日本军国主义加快侵华步伐，团结一切抗日青年抗击侵略者成为当务之急。要完成这一任务，少数"先进""英勇"的、狭隘的青年团是不能成功的，时代呼唤广泛的民族解放性质的青年抗日组织的出现。

一二·九运动及青年组织新形态

日本帝国主义自 1931 年发动九一八事变后，不断加紧对中国的侵略，民族危机步步加深。1935 年夏，日本特务机关阴谋策动所谓"华北自治运动"，而国民党当局却节节退让。当时的情景是"爱国有罪，冤狱遍于国中；卖国有赏，汉奸弹冠相庆"。一向具有革命传统和抗争精神的北平学生悲愤地喊出："华北之大，已经安放不得一张平静的书桌了！"在中共临时工作委员会的领导下，12 月 9 日，北平学生高喊："反对日本帝国主义！""停止内战，一致对外！"举行声势浩大的示威游行，遭到北平军警的镇压。第二天，北平各校学生举行全市总罢课。12 月 16 日，在天桥举行市民大会，反对"华北自治"，与会者 3 万多人。会后举行更大规模的示威游行。

在一二·九北平学生斗争影响下，从 11 日开始，天津、保定、太原、

---

① 中央团校青运史研究室编：《毛泽东同志和其他老一辈革命家关于青年运动和共青团工作的论述》，1982 年内部印行，第 79—80 页。

杭州、上海、武汉、成都、重庆、广州等大中城市先后爆发学生的爱国行动。许多地方的工人也举行罢工。上海和其他地方的爱国人士和团体成立各界救国会，要求停止内战，出兵抗日。抗日救亡斗争发展成为全国规模的群众运动。

12月下旬，在中国共产党领导下，北平学生联合会组织平津南下扩大宣传团，到河北农村开展抗日宣传，开始踏上同工农相结合的道路。在宣传团的基础上，1936年2月初，成立中华民族解放先锋队。民先队成立初期只在平津两地发展，但暑期以后通过民先队员与各地的广泛联络，到年底，民先队不仅在上海、武汉、广州、太原、西安、济南、苏州、杭州、徐州、长沙、成都、南昌、开封、洛阳、保定、青岛、香港等地，而且在巴黎、里昂、东京、南洋等处也建立了组织，民先队员达到6000多人。这一群众性组织的出现，为共青团的组织形态改造提供了契机和样板。

任弼时曾高度评价民先队：

在一二·九运动中产生的中华民族解放先锋队，不仅在当时的学生运动中起了骨干作用，而且抗战以后大批民先队员走上抗日前线，在坚持敌后斗争，开辟抗日根据地的工作上面，也起了不小的作用。①

此时，国际国内的局势和全国抗日救亡的任务，都要求中国青年运

---

① 任弼时：《在中国新民主主义青年团第一次全国代表大会上的政治报告》（1949年4月12日），《任弼时选集》，人民出版社1987年版，第490页。

动担负起千百万愿意抗日救国的青年，参加到世界青年反法西斯统一战线和中共领导的抗日民族统一战线中来，实现从无产阶级青年运动到民族解放青年运动的伟大转变。经过广泛的宣传和严密的组织准备，1936 年 5 月 29 日，中国学生救国代表大会在上海召开，通过了中国学联成立宣言、纲领和简章。中国学联成立后，陆续帮助 20 多个大中城市建立了地市学联。这不但重新开始了全国学生有组织的抗日救亡运动，而且加强了与世界学生运动的联系，使中国学生运动与世界青年反法西斯斗争结合起来。

国际形势变迁以及对中国的影响

第一次世界大战后，主要资本主义国家经济逐渐恢复到战前水平，20 年代出现不同程度的繁荣，1929 年德国的工业生产总值超过英、法。但资本主义的基本矛盾依然存在，世界经济发展不平衡日趋加剧，致使 1929—1933 年资本主义世界经济危机爆发。危机期间，资本主义世界工业生产下降近 40%，世界贸易额缩减近 2/3。上万家银行倒闭，3000 多万工人失业，几百万农民破产。危机最早出现在美国，首先是金融系统的崩溃，随后蔓延到工农业。到 1932 年，美国的工业总产量和国民总收入减少 1/2，商品价格下降近 1/3，出口额下降 70%，5000 多家银行倒闭。危机从美国迅速波及欧洲主要资本主义国家和世界各地。1931 年 5 月到 7 月，德国国家银行的黄金储备减少 42%；1931—1932 年，英国失业工人达 300 多万，英国的国际收支在历史上首次出现逆差；法国工业生产大幅度下降，1932 年与 1929 年相比，下降了 31.9%，国民收入减少了 30%。

1929—1933 年的经济危机使生产下降之大，波及之广，持续之长，失业率之高，都是空前的。许多国家都出现了严重的社会危机和政治动荡。数以百万计的大规模的失业，广大劳动者处于赤贫和绝望中。社会不公平的现象更加突出，垄断资产阶级不择手段向人民转嫁危机，大大激化了社会矛盾。在德国、意大利、日本等国，法西斯反动势力借势迅速兴起，在欧洲和远东形成了两个战争策源地。

鉴于世界大战曾经给人类带来的灾难和痛苦，各国共产党积极动员、组织本国包括青年在内的广大民众开展反法西斯斗争。1933 年 9 月，36 个国家的 1000 多名代表在巴黎召开世界青年反战反法西斯代表大会，成立国际青年反战反法西斯委员会。此后，西班牙、奥地利、比利时、墨西哥等国共青团与第二国际领导的社会主义青年团实行了组织上的联盟，青年共产国际也向社会主义青年国际提出了建立青年统一战线的建议，瑞士、法国、美国、保加利亚等国青年统一战线也有了较大发展。

为了制定共同的反法西斯斗争纲领和策略，共产国际于 1935 年 7 月在莫斯科召开了第七次代表大会。会议在深刻分析国际形势的基础上，规定了广泛发动群众以制止侵略战争、建立反法西斯人民阵线的政策方针，批判了阻碍建立反法西斯人民阵线的"左"的关门主义错误。共产国际负责人季米特洛夫在报告中指出：一些资本主义国家的共青团大部分是脱离群众的宗派组织，基本弱点是仍在学共产党，照抄党的工作方式与方法，没有注意到团的特殊任务；强调在争取青年的斗争中，党与团在组织上要切实地坚决地转变，大胆地实现联合战线，组织与团结广大劳动青年群众。

中共驻共产国际代表团在共产国际七大上发言说："共产党要在广大的青年群众中真正能够取得影响，并吸收他们来积极参加反帝斗争和阶级斗争，就必须根本审查我们青年团的组织和工作。""我们的青年团，应由所谓青年工人先锋队的狭隘组织，变为真正的包括工、农、小资产阶级青年以及一切反帝青年的广大群众组织。""共产主义青年团不应当再去模仿党的工作方法和形式。"①

大会向共产国际执委和青年共产国际执委提议，指令各国党和团重视青年群众工作，采取有效办法肃清团的宗派式的"关门主义"，责成团员加入一切劳动青年群众团体中去，在这些组织内通过有系统的工作去影响和争取广大青年投入反帝反法西斯斗争。

根据共产国际七大精神，1935年9月，青年共产国际举行第六次代表大会，中国共青团代表刘光悌、何小立、宋一平出席大会。大会决定建立全世界青年的反法西斯主义统一战线，号召全世界青年为民主、自由、和平而斗争。大会通过的《关于青年统一战线任务的决议》指出：

> 劳动青年的事业迫切要求把青年人联合到真正群众性的非党的青年组织中去，不仅吸收共产主义的，而且吸收社会主义的以及无党派的、民族革命派的、和平主义的、信奉宗教等的青年人加入组织。
>
> 建立这样新型的、真正群众性的组织，要求根本重建共青团和完全抛弃任何宗派主义的、照搬党组织的做法。
>
> 各国、各地区和各城市青年团的组织形式不要求划一，而应符合青年运动的具体条件和特殊任务。青年团组织最重要的形式当为各种各样能满足青年文化、经济、职业和政治利益的俱乐

---

① 王明：《论反帝统一战线》，中国出版社1938年版，第50页。

部和小组，地方性的联合会、训练班、公共活动，失业者、青年农民、妇女和学生的个别小组等。

在中国，最重要的任务是在劳动青年争取改善生活的斗争中，在为提高文化、为民主权利、为竭尽全力使青年更加积极地参加全民反对帝国主义征服者拯救祖国的斗争中，建立全体青年及其组织的群众运动。①

青年共产国际六大结束后，1935 年 11 月 19 日，中共驻共产国际代表团责成李明、刘光悌在莫斯科起草《为抗日救国告全国各校学生和各界青年同胞宣言》。宣言定稿后，用"中国共产主义青年团中央委员会"名义最早发表在 1936 年 1 月 14 日的巴黎《救国时报》上。这篇宣言号召全国青年大联合，"一切爱国的青年同胞和青年组织，大家在抗日救国的义旗之下联合起来"。公开宣告改造自己的组织为抗日救国青年团体，欢迎一切爱国青年加入。"我们极恳切的声明：中国共产主义青年团不但愿意与任何抗日救国的组织合作，与一切爱国同胞实行亲密团结，共同奋斗！而且愿意把我们的组织开放起来，欢迎一切赞成抗日救国的青年加入，把我们共产主义的青年组织，公开地变成广大群众的抗日救国青年团。"②宣言表明共青团首举义旗，率先担负起了中国青年统一战线发起者的使命。

这篇宣言是 1936 年 1 月 27 日由中共驻共产国际代表团传送到国内

① 共青团中央青运史研究室、中国社会科学院现代史研究室编：《青年共产国际与中国青年运动》，中国青年出版社 1985 年版，第 506、507、508 页。

② 中共中央文献研究室、中央档案馆编：《建党以来重要文献选编（1921—1949）》第 12 册，中央文献出版社 2011 年版，第 517、518 页。

的。也就是说，中共中央政治局1月22日在延长县召开会议时，虽然尚未收到来自国际的指示，但此时已经根据国内的形势变化，主动开始探索共青团组织形态的转变了。这与共产国际、青年共产国际的指示不谋而合。

由于历史原因，在创建初期赋予其无产阶级青年先锋队性质的第二党式的共青团，曾与共产国际和各国共产党一起，在坚决反对机会主义、资本主义、帝国主义的斗争中作出了英勇而光辉的斗争，由于当时中共尚处于幼年而力量较薄弱，在历次革命斗争中团都发挥了更为显著的作用，在没有党组织的地方起了党的作用。随着国际共产主义运动的深入发展和各国共产党的日益强大，到了1936年7月，共产国际已不需要第二党组织形式的"关门主义"的共青团了，因为在反法西斯斗争中，靠少数"先进""英勇"的狭隘的共青团不能广泛地把广大青年团结和组织起来。

二、共青团改造的决策与过程

共青团改造是国内民族矛盾上升为主要矛盾，中共制定了抗日民族统一战线方针并开始实行第二次国共合作的历史转折时期，中共中央根据共产国际七大和青年共产国际六大精神作出的正确决策。共青团的改造，是共青团自身改革的一次成功尝试，是中国青年运动在民族救亡运动中的一次重大转机与再生，具有重要的现实意义和深远的历史意义。

东北地区与北方局率先行动

1935 年 2 月，由于中共上海中央局遭到敌人破坏，东北党组织与中共中央失去了联系。此后，中共驻共产国际代表团直接领导东北党的工作及抗日游击队。1936 年春，东北地区共产党组织负责人赵苏向中共驻共产国际代表团汇报工作返回后，带回青年共产国际关于改造共青团的决议和共青团东北代表在青年共产国际六大上的发言，中共满洲省委即根据国际精神领导了东北地区团的改造工作。首先撤销共青团满洲省委，不再设立全东北统一的青年组织系统和总的青年组织名称，地方新建立的青年组织，由同级党组织直接领导。对现有团员，一部分直接入党，一部分留在新建立的青年组织。接着各地区和抗日联军各部队的团组织相继改为青年抗日救国会、青年反日总会、青年队、抗日救国青年总会等青年群众的抗日救亡组织。到 1936 年夏，东北地区的共青团就完成了改造。

这期间，中共中央先后收到共产国际七大的决议、报告及中共代表团王明的发言等文件，便开始了改造共青团的试验。中央机关迁入保安县不久，1936 年 7 月 30 日，在中共中央讨论白区（国民党统治区）工作会议上，冯文彬根据国际精神发言说，青年团的组织还很狭隘，还是"第二党"性质的，希望中央指示各地党组织特别注意帮助团的工作和扩大团的组织。接着张闻天强调指出，青年团的工作，还是应当用民族解放先锋团或民族解放青年团等名义公开活动。

8 月 5 日，中共中央书记处在给北方局及河北省委的指示信中，就提出了改造团的组织和工作的问题，要求：

（1）党要帮助团成立单独的组织，使之能独立发展。（2）要尽量帮助他们的工作，要使之尽可能的青年化、群众化。（3）要指导他们打进各界、各党派的青年的文化的体育的组织中去，争取群众在他的周围，发展他的组织，不用 C.Y. 的名字去开展青年的工作，而用民族解放先锋队之类的名字，以取得公开或半公开的存在，以便吸收各阶层、各党派所影响下的广大群众，实现 C.Y. 是青年群众的组织的任务。①

　　紧接着，8 月 9 日张闻天在给中共中央北方局书记刘少奇的信中再次提出："根据国际的意见及我们的经验，C.Y. 是应该取消的。像现在 C.Y. 这样的组织，结果会变成秘密的狭隘的第二党式的组织的。我们现在要利用各种各样的公开的名称组织青年群众，北平的民族解放先锋队之类，实际上就是这类性质的组织。""青年组织的名义不一定到处一样，只要能公开活动，吸收广大青年群众就好了。"② 为此，北方局在 9 月 20 日作出《关于青年团的决定》，指出："根据国际与中央的指示，共产主义青年团即行取消。""在共产主义青年团取消以后，所有各地各支部的青年团的同志，即行设法全部介绍入党。"为加强党对青年运动的领导，"必要时在各市委、省委下成立青年部"，"在各城市各工厂、学校和农村应即公开与半公开的方式来组起青年群众的团体"。③

---

① 《中央书记处给北方局及河北省委的指示信》（1936 年 8 月 5 日），共青团中央青运史研究室、中央档案馆编：《中共中央青年运动文件选编（1921 年 7 月—1949 年 9 月）》，中国青年出版社 1988 年版，第 439—440 页。

② 张闻天：《给刘少奇同志的信》（1936 年 8 月 9 日），《张闻天文集》第 2 卷，中共党史出版社 1993 年版，第 130 页。

③ 《火线》1936 年 9 月第 62 期。

于是，北平、河北等地的共青团组织陆续取消，以一二·九运动中产生的民族解放先锋队取代之。原有共青团员转为共产党员，其中大部分参加了民先队，加强了党对民先队的领导，使民先队迅速发展成为当时全国很有影响的青年抗日救亡组织。

《中共中央关于青年工作的决定》的出台

1936年8月下旬，为建立抗日民族统一战线，中共将"反蒋抗日"的策略改为"逼蒋抗日"的策略，并将"人民共和国"的口号改为"民主共和国"的口号。9月28日、29日、30日，中国共青团分三次收到青年共产国际书记处发来的电报。电报重申了青年共产国际六大对中国共青团的指示，要求其"从绝对严密的工作方式转变到利用一切公开和半公开的可能，建立包括不仅青年工人而且包括广大农民、学生及失业青年等民族解放性质的群众的青年团"，"共青团组织形式应当适合中国各个区域的特殊条件"。最重要的任务"就是建立为发扬文化和民主自由的广大青年运动，利用一切方法，使青年积极参加全民救国的斗争，把中国青年团结到人民阵线中来"。[①]

11月1日，中共中央在保安县召开会议专门讨论共青团改造问题，出席会议的有政治局委员毛泽东、张闻天、周恩来、王稼祥、博古、林伯渠、陆定一、凯丰等人，团中央主要成员冯文彬、胡耀邦、赖大超、刘英

[①]《少共国际来电》（1936年9月30日），共青团中央青运史工作指导委员会、中国青少年研究中心、中央档案馆利用部编：《中国青年运动历史资料（1936—1937）》第13册，中国青年出版社1996年版，第290页。

参加了会议。首先由冯文彬汇报了共青团一年来的工作，并谈了团中央对共青团改造及今后青年工作方针的意见，即彻底改变团的狭隘的工作作风和方式，变团的性质为广大青年群众的组织；改组白区团组织，团员分布到一切青年群众组织之中，名称不必统一，争取公开；苏区与红军中团的名称可不改变，但组织与性质应改变；在青年群众组织设立党团，在党内设立青年部。

冯文彬发言后，会议对团的改造进行了讨论。对于适应新形势，团必须在组织上、性质上来一次大的改变，克服"关门主义"、第二党倾向，成为非党的、广泛的青年群众组织，会上意见比较一致。但对共产青年团的名称要不要改变，意见就有分歧了。有的主张名义不改变，组织应扩大；有的主张暂时不取消；有的主张上面保留，下面用各种各样的名称。周恩来、博古、林伯渠等都同意改变名称，主张"不要团的组织系统"，"对团进行根本改造"，"原来名称可以不要"。刘英在会上发言认为，青年组织要以适合于吸收广大青年群众为原则，不要因为受名称的限制而使得青年离开我们。现在进行民族解放斗争，要团结一切青年，使他们参加进来，还用共产青年团的名称就不利了。刘英还提出下层组织甚至可以用俱乐部、读书会、歌咏队等名义。

经过讨论，大家一致认为团的性质与任务应当改变，使团由狭小的组织变为广大的青年群众的组织；取消白区团组织，以青年抗日会来代替，苏区团组织暂不取消，只改变加入成分和下层组织，红军中的团组织改为青年队；不要建立统一的组织，可在各级党委下设青年部指导各个青年组织。

会议开了两天，最后由张闻天作总结，他指出：在新形势、新策略下青年组织的性质与任务根本不同了。过去团是党的助手，是工人为基础的，是共产主义的，现在的青年组织是非党的、群众的，一切反法西斯的分子都包含在内的。在目前形势下，过去那样的团组织不需要了。运动要发展，组织形式与工作方式要改变。因此必须取消白区团组织，组织各种各样的青年团体；在党内设立青年部，在青年群众组织中建立党团，团员大部分入党，改变苏区团组织名称和性质，下层组织为俱乐部，总的名称为"青年救国会"。

会议决定以党中央名义写一决议，由冯文彬负责起草，最后经张闻天修改定稿，这样就形成了《中共中央关于青年工作的决定》[①]。《决定》首先提出了"根本改造青年团及其组织形式，使团变为广大群众的非党的青年组织形式，去吸引广大青年参加抗日救国的民族统一战线中来"。接着详细规划了改造的具体意见：取消国统区的团组织，建立公开半公开的各种各样的青年组织；大批吸收团员入党，在党内设青年部，或青委或青年干事；彻底改变工作方式，采用青年的、民主的、公开的活动方式，开展青年工作；加强青年的马列主义教育；苏区和红军的青年团成为青年的联合组织，苏区青年成为全国青年的模范。

疑问与澄清

《中共中央关于青年工作的决定》发布后，当时在党内、团内有很多不同意见，有的提出："为什么把这样有历史意义的团改造了？"怀疑"改造"的正确性，缺乏改造共青团的信心。有的认为，"团犯了错误，

[①]《中共中央关于青年工作的决定》是 1936 年 11 月 10 日完成的，所写的发表时间仍为会议召开的时间"1936 年 11 月 1 日"。

党不要团了"。一些团干部还产生了抵触情绪，"现在什么都取消了，团不要了"。国民党方面听到共青团要改造了，趁机煽动说，共青团成立不适合中国国情，才取消了。

为使各级党、团组织在贯彻党中央决定中统一认识，消除疑虑和抵触情绪，中共中央机关刊物《党的工作》1936年11月第19期公布《决定》时，还专门发表了冯文彬撰写的《使青年运动成为一个巨大的力量》的文章，介绍共青团改造的意义、要求和新的青年组织的性质、形式、工作方法等问题。文章强调指出：

> 一切青年组织的改造与工作的改变，这是为了一个任务：就是用一切方法去形成广大群众的青年组织，更适合于广大青年的需求。绝对不是取消青年运动与青年工作，相反的，是更加重了党对于青年运动领导的责任，因为"只有共产党才是青年的唯一的领袖"。
>
> 党必须把青年工作的改变看作是自己的中心任务，一切对于青年工作重大改变的意义的不了解，而走到取消青年工作，或消极的倾向，是可能发生的，这是绝对有害的。党必须深入的传达与解释，耐心的进行说服的工作。

随后，冯文彬又撰写《关于改造团的几个问题》一文，专门回答对共青团改造提出的各种疑问和改造过程中有关具体问题，比如俱乐部的分组问题、干部问题、少先队问题。冯文彬在文章中展望道：

> 在将来，中国民主共和国实现以至转变到社会主义之时，则

组织形式必随之而变更。

我们相信，从这一改造之后，一定能够更大的发扬青年的积极性与战斗性，能够向青年统一的道路上迈进，使在不久的将来，能在党的直接领导之下，而形成一个巨大的青年抗战的力量。[1]

共青团中央的一系列宣传、动员工作是有效的。从后来的历史进程来看，冯文彬的这种预言无疑具有高度的前瞻性。各级党、团领导机关组织学习讨论，统一认识，消除疑虑和抵触情绪。团中央把创办不久的中央团校改名为鲁迅青年学校，为团的改造和改造后的青年运动训练新的青年干部。11 月中旬，团中央专门召开保安县各区党、团负责人联席会议，商讨团的改造和建立青救会问题，又派出工作组到陕北省安定县进行改造的试点工作。还通过各种方式把党中央决定转达到国统区和游击区。同时，团中央成立以冯文彬为首的西北青年救国联合会筹备委员会，颁布《西北青年救国联合会组织法（草案）》，为结束共青团工作，正式成立西北青年救国联合会作具体准备。共青团陕北省委、陕甘宁省委、陕甘省委及其所属团县委相继成立省、县青年救国会筹备委员会，自下而上地建立俱乐部和青救会，进行团员转党；红军各部队的各级团组织改为青年队。

正如当事人刘英回忆的那样：

在大变动的年代，取消共青团，成立青救会，只是组织形式

转变的一个环子。类似的策略转变，在各个方面、各条战线都在进行。这是一系列艰难而巨大的转变。反对富农变为联合富农，没收地主土地变成减租减息，反帝变为反日，抗日反蒋变为逼蒋抗日、又变为联蒋抗日，进而苏区也取消了，变为特区，红军改编为国民革命军第八路军……而惟有中国共产党的领导权一刻也没有放松，独立自主的原则始终坚持。历史证明以毛主席为代表的党中央是成熟的领导集体，创造了运用统一战线这一法宝的范例。[①]

但是在当时，在抗战时期，以至以后的若干年中，一些人对这一重大事件仍有不同看法，认为改造团就是取消团，取消是不对的，因而否定团的改造。王明就是这种意见。他从苏联回国后就说取消青年团是错误的，主张恢复青年团，并在武汉建立了抗日救国团，还在党的六届六中全会上重申这个观点。一些青年干部在抗战时期也多次提出重建青年团，都被党中央否定了，认为"这类提议是决然不能采用的"。实际上，民先队、青救会就是新形势下新式的青年团组织。

西北青年救国会成立

1936 年 12 月 5 日，共青团中直机关组在改造中成立了中央机关青年俱乐部，毛泽东、张闻天、朱德等领导人出席了开幕典礼，鼓励青年努力学习，做全国青年的模范。到 1937 年 4 月上旬，西北苏区除神府特区因

---

① 《刘英自述》，人民出版社 2005 年版，第 109—110 页。

正进行游击战争于 5 月实行改造外，其他各地团的改造全部结束，组织人数由原来的两万团员发展为 16 万青救会员，分别召开了县、特区、省的青年救国代表大会，正式成立县、特区、省青救会。此后省级以下团组织就停止了工作。共青团在苏区团结教育青年为民族解放而奋斗的历史使命便由青救会担负起来。

随着西安事变的和平解决，在 1937 年 2 月国民党五届三中全会后，联蒋抗日的民族统一战线初步形成。在第二次国共合作的新形势下，为了总结青年抗日救亡运动的经验教训，进一步团结全国青年担负起民族解放的任务，在中共中央直接领导下，1937 年 4 月 12 日至 17 日在延安召开了西北青年救国会第一次代表大会，苏区、国统区、沦陷区 30 多个省、市和民先全国总队部、中国学联和红军的代表共 312 人参加了大会。中共领导人毛泽东、张闻天、周恩来、朱德、博古等出席大会。

由于这次大会是中共中央进驻延安之后的第一次全国性会议，备受社会各界关注和重视。原团中央机关的干部们不负众望，办得有声有色。会前，他们争取到中央各党政军机关慷慨捐助的会议经费和代表们的生活用品，陕北青年救国会发动少先队员（青年半武装组织，在苏区称少先队）打猎给代表改善伙食，组织延安青少年开展卫生周，在大街小巷贴满大会的标语口号，会场四周挂满张闻天、毛泽东、朱德等领导人和中央各机关、全国学联等单位的赠言题词的条幅，以及日本侵略中国、中国人民反抗侵略的大图表，把延安城装扮得焕然一新。

4 月 12 日，大会正式开幕，冯文彬致开幕词。他说，大会的召开是为了担负"巩固国内和平，争取民主权利，准备对日作战"的历史任务，"总结这一时期的宝贵的经验与教训"以及"确定西北青年今后的工作和救亡方针"。

随后，毛泽东发表演讲，他将中国共产党过去的策略与口号同目前新的策略与口号的关系及变化作了解释，着重指出：西安事变的和平解决，使建立民族统一战线的第一个步骤——争取国内和平基本上完成。现在是进入第二个步骤——巩固国内和平，争取民主，开展争取民主权利来团结全国人民到抗日战线上来。希望大家把共产党的策略口号向全国青年宣传解释，使全国青年都懂得。西北青年有团结全国青年的责任，全国青年都团结起来，跟成年、幼年、老年一道结一个几万万人的大团体，那么，日本帝国主义再凶得怎么样，我们也是能够打败他的。

张闻天在演讲中指出，大会是正在中国革命新的时期开幕的，在这新的时期中我们应该动员全国力量去对日抗战，特别是动员青年人来完成这一任务。当前必须完成下面工作：（一）要实现把苏区青年救国运动成为全国的模范救国运动，把苏区青年救国会成为全国模范团体；（二）要提出反映全国青年要求的共同纲领，使青年救亡运动有个总的目标；（三）要总结全国青年运动的经验与教训。

朱德在开幕会上讲话说：抗日战争必将是长期的，战线必将是很宽的，因此必须加强抗日战争预备军动员和组织工作，全国青年应首先团结一致，争取参加到抗日的武装组织中去。为了广泛地组织青年群众，首先应取得言论、集会、结社以至武装的自由，就是说，首先应争取民主制度的实现，否则一切是空的。

周恩来在会上指出，青年要想五件事：东北四省青年的奴隶生活及英勇的反抗、全国各地特别是华北青年学生的救亡运动、上海青年工人的反日斗争、绥远抗战中的青年军人、西安事变中学生拥护和平的奋斗，从而定出全国青年的纲领。

大会选举冯文彬、刘英、胡耀邦等23人为主席团，宋庆龄、蒋介石、毛泽东、朱德、沈钧儒、邹韬奋、张学良、孙科、冯玉祥、何香凝等27人为名誉主席。

会议开幕当日，西北青年救国会第一次代表大会连发四份通电。一是向国民党中央和中共中央进行"诚恳的宣誓"：以热血与头颅，忠实于中华民族的解放。表示热烈的盼望两党"对日作战，对内民主，和平统一，改善民生的共同纲领"。二是通电南京国民政府，要求"立即释放章、李等6位爱国领袖，真正实现和平统一，团结御侮，以完成中华民族之彻底解放"。三是向巴黎世界学生联合会及各国学生联合会、日内瓦世界青年和平大会及各国青年团体发出通电，表达联系合作的意向，表示"愿意同你们在一起，为世界和平为毁灭法西斯疯犬而奋斗到底"。四是通电全国各青年团体，表示希望全国青年各团体共同联合、奋斗，来挽救祖国危机，并列举大会的四点提议：（一）全国青年大团结，放弃成见，一致抗日；（二）各界各团体互选代表，商讨召开全国青年代表大会；（三）加强青年的组织与训练；（四）要求南京国民政府领导全国青年并给予抗日救国之一切自由与民主。

13日，冯文彬在会上作了《目前政治形势与今后西北青年救国方针》的报告。这个报告经代表讨论后形成了《目前政治形势与青年救亡运动任务的决议》被大会通过。14日，各地青年工作状况报告。15日，分组讨论青年工作。

大会拟订了《全国青年救国纲领（草案）》和《中华青年救国联合会组织简章（草案）》。《全国青年救国纲领（草案）》指出："对日抗战，对内民主，改善民生，这是全国人民的要求，也同样是我们青年的要求。""青年应当争取全国人民的民主权利，实现青年内部的民主生活；青年的民主是与全国人民的民主不可分离的。"

最后，大会决定成立西北青年救国联合会（简称"西青救"），规定青救会"是各党派各界青年联合的群众团体"，其"中心的任务是一切为着中华民族的团结和统一而奋斗"，决定在全国青年救国联合会成立之前，西青救为全国各地青年抗日救亡团体的最高领导机关。选举冯文彬为西北青年救国联合会主任。

会后，共青团中央停止工作，开始以西北青年救国联合会的名义开展工作。7月，中共中央设立青年部以指导全国的青年运动，由冯文彬担任青年部部长。各地共青团普遍进行改造，成立各级青救会，"从乡的青救会，以至区的、县的都统一在西青救领导之下"。全国青年运动便由中央青年部和西北青救会挑起了指导之重任。

在国统区，除北方局所属地区团组织先行改造以外，共青团江苏省委从1936年初的《救国时报》上看到团中央《为抗日救国告全国各学校学生和各界青年同胞宣言》发表后，就决定继续坚持独立工作、停止发展团员、停止出版团刊、团员以群众面貌出现、参加公开的抗日救亡活动；抗战爆发后才通过地下党了解到党中央改造共青团的决定，遂取消了团的组织，团员分别参加到各个公开的救亡团体之中，继续进行抗日活动。上海团组织被破坏后，一些团员根据团中央宣传精神，建立了抗日救国青年团。

在南方游击战争区域，党、团组织均和党中央失去了联系，中央决定改造共青团以后，各游击区还在发展团员、恢复基层组织。直到1937年底，中共中央决定红军游击队改编为新四军时，才派赖大超去传达改造团的决定，少共闽赣省委、闽浙边省委及各地团组织于1938年2月停止了工作。

至此，共青团改造工作全部完成。

三、中国共产党对抗日青年组织的领导

共青团的改造只不过是青年组织形态的变化，中国共产党一刻也没有离开青年。在建立全民族抗日统一战线的时代背景下，中共通过成立新的机构继续加强青年工作，通过更加广泛、灵活的方式来领导各地的青年抗日组织和抗日斗争。

中央青委统领党的青年工作

为了适应政治形势变化，切实加强对青年抗日救亡运动的领导，1938 年 5 月 5 日，中共中央发出关于组织青年工作委员会的决定，规定中共的"县委以上地方党部直至中央，成立青年工作委员会"[①]。中共中央青年工作委员会（简称"中央青委"）由中共中央书记处书记、中组部部长陈云兼任书记，冯文彬任副书记。

6 月 7 日，中共中央又发出加强战区青年工作的指示，要求青救会"成为有生气的活跃的组织"，强调战区青年工作的中心是建立青年半武装及武装组织，加强青年文化政治教育。要求"青救的一切工作必须深入到村，其支点放在青年武装及民革室、小学校，从工作中去健全村青

---

① 《中央关于组织青年工作委员会的决定》（1938 年 5 月 5 日），团中央青运史研究室、中央档案馆编：《中共中央青年运动文件选编（1921 年 7 月—1949 年 9 月）》，中国青年出版社 1988 年版，第 453 页。

救，并定期的民主改选村青救，发扬大众的民主主义的工作作风”①。

在很短时间内，青救会成员迅速增加，在根据地的抗日斗争中发挥着积极作用。10月10日至11月21日，西北青救会在延安召开第二次代表大会，到会的有西北青年救国会的代表，华北、华南、内蒙古、南洋等地青年团体和青年工作者的代表，国民党青年组织的代表，共314人。这次会议成为抗日战争开始后全国抗日青年的一次大会师。毛泽东专门为大会题词：“努力前进，打日本，救中国！”中共中央和边区政府领导人朱德、王明、陈云、林伯渠、徐特立等出席了大会并分别讲话。冯文彬作《中国青年运动的新方向》的总报告，提出不同地区（我后方、敌占区和敌后方）青年工作的不同方针和不同形式。大会通过了《抗日少年先锋队章程》《儿童团组织章程》。大会决定，为了建立各青年团体的相互联系，共同促成青年运动的统一和全国青年的团结，特成立中华青年救国团体联合办事处，作为全国青年抗日救国运动的领导机关。

大会以后，各地迅速建立和发展了青年救国团体。在华北地区（包括晋、冀、察、鲁、绥及豫之一部分），到1939年7月，晋察冀边区就有青救会会员22万人（内有儿童12万人）；晋西北有会员12万人（儿童占一半）；晋东南有会员30万人（包括儿童）；晋西南有会员8.2万人（儿童占一半）；冀鲁豫有会员7万人（儿童3万人）；胶东有会员8万人（儿童2万人）；鲁西北有3万人（1/3为儿童）。这样，许多抗日根据地，大部分青少年和儿童都被组织起来了，各村都有青救会小组和儿童团

---

① 《中央关于加强战区青年工作的指示》（1938年6月7日），团中央青运史研究室、中央档案馆编：《中共中央青年运动文件选编（1921年7月—1949年9月）》，中国青年出版社1988年版，第461—462页。

的组织。到 1941 年春，各抗日根据地的青救会员达到 100 万人以上。

1941 年 2 月 19 日，中共中央政治局会议决定由中宣部部长凯丰兼任青委书记，冯文彬仍为副书记。1943 年 3 月，中共中央机构调整，青委、妇委等合并为中共中央民运工作委员会，冯文彬为青年组组长。1945 年 8 月 23 日，中共中央政治局扩大会议决定重新组建中央青年工作委员会，任命冯文彬担任中央青委书记。虽然中央青委的机构和人事有过调整，但作为党的青年工作部门，一直在指导全国青年运动中发挥着重要的核心作用。

中共加强对各青年抗日团体的领导

1937 年 2 月 6 日至 9 日，由一二·九运动催生的民族解放先锋队在北平召开了第一次全国代表大会，正式将这一组织定名为中华民族解放先锋队（仍简称"民先队"），选举了民先全国总队部，李昌当选为总队长。大会确定民先队是民众救亡的先锋团体，目前的基本任务是努力促成全民族抗日联合战线，促成国内和平统一和民主政治的实现。2 月 11 日，民族解放先锋队和中国青年救国先锋团在北平师范大学开会，合并成立为统一的中华民族解放先锋队。在中国共产党领导下，民先队积极开展活动，利用各种形式宣传抗日主张，团结广大青年。同时，积极为根据地输送新生力量，华北有游击队的地方，差不多都有民先队员参加。民先队还举办游击队干部训练班，在临汾、济南也举办了短期训练班，学习形势和军事，学习游击战战术，学习如何开展农村工作、军队政治工作、群众工作、宣传工作等。

1938 年春，民先队总队部迁到武汉后，先后创办《解放之路》《动员》《战斗青年》等报刊，并出版了一些抗日救亡小册子，号召青年投身民族解放事业。随后，民先队总队部组织一部分民先队员转移到南京、武汉、开封、西安、太原等地，积极开展宣传教育，帮助各地建立救亡团体，把抗日救亡的种子撒向全国。到1938年6月，全国民先队员总数已达5万多人，鄂、豫、苏、皖、湘、赣、川、粤、桂等地以及海外都有民先队分队部。民先队的积极活动与广泛影响引起了国民党的恐惧，提出要强制取缔。同年10月召开的西北青年救国会第二次代表大会，决定不再发展民先队，实行有组织的转变。有的转变成读书会、歌咏队，有的队员被吸收为中共党员，有的前往延安和抗日根据地。广大的民先队员仍然在为民族解放事业奋斗。

全国学生抗日救亡运动兴起以后，迫切需要一个全国性学生组织来统一全国学生行动。1935年12月26日成立的平津学生联合会，积极筹备和联络各地学校。在中共北方局和中共上海临委的具体指导下，1936年5月29日，中国学生救国代表大会在上海召开。大会通过《中国学生救国联合会成立宣言》《中国学生救国联合会纲领》和《中国学生救国联合会简章》，规定中国学联"以团结全国学生、促成全国统一战线、抗日救亡、争取民族解放"为宗旨，选举中国学生救国联合会（简称"中国学联"）领导机构。中国学联成立后最突出的一项工作，就是进一步加强了与世界学生运动的联系，还与英、美、法、德、日、缅、新加坡、马尼拉等地青年学生团体建立联系，在海外华侨学生、留学生中组织了各种抗日团体。1938年3月26日，中国学联在武汉召开第二次代表大会。周恩来出席大会并题词："学习，学习，再学习。在学校里学习，到前线上学习，到军营中学习，到群众中学习，一切学习都为着争取抗战胜利，都为着建设国家，复兴民族！"① 从而使中共的抗日救国纲领在学生中具体化为全国学生的奋斗目标。到军队里去，到战地服务去，到乡村去，到被敌人占领了的地方去，成为青年学生的行动口号。大会以后，进步抗日学生的力量得到了较大规模的发展。

　　1937 年 11 月，由中共湖北省青委筹建青年救国团（简称"青救团"），12 月在武汉召开成立大会，最初的成员都是参加过一二·九运动的平津、上海、武汉等地的青年。青救团成立的目的和任务，是团结和教育广大青年开展抗日民族统一战线，推动国民党抗战，反对妥协投降，把中共的主张变成群众的行动。青救团发展很快，湖北、湖南、河南、安徽、江苏、江西、四川等省都有它的组织和成员，人数曾达 5 万之众，仅武汉就有 1 万多名团员。它和民先队一样，是全国有影响的青年抗日救亡组织。青救团内部建立了中共组织。抗战初期，青救团在中共的领导下，团结广大青年，开展了声势浩大的广泛的抗日救亡运动；派遣团员、青年参加八路军办事处举办的抗日游击战训练班，学习政治军事；还成立了三个军队服务部，介绍 200 多青年到部队去；组织 600 多人的"八路军学兵队"奔赴延安。1938 年 6 月至 10 月武汉会战期间，青救团员在前线参战的有七八千人。青救团作为中共领导下的一个规模大、影响广的青年抗日团体，国民党政府却当作心腹之患，1938 年 8 月强令其解散。

　　1938 年 1 月 1 日，中共为了加强对广东青年抗日运动的领导，发动广州学生抗敌救亡会、救亡呼声社、青年群社、平津同学会、留东同学抗

---

① 中共中央文献研究室编：《周恩来年谱（1898—1949）》修订本，中央文献出版社 2020 年版，第 407 页。

敌后援会、中山大学抗日先锋队、中大附中抗日先锋队、青年抗日先锋团等8个主要青年抗日团体联合建立广东青年抗日先锋队（简称"抗先"）。在《发起宣言》中明确阐明其工作任务是"建立巩固的富于战斗性的青年统一战线"，号召全省青年"站在民族解放斗争的最前线，有计划地分布到大小县市乡村去动员工农群众，武装工农群众"。[①]"抗先"建立以后，就注意组织力量到农村去，到工厂去，到抗战的前线去，发动群众，引导青年学生与人民群众相结合。广州沦陷后，"抗先"撤向农村，工作的中心从城市走向广大农村，从抗日救亡宣传走向抗日武装斗争，大批的"抗先"队员加入各种抗日武装，参加打击日本侵略者的一线战斗。1939年10月，国民党妄图用三青团吞并"抗先"未能得逞。1940年4月，国民党宣布解散"抗先"，并准备逮捕总队部所有工作人员。"抗先"按照中共的指示，在组织形式、工作方法上实行了大的转变，继续坚持斗争。

延安是座"大学城"

随着抗日战争的全面爆发，抗日前线和迅速扩大的根据地迫切需要大批干部。如何才能将投奔延安的热血青年转变为党政军群各方面工作的行家里手呢？毛泽东认为，培养干部最好最有效的办法是办学校。从安吴青训班到"窑洞大学"，中国共产党在十分艰苦的环境中，以极其简陋的条件为民族独立和人民解放培养了大批青年人才。

1937年10月，为了适应抗战初期党的青年工作的需要，西北青年

---

① 广东青运史研究委员会办公室编：《广东青年运动回忆录》，广东人民出版社1986年版，第167页。

救国会在陕西三原县创办战时青年短期训练班。1938年1月，迁至泾阳县安吴堡，因此得名"安吴青训班"。朱德亲自担任青训班的名誉主任。此地南距西安约70公里，北距延安约300公里，遵照毛泽东"来者不拒"的指示，利用国共合作初期西安的地理优势和宽松环境，广泛吸收各地各类爱国青年。青训班以"训练青年工作干部，服务战区、军队、农村，开展青年运动，组织动员青年参加抗战，达到统一青运，完成中华民族彻底解放"为宗旨，以"坚定刻苦，勇敢活泼，民主团结，虚心切实"为校训。青训班实际上执行着延安"门卫"的职责，秘密进行初步政治审查工作。到1940年共举办14期，培训学员12000多名，分别输送到延安、前线、敌后根据地、国民党友军、爱国青年团体以及自己的家乡，参加和开展抗日救亡斗争。1940年4月，根据形势的变化，青训班撤离安吴堡。原安吴青训班最后留下的学员和从敌后根据地撤回青训班的战工团员，以及陕甘宁边区青救会干部成为泽东青干校的首届学员。

为了加速培养革命形势所需要的青年人才，在大本营延安及周边地区，中国共产党先后创办30多所干部学校，呈现到处是学校，遍地是歌声，满眼是青年，"开学典礼不断、结业歌声不绝"的景象，延安成为一座名副其实的"大学城"。这些"窑洞大学"造就了一代优秀的知识青年，培养了许多军事、政治、文化、党务、民运等方面的人才，其中以抗大、陕公、鲁艺最为著名。

抗日军政大学（简称"抗大"）以培养军事人才为主。其前身是1936年6月在陕北安定县（今子长县）瓦窑堡创办的中华苏维埃共和国西北抗日红军大学，不久改名为"中国抗日红军大学"。1937年1月，"红大"随中共中央进驻延安，改名为"中国人民抗日军事政治大学"。学员以部队中抽调的干部为主，后来也招收知识青年。抗大成立最早，名气也最大。很多开国将帅都在抗大工作、学习过。毛泽东曾高度评价道:"昔日之黄埔,今日之抗大,是先后辉映,彼此竞美的。"[1]抗大一所学校及其分校就培养了10余万革命骨干,对争取民族独立和人民解放发挥了极为重要的作用。

陕北公学(简称"陕公")以培养行政、民运干部为主。"陕公"于1937年8月创办,随即招生,同年9月1日正式编班上课。学员来自全国各地,也有南洋、朝鲜等地归国华侨青年。10月23日,毛泽东在为陕北公学成立的题词中写道:"要造就一大批人,这些人是革命的先锋队。这些人具有政治远见。这些人充满着斗争精神和牺牲精神。这些人是胸怀坦白的,忠诚的,积极的,与正直的。这些人不谋私利,唯一的为着民族与社会的解放。这些人不怕困难,在困难面前总是坚定的,勇敢向前的。这些人不是狂妄分子,也不是风头主义者,而是脚踏实地富于实际精神的人们。"[2]从1937年8月到1939年7月的两年时间里,"陕公"先后培养了6000余名青年抗日干部,吸收了其中3000多人参加中国共产党。毛泽东曾高度评价"陕公"的作用:"陕北公学是属于中华民族的,因为他为着抗日救亡而设,因为他收纳了全国乃至海外华侨的优秀儿女。""中国不会亡,因为有陕公。"1941年9月,陕北公学、中国女子大学、泽东青年干部学校合并为延安大学。1943年4月后,延安自然科学院、鲁迅艺术文学院、新文字干部学校、民族学院、行政学院相继并入延安大学。

---

[1] 毛泽东:《抗大三周年纪念》(1939年5月26日),《毛泽东文集》第2卷,人民出版社1993年版,第187页。

[2] 中共中央党史和文献研究院编:《毛泽东年谱(1937.07—1945.08)》第2卷,中央文献出版社2023年版,第34页。

　　鲁迅艺术学院（后更名为鲁迅艺术文学院、延安大学鲁迅文艺学院，简称"鲁艺"）以培养文化、艺术人才为主。1938年4月，在毛泽东、周恩来等人建议下，鲁迅艺术学院在延安的窑洞里诞生。为适应抗日民族统一战线的形势，鲁艺校董事会成员由国民党元老、中共主要领导、国民政府教育部门负责人和社会知名人士共同组成。学员大多来自北平、上海等地演剧队的青年。办学目的是培养文艺干部，研究正确的艺术理论，整理中国艺术遗产，建立中国新的艺术。1939年8月，鲁艺从延安城北门外搬迁到城东郊桥儿沟天主教堂。1942年5月，鲁艺很多师生参加了延安文艺座谈会，聆听了毛泽东的重要讲话。文艺座谈会后，毛泽东又向延安鲁艺师生发表讲话，号召大家走出"小鲁艺"，到"大鲁艺"（指广阔的社会生活）中去。此后，鲁艺的作家、艺术家们纷纷积极深入工农兵，表现工农兵，在文学的民族化、群众化上取得了重大突破。

四、国民党成立三青团

　　在民主革命时期，不同政治力量对青年的影响和争取从来就没有停止过。而历史常有吊诡之处，当中国共产党把信仰共产主义的青年团改造成为广泛的青年抗日组织之际，国民党当局正在谋划成立三民主义青年团（即"三青团"）[1]。到了解放战争时期，中国共产党适应新的斗争形势，决

---

① 1944年12月，三民主义青年团中央团部在给国民党政府内政部的函请中提出："本团简称应为'青年团'，不宜用'三青团'"，原因在于"非惟词意费解，亦有碍观听"。

定重新建立新民主主义青年团时，国民党的三民主义青年团却走向了穷途末路，最终不得不合并到国民党内。

三民主义青年团的成立

早在 1937 年初，蒋介石就决心"创设三民主义青年团"。但其最初目的却不是奔着青年去的，而主要是想借机合并共产党。3 月 24 日，蒋介石在日记中认为，对共产党最佳方针是"改组"，其次才是"领导"。周恩来明确表示：中共不能解散，各党派只能团结一致，最好建立一个各党派共同参加的某种形式的民族解放同盟，而不是互相合并。大多数民主党派都赞成中共的主张。

既然不能合并共产党，蒋介石就只好退而求其次，谋求国民党内的团结与统一。1938 年 3 月 29 日，国民党在武昌举行临时全国代表大会，大会决议修改总章，决定"本党为训练青年，设三民主义青年团。同时，取消预备党员制，并为统一党的组织起见，规定在党内不准有其他组织"。会后，蒋介石指定陈立夫、陈诚、陈布雷、朱家骅等为三青团筹备委员，负责草拟团章，筹设三青团中央临时干事会。这些筹备委员中包括了 CC 系、复兴社、陈诚派、朱家骅派等各派的人物，也反映了蒋整合各派系、改造国民党的意图。

7 月 9 日，中央团部在武昌宣布成立，蒋介石宣誓就任三青团团长。中央团部成立以后，即设置中央临时干事会，先后选派干事，并就干事中选派常务干事九人，书记长一人，由陈诚担任。后陈诚担任前方军事，改派朱家骅代理书记长。8 月 1 日，举行第一次入团宣誓典礼，全体干事及工作人员在团长监临之下宣誓入团。

　　蒋介石对三青团寄予极大期望，期望三青团能够一洗国民党的恶习。他在训词中强调："今天我们在此大敌压境，国家的生存到了千钧一发的时候，成立了这个革命的三民主义青年团，我们要救亡扶危，雪耻复兴，就一定要将以前一般政党和团体自私自利，自相争夺，甚至自相残杀的劣根性，完全去掉，那就是要彻底遵守团员的信条，绝对服从团体的命令，贡献出我们全部的聪明才智和生命自由于本团和主义。拿我们全团革命青年的生命和血汗来换取国家民族的独立和生存。"[①] 他还在日记中写道："青年团训练切戒侦探、斗争、妒忌等恶习，而以勤劳、服务、互助为主旨。青年团员要做民众的公仆，要为民众服务，而且要为民众而牺牲。"

　　尽管三青团的成立是国民党内部各派妥协的产物，但对于渴望投身抗战又无党派色的青年人来说，还是有一定的吸引力。所以三青团发展很快，在国统区、战区、沦陷区都建立了组织。但最初几年里，虽然名义上是国民党的青年团，因其章程规定团员最高年龄可达 38 岁，故在实际招收团员时专挑那些较为成熟的成年人，而且以国民党各机关公务人员为中心，形成该团的骨干力量。1939 年 9 月，三青团中央干事会正式成立，团员已从 1938 年的 9207 人发展到 53737 人。1939 年团员中，军政受训生员占 37.1%，军警占 17.2%，党政人员占 15.3%，学生仅为 8.1%。到 1940 年学生比例虽升到 13.7%，但军政受训生员占比 25.7%，仍然最高，而且党政人员也升至 18.2%，军警占比升为 19.6%。

　　事实表明，三青团迟至 1939 年底才开始侧重吸收学生团员，而直到 1940 年 11 月，才正式下达文件，将三青团的活动限制在学校范围之内。

---

① 三民主义青年团中央干事会编：《三民主义青年团团史资料第一辑初稿》上编，1946 年 8 月印，第 49 页。

其原因是三青团与国民党在组织发展问题上出现竞争，甚至有一部分三青团干部出于其改组国民党的一股热情和自信，幻想着有朝一日能彻底取国民党而代之。这样，三青团虽不是为了政治动员学生而设立，却在国民党权力博弈中变成了遏制学生卷入政治旋涡的重要工具。

三青团建立时，正是国共两党重新合作的时期。中国共产党、西北青年救国联合会曾多次提出与三青团合作，实现青年运动统一，"使三民主义青年团成为各阶级各党派广大革命青年的民族联合"团体。而国民党、三青团对于共产党和西北青救会的诚恳建议一再予以拒绝，顽固坚持一党（国民党）一团（三民主义青年团）控制全国青年运动的反动政策。尽管三青团建立初期，以联合全国各地抗日青年为标榜，曾经做了一些为抗战和青年服务的工作，也有一些爱国的青年加入，但它毕竟是国民党领导的青年组织，是掌握在反共最坚决的复兴社和 CC 分子手里，各级团部的领导骨干，不是复兴社分子，就是 CC 分子，而且又是特务工作的头子，负着实际的主要责任。后来的事实更加明确地显示，三青团只不过是国民党的一个御用工具而已。

中国共产党对三青团的争取

三青团一成立，中国共产党就把它作为争取的对象。1938 年 10 月，毛泽东在中共扩大的六届六中全会上指出，国民党组建三青团，"表示了把它自身变为抗日建国的民族联盟之开始"[①]。主张对三青团采取赞助的态

[①] 毛泽东：《论新阶段》（1938 年 10 月 12 日），《毛泽东军事文集》第 2 卷，军事科学出版社 1993 年版，第 403 页。

度，对其发展对象、组织原则等提出意见和建议，以争取其向好的方向发展，成为全国青年的统一组织。根据这一指示，1938 年 12 月，中央青委副书记冯文彬在全国党的青年工作人员会议上，特别谈到要"争取三民主义青年团为广大的统一战线的组织"。1939 年 1 月国民党五届五中全会后，三青团积极参与反共摩擦，中共仍旧采取积极争取的态度，认为它是有可变性的，它在环境好转、国民党更进步的条件下，"亦可以向好的方面转变的，有可能成为青年统一的组织"①。

为争取三青团的转变，中共一方面对三青团提出善意的批评，帮助它做好支持抗战的工作；另一方面发动中间派知名人士参加三青团，并有计划地训练一批忠实可靠的共产党员，以抗日积极分子的身份加入三青团，以此来改变三青团的组织成分和领导成分，争取它向好的方向转变。一些地方如广西的三青团工作就深受中共影响。1940 年前后，广西三青团各级团部领导干部中，中共党员有十三四人，进步青年有十人。后来，三青团积极追随国民党积极反共，中国共产党才彻底放弃了对三青团的争取。

三青团变本加厉迫害进步学生

国民党五届五中全会后，三青团积极执行蒋介石"溶共、防共、限共、反共"的政策，借机大量发展组织，扩张势力。为了扩大影响，三青团注意在学校和文化教育单位建立各种青年文化团体、学术团体、俱乐

---

① 《中央青委给少共国际的信——关于中国目前青运的情况》（1939 年 7 月 7 日），团中央青运史研究室、中央档案馆编：《中共中央青年运动文件选编（1921 年 7 月—1949 年 9 月）》，中国青年出版社 1988 年版，第 488 页。

部、联谊会等。1942年10月，仅青年剧社就建立了137个，还通过举办座谈会、演讲会、音乐会、月光会、夏（冬）令营、体育运动会、各种竞赛活动和一些文娱活动来吸引青年。在各大学、专科学校、中学普遍建立三青团组织，各大学的校长都被任命为三青团中央监察会的委员，一大批国民党特务、三青团骨干拥入各级学校，并夺取学校内的学生会、系会、级会的领导权。

三青团通常采用强迫、欺骗和引诱的办法，发展青年入团，并利用集训的机会，强迫青年集体加入三青团。同时，还强迫其他青年抗日救亡组织加入三青团，凡不愿参加的，就进行打击。广东"青抗"由于拒绝加入三青团，不久就被国民党强行解散。为了培养骨干，促进组织发展，三青团开展各种训练，其中有干部训练、入团训练、经常训练，并利用青年夏（冬）令营，对团员进行大规模的集训。国民党规定三青团是组训全国青年之最高机构。集训目的是使青年的"意志统一，行动一致"，绝对服从蒋介石的领导。

三青团为执行蒋介石的反共政策，开展了一系列反共活动。三青团中央团部向各地支团、分团发出许多密令、指示，要求他们破坏、打击、镇压共产党和共产党领导的青年抗日组织。在皖南事变中，三青团攻击共产党以及共产党领导的新四军为匪军、叛军，还召开各种集会，发表宣言及"声讨"电文。三青团第三战区支团部在皖南事变后，立即派遣该团反动骨干，前往被俘的新四军官兵中进行反动宣传，企图发展组织，同时还成立特种工作队和青年服务队前往皖南，围剿新四军的残余人员。

三青团各地组织创办各种刊物，到1940年达到216种。在各种宣传中，三青团不承认共产党和抗日根据地的合法地位，诬蔑共产党为"奸党"，抗日根据地为"匪区"，八路军、新四军为"匪军"。在三青团的文件中，公然宣传抗战中的汉奸汪精卫不是主要问题，消灭共产党才是主要问题。1942年三青团中央团部编印《团员行动指导纲要》，其中第二条专门规定三青团员必须在敌后、战区、学校、社会上与共产党斗争，并随时报告当局，予以制裁和打击。三青团还派出大批骨干，深入抗日根据地，搜集情报，发展组织，建立特工队，破坏抗日根据地的抗日斗争。

1943年3月29日至4月12日，三青团在重庆马家寺召开了第一次全国代表大会，出席代表320人，代表全国25个支团。蒋介石主持会议并致开幕词。会议通过"发展团务十年计划"等议案，制定了团纲，修订了团章，选举了中央干事及监察。张治中等72人当选为干事，候补干事25人。张治中任中央干事会书记长，王世杰任中央监察会书记长。

在这期间，三青团还配合国民党军、警、特务残害青年。它利用自己庞大的组织网，到处监视抗日进步青年，并协助特务机关秘密逮捕学生，送往集中营。国民党、三青团对青年的法西斯统治，使青年抗日救亡运动受到严重摧残。张治中后来回忆道：

> 青年团是在抗战初期，也是国共两党重新合作时开始建立起来的，是为了发动和组训全国青年，一如团章所规定"捍卫国家，复兴民族"，当初似没有和共产党斗争的意思。但从中央干事的人选来看，大多数是反共的人物。
>
> 虽然我始终认为青年团最主要的任务，是在抗战中发动青年组训青年来争取抗战的胜利，但事实上也做了反动统治所利用的一个工具，当然也造了不少罪恶，这是不容否认的。①

---

① 张治中：《张治中回忆录》，华文出版社2007年版，第239、240页。

五、中央青委两次提议建团未果

　　任何事物的发展都需要一定的时机，高明的决策者往往能够把握最佳时机，从而更大限度地趋利避害。中国共产党关于是否恢复青年团，在什么时机恢复青年团的决策，就是一个很好的例子。

1940 年夏的提议

　　1940 年前后，陕甘宁边区和晋察冀边区的部分青救会组织，脱离党的中心工作和农村青年生活的实际，套用一般城市的习惯做法，提出建立"民主的、青年的、活跃的青救会"的口号。1942 年开始反"青年主义""先锋主义"，一直好几年没作过青年工作的指示。陕甘宁边区的青年工作几乎没有人管了，没有了农会、妇女会、青救会等群众团体。1940 年夏，中央青委组织部长李昌向中央提议重建共青团，中共党内的青年工作干部曾多次提出过建立类似青年团的青年基干组织的建议。

　　1941 年 6 月，中共中央作出关于青年工作的决议，在强调党对青年运动领导的同时，决定不建立新的青年基干组织。中共中央经过慎重研究，认为对于广大青年群众，用青年救国组织的形式是最好的，现阶段是要加强同群众的联系，把落后群众提高起来。如用基干组织，便会失掉了广大群众。《中央关于青年工作的决议》明确指出："在今天抗日时期，如又建立新的青年基干组织，又将发生脱离广大群众、变成狭隘组织的危险，故关于这类提议是决然不能采用的。因此今天青年工作的中心任务应该是根据统一战线方针，继续发展与充实青救会的组织与工作，青救会还是有很大发展前途的。"①

　　1941 年以后，陕甘宁边区和各敌后抗日根据地进入最为困难的时期。在华东地区，1941 年初，国民党顽固派制造了震惊中外的皖南事变，宣布新四军为"叛军"，宣布取消其番号。在华北地区，日、伪军不断对敌后抗日根据地进行疯狂的"扫荡"，而国民党政府这时不但完全停发八路军的薪饷、弹药和被服等物资，而且还调动几十万军队对陕甘宁边区和其他抗日根据地实行军事包围和经济封锁。在一些地区形成日军、伪军和国民党军三方夹击八路军、新四军等人民武装力量的严峻局面，出现抗日根据地面积缩小，敌后军民伤亡重大，部队减员较多，抗日根据地的生产遭到严重破坏，财政经济极为困难的情况。面对敌后抗战的严重困难，中共中央领导抗日根据地军民用人民战争同各方面敌对势力进行抗争的同时，还通过开展大生产和实施精兵简政政策战胜经济困难。

　　1943 年 3 月，中共中央决定"将现有的职工运动委员会、妇女运动委员会、青年运动委员会合并成立中央民运工作委员会，设书记（邓发）和副书记（蔡畅）各一人，下分职工、农民、青年、妇女四个组，每组三四人，分别研究工、农、青、妇工作"②。

　　伴随各根据地贯彻中央的这个决定加上部分地区工作环境的恶化，有些地区的青救会工作出现了涣散和消沉的情况。进入 1944 年后，抗日战争的局势呈现中国军民局部反攻的态势，各方面形势开始好转，国民党统

---

① 团中央青运史研究室、中央档案馆编：《中共中央青年运动文件选编（1921 年 7 月—1949 年 9 月）》，中国青年出版社 1988 年版，第 547 页。

② 《中共中央关于中央机构调整及精简的决定》（1943 年 3 月 20 日），中共中央文献研究室、中央档案馆编：《建党以来重要文献选编（1921—1949）》第 20 册，中央文献出版社 2011 年版，第 174 页。

治区青年运动也逐渐活跃起来，中共中央南方局青年组便想在国民党统治区建立统一的青年组织，为此请示党中央，但党中央还是没有同意。

中共七大筹备期间的提议

到了 1945 年，在中共七大筹备期间，中央民运工委青年组的冯文彬等人又再次向中央建议成立青年团组织，中共中央根据当时的国内外形势和全党工作大局，仍然没有同意建立青年团，并且于 1945 年 4 月 6 日发出《中央关于准备成立解放区青年联合会的指示》。

按照这个指示，中国解放区青年联合会筹备委员会于当年 5 月 3 日在延安正式成立，筹委会主任由中央民运工作委员会青年组负责人冯文彬担任。随后，根据党中央的有关指示，解放区青联常委会开始了筹备召开解放区青年代表大会工作。这时，各解放区的青救会也都先后更名为青年联合会，同时在部分区、县成立了青年联合会。由于抗日战争胜利形势发展很快，全局工作任务繁重和复杂，所以在抗日战争胜利后，中共中央于 1945 年 9 月 24 日发出通知，宣布解放区青年代表大会延期举行，解放区青联没能按预定时间正式成立。

第五章

在解放战争中重建

1945 年 8 月，中国人民艰苦卓绝的抗日战争终于迎来了最后的胜利。当备受煎熬的民众欢欣鼓舞、热切期待和平建国的光明前途时，蒋介石集团却在美国政府支持下，抢夺人民胜利果实，建立国民党的独裁统治。在抗战烽火中日渐成熟和壮大的中国共产党，以革命的两手对付国民党反革命的两手，积极进行军事部署以应对战后的复杂局面。随着革命形势和任务的变化，党领导下的在抗日战争中发挥了重要作用的青年群众组织已经不能适应新的形势和任务的要求了，需要一种新的组织形态。"世界潮流，浩浩荡荡，顺之者昌，逆之者亡。"青年团的改造是顺势而为，青年团的重建也是应势而生。一切立足于如何组织青年，整合青年。前者是为了突出广泛性，后者是为了彰显先进性。经过深入讨论和试点，中共中央决定，为整合先进力量创立新中国而重建青年团。整个建团过程是伴随着解放战争的隆隆炮声进行的。

一、启动重建青年团议程

抗战胜利后，中国面临着两种前途、两种命运的抉择。此时的青年救国会已经完成了历史使命，如何吸纳在抗日战争中涌现出来的积极分子，组织动员解放区青年参加土地改革，保卫胜利果实，成为中国共产党不可回避的历史选择。

解放区青年运动需要新的发动机

抗日战争后期，根据地青年运动开始显现出一些难以适应形势与任务要求的问题来，曾经发挥重大作用的青救会组织，呈现出一种涣散和自流状态。尽管在抗战胜利后青救会改称青年联合会，但是两者在性质上没有本质区别，成员、工作任务和方式只能沿袭老旧模式，所以不可能改变青年运动显得比较沉闷、缺乏生气的状态。还有一个重要原因，"中央自1942年反了先锋主义后，一直好几年没作过青年工作的指示，各级党委因为没人过问这一项工作，便更淡然处之"，"有些地区在1942年反青年主义、先锋主义以后，根本就把青年团体（青救会）取消了，青年工作也近乎没有了"①。从总体上说，解放区的青年团体和青年组织情况可以分成

---

① 《关于成立新民主主义青年团的建议（草案）》（1946年6月25日），共青团中央青运史工作指导委员会、中国青少年研究中心、中央档案馆利用部编：《中国青年运动历史资料（1942—1946）》第16册，中国青年出版社2002年版，第505页。

两类地区。

第一类地区是山东、晋察冀、华中、晋绥等解放区。这类地区的青年团体以"青救会"或"青年联合会"的名义开展工作。山东解放区有150万青救会会员和近3000名青年工作干部，但青救会会员没有组织生活，也缺乏日常工作。青救会或青联的各级机构还在，但系统领导的作用很薄弱。青年工作机构成了研究性或咨询性机构，日常忙于党政部门安排的群众动员工作，很少有独立的青年工作，青年对青年组织开展的活动兴趣不高，对青年组织也不感兴趣。

第二类地区是陕甘宁、太行、晋冀鲁豫等地区。这类地区在上层机关有青年组织的名义，但是没有青年组织的实际机构，而中下层青救会组织大多停转。虽然没有正式取消青年组织的命令或文件，但是在事实上已经不存在青年组织和青年工作了。从事青年工作的干部普遍感到工作难以开展，畏难情绪较大，许多人因此离开了青年工作岗位。

当时各解放区党组织内部对青年工作和青年组织的认识情况大致有以下意见：

（一）青年人在各种事业中都有作用，但1942年后的实际证明，无有青年团体，青年人的作用仍旧发挥了，而且很好。所以无须搞单独的青年团体（例如陕甘宁）。

（二）应照顾青年特点，可以搞些下属的识字班、读报组等事业性组合，勿搞政治性大团体，亦勿设专门的青年工作机构。

（三）青年作用很大，有其单独作用，即应有此单独团体，现在的青年工作是领导问题，领导上没给青年团体以任务，故青年感到无工作可做。青救会有作用，只是没有很好地领导与很好地进行（山东这意见较多）。

（四）青年作用有，但此作用即使无青年工作机构，也可以发挥。在工会、农会中设青年部即可。许多事情政府就可以领导，如生产、教育。

（五）青年作用大，无专门团体与工作机构，难以大大发挥。但青救会庞大无力，须提高一步。加强了青年工作，对党的各种工作都有利，都有力。①

由此可见，总体上对青年在中国革命中的作用都是承认和肯定的，但对如何更好、更充分地发挥青年的作用都缺少切实可行的办法，而且对是否需要建立专门的青年团体存在较大分歧。

抗战胜利后，全国解放区共有约1亿人口，青年占1/5，约2000万。这些青年人在经历了抗日战争锤炼和考验后，政治觉悟程度和团结程度已经有了空前的提高，在解放区的各方面工作中，涌现出三四百万青年积极分子，占解放区青年总数的20%，他们迫切要求政治进步，要求加入党组织，但是其中能够被吸收入党的青年只有四五十万人。这样一来，会有一大批青年积极分子不能被吸收到党内来，而当时各解放区青年工作涣散，所以他们实际处于无组织的状态。这不仅不利于这些青年积极分子作用的发挥，而且对于他们的成长也十分不利。

当时延安地区的冯庄，全村104户，400余口人，青年人数是58人。全村文化落后，多年以来没有出过一个高小毕业生。这个村子在土地革

---

① 《中央青委关于成立新民主主义青年团的建议草案（草稿）》（1946年6月25日），何启君编著：《青年团重建史料集萃》，中国青年出版社1996年版，第38页。

命时期已经搞过土地改革，每家都分配了土地，基本上过着男耕女织、自给自足的小农经济生活。这个村子里中共党员42人，占全村人口的10%，其中青年党员8人，都是20岁以上。另外村里的自卫队（民兵）中，还有4名青年党员。村内非党青年积极分子6人，表现不好的青年也是6人，其余的青年处于中间状态。当时村里的青年工作基本上没有人管理，一切党政机关布置的工作都是各家的家长领受，并且由家长决定干与不干，所以1944年村里在办冬学、夜校时，开始有20多名青年参加，但是只坚持了3个多月就垮了。1945年春季锄草时，青年们自动组织了临时变工队，约有7人参加，还有6名儿童组成了变工组。当时村里年年要搞扭秧歌活动，由于没有人指导和帮助，内容十分陈旧。在这种情况下，村里的青年出现许多问题，行为粗野、作风不正，打架斗殴、偷瓜摸果、游手好闲、不尊敬老人等问题都时有出现。

冯庄的情况是当时解放区青年和青年工作状况的一个缩影。这说明在当时国内复杂的形势下，党必须进一步加强青年工作，必须采取有效措施改变青年工作涣散、沉闷和无组织状态，必须采取有效办法把青年积极分子组织起来，提高他们，发挥他们的积极性，并且通过他们去带动和提高广大一般青年的积极性。只有这样做，解放区青年才能在党的领导下，在即将开始的夺取民主革命和全国胜利的斗争中发挥更大的作用。

任弼时提议重建青年团

抗战胜利后，中共中央对于青年工作的涣散问题十分关注。为了解各地青年工作的情况，1946年1月9日，中央青委致电华东局，请其派人到延安汇报青年工作情况：

请即派一个熟悉全省青年工作情况的人来延，来时请带以下材料：（一）解放区青年在经济上、政治上、社会上地位改变的具体生动实例与材料。（二）青年在各级参议员中及政府机构中各占百分比多少。（三）新解放区的青年工作情况及经验。（四）青年在抗战中的英勇实例及生产、文教中的实例与经验。（五）对今后青年工作的具体意见（此条须经区党委及中央局讨论）。（六）山东各地报纸及各种青年刊物、教材等，合订全份。①

山东解放区接受任务后，派了几位青年干部经过 80 多天长途跋涉，冲破国民党军队的一道道封锁，终于在 5 月上旬到达延安。随后，他们和中央青委工作人员以及部分陕甘宁边区的青年工作干部在一起座谈青年工作的问题，研究改进解放区青年工作的办法和措施。山东解放区青年干部在汇报中谈到，沿途发现许多解放区青救会和青联处于自流和取消的状况。

听过汇报和讨论，中央青委的负责人也感到，由于缺乏以积极分子为核心，抗战初期起过积极作用的青救会在抗战后期已经逐渐涣散、消沉，不能满足广大青年的进步要求，不能适应新的形势和任务的要求。

召开研究青年工作问题座谈会这件事，是在中共中央书记处书记任弼时领导下进行的，所以每隔几天，中央青委的工作人员都要把座谈的情况和内容向任弼时汇报一次。在 5 月的一天，任弼时听完一次汇报后说：

①　共青团中央青运史工作指导委员会、中国青少年研究中心、中央档案馆利用部编：《中国青年运动历史资料（1942—1946）》第 16 册，中国青年出版社 2002 年版，第 285 页。

"你们研究一下看，是否可以搞青年团？"①

　　任弼时的这个提议一经在会议上传达，正在苦苦寻求解放区青年工作出路的年轻与会者感到茅塞顿开，眼前豁然开朗，他们立即围绕这个提议展开了热烈的讨论。中央青委召集山东解放区和陕甘宁解放区的青年干部围绕要不要建团，建立什么样的团等问题，进行了一个多月的广泛而深入的研究和讨论。在解放区建立一个新式的青年积极分子的先进组织——新民主主义青年团成为大家的共识。在延安土窑洞中摇曳的油灯下，一人起草，经多人一再修改，6月25日，终于完成了《关于成立新民主主义青年团的建议（草案）》。中央青委将建议报送任弼时和中共中央。该建议写道：

　　　　我们提议在解放区建立一个新式的，完全适合党在今天的需要的青年团。

　　　　这个青年团是一个完全由党直接掌握的青年积极分子的核心组织。它将在党的生产、文化、民主的建设中，最有效最有力的去组织青年的积极作用、先锋作用。它将是党的最忠实的助手。

　　　　这个政治性教育性的基干组织，是青年群众的先进分子的核心组织，以新民主主义相标榜，凡是思想上接近共产主义，坚决跟着共产党走的，又一时不能入党的优秀的青年都可以加入，在党的各项事业中领头去干，不是与党并列，是介乎党与一般群众

---

① 《任弼时领导中央青委讨论青年团重建的会议记录》，何启君编著：《青年团重建史料集萃》，中国青年出版社1996年版，第3页。

之间的党的后备青年组织。

有相当严格的组织生活与纪律，有一定工作责任与政治义务，受较深的组织锻炼与较深的思想训练。既不十分狭隘，又不十分广泛，有一定的从下到上的垂直的领导系统。政治上与相当程度的组织上直接受党领导，又有相当程度的群众团体的某些独立性。

入团条件比党宽，比过去青年团宽，比今日一般群众团体要严，团员与青年群众保持一定比例，可为 25% 至 30%。①

这份建议草案呈送到中共中央书记处，时间是 1946 年 6 月 27 日。而就在 6 月 26 日，国民党军队开始大举围攻中原解放区，随后又相继在晋南、苏皖边、鲁西南、胶东、冀东、绥东、察南、热河、辽南等地向解放区发起大规模的进攻，全面内战爆发了。中共中央的工作陡然紧张、繁忙起来，却依然对青年工作给予了极大关怀。

八月的建团座谈会

8 月 26 日，在延安枣园中央书记处礼堂，任弼时主持召开中共中央书记处座谈会②。会议整整开了一天，讨论在青年中的积极分子是否要组织起来，建立一个青年积极分子组织的问题。中共中央书记处书记朱德

---

① 共青团中央青运史工作指导委员会、中国青少年研究中心、中央档案馆利用部编：《中国青年运动历史资料（1942—1946）》第 16 册，中国青年出版社 2002 年版，第 512、514 页。

② 会议名称来源于中央档案馆保存会议记录原件。

出席了会议，另外还有康生①、饶漱石②、胡乔木③，以及中央青委和地方青年工作者何启君、黄若曦、李颉伯、王治周等。

任弼时作了简短的开场白：现在，山东解放区有青救会150万人，青年工作专职干部近300人。全国各解放区有两种情况，一是还有青救会组织，还有青救会员，是山东解放区、华中解放区和晋察冀边区。二是没有青救会组织，也没有青救会员，是晋冀鲁豫边区和陕甘宁边区。今天要商量一下，在青年中所涌现出来的积极分子，是否要组织起来，建立一个青年积极分子组织的问题。

中央青委的何启君作了汇报，内容包括：（一）各解放区青年工作与组织概况；（二）对于青年工作的种种不同主张；（三）关于成立青年团的必要性和根据；（四）关于成立青年团的初步设想。山东青年工作者代表杜前也详细汇报了山东解放区的青年运动情况。

在听取了山东、陕甘宁、张家口解放区青救会和青联负责人关于本地区青年工作情况汇报之后，朱德在会议上发言：

我看可以组织青年团！

青年团的经常工作内容，主要是教育，是进行新民主主义教育。要教育出新民主主义的人。

青年团的工作，要使青年得到利益，要使青年不断进步。

青年要组织！现在需要青年组织，以后还要青年组织，就是

---

① 康生，时任中共中央政治局委员、中央社会部部长。

② 饶漱石，当时是刚调到中共中央工作的中央委员。

③ 胡乔木，时任毛泽东秘书、中共中央政治局秘书。

到了社会主义，也少不了青年组织。

青年中的积极分子，比一般青年的觉悟要高一点。组织起来，才好领导他们。①

朱德还认为，对青年团的工作要有正确的指导方针，工作要慎重，方法要多样，要以教育为主来改造青年的思想，再通过他们去改造社会。要组织青年参加生产，参加土改，参加军队，使他们在其中受到教育。对青年的教育，除了学校以外，就是行动教育。青年要起先锋作用，不要搞先锋主义，过去搞成青年先锋主义，搞得人人嫌。这是城市知识分子到农村搞的，一般农民青年怎么愿意搞那样的"轰轰烈烈"呢？

朱德最后十分肯定地说，搞青年团"只有好处，没有害处"！

有人发言说："建立青年团，是党通过团去发动青年群众，以便使党的工作从下面去做。因此，建立青年团是必要的。"

还有人认为："青年工作干部，要学会做群众工作，不能用行政工作办法。否则，群众会把你看成'青年官'。现在'官'已经不少了，群众不需要再来一些'青年'官。"②

多数与会人员发言讲了青年团的必要性：党有了政权以后，群众团体更有其特别重要的意义。行政自上而下推行，和群众团体自下层出发，组织群众，发动群众去干，是两个不同的工作方法。成立青年团的好处，是可以及时处理青年的许多特殊问题，可以更好地团结、教育广大青年。

---

① 《任弼时主持党中央书记处讨论建立青年团的会议记录》，何启君编著：《青年团重建史料集萃》，中国青年出版社1996年版，第52、53、55页。

② 《任弼时主持党中央书记处讨论建立青年团的会议记录》，何启君编著：《青年团重建史料集萃》，中国青年出版社1996年版，第55、57页。

团，作为党的助手，培养党的后备军。我们的口号是"群众路线"，是依靠群众，然而在实际工作中，往往是搞命令主义。在建团时，如果先向党伸手要干部、要钱，先组织领导机关，那就不行。脱离生产的干部越少越好。

任弼时在总结中提出：全国解放区共有 2000 万青年，其中有 400 万左右积极分子，"看来还是组织起来好"。组织起来既便于教育提高他们，发挥积极性，又可以通过他们去提高广大一般青年的积极性。他强调：

> 青年团的工作对象是青年，如果不研究青年的特点，不采用适合青年的工作方法，就不会有发展，就没有前途。
>
> 关于青年团的基本任务和名称。按实质，党的基本任务就是团的基本任务。目前，就是为新民主主义而奋斗。因此，名称可叫新民主主义青年团。如再扩大一点，防止其成为狭隘组织，也可叫民主青年团。
>
> 团的性质，是带政治性的青年先进分子组织，是党的助手。在团内要进行些共产主义教育。①

任弼时对建团路径也进行了指导性分析，青年团要在各种广泛的青年组织中起先锋作用。建团可以采取示范的办法，先从工作基础好的地区做起，基本上采取由下而上地建立组织，但上面要有一定数量的领导骨干。他进一步细致地指出：

---

① 任弼时：《提议建立青年团的两次讲话》（1946 年 8 月—9 月），《任弼时选集》，人民出版社 1987 年版，第 404 页。

首先从团支部搞起，然后再建立团的区委、县委。脱离生产的人员应尽量少，开始县里先配备一两名专职的团干部，其他的还可以吸收政府与教育部门的青年干部兼职去做。

建团的试点工作，现在就开始去做。把团建立起来，对目前的解放战争有好处。可以先在非战争区的农村、学校、工厂开始建团。目前战争很紧张，军队中建立团组织，可以慢些，先从地方做起。①

九月座谈会再议建团

9月13日，任弼时又在延安枣园中央书记处礼堂主持召开中共中央座谈会②。这是中共中央召开的第二次讨论建立青年团的会议。除毛泽东、刘少奇外，在延安的所有中央书记处书记、政治局委员、中央委员和候补委员朱德、林伯渠③、徐特立④、蔡畅⑤、陆定一⑥、习仲勋⑦、康生、饶漱石、陈伯达、马明方、安子文、胡乔木、黄敬、刘宁一、李颉伯等出席了会议。会议着重就如何建团，特别是在农村建团问题进行了研究。

任弼时宣布开会，他指出："关于是否建立青年团的问题，书记处的

---

① 任弼时：《提议建立青年团的两次讲话》（1946年8月—9月），《任弼时选集》，人民出版社1987年版，第405页。

② 会议名称来源于中央档案馆保存的会议记录原件。

③ 林伯渠，时任中共中央政治局委员、陕甘宁边区政府主席。

④ 徐特立，时任中共中央委员、中共中央宣传部副部长。

⑤ 蔡畅，时任中共中央委员、中共中央妇委书记。

⑥ 陆定一，时任中共中央委员、中共中央宣传部部长。

⑦ 习仲勋，时任中共中央委员、中共中央西北局书记。

同志谈过，大家是赞成建立青年团的，也问过毛主席，他说，搞青年团是好的，可以征求一下各解放区的意见。现在，就起草了一个电稿，今天请大家来讨论。"

69岁的徐特立认为：青年是否要有一个青年自己的特殊组织，首先要看青年有没有特殊性。学习、工作、职业、婚姻、童工等问题都是青年在社会中的特殊问题，所以青年团这个特殊组织一定是需要的。他还说："党要领导青年，不去领导是不对的。青年没有组织，就没有工作。""青年，不一定都进了学校才算是受教育。党和青年团领导他们，就是教育他们。青年，要求学习。这就要有领导。"

林伯渠发言说：过去，青年工作犯些毛病，后来青救会不要了，这是对的。现在再把青年组织起来，成立一个青年团，是有这个必要了。青年团在农村人口比较集中的地方可以搞。

习仲勋是中共七大选举出来的最年轻的中央委员，他提出："建立青年团是可以的。但是，还需要在工作方针、工作方式和工作作风上多加研究。""在团员成分上，要广泛一些。"

陆定一讲道：青年工作在城市里是有很大作用的。搞青年团，可以先到张家口（当时中共所掌控的最大城市）。对于农村的青年工作，应当积极加以研究，总结一下，得出好的经验来。

康生说：在八年抗战中涌现出大批优秀的青年先进分子。"要承认这个事实。……这些青年先进分子感到对于他们的领导不够。感到青救会这样的广泛青年组织，不能满足他们的要求。要求入党，又不能全部吸收他们。""抗日战争胜利了，青年运动的方向是什么，采取什么组织形式，青年工作者感到没有办法了。"

蔡畅认为："建立青年团，在对外宣传和与三青团作斗争上，在对内教育青年参加建设上，是必要的。""现在，党加强了，有力量，有经验了。不会再出现第二党的毛病了。"

有人说："我们是有了政权的党。常常只用政权的行政方法进行工作，对于群众工作就做得很不够了。""现在，我们建立青年团，组织、教育广大青年，可以把工作做得更好。因此，建立青年团是很需要的。"

也有人提出，青年团吸收成员不能太广泛，但要比党的组织广泛些。①

朱德是中共中央政治局排位第二的书记，又是军中元老，他的发言分量很重：

在历史上，社会主义青年团是打了先锋的，是非常好的，是起了很大作用的。后来，青年工作在解放区是过于革命了，革起自己的命来了。而其结果，就把它自己革掉了。在解放区，我们党有了政权的地方，政权最重要。但是，也要有群众团体的帮助。青年团，要完全在党的领导下去进行工作。这一点很重要！应该在青年团的领导机构，组织"党团"（即党委、党组——编者注），以保证执行党的指示。②

任弼时作总结发言指出，过去建立青救会，是个不可免的历史过

---

① 以上谈话参阅《任弼时主持党中央书记处第二次讨论建立青年团的会议记录》，何启君编著：《青年团重建史料集萃》，中国青年出版社1996年版，第64、66、67、68、69、71、76、77、78页。

② 《任弼时主持党中央书记处第二次讨论建立青年团的会议记录》，何启君编著：《青年团重建史料集萃》，中国青年出版社1996年版，第69页。

程。青救会已经完成了历史任务，"现在是到了决定建立青年团的时候了"。在国民党统治区，为同国民党三青团争夺青年，应注意组织青年。他说：

> 现在总的情况是：青年先进分子的积极性高涨了，而党对青年工作的领导反而减弱了。今后建立起青年团组织，在党的领导下，青年在解放战争、生产运动和土改斗争中会发挥更大的作用，对文教工作的支持也会更好些。[①]

二、试建工作在解放区开展

为了保证青年团的重建工作能够取得预期的效果，中共中央决定先在陕甘宁边区择地试建青年团组织，在收到实效、取得经验之后，再在各个解放区全面推开。试建青年团的实践，为解放区青年运动的发展开辟了道路，使得重建青年团工作伴随人民解放战争的胜利发展，迅速在各解放区全面展开。

[①] 任弼时：《提议建立青年团的两次讲话》（1946 年 8 月—9 月），《任弼时选集》，人民出版社1987 年版，第 407 页。

中央青委的"试点"

两次讨论建团的中央会议之后，根据任弼时的意见，中央青委把山东解放区来延安汇报青年工作的人留下两位，参与延安地区的试建青年团工作。从1946年9月14日开始，6位参与延安地区青年团试建工作的青年工作干部便围坐在中央青委的一孔土窑中，开始了试建青年团工作如何起步的讨论，很快形成了中央青委《在陕甘宁试办青年团的计划》。该计划指出：

> 中央青委与边区青联在今年年底前，三个月内的中心工作是试办青年团，以取得经验，求得实际印证，便于党中央在年底作出最后决定。
>
> 试办工作开始，应注意不首先以组织去组织，而应以工作去组织，先有活动后有组织，从无形的组织到有形的组织。开始可不用青年团名义，待大家有兴趣之后再根据自愿，订出组织名称及生活公约。①

该计划还提出，试建工作要以中共西北局决定的工作任务为本，以试建点所在的党支部工作计划为本，用"一套青年化的、红火热闹的活动方式"开展工作。在开展试建工作时，要以试建点所在"党支部所指定的负责青年工作的某几个党员为骨干。由本地党员负责组织已

---

① 何启君编著：《青年团的初建》，中国青年出版社1987年版，第185页。

有的青年积极分子，团结一般青年，以便就地生根"。试建工作分两个区，延安为第一试建区，选一工厂、一学校、二农村；绥德、米脂为第二试建区，选二农村、一学校。"但无疑的，应以特别的重视与力量放在农村上。"

9月下旬，中央青委派马仪和延安县青联主任吴光明到延安县丰富区二乡冯庄开展试建青年团工作。他们到达冯庄后，先向冯庄党支部传达了中共中央建团工作会议精神和中央青委的试建青年团的工作计划。冯庄党支部对在庄里搞建团试点很欢迎，并根据开展这项工作的要求选派了几位青年党员协助马仪、吴光明开展工作。在区、乡党组织的支持和领导下，试建青年团工作组从发动青年紧密配合村党政组织开展中心工作入手，采取一对一的工作方式，分头给单个青年做思想工作，培养积极分子，再通过举办青年俱乐部、夜校和组织军事训练等集体活动，使参加活动的青年受到实际教育，奠定工作基础。然后，以此为发端，组织青年开展积极的社会活动，以在青年中形成健康向上的思想风气。他们从受到青年欢迎的"识字组""俱乐部"这类阵地上，积极做工作，帮助青年展开生产互助活动。如组织青年上山背柴，为每一家庭及早提供取暖做饭的燃料；积极开展农闲期间的拾粪积肥活动等。这些活动都受到区、乡政府的热情赞扬和积极支持，也受到青年家长和乡亲们的欢迎。就这样经过40多天的工作，先后开了8次会，吸收了26名青年积极分子为青年团员，在10月底成立了团支部，同时还讨论制定了章程。因为当时中央青委还没有明确团的统一名称，所以通过团员讨论决定叫"新民主主义青年团"。经过团员民主选举，经村党支部和区党委的批准，青年党员李聚升任团支部书记。

9月，中央青委派黄若暾到延安行知中学^①，向学校党总支传达中共中央建团会议的精神，提出在该校开展试建团工作的要求和设想。10月，黄若暾改去延安丰足火柴厂建团，中央青委又派何启君指导行知中学的试建团工作。在学校党总支的领导下，建团工作以组织由学生积极分子组成的学习小组、互助小组、党章学习小组的形式在全校展开。这些小组都是通过参加建团工作的党员分头找积极分子个别谈话的方式组织起来的，并且通过开展学习活动引导这些小组的成员产生"统一组织"的愿望。到11月5日，第13班的互助组率先改名为"泽东少奇青年团"。两天以后，其他班也相继成立了青年团或团小组。各班的青年团组织建立后，都在学校的各方面工作中发挥了先锋模范作用，提高了团组织的威信，于是便在这个工作基础上，筹备全校成立统一的青年团组织。经过组织各班团员讨论团章和统一团名后，各班推选出7位代表组成行知中学"毛泽东青年团"筹备委员会。12月9日，在一二·九运动11周年纪念日，由团员自动募捐经费开展筹备工作的行知中学"毛泽东青年团"首届代表大会正式召开。当时全校有团员71人，出席会议代表45人。会议通过了《团章》，经民主选举选出了由3名委员和2名候补委员组成的行知中学"毛泽东青年团"总支委员会。王黎明担任总支书记。

10月，黄若暾受中央青委的委派到延安丰足火柴厂开展试建团工作。他到工厂后，通过青年工人中的一个党员一个预备党员联系厂内一些平时劳动和学习中的青年积极分子，同他们一起研究如何解决生产劳动和生活

---

① 1938年8月，陕甘宁边区政府在延安北关云梯山脚下创办陕甘宁边区中学，后改称边区师范、延安师范、延安中学。1946年7月25日，教育家陶行知在上海逝世。为了表示纪念，1946年9月改称行知中学。1949年2月，又改名为延安中学。

中的问题，为建立青年团组织作思想和组织上的准备。同时通过组织青年工人开展学政治、学文化、学技术，生产质量竞赛活动，团结和联系了9名先进青年工人，于10月20日成立了组织，自己讨论定名为"青年先锋队"。年底队员发展到27人。在1947年春节前，青年先锋队召开全体队员会议讨论工作，大家提出像行知中学一样，把青年先锋队的名称改为"毛泽东青年团"，于是通过讨论拟定了团的章程，并且在会后宣布延安丰足火柴厂"毛泽东青年团"支部的成立。

10月，中央青委工作人员李云洁、陕甘宁边区青联主任王治周和冯明亭到绥德，调集了子洲、米脂、清涧、吴堡、佳县、绥德6县的青联主任组成试建团工作组到绥德师范和辛店区二乡开展试建团工作。到辛店区二乡开展试建团工作组以白家崄、蒲家崄、郝家坪、刘家湾、延家岔为试点村，通过创办夜校，发动组织青年参加征粮、征地、学习等活动，培养青年积极分子，成立了"青年先锋组""先进青年组"。后来，在这个基础上正式成立了青年团小组，在1947年1月，建立起了二乡团委。在此期间，试建团工作组还通过开展活动，绥德师范于12月8日成立了"毛泽东青年团支部"。

各试点单位建团后，各试建点工作干部还不断扩大试建团的工作范围，在延安丰富区、乌阳区、青化区、柳林区冬训的自卫军中以及延安振华纸厂、绥德县辛店区七乡和八乡都发展了团员，仅延安丰富、青化二区自卫军中的团员就达76名。在此期间，中央青委和边区青联为了指导试建团工作，还分别办了《青年工作通讯》和《试办简报》。

初期试建的青年团组织，虽然名称不一，却充分显示了在青年中的核心作用。冯庄团支部在1946年冬季农闲时节组织青年积极参加军事训练、抢修工事、学习文化和拥军优属等方面工作，受到群众的好评。绥德辛店二乡郝家坪的团员为支援前线，保卫胜利果实，主动承担了全村成年人从未干过并且认为根本不可能的试制火药任务，几经失败终获成功。行知中学青年团经常组织宣传队到部队、农村演出，寒假期间又动员学生到农村创办夜校，普及文化，到部队野战医院救护伤员。丰足火柴厂青年先锋队成立当天，即讨论开展生产竞赛和增产节约活动，使全厂火柴产量增产30%。延安自卫军冬训中，团员带头苦练杀敌本领，在冬训总结评奖中，获奖的团员占获奖总人数的80%。

中共中央建团提议推动各地试建

从1946年9月开始的青年团试建工作进展顺利并获得初步成功，坚定了中共中央建立青年团的决策。1946年11月5日，中共中央向各中央局、中央分局发出由任弼时主持起草的《关于建立民主青年团的提议》指出：

> 九年来全国的青年工作是有成绩的，解放区的青救会、青抗先、青联会等组织在参战参军，文化教育和其他建设根据地工作中，都起了伟大的作用。在党政军民各方长期努力下，解放区青年的政治觉悟普遍提高，其中并涌现了大批优秀的积极分子，青救会式的组织与活动已经不能满足于这些积极分子的要求，而青年工作也因为缺少积极分子有组织的推动，逐渐松懈，不能发挥应有的力量。
>
> 青年积极分子需要有一个单独的组织以满足其工作与学习的

要求，并成为党团结领导广大青年群众的核心。①

该文件明确提出推进解放区试建青年团工作：

中央认为，今天应该成立新的青年积极分子组织，此组织应比过去共产青年团更群众化、青年化，政治上接受党的领导，其名称拟定为民主青年团或新民主主义青年团。

新的青年团吸收一切坚决拥护民主并愿为民主事业积极奋斗的男女青年，其年龄约为十五岁至二十三岁。在组织上实行民主集中制，接受共产党与民主政府的政治领导，进行毛泽东思想的教育。②

该文件将青年团的基本工作概括为三项：

第一，在党和政府所号召的各种运动中事业中组织和发动广大青年参加并发挥青年的积极作用，估计到今天的战斗情况，军事和半军事的工作应该是主要项目之一。

第二，为广大青年的特殊福利和切身需要服务。

第三，除实际斗争和事业的锻炼与学习外，进行经常的政治

---

① 团中央青运史研究室、中央档案馆编：《中共中央青年运动文件选编（1921 年 7 月—1949 年 9 月）》，中国青年出版社 1988 年版，第 633 页。

② 共青团中央青运史研究室、中央档案馆编：《中共中央青年运动文件选编（1921 年 7 月—1949 年 9 月）》，中国青年出版社 1988 年版，第 634 页。

思想教育工作。①

该文件要求：

　　各局各分局接到此项提议后，望召集会议讨论（吸收青年工作干部参加），总结过去经验，研究此项提议是否可行，有无其他办法，并望择地试验，将研究与试验结果报告中央，以便作最后决定。②

这表明，中共中央已经正式决定推进解放区的试建青年团工作，变试点工作为试建青年团，使这项工作能够在更大的范围内展开。各解放区接到文件后，纷纷按中央要求择地试建青年团。

进行建团试点的陕甘宁边区，接到中共中央提议后备受鼓舞。12月7日，西北局召开常委会，听取延安试建青年团的工作汇报，研究扩大建团试点工作。会议认为"建立一个青年积极分子的组织，已经是一个可以肯定下来的问题了"。会议决定"将青年团工作密切地与军事动员及土地改革结合起来进行"，要"扩大试办工作的范围"，"各分区都抽出一个县来办，并进一步注意向中小农村试办。希望在明年春耕前试办结束，搞

① 共青团中央青运史研究室、中央档案馆编：《中共中央青年运动文件选编（1921 年 7 月—1949 年 9 月）》，中国青年出版社 1988 年版，第 634 页。

② 团中央青运史研究室、中央档案馆编：《中共中央青年运动文件选编（1921 年 7 月—1949 年 9 月）》，中国青年出版社 1988 年版，第 635 页。

出经验，然后普遍进行"。①

　　这时，中央青委正在检查"择地试建"工作，要求建团工作要围绕地方党政的中心工作，从解决青年和广大群众最迫切的需求入手，依靠县、区、乡干部、党员在青年自觉自愿的基础上发展团员，建立有战斗力的、和群众密切联系的青年团组织。此后，中央青委和边区青联在 1947 年 2 月，再次调集了绥德分区 5 个县、8 个区的青年干部 15 人，组成 4 个建团工作组，分别在绥德县的辛店、绥市、田庄、沙滩坪 4 个区开展建团工作。为了培训建团骨干，还抽调其他县、区的一些青年干部作为实习者参与工作。这些建团工作组一边在 4 个区的乡村发展团员，组建团的组织，一边总结工作经验，同时帮助各县、区参加实习的青年干部在工作实践中体会和掌握青年的特点，学习发动组织青年的方式和方法，然后由这些参加实习的干部结合本县、本区的实际制定各自地区的工作规划和方案。这一做法在当时被称为"据点实习"。

　　尽管 1947 年 3 月胡宗南军队进犯陕北，但是试建青年团工作仍然以服务战争为中心继续进行。各地党组织普遍认识到，通过建团进一步组织发动团员和青年参加自卫战争，是党的一项重要工作，所以十分注意在自卫战争中发挥团的模范带头作用和在青年中的核心作用，注意在参战和为战争服务的各项工作中培养青年积极分子，发展团组织。例如，开展试建团工作的米脂县到 1947 年 5 月，就建立团的基层组织 37 个，发展团员 758 人。绥德县到 8 月，共发展团员 938 人，建立团的基层组织 164 个。

---

① 《中共西北中央局常委会讨论青年团问题会议记录》（1946 年 12 月 7 日），何启君编著：《青年团的初建》，中国青年出版社 1987 年版，第 281 页。

到 1947 年底，绥德、米脂、清涧、延安、吴堡、佳县、子洲、镇川等县开展试建团工作的农村都有了团的组织和活动，团的基层组织发展到 263 个，团员达到 4000 余人，机关、学校、随军医院、部队文工团内的团组织也增加到 47 个。延安县还在游击队中建立了团组织。刚刚成为青年团员的青年也在反击国民党军队的重点进攻的斗争中作出突出的贡献。1947 年初，陕甘宁边区的团员总数不过千余人，为夺取自卫战争的胜利，有 573 名团员报名参加野战军，244 名团员参加地方兵团，447 名团员在战火中加入了中国共产党。

晋绥解放区于 1946 年 11 月首先在兴县第一完小开展试建团工作，到 12 月发展了 6 名团员，成立了团小组。随后根据中央青委的指示扩大了试建工作的范围。1947 年 2 月 23 日，中共中央晋绥分局发出了《关于建立青年团的意见》，明确指出："今天提出建立青年团是很需要的，应即开始试办，以便取得经验，推广全面。"晋绥分局青委根据这个指示，又选择临县郝家坡、兴县瓦塘等地作为建团试点，取得经验后又推广到河曲、王寨、离石等县的农村、工厂、学校、机关开展试建团工作，很快取得了积极的成效。

1946 年 11 月，山东解放区接到中共中央建团提议后，首先在老根据地莒南县开展建团试点工作，成立了金沟官庄团支部。不久，又建立了沙窝头庄、胡家官庄团支部，发展团员 20 多人。《青年工作通讯》第 10 期刊登了《山东莒南县建团情况》，介绍了山东解放区在老根据地滨海的莒南县开展建团试点工作的情况。不久，山东解放区遭到国民党军队 80 万人的重点进攻，于是在支前运动中开展试建团工作，发展团员千余人。1947 年 1 月，华东局召开青年工作会议，决定每个分区党委都要选择一个县或几个县作试点，普遍开展试建青年团的工作。会议强调要结合当时当地的中心工作秘密建团，反对脱离实际革命斗争和为建团而建团的形式主义。

会后，滨海区在莒南县、鲁中区在沂南县、渤海区在利津县、胶东区在平邑县开展了试建团工作。5月17日，中共中央华东局发出《关于建立新民主主义青年团的指示》，要求各分区党委及地区党委成立青年工作委员会（简称"青委"），并责成青委负责在土地改革、粉碎国民党军队重点进攻和支援前线等斗争中开展试建青年团工作。到1947年底，山东解放区有42个市县和山东大学、山东省支前委员会机关、淄博联中、滨海中学、滨北中学等学校，以及部分工厂、医院开展了建团工作，全山东解放区共有团员5万人，少数市县成立地方团委。

1946年冬，晋察冀和晋冀鲁豫解放区也根据中共中央《关于建立民主青年团的提议》精神开展了试建团工作。晋察冀青联讨论制订了《关于试建青年团的计划》，并且在平山县韩庄和曲阳县文德村试建了团组织。接着，青联又在定县结合土地改革建立了"毛泽东青年团"。经过半年多的时间，定县就建成团支部198个，团员发展到4981人。晋冀鲁豫党组织对建团工作也十分重视，专门组成青年工作组，在阳城县的梁城、匠礼村以及其他县的一些村庄、工厂、学校试建了青年团。1948年5月，因华北大部分地区已解放，中共中央决定将晋察冀和晋冀鲁豫边区连成一片，成立中共华北局，华北局下设青委，统一领导华北解放区试建青年团的工作。

在东北解放区，1946年8月在哈尔滨、大连等地先后出现了民主青年联盟（简称"民青"）和民主青年联合会等进步青年组织。这些组织在中共东北局青委的领导和关怀下，通过参加革命斗争不断发展壮大，吸引了许多向往民主的青年学生、工人、店员及市民加入这个组织。1947

年 4 月 21 日，根据中共东北局青委的指示，于哈尔滨召开的民主青年联盟第二次会议，决定将这个组织改名为"东北民主青年联盟"。到当年 8 月，这个组织的盟员已经发展到 3000 余人，建立起的本部、总支、支部 43 个。这时，"民青"成为全东北解放区党领导下的进步青年组织，其盟员已经遍布整个东北解放区。到 1948 年开始正式建立青年团组织时，80% 以上的盟员被批准转为青年团员。

建团带来的新气象

试建青年团的工作是在全面内战已经爆发的形势下进行的，因此刚刚建立的青年团组织立即经受了战火的考验。试建青年团工作使得广大青年和团员精神面貌发生了很大的变化，解放区的广大青年在共产党和人民政府的领导下，革命热情高涨，勇敢投身到反击国民党军队重点进攻的自卫战争和解放区土地改革运动、生产建设事业中，发挥了重要的作用，成为新民主主义革命的生力军。建团的实践说明，在中国革命进入人民解放战争时期后，建立青年团不仅是必要的，而且是可行的，是符合革命形势发展要求的。

冯庄团支部刚刚诞生，就赶上国民党胡宗南部进犯延安。面对中央机关和大部队已经转移，地方上处于混乱状态的情况，冯庄团支部组织团员秘密召集会议，坚定团员斗争的信心，要求团员在斗争中发挥带头作用。在胡宗南占领延安后，冯庄团员响应边区青联的号召，自动参加游击队。没有参加游击队的团员则参加村自卫军配合游击队袭击敌人，他们在一年中先后直接参战 17 次。此外，他们在部队同敌人作战时，冒着枪林弹雨给战士送弹药、送干粮。当部队住在村里时，他们给部队挑水、煮饭、提供被子和毡毯，还拿慰问品慰问伤病员。在1947年麦收季节，团支部组织9个青年抢收小组，用十几天的时间，把全村的麦子全部收割完毕，这不仅使前线粮食供应有了保障，而且还赢得全体村民的赞许。中央青委撤离延安时，曾把10多箱未来得及转移的书籍和文件交给冯庄团支部保存。冯庄的团员想尽办法完整无损地把这10多箱物品保存下来，交还给中央青委，为此受到了组织上的表扬。尽管当时延安地区处于国民党军队的控制之下，但是冯庄的团组织生活一直没有停顿，在一年中先后开了19次会，还吸收了16名青年入团，扩大了组织和力量，增强了团支部的战斗力，受到中共中央西北局书记习仲勋的表扬。

延安丰足火柴厂的青年先锋队在因国民党军进犯而搬迁工厂过程中，成为工厂党组织的得力助手。一份经验总结材料这样写道：

他们既是政策的宣传员，又是实干的先锋队，处处带头，任劳任怨，团结工人一道，胜利完成了搬厂任务。广大青年在搬厂过程中受到了锻炼，提高了思想觉悟。

搬到新厂后，青年工人更加活跃了。生产上不论是产量和质量，都稳步提高，文化活动也广泛开展起来。春节快到了，青年工人们每晚组织排演节目，都是自编、自导、自演、自拉、自唱，演的都是工厂生活和保卫边区的故事。晚饭后小小的俱乐部里，音乐不断，歌声昂扬，充满兴奋和欢乐气氛。[1]

---

[1] 何启君编著：《青年团重建史料集萃》，中国青年出版社1996年版，第122页。

延安行知中学团总支成立后，团员积极参加时事政治学习，在备战、军事训练、坚壁清野、行军转移中处处带头。在最初建团的两三个月中，延安处在紧张的战备状态中，团组织面临着战争的严峻考验。青年团是在备战中诞生的，也是在备战中成长壮大的。1947年3月，在国民党胡宗南部进攻延安前夕，行知中学的一部分师生被编入中国人民解放军第四野战医院，行知中学团总支2/3的团员参军进入了这个野战医院。在他们离校前，行知中学团总支召开联席会议，决定在学校和野战医院分别设立毛泽东青年团总支委员会，建立了中国人民解放军中第一个青年团组织。这个医院以后参加了西北战场的各次战役，辗转数千公里。全院团员经受了战争的种种考验，作出了出色的贡献，多次受到领导机关的表扬。

山东解放区是另一个被国民党军队重点进攻的地区，刚刚诞生的团组织也在自卫战争和土改工作中显示了巨大的作用。山东解放区鲁南滨海地区女团员侍振玉，在沭河两岸和群众在一起，坚持了18个月的游击战，参加大小战斗92次。更多的团员青年参加了各种支前工作，成为担架队、运输队、民工队的主力。

在各解放区开展土改工作时，刚刚建立的团组织发挥了重要作用。晋绥解放区临县郝家坡的团员青年在斗争地主时，带头上台控诉地主罪恶。在分配土地时，有的农民自私自利，农会开了几次会，都分不下去。团员青年便站出来，提出尖锐批评，坚决主张公平分配，结果使分配土地顺利进行。晋察冀解放区平山县大齐乡的青年团支部，组织警卫小组和检查小组，看守和监视地主，调查地主活动情况，保卫胜利果实。干部群众称赞说："青年团就是咱们的眼睛和耳朵。"

解放区在土改中建团积累了经验。平山县是全国第一个普遍建立起村、区、县各级团组织的县。当时的《青年工作通讯》第 12 期刊登了《平山第二区新民主主义青年团的建立经过》《平山县二区东回舍乡青年团的建立》，第 13 期刊登了《平山一区的青年团是怎样建立的及团的第一次代表会议》，第 14 期刊登了《土改中建立起来的平山县第二区大齐乡青年团》等文章，比较详细介绍了平山县在土改中建团的情况。

1947 年 11 月 28 日，冯文彬致电毛泽东、周恩来、任弼时，专门汇报了在土改中建团等问题。电文说："经过这一个多月的工作之后，证明在土改中建团是完全可能亦必要的。平山二区为重点区，在土改中已经建了团，元旦可以召开全区团代表大会，正式成立区委。到旧年时至迟春耕前即可开始全县建立起团，正式成立团的县委。"[①] 原中央青委组织部副部长何启君在新中国成立后回忆道："中央青委在平山全县搞了一年的土地改革和整党，并在全县普遍建起了青年团。在这一年的麦熟时刻，我们中央青委的同志回到中央和任弼时同志身边，重新按照任弼时同志的部署，为进一步开展全国范围内的建团工作而努力。"[②]

在东北解放区建立的"民青"组织也发挥了很大的作用。团员和青年学生在参加遣返日侨、慰问民主联军、抗议美军暴行、下乡搞土改等实际工作中，改造与锻炼了自己的思想，密切地与工农兵结合起来，奠定了东北民主青年运动的基础。

团员和进步青年在生产和学习方面也是模范，他们常是农村劳动互助组织的发起人和积极参加者。据华北解放区定县 100 个团支部的调查，

---

① 共青团中央青运史工作指导委员会、中国青少年研究中心、中央档案馆利用部编：《中国青年运动历史资料（1947.1—1948.2）》第 17 册，中国青年出版社 2002 年版，第 429 页。

② 何启君编著：《青年团的初建》，中国青年出版社 1987 年版，第 305 页。

在团员带动下，按照自愿两利的原则，组织 334 个互助组，包括 1021 户。陕甘宁边区吴堡等县的青年变工队，经常帮助烈军属耕种土地。解放区的青年工人在全体工人中占很大比重。他们在"后方多流汗，前方少流血"的口号下，同老工人一道，争分夺秒地生产，努力提高产品质量和数量，创造了几百万解放大军所需的被服、弹药和物品。石家庄大兴纱厂的团员青年积极参加厂方推行标准工作法举行的生产竞赛，2/3 的团员夺得竞赛红旗，团员李淑砚领导的车组是全厂唯一连得三次红旗的车组。在学习文化上，团员青年也发挥了主动性和积极性。山东解放区莒南金沟官庄，以前只有两个人会记账，12 个人粗通文字，经过团员青年带头组织群众学习，全村能认两三千字的，就有 52 人。

解放区的学校普遍推行新民主主义的教育方针：实行理论联系实际的学习方法，使学生逐步树立为人民服务及与工农结合的思想。他们在课堂上努力学习，在解放区的各项工作中同样作出了自己的贡献。在东北解放区，有 2 万多学生参加各种革命工作，其中仅哈尔滨一地就有 1900 多名学生参加了土改，4000 名学生参加了城市建设。在国民党军队大举进攻山东解放区时，山东大学学生担任了粮站、担架、运输等工作，许多人后来成为华东人民解放军机械化兵团中的坦克手和榴弹炮手。淮海战役中，开封学生写慰问信 250 万封，制慰劳袋 19.6 万个。

在各解放区开展试建团工作时，国民党统治区的进步青年，则在共产党地下组织领导下，开展了声势浩大的反对国民党统治的斗争。抗战胜利后，由于国民党统治集团违背全国人民和平、民主、团结的意愿，悍然发动全面内战，引起国民党统治区广大人民群众的强烈愤慨。在以一二·一运动①、抗暴运动②、五二〇运动③、反对美国扶植日本的运动④为代表的中国青年反内战、争民主、求解放的斗争中，涌现出了一大批先进青年，并且产生了党领导下的许多青年组织。虽然在国民党统治区没有开展试建青年团工作，但是通过党领导的人民解放战争的第二条战线的斗争，为青年团的建立作了充分的干部和组织准备。在这场斗争中成长起来的青年，有很多人后来成了新民主主义青年团各级组织的领导人。

---

① 一二·一运动：1945年12月1日，国民党大批特务和部分士兵闯入西南联大、云南大学等校，殴打师生，并向师生投掷手榴弹，致使4人死亡，11人受重伤，14人受轻伤，酿成一二·一惨案。全国各地各界人士纷纷举行反对国民党暴行的声援活动。这是解放战争时期第一次大规模的学生爱国民主运动。

② 抗暴运动：1946年12月24日，在北平发生美国军人强奸北京大学先修班女生事件，激起北平全市人民的愤慨。12月30日，5000余名学生举行抗议美军暴行大游行。1947年1月，全国各地也掀起抗议美军暴行运动，参加斗争的学生达50万人。这场斗争标志着国民党统治区人民爱国民主运动的新高涨。

③ 五二〇运动：1947年5月20日，5000余名学生冲破南京宪警阻拦，高举"京沪苏杭十六专科以上学校学生挽救教育危机联合大游行"的旗帜走上街头，呼喊"反饥饿""反内战"等口号。同一天，北平7000余学生高举"华北学生北平区反饥饿反内战大游行"的横幅走上街头。这就是五二〇运动。运动迅速扩大到上海、杭州、武汉、广州等60多个大中城市，学生罢课、游行同工人罢工、教员罢教等各阶层人民的斗争汇合到了一起，形成了人民解放战争的第二条战线。

④ 反美扶日运动：即反对美国扶植日本运动。1948年5月4日，上海120所学校1.5万余人在交通大学举行纪念"五四"营火晚会，宣布成立"上海市学生反对美国扶植日本挽救民族危机联合会"，5月下旬又发起有10万人参加的"反美扶日"签名活动。这个活动很快发展至全国。

三、全国土地会议和青年工作会推动普遍建团

经过人民解放军一年的作战，战争形势发生重大变化。从 1947 年 6 月开始，各个战场上的攻势作战，构成了人民解放军全国规模的战略进攻的总形势。这种新形势要求解放区更加普遍深入地开展土地制度改革运动，以充分地调动广大农民的革命和生产的积极性，支援解放战争。中国革命进程的加快，向青年工作提出了新的要求，同时也为青年工作的发展提供了更加广阔的空间和更加有利的条件和机遇。

全国土地会议提出普遍建团

1947 年全国土地会议召开期间，鉴于各解放区已经按照中共中央发出的《关于建立民主青年团的提议》的要求开展了试建青年团工作，土地制度改革运动又是锻炼和培养进步青年的绝好实践课堂，主持会议的刘少奇便把开展建立青年团工作也纳入了会议议程。

8 月 28 日上午，会议专门安排中央青委书记冯文彬就重建青年团作了专题发言。冯文彬在发言中提出普遍建团问题。他结合历史上青年运动的经验和教训，全面系统地阐述了为什么要建青年团，建立一个什么样的青年团，怎样建立青年团，青年团的任务是什么等问题。

在谈到为什么要建团时，他分析道，因为青年的需要和当前革命斗争的需要。青年需要学习，青年有他的特性，必须要有一个青年自己的组织。有了组织，能够引导青年走正确的道路，发挥青年的积极性。有了青年团，更能使青年和青年组织有了斗争与团结的中坚。当前工作的需

要，在土改中，需要发动青年参加斗争；要保卫土地改革的果实，需要青年参军参战等。

在谈到建立一个什么样的青年团时，他认为，这个青年团应该是先进积极的劳动青年及一切革命的学生、职员、青年知识分子自己的组织；这个青年团的组织原则应该是民主集中制；这个青年团应无条件地完全接受党的领导，并以毛泽东思想去教育团员；这个青年团应该积极参加整个工农群众的解放斗争，并在各种斗争中发挥青年的积极作用。

在谈到怎样建团时，他强调，应当完全走群众路线，依靠群众自己的积极性创造性来建团。

在谈到团的任务时，他指出就是学习。"学习文化及各种科学知识"，"在实际斗争中去学习"，"向群众学习"，"一定要提倡眼睛向下而不是向上，要到群众中去，俯首甘为孺子牛，不是人上人"。他特别指出："建团决不是增加一批官，而是为群众的需要增加一批真正为群众服务的勤务员；不是培养一批站在群众头顶上的'官'团，而是办真正为人民服务的勤务员大学，训练一批真正全心全意为人民服务的勤务员。"①

这是中央青委的负责人第一次在党的重大会议上对青年团的重建问题进行全面、系统的论述。冯文彬讲完后，主持会议的刘少奇连说了两句："讲得好！"

9月13日，刘少奇在会上作题为《在全国土地会议上的结论》的讲话，明确提出："在土改中把青年团下层组织形成起来，选择积极分子加

---

① 冯文彬：《在全国土地会议上的发言（节录）》（1947 年 8 月 28 日），《冯文彬纪念文集》，中共党史出版社 2001 年版，第 31、32 页。

以训练。"① 这实际上是向全党发出了在解放区土改工作中要开展建团工作的号令。

9月16日，刘少奇代表中共中央工委起草给中共中央的请示报告。一是报告了全国土地会议的情况，二是建议适时召开全国青年工作会议，成立青年团。报告写道：

> 我们想在明年五六月间召集一次全国农民代表大会（不再开土地会议），成立全国农民总会，并同时召开青年、妇女的全国会议，成立青年团及妇联会，总结平分土地经验，讨论建立各种民主制度，并筹备解放区人民代表会议及中央政府的成立。②

显见，青年团的重建摆上了党中央工作的重要议程。

全国解放区青年工作会议召开

在全国土地会议召开期间，为了更好地配合党做好工作及促使中国青年运动迅速跟上中国革命形势的发展，中央青委于1947年8月下旬在西柏坡附近的北庄村召开全国解放区青年工作会议。陕甘宁、晋绥、晋冀鲁豫、冀热辽、东北、华东等解放区的青年代表及中央青委的全体同志出席了会议。多数代表是先参加全国土地会议，然后出席青年工作代表会

---

① 《刘少奇选集》上卷，人民出版社1981年版，第393页。
② 中共中央党史和文献研究院编：《刘少奇年谱》增订本第2卷，中央文献出版社2018年版，第267页。

议的。会上，各解放区交流了试建团的情况和经验。会议决定扩大团的试建工作，并强调要在土改和各种实际斗争中公开建团。

9月19日，刘少奇在会上就青年工作、青年团的重建作了重要讲话："青年工作要正经地搞一搞很有必要。今冬明春青年干部要参加土改，在土改中组织青年。明年三四月土地改革完成了，总结一些经验，再好好搞一搞。今后一年，青年团还是做准备工作的一年，下年这时再开党内青年工作会议，或青年团代表大会。踏踏实实准备一年就够了，不然就不够。青年团不要追求数目字，首先要求质量。你们讨论的青年工作方针、办法我都赞成，你们要做出一个青年工作纲领，大家可根据它进行工作。"他总结说："青年团历史上有四个时期，大革命前好，大革命后犯了先锋主义，抗战时期取消了，现在是第四个时期。""现在搞团，正是好时机。"他认为，"建团的任务，主要是学习，但也不只限于学习，要在各种运动中起作用。""青年团要为人民当公差，当长工，立志真正诚意为人民做长工，成为人民的英雄。"①刘少奇的讲话给建团工作指明了方向。

在9月20日的闭幕会上，朱德发表了讲话。他说："你们去参加土改，在土改中把青年组织起来，在土改中有作用，党和老年人都赞成，不会反对。""你们要组织青年成为改造社会的队伍。""青年团把青年组织起来，以学习为主，解决青年的思想"，"把青年人组织起来后，农村社会就会面貌一新"。②他对青年工作干部，对青年团寄予了厚望。

---

① 参阅中国共产主义青年团中央委员会办公厅编：《中共中央、毛主席和中央负责同志关于青年工作的指示》第三部分，1963年内部印行，第5、7、8、9页。

② 参阅中国共产主义青年团中央委员会办公厅编：《中共中央、毛主席和中央负责同志关于青年工作的指示》第三部分，1963年内部印行，第119、120页。

这次会议对于统一思想、总结经验、纠正不足，推动试建青年团工作的进一步开展起了很大作用。

党中央批准正式建团提议

1947 年 9 月 22 日，刘少奇、朱德、冯文彬联名致电中共中央，报告解放区青年工作会议情况。

一是根据全国土地会议同意建立青年团的精神讨论的几个重点问题：

（一）建立一个真正是群众的团，如何走群众路线建团。

（二）党如何领导团，团同农会、工、妇、武等会的关系。

（三）如何整顿组织，选调干部，特别是树立新作风。

（四）解放区城市青年工作。

二是建议在全国各解放区正式建立青年团，并列举了建团的理由：

（一）群众需要，不仅青年积极分子需要，青年群众以及整个群众（因为团引导青年走正路，斗争中是帮手）均需要。

（二）当前斗争需要，不论土改中、自卫战争中，特别在民主运动反官僚主义斗争中，因为青年纯洁、勇敢，容易接受真理，他（们）的作用更大，事实证明一个贫农小组和一个青年团是党在农村民主运动中的两只手。

（三）要提高党的质量，不仅需要一个助手，还需要一个训练后备军的学校。

（四）从目前形势发展来看亦迫切需要。青年会议已拟了一个关于建团的决定（决定尚需修改后另电告），并提议于明年召开第一次团代表大会，正式成立。

三是提出中央青委今后开展建团工作的计划：

（一）半年之内参加土改并在土改中青委集中力量搞两个县，一在冀中（三电），一是平山（以平山为主，文彬去帮助全县整个工作），以便在明年团代表会时取得较为全面的经验，对于指导各地工作才有发言权。

（二）半年后在此办团干训练班与团刊（另出或在解放报四版中出周刊）。计划训练一批青年工作干部，由各地保送，学生条件主要是立场坚定、成分好、作风正派、不沾染坏作风、年轻活泼有点文化的。团刊着重建团思想指导（特别在作风上），工作经验介绍，文字通俗。

10月2日，中共中央复电批准了这个建议和计划："同意关于建团提议及布置。"① 重建青年团工作正式被纳入了全党的工作日程，全国青年工作会议进一步推动了青年团试建工作的开展。

---

① 参阅《中央对刘少奇、朱德、冯文彬关于青年工作会议与建团意见布置情况的报告的批示》（1947年10月2日）、《刘少奇、朱德、冯文彬关于青年工作会议与建团意见布置情况的报告》（1947年9月22日），共青团中央青运史工作指导委员会等编：《中国青年运动历史资料（1947.1—1948.2）》第17册，中国青年出版社2002年版，第417—418页。

建团工作普遍地发展起来

在全国土地会议和青年工作会议以后，其他解放区也都加快了建团工作的进程。伴随人民解放战争的胜利发展，在解放区青年工作会议后，全国的建团工作迅速普遍地发展起来。

中共西北局为了加强青年工作，在 1947 年 11 月 27 日和 1948 年 4 月 13 日两次召开会议，专门研究青年运动和青年团工作。在这两次会议上，西北局书记习仲勋充分肯定了开展试建团工作以来的青年工作，着重指出：必须建立新民主主义青年团，来团结、组织、教育青年。它的性质是新民主主义青年积极分子的群众组织，既不能像党，但也不是每个青年都能参加的团体。在 1948 年 4 月会议结束不久，中共西北局就批准新民主主义青年团陕甘宁边区筹委会的人选，在 5 月 4 日又发出《关于目前青年工作的指示》，推进建团工作的进程。与此同时，还派出大批干部深入到国民党统治区开展秘密建团工作。到年底相继在西北大学、西北工学院、西北农学院、西安商专、师专、医专、电厂、邮局、铁路局、省医院、西安第一医院等单位，在扶风、宝鸡、眉县、陇县、凤翔、三原等县秘密发展了团员，并建立了团的地下组织。

在华北地区，中共晋绥分局在 1948 年 5 月 4 日根据全国青年工作会议精神，第二次发出关于指导建团工作的文件《关于建立毛泽东青年团的指示》，对建团的意义、组织章程、建团方法和工作步骤，进一步作了详细而明确的规定。分局青委本着"建团是当前青年运动的中心环节"的精神，要求各地"在各项运动中，有重点、有步骤地安排建团工作"。

华东地区和中原地区是人民解放战争的重要战场，因此这些地区的建团工作只能在战争的滚滚硝烟中进行。1948 年 11 月 11 日，中共中央中原局向中原解放区各地党委发出《关于建立新民主主义青年团的指示（草案）》，针对广大新解放区如何建团提出方法和对策。11 月 22 日，中原局将此指示电告中央青委。中央青委经过认真讨论后复电，在充分肯定中原局开展建团工作的积极精神的同时，又进一步提出了明确具体的要求。这些电文后来也拍发给了其他解放区，对全国各地开展新解放区的建团工作起到重要的指导作用，有效地推动了各类不同地区建团工作的广泛开展。

四、建团进程在加速

全国土地会议及青年工作会议结束后，伴随着解放区土地改革运动的深入发展和人民解放战争的胜利推进，各解放区的党政组织认真贯彻和落实这两个会议精神，推进各方面工作的开展，从而使得建立青年团的工作迅速、广泛地开展起来。

统一建团名称从东北解放区开始

自 1945 年日本投降后，中共领导的人民军队挺进东北，开辟了大片解放区，包括东满、西满、南满、北满等。当时由于战争影响，东北解放区没能派人出席解放区青年工作会议。在青年工作会议即将结束时，1947 年 9 月 19 日，中央青委决定派黄若曛、李明赴东北传达这次会议的内容和精神，他们于 11 月 9 日到达了哈尔滨。12 月上旬，李富春主持召开东北局常委和部分人员参加的会议，听取了青年工作的情况汇报和黄若暾、李明关于解放区青年工作会议内容和精神的报告。这次会议批准东北局青委提出的派两个工作组到哈尔滨电车厂和松江（今黑龙江）省宾县农村进行建团试点的方案。当月中旬，两个工作组分别开始了建团试点工作。

1948 年 4 月，试点工作取得成功后，青年团试建工作迅速展开。与此同时，在各地"民青"盟员中相继开展转团审查工作。经过群众评议和组织审批，80% 以上的盟员被批准转为青年团员。5 月 4 日，哈尔滨市"毛泽东青年团"成立，还专门制作了"毛泽东青年团"团员证。6 月 22 日，新华社东北总分社向新华社总社上报《东北解放区毛泽东青年团暂行团章（草案）》，并请总社转中共中央并中央青委。

7 月 4 日，东北局青委书记蒋南翔致电中央青委请示东北建团有关问题："东北毛泽东青年团团章草案是否可用，要不要修改，请早予复示。现东北只有哈市正式建立青年团，尚待中央批准团章后，再根据团章先在各大中城市开展建团工作"，拟"成立全东北的建团筹委会，领导全东北的建团工作"，"各省成立青委（如无适当同志可由省委同志兼管青委工作），负责领导各省建团工作。工作重心先放在城市，放在学生和工人中"，"在各主要城市的建团工作有相当基础时，争取在今年内召开全东北的青代会议，正式成立全东北的青年团组织"。7 月 10 日中央青委电复东北局和蒋南翔，批复同意其建团步骤，并告知"团章你们可先试用，我们尚在研究中，因为晋绥、陕甘宁均拟有团章草案，我们打算总合拟出一个全国性的草案发各地"。① 此后，东北解放区其他一些城市也相继成立了"毛泽东青年团"。

8月23日至30日，东北解放区青年工作会议召开，成立了东北解放区毛泽东青年团筹备委员会。筹委会由34名委员组成，韩天石任主任。此后，东北解放区建团工作迅速发展，到10月份全东北团员人数达到1万名以上。

东北解放区青年工作会议结束后，中共中央东北局在9月2日向中共中央和中央青委报告了会议情况，毛泽东看过报告后，专门致信刘少奇、朱德、周恩来、任弼时：

请告东北局，不用"毛泽东青年团"名称，一律称为新民主主义青年团。②

9月9日，遵照毛泽东的指示，中共中央复电东北局："全国都定名为新民主主义青年团，东北亦应用新民主主义青年团名称，不要用毛泽东青年团名称。"③11月1日，东北青年团的名称正式改为新民主主义青年团。此后，各解放区青年团的名称逐渐统一为新民主主义青年团。

① 共青团中央青运史工作指导委员会、中国青少年研究中心、中央档案馆利用部编：《中国青年运动历史资料（1948.4—1948.11）》第18册，中国青年出版社2002年版，第186、187页。

② 中共中央党史和文献研究院编：《毛泽东年谱（1945.08—1949.09）》第3卷，中央文献出版社2023年版，第351页。

③ 共青团中央青运史工作指导委员会、中国青少年研究中心、中央档案馆利用部编：《中国青年运动历史资料（1948.4—1948.11）》第18册，中国青年出版社2002年版，第224页。

晋绥和西北解放区

1948 年 5 月 4 日，晋绥分局发出《关于建立毛泽东青年团的指示》。指示建团应有重点地进行，"首先从城镇、工厂、学校或较大村庄中青年集中的地方做起，以便取得经验，加以推广。最好是在土改与整党运动中，经过青年群众充分酝酿与发动的过程，进行个别发展，宁缺毋滥"①。指出青年团目前的任务是：积极参加土地改革运动，彻底打垮封建势力，在整党与民主运动中，发扬积极作用，并积极参加生产；发动青年勇敢地参军参战，为战争服务；进行对于青年的各种教育和文化的活动，并为青年其他切身利益服务。

晋绥各地建团有步骤地进行，晋绥贺龙中学建团后颁发了毛泽东青年团团员证。9 月 10 日，中央青委回复晋绥分局青委关于建团工作请示电指出："注意团的发展是好的，但在建团中请注意防止从上而下分配数目，只追求数字，不注意质量的倾向。"② 中央青委对晋绥分局青委的建团工作给予了具体指导。1948 年 12 月，晋绥分局青委负责人胡克实从晋西北的兴县骑马行走数日到达西柏坡，向中央青委和任弼时汇报建团工作。任弼时指示说，适应中国革命发展的形势，建立一个在共产党领导下以马克思列宁主义教育青年的积极分子组织，是十分必要的。今天不是建团试验，看是必要还是不必要，而是如何赶快加强领导，如何

---

① 共青团中央青运史工作指导委员会、中国青少年研究中心、中央档案馆利用部编：《中国青年运动历史资料（1948.4—1948.11）》第 18 册，中国青年出版社 2002 年版，第 44—45 页。

② 共青团中央青运史工作指导委员会、中国青少年研究中心、中央档案馆利用部编：《中国青年运动历史资料（1948.4—1948.11）》第 18 册，中国青年出版社 2002 年版，第 222 页。

普遍建团的问题。在普遍建团中和建起团以后，不要脱离实际斗争，不要忽视青年团的学习与教育，不要脱离群众，不要看不起中间群众和落后群众。①

西北解放区包括陕甘宁在内，有较好的青年群众基础，1946 年最先开展试建团工作，卓有成效。12 月，西北局决定推广团的组织，首先在绥德分区，在土改运动中有重点地发展。由于 1947 年 3 月国民党军队大举进攻陕北解放区，绥德、米脂等县已成立的青年团就以战争为中心工作，团员积极参加战时的各种组织，如参加游击队、担架队，战时生产，监视坏分子，追查谣言，成立查哨组、侦察组等，青年团都有明显的作用。全国土地会议和解放区青年工作会议后，西北局曾两次召开会议，专门研究建团工作。会议结束不久，西北局就批准了新民主主义青年团陕甘宁边区筹委会人选。1948 年 5 月 4 日，西北局又作出《关于目前青年工作的指示》，以推进建团的步伐。7 月，陕甘宁青年工作会议召开，讨论发展西北青年运动，并成立新民主主义青年团筹备委员会。

1947 年全国土地会议、解放区青年工作会议后，华北解放区在平山、定县、新乐、五台、定襄、正定、阜平、灵寿、任丘等县的土改中建团，取得成效。到华北青年工作会议召开前夕，定县和平山全县大部建立了青年团，其他各县都是零星建团。1948 年 10 月，华北青年工作会议召开。这是北平解放前夕一次最大规模的青年工作会议。会议确定了华北统一建团的计划，选出了华北团的筹委会。这次会议极大地推动了华北的建团工作。1949 年 4 月 14 日，《人民日报》报道了定县青年团的情况。

---

① 参阅《任弼时同志在平山关于加紧建团工作的指示，同胡克实同志谈话记录》，何启君编著：《青年团重建史料集萃》，中国青年出版社 1996 年版，第 161 页。

华东和中原解放区

华东解放区包括山东解放区和苏皖解放区。1948 年 8 月 31 日华东局就在学校中建团的方针问题致电中央青委请示。9 月 6 日，中央青委复电指示，要正确掌握建团方针，建团要与当前的工作斗争相结合，指出："不切实际、脱离当前斗争与工作的形式主义，这是创建团的致命伤。""凡是正确领会与掌握中央关于建团方针和屡次指示做法，又有一批干部坚持工作的，必然成功，相反的必败。"①

在山东省广饶县广九区参军动员大会上，一次就有 1000 多名团员青年报名参军。截至 1949 年 4 月，华东解放区共发展团员 7.9 万人，居各解放区之首。4 月 14 日，《人民日报》刊登《在战斗中成长的华东青年团》一文，详细介绍了华东解放区的建团情况。

1948 年 11 月 11 日，中原局向中原解放区各地党委发出了《关于建立新民主主义青年团的指示（草案）》，并于 22 日电告中央青委，就建团工作进行请示。中央青委在给中原局的复电中对建团工作提出了明确要求："目前应放手开展广泛的青年群众运动。因此，首先应当建立一般性的各色各样的青年组织。如城市青年中的读书会、研究会、歌队、剧团；青年工人中的识字组、技术研究组等；在农村的减租减息中应注意发动青年，并在农会中设青年小组。在广泛的青年群众运动及一般性组织中，发现政治的积极分子，组成青年团。中心目的是团结、组织、教育广大青年。""有步骤地开始建团工作。你们首先注意城市、工厂、学校的工

---

① 共青团中央青运史工作指导委员会、中国青少年研究中心、中央档案馆利用部编：《中国青年运动历史资料（1948.4—1948.11）》第 18 册，中国青年出版社 2002 年版，第 223 页。

作是对的。在群众初步发动的一些农村，可逐步建团。建团工作中，应反对关门主义，同时防止形式主义，以及把群众推荐，群众公议变为全由群众决定的尾巴主义。"①这则电文后来又发给了其他解放区，有效地推动了建团工作的广泛开展。

全国解放区青年工作会议后试建团工作在各解放区的普遍开展极其成功，为中共中央决定正式建团提供了依据，为中国新民主主义青年团的成立奠定了坚实的基础。

创办中央团校

1946年11月，为适应革命形势发展的需要，中共中央发出《关于建立民主青年团的提议》，共青团改造十年后开始恢复试建。1947年9月，刘少奇在《在全国土地会议上的结论》中专门谈到重建青年团的问题："青年团问题，由中央决定后就着手去办。头一步要选择和训练一批青年干部。在土改中把青年团下层组织形成起来，选择积极分子加以训练。中央局、区党委要选择一批有群众工作作风的、虚心的、能接近群众而没有官僚主义毛病的青年干部去做青年团工作。"②紧接着，在中央青委召开的全国解放区青年工作代表会议上，中共中央根据建团需要，提出要办大规模的青运讲习所。青运讲习所实际也就是团校。中央青委书记冯文彬在《青年工作会议结论》中明确要落实中央的指示精神："中央工委指示中央青委要办大规模的青运讲习所，最迟半年后请晋冀鲁豫、山东、晋

---

① 何启君编著：《青年团的初建》，中国青年出版社1987年版，第321页。

② 《刘少奇选集》上卷，人民出版社1981年版，第393页。

绥、陕甘宁、晋察冀、冀热辽等地送学生来。"1948 年 5 月，中共中央从陕北战场转战到河北平山县后，任弼时继续领导青年工作。他对青年干部的培训十分重视："建团的开始，一定要调集一批好的青年干部来做这项工作。同时，要搞青年干部的训练。"①

根据这一系列指示精神，为培养建团骨干和青年团的青年干部以及试建团的需要，中央青委即着手筹建中央团校。中央青委从山东、河北、山西等老解放区抽调有青年工作经验的干部作为建校骨干，同时着手制订团校的教学方案和计划。1948 年 6 月中央青委提出的《青年团干部训练学校教育计划（草案）》指出：办团校的目的是培养具有新思想、新作风的青年团干部，准备担任城乡的建团工作，以确立新式青年团的坚实基础。《教育计划（草案）》还对教学内容、学习期限、教学方法、学校作风、教学组织、学员数量及来源等作了具体安排。很快，中央青委在位于平山县东岗上村的华北党校内开办青年班，称华北党校六部。这是专为青年工作干部的训练而设立的。9 月，华北党校六部迁到两河村，并正式命名为中央团校。冯文彬兼任中央团校校长，荣高棠任教育长，张凡任副教育长。12 月底，中央团校迁到河北良乡县（今属北京市）的东洋庄。

中央团校第一期学员有来自陕甘宁、华中、华北、晋绥、山东等解放区的青年干部，有来自国民党统治区学生运动的领导与骨干。中央青委的《青年工作通讯》1948 年第 18 期记载了团的干部学校第一期即将开班的情况：

---

① 何启君编著：《青年团的初建》，中国青年出版社 1987 年版，第 437 页。

中央青委所举办的团的干部学校第一期，学生已达三百五十
多人。陕甘宁到的最早，接着华中、华北、晋绥、蒋管区，也
纷纷到达。山东百人也将于九月来校。

1948 年 9 月团校正式开学时学员共计 488 人（到 1949 年 7 月毕业时，学员共有 708 人）。

为了培养具有新思想、新作风的建团干部，团校的教学围绕帮助学员树立共产主义世界观和人生观组织政治理论学习，重点安排了社会发展史、唯物史观、列宁主义基础、中国革命的基本问题等课程。这些课程的学习，帮助学员了解中国共产党的光荣历史和中国革命的性质、任务、动力、前途，掌握社会发展的客观规律，坚定对党和革命的信念，确立共产主义人生观。配合建团需要和解放战争形势的发展，这一时期还安排了党的方针政策和团的业务学习，比如党的土地革命、互助合作、工商业、文教、军事等方面的政策以及政权建设等问题，比如青年运动史、国际青运、建团工作、团的领导和作风等有关青年工作的业务课程。此外，还向学员介绍了苏联、美国及欧洲、东南亚等国家的情况，分析了国际形势。

原中央青委组织部副部长何启君在新中国成立后著文回忆当时团校授课的情况："团校的启蒙课是杨述同志讲的《唯物史观》。他讲得很联系实际，很生动。柯柏年同志讲《资本主义和帝国主义》，于光远同志讲《共产主义》，师哲同志讲《苏联》，齐燕铭同志讲《国际青年运动》，王任叔同志讲《东南亚革命运动》，黄镇同志讲《中国人民解放军的状况》，何启君同志讲《建团试点经验》。这些课堂讲授，从基本理论到国际国内当时的基本政策、青年运动、建团经验，给学员以各方面的学习，使青年

干部提高了理论认识，开阔了眼界，初步掌握了党的政策和青年运动的方向、经验与方法。"①

　　毛泽东、朱德、周恩来等中共中央领导人十分关心和重视中央团校的建设。9月团校创办后，10月初，朱德就来到团校给学员们作报告，讲解放军在东北战场取得胜利的情况，讲解放战争的胜利形势，讲党中央关于平津战役的方针，讲建立青年团的重要意义。他勉励学员学好理论，随时准备随军北上南下，做好接管工作和建团工作。朱德的报告使学员受到很大教益与鼓舞。11月，中央团校邀请周恩来、邓颖超参加一二·九运动纪念活动。周恩来说：

> 　　你们是青年的学校，就要有青年人的特点和作风，要青年化，要活跃，越是紧张，越要青年化，要学会做青年工作的方法，将来才能做好青年工作。你们排点文艺节目，搞个联欢晚会，我就一定去。不然，我就不去。②

　　实际上，周恩来指出了团校教育和青年工作中应注意的一些基本问题。

　　按照周恩来的建议，团校组织学员在学习之余，开展军事操练、体育锻炼、歌咏比赛、戏剧活动、运动会、与农村青年联欢等，校文工队排练了大型歌剧《周子山》《兄妹开荒》《夫妻识字》。团校的学习和生活出现了一个崭新的活跃局面。12月9日，周恩来、邓颖超如约来到两河村参

---

① 何启君编著：《青年团的初建》，中国青年出版社1987年版，第439页。

② 参阅何启君编著：《青年团的初建》，中国青年出版社1987年版，第441页。

加团校纪念一二·九运动联欢晚会，兴致勃勃地观看了学员自编自演的文艺节目。演出结束后，大家欢迎周恩来讲话。周恩来没有推辞，走上台说：今天是联欢晚会，不能作大报告，只能扼要地谈谈形势，谈谈对你们的期望。刚才你们唱了《解放军进行曲》，唱到"向前，向前"，过去南方人到北方来，和北方人一起把北方解放了，现在我们北方也就应该去帮助解放南方。我们的责任是解放全中国。因此，我们今天就要向南，向南，再向南。周恩来的讲话，生动具体，联系了学员的思想实际。当时有个别北方同学，愿意毕业后仍回自己的地区，南下解放全中国的思想准备不够。周恩来的讲话亲切深刻，提高了学员对当时形势发展的认识，提高了把革命进行到底的觉悟，树立了随时准备"向南，再向南"的坚强决心。周恩来还结合实际风趣地说：你们的歌里唱到"旧枪换新枪"，这不对，新枪我们要，但旧枪也不能丢啊！此后，中央团校不少学员随军南下，投身解放全中国的洪流之中。

1948年底，在解放战争的胜利形势下，中央团校第一期学员和工作人员参加接管平津的工作。学员经过9天徒步急行军，到达河北省良乡县的东洋庄。叶剑英、彭真等给第一期学员和工作人员作了关于接管平津学校、工厂工作的报告。而后，团校学员和工作人员到工矿企业、市政交通部门、学校、街道和农村，发动群众，宣传党的政策，组织群众学习政治和文化，帮助建立基层政权，开展建团工作，在实际工作中经受了锻炼。在接管天津期间，吸收天津市一些大中学校和工厂中近200名优秀青年到中央团校学习。参加接管北平的学员，受青年团北平市工委委托于1949年2月举办了青训班，参加了团市委举办的学生暑期学习团的工作，并从中选拔了优秀青年参加中央团校第二期学习。1949年9月，中央团校第二期在河北良乡开学不久，全校学员和工作人员即得到参加中华人民共和国开国大典的通知。10月1日，团校的队伍被安排在天安门广场国旗旗杆的两侧，学员们亲眼见证了中华人民共和国第一面五星红旗的冉冉升起，亲耳聆听了毛泽东主席那穿越时空的震撼声音：中国人民从此站起来了！

1949年7月4日，中央团校第一期学员毕业典礼在中南海怀仁堂举行，毛泽东、朱德出席并讲话。毛泽东在讲话中回顾了中国共产党由小到大的发展历程，告诫大家要认清社会发展规律，增强对共产主义事业必胜的信心。他认为青年团也必然会由小到大，成为教育青年的核心。他强调了党对团的领导的重要性，指出，保证党的领导是关系到青年团是否变质，是否坚持共产主义的大问题。他说：

我们共产党已有了二十八年历史了。党的第一次代表大会时，只有十二三个人参加，代表五十几个党员。第二年，党员也不过一二百人。今天，你们团校毕业就有了五百人，而且还全是干部。这说明我们党和团的工作都在发展，你们不是学了唯物史观吗？这就是唯物史观上所说的发展！

同志们，你们记住：无论做什么要有个目的、前途，乱来是不行的。中国历史上革命有很多次，拿洪秀全来说，他们就要搞个"太平天国"，他们的"太平"意思就是没有人剥削人，人压迫人，不打仗的天国，不是旧国，世界大同，同天上一样。但是他们不会成功，只有我们共产党领导，同广大群众在一起，共同斗争才行。

有人说共产党好，为什么不早一百年出来，不是就可早点实现共产主义吗？你们知道中国历史上是找不到共产党的。道理是中国没有资产阶级就没有无产阶级，也就没有工人阶级政党——共产党。在一百年前只有农民阶级和地主阶级，它是在一定社会条件经济基础上产生的，在封建社会，就不可能有共产党。

你们学了唯物史观之后，就要懂得一步一步前进。有了条件，准备好力量，经过人民共和国稳步地走向社会主义——共产主义。

同志们，二十年后我们工业发展到一定程度，看情况即可转入社会主义。[①]

朱德在讲话中则要求学员毕业后要积极进行肃清封建残余势力的工作，要用最大的力量进行生产建设，要为党培养千千万万的青年干部。

毛泽东和朱德的讲话，使学员们受到了很大的鼓舞和教益。中央团校第一期学员既荟萃了各解放区来的老一代团干部，也集聚着来自蒋管区青年运动的中坚。在老一辈革命家的教诲下，这些学员大都成为青年团的骨干力量。

共青团一向重视培训青少年工作的各级干部。早在土地革命战争时期，少共苏区中央局就在瑞金创办了列宁团校。抗日战争初期，为适应抗战需要和广大爱国青年抗日救国的要求，西北青年救国联合会在陕西省泾阳县安吴堡举办了战时青年短训班，后定名为中国青年干部训练班，通称安吴青训班。朱德任名誉主任，冯文彬任班主任，胡乔木任副班主任。1938年5月中央青委成立后，安吴青训班即归中央青委领导。中央青委

---

① 参阅团中央办公厅：《中共中央、毛主席和中央负责同志关于青年工作的指示》第二部分，1961年内部印行，第40—41页。

领导的安吴青训班实施抗战教育，以多种形式和活动方式吸引、团结、教育、训练来自全国各地的爱国青年。从1937年10月创办到1940年5月撤回延安，两年半的时间，安吴青训班共办14期，培训学员1.2万多名。培训后，这些学员分别被送到延安、前线、敌后根据地、国民党友军、爱国青年团体，参加和开展抗日救亡斗争。1940年5月，泽东青年干部学校在延安创办。这所学校实际上是在安吴青训班的基础上发展起来的，由中共中央组织部长、中央青委书记陈云任校长，中央青委副书记冯文彬任副校长。尽管处于战争年代，这些青年干部学校办学条件十分困难，办学时间也时断时续，但却为中华民族的解放事业培养了一大批优秀青年干部，也为中央团校的创办积累了宝贵经验。

1949年1月，中共中央《关于建立中国新民主主义青年团的决议》指出："为了有计划地训练青年团的干部，除中央已经责成中央青年工作委员会举办团校外，各中央局、区党委、省委、地委、县委和市委并应在各该地区举办团的学校或训练班。"[1]中共地方组织积极贯彻这一决定，大部分省、自治区、直辖市和一些直属市在20世纪50年代陆续建立了团校。

中央团校是全国即将解放前夕，在党中央和毛泽东等老一辈革命家的高度重视和亲切关怀下建立起来的。虽然当时条件非常艰苦，但学员们朝气蓬勃，热情高涨，刻苦学习马列主义、毛泽东思想的基本理论和党的路线方针政策，学习建团方针，成为创建共青团、建设共青团的骨干力量，在新民主主义革命时期发挥了先锋模范作用。团校也成为团干部学习、成长的摇篮。

---

[1]　团中央青运史研究室、中央档案馆编：《中共中央青年运动文件选编（1921年7月—1949年9月）》，中国青年出版社1988年版，第711—712页。

《中国青年》的复刊

1927年大革命失败后,《中国青年》曾改名为《无产青年》《列宁青年》继续出版,1934年停刊。抗日战争进入相持阶段后,为了加强对青年的思想教育,扩大抗日民族统一战线,在中央青委的领导下,1939年4月16日,《中国青年》作为中华青年救国团体联合会办事处的机关刊在延安复刊。中央青委宣传部部长胡乔木任主编,毛泽东为复刊的《中国青年》题写刊名,中央青委书记、中华青年救国团体联合会办事处主任冯文彬撰写发刊词。发刊词提出《中国青年》的五项任务:动员青年参加抗战;促成全国青年统一战线的建立和发展;发挥中国劳动青年和各进步青年团体的优良传统与作风;帮助青年学习;表扬中国青年在抗战中的英勇事迹。延安时期的《中国青年》在动员青年参加抗战,促成全国青年统一战线的建立,推动全国青年运动等方面起到积极作用。

1941年3月第5期后,因战争环境艰难,经济困难,纸张、印刷材料缺乏,《中国青年》无力继续出版,宣布停刊。《中国青年》在第5期的"编者致读者"中写道:"现在要报告读者一个不好的消息,就是本刊因印刷关系,从下月要和读者暂时作两个月的分别。"到这时,延安时期的《中国青年》两年共出刊29期。遗憾的是,两个月后《中国青年》没能与读者见面,这一别就是漫长的7年。《中国青年》虽屡遭停刊,但它始终是指导青年运动、帮助青年学习的有力武器。在重建青年团初期,任弼时就曾指出:"办好《中国青年》这样一个具有光荣历史传统的刊物,是很重要、很有意义的。"

1946年11月,中共中央决定试建青年团后,中央青委创办工作刊《青年工作通讯》。因为是内部刊物,只寄给解放区主要领导人参阅,印数不多，在建团过程中起过一定的作用。全国解放区青年工作会议召开后，各解放区建团工作全面展开，《青年工作通讯》已不能满足需要。为了更好地指导解放区建团工作，1948 年秋，中央青委根据任弼时的指示，抽调新华社的杨述、韦君宜等在河北平山县中央青委所在地夹峪村开始筹备《中国青年》的复刊，为青年团的正式建立作舆论和思想上的准备。杨述、韦君宜都曾在中央青委工作过，是延安时期《中国青年》的编辑，有着丰富的办刊经验，当时杨述还担任中央青委宣传部部长一职。他们是筹备《中国青年》复刊的最合适人选。同年 12 月 20 日，《中国青年》复刊第 1 期与读者见面。当时的《青年工作通讯》曾有记载：

> 《中国青年》（中央团刊），在杨述等同志的积极努力下，第一期已付印。本期有毛主席的亲笔题字、朱总司令的文章。第二期稿件亦大部收齐。将直接印行五千份。另制纸版给东北、山东等地广为印发。①

西柏坡时期的《中国青年》由中央青委主办，中共中央《关于建立中国新民主主义青年团的决议》明确指出："为了指导全国青年团的工作和组织广大青年学习，中央决定由中央青年工作委员会负责出版《中国青年》的定期刊物。"②

新中国成立后，《中国青年》原总编辑韦君宜曾回忆毛泽东为《中国

---

① 何启君编著：《青年团的初建》，中国青年出版社 1987 年版，第 448 页。

② 中共中央文献研究室、中央档案馆编：《建党以来重要文献选编（1921—1949）》第 26 册，中央文献出版社 2011 年版，第 5 页。

青年》题写刊名的情景：

> 《中国青年》的刊头，在 1939 年时是毛主席题的字，木刻版还在，但由于木刻已磨损，我们想请主席给新题一个刊名。当时面临全国解放，主席忙得很，会不会给写呢？后来是冯文彬同志去活动的，很快他就拿回来了。主席重新为我们写了刊头，共写了三个，还附了一个条，说选用哪一个，由我们自己定。我们几个就选了现在用的这个。①

中共中央把《中国青年》的复刊作为建团工作的一个重要步骤。中央领导对《中国青年》复刊十分关心，毛泽东题写刊名，并题词："军队向前进，生产长一寸。加强纪律性，革命无不胜。"当时，正处在彻底推翻国民党反动派统治，夺取全国胜利的前夕，毛泽东的题词是向全党全军全国人民发出新的伟大号召。

朱德为复刊号撰写了《中国青年当前的任务》，指出青年们应该积极勇敢地参加人民解放战争，争取战争的早日胜利，还应该积极参加生产建设工作。为此，应抓紧学习马列主义毛泽东思想，学习经济、文化、政治。在实际斗争中与广大群众相结合，担负起建设新民主主义中国的伟大历史任务。董必武为《中国青年》复刊题词："现一代的中国青年，必须不断地提高自己的文化，必须深刻地研究马列主义，必须专心地学习一种或多种的技能，以便有效地为人民服务。"胡愈之撰写的《青年与国家》

---

① 何启君编著：《青年团的初建》，中国青年出版社 1987 年版，第 451 页。

揭露了蒋介石所谓"大国民主义""民族至上论"的本质，告诉青年，不可把国家概念抽象化，应从人民大众的立场去具体了解一切国家政权的本质，要从反动统治集团手中去夺取国家政权，巩固扩大人民民主的新中国，以求中华民族永久生存和发展。薛暮桥撰写的《货币问题与货币政策》从货币制度说起，通过分析通货膨胀，揭露国民党反动派统治的腐败，军事政治的严重失败，财政经济的迅速崩溃，使读者进一步认清国民党反动派的罪恶统治。他还介绍了解放区人民的新货币。杨述以艾煌笔名发表的《中国社会发展史讲话》通俗地宣讲从原始共产主义社会、奴隶社会、封建社会、资本主义社会，直到共产主义社会，是有共同的社会发展规律的，是历史的必然。《中国青年》创复号还发表通讯《活跃的延安冯庄青年团》，报道了全国试建团中的第一个农村团支部团员的先进事迹。

任弼时审阅了第 1 期的全部稿件，"他看得非常仔细。就是小文章，短通讯，他都具体地、深刻地告诉我们应怎样从原则高度来修改，怎样提高刊物的政治质量。对刊物从编辑方针到每一个细节，他都要求处理得非常认真和周密"①。

《中国青年》第 2 期刊登冯文彬的《新民主主义青年团是什么》，介绍了团的性质和任务，肯定了建团的重要意义："由于有了自己的核心组织——青年团，青年就容易更好地实现学习和进步的要求了，就容易更有组织地为自己为劳动人民去谋利益了，就能够在人民解放战争中和人民民主共和国的各种建设事业中，更好更多地发挥积极作用了，革命增加了一支生力军，党得到了一个可靠的预备军和助手。"② 吴晗的《一封给朋友

① 何启君编著:《青年团的初建》，中国青年出版社 1987 年版，第 452 页。
② 《冯文彬纪念文集》，中共党史出版社 2001 年版，第 33 页。

的公开信》，介绍解放区的新面貌。萧三编译的《伟大的导师马克思》介绍了马克思主义。第 2 期还刊登了《中共中央关于建立中国新民主主义青年团的决议》。《中国青年》第 3 期刊登了冯文彬的《怎样建立新民主主义青年团》。该文认为建立新民主主义青年团"应该根据广大青年的需要，从革命斗争中，从新民主主义的各种建设工作中，从青年的各种活动中，经过青年积极分子的自觉与自愿来建立"①。

《中国青年》在西柏坡一共出版了三期，主要面向青年干部、学生、教师、青年职工。"当时面临全国解放，刊物内容就要求能适应新解放区的青年特点和兴趣，力求争取即将解放的国民党统治区的青年。因此，刊物除了原有的政治性指导性的文章外，还力求知识化，包括自然科学、文艺、故事、人物、修养、习作通讯等等生动活泼的稿件，把解放区的情况介绍给大家。"②

平津战役胜利后，《中国青年》编辑部于 1949 年 2 月迁至北平东长安街 17 号。1948 年 12 月复刊后的《中国青年》，得到了毛泽东、朱德、周恩来、任弼时等老一辈无产阶级革命家的热情关怀，受到广大青年特别是先进青年的欢迎，为青年团的普遍建立作了舆论和思想上的准备。

1949 年 3 月 25 日，中央青委随中共中央进驻北平。这时中央青委主要领导成员有：书记冯文彬，副书记廖承志、蒋南翔，秘书长荣高棠，组织部部长宋一平，宣传部部长杨述，青农部部长杨涤生；冯文彬兼中央团校校长。

---

① 《冯文彬纪念文集》，中共党史出版社 2001 年版，第 36 页。
② 何启君编著：《青年团的初建》，中国青年出版社 1987 年版，第 450 页。

五、迎着新中国的曙光完成重建

在辽沈战役已经胜利结束，淮海战役进入第三阶段即将对残敌发起总攻击，平津战役已经完成对敌的战略包围和战役分割，开始准备对天津守敌发起总攻击的形势下，中共中央部署了正式建立新民主主义青年团工作，使得中国新民主主义青年团迎着新中国的曙光诞生。这表明中国青年运动即将进入一个崭新的发展阶段。

建立新民主主义青年团决议发出前后

1948 年 9 月 8 日至 13 日，中共中央在西柏坡召开了政治局扩大会议（史称"九月会议"）。会议根据战争形势的发展，提出了建军 500 万，用 5 年左右的时间（从 1946 年 7 月算起）从根本上打倒国民党的反动统治的伟大战略任务。会议还讨论了将于 1949 年上半年召开全国青年代表大会，成立全国青年联合会，正式建立新民主主义青年团的问题。10 月 10 日，中共中央向全党发出了由毛泽东亲自起草的《关于九月会议的通知》，其中明确写道：1949 年上半年，"将召开全国青年代表大会，成立全国青年联合会，并将建立新民主主义青年团"[①]。中共中央"九月会议"的有关决定传达到各地后，有力地推动了新解放区建团工作的开展。

10 月 20 日，冯文彬向毛泽东提交了《关于两年来建团工作的情

---

① 《毛泽东选集》第 4 卷，人民出版社 1991 年版，第 1349 页。

况》的长篇报告。同时，中央青委开始着手筹备中国新民主主义青年团第一次全国代表大会。据何启君回忆：1948年夏，"冯文彬、黄华同志和青委工作人员，着手研究拟写团章。我们在骄阳似火的日子里，在冯文彬同志住的平房里讨论、构思，然后由一个人执笔。当时，各地团组织大多有自己的团章。我们收集到二十多份，进行细细揣摩，我们从这些由青年开拓者写成的闪耀着青春光彩的团章里吸取养料，起草统一的团章"①。

1948年12月，毛泽东亲自审阅《关于建立中国新民主主义青年团的决议》《中国新民主主义青年团团章（草案）》，并批示道："关于青年团的决议和团章已看过。写得简明扼要，完全可用。"

1949年1月1日，中共中央发出《关于建立中国新民主主义青年团的决议》。该决议吸收了各解放区试建青年团的经验，明确规定了中国新民主主义青年团的性质、任务、建团方针和步骤，号召在全国普遍建立青年团。该决议指出：

中国新民主主义青年团，是在中国共产党的政治领导之下坚决地为新民主主义而斗争的先进青年们的群众性的组织，是党去团结与领导广大青年群众的核心，是党以马克思列宁主义教育青年的学校。②

---

① 何启君编著：《青年团的初建》，中国青年出版社1987年版，第305页。

② 中共中央文献研究室、中央档案馆编：《建党以来重要文献选编（1921—1949）》第26册，中央文献出版社2011年版，第2页。

该决议把青年团的基本任务表述为：

有系统地学习马克思列宁主义，从革命实践中不断地教育自己的团员和青年群众，同时应当以马克思列宁主义的精神组织广大青年群众积极地参加我党和人民民主政府所号召的各种运动。①

这份决议还指出青年团当前的四项具体任务：（一）领导青年群众积极参军、参战、支前以及发展农业与工业生产；（二）经常地注意和努力为青年群众的特殊利益与切身需要而服务；（三）以马克思列宁主义理论和中国革命实践广泛教育团员和青年；（四）领导少年与儿童工作。

关于建团方针和步骤，该决议指出：

新民主主义青年团要建立在青年群众的自愿的和自觉的基础之上，要在群众运动与各种工作中公开地进行建团。

建团的步骤，应当是有重点地逐步地向前推进，首先从城市、工厂、学校、部队及人口较集中、党的工作基础较好的村镇开始，然后再求普遍的发展。②

---

① 中共中央文献研究室、中央档案馆编：《建党以来重要文献选编（1921—1949）》第26册，中央文献出版社2011年版，第3页。

② 中共中央文献研究室、中央档案馆编：《建党以来重要文献选编（1921—1949）》第26册，中央文献出版社2011年版，第4、5页。

该决议最后指出：

中央决定在 1949 年夏季召开中国新民主主义青年团的第一次全国代表大会，正式成立中国新民主主义青年团，制定青年团的工作纲领、团章，并选举青年团的中央委员会。目前应即由地方青年团发起建立全国青年团的筹备委员会，筹备青年团代表大会的召集。

建立全国性的和各地方的新民主主义青年团，是当前青年运动的中心环节，是党在目前革命形势胜利发展下的极重要工作之一，各地党委必须予以重视。①

该决议连同《中国新民主主义青年团团章（草案）》在报纸上公开发表后，全国青年深受鼓舞，大大加快了新老解放区普遍建立青年团基层组织和发展团员的工作。

1 月 19 日，中共中央发出《关于召开新民主主义青年团第一次全国代表大会及全国民主青年代表大会的通知》。确定了团代会召开的时间、代表分配及产生办法等。2 月 18 日，中国新民主主义青年团筹委会成立。任弼时为主任，冯文彬、廖承志、蒋南翔为副主任。同日，筹委会常委会召开会议，开始了筹备新民主主义青年团第一次全国代表大会的工作。

3 月 5 日至 13 日，中共中央在西柏坡召开七届二中全会。这次全会

---

① 中共中央文献研究室、中央档案馆编：《建党以来重要文献选编（1921—1949）》第 26 册，中央文献出版社 2011 年版，第 5 页。

制定了促进革命取得全国胜利的方针，提出了党的工作重心由乡村转移到城市的问题，规划了革命胜利后建立新中国的蓝图。3月下旬，中央青委随中共中央机关进驻北平。

4月6日，团一大召开在即，任弼时致函毛泽东：

毛主席：

写了一个准备四月十号（今天已是六号了）在青年团代表大会报告的草稿，因为这是一种代表党的说话，务请你在六号七号两天之内抽时间阅正一次。

此报告是以发表为有利，还是可以不必发表，也请你作决定批示。

敬礼！

弼时
四月六日早①

4月9日早上，毛泽东批示："看过，同意。"

中共中央建团决议颁布后，各地党委即行召开专门会议，制订具体工作计划，选派和训练得力干部，成立团的筹备委员会，普遍建立团的基层组织，大量发展团员。北平、天津等新解放区的民主青年同盟、民主青年联盟等地下革命组织成员，纷纷转为新民主主义青年团团员。到1949年4月，华北解放区有团员4万人，东北解放区有团员3.8万人，华东

① 任弼时：《致毛泽东、刘少奇、朱德、周恩来》（1949年4月6日），中共中央文献研究室编：《任弼时书信选集》，中央文献出版社2014年版，第111页。

解放区有团员 7.9 万人，西北解放区有团员 2.1 万人，中原解放区有团员 0.6 万余人，全国团员总数达 19 万余人。

新民主主义青年团一大胜利召开

经过充分准备，1949 年 4 月 11 日，中国新民主主义青年团第一次全国代表大会在北平艺术专科学校礼堂召开，出席会议的代表有部队中的战斗英雄，工厂、农村中的劳动模范，学校中的学习模范，中国青年运动各个历史时期的青年代表，共 340 人，代表团员 19 万人。中共中央对这次大会十分重视，毛泽东为大会亲笔题词：

同各界青年一起，领导他们，加强学习，发展生产。[1]

朱德为大会题词：

由于人民解放战争即将在全国范围取得完全胜利，领导青年群众积极参加恢复和发展工业和农业生产，已日益成为新民主主义青年团的头等重要的任务。[2]

---

[1] 共青团中央青运史工作指导委员会、中国青少年研究中心、中央档案馆利用部编：《中国青年运动历史资料（1948.11—1949.9）》第 19 册，中国青年出版社 2002 年版，第 350 页。

[2] 共青团中央青运史工作指导委员会、中国青少年研究中心、中央档案馆利用部编：《中国青年运动历史资料（1948.11—1949.9）》第 19 册，中国青年出版社 2002 年版，第 351 页。

中共中央发来贺电：

> 过去和现在的经验都证明，青年团是党的有价值的助手和后备军。我们相信，有广泛基础和良好领导的新民主主义青年团，在今后建设新中国的伟大工作中，必能团结全体爱国的劳动青年和知识青年，在青年中传布马克思列宁主义和毛泽东思想，并以突击队的精神率领青年，在党和国家的领导之下，勇敢地完成自己的任务。①

4月11日，朱德代表中共中央和中国人民解放军总部向团一大致贺词。贺词指出，中国新民主主义青年团应该继承青年运动的光荣传统，在中国共产党领导下，做团结教育广大青年的核心，做中国共产党在各个工作中的助手和后备军。要善于引导广大青年很好地学习，学习马列主义和毛泽东思想，学习文化、科学、生产、军事知识，真正成为新中国建设人才。②

4月12日，任弼时代表中共中央向大会作政治报告。在全面阐述了目前形势与任务后指出：在全国革命发展的形势下，迫切需要建立"统一的全国性的包括一切进步青年的积极分子的"新民主主义青年团，它的社会基础"应当比过去的共产主义青年团更为广泛"。其总目标"在于团结和教育青年一代，在于领导青年学习建设新民主主义中国的各种理论与实

---

① 《人民日报》1949年4月11日第1版。

② 参阅中共中央文献研究室编：《朱德年谱（1886—1976）》中卷，中央文献出版社2006年版，第1329页。

际"。即"一方面，学习系统的马克思列宁主义与中国革命实践相结合的毛泽东思想，学习科学、技术知识，提高青年团员及广大青年的思想政治文化水平。另一方面，学习马克思列宁主义在各种具体工作上的实际运用"。使每个团员"具有坚定的辩证唯物主义的革命人生观和为人民服务的观点，懂得社会发展的规律，并自觉地按照这种规律而去奋斗"。使团成为党的得力助手。

报告在肯定中国青年在历史上的作用和地位，阐述中国青年运动 30 年来历史经验和教训的同时，还就如何保证党的领导、青年运动的指导方针、大会以后团的任务和青年运动的方向等重大问题作了详细的阐述。报告指出：

> 青年团的基本任务，是要领导并鼓舞全体青年团员及广大青年，在各种不同的实际工作中进行不断地学习，不断地进步，以便能为中国新民主主义的革命事业，培养出千千万万有高度政治觉悟又有坚强的实际工作能力的优秀的革命后备军，源源不断地补充到各种工作岗位去，推动革命事业前进，建设起确实比旧社会不知道要好多少倍的新民主主义社会，并且准备将来进入社会主义的社会。[①]

报告强调："保证中国共产党对于中国新民主主义青年团的正确的领导，是中国青年运动正确地向前发展的决定因素。"目前重要的问题"是要放手一些，让做青年工作的干部大胆地去进行建团的工作，共产党和人

----

① 《任弼时选集》，人民出版社 1987 年版，第 488—489 页。

民政府多多加以指导和帮助”①，在发挥青年的带头作用和尊重青年团在组织上的独立性的前提下，警惕重犯历史上的错误偏向。

这个政治报告是中国青年运动史上十分重要的历史文献，对即将开展的新中国青年工作具有重要指导意义和深远历史意义。当任弼时讲完第一部分时，突然感到头晕气喘，差点晕倒，只好由大会秘书长荣高棠代念报告。大家劝他回去休息，他却坚持坐在主席台上，直到会议结束。

4月12日下午，冯文彬在团一大上作了题为《中国新民主主义青年团的任务与工作》的工作报告，就青年团的任务、工作、工作方式、工作作风、团与各方面的关系和团中央的工作提出了具体意见。13日，蒋南翔作了《关于中国新民主主义青年团团章的报告》。

4月17日，冯文彬根据大会的讨论，就青年运动历史上反倾向斗争的基本教训、如何将大会精神贯彻到实际工作中去、为团结教育青年一代而斗争等问题，作大会总结。最后，大会通过团的章程和工作纲领，通过关于团的任务与工作的报告、大会结论等决议。大会选出中国新民主主义青年团第一届中央委员会，由中央委员45人、候补中央委员15人组成。

4月18日下午，大会举行闭幕式。朱德出席并讲话。叶剑英向大会作《目前的时局》的报告。廖承志致闭幕词。

中国新民主主义青年团一大闭幕后的第二天，即4月20日的晚上，由人民解放军第三野战军第七、第九兵团组成的中突击集团首先渡江，并迅速突破安庆、芜湖间国民党军防线。21日上午，毛泽东、朱德在北

---

① 《任弼时选集》，人民出版社1987年版，第485、491页。

平香山接见出席团一大的部分会议代表。朱德在接见时指出："蒋介石讲和谈是假的，下野也是假的"，"他不接受我们提出的和平条件，我们就过江，把他的军队消灭。我们在一年左右取得全部胜利是完全有把握的"。[①] 同日，毛泽东、朱德发布《向全国进军的命令》。同日晚，人民解放军东、西两突击集团分别从镇江、江阴之间和贵池、湖口之间发起渡江战役。

4月22日，周恩来在协助毛泽东部署人民解放军渡江战役的繁忙工作中，抽暇到会向代表作了《团结广大人民群众一道前进》的报告，指出，在我们已经解放大量城市的今天，"摆在我们面前的问题，就是把工作重心放在城市，同时还要联系农村"，很好地解决城乡关系问题。同时强调了团结广大人民群众一道前进的重要性，勉励青年在千军万马中敢于与人家来往，说服教育人家，向人家学习，团结最广大的人们。[②]

4月22日至24日，中国新民主主义青年团第一届中央委员会第一次会议召开。大会选举任弼时为团中央委员会名誉主席，选举冯文彬、廖承志、蒋南翔、钱俊瑞、荣高棠、李昌、宋一平、陆平、韩天石9人为团中央常委，陈家康、张本为候补常委；选举冯文彬为团中央书记，廖承志、蒋南翔为团中央副书记。会议结束后不久，4月29日，冯文彬向毛泽东和中央专门上报了一份《关于全国青年团的组织与干部情况》的报告。

中国新民主主义青年团第一次全国代表大会的召开，在中国青年运动

---

① 中共中央文献研究室编：《朱德年谱（1886—1976）》中卷，中央文献出版社2006年版，第1331页。

② 中共中央文献研究室编：《周恩来年谱（1949—1976）》上卷，中央文献出版社2020年版，第822—823页。

史上具有里程碑意义。它反映了中国共产党对青年运动的高度重视，对青年团的高度信任，进一步揭示出共产党是中国青年最好的组织者、引领者和保护者，没有共产党就没有青年团这一历史规律；它说明了青年团在中国革命和建设伟大实践中有着不可替代的地位和作用；它全面总结了中国青年运动的历史经验和教训，深化了建团思想，为中国新民主主义青年团继承和发扬中国青年运动的光荣传统，在中国社会主义革命和建设中作出更大贡献，奠定了基础。中国新民主主义青年团首次全国代表大会是一次继往开来的大会，标志着中国青年运动又有了自己的领导核心，开始进入一个崭新的历史发展时期。

1949 年 5 月 20 日，团中央常委会向中共中央提议"团中央常委会即为党中央的青年工作委员会"①。5 月 27 日，中共中央书记处予以批准。至此，中央青委基本完成了历史使命，开始逐渐被团中央常委会所替代。1953 年中央青委停止工作。随着各地青年团领导机构的建立，原来各中央局、中央分局所属的青委也在 1954、1955 年相继撤销。

在解放战争高歌猛进的战火硝烟中，1949 年的春天注定要被革命青年的激情所点燃。3 月，中华全国学生第十四次代表大会召开。4 月，中国新民主主义青年团第一次全国代表大会在北平隆重召开。5 月，中华全国青年第一次代表大会召开。从此，在中国共产党领导下，中国青年运动在争取民族独立和人民解放进程中的历史使命就要完成，新组建的三大青年组织团结带领广大青年，即将踏上建设新型国家、新型社会的新征程。

---

① 中共中央组织部、中共中央党史研究室、中央档案馆编：《中国共产党组织史资料》第 4 卷，中共党史出版社 2000 年版，第 61 页。

第六章

新中国成立
之初的探索

中华人民共和国的成立，标志着中国历史开辟了一个新纪元。从
1949 年至 1952 年，中国共产党领导全国各族人民为巩固人民民主
政权而斗争，基本上完成了土地制度改革和其他民主改革任务，取
得抗美援朝战争的胜利，迅速恢复遭到严重破坏的国民经济，为向
社会主义转变实现工业化准备了条件。在这一过程中，中国新民主
主义青年团组织紧紧围绕党的中心任务，团结带领刚刚获得解放的
新中国青年，投身到保卫和建设祖国的伟大事业中。同时，对如何
开展团的工作和发展组织进行了可贵的探索。

一、社会改革运动中的战斗队

按照中共中央七届三中全会的部署①，共产党和人民政府领导全国人民有步骤开展了大规模的土地改革、镇压反革命、"三反""五反"等一系列社会改革运动，以肃清封建残余势力、扫除旧社会遗毒。青年团在社会改革中的作用受到中国共产党的高度重视。1950 年 4 月 16 日，中共中央在批转《西南局关于目前建团工作的指示》时指出："在目前，青年团与青年运动的工作，不论在城市和乡村中，均应提到更加重要的地位。""为了使工会、农会、青年团成为新区社会改革的可以依靠的组织，各级党委必须十分注意加强这些团体的工作，特别是青年团应该成为党的最亲密的、最可靠的助手，应该加强它的工作。"② 在党的领导下，青年团各级组织带领广大团员、青年积极地参加各项社会改革运动，经受了政治锻炼。

参与土地改革运动

在以农民为人口主体的国度里搞社会革命，取得政权后在全国范围开

---

① 1950 年 6 月，中共七届三中全会召开，毛泽东在会上作了《为争取国家财政经济状况的基本好转而斗争》的报告。报告指出，要获得财政经济状况的根本好转，要用三年左右的时间，创造三个条件，即土地改革的完成，现有工商业的合理调整，国家机构所需经费的大量节减。

② 中国新民主主义青年团中央委员会办公室编：《文件汇集（1949.1—1951.11）》，1951 年内部印行，第 100、101 页。

展土地改革运动势在必然。其实，中国共产党在革命年代已经积累了相当丰富的土地改革经验。1950 年 6 月，中央人民政府讨论通过了《中华人民共和国土地改革法》，自此至 1952 年底，党在近 3 亿农业人口的新解放区展开了空前规模的土地改革运动。1950 年 8 月，青年团中央召开全国农村青年工作会议，明确规定："青年团在新区农村的主要任务，是全力发动青年农民与全体农民一道参加土地改革和减租、反霸斗争。"此时，新解放区农村共配备、提拔了 1.6 万名团的专职干部，各省及部分地、县、区相继建立了团工委，开始确立并不断加强团的系统领导。新区农村团员约有 41 万名，主要分布在华东、中南及西北的关中区。团员70% 以上是贫雇农和乡村手工业者。新解放区的青年团组织把发动青年参加土改斗争作为自己的中心工作加以落实。

　　新解放区的青年团组织团干部、团员学习土改文件，参加土改工作队，然后在青年中广泛宣传土改政策，并通过回忆诉苦、听报告会等形式，使青年从长辈那里、从斗争的实践中，了解封建地主的罪恶，懂得"谁养活谁"，明白了"农民的穷根是封建的土地制度"等基本道理，从而划清阶级界限，提高阶级觉悟。广大农村青年在宣传党的政策，反映情况，斗争地主，没收地主、富农财产，分配胜利果实等方面发挥了积极的作用。在斗争中经受了锻炼的许多团员、青年成为乡村两级政权的领导骨干。许多已经提高了觉悟的青年农民，积极参加农会，成为宣传土改政策、执行农会决议的骨干。如浙江省在土改中涌现出 30 多万积极分子，多数为中青年，有 41.1 万人成为乡、村政权的领导干部。青年团上海市工委组织学生参加市郊土改运动。一些参加土改工作组的学生，通过对农民开展宣传活动和亲身参加农民对地主的控诉斗争，具体认识了地主阶级剥削的本质，提高了自身觉悟，回到市区后向广大青年作报告，使城市青年认识到了土改的重要性。

从剿匪反霸到土改，新解放区先后有几十万知识青年到农村参加火热的阶级斗争。四川成都市立女子中学学生丁佑君，就是这样一个优秀青年的典型。丁佑君 1931 年 9 月生于四川省乐山市一个富裕的盐商家庭，成都解放后进入西康人民革命干部学校学习，并加入青年团。1950 年 5 月学习期满后自愿离开城市，到边远的西昌农村工作。同年 9 月 18 日被国民党残匪抓走。面对匪徒的严刑拷打和百般凌辱，她坚贞不屈。9 月 19 日，匪徒把她押到革命同志隐蔽的碉堡前，逼她喊话劝降。她却大声地鼓励碉堡里的工作队员说，援救的解放军就要到了，要坚持到底，胜利一定是我们的！丁佑君英勇地牺牲了，年仅 19 岁。

事后，中共西昌县委追认丁佑君为中共党员。1958 年 3 月，朱德为于佑君题词："丁佑君同志是党和人民的好女儿，是共青团员和青年的好榜样。中国青年应该学习她把自己的一切都献给党和人民的高度的阶级觉悟和革命精神。"[①]

推动移风易俗的社会改造

中国共产党一向主张妇女解放事业是中国革命事业和社会主义事业的一部分，也是全人类解放事业的一部分。1950 年 5 月 1 日，中央人民政府颁布了《中华人民共和国婚姻法》。这是新中国颁布的第一部法律，其中明确规定：废除包办强迫、男尊女卑、漠视子女利益的封建主义婚姻制

---

① 中共中央文献研究室编：《朱德年谱（1886—1976）》新编本下卷，中央文献出版社 2006 年版，第 1663 页。

度。实行男女婚姻自主、一夫一妻、男女权利平等、保护妇女和子女合法利益的新民主主义婚姻制度，这从法律的角度满足了长期受封建婚姻制度束缚的青年男女追求婚姻幸福的愿望。

贯彻《婚姻法》的过程，也是一个移风易俗的过程。青年团积极配合政府在青年中和社会上广泛开展宣传教育活动，帮助人们更新观念。相当多的青年和部分开明家长都认为，婚姻大事理应由男女双方自己做主。青年团员带头执行《婚姻法》，以实际行动来影响群众。有些农村女团员、女青年耐心说服家长不向男方要彩礼。各地团组织还注意使用典型教育的手段推进《婚姻法》的施行，把严重违反《婚姻法》的事件公之于众，进行谴责、批评，以起到示范教育作用，并以《婚姻法》为依据，帮助青年解决婚姻恋爱问题。当时不少青年男女在各地团组织的帮助下得到了婚姻自主和家庭幸福，成为新社会的基本细胞，为社会的安定奠定了基础。

土地改革以后，农村小学入学人数大增，达到学龄儿童总数的65%。成年农民参加冬学的人数也逐年增多，识字班、黑板报、读报组在农村建立起来。一些地区还出现了"三代同学习，一门双模范"的家庭和"父子同窗""夫妻竞赛"等学文化动人事例。

对知识分子进行初步的思想改造。1951年11月12日，毛泽东审阅修改《中央关于在学校中进行思想改造和组织清理工作的指示（草稿）》，批送刘少奇、周恩来、朱德、彭真、胡乔木、杨尚昆："此件经彭真同志起草，并征求各中央局书记意见加以修改，又经陈伯达同志作了一次修改，我看过，可用。现送请你们审阅，如有意见，请即提出，如无意见，请尚昆再打清样二份，一份连原稿送陈伯达，一份送我，看一遍，即可发出。"①
这个指示在强调从思想上、政治上和组织上清除学校中的反动遗迹的重要
性后指出：必须立即开始准备有计划、有领导、有步骤地于一年至二年内，
在所有大中小学校的教职员中和高中学校以上的学生中，普遍地进行初步
的思想改造的工作，培养干部和积极分子，并在这些基础上，在大中小学
校的教职员中和专科学校以上（即大学一年级）的学生中，组织忠诚老实
交清历史的运动，清理其中的反革命分子。

改善生活环境，培养卫生习惯是新中国成立后革除陋习、树立新风的
又一项重要工作。新中国成立后，在各地发动的大规模清洁扫除运动中，
各级青年团发动广大青少年积极参与其中。青年团青岛团工委组织动员
成效显著，1952 年 5 月至 7 月，有数千名青年参加突击队、卫生队，挖
通和修理臭水沟 87 条，清除垃圾 1 万多吨，修缮了 173 个公共厕所，涌
现出不少青年卫生模范，受到了政府的表彰和奖励。

拥护镇压反革命运动

新中国成立之初，留在大陆的大批国民党特务、反动党团骨干分子以
及反动会道门头子，通过造谣、破坏、暗害、武装袭扰等方式对抗人民政
府，扰乱社会秩序。朝鲜战争爆发后，反革命分子的气焰更为嚣张，他
们加紧破坏厂矿铁路，焚烧粮库，刺探情报，印制伪钞，鼓动骚乱，对新
生的人民政权造成严重威胁。针对这种情况，1950 年 10 月 10 日，中共

---

① 中共中央党史和文献研究院编：《毛泽东年谱（1949.10—1952.12）》第 4 卷，中央文献出版社
2023 年版，第 416—417 页。

中央发出《关于镇压反革命活动的指示》，镇反运动轰轰烈烈展开。1951年2月21日，中央人民政府公布《中华人民共和国惩治反革命条例》，镇反运动进入高潮。

1951年3月5日，青年团中央、全国青联、全国学联联合发表《拥护〈中华人民共和国惩治反革命条例〉的声明》，号召"全国青年一定要和国内外一切反革命分子作坚决的斗争"，"以巩固人民民主专政，保卫我们伟大的祖国"。广大青年在斗争中受到了教育和锻炼，他们懂得了对敌人决不能施"仁政"，对敌人的仁慈，就是对人民的残忍。许多青年提高了革命警惕性，学会了识别反革命分子的本领。他们积极检举和协助政府搜捕反革命分子。还有一些青年站稳革命立场，大义灭亲，检举了反革命亲属，在当地群众中传为佳话。

1951年1月，上海军事管制委员会正式颁布《对于反动党、团、特务人员实施登记办法》。青年团上海市工委明确指示所属各级团委：登记工作不宜搞成群众运动，"避免公开号召团员与团员间相互检举与监督"；对一般可疑分子"应避免在团员大会上或群众大会上公开进行检举或'斗争'"，只能个别说服，或用小组会及座谈会的形式，劝说其自觉向组织坦白；对主动坦白的团员，要"防止'穷追穷问'的偏向"；无论可疑分子还是已坦白的团员，均"不应在群众中公布其名单"。①

据青年团上海工委的不完全统计，全市此次主动坦白登记的团员达到2049人，其中不符合登记条件的就1616人，占一半以上。②越是动员得

---

① 青年团上海市工委：《关于曾经参加反动党团特务组织的团员的处理工作上几个具体问题的决定》，1950年1月20日，上海档案馆藏档，C1/2/179/11—13。

② 青年团上海市工委：《团员坦白情况分类统计表》，1951年6月21日，上海档案馆藏档，C21/2/177/1。

好的部门，这种比例也就越大。如据中共上海市委直属机关团工委在其所属部门内的统计，登记工作开始后，主动前来登记的有 44 人，符合条件的仅有 4 人。[①]

参加"三反""五反"运动

随着中国共产党在全国范围内掌握政权，新的历史条件给共产党带来了新的考验。鉴于在增产节约运动中发现的大量贪污腐化现象，1951年 12 月，中共中央决定在县级以上党和政府机关人员中开展一场反对贪污、反对浪费、反对官僚主义的"三反"运动。1952 年 1 月，中共中央又发出指示，要求依靠工人阶级，团结守法的资本家和其他市民，在私营工商业者中开展一场反对行贿、反对偷税漏税、反对盗骗国家财产、反对偷工减料、反对盗窃国家经济情报的"五反"运动。在这一系列的运动中，青年团以坚定的立场和信念忠实地发挥了党的最亲密、最可靠的助手作用，广大团员和青年成为斗争中的先锋和突击力量。

随着私营工商业的发展，资本家中的不法分子不满足于用正常方式获得一般利润，力图用向国家干部行贿等非法手段获取高额利润。在不法资本家的拉拢、影响下，个别地区团干部被腐蚀，有些团员、青年阶级观点模糊、敌我不分，对资产阶级的剥削本质和虚伪狡诈的面目认识不清，认为"资本家出钱，我做工，互相养活"，甚至认为是"资本家养活工人"；一些青年追求资产阶级生活方式，个别女青年腐化堕落，反过来充

---

① 青年团上海市工委：《团内曾参加反动组织者各种类型及处理情况分类统计表》，1951 年 7 月 3 日，上海档案馆藏档，71/1/453/8。

当了不法资本家腐蚀干部的工具。此外，也有一部分团员、青年对揭发问题顾虑情面，怕打击报复。

针对青年中存在的这些问题，青年团中央于 1951 年 12 月 19 日召开中央直属机关青年团积极分子大会。团中央书记冯文彬到会讲话，分析了青年中存在的思想问题及产生原因，同时说明团员和青年应该怎样认识和对待运动，应该怎样参加运动。《中国青年》杂志和《中国青年报》等青年报刊也陆续发表社论、评论，积极地对广大青年进行教育和引导。各地团组织还认真组织团员青年学习参观，从而提高了广大团员青年的认识和觉悟，认识到开展这个运动，一方面是要清除"三害"（贪污、浪费、官僚主义）"五毒"（行贿、偷税漏税、盗骗国家财产、偷工减料、盗窃国家经济情报）问题，一方面是要在思想上树立起国家人民利益第一的新观念，培养爱护公共财产、廉洁、朴素的新道德。

同时，很多青年从资产阶级不法分子三年来给国家和人民造成的严重损失的事实中，认识到资产阶级唯利是图的本质，了解党对资产阶级的政策和工人阶级的责任，因此鼓起了斗争的勇气，打消了顾虑，积极投身于运动之中，成为运动中的一支重要的战斗力量。如上海私营企业的团员青年揭发资本家"五毒"的材料达 20 多万件。在面对面的斗争阶段，成千上万的团员青年成为斗争积极分子。天津 22 个国营企业，有 91% 的团员和 31% 的青年同贪污分子进行了面对面的斗争。

1952 年 1 月，青年团杭州工委召开全市团员代表大会，中共杭州市委宣传部部长顾春林作《为在全市开展反贪污、反浪费、反官僚主义运动而斗争》的报告，团市工委副书记乔石作《发挥青年团在反贪污、反浪费、反官僚主义运动中的积极作用》的报告。学校团工委在开学初的 10 天内，就收到检举信 102 封，检举不法商人和贪污分子 131 人，检举金额

（单笔）最高达到 1 亿元（旧币）以上。

从全国范围内来看，"三反""五反"运动是成功的，取得的成绩是很大的。正像毛泽东当年评价的："毫无疑义应当进行'三反'和'五反'，不进行这一正义的斗争我们就会失败。"①

二、投身抗美援朝保家卫国的洪流中

正当中国人民专心致力于落实中共七届三中全会部署，为争取国家财政经济状况好转而努力奋斗的时候，1950 年 6 月 25 日，朝鲜战争爆发。美国随即派出海军和空军实施武装干涉，并命令第七舰队向中国领土台湾沿海出动。鉴于美帝国主义不顾中国政府的一再警告，把战火烧到中朝边境，直接威胁中国的国家安全，中共中央根据朝鲜党和政府的一再请求，在反复权衡利弊后，作出抗美援朝、保家卫国的战略决策。10 月，中国人民志愿军跨过鸭绿江，同朝鲜军民并肩作战，抗击美国侵略者。国内也随即开展了抗美援朝、保家卫国群众运动。在中国共产党的领导下，青年团带领广大团员、青年积极投入保卫和巩固新生人民政权的战斗行列，以坚定的立场、顽强的斗志发挥了"党的最亲密的最可靠的助手"②的作用。

---

① 中共中央文献研究室编：《毛泽东传（1949—1976）》上册，中央文献出版社 2003 年版，第 235 页。

② 中共中央文献研究室编：《刘少奇年谱（1898—1969）》下卷，中央文献出版社 1996 年版，第 248 页。

宣传动员青年参军参战

1950 年 10 月 26 日，中共中央发出《关于在全国进行时事宣传的指示》，要求各地广泛、深入地进行抗美援朝宣传教育。中国新民主主义青年团响应党的号召，积极行动起来。各地团组织针对部分青年学生中亲美、崇美、恐美的思想，协助党组织广泛而深入地对广大团员、青年进行了"抗美援朝、保家卫国"的爱国主义和国际主义教育。团组织通过各种报告会宣传抗美援朝的伟大意义，讲述美帝国主义者侵华史；举行控诉会揭露美帝国主义者对中国和朝鲜的侵略罪行，唤起广大青年对美帝国主义者的仇恨和对朝鲜人民的深切同情。通过讨论什么是爱国主义，什么是国际主义，划清狭隘民族主义和爱国主义的界限；通过志愿军代表团归国和祖国慰问团归来的汇报，宣传中朝人民军队在战场上的光辉胜利，揭露美帝国主义者"纸老虎"的本质。

志愿军不断取得胜利的事实大大增强教育的效果，提高了广大青年的民族自尊心，增强了同仇敌忾、打击美国侵略者的决心和信心。随着抗美援朝运动的蓬勃发展，广大团员、青年热烈响应中央人民政府和中央军委的号召，掀起参军、参战、支前的热潮。

清华大学组织学生报名参加军事干部学校，9 个小时报名人数就超过需要人数的 9 倍。不少青年因年龄、身体条件不合要求没有被招收而伤心流泪。在两次由青年团中央直接负责动员青年报名参加军事干校的工作中，报名的青年达 70 万人，党团员报名的占报名青年总数的 70% 以上（其中绝大多数是团员）。在广州，"共 22000 多人报名参加军干，被批准录取的男女青年共 3338 人，分别输送到陆军、空军、通信兵、铁道兵等兵种"①。在青年团上海市工委的动员下，1950年12月至1951年1月初上海共有两万多名学生和青年工人报名参加军干校，6555人被批准，其中有上海市学联执行委员会主席邓兰荪、青年团徐汇区委宣传部长赵国士、青年团卢湾区工委宣传部长王克勤等。

在黑龙江双城县，3天就有520名青壮年报名参军。浙江省共有2000万人口，要求报名参军的中青年农民就有100多万。截至1951年10月，全国铁路系统报名志愿赴朝的员工达到铁路员工总数的75%，赴朝的团员和青年有6100多人。入朝的铁路员工80%在前线立了功。

北京、天津、上海、沈阳、南京、武汉、广州、西安、重庆等城市的6000多名医护人员和医科大学师生，志愿组成各种医疗队、手术队和防疫队到朝鲜前线救死扶伤。

青年军人浴血沙场

抗美援朝战争是一场武器装备、后勤保障相当悬殊的较量。中国军人在这场严酷的战争中，谱写了气吞山河的英雄壮歌，创造了伟大的抗美援朝精神。毛泽东早在1938年就指出："武器是战争的重要的因素，但不是决定的因素，决定的因素是人不是物。"②1950年10月以后，中国人民志愿军各部陆续入朝作战。各军军长入朝时的平均年龄为36.3岁，其中36岁以下的有13位，占50%；普通指战员平均年龄约为28岁。广

---

① 黄穗生：《广州抗美援朝运动概述》，《支援抗美援朝纪实》，中国文史出版社2000年版，第214页。

② 毛泽东：《论持久战》（1938年5月），《毛泽东选集》第2卷，人民出版社1991年版，第469页。

大志愿军将士在冰天雪地里浴血奋战，顽强拼搏，经受住了生命极限的考验，创造出人类战争史上的无数奇迹。志愿军始终表现出祖国和人民的利益高于一切、为捍卫民族的尊严而奋不顾身的爱国主义精神，英勇顽强、舍生忘死的革命英雄主义精神，不畏艰难困苦、始终保持高昂士气的革命乐观主义精神，为完成祖国和人民赋予的使命、慷慨奉献自己一切的革命忠诚精神，以及为人类和平与正义事业而奋斗的国际主义精神。

志愿军先后涌现出 30 多万英雄功臣和近 6000 个功臣集体。在闻名世界的上甘岭战役中，青年团员黄继光身负 7 处重伤，仍顽强地以自己的血肉之躯堵住敌人的枪眼。黄继光用年轻的生命为胜利开辟了前进的道路。年轻战士邱少云为了 500 多位战友的生命安全，为了整体战斗胜利，烈火烧身而坚持不暴露目标，献出了宝贵的生命。罗盛教不顾严寒跳进冰窟窿，舍身救出朝鲜少年的英雄行为，则充分体现了伟大的国际主义精神。青年团中央在追认他为"模范青年团员"的决定中说：

> 罗盛教同志这种舍己救人的英雄行为，充分表现了伟大的国际主义精神……不仅在于牺牲自己的生命挽救了一位朝鲜少年，重要的是他这种崇高的精神将进一步加强与巩固中朝两国人民的团结和革命友谊，鼓舞中国人民志愿军和朝鲜人民军的战斗意志，增强中国人民与青年抗美援朝的决心与力量。罗盛教同志的爱国主义与国际主义精神是全体团员与广大青年学习的榜样。[1]

---

[1] 《中国新民主主义青年团中央委员会关于追认罗盛教同志为模范团员并追授奖状的决定》（1952年4月1日），中国新民主主义青年团中央委员会办公厅编：《团的文件汇编（1951.11—1953.7）》，1956年内部印行，第131页。

毛泽东的长子毛岸英第一批入朝参战，英勇牺牲在朝鲜战场。中国人民志愿军被祖国人民称为"最可爱的人"，他们可歌可泣的英雄事迹汇成强大的民族凝聚力，极大地鼓舞着全国人民为保卫和建设祖国而团结奋斗。

"一切为了祖国"

为了保证抗美援朝战争前线的物资供应，在中国共产党的号召下，全国工人、农民掀起爱国主义生产劳动竞赛和增产节约运动。青年团组织及时地运用志愿军战士的英雄事迹和辉煌战果，对广大团员青年进行思想教育，动员他们以极大的热情踊跃参加国民经济的恢复工作。"一切为了祖国""一切为了最可爱的人"成为全国青年的行动口号。各条战线的团员和青年纷纷订立爱国公约并落实于行动。青年工人"把工厂当战场，机器当枪炮"，积极参加爱国主义劳动竞赛。农村青年在"多打一粒粮，多杀一条美国狼"的口号下，掀起了爱国丰产运动。

1951年11月，青年团中央召开团的一届二中全会，通过开展增产节约运动的决议，推动各行各业青年积极参与。在青年团组织的带领下，青年们还踊跃参加和平签名运动和爱国捐献活动，以及慰问志愿军活动和优待志愿军军烈属的活动。据不完全统计，截至1951年12月24日，上海学生共为"上海学生号"飞机捐献人民币12亿多元①，提前几天完成捐献计划。同时为"中国青年号"捐款2.7亿元，为"中国体育号"捐款

---

① 此处人民币均为旧币，1万元旧币约合1元新币。

1.8亿元，为"中国儿童号"^①捐款5.1亿元。据统计，1951年5月至10月，青岛市团员青年捐献款约9亿元，其中直属机关团工委团员捐献"中国青年号"飞机款达6000余万元。崂山区70%的团员积极向群众宣传推动和执行爱国公约，帮助军属解决子弟上学问题；有11所学校捐献书籍5.5万多本，8所学校寄慰问信1万多封。

生产劳动竞赛和增产节约运动加速了国民经济的恢复和发展，国家财政经济状况逐年好转，保证了志愿军的后勤补给。在整个抗美援朝战争期间，全国人民为志愿军提供了560万吨粮食、肉蛋、医药、衣被等物资。

争取世界青年支持

新中国成立之初，国际上东西方"冷战"的世界格局已经形成。这时，以美国为首的西方敌对势力，对新中国实施政治、经济、军事的封锁，妄图把新中国扼杀在摇篮中。在这种形势下，中国新民主主义青年团通过全国青联和全国学联，遵循中国政府的外交方针，高举和平友好的旗帜，积极发挥民间和青年外交的优势，积极开展、参与国际双边或多边的外交活动。

1950年，中苏两国青年团组织就开展了互访。从1952年开始，中国青年和学生代表团先后多次参加社会主义和人民民主国家青年组织召开的代表大会。与此同时，中国青年组织还和英国、法国、意大利、西班牙、澳大利亚、印度、阿根廷、智利等国的一些青年组织建立了友好联

---

① 交付时，"中国儿童号"改名为"中国少年先锋号"。

系，并于 1951 年 1 月派出中国学生代表团访问了英国、挪威和芬兰。也有一些西方国家的青年代表团应邀来华访问。

新中国的成立，极大地提高了中国青年组织在世界青年事务中的地位，中国学联和中国青联当时都拥有国际学生联合会和世界民主青年联盟的副主席席位，向这两个组织派出了常驻代表。中国青年团组织通过这两个国际青年组织参加了一系列的多边外交活动，面对复杂、多变的外交局面，为争取国际社会对新中国的了解作出了应有的贡献。

三、在恢复发展国民经济中发挥先锋作用

新中国成立伊始，百废待兴。刚刚成立的青年团组织积极响应党的号召，带领各族青年、团员同全国人民一道，为国民经济的迅速恢复而忘我劳动。在新中国成立后的头三年国民经济的恢复时期，在中共中央正确领导下，在全国人民和广大青年共同努力下，到 1952 年底，中国国民经济得到全面恢复和发展。工农业总产值 810 亿元，比 1949 年增长 77.6%，主要工农业产品的产量超过新中国成立前最高水平。

工业战线

为尽快恢复和发展生产，提高劳动生产率，广大团员、青年成为一支骨干力量。沈阳机器三厂青年团员赵国有发明了"车铣结合"的操作方法，创造了工作效率新纪录，把加工一个"车头塔轮"的标准时间从 16

小时减少到 1 小时，两次被厂里评为一等功臣，并光荣出席了 1950 年 10 月在北京召开的全国战斗英雄、工农业劳动模范代表会议，受到毛泽东等党和国家领导人的亲切接见。在赵国有的带动下，整个东北地区和全国的许多地方掀起了创造新纪录运动，有力推动了工业生产的发展。1950 年上半年，仅东北地区就有 16.7 万青工创造了新的生产纪录。

在创造新纪录运动中，东北第五机器厂马恒昌小组创造了将劳动热情与钻研技术相结合、技术公开、团结互助等先进经验，既保证了产品的优秀质量，又提前或超额完成了国家下达的生产任务。在党政工团的推动下，东北和全国各地掀起了学习马恒昌小组运动，成千个马恒昌小组涌现出来，为国家增加了财富，提高了生产效率，减少了浪费。1950 年 10 月抗美援朝开始后，工业战线开展了爱国生产竞赛。1951 年 1 月马恒昌小组向全国工人提出了爱国生产竞赛的挑战，为此，马恒昌小组团小组向团中央书记冯文彬递交了开展爱国生产竞赛的保证书。

在马恒昌小组的带动下，全国 200 多万工人参加竞赛，向马恒昌小组应战的小组达 5522 个。竞赛中，广大青年工人创造了很多的好成绩。1008 号机车的乔玉岩青年包乘组保持了全国行车最高纪录。旅大市（今大连市）刘钊小组三个月完成半年增产计划。山东贾汪煤矿李君亭小组创造了全国采煤新纪录。这些先进生产小组与马恒昌小组比翼齐飞，为恢复和发展工业生产贡献了青春的汗水和智慧。

国营青岛第六棉纺厂 17 岁的女团员郝建秀创造了一套科学的细纱工作法，使皮辊花率降低到 0.25%，最低时为 0.056%（当时全国最好的纺纱皮辊花率在 1.5% 左右），看车能力由 300 锭提高到 550 锭，最好时达 600 锭。她的经验在全国推广后，每年可为国家多生产 4.4 万多件棉纱，相当于 400 万人一年用布的棉纱。1951 年 10 月，团中央授予她"模范青年团员"称号，并颁发了奖状，决定在全国推广郝建秀工作法，指出：郝建秀之所以能够创造这样的成绩，乃是由于在新中国，劳动已成为光荣的爱国主义事业，郝建秀和广大工人一样，建立了自觉的劳动态度，努力学习政治、技术和老工人的经验。她的事迹还受到人民政府的奖励，毛泽东曾特地嘱咐中央办公厅写信鼓励她。

农业战线

农村团员青年积极响应政府的号召，带头冲破各种阻碍农业生产的保守和迷信思想，推行新农作法，成为农业战线上革新生产技术的一支主力军。山东临邑县张法古村 4 名团员大胆实行温水浸种，消除了群众认为"会把种子烫死"的顾虑，使全村 400 多户人家都采用了这项技术，提高了粮食产量。在北方农村，许多女团员青年打破妇女不下地参加主要劳动的旧习俗，来到田间参加生产劳动。黑龙江省女团员郭玉兰、河北省女团员王青梅等带头参加生产劳动并做出成绩，成为农业劳动模范。

为适应农业生产发展的需要，许多乡村组织了互助组和合作社，团员青年都带头参加，成为最积极的宣传者和组织者。山西阳城县互助组中 35% 的团员被选为组长，吉林和龙县 90% 的团员参加了合作社，东北、华北五县 87% 的团员参加了互助组。

在开展兴修水利的工程中，团员和青年更是一支十分活跃的生力军和突击队。1950 年在治淮工程中，有 300 万民工参加，其中青年占 40%，团员占沿淮地区团员总数的 40%。在皖北霍邱蓄洪工地上，18 岁的团员鹿成仁在风雪交加的深夜带动 800 多民工抢堵决口，使堤坝工程没有受损害。在皖北润河集水闸工地，几名团员青年苦心钻研技术，改装了两部抽水机，解决了抽水机不足的困难，每月为国家节约资金 9000 万元（旧币）。河南青年团员段继岭，创造了"剪股式"运泥法，大大提高了挖稀泥的劳动效率。另一位青年团员李发顺创造了"滑轮上坝法"，成为相当长一段时间水利工程中采用的施工方法。皖北祝怀顺小队，广泛学习别人的好经验，创造了一套完整的工作方法，被称为祝怀顺小队工作法，祝怀顺成为整个工地的闻名人物。

女青年在水利建设工程中也发挥了显著作用。在治理淮河工程中，为开挖淮河主要支流濉河新河道时，女青年团员金秀兰因长期在冰水里干活，脚生了冻疮，淌着脓血，为了排水，她第一个跳入冰水，在她的带动下，其他民工也一个跟一个地跳入冰水干了起来。在 1952 年 4 月至 6 月的荆江分洪工程中，17 岁的女民工谭文翠，为了和洪水抢时间，连续三天三夜没休息，在黑夜里不慎被后面的斗车轧坏右臂。她忍着剧痛鼓舞同伴说："不要管我，赶快去完成任务。"

由于段继岭、祝怀顺、金秀兰、谭文翠等人的出色表现，他们都被评为"特等治淮模范"。在新中国成立初期的农业战线，团员和青年成为一支发展农业生产的生力军。

文化战线

新中国成立后，大批青年遍布教育、文艺、卫生、科学研究等各个部门，为国家发展、社会进步作出了应有的贡献。在扫盲工作中，解放军西南军区某部青年文化教员祁建华经过反复实验，发明了"祁建华速成识字法"，即利用注音符号做辅助识字工具的方法。按速成识字法，一般成人文盲在 150 个小时左右的教学时间内，可以初步会认、会讲 1500—

2000 个汉字。这对于扫除文盲和半文盲、发展工农兵群众文化教育事业和推动国家建设具有非常重要的意义，因而受到有关方面的高度重视。中央军委、总政治部、宣传部和中央人民政府教育部，一致肯定了祁建华速成识字法，并在全军和全国范围内推广。到 1952 年底，全国利用"祁建华速成识字法"进行学习的达五六千万人。祁建华被解放军西南军区记特等功一次。1952 年 4 月 23 日，中央人民政府政务院文化教育委员会给祁建华颁发了奖状。

青年战士高玉宝被称赞为"文化战线上的英雄"。高玉宝只上过一个月零几天的学，斗大的字识不了几个，写十个字要问七八个，还要行军作战。但他以坚韧不拔的精神，虚心向有文化的同志求教，终于用一年半的时间，完成了 20 多万字的自传体小说《高玉宝》的写作。小说发表后，不仅在文艺工作者和知识青年中引起了广泛的影响，在农村青年中也引起了巨大的反响。人们一方面为书中的情节所打动，一方面也为他顽强学习文化的精神所震撼。无数青年写信，表达向高玉宝学习和崇敬的心情。在新中国成立初期，高玉宝刻苦学习文化的精神影响着一代青年。

四、在新的政治社会环境中探索自身建设

中国新民主主义青年团正式成立不久，中华人民共和国就诞生了，此时的青年团已经成为执政党的助手，面临全新和更加艰巨复杂的任务。为了适应新的工作任务，刚刚建立的青年团开始了组织建设探索，努力把自己建设成为一个全国性的比较健全的青年核心组织，"担负起团结教育

青年整个一代的任务"①。

"提高一步"

1949 年中国新民主主义青年团一大召开时，全国仅有团员 19 万人，这远远不能满足革命建设和组织发展的要求。团一大后，在党的领导支持下，各地团组织积极贯彻青年团一大精神，把建立和组织发展团组织作为重要工作来抓。全国各地训练、配备团干部，建立和健全了各级团的工作机构。1949 年 7 月，青年团中央和军委总政治部联合发布了《关于部队中建立新民主主义青年团的决议》，在人民解放军中正式建立了青年团组织。自此，青年团在全国各行各业都有了组织，成为真正的全国性的组织。1949 年 9 月，全国团员达 90 万人。但团组织发展仍不能适应全国解放形势的要求，这是因为各地在发展团组织的过程中，对团的理论原则理解不够，对形势估计不足，加之自身理论水平的限制，不同程度地存在着"秘密建团"、入团条件过高（必须具备候补党员标准，祖宗三代、亲友及本人的历史清白）等"关门主义"的问题。

究其根源，一是对广大青年随着中国革命的胜利思想觉悟的提高估计不足；二是对团的性质缺乏全面的理解，片面强调团的先进性，忽视群众性；三是一些团干部存在两种脱离群众的作风，即老解放区中产生的行政命令简单化的作风和国统区地下党的秘密工作作风，使青年团的发展工作受到了影响。在团中央要求各级团组织"团结广大青年，纠正关门主

---

① 《冯文彬在中国新民主主义青年团全国第一次代表大会上的结论》（1949 年 4 月 17 日），《人民日报》1949 年 6 月 17 日第 1 版。

义"、积极发展团员之后，团组织迅猛发展，到 1950 年 3 月，全国团员总数达 150 万人。但是，一些地方对团中央的指示理解发生误差，在纠正"关门主义"时矫枉过正，又出现了形式主义现象，片面地追求团员数量，没有严格把握团员的条件。有的地方团组织甚至搞发展团员竞赛、建团突击月、突击周，使一些团员入了团却对团一无所知。这些做法虽使团员人数增加了，但却松散无力，不能发挥团的先进作用。

　　针对上述情况，1950 年 3 月，青年团中央及时地召开了全团组织工作会议，冯文彬作了《提高一步》的结论性报告，从"掌握正确的方向""从实际出发""改进领导方法""虚心学习，把工作提高一步"四个方面作了论述。会议在总结经验的基础上，明确提出今后要"正确地发展团组织"，既反对形式主义，也反对关门主义，要将发展工作和巩固工作有机地结合起来。在组织发展上必须掌握三点：一是先进性与群众性的统一；二是团的组织应该是有条件地逐渐壮大，条件是坚持入团自觉自愿原则和要有领导骨干；三是不同的地区、工厂、学校、农村、机关和不同单位，在组织发展的要求上应有所不同，不能机械地规定发展百分比。从此以后，各地的建团工作开始走上了健康发展的轨道。

团旗的设计与公布

　　1949 年 4 月团一大会议期间，很多代表提议青年团要有自己独特的标识，以便更好地激励青年、凝聚青年。大会结束以后，青年团中央根据代表们的提议，作出了制定团旗、团徽、团歌的决定。

　　1949 年 5 月 15 日，《中国新民主主义青年团中央委员会征求团旗、团徽、团歌启事》刊登在《人民日报》上：

本会现征求团旗和团徽的图案，及团歌的歌词和曲谱。须能表现中国新民主主义青年团培养青年一代学习马列主义毛泽东思想，忠诚为劳动人民服务，建设新民主主义新中国的精神。欢迎各界应征。中选者当致薄酬。应征稿件请于 6 月 15 日以前寄交北平东长安街 15 号本会。

启事刊登不到一个月，青年团中央就收到 100 多种团旗设计图案。这些图案，有的出自美术工作者之手，有的则是基层团支部集体创作。这期间，团中央机关刊《中国青年》的美术编辑娄霜找到北平国立艺术专科学校（中央美术学院的前身）实用美术系讲师周令钊，商量设计团旗一事。北平艺专是中国新民主主义青年团一大召开地。娄霜和周令钊是在布置新民主主义青年团一大会场时相识的。对美术的共同爱好，使两人成了朋友。周令钊根据娄霜的介绍和想法，先在纸上画了一颗五角星，接着又用圆规围绕着五角星画了一个圆。其意思是五角星代表中国共产党的领导，圆圈表示青年们手拉手紧密团结在中国共产党的周围。这幅团旗设计就这样创作出来了。

青年团中央把所有应征的 100 多种团旗设计式样公开陈列，广泛征求各方面意见。1950 年 4 月，团中央将经过反复筛选后的几种团旗设计式样报送党中央审定。周令钊、娄霜设计的团旗式样也在其中。

4 月 28 日，毛泽东在审阅团中央报送的团旗式样时，把几种图样作了比较，最后在周令钊、娄霜设计的团旗式样上批示："同意此式。"刘少奇写道："这个好。"周恩来不仅表示同意这个式样，还具体指示："须将金黄色圆圈及五角星移放下点，置于红旗四分之一的中间。"

按照周恩来的意见，青年团中央对团旗式样设计进行了修订。5 月 3

日，《人民日报》头版刊登《青年团团旗图样及制法》，对团旗样式作出正式说明："中国新民主主义青年团的团旗，已由青年团中央委员会决定。团旗旗面为红色，象征革命胜利；左上角缀黄色五角星，黄星周围环绕以黄色圆形圈圈，象征中国青年一代团结在中国共产党的周围。"中国新民主主义青年团团旗由此诞生了。

第二天，也就是 1950 年 5 月 4 日，中华人民共和国成立后的第一个五四青年节，鲜艳的青年团团旗第一次出现在首都 9 万多名团员青年的游行队列里。团旗在游行的队伍里迎风飘扬，是那样醒目，那样富有青春的朝气。5 月 9 日，青年团中央发出《关于悬挂青年团团旗办法的规定》。规定指出：团的机关门口只挂国旗不挂团旗；群众大会或游行时，团的队伍应带团旗，摆在国旗和党旗之后；平时举行团的会议，可挂党旗、团旗，不挂国旗。

"巩固地向前发展"

1950 年 10 月，中国人民解放军总政治部召开全军青年工作会议，毛泽东为会议题词"巩固地向前发展"。后来，青年团二大正式把这一题词作为团的组织工作的方针。实践证明，"巩固地向前发展"的方针，正确地解决了团组织巩固和发展的关系，使团的组织建设在发展中注意巩固，在巩固的基础上发展，边发展边巩固，波浪式地前进。

社会主义改造高潮的到来和大规模经济建设的迅猛发展，要求青年团的组织建设适应这种形势发展的要求。为此，加强团内教育，提高团员素质，是青年团各级组织在巩固和发展中面临的一个十分紧迫的任务。据 1950 年上半年统计，全国团的支部中，组织涣散不起作用的占 20%，教育不够的占 60%，团内教育较好并起作用的仅占 20%。尤其是当时的农村，因忙于扩充和发展团员，未能很好地进行教育，导致农村团组织的状况存在着许多不适应的问题：基层组织领导核心不健全以致不纯；团员素质低，政治觉悟不高；团员数量也少，只占农村青年总数的 8%；2% 的乡没有团员，35% 的农业社没有或只有一两个团员。

青年团要巩固地向前发展，必须注意和广大群众保持密切联系，及时解决群众的问题，接受广大青年群众的监督，这样才能扩大团的影响并克服自身的缺点；失去了和广大青年群众的联系，团的组织就会枯萎，团的巩固和发展就成了一句空话。因此，青年团中央常委扩大会议确定，每个团员必须参加一件团的或社会工作。这项工作首先从城市开始，然后在部分农村展开，它普遍加强了团员的责任感，培养了团员的新观念、新品质，改进了团的工作。活跃了团的组织生活，扩大了团员与青年群众的联系，密切了团群关系，加强了团对青年积极分子的培养和使用，使团组织与群众建立起了经常的紧密而巩固的联系，扩大了团的影响，巩固和发展了团的组织。

青年团要在开展工作中建立，这是重要的建团方针。同样，青年团的巩固和发展也离不开团的实际工作，特别是党和政府的中心工作。在某种意义上讲，团的巩固程度取决于团在实际工作中的作用的大小，即"团在实际工作中所起的作用如何，这是团的巩固程度的唯一正确的标志"[1]。根据这个共识，全国组织工作会议之后，各地团组织都注意加强在实际工作中巩固和发展团组织。比如在新解放区，团的建立、巩固和

---

[1]　蒋南翔：《青年团组织工作报告》（1950 年 3 月 2 日），中国新民主主义青年团中央委员会办公室编：《文件汇集（1949.1—1951.11）》，1951 年内部印行，第 256 页。

发展工作就是紧密结合土地改革来进行的。1951年9月比1950年6月土改前，农村团员增加117万多名，大部分乡村建立起的团组织是巩固的。

加强宣传教育

宣传教育既是青年团引导青年的重要方式，又是青年团长期以来驾轻就熟的拿手好戏。1950年8月，青年团发布了《关于加强团的宣传教育工作的决定》，团内教育工作引起了全团的普遍重视，并采取了一系列切实可行的措施：一是迅速配备各级团委宣传部门的干部，加强宣传部门的力量；二是创办各种团报、团刊，在团结教育团员青年方面发挥作用；三是编写团课教材，使全团的教育工作得以有系统、有计划地进行；四是在学校和工厂设立政治课；五是设立宣传员；六是参加关于"共产主义"与"共产党"的学习。

为了适应开展对团员、青年进行思想教育工作的需要，1950年1月，团中央创办了青年出版社（1953年与开明书店合并成立中国青年出版社）；1951年4月27日，团中央机关报——《中国青年报》创刊发行。这就为拓展思想教育工作的阵地，促进广大青年的进步提供了必要的条件。通过以上措施，团内教育工作明显加强，广大团员基本了解和掌握了团的基础知识、马列主义毛泽东思想的基本知识和共产党与共产主义的基本知识，提高了自身的觉悟素质和理论水平。

形成关心青年利益的共识

青年团在新中国成立以后，已经成为执政党的助手，相对新中国成立前，工作任务和范围都有了极大的变化。加强团中央的政治建设、思想建设、机构建设，使之真正成为全国青年运动核心的中枢机关，成为刻不容缓的重大议题。对此，党中央给予了极大关怀。

1951 年 11 月，青年团召开了一届二中全会，毛泽东、朱德等中央领导人接见了全体与会人员，周恩来在会上作了政治报告。会议提出：

> 事实证明：团如果不去经常关心广大青年群众的生活和利益，要达到团结群众的目的是不可能的；团如果不去进行青年群众工作，不从广大青年的实际斗争和工作中去教育群众，不断提高他们的觉悟，而要巩固与壮大团的组织，发挥团的作用，也是不可能的。
>
> 因此，青年团今后必须通过各种实际斗争和工作及青年群众的各种社会活动，更加广泛而紧密地团结各界青年群众，对他们进行马克思列宁主义的教育，提高他们的觉悟水平，逐步吸收他们参加祖国的国防、经济、文化等各方面的建设工作。[①]

在这次会议上决定成立团中央书记处，以加强对全团工作的领导。书记处由冯文彬、廖承志、蒋南翔、李昌、荣高棠、宋一平 6 人组成。

---

① 《青年团的目前情况与工作》（1951 年 11 月 20 日），中国新民主主义青年团中央委员会办公厅编：《团的文件汇编（1951.11—1953.7）》，1956 年内部印行，第 13—14 页。

推动少年儿童工作

根据 1949 年元旦中共中央关于建团的决议，4 月 17 日团一大通过的工作纲领指出：吸收 7 岁到 14 岁儿童参加少年先锋队，青年团应选派优秀的干部领导这一工作，"并在各级团委之下设立少年先锋队队部，作为儿童团少年先锋队的领导机关"[①]。10 月 13 日，中国新民主主义青年团中央委员会公布《关于建立中国少年儿童队的决议》《中国少年儿童队章程草案》和《建立中国少年儿童队的几个问题的说明》。这些文件对建队的目的、建队的对象、队的性质、队的领导机构都作了明确规定。

1950 年 4 月，中国新民主主义青年团中央委员会在北京召开第一次全国少年儿童工作干部大会。会议的主要任务是总结半年来全国各地少年儿童工作的经验和教训，来自华东、东北、中南、西北、西南、华北等行政区，北京、上海等城市共 106 人参加了会议。会议期间，毛泽东、刘少奇、朱德、林伯渠、董必武等同志在怀仁堂接见与会代表。青年团中央书记冯文彬致开幕词。大会听取了青年团中央少年儿童部部长何礼所作的少年儿童工作报告。北京、哈尔滨、大连、石家庄等地代表介绍了本地少年儿童工作的活动和辅导工作的经验。会议还颁布了中国少年儿童队[②]的队旗、队歌、队员标志、队礼、誓词及口号等。在闭幕会上，隆重举行了中国少年儿童队的授旗仪式。

---

① 《中国新民主主义青年团工作纲领——1949 年 4 月 17 日在青年团第一次全国代表大会通过》，中国新民主主义团中央委员会办公室编：《文件汇集（1949.1—1951.11）》，1951 年内部印行，第 47 页。

② 1953 年 8 月 21 日，中国新民主主义青年团中央委员会发布《关于"中国少年儿童队"改名为"中国少年先锋队"的说明》。

这次会议是新中国成立后第一次少年儿童工作干部的专业会议，它对总结建队初期的工作，进一步明确建队的方针原则，推动少年儿童工作的开展，有着深远的意义。

五、党的青年工作的两大重要命题

随着抗美援朝战局的基本稳定和国民经济的逐渐恢复，执政党又一次把目光聚焦于青年工作。在即将开始的大规模经济建设和社会改造中，青年团作为先锋性力量，应该发挥什么样的作用，以及如何发挥作用，成为党的领袖思考的重要课题。

两大命题的提出

国民经济恢复时期即将结束、有计划的经济建设时期即将到来，青年团工作需要开辟新的局面。1952 年 8 月 10 日，经刘少奇提议、毛泽东批准，胡耀邦从川北行署调至北京，接替原青年团中央书记处主要负责人冯文彬，主持团中央工作。随后，毛泽东两次主持中共中央的会议，讨论青年团的工作，体现了开国领袖对青年工作的高度重视。

8 月 23 日晚，毛泽东在中南海颐年堂召开会议，讨论将于 8 月 25 日至 9 月 4 日在北京举行的青年团中央第三次全体会议的有关问题。出席会议的有刘少奇、朱德、林伯渠、彭德怀、邓小平、薄一波、王稼祥、杨尚昆、安子文、萧华、陈伯达、周扬、钱俊瑞、赖若愚、邓颖超、章蕴等，青年团中央干部冯文彬、廖承志、胡耀邦、蒋南翔、李昌、荣高棠、高扬文、区棠亮、杨述参加了会议。毛泽东讲话说：

> 你们（指青年团中央负责人——编者注）管的是一代人的问题。青年的特点是：英勇积极，知识不足，前途远大。面对着一个新的时期，学习是更加特别突出的任务。青年共同的普遍的经常的任务是学习，学习马列主义基本理论、文化、科学、技术。还要注意体育，一定要把青年一代的身体搞好。
>
> 新的时期到来，不懂几门技术是不行的，党也如此。干部领导群众靠两条，一靠政策，一靠技术。领导上要想办法帮助干部取得必要的专门知识。除懂得政策外，团的县、区干部必须懂得些农业知识，团市委干部必须懂得些工业知识。
>
> 党委领导不但要交任务、交政策，而且要交经验。你们一样，不但要交数字，而且要交经验。要做好工作必须总结经验。不但要总结领导的经验，而且要着重总结群众生产的工作的各种经验。①

8月30日晚，毛泽东又在中南海颐年堂召开会议。出席会议的有刘少奇、邓小平、薄一波、陈伯达，以及团中央的干部胡耀邦、蒋南翔、李昌。会上，毛泽东出了两个题目要大家研究：一是党委如何领导青年团，二是青年团应如何工作。

---

① 参阅中共中央党史和文献研究院编：《毛泽东年谱（1949.10—1952.12）》第4卷，中央文献出版社2023年版，第588—589页。

这两个题目是十分及时和重要的，它关系到在即将开始的有计划的经济建设中如何使青年一代更好发挥作用和健康成长的问题。当时有部分党委对青年团和青年工作的性质、特点、意义缺乏深刻的认识，在实际工作上存在不善于领导的问题。在青年团方面，尽管 1949 年 4 月团一大对青年团的工作任务已经有了明确规定，但由于青年团组织新、干部新、经验少，加上一些团的干部担心重犯历史上先锋主义和青年主义的错误，青年工作虽然取得了很大成绩，但从全团来讲，还存在着"不善于根据青年的特点进行工作"，"工作往往一般化"的缺点。在急切汇聚全民族力量建设新国家、新社会的重要历史关头，党如何领导青年团和青年团如何工作的问题亟待解决。

青年团的思考与落实

1952 年 8 月 25 日至 9 月 4 日，青年团中央举行一届三中全会。刘少奇到会作政治报告。会议讨论并通过了《关于当前工作的决议》。胡耀邦传达了毛泽东的指示和提出的两个问题，作了题为《在毛主席的亲切教导下把青年工作更加推向前进》的报告。

这个报告面对新的时期，根据青年英勇积极、知识不足的特点，特别强调引导青年进行学习是青年团更加特别突出的任务。报告指出：

关于学习的问题，关于学习和工作相结合的问题，关于青年团如何协助党教育好整个青年一代的问题，乃是青年团测验自己工作的标志。①

关于青年团如何工作，报告指出：

青年团的各级团委，要把工作做得更好，要能够以切实的工作成绩来体现党的助手作用，根据历年来的经验，首先必须巩固团服从党的领导，其次必须深入群众，认真地研究群众工作中的经验。②

报告着重讲了关于巩固团服从党的领导的问题，从政治上、组织上以至工作方法上都提出了要求。报告特别强调：

青年团的工作是一种群众性的工作，它应当经常关心党的政治方向和政策，但它不能像党一样去规划政治方向和各种政策，因而它应当避免乱发政策性的决定，应当防止长篇大论的空洞指示。

团的工作是人民的一种事业，团的干部应该成为青年的表率，因而，保持和发扬团内那种朝气勃勃、踏实苦干的优良作风，防止和反对那种个人主义、形式主义的作风，乃是开展青年团今后

---

① 中国新民主主义青年团中央委员会办公厅编：《团的文件汇编（1951.11—1953.7）》，1956年内部印行，第31—32页。

② 中国新民主主义青年团中央委员会办公厅编：《团的文件汇编（1951.11—1953.7）》，1956年内部印行，第33页。

工作的重要关键之一。[①]

会议最后根据党中央集中各大区团委书记到团中央工作的指示，改选了团中央书记处，胡耀邦、廖承志、蒋南翔、李昌、荣高棠、宋一平、刘导生、罗毅、许世平9人被选为书记处书记，区棠亮、高扬文、杨述、章泽、胡克实5人被选为候补书记。

这次全会虽然讨论了青年团如何工作的问题，但只是原则性地解决了一些问题，"更具体的方法仍未完全解决"，而且这三条也主要侧重团保证和服从党的领导方面，对团的系统领导还缺乏认识，根据青年特点进行工作方面还未涉及。会议结束之后，胡耀邦、蒋南翔、李昌联名就团的一届三中全会的情况向中共中央作了报告。报告对党如何领导青年团、青年团如何服从党的领导的问题，明确提出：（1）要经常地、认真地研究党的方针政策；（2）要绝对服从党委的整个工作部署并接受党交给团的具体任务；（3）要根据党所制定的中心任务，提出团的切实可行的计划；（4）上级团委要经常监督下级团委切实贯彻党委的指示。

关于青年团应如何工作的问题，报告中提出各级团委必须遵守：（1）不要过分强调团的系统领导，而要切实地尊重各级党委的统一领导；（2）政治上、工作上要有积极性、主动性，不懂的东西要大胆地向党委请示；（3）每个干部都要老老实实埋头苦干，要以切实的成绩来体现助手作用。各级团委必须警惕轰轰烈烈、空空洞洞的形式主义倾向，注意防止华而不实、骄傲自大的倾向。

---

① 中国新民主主义青年团中央委员会办公厅编：《团的文件汇编（1951.11—1953.7）》，1956年内部印行，第34、35页。

青年团工作方法的再探索

1952年11月14日晚，毛泽东在中南海颐年堂召开会议，讨论妇联和青年团的工作。出席会议的有邓小平、邓子恢、陈伯达、安子文，全国妇联的干部邓颖超、帅孟奇、章蕴、康克清、罗琼、曾宪植、刘亚雄，青年团中央的干部胡耀邦、廖承志、蒋南翔、李昌、荣高棠。

毛泽东向团中央书记处成员谈工作方法：（1）既要选择典型基层去总结经验，又要经常到下级团委去视察，把"蹲点"和"打圈"结合起来。（2）既经常下去跑跑，又有计划地调一些下面的同志（各种工作的、基层的）上来开调查会，把"下去"和"上来"结合起来。（3）既要重视总结先进经验，又要经常认真地检查坏人坏事。（4）既要埋头做切实的工作，又要学会写有内容的文章和作有教育意义的报告，与广大青年见面。

1953年1月，青年团召开一届四中全会。会后，团中央将各大区同志留下5天，又专门就青年团如何工作问题进一步进行了座谈。座谈会上，反映出了一些同志苦于找不到青年工作的方法，在青年团工作任务上存在着不切合实际的想法。一些同志认为"团的工作是：战线太长，配合太多，为难不少，责任不大"，希望缩短战线，由党分一件专门工作给团包干，有的同志则存在着勉强情绪，认为做到哪算哪。

经过研究，会议指出：第一，既然各方面都有团员和青年，战线势必就长，这对我们青年干部不仅没有什么坏处，反而可以广泛地接触党的各方面工作，学到很多东西；第二，要党分给一件专门工作包干，不但包干不了，并且势必会放弃了自己在参加党所领导的各方面工作中所应尽的职责；第三，既然团是党的助手，在各种问题上虽不当家，但要真正能充当助手，特别是要协助党在各种斗争中教育青年成为一支有知识、有良好思想作风的后备力量，则工作是艰巨的，责任是重大的。

关于青年团应如何工作，与会者认为，除了应解决一些同志上述不实际的想法外，还需解决以下四个问题：一是要正确地发挥积极性，克服盲目、空洞的积极性，认真了解情况，研究问题，解决问题；二要加强团内思想教育和民主生活，并把二者结合起来；三要切实学会深入群众、联系群众和总结经验；四要大力提倡经常的批评和自我批评，加强党性锻炼。

这次座谈比一届三中全会深入了一些，但与会者对这个问题研究得还不够透彻，而且担心犯先锋主义、青年主义的错误，所以，青年团应如何工作的问题并没有得到彻底解决。

第七章

开展有青年特点的
独立工作

从新民主主义向社会主义过渡，是中国共产党内早已形成的共识。在 1953 年至 1956 年这个短暂的社会转型期，中国共产党提出以"一化三改""一体两翼"①为主要内容的过渡时期总路线。改造私营经济和个体经济的社会主义运动成为中国共产党和中国政府的中心工作之一，工业化也在积极地推动之中。中国新民主主义青年团组织在中国共产党领导下，动员全国各族青年和广大团员，跟着党向社会主义道路前进。与此同时，青年团围绕党的中心工作，积极开展有青年特点的独立活动，为青年团工作发展积累了宝贵的经验。

① 1953 年 12 月，中共中央形成了关于过渡时期总路线的准确完整的表述："从中华人民共和国成立，到社会主义改造基本完成，这是一个过渡时期。党在这个过渡时期的总路线和总任务，是要在一个相当长的时期内，逐步实现国家的社会主义工业化，并逐步实现国家对农业、对手工业和对资本主义工商业的社会主义改造。"这条总路线的主要内容可以概括为"一化三改""一体两翼"的总路线。"一化"，即逐步实现国家的社会主义工业化。"三改"，即逐步实现对农业、手工业、资本主义工商业的社会主义改造。"一体两翼"是指以工业化为主体，以三大改造为两翼。

一、确定过渡时期青年团工作总基调

中国共产党高度关注青年和青年组织是一贯的。尤其当一个新的历史阶段来临之际，党总是对青年团工作给予及时指导，指明前行方向，匡正过程偏差，优化组织结构，照顾青年特点，以推动青年团整体作用的充分发挥。

保留骨干，以资熟手

在指导朝鲜停战协定谈判的间隙中，1953 年 6 月 19 日晚，毛泽东在中南海西楼会议室主持召开中共中央政治局会议。会议讨论中国新民主主义青年团第二次全国代表大会的有关文件，安子文关于全国编制问题的报告和薄一波提出的关于粮食收购办法草案等文件。毛泽东对新民主主义青年团第二届中央委员会组成问题作出批示：

> 青年团不注意提拔年青的干部，不注意提拔年青的干部参加领导工作，这样的危险就是使青年团的领导不能很好地发扬青年的特点、要求和情绪。
>
> 如果不能吸收年青的同志参加领导工作，那么就不能使青年团生气勃勃，不能使青年团很好地反映青年的特点和要求，代表青年的情绪。

　　德才兼备，这是我党选择干部的基本标准，但是对于青年团来说，首先就要思想作风好，要视野开阔，有发展前途，而不能过分强调有多大的"才"，有多高的经验水平，有多大的领导能力。

　　我们青年团的干部是流水，而不是死水，要保留一定的骨干，以资熟手，同时要注意提拔新干部。[①]

　　这一重要批示，不仅成为青年团第二届中央委员会组成的方针，也成为青年团长期坚持的工作方向。"保留必要骨干，以资熟手"被写进当年团二大的工作报告之中加以强调，而且从 1982 年 12 月共青团十一大开始，"要按照德才兼备的原则"选拔年轻干部和"保留骨干，以资熟手"被写入团的章程，一直延续至今。

青年团二大：新中国成立后的第一次团代会

　　1953 年 6 月 23 日至 7 月 2 日，中国新民主主义青年团第二次全国代表大会在北京中南海怀仁堂举行。出席大会的正式代表 795 人，列席代表 153 人，代表着全国 38 万个基层组织的 900 万团员。团的二大根据过渡时期总路线的精神，总结了青年团过去的工作，讨论了党在新时期交给青年团的任务。大会开幕时，刘少奇代表中共中央祝词，阐述了进入有计划经济建设时期全国人民新的历史任务。要求青年团的全体团员从

---

① 毛泽东：《对新民主主义青年团第二届中央委员会组成问题的指示》（1953 年 6 月），中央团校青运史研究室编：《毛泽东同志和其他老一辈革命家关于青年运动和共青团工作的论述》，1982 年内部印行，第 27 页。

"努力学习马克思列宁主义，提高自己的共产主义的觉悟程度"，"巩固自己的组织，为自己组织的纯洁性和严肃性而斗争"，"高度地发扬爱国主义和国际主义的精神"等方面发挥党的助手和后备军的作用，站在为国家工业化而斗争的最前列。

大会讨论通过了胡耀邦作的《团结全国青年在建设祖国的伟大行列中奋勇前进》的工作报告。报告总结了过去 4 年来青年团的工作，提出了新时期青年团的任务：

在党的领导下，在毛泽东同志的教诲下，继承和发扬中国青年运动的优良传统，团结全国种族青年为建设祖国而忘我地劳动，为建设祖国而奋发地学习。在建设祖国的伟大斗争中，协助党以共产主义精神教育团员和青年，使他们成为热爱祖国、忠于人民、有知识、守纪律、勇敢勤劳、朝气蓬勃、不怕任何困难的年轻的一代，遵循我们伟大领袖毛泽东同志指引的方向，为逐步实现国家工业化和逐步过渡到社会主义社会而奋斗。①

报告还就"为完成这些任务，还必须进一步解决所有战线上青年们的一个共同问题——学习和工作相结合的问题"作了详细阐述，告诫"任何青年团员是不能够限于以对共产主义知识的一知半解为满足的。而且还必须懂得，只知道共产主义的一般知识是万万不够的"。因此希望参加共产主义大厦建设的人们，"必须在自己的工作岗位上力求精通有关的各

---

① 胡耀邦：《青年在各个战线上的任务》（1953 年 6 月 24 日），《胡耀邦文选》，人民出版社 2015 年版，第 6 页。

种专门知识，以便有可能在实际工作中贡献出自己最大的能力"。报告还辩证地分析了学习共产主义知识与专业知识的关系，澄清了在学习问题上的一些错误看法。报告要求"在各个工作岗位上的青年团员也必须认真贯彻党和团关于工作与学习相结合的方针"。

报告指出：

厂矿企业和基本建设部门中团的组织要在党的领导下，和工会密切合作，发动团员，团结全体青年工人积极地参加劳动竞赛。青年团员应该成为劳动竞赛中的积极分子。团的领导干部必须深入车间、小组和工地，和广大青年保持密切联系，经常了解他们的工作情况和思想、情绪，帮助他们解决疑难的问题，启发他们的自觉，订出先进而又切实可行的个人保证条件，把国家的计划变成他们自己的具体奋斗目标。

一切农村团的组织要以做好农业生产作为自己全部工作的中心，动员青年农民积极参加爱国增产运动；要在党的领导下经常讨论青年在生产中的问题，凡是有利于生产的事情，例如兴修水利，改良品种，改进耕作技术，防旱防涝，防治病虫害，都要发动青年积极参加；凡是妨碍生产的事情，都要及时阻止和坚决反对。要教育团员安心农业生产和热爱农业劳动，让大家懂得农业生产在国民经济中的重要性。每个农村团员都要做好农业生产，以自己的实际行动影响和推动其他青年。

学校团的组织首先要教育团员遵守学校的纪律，完成教学计划，努力学好功课，以实际行动影响和帮助同学学习。其次，在学习中要提倡发展同学们自由思考的能力和实事求是的风气，对于同学中各种不同的认识应经过充分的讨论，弄清道理，求得进步，以帮助他们真正牢固地掌握知识和养成追求真理的作风。再次，要在学校统一计划和不妨碍正常学习的条件下，团结同学自愿参加必要的社会活动和校内有关公共福利的工作，藉以培养大家为公共事业劳动和联系群众的品质。①

这些具体工作定位和摆布，体现青年团中央书记处面对新的政治社会形势，对如何在各领域发挥青年团作用的深入思考。

《青年团的工作要照顾青年特点》

6 月 30 日，毛泽东在中南海怀仁堂接见大会主席团，发表了题为《青年团的工作要照顾青年特点》的重要谈话。

毛泽东开篇便有针对性地讲道："青年团对党闹独立性的问题早已过去了。现在的问题是缺乏团的独立工作，而不是闹独立性。"一句话便点明了影响青年团工作的核心要素。

接着，毛泽东指出："青年团要配合党的中心工作，但在配合党的中心工作当中，要有自己的独立工作，要照顾青年的特点。"随后他又重提 1952 年中央工作会议提出的"两大命题"，称"两个题目，都包含了如何照顾青年的特点"。他说："党和团的领导机关，都要学会领导团的工作，善于围绕党的中心任务，照顾青年特点，组织和教育广大青年群众。"

---

① 胡耀邦：《青年团在各个战线上的任务》(1953 年 6 月 24 日)，《胡耀邦文选》，人民出版社 2015 年版，第 6—7、8—9、10 页。

毛泽东阐述了青年团的工作方向和目标，提出新中国的青年工作"要为青年设想"，要"为了保护青年一代更好地成长"，并提出以"三好"（身体好、学习好、工作好）作为青年团工作的方向。同时，他指出青年团工作的一些基本方法，就是从实际出发，从青年特点出发。他说："青年就是青年，不然，何必要搞青年团呢？"不照顾青年的特点就会脱离群众，"青年团的工作，要照顾多数，同时注意先进青年"，"重点要放在多数，不要只看到少数"，不要把圈子搞得太小。

毛泽东还要求新一届团中央委员年龄要更轻一些。在谈到青年人是否有威信时，他说："威信是逐渐建立的。……群众对领导者真正佩服，要靠在革命实践中了解。真正了解，才能相信。"[1]

毛泽东提出的关于照顾青年特点、开展独立活动以及青年"三好"的指示，从更深刻的意义上回答了"党委如何领导青年团，青年团如何工作"的命题，从原则上解决了在新的历史时期青年运动与整个人民运动的关系、团的独立活动和党的中心任务的关系、团的系统领导和党的统一领导的关系等重大原则性问题。

作为团中央书记处的主要负责人，胡耀邦认真学习领会党的领袖的讲话精神，多次用地球和太阳的运转关系作比喻，向团的干部阐述对毛泽东这个指示的体会。他认为：

　　青年团要像地球，既要围绕太阳公转，又要自转。公转就是服从党的领导和党的中心工作，自转就是积极主动地开展有益于

---

[1] 《毛泽东文集》第6卷，人民出版社1999年版，第276—280页。

青年"三好"的独立活动和工作，发挥青年团的主动性和积极性。要把公转和自转结合起来，缺一不可。①

中共给各级党委的指示

青年团二大闭幕不久，1953年10月，中共中央发出《关于加强党对青年团的领导给各级党委的指示》。文件根据毛泽东在接见青年团二大主席团时的谈话精神，明确阐述了团的独立活动的含义，要求各级党委加强对青年团工作的领导，并在工作中特别注意掌握以下几点：

（1）"必须注意照顾青年的特点"。各级党委要充分发挥青年团作为党的助手的作用，就必须领导青年团，针对青年的特点，遵照毛泽东提出的"三个好"的方向来进行工作。

（2）"必须在党的统一领导下建立团的独立活动和加强团的系统领导"。所谓团的独立活动，就是青年团注意围绕党和国家各项中心工作，采用适合青年的生动活泼的方法去进行工作；适当照顾青年的特殊要求和关心青年的切身利益；在吸引青年参加中心工作中加强团的组织建设。所谓加强团的系统工作，就是要求各级党委不仅要使用团的干部，更重要的是要善于运用和推动团的组织；不要打乱团的系统领导，破坏团的组织独立性，而是要积极帮助各级团的组织密切其上下级之间的联系，巩固其各级组织的领导。团的系统工作和组织独立性的加强，能够更广泛地联系青年群众，发挥团作为党的助手作用，这使党的领导不但没有削弱反而加强了。

---

① 张黎群等主编：《胡耀邦传（1915—1976）》第1卷，人民出版社、中共党史出版社2005年版，第239页。

（3）必须注意加强团的组织建设，加强党对团的思想、政治领导，使团充分发挥作为党的后备军的作用，使团有可能源源不断地向党和国家输送干部。

（4）各级党委应指定一个党委委员与同级团委保持经常联系。党委要定期检查和讨论团的工作。[①]

这一指示充分体现了中共中央和毛泽东有关指示精神，全面总结了党团关系方面的历史和现实的宝贵经验，系统反映了多年来有关研讨和实践探索的成果，具有很强的思想性、针对性和可操作性，为共青团保证党的领导、加强系统领导、团结和培养青年一代更好地成长，发挥党的助手作用指明了一条正确的道路。

二、站在"一化三改"的最前列

从 1953 年开始，在中共中央的统一部署下，国家工业化和对农业、手工业、资本主义工商业的社会主义改造全面推开。广大团员青年结合自身实际，积极参与其中并发挥先锋带头作用。到 1956 年底，全国 96.3%[②] 的农户参加了农业合作社，91.7% 的手工业者参加了手工业合作

---

①　中共中央文献研究室编：《建国以来重要文献选编》第 4 册，中央文献出版社 1993 年版，第 491—494 页。

②　中共中央党史研究室：《中国共产党历史》第 2 卷（1949—1978）上册，中共党史出版社 2011 年版，第 344 页。

社，99% 的私营工业和82.2% 的私营商业实现了全行业的公私合营①。生产资料私有制的社会主义改造取得了决定性胜利。

到最艰苦的地方去

从 1953 年起，我国全面开始执行发展国民经济的第一个五年计划。"经济建设工作在整个国家生活中已经居于首要的地位"②。在工业化建设方面，主要围绕限额以上的 694 个大型工业项目进行建设。五年内，将建立起许多中国历史上没有过的规模巨大的钢铁、汽车、飞机、拖拉机、新式机床、重型机器、发电和矿山设备等工矿企业。五年内，将改造、扩建一批老的企业。

国家大批新型工厂矿山的建设以及一批老企业的改造，需要集中大量工人、工程技术人员展开大会战。为动员广大青年参与其中，青年团中央响亮地提出"把青春献给祖国""一切为了社会主义""到最艰苦最需要的地方去"的号召。火红的建设年代，为各行业青年提供了施展才华的广阔天地。大批高等学校和各类专业技术学校的毕业生服从国家分配，到工业建设一线去。1952、1953 两届理工科大学生全部提前一年毕业奔赴建设岗位。许多青年农民被工矿、建筑业吸收，告别了父老乡亲，加入产业工人队伍。大批解放军官兵整建制转业到生产建设岗位上，他们服从命令，战胜各种困难，义无反顾地投身国家建设中。到 1953 年，约

---

① 中共中央党史研究室：《中国共产党历史》第 2 卷（1949—1978）上册，中共党史出版社 2011 年版，第 355 页。

② 周恩来：《把我国建设成为强大的社会主义的现代化的工业国家》（1954 年 9 月 23 日），《周恩来选集》下卷，人民出版社 1984 年版，第 133 页。

有 2000 名欧美留学生陆续回国，他们在科学技术的各个领域发挥着重要作用。为了充实新建企业，一些老企业的青年工人和青年技术人员，离开了熟悉的生产（工作）环境，告别了父母妻儿，走上新的工作岗位。在建设我国第一座规模巨大的重型机器厂——太原重型机器厂时，华东工业部和上海大批工程技术人员前往帮助工厂建设，天津、北京、上海等地也来了大批铆工、下料工、装配工、管理干部，帮助工厂建设。1953 年至 1954 年，仅上海一地就有 7 万多青年奔赴祖国各地，支援国家的重点建设。

在建设鞍钢的工地上，来自祖国各地的青年表现出高涨的劳动热情。那里住宿紧张，刚从大学毕业分来的技术员，六七个人挤在一间 20 平方米的屋子里，一张床挨着一张床。吃饭、看电影、理发、照相、买东西都得排成长蛇阵。生活苦不苦呢？一名青年技术员回答说："是艰苦一些，但算不了什么。房子不够正是需要我们来建设！"他们正是怀着这样一颗建设祖国的心投身鞍钢建设的。他们的宿舍离工地有 15 华里，有的技术员到下班时间，还为没有做完的工作而放心不下，宁肯错过乘交通车的时间工作到深夜，冒着凛冽寒风步行回宿舍。他们不怕生活上的困难和劳动条件的艰险，豪迈地说："我们是一群钢铁的人，有着一颗钢铁的心，用钢铁的意志来建设这座钢铁的城市。"硬是凭着顽强的毅力与中老年职工一道，建设起了这座现代化的钢都。

为寻觅祖国的地下资源，华北 101 地质勘探队的年轻队员们风餐露宿，战斗在穷乡僻壤，不顾恶劣的生活环境和工作条件，积极完成勘探任务。为着寻找祖国地下宝藏，3 万多名青年千里迢迢来到辽阔神秘而又荒无人烟的柴达木，开发这块沉睡千万年的土地。1955 年 6 月，青年团员陆铭宝带领 38 人的青年钻井队，率先来到大戈壁克拉玛依，他们用三块石头架起炉灶，到十几里以外的地方捡回枯柴，从 120 余里外的地方运回水，战胜了成群的牛虻和蚊蝇。经过夜以继日的战斗，终于使一号井在 10 月 29 日喷出了原油。这里的一切，都是从零开始，白手起家。搞化验没有药瓶就找些酒瓶子、罐头筒代替，没有放药瓶的地方，就在墙上钉上一块木板当瓶架。几个人挤在一张办公桌上搞实验或办公。没有化验水泥的仪器和做蒸馏水的设备就自己做，克服重重困难完成了化验任务。克拉玛依就是被这样一批批开拓者铺平了前进的道路，昔日荒凉的戈壁滩变成了初具规模的石油城。

参与农村合作化

对农业的社会主义改造，在三大改造中列为首位。1953 年，中共中央先后作出两个关于农业合作化的决议：《关于农业生产互助合作的决议》和《关于发展农业生产合作社的决议》。广大农村青年表现出了极大的热情，到处张罗组织互助组。已经加入互助组的青年，积极酝酿成立初级农业合作社。到 1954 年 6 月底，全国已有 450 万团员参加了互助合作组，约占农村团员总数的 75%，其中入社的为 35 万人。团员在其中担任组长、副组长、会计、生产队长和技术员等职务的有 100 万人以上。在加强生产管理和推广农业生产技术方面，团员和青年发挥了积极作用。

1955 年 10 月，青年团二届四中全会通过《关于动员和组织广大农村青年迎接农业合作化高潮的决议》，"放手地组织和发挥青年人建设社会主义的积极性，使青年真正成为农业合作化事业中的一支突击队伍"。到 1956 年 3 月，全国绝大部分农村团员和 90% 以上的青年加入了农业合作社。针对农村青年生产技术一般比较差的状况，团组织主动地、有计划地协助党培养了大量的技术人员和管理人员。团的二届四中全会计划，全国要从青年中培养出会计员 200 万人，农具手 300 万人，技术员 150 万人，饲养员 50 万人，并要求各级团组织在这项工作中做好人员选派、思想教育和学习辅导。

为巩固农业合作社的成果和促进农业生产的发展，自 1954 年起，全国 20 多个省市首先在农村青年中开展了"争做一个优秀社员"的活动。他们以"爱国爱社、勤恳劳动、刻苦学习、团结友爱"等实际行动，努力办好合作社。

参与手工业改造

手工业在中国有悠久的历史，在经济和社会生活中也占有重要的地位。据 1954 年调查，全国手工业从业人员有 2000 万人，其总产值占工农业总产值的 10.1%。手工业中的青年，也是手工业社会主义改造的一支重要力量，占手工业劳动者总数的 20%—50%，他们在生产中努力学习技术和文化，订立师徒合同和技术互教合同，密切师徒关系，虚心求教，不断提高技术水平和实际操作能力。他们认真执行生产协议，在团结手工业者，改善经营管理，端正营业态度等方面起了积极作用。

在手工业合作化运动中，青年积极带头入社。据典型材料调查，在手工业改造中，涌现出来的模范，团员、青年占 80%；担任手工业合作社干部的，团员、青年占 40%。手工业供销生产合作组织在供销和生产两方面都很有生气，技术水平和劳动生产率相应提高，体现了组织起来的优越性。①

---

① 中共中央党史和文献研究院：《中国共产党的一百年》，中共党史出版社 2022 年版，第 422—423 页。

参与公私合营

在私营企业中，青年职工约占40%，是监督和改造资本主义企业的重要依靠力量。各级团组织通过各种形式对青年职工进行社会主义改造方针政策的教育，并训练了一批团的基层干部，加强了中小企业团的力量。许多城市，根据公私合营的需要，组织了青年突击队和监督小组，同中老年人一道，协助公方代表进行合营工作，积极投入企业的生产改组。仅上海、北京、天津、广州、武汉、西安、沈阳等7个城市，就有13万多名青年组成8600多个青年突击队，白天坚持工作，晚上清产核资，把企业里的资产一件件点清、估价、登记，为实现公私合营作出了贡献。

在对私人工商业实行全行业公私合营的高潮中，青年团和全国青联还协助党组织开展了对青年资本家的自我学习和改造以及对资本家子女的教育活动。1956年2月22日至29日，青年团中央和全国青联在北京召开了全国工商界青年积极分子大会。毛泽东、刘少奇、周恩来、彭真等接见了代表，并一起合影。毛泽东勉励大家好好地进行自我改造。廖承志代表全国青联和团中央作了《跟祖国一道前进》的报告。很多代表写了自我改造的决心书和立功计划，表示不但要做社会主义改造的积极分子，还要争取做社会主义建设的积极分子。这次会议在全国工商界青年中产生了良好的影响。

通过参加青年团组织的活动，北京、上海等20多个城市以及各省的工商界青年纷纷举行拥护社会主义改造大会，并表示决心："努力学习，欢迎改造。宁做劳动人民的好儿女，不做资产阶级的继承人。"在推进公私合营工作中，他们积极说服父兄，推动其他同行实行社会主义改造，涌现出许多积极分子。

三、"青"字头的生产建设活动

在热火朝天的社会主义建设中，执政党统筹农业、轻工业和重工业的发展比例、步骤和进度，青年团的主要任务是："动员全体青年团员，站在工业、农业、国防和文化的战线上的最前列，以对祖国对人民的无限忠诚，积极参加建设祖国的伟大事业，在各种工作岗位上努力学习，努力发挥自己的积极性和创造性，并团结全国青年和全国人民一起为完成和超额完成国家工农业生产计划而努力。"[①] 各级团组织按照中共中央和毛泽东主席的指示，围绕党的中心工作，采取为青年所喜爱的方法，开展各种各样的独立活动，也为党的青年工作积累了宝贵的经验。

青年突击队

第一支青年突击队诞生在青年密集的建筑行业。1953 年 10 月，苏联展览馆建筑工程在北京西郊（现在早已成为北京的繁华地带之一）破土动工。为适应冬季紧张施工，1954 年 1 月 13 日，工地团委出面挑选 18 名木工，组成首支青年突击队，创造了用 3 个小时完成 7 个小时工作量的奇迹，接着，又创造了以 181 个工作日完成原计划用 478 个工作日支工业馆拱顶大梁模板任务的奇迹，高工效、高质量地完成了任务。他们提高生产效率达到 146%。这支青年突击队的出色表现，给全工区的青年树立

---

① 《中共中央关于加强党对青年团的领导给各级党委的指示》（1953 年 10 月 16 日），中共中央文献研究室编：《建国以来重要文献选编》第 4 册，中央文献出版社 1993 年版，第 489—490 页。

了榜样。他们的行动在青年工人中引起了强烈的共鸣，青年们纷纷模仿，在短短的时间内，涌现出了各种各样的青年突击队。到1954年2月中旬，青年突击队的工作形式迅速在工地推广，又建立了瓦工突击队、抹灰工突击队、电气工突击队、水暖工突击队、混凝土工突击队等6支青年突击队，都超额完成了任务。3月19日，《北京日报》首次报道胡耀林木工青年突击队。3月21日，工区行政和团委联合召开青年突击队建队大会，向7支青年突击队颁发了队旗，正式宣布青年突击队成立。青年突击队的大量涌现，使生产建设任务完成的时间大大提前，质量不断提高。

青年突击队在展览馆工地的出现，立即引起了中共中央、青年团中央和中共北京市委的高度重视。1954年6月，团中央帮助青年团北京市委总结了苏联展览馆工区组织青年突击队的工作经验，在"重点试建，逐步推广"的方针指导下，在《人民日报》和《中国青年报》上作了报道，并发表了以推广组织青年突击队为主要内容的社论。随后《工人日报》也发表了报道和社论。中共北京市委高度赞扬青年突击队是组织青年工人积极参加劳动竞赛，发挥其首创精神，推动劳动竞赛进一步高涨和对青年工人进行共产主义教育的一种有效的组织形式和工作方法。青年突击队的组织形式和工作经验迅速得到了各地团委的普遍重视，都先后着手建立和发展了青年突击队。

1954年12月，中共中央批转了《青年团北京市委关于青年突击队工作向党市委的报告》。批示指出：按照青年特点建立青年突击队，是组织青年工人积极参加劳动竞赛，发挥其首创精神，从而推动劳动竞赛的进一步高涨和对青年工人进行共产主义教育的一种有效的组织形式和工作方法。根据已经建立的青年突击队的经验证明，青年突击队在提高生产效率，突破劳动定额，加强薄弱环节，保证完成紧急任务等方面，成绩是显著的，它对于提高建筑工业的生产水平有重大作用。各建筑工程单位的党组织，应经常给青年团的工作以具体有力的领导，并通过青年团加强对青年突击队的政治思想领导，防止其产生骄傲自满、脱离群众的情绪和忽视质量安全以及单纯提高劳动强度影响身体健康的偏向。

到1954年12月，26个省（自治区、直辖市）的基本建设中已有青年突击队（组）650个，队员1.2万人。其中以北京市发展最快，全市已有135个队，队员2500多人。天津市工程公司21个队，从建立到11月底，共接受了105项任务，其中有101项突破了定额，最高者达到定额的442.7%。太原市化工工程公司三工区在安装2.5公里长的引水管道工程时，因工人的劳动纪律松弛，生产效率低，领导担心完不成任务。油麻工青年突击队建立以后，合理地组织了劳动，建立了责任制和质量标号制，改进了6种操作方法和工具，提高效率1倍到2倍，提前23天完成了任务。山东建筑工程公司第五工程处张树臣所领导的瓦工青年突击队与18个瓦工小组，发起学习双手挤浆法的竞赛，20天内使全工地砌混水墙效率超过中央定额的30%，青年突击队取得了超额220%的成绩。西南水力发电工程局狮子滩工地石工场青年突击队，在竞赛中采用了连续钻孔等先进方法，迅速突破每日每台风钻钻孔25米的定额，创造了6.5小时钻孔84米的新纪录，推动了同工种的两班每台风钻日进尺量巩固在50米以上。在竞赛评比中，有不少青年突击队（组）被评为先进小组。据山西省三个建筑工程公司的调查，在41个青年突击队和青年生产组中，已有25个被评为工地、公司的甲等模范生产组。

青年团中央认真总结了青年突击队的工作情况和成功经验，找出了尚存的问题和以后的工作方向，并上报给中共中央。1955年2月，中共中央批转了青年团中央《关于在基本建设部门中发展青年突击队的组织向中央的报告》，指出"这是一项好的经验，望各地参照办理"。在党中央的关怀下，在全国各地党、政、工、团组织的直接领导下，青年突击队得到了迅猛发展。在第一个五年计划期间，仅全国各地基建工地的青年突击队就有 7500 个，参加青年 13.5 万人。其中，北京市第六建筑工程公司张百发钢筋工青年突击队成为最亮眼的先进典型之一。

随着城市工矿企业青年突击队蓬勃发展，农村青年突击队也在各地组建起来。广东省中山县新平乡第九农业生产合作社青年突击队就是一个著名的例子。

1955 年春，新平乡在掀起备耕热潮时，第九农业生产合作社团小组长提议，经党支部批准，36 名农村青年组成了一支青年突击队。他们不仅在推广先进技术和保证耕作质量上发挥了先锋作用，而且在克服生产无人负责现象以及在爱护集体财产、维护集体利益方面，也起了模范带头作用。他们从 20 公里以外去借田育秧，保证了按时插秧。他们还带头扑灭螟虫，推行密植先进技术。

中共粤中区委对此评价了三句话："党委为领导，老农作参谋，青年打先锋。"团中央了解情况后明确指出："青年突击队的做法，是调动青年社会主义建设积极性的好形式，可以在全省、全国总结推广。"1955 年下半年，中共中央要求各地总结、选送一批农村工作的经验文章。《中山县新平乡第九农业生产合作社的青年突击队》被编入《中国农村的社会主义高潮》一书。毛泽东为该文写了按语：

这一篇很好，可作各地参考。青年是整个社会力量中的一部分最积极最有生气的力量。他们最肯学习，最少保守思想，在社会主义时代尤其是这样。希望各地的党组织，协同青年团组织，注意研究如何特别发挥青年人的力量，不要将他们一般看待，抹杀了他们的特点。①

青年突击队的建立是青年团围绕党的中心工作，开展团的独立活动的一种组织形式，也是青年团开展工作的主要内容之一，还是青年团围绕党的中心工作开展独立活动的体现。青年人精力旺盛，体力充沛，富于进取心和创造性，喜欢集体生活和竞赛。青年突击队的组织形式和活动方法，适应了青年的特点和需要。它使得广大青年在参加社会主义建设的实践中学习到文化、科学、管理等方面的知识技能的同时，也学习到了劳动协作、勇敢攻关、积极向上的高尚品德。青年突击队的建立激发了青年的荣誉心和责任感，把青年建设社会主义的劳动热情吸引到推广先进经验、掌握新技术和开展技术革新方面，既发挥了他们的积极性和聪明才智，又保持了青年突击队员的劳动热情，使生产率不断提高、生产纪录不断创新，加快了建设速度，成为经济战线上的一支重要力量。

青年志愿垦荒队

自 1953 年开始，在经济建设第一个五年计划实施过程中，一方面城市有大量中小学毕业生未能升学或就业，另一方面农村需要大批有文化的知识青年投入劳动者的队伍中去。1955 年 6 月 27 日，中共中央转发青年团中央《关于苏联开垦荒地的一些情况的报告》（这是中国青年代表团赴

---

① 毛泽东：《〈中国农村的社会主义高潮〉按语选》（1955 年 9 月、12 月），《毛泽东文集》第 6 卷，人民出版社 1999 年版，第 466 页。

苏联学习共青团工作经验的考察报告），从而成为城市青年开展大规模垦荒运动的前奏。1955 年 8 月《人民日报》一篇社论指出："新中国成立的时间还短，还不可能马上就完全解决城市中的就业问题。如果国家用分散经济力量的方法把每个人的职业都包下来，那么，工业的发展就要受到挫折。必须指出，家在城市的中、小学毕业生中有一部分人目前的就业问题是有一定困难的。""农业生产对于中、小学毕业生的容纳量是十分巨大的，现在需要量很大，以后的需要量更大。"①1955 年 8 月至 1956 年上半年，为落实中共中央批转中央农村工作部《关于垦荒、移民、扩大耕地、增产粮食的初步意见》，且受到中共中央转发团中央书记处《关于苏联开垦荒地的一些情况的报告》的鼓舞，向有"开风气之先"传统的青年团发起青年志愿垦荒运动，从而成为知识青年上山下乡的又一直接源头。

　　1955 年 8 月初，北京市石景山区西黄村乡乡长、23 岁的杨华与 4 名有志于垦荒的北京青年②商议组建垦荒队的事。随后，这 5 位发起人向青年团北京市委提交了组建北京青年志愿垦荒队的申请书。杨华等人的倡议书在《人民日报》《中国青年报》等报纸上发表后，在北京及全国广大青年中引起强烈的反响，很多青年纷纷报名，要求参加北京市青年志愿垦荒队。青年团北京市委从报名的青年中挑选出 60 人作为首批队员，组成全国第一支青年志愿垦荒队。

　　8 月 30 日，首都 1500 多名青年参加盛大集会，热烈欢送北京青年志愿垦荒队。会上，青年团中央书记处书记胡耀邦作了题为《向困难进

---

① 《必须做好动员组织中小学毕业生从事生产劳动的工作》，《人民日报》1955 年 8 月 11 日第 1 版。
② 包括门头沟石门乡团总支书记庞淑英（女），南苑区的李连成、李秉衡（又名炳恒），东郊区的张生。

军》的重要讲话。他说："我代表青年团中央欢送你们，欢送你们到伟大祖国的边疆黑龙江去开荒。你们是光荣的第一队，是中国青年的一个有意义的创举。"他号召垦荒队员"要向困难进军！有一千条困难，就要打破一千条，有一万条困难，就要打破一万条"。胡耀邦代表团中央亲手把一面绣有"北京青年志愿垦荒队"的队旗授给垦荒队。

9月10日，北京青年志愿垦荒队在萝北的荒原上隆重地举行了开荒仪式。60名垦荒队员庄严地举起右手，向党和人民发出了坚定的誓言。他们经受住恶劣环境、艰苦生活、繁重劳动等困难的考验和锻炼，在与荒原的奋战中，取得了丰硕的成果。到9月下旬，他们已开荒800多亩，唤醒了这块沉睡的处女地。1956年10月24日，垦荒队全体队员打电报给团中央，报告他们丰收的喜讯。在一年多的时间里，他们垦荒3000亩，生产粮豆140吨，上缴国家74吨，收入1.56万元，生产蔬菜30万公斤，还盖起了宿舍和食堂。有15名垦荒队员入党，13名入团。他们用实际行动，实现了自己立下的誓言，在北大荒建立了第一个以首都名称命名的村庄——北京庄。

1956年，山东青年垦荒队和第二批哈尔滨、北京、天津等地青年先后共14批2567人到达萝北。为了加强对各省市青年垦荒队的领导，萝北县成立了青年垦区委员会，各垦荒队混编成4个大队。1956年五四青年节，建立集体农庄委员会，为各队命名。北京青年垦荒队的新建点，命名为北京青年集体农庄，简称北京庄。依次为天津庄、哈尔滨庄、河北一庄、河北二庄、山东一庄、山东二庄和山东三庄共8个青年集体农庄。同年6月，青年团中央书记处书记胡耀邦到萝北县考察，探望在荒原建点的青年垦荒队员，赞许他们为祖国献身的崇高理想和艰苦创业的英勇精神，并赠言："忍受，学习，团结，斗争。"他还幽默地说，希望下次来能听到"鸡鸣、狗叫、娃娃哭"。

北京青年到东北志愿垦荒的消息传开后，上海青年也活跃起来了。21 岁的上海市民主青年联合会委员陈家楼和吴爱珍、石成林、吕锡龄、韩巧云等人给市长陈毅写信，要求到边疆开荒，建设共青城。上海市人民政府、团市委等对青年志愿垦荒队的组建给予了高度的重视。他们大力支持陈家楼等人的行动，一方面派出专人到江西进行选址和安排，另一方面对组成人员进行严格的挑选，配备了带队人员、医生、电工、水工和懂农业生产的人员，考虑到他们将在江西成家立业，甚至连男女比例都作了相应的安排。接着，还在上海团校举办了为期 10 多天的学习班，组织大家到江湾五角场农业社劳动锻炼，熟悉农业生产，为适应江西的生活环境，还学习吃辣椒。

10 月 18 日，上海市青年志愿垦荒队 98 名队员来到了位于南昌、九江之间的德安县九仙岭下八里乡安家落户。德安县九仙岭一带，满目荒山，荆棘丛生，钉螺遍地，人烟稀少，常有野兽出没。青年志愿垦荒队员克服重重困难，披荆斩棘，挖井开塘。他们一边搭建茅棚，一边开荒修路，手磨破了，肩压肿了，仍然咬紧牙关坚持着。他们每人一天仅有 3 分钱的菜金，睡的是四面透风的茅棚，大家以劳动为荣，以苦为乐，团结奋斗，走上了一条前人没有走过的道路。他们那种"向困难进军，把荒山变成良田"的精神，在当时产生了很大的影响。垦荒队副队长陈家楼有工作总是干在前面，有困难总是冲在前面。19 岁的于维忠放弃上海闸北区居委会福利主任的工作，参加垦荒队。陶金娣参加垦荒队时还是个年仅 16 岁的小姑娘，她克服种种难以想象的困难，决不当逃兵。他们都成为当时上海青年们心中的楷模。不久，又有上海青年陆续到江西各地垦荒。据统计，1955 年，上海青年志愿去江西垦荒的总计有 848 人。

1955年11月29日，垦荒队到达这里刚40天，胡耀邦便风尘仆仆地前来看望大家。他指着简陋的茅草棚问："住得惯吗？"队员们说："茅草房是我们自己盖的，我们喜欢它，我们要叫茅草房万岁。"胡耀邦笑着说："茅草房固然好，你们能吃苦，这是可贵的品质。但是茅草房也只能住两三年，不能叫茅草房万岁。你们一定要靠自己的劳动，创造出比茅草房高级得多的房子。"陈家楼请胡耀邦为他们垦荒队命名题字，没有毛笔，胡耀邦便用两个竹片夹着药棉，题了"共青社"三个字。

走在志愿垦荒前列的还有浙江温州青年。1955年1月，华东军区解放军部队解放了一江山岛。慑于解放军的声威，盘踞大陈岛的蒋军仓皇逃窜。逃跑时，他们对大陈岛进行了一场罕见的大破坏，岛上1.8万多居民，被强行押往台湾，渔船被带走或毁坏沉没，岛上所有民用生活设施被摧毁，到处是废墟。为了使"死岛"复活，1955年11月，胡耀邦到浙江考察青年工作期间，倡议组织青年志愿垦荒队，开发建设新生后的大陈岛。中共温州地委、中共温州市委号召温州青年响应倡议，青年团温州市委积极动员，一周内报名参加开发大陈岛的青年就达到2000多人。温州团市委在他们中间挑选了200多人组成第一支垦荒队，队员们的年龄为14至22岁。1月21日，团中央专门派人到温州，向他们赠送了绣有"建设伟大祖国的大陈岛"的红旗和贺信。这面红旗就成了他们的队旗。1月31日，首批227名队员高举温州青年志愿垦荒队队旗，登上大陈岛。

垦荒队到大陈岛后，十五六岁的姑娘喂猪养兔，小伙子们上山开荒，下海捕鱼。强台风曾数次吞没了他们的劳动成果，他们坚韧不拔，从头再干。有的队员亲属去信，要他们回温州，他们却在荒岛上宣誓：把青春留给大陈岛，把它建成东海上的一颗明珠。在他们最困难的时候，胡耀邦两次约见垦荒队的代表，两次写信鼓励他们为建设大陈岛贡献力量。从 1957 年到 1960 年，先后又有四批 231 名青年陆续到大陈岛参加温州青年志愿垦荒队。连同第一批上岛的队员，他们和岛上军民一起艰苦奋斗，终于使大陈岛面貌焕然一新，成为东海上的一颗明珠和旅游胜地。这些垦荒队员中有 15 人入党，62 人入团，160 多人被评为好队员，两名队员不幸因公牺牲。

青年节约队

新中国成立之初，我国经济基础薄弱，资源短缺，各方面条件都很差，钢材、木材、水泥等原材料的供应都比较紧张。要在"一穷二白"的条件下开展大规模经济建设，实现工业化，努力增产和节约钢材、木材、水泥，战胜原材料缺乏的困难，就成为一切工业基本建设部门青年的光荣任务。

在党中央和毛泽东的号召下，1952 年在全国范围内展开增产节约运动。1953 年 10 月，增产节约竞赛在各地厂矿和基本建设中普遍开展起来。鞍钢公司机械总厂工具车间团员王崇伦订出了 1 年完成 3 年任务的个人增产节约计划，被称为"走在时间前面的人"。唐山钢铁厂团员蔡连成创造了"转炉先进操作法"，一年可增产 203.8 亿元（旧币）。重庆 102 钢铁厂实习生青年团员杨杰，提出在炼钢化铁时用含矽多的灰口铁代替含矽少的白口铁的建议，大大减少了矽的用量，全年可为国家节约 58 亿元（旧币）。"增产节约"成为当时工业战线上的响亮口号。

第一支青年节约队是在 1954 年 8 月由吉林省长春市建筑工程公司成立的。它不是固定的生产组织形式，而是群众自愿参加的一种义务劳动的组织。通常是在不影响青年生产、休息的条件下进行活动。青年节约队一问世，就很快受到青年和工矿企业的欢迎。从吉林省一份报告看，1954年，长春市就已经建立了30个青年节约队。根据长春、吉林、辽源、四平、延边、通化6个市、地委和5个直属厂矿的统计，到1955年6月底，已建立566个青年节约队和青年节约小组，有15768人参加。

1955年7月，中共中央提出"厉行全面节约，克服一切浪费"的号召。8月10日，青年团中央书记处转发了《团吉林省委关于青年节约队的工作报告》，团中央批示：发动最广大的青年厉行节约、反对浪费是青年团当前重要活动之一。从此以后，全国各地的青年节约队有了进一步的发展。1955年9月底统计，全国有青年节约队7163个，参加的人数为31.4万人。青年节约队活动的开展，为国家捡回了大量被遗弃的金属和建筑材料、机器零部件，以及木料、砂石、砖瓦和工具；改进了行政管理，特别是材料的管理；提高了青年时时严格要求自己、处处注意节约、爱护国家财产的观念；锻炼了青年向产品质量低劣和一切浪费现象作斗争的品质。青年节约队的活动和实际效果也影响了广大职工，推动了全面节约运动的开展。

据山西省的调查，80%的青年工人都参加了这些活动。该省19个企业单位统计，在这一时期内，青年工人突破定额、创造新纪录共142件。各地工业中的青年突击队、节约队和监督岗的组织也有很大的发展。如在这一时期中，辽宁建立了2195个青年节约队，创造了实行"节约手册"等新的推行节约的方法。他们还开展了捡废钢铁的义务劳动，利用这些废钢残料为国家创造了大批合乎规格的产品。在各个大、中城市中也开展了这一项活动，到9月底全国已有节约队7613个，他们一共为国家捡了废钢铁 10 万余吨。

在青年节约队的发展中，广州市的情况比较有代表性。在一份回顾当年情况的材料中记载着：广州铁路局青年调度员黄铿铭，认真学习了苏联苏德尼学夫的综合调度法，推行了计划调度经验，从 1955 年 7 月至 1956 年 1 月 25 日共组织了超车轴 259 个列车，超轴 53639 吨，共防止了机外停车 415 次，受到广州铁路局的通报表扬。

广州造纸厂青年基建技术员黄汉荣 5 年共提合理化建议 57 件，被采纳了 34 件，为国家节约 96134 元。广州通用机器厂青年下料工原照辉提出合理使用原材料的建议，从 1956 年 2 月至 3 月，全组节约钢材 22 吨，成为全市青年班组先进的典型之一。1956 年 5 月 29 日，毛泽东视察广州造纸厂，在磨木车间接见了团支部书记区润甜。毛泽东指出："为了建设社会主义，要注意点滴节约，充分利用木材；要多培养工人阶级的技术力量。"毛泽东的指示极大地激发了广大青年的劳动热情和增产节约的积极性。1956 年，广州市 266 个青年节约队开展节约竞赛，举行了 11 次义务劳动，为国家捡回 9700 多元废旧材料。1957 年，广州市有 34 支青年节约队，计有广州水泥厂、广州铁路局营业所等单位，在两个月内共收拾废旧钢铁金属零件 83 吨，价值 6 万多元。

在 20 世纪 50 年代开展的增产节约活动中，青年团中央注意将教育宣传和奖励挂钩。1957 年 3 月 13 日，青年团中央作出了《关于奖励 1956 年在增产节约钢材、木材、水泥活动中获有优秀成绩的青年的决定》。对 1956 年各地在增产和节约钢材、木材、水泥的活动中有优秀成绩的 179 个青年生产集体和个人及组织这一活动有优良成绩的 9 个团的基层组织给予奖励。对其中成绩特别突出的 14 个青年生产集体授予奖旗，对其余 174 个集体和个人授予奖状。

1958 年 11 月 21 日至 12 月 2 日，第二次全国青年社会主义建设积极分子大会在北京召开。很多的青年班、组、岗、队、手都掀起了社会主义建设的立功活动。其中比较典型的是吉林长春。1958 年，中共长春市委号召全市各条战线要深入开展增产节约运动。为了充分发挥广大青年在增产节约运动中的积极性和创造性，团市委于年初在全市青年中开展增产节约万辆解放牌汽车（价值）活动。这一活动立即得到全市广大青工的热烈响应，青年们迅速行动起来，结合自己的实际工作制订增产节约计划和实现的措施。为了实现自己的奋斗目标，他们动脑筋、想办法，到处可以看到突破定额，创造新纪录，大胆革新技术的生动事例。全市各行业青年提的合理化建议达到了 3000 件。到 6 月 28 日统计，全市青年增产解放牌汽车 11129 辆，折合人民币 17806.4 万元，提前实现了增产节约万辆汽车（价值）的计划。

青年的增产节约运动，在农业生产中也发挥了积极的作用。随着耕作制度的改革和复种面积的扩大，对肥料的需要量也随之增加。在一个时期，自然肥、化肥普遍感到不足。1955 年冬至 1956 年春，全国有 7000 万农村青年参加了积肥运动，积肥 8000 多亿斤。各地农村青年还普遍开展了秋收捡粮运动，据河北、贵州、江西等 7 个省初步统计，共有 360 余万青少年参加，捡回粮食 2000 余万斤。

青年监督岗

青年团组织建立青年监督岗，是从苏联共产主义青年团学来的经验。监督岗的作用主要是发动青年监督生产和管理中存在的问题以及领导的官僚主义作风，参与企业管理。监督的方法是实事求是，以理服人。事实证明，它是组织青年参加生产和经营管理、进行民主监督的一种有效形式。

　　监督岗主要通过岗报（黑板报）进行活动，标题醒目，通俗易懂，图文并茂。栏目和形式多样，有快板、诗歌、顺口溜、小品文、讽刺漫画等。内容有批评、表扬、建议、意见、反映问题、协商事宜、帮助、劝告、举办展览等。青年监督岗的成员，由具有一定政策水平，敢于开展批评，熟悉生产过程，技术业务水平较高的青年担当，岗长在群众中具有一定的威信和领导能力。组建监督岗都有一定的程序和仪式，一般是群众推荐，团组织与党支部商定，举行建岗仪式，领导颁证授旗。这样既激励岗员的积极性，也提高了监督岗的权威性。

　　1954 年 3 月，北京石景山钢铁厂团委学习苏联列宁共青团监督岗活动的经验，结合本厂具体情况，建立了临时性的青年监督岗，7 月又发展为正式的青年监督岗。青年监督岗成立后，对促进生产、减少浪费起到了很好的作用。这一形式在全市被逐步推广。1955 年 1 月 24 日，团北京市委在给中共北京市委和团中央的《关于重点试建青年监督岗的报告》中说："青年监督岗是青年团在党的领导下，按照青年特点建立的，是协助党和行政及时防止、消除生产中的缺点的一种群众方式。"1955 年 2 月 4 日，《北京日报》发表了石景山钢铁厂团委的文章《石景山钢铁厂青年监督岗的成长》。次日，又发表了石景山钢铁厂党委的文章《领导团组织建立青年监督岗工作中的一些体会》。很快，北京的很多工厂都成立了青年监督岗。1955 年 12 月 4 日，团北京市委召开北京市国营、地方国营和公私合营工厂中青年监督岗负责人和团的干部会议，交流监督岗活动的经验，要求各厂矿团组织加强对监督岗的领导，没有建立监督岗的单位要迅速建立，已经试建的要很好推广。

据统计，到 12 月底，北京市有 43 个厂矿建立了 180 个青年监督岗，拥有岗员 1430 多人，在生产中发挥了突出的战斗作用。《北京日报》于 12 月 11 日为此发表社论《在厂矿中大力开展青年团监督岗的活动》，宣传青年监督岗的开展情况。

到了 1956 年，青年监督岗的形式又有了发展，在原来各厂单独的监督岗的情况下，又出现了联合。1956 年 2 月 7 日，北京市双轮双铧犁青年团监督岗总岗成立。这是因为北京市 1956 年双轮双铧犁的生产任务，交给了 123 家工厂完成。为协助党和政府监督各厂实现社会协作和消除各厂劳动竞赛中的缺点，团北京市委成立了青年团监督岗总岗。中共北京市委工业部部长贾庭三任总岗总指挥，团北京市委第二书记王照华和第三地方工业局副局长袁永厚任副总指挥。总岗成立后，各区成立了监督岗分指挥部，各厂建立了监督岗。监督岗总岗为促进按期、按质、按量完成双轮双铧犁生产任务，起到了很好的作用。截至 1956 年 8 月，北京 29 家工厂共设立青年监督岗 500 多个。青年监督岗成为青年班组中的核心组织，被誉为生产战线上的"哨兵"。

在全省范围内推广建立青年监督岗，要数山东最早了。1954 年第四季度，团山东省委在组织试点干部学习苏联共青团建立青年安全监督岗工作经验的基础上，开始在济南柴油机厂和青岛国棉一厂重点试建了青年安全监督岗，并取得了初步经验。在济南柴油机厂和青岛纺织厂试点后，全省许多地区相继试建监督岗。至 1955 年 9 月，济南、青岛、淄博等市已稳步进行推广，半年多时间已有 87 个单位建立了 32 个监督岗。监督岗活动不仅提高了青年的道德品质，同时取得了各级党委对这项工作的支持，使得各厂矿生产工作和企业管理中的各种违纪、官僚主义等问题明显减少。

天津市工厂企业中建立青年团监督岗是从 1955 年初开始的，他们也是先试点后推广。团天津市委根据苏联共青团与北京石景山钢铁厂建立监督岗的工作经验，先在国营天津钢厂与棉纺三厂进行了重点试建，然后，在其他工厂陆续试建。1955 年 9 月，全市工厂企业团的基层干部会议交流了本市建立监督岗的经验后，才稳步推广，至 1955 年底，在国营与地方国营工厂企业中，全市共有百余单位建立了 196 个监督岗。比较普遍大量的建立是在 1956 年以后。截至 1956 年 7 月底的统计，工厂企业中（不包括铁路和城厢、南开区所属单位）共有 447 个基层单位建立了 1378 个监督岗，其中国营、地方国营工厂企业有 92 个单位 546 个监督岗，公私合营工厂有 355 个单位 832 个监督岗。

从散落在一些材料中的数字记载可以看到，浙江省 1954 建成立了 450 个青年监督岗；山西省 1956 年建立了 552 个青年监督岗、检查队，有青年岗成员 6000 多人活跃在工交战线；辽宁建立了 3463 个监督岗，拥有成员 25077 人；长春市从 1955 年开始在工厂建监督岗，1957 年有 354 个青年监督岗，3539 名岗员。青年监督岗在工地、车间、商店普遍建立起来，哪里有团组织，哪里就有青年监督岗。在帮助企业改进管理和消除缺点方面，青年团监督岗发挥了尖兵作用。

青年监督岗这种活动的开展，既抵制、消除了工厂、农村生产和管理中的缺点和不良现象，显示了青年敏锐的斗争作用，成为工农业上一支强有力的群众性的监督队伍，又培养了青年关心集体、爱护国家财产、坚持原则的优良品质。实践证明，组织青年监督岗是吸引青年协助行政管好工农业，发挥青年积极性，培养教育青年的一个有效的形式和方法。但是，由于它触犯了官僚主义，触犯了某些"领导者"的利益，又在民主化不强的情况下，遭到某些"领导者"的反对，这种有利于生产的监督形式，后来终止了。

青年造林大会

新中国成立后，中国森林资源缺乏，森林面积仅占全国总面积的7.9%。所以，有计划地植树造林、绿化祖国，成为全国人民一项重要而迫切的任务。1955年毛泽东向全国人民发出了在12年内绿化祖国的号召。中共中央提出的1956年到1967年全国农业发展纲要草案中规定：从1956年开始，在12年内，绿化一切可能绿化的荒地荒山，"在一切宅旁、村旁、路旁、水旁，只要是可能的，都要有计划地种起树来"①。

全国青年响应"绿化祖国"的号召，立即开展了一个规模空前的植树造林活动。从1955年入秋至1956年春，全国有6660万青年投入了植树造林洪流，造林546万亩，种植树木22亿株。1956年3月，五省区（陕西、甘肃、山西、内蒙古、河南）青年造林大会在延安召开。胡耀邦在会上作了题为《青年们！把绿化祖国的任务担当起来》的报告，号召全国青少年要下定决心，一定要把伟大的祖国绿化起来，一定要把祖国大地变成绿色的"海洋"。会议还听取和讨论了林业部副部长罗玉川所作的题为《学会林业技术，向荒山荒地进军，为绿化祖国而奋斗》的报告和水利部黄河水利委员会主任王化云所作的题为《为兴修水利、保持水土而斗争》的报告。会议宣布，经党中央批准，团中央决定将每年4月1日和11月1日作为全国青少年植树造林日。

五省区青年造林大会在全国青年中产生了广泛的影响，全国青少年进一步开展了规模巨大的绿化祖国的活动。仅在1956年，全国就有1.2

---

① 《一九五六年到一九六七年全国农业发展纲要（修正草案）》（1957年10月25日），中共中央文献研究室编：《建国以来重要文献选编》第10册，中央文献出版社2011年版，第571页。

亿青少年参加了植树造林活动。他们组建了数以万计的青年造林突击队，在荒山安营，在峻岭扎寨，风里来雨里去，雨天一身泥，晴天一身尘。他们把"绿化祖国，向荒山秃岭进军""给沙漠披上绿装""让黄河变成清河""把我们的家乡变成花果山""让荒山变成森林，把空地变成绿园"等口号变成自己的实际行动。广大青少年先后开展绿化长江、绿化黄河、绿化长城、绿化西北黄土高原活动。大筑东北、西北和内蒙古防护林带，营造东起府谷西至定边的陕北防沙林带，以及其他林带。大搞万里林荫道，绿化了成千上万的荒山、荒沟、荒滩，大小路旁和溪流。

在植树造林活动中，青年是一支活跃的力量。他们以战斗的姿态，一直走在活动的最前列，取得了很大成绩，积累了宝贵经验，涌现了大批先进集体和积极分子。青年植树造林活动无疑是值得赞赏、值得肯定的，但由于缺乏具体组织领导大规模造林的经验，对新形势下伴随绿化活动而产生的一些新问题估计不足，研究不够，较多地注意了活动规模和种树的数量，而对技术指导和物质准备注意不够，未能及时将青年可贵的热情引导到提高造林质量和巩固造林成果上来，造成植树的成活率不太高，没有完全达到中共中央提出的"不但要快造，而且要造好"，"不但要多栽，而且要栽好"的要求。

四、开展有特色的宣传与思想教育

新的社会秩序需要新的价值理念来维系，新型社会关系的形成需要新的道德规范来支撑。各级青年团在党的领导下，通过培养青少年劳动观念、加强共产主义道德教育、开展争做社会主义建设积极分子等活动，帮助广大青少年逐渐树立起走社会主义道路的意识，爱国主义、集体主义、为人民服务等观念越来越深入人心，推动社会主义新型社会关系及与此相适应的社会道德规范有效铸造。

培养青少年的劳动观念

新中国成立后，经济和教育事业都有了较快的发展，全国高小和初中毕业生的数目逐年增多。到 1954 年暑期，高小毕业生达 400 余万人，初中毕业生 60 余万人，比 1953 年增加了 1/3 左右。这些学生在当时不可能完全升入上一级学校。但是由于当时社会上许多人轻视体力劳动，认为通过读书可以摆脱体力劳动，所以导致许多高小、初中学生毕业后在人生道路的选择上犹豫彷徨。青年是社会发展的后备力量，有文化的青年更是经济建设的重要后备人才。因此，如果不解决好青年中的这种思想认识问题，将直接影响新中国的各项建设事业。

鉴于这种情况，1954 年 4 月，青年团中央根据党中央的要求，发出了《关于组织不能升学的高小和初中毕业生参加或准备参加劳动生产的指示》。团中央要求各级团组织要协助党和政府大力加强对青年的劳动教育，做好思想工作和组织工作，妥善解决不能升学的高小和初中毕业生参加或准备参加劳动生产的问题。各级团组织根据这个指示，在积极开展毕业生思想教育工作的同时，还与教育部门配合，紧密结合教学活动，开展对学生进行劳动教育的系列活动。这些活动有：参观工厂、农场，帮助学生树立劳动创造财富的思想；请劳动模范作报告，树立劳动光荣的思想；学习宣传青年先进、模范人物，树立正确的人生观等。通过这些活动营造正确的社会舆论，在青少年思想中植入正确的观念，清除腐朽落后观念的影响。

组织青少年参加义务劳动，是用实践活动对青少年进行劳动教育的有效形式。1954 年暑假，青年团北京市委发动全市大中学生参加"苏联展览馆"（今北京展览馆）挖湖工程的义务劳动，共有 18580 人次参加了这次劳动，开挖土方 5542.29 立方米，完成全部土方工程 1/2 以上，创造财富 2100 余万元。这次义务劳动，使广大青年学生体会到社会主义是集体的事业，是亿万人民密切配合、共同劳动的成果；认识到体力劳动不是想象的那样简单，体力劳动也能创造财富；改变了原来不正确的劳动观。团北京市委的经验，得到了团中央的重视，并据此提出：组织青少年参加义务劳动有在全社会提倡的必要，可以作为团的基层组织工作内容之一。这个意见很快得到各地团组织的响应，付诸实施。各级青年团组织配合党政部门开展有声有色的劳动教育活动，收到了良好的教育效果。1953年至 1955 年三年中，青年团协助党和政府安置了 800 余万高小和初中毕业生参加生产劳动，使国家的劳动大军获得一大批有一定觉悟和知识的青年生力军，为国家的经济建设事业的发展作出了一定的贡献。

加强共产主义道德教育

新中国的成立为青少年的健康成长提供了诸多的条件和有力保障，但旧社会遗留下来的丑恶现象和观念一时还无法被完全消灭，并且随时会对青少年的成长产生不良影响。据有关材料记载，1954 年 4 月至 6 月，北京市共逮捕 612 个有劣迹的流氓分子，其中有青少年 380 人；天津市第三区流氓分子 200 余人，其中青少年占 2/3；1953 年上海犯偷盗罪的青少年有 1216 人，而在 1954 年上半年就已达到 986 人。青少年的道德状况引发人们的普遍忧虑。

1954 年春，中共中央要青年团中央书记处注意青年中的纪律和社会风气问题。5 月，团中央常委会要求各地团委"对这个问题要加以重视"，进行认真研究。此后，不少地方团委开展调查，做了一定的工作。10 月 12 日，《中国青年报》刊出《马小彦为什么会腐化堕落的》①；10 月 16 日出版的《中国青年》杂志刊登《在歧路上》②。这两篇文章分别揭露了两个青年腐化堕落的事实。10 月 16 日，《中国青年报》发表社论《反对腐化堕落和流氓行为，向一切毒害青少年的现象坚决斗争》，从而拉开了一场以团结教育广大青年为重点，改造社会风气，"加强对青少年的共产主义道德教育，抵制资产阶级思想的侵蚀"为目的的教育活动的序幕。

为把整个教育活动引向深入，1954 年 11 月，中共中央批转了青年团中央书记处《关于加强对青年的道德教育　抵制资产阶级思想侵蚀的请示报告》。《报告》中指出，在一些青少年中存在着道德败坏的现象是有其社会根源和历史根源的。旧社会的思想还依然存在，必然要在新一代中发生传染作用。我国目前还允许资产阶级存在，他们唯利是图腐朽糜烂的观点和生活方式必然同样地在新一代发生腐蚀作用。鉴于目前党在人

---

① 《马小彦为什么会腐化堕落的》载述，马小彦是上海行知中学初二学生，由于从小娇生惯养，所以刚入中学时就和流氓阿飞混在一起，看坏书、坏电影，上舞厅、嫖私娼、偷窃，和流氓一起打斗伤人，逐步走上了破坏治安的犯罪道路。

② 《在歧路上》一文披露了上海市一个叫王汝彬的 19 岁的中学生，在不良分子的教唆毒害下，从一个聪明伶俐、学习成绩较好、常拿学校奖状、在家中最受宠爱的青年，逐渐变成惯于群架、偷窃诈骗、扰乱社会治安的流氓。最后，他因从上海窜至北京作案多次，被北京市人民法院判处 8 年徒刑。

民和青年群众中有着极高的威信，无论已经消灭或即将消灭的阶级，他们都不容易提出什么政治口号来吸引青年，因此争夺青年的重要方法便是从生活道德上腐蚀青年。在《报告》中，青年团中央分析了团工作中的根本缺点，是对青年团是做"人"的工作，是协助党培养年轻一代成为社会主义全面发展的人这一特殊的根本任务，还缺乏深刻的理解，因此，青年团的同志往往不能围绕党的中心任务和中心工作去注意青年人的思想和道德问题，往往不善于从围绕党的中心任务去关心青年的特殊要求，有步骤地充实团的独立活动。同时要求各级团组织要在工作实践中，注意克服这个缺点。

青年团中央在《报告》中还指出，目前一部分青少年的不良行为，正是资产阶级思想在青少年中发生腐蚀作用的反映。在城市中残存着的流氓分子、黄色书刊和下流场所，是勾引青少年堕落、腐蚀青少年的罪恶势力和罪恶阵地。因此肃清青少年中道德败坏的思想和不良行为，必须经过长期的工作过程和教育过程，必须伴随着整个社会主义建设和社会主义改造工作的发展，才能逐步解决，认为大叫几声或搞一次运动就可以太平无事的想法是不合实际的。各地团委必须在各地党委的统一部署和领导下采取具体的措施：坚持正面教育的方法；要以积极的态度去关心青年的学习和文化生活；要面向广大青年，着重做好后进青年的工作；在大中城市，建议由政府有关部门给予那些唆使青少年犯罪的流氓头子必要的打击；要用新的书刊代替旧的书刊，以新内容的曲艺代替旧内容的曲艺，取缔和改造下流娱乐场所。1955 年 1 月，党中央又批转了青年团上海市委的《关于加强培养青年共产主义道德品质 抵制资产阶级思想侵蚀的报告》。两个报告的批转把这一教育活动推向了一个高潮。

1955 年 2 月，青年团中央召开了二届二中全会。会议的中心议题是研究进一步加强对青年的共产主义道德教育的问题。会议指出，培养青年的共产主义道德品质，抵制资产阶级思想侵蚀的工作，要结合各项实际工作稳步深入地开展下去。在青年中提倡勤劳、俭朴、正直、诚实的作风，反对腐化、奢侈、欺诈、虚伪的恶习，并向一切勾引青年犯罪的流氓、盗匪作斗争。在进行这项工作的时候，应当运用各种典型事例来进行教育，坚持说服教育的方针。在知识青年中，要抵制和批判唯心论，有步骤有组织地进行辩证唯物论的学习。要鼓励青年和坏人坏事作斗争，勇敢地揭发贪污、浪费和违法乱纪的问题。这次全会，对整个教育活动的深入发展起到了推动作用。

这次道德教育活动从1954年10月到1955年7月，历时10个月，全国大陆（除西藏以外）青年的受教育面多的达90%，一般也在70%左右。个别城市还在成年人群体中进行教育，影响十分广泛，教育活动的效果也十分显著。(1)社会上形成了一种关怀、保护青少年成长的舆论力量。不少家长通过这次教育活动，认识到自己在教育子女方面存在的不足，检讨了过去溺爱、娇养子女的不当；有的带着子女请求团支部"领他们走正道"；有的主动到学校反映子女的情况；有的制订了教育子女的计划。学校也克服了以往"教书不教人""管校内不管校外"的态度。工矿企业的领导也认识到道德教育对青年成长的深刻影响，注意加强青年职工的思想教育。政法机关等国家有关部门都根据各自工作的特点，开展了有利于道德教育开展的相应活动。(2)提高了青年的拒腐能力，积极要求培养新道德。青年们说这次教育给自己"敲了警钟"，"打了预防针"，是关系自己"一辈子的事"。许多后进青年开始了不同程度的转变。有的立志要做"不锈钢"，认识到"下流娱乐场所去不得，淫秽书刊看不得"。道德教育激发了广大青年的政治觉悟，很多青年积极靠近团组织，争取入团。（3）帮助团干部改进了工作方法和作风。团干部充分认识到"青年团工作要照顾青年的特点"的重要性，普遍开始重视组织青年过好业余生活和节假日，注意指导青年的恋爱、婚姻问题，特别注意了对后进青年的团结教育工作。

同时，共青团积累了开展道德教育经验：提高团干部与广大青年对问题的认识程度，是搞好这次活动的思想条件；依靠党的领导，联合各方进步力量共同努力，道德教育才能发展并取得成效；坚持正面教育的方针，运用典型，联系实际，划清界限，积极引导是这次教育的基本方法；以正确的态度对待落后青年，争取其改变，是道德教育的主要目的。

1956 年 9 月，青年团中央书记处就"培养青年共产主义道德，抵制资产阶级思想的侵蚀"的工作向中共中央作了总结报告。报告中提到要把"道德教育作为一项经常性的教育任务，贯彻到实际工作中去"。就如何继续道德教育，团中央书记处提出，要密切联系实际，通过多种形式对团内外青年进行共产主义道德标准、新旧道德区别的教育；特别注意做好后进青年和社会青年的工作；大力开展群众业余文化娱乐活动，满足青年日益高涨的文化生活的需要；对农村青年的道德教育，要经常结合农业增产活动，提倡新风，改变旧俗。中共中央及时地批转了团中央书记处的总结报告，肯定了团组织在这次教育活动中取得的成绩，并指出团组织在这次活动中取得的经验："为今后经常地、有系统地结合各项实际斗争来培养青年的共产主义道德品质，创造了有利条件。"①

---

① 《中共中央批转青年团中央书记处〈关于开展培养青年共产主义道德、抵制资产阶级思想侵蚀的工作的总结报告〉给各地党委的指示》（1955 年 9 月 26 日），中共中央文献研究室编：《建国以来重要文献选编》第 7 册，中央文献出版社 2011 年版，第 147 页。

争做社会主义建设积极分子

为了更好地发挥青年在国家建设中的积极性和创造性，表彰他们在各条战线上所作出的贡献，传播先进经验，焕发广大青年建设祖国的热情，青年团二届二中全会决定，1955 年 9 月在北京召开全国青年社会主义建设积极分子大会。伴随着这个决定的发出，在全国青年中迅速掀起了一个"争取做一个社会主义建设积极分子"和"为社会主义建设立功"的热潮。

党和国家领导人十分重视和关怀这次大会。会前，刘少奇、周恩来、朱德分别为大会题词，邓颖超、吴玉章给大会写了长篇祝贺文章。9 月 20 日至 28 日，大会在北京召开，出席大会的积极分子 1527 人，来自工农商学兵各个部门的 200 多种工作岗位。邓小平代表党中央在会上讲了话，国家政府有关部门负责人李富春、罗瑞卿、谭政、林枫在大会上作了报告，毛泽东、刘少奇、周恩来、朱德、宋庆龄、陈云、郭沫若、邓小平等领导人出席了会议闭幕式，并与全体青年积极分子合影留念。团中央书记胡耀邦代表团中央向大会作了报告。团中央向出席大会的青年积极分子颁发了"青年社会主义建设积极分子奖章"，授予 163 个先进集体写有"朝气蓬勃，永远前进"八个大字的锦旗。

出席这次大会的有不少饲养员、放牧员、畜牧手，浙江省东阳县农场饲养员华银凤就是其中优秀的一员。1953 年，23 岁的华银凤开始担任饲养员，她十分热爱自己的工作。有时猪病了，她就跑到 15 里路以外去请医生。有一只小猪摔倒在粪坑里，她不顾污臭把小猪捞救上来。平时她刻苦钻研，创造出"分群管理""定食定量""合理搭配饲料"的先进饲养方法。当毛泽东听说青年团树立了养猪姑娘这个标兵，十分赞许，对胡

耀邦说，你们青年团还抓养猪啊，那好嘛！ [①]

　　这次大会的召开，在全国各界青年中引起极大的震动和反响。会议期间，《中国青年报》的发行量由平时的45万份，猛增到168万份；大会收到贺信、贺电3800余件，其中多数来自青年；会上青年积极分子提出了70余项倡议和保证，得到会外成千上万青年的热烈响应。这表明，采用发动群众与组织行动相结合的方式开展团的独立活动是一种十分有效的措施，不仅能焕发出广大青年的热情，而且能够把这种热情引导到充分发挥的地方去，从而产生良好的政治效益和社会效益。中共中央对这个会议给予了充分肯定。

五、科学文化建设的生力军

　　列宁有句名言："在一个文盲的国家里是不能建成共产主义社会的。" [②] 新中国的建设必然需要亿万有知识、有文化的劳动者。针对中国民众尤其是广大农民文化知识水平普遍比较落后的实际，党和政府发出一系列提升文化水平和科学知识的号召。青年团协助党和政府在农村广泛开展扫盲运动，把学习内容同生产劳动结合起来；在大中城市不断丰富广大

---

① 共青团中央青运史研究室：《记取团的历史经验　开展团的独立活动——五十年代几项有影响的团的独立活动简介》，《青运史研究》1983年第6期。

② 列宁：《青年团的任务》（在俄国共产主义青年团第三次全国代表大会上的讲话，1920年10月2日），《列宁选集》第4卷，人民出版社2012年版，第294页。

青年的文化生活，普及文化艺术；组织动员青年知识分子学习科学理论，钻研业务技术，成为科学文化建设中的重要生力军。

开展扫除文盲运动

扫除文盲，普及文化，从短期看，是提升当下劳动生产力和民众生活质量的需要；从长期看，是提升民族素质重要的基础性工作。中国共产党自成立之日起，就注重民众教育，办各种夜校、讲习所进行识字教育和政治教育。1933 年，中央苏区建立消灭文盲协会，猛烈地开展消灭文盲运动，提高群众的文化政治水平。1945 年，毛泽东在《论联合政府》一文中指出："从 80% 的人口中扫除文盲，是新中国的一项重要工作。"[1] 新中国刚建立的 1950 年，中央人民政府政务院就发布了一系列关于开展职工业余教育的指示，并在 1952 年掀起了"扫除文盲，普及文化"高潮。1953 年批判扫盲工作上的急躁冒进后，在人民群众中产生了学习文化的消极情绪。1955 年 8 月，青年团中央宣传部分别到辽宁和湖南、江西调查青年文盲状况。从文化水准较高的辽宁省来看，农村青壮年（14 岁到 45 岁）520 万人中，文盲半文盲占 75%。从全国来说，数字还要大些，在农村青壮年中，文盲半文盲占 80% 左右；在农村青年中，文盲半文盲约占 70%。

为了适应农村青年再不做"睁眼瞎"的急迫要求，激励青年的学习积极性，推动文化建设事业的发展，1955 年 12 月，青年团中央发布《关于在七年内扫除全国农村青年文盲的决定》。该决定计划用 7 年的时间，即

---

[1]　毛泽东：《论联合政府》（1945 年 4 月 24 日），《毛泽东选集》第 3 卷，人民出版社 1991 版，第 1083 页。

从 1956 年到 1962 年，依靠已有的 3000 多万农村识字青年，扫除全国 7000 多万农村青年文盲，使全国青年文盲的 80% 左右脱离文盲状态，使他们每人认识 1500 字左右。为鼓励青年团组织和广大知识青年踊跃参加扫盲工作，团中央还颁布了《奖励扫除文盲运动中的青年积极分子的办法》。为把分散的农村知识青年团结和组织起来，以解决扫盲的师资困难，团中央于 1956 年 1 月又发出了《关于普遍建立青年扫盲队的通知》，要求全国农村团的组织普遍建立青年扫盲队，组织农村知识青年担任民校、记工学习班、识字小组的教员和辅导员。

青年团中央的决定和通知发出后，各地团委都加强了对扫盲工作的具体组织和领导，省、地、县、区、乡订出了本地区的扫盲规划，动员高小、初中毕业生，以及已脱盲的青年和部分小学教师担负扫盲工作，于是在全国范围内再次掀起了扫盲高潮。

在扫盲运动中，各地创造了班级教学的农民业余文化学校、小组教学的识字小组、个别教学的包教包学等切合实际的具体形式。山东莒南县高家柳沟村团支部创办的"记工学习班"属于班级教学的民校形式。他们根据学以致用的原则，把学习的内容和记账的需要结合起来，从社员的姓名到土地坐落、各种农活农具的名称学起，再学各种数码和记账格式。学习方法是，把姓名、土地坐落、农活农具名称等常用字分类排列，先学相同的字，后学不同的字。仅两个半月时间就有 100 多名青年和壮年，学会了 243 个字，基本上能记自己的工分账，有的还当了合作社的记账员。毛泽东赞扬这个团支部"做了一个创造性的工作"。他说，"看了这种情况，令人十分高兴"，"这个经验应当普遍推行"，"这种学习班，各地应当普遍地仿办。各级青年团组织应当领导这一工作，一切党政机关应当予以支持"①。

这些组织形式都是扫除文盲、普及文化行之有效的好形式。青年学习积极性很高，取得了明显的效果。离沈阳市区 20 余里的右城子村的文盲全部入学，其中有 41 名学员参加炕头识字小组，不到 4 个月的时间，有 17 个人识字 1500 字以上，能写出 200 字左右的短文；有 24 人识字 1000 字以上，可以写出 100 字左右的短文。另一个识字小组共 4 个学员，其中两位是有两个孩子的母亲，她们识字都在 1500 字以上。在广大农村出现了"人人下地带书本，户户传来读书声"的动人景象。群众学习文化的这种高涨情绪，不是个别现象，而是极其普遍的。

扫盲工作进展很快。仅 1955 年秋以后的一年时间里，全国农村就扫除文盲六七百万人，超过历史上的任何一年。如果从 1950 年算起，到 1957 年全国共扫除文盲约 3000 万人，其中青年 2000 余万人。

丰富青年的文化生活

从 1955 年下半年起，青年团和科协在大中城市的青年职工、街道青年和文化水平较低的机关青年中有计划地开展了"自然科学常识的通俗讲演"教育活动。通过科学讲座和演讲，广播电台举办节目，把讲稿印成小册子发售，或在报上发表文章供青年阅读，以及进行图片和模型展览，推荐科教片、通俗读物等形式，学习"宇宙是什么""天气的变化""生命的起源""从猿到人""物质的构造""原子能和人类的将来"等科学技术

---

① 毛泽东：《〈中国农村的社会主义高潮〉按语选》（1955 年 9 月、12 月），《毛泽东文集》第 6 卷，人民出版社 1999 年版，第 455、456 页。

知识，收到比较好的效果。

书籍是增进青年知识、丰富青年文化生活、对青年进行教育的重要载体。团组织在有关方面的支持下，帮助厂矿、机关、学校和集体宿舍办好阅览室，推广书籍，开展读书活动，培养青年爱好读书习惯。鉴于农村通俗书刊十分缺乏，为使农村青年能看到更多的图书，学习更多的文化科学知识，许多城市机关、工矿、学校中的青年积极向农村青年赠书，帮助建立农村图书室、图书流动站和流动图书箱。团中央宣传部还向全国青年推荐《钢铁是怎样炼成的》《卓娅和舒拉的故事》《拖拉机站站长和总农艺师》《把一切献给党》等优秀读物，《人民日报》《光明日报》《中国青年报》《工人日报》《北京日报》和《文艺报》《文艺学习》《读书月报》《中国青年》等报纸杂志，发表了介绍这些优秀读物的文章，中央人民广播电台举办了介绍优秀读物的专题节目，一些图书馆举办了读书报告会，在青年中产生了良好的影响。

开展农村文化工作，繁荣文艺的关键是积极办好俱乐部。许多地方农村青年以俱乐部为中心，开展歌咏、舞蹈、戏剧等活动，以灵活多样、活泼有趣的形式和方法，丰富业余文化生活。1955年底，文化部和团中央决定大力动员和组织城市各类文化艺术团体全面地实行文化下乡，在农村开展群众性的文化艺术活动，并帮助农村文化艺术的普及和提高。

为繁荣文艺，1956年3月，青年团中央和中国作家协会共同召开了全国青年文学创作者会议。与会的青年作者499人，来自各行各业的业余青年作者占82%。作家协会的茅盾、老舍，苏联作家巴巴耶夫斯基在会上谈创作经验。中宣部、团中央负责同志也在会上发了言。一些作家和青年作者谈了心得。大会闭幕后，周恩来为青年作者和参加全国话剧会演的话剧工作者作了关于培养和扩大文艺界的新生力量的报告。这次会议对繁荣文艺创作、培养文艺新生力量起到积极的推动作用。

"向科学进军"

新中国成立后，如何对待知识分子成为急迫而严峻的问题。此时，世界科学技术的发展再次呈现出迅猛的势头，新技术、新工艺层出不穷。1955 年底，当新中国第一个五年计划即将进入关键性的第四年的时候，各种建设人才匮乏的问题显得更加突出和尖锐。

对于旧社会过来的知识分子，党和政府一直采取团结、教育、改造的政策。许多知识分子怀着报效祖国的热忱，投入国家建设中。但党内也存在着忽视知识分子作用的倾向。为了改变这一现状，周恩来向毛泽东建议专门召开一次关于知识分子的大会，毛泽东同意周恩来的想法，并决定以党中央的名义召开一次大会来专门讨论。

经过一个多月的筹备，大会如期召开。在大会上，周恩来以他特有的亲切语调，作了《关于知识分子问题的报告》。他说：知识分子中间的绝大多数已经成为国家工作人员，已经为社会主义服务，已经是工人阶级的一部分。在社会主义时代，我们必须依靠体力劳动和脑力劳动的密切配合，依靠工人、农民、知识分子的兄弟联盟。他向全党和全国人民发出了"向现代科学进军"的号召，要求"我们必须急起直追，力求尽可能迅速地扩大和提高我国科学文化力量，而在不太长的时间里赶上世界先进水平"[1]。会议从 1 月 14 日开到 20 日。闭幕那天，毛泽东来到怀仁堂，幽

---

① 周恩来：《关于知识分子问题的报告》（1956 年 1 月 14 日），中共中央文献研究室编：《建国以来重要文献选编》第 8 册，中央文献出版社 2011 年版，第 4 页。

默地说：要革愚昧无知的命，单靠大老粗，没有知识分子是不行的，中国应该有大批知识分子。

许多人把 1956 年称为"知识分子的春天"。在这个春天里，知识分子们心情舒畅，焕发出巨大的工作热情。一股"向科学进军"的热潮在全国范围内悄然兴起。一些关于正确对待和使用知识分子的具体措施推出并得以落实，一级教授、研究员、高级工程师的工资得到大幅度提高。

一年后，中国科学院颁发了 1956 年度科学奖金。46 岁的华罗庚、45 岁的钱学森、37 岁的吴文俊的论文获得一等奖，每人得到 1 万元奖金，对于当时平均工资只有几十元的中国人来说，这是一个天大的数目。党对知识分子的政策成了当时人们谈论最多的话题。科学成为人们心中最神圣的字眼。广大知识青年对在不太长的时间内赶上世界科学先进水平感到极大振奋，充满信心。

根据调查和推算，1956 年底中国具有初中以上文化程度的在职青年有 300 多万人，其中初中程度的约 150 万人；高中程度的约 72 万人；受过高等教育和中等专业学校毕业的约 63.5 万人。这些知识青年大多数是新中国成立后成长起来的，他们刻苦学习，积极钻研，进步很快，许多人已担任了各个部门的重要工作。许多青年经过业务进修也取得了良好成绩。高等学校的青年助教能够开课的已占 50%，担负了讲师、教授的部分实际工作。科学院的青年助理研究员和研究实习员，虽离开学校不久，已有 50% 以上的人能够独立进行研究工作，有些人已写出有价值的学术论文。科技知识青年在向科学进军中热情很高，决心很大。

1956 年上半年，青年团组织广泛地向青年进行"向科学进军"的动员，到 11 月，全国已有 40 多个省、市（包括一些中等城市），召开了动员青年"向科学进军"的会议。《中国青年》《中国青年报》针对青年向科学进军的问题作了连续不断的宣传和指导。青年团中央要求各地青年团要组织好三支队伍：第一支是学校队伍，第二支是在职知识青年队伍，第三支是普及文化扩大知识分子的后备队伍。这就意味着青年团协助党向科学文化进军组织好了三支巨大的后梯队。加上全国已有的 10 万高级知识分子的前梯队，就有了四支强大的队伍。

组织、引导在职知识青年向科学进军，青年团做了一系列工作。

第一，引导青年树立正确的学习态度。向科学进军开始时，一些青年信心不足，决心不大，踌躇不前；一些青年则对"进军"方向不明确，急于求成，产生了急躁情绪和不切实际的幻想。针对这些问题，引导青年明确向科学进军必须从逐步精通本行业的科学、技术做起。向科学进军的内容不仅是自然科学，也包括社会科学、文学艺术；不但学习科学理论，也要钻研业务和工作中的实际问题。从而克服了青年中那种"只有做技术工作和科学研究工作才能'进军'，做其他工作无军可进"，"要进军就要进学校"等片面认识。

第二，组织青年制订或修订个人进修规划。在尊重青年个人志愿，明确奋斗目标，从主客观实际出发，兼顾国家建设需要和个人兴趣爱好的基础上，帮助他们作出长远规划、近期安排，避免急躁情绪。

第三，帮助青年创造一个好的学习条件。协同有关部门帮助青年建立业余学习组织，以满足青年学习、科研的要求；建议有关部门压缩会议，尽量少占或不占青年的业余时间，使之有更充足的时间进行学习；改善环境，改进居住条件，增设桌椅，加大灯光亮度，开放必要的办公室为学习室，提供学习资料等。

党和政府的号召与部署，青年团的组织与动员，帮助青年解决了很多向科学进军中的实际困难，全国知识青年广泛而迅速地掀起了一个向科学进军的热潮。他们抓紧业余时间认真读书，刻苦钻研科学难题的空气十分浓厚。以中青年为主体和生力军的科研队伍、工程技术队伍，以前所未有的热情投入国家的建设事业当中，创造了一个又一个新中国的历史纪录：1956 年，第一批国产汽车出厂，第一架喷气式飞机飞上蓝天；1957年，第一座长江大桥——武汉长江大桥通车；1959 年，大庆油田第一口油井喷射出石油；1960 年，第一枚近程导弹发射成功；1964 年，第一颗原子弹爆炸成功……

第八章

在社会主义艰辛探索中砥砺前行

1956 年至 1966 年，是新中国进行全面大规模社会主义建设，探索适合中国国情的社会主义建设道路的历史时期。在社会主义制度确立后，如何在中国建设社会主义，如何发展社会主义的政治、经济、文化和对外关系，是执政党面临的新挑战、新课题。因此，以苏联为鉴戒，总结中国自己的经验，探索一条适合中国国情的建设社会主义道路，就成为这一时期共和国历史发展的主题。在这十年间，新中国的建设和发展历程颇为曲折，探索异常艰辛，既有辉煌成就，又有重大挫折。中国共青团按照执政党的部署和要求，从青年的特点出发，积极开展青年的思想教育工作，组织广大青年积极参加社会主义建设和政治社会运动，在复杂环境中探索青年团服务党政大局的有效路径。

一、关键时期的关键会议

中国开始走上社会主义的发展道路，使中国共产党和全国人民精神振奋，急切地想做出一番新的伟大事业。起初，党是理性和清醒的，党的重要会议作出正确论断和科学决策。随着国内外形势的发展，一些政治社会判断悄然发生了改变。青年团作为党的亲密助手，切身地感受到了这种变化。

中共八大批准青年团更名

1956 年生产资料所有制的社会主义改造基本完成以后，我国社会实现了从新民主主义到社会主义的转变，开始进入了全面建设社会主义的新时期。这时，国际国内都出现了一系列新的情况和问题。在国际上，西方主要资本主义国家克服了战争创伤，开始了新的经济发展和繁荣的时期，国际共产主义运动出现了动荡。赫鲁晓夫在苏共二十大上作了秘密报告，揭露了斯大林的错误。不久，接连发生了波兰事件和匈牙利事件。帝国主义和各国反动派趁机掀起反共反社会主义的浪潮。在国内，随着社会主义改造的基本完成和剥削阶级的基本消灭，社会的主要矛盾已不再是工人阶级同资产阶级的矛盾，而是人民对于经济文化迅速发展的需要同当前经济文化不能满足人民需要的状况之间的矛盾。对于国际国内形势发生的变化，不少人认识不够、估计不足，一些地方因此而放松了思想政治教育。在宣传上也出现了片面性，注意了鼓舞青年向科学进军的积极性，放松了世界观的教育；对改善生活宣传得多，对艰苦奋斗教育抓得不及时。一些青年，尤其是学生群体出现了一些问题[1]。在新的形势下，中共对青年团和青年提出了新的要求。

1956 年 9 月，中国共产党第八次全国代表大会在北京举行。大会对七大以来特别是建国以来的经验作了总结，分析了形势，提出了全面开展社会主义建设的任务。这次大会充分体现了党对青年一代的关怀。刘少奇在大会政治报告中高度评价了青年团工作所取得的成绩，对今后的工作提出明确的方向：

> 青年团应当在党的领导下，在团员和广大青年群众中开展更加生动的思想工作和组织工作，克服某些团组织不注意采取适合青年特点的工作方式，不用说服教育方法去发扬青年群众的积极性和主动性的缺点。[2]

为了加强中共对青年团的领导，大会通过的党章增加了"党同共产主义青年团的关系"一章[3]，明确规定了青年团如何服从中国共产党的领导和党如何加强对青年团的领导。党章要求：

---

[1] 据统计，从 1956 年下半年至 1957 年春，全国有 1 万多名学生罢课。

[2] 刘少奇：《中国共产党中央委员会向第八次全国代表大会上的政治报告》（1956 年 9 月 15 日），《刘少奇选集》下卷，人民出版社 1985 年版，第 274 页。

[3] 早在 1927 年 6 月《中国共产党第三次修正章程决议案》中，就有过"与青年团的关系"一章。1928 年 7 月，党的六大通过的党章中有"与共产青年团的相互关系"一章。1945 年召开党的七大时，由于当时没有青年团组织，党章中就没有这一章了。党的八大又把"党同共产主义青年团的关系"列为一章写入党章中。

在社会主义事业的各个方面，青年团组织都应当是党的政策和决议的积极的宣传者和执行者。在发展生产、改进工作、揭露和消除工作中的缺点和错误的斗争中，青年团组织应当给党以有力的帮助，并且有责任向有关的党组织提出建议。[①]

邓小平在《关于修改党的章程的报告》中，强调指出：

由于社会主义改造事业和青年群众中共产主义教育事业的进展，青年团中央委员会已经决定向即将召开的青年团全国代表大会建议，把它的名称改为中国共产主义青年团。党中央认为这个决定是正确的。党章草案指明了党同青年团的关系，要求各级党组织密切地关怀青年团的思想工作和组织工作，领导青年团用共产主义精神和马克思列宁主义的理论教育全体团员，注意保持青年团同广大青年群众的密切的联系，并且经常注意青年团领导骨干的选拔。青年——是我们的未来，我们的一切事业的继承者。因此，我们相信，各级党组织一定不会在执行这些任务的时候，吝惜自己的精力。[②]

会议期间，有100多人作了大会发言或书面发言。胡耀邦在9月24日的大会发言提出，要坚持正确的建团路线：既反对把团变成狭隘的青年

[①] 中央档案馆、中共中央文献研究室编：《中共中央文件选集（1949年10月—1966年5月）》第24册，人民出版社2013年版，第246页。

[②] 邓小平：《关于修改党的章程的报告》（1956年9月16日），《邓小平文选》第1卷，人民出版社1994年版，第254页。

组织，又反对把团降为一般性群众团体；要运用适合青年特点的方法，开展既有益于社会主义事业又能发挥青年积极性的独立活动；要以共产主义精神来武装青年，提倡勇于克服困难、勤俭建国的集体英雄主义精神，用说服教育的方法来发扬青年们的积极性和主动性；要通过多种形式，帮助青年学到建设社会主义的本领和现代的文化、科学、技术知识。

中共八大为我国新时期的社会主义事业的发展确定了正确的路线，同时也对共青团的建设提出了要求，它激励着全国各族人民和全国青年更加英勇积极地为社会主义事业而奋斗。

团三大筹备中的讨论

1956年10月，青年团中央书记处多次召开会议，就团三大筹备工作和团的自身建设与改革问题座谈讨论，广泛听取意见。与会书记处成员和团中央各部门、各直属单位的负责人，畅所欲言，积极发表见解和建议。归纳起来，主要有以下几个方面：

第一，青年团服从党的领导问题。"正确地理解党的领导，应该是能够根据党的方针政策，结合青年特点和青年工作的具体情况，放手地去办事情。""青年团是党的助手，也是青年群众组织，要在群众中贯彻党的主张，同时又要反映群众的意见。"①

第二，青年团群众化问题。"青年团不同于一般的群众团体，但仍然是个群众团体。它除了动员自己的成员，贯彻党和政府的政策之外，

---

① 郑洸：《对新民主主义青年团三大若干问题的梳理》，李静主编：《青运春秋》第8辑，中国青年出版社2020年版，第167、161页。

还应当反映青年的意见，同时，把国家各个方面的真实情况告诉给青年。""所谓群众化，就是要把领导上的要求和青年的要求结合起来，从青年的实际情况来做工作。""应该明确我们青年团的工作内容，与党政如何分工，究竟应该做些什么，否则工作上同党和行政完全一样，群众化问题就很难解决。""团的生活，一方面要帮助同志们政治上进步，另一方面也要讨论青年自身的问题，如婚姻、家庭、修养等，使团员在团内生活中过得愉快。"①

第三，团的民主生活问题。"团委应当实行真正的自下而上的选举。"团组织"要放手地启发和引导青年大胆地思考各种问题、关心国家大事，大胆地干预国家政治生活、经济生活和社会生活，大胆地跟各种不良现象进行坚决斗争，充分地发挥青年革命的冲击作用，并且从中培养起青年的主人翁责任感，锻炼他们管理国家的能力，使他们成为社会主义的坚强能干的接班人"。在团内生活中，"今后，民主讨论的空气要更浓一点，尊重团员权利的东西要更多一点，如处分允许申诉，不同意见可以保留，投票可以自由，支部应按期报告执行团员意见的结果"。②

此外，对团干部的管理、团的领导体制、团的经费等问题都作过讨论。这次讨论涉及团的工作改革的许多重要问题。总的意见是积极的、富有建设性的，为团三大报告的起草和会议的主题作了思想上的酝酿和准备。

---

① 郑洸：《对新民主主义青年团三大若干问题的梳理》，李静主编：《青运春秋》第8辑，中国青年出版社2020年版，第157、167、161页。

② 郑洸：《对新民主主义青年团三大若干问题的梳理》，李静主编：《青运春秋》第8辑，中国青年出版社2020年版，第158、163、170页。

历史拐点上的团三大

1957 年 5 月 15 日至 25 日，中国新民主主义青年团第三次全国代表大会在北京全国政协礼堂召开。出席大会的正式代表 1493 名，列席代表 70 名，代表着全国 92 万个基层团组织和 2300 万团员。苏联、朝鲜、罗马尼亚、民主德国、意大利、日本、法国、英国等 16 个国家的青年组织代表应邀出席大会。

毛泽东、刘少奇、周恩来、朱德、陈云、邓小平等党和国家领导人出席大会开幕式。中共中央总书记邓小平代表党中央向大会致祝词，指出：

> 青年团在中国共产党的领导下，积极参加了我国的民主革命和社会主义革命的斗争，积极参加了伟大的社会主义建设。青年团在自己的工作中，表现得不愧为祖国的优秀儿女的旗帜，不愧为党在各个战线上的有力的助手。
>
> 我们的祖国，由于社会主义改造的基本完成，已经进入了一个新的历史时期，我们的青年运动也将随之进入一个新的历史时期。
>
> 用共产主义青年团来作为我们这支青年先进队伍的名称，不只是给全体青年团员带来了巨大的光荣，而且也在中国青年的肩上放上了更为繁重的任务。这个任务，就是在党的领导下，用共产主义的精神教育青年一代，团结全体青年积极参加建设社会主义的劳动，以便尽快地把我国建设成为一个伟大的社会主义工业

国，为将来实现共产主义准备条件。①

祝词向全体团员提出要求和希望：用艰苦的劳动去创造社会主义的幸福生活；不断地努力学习马列主义和各种劳动本领，提高文化科学技术水平；把最广大的青年群众团结起来一道前进。

中共中央宣传部长陆定一、国家计委主任李富春分别就政治思想工作和经济建设工作作了报告。民主党派人士、解放军和人民团体代表向大会致了祝词。

大会听取并通过了青年团第二届中央委员会书记处书记胡耀邦作的题为《团结全国青年建设社会主义的新中国》的工作报告。报告在总结团二大4年来团的工作的基础上，根据中共八大一次会议精神，明确提出青年团的总任务是：团结和教育全国青年，在党的领导下，为完成中共八大提出的"尽可能迅速地把我国建设成为一个伟大的社会主义国家"这一历史任务而奋斗。同时指出：

> 在建设社会主义的伟大斗争中，我国青年的任务可以用三个口号来概括：积极劳动、努力学习、加强团结。共产主义青年团的工作，也就是要在这三个方面对全国青年贡献出自己的力量，帮助青年更好地完成自己的任务。②

---

① 邓小平：《在中国新民主主义青年团第三次全国代表大会上的祝词》（1957年5月15日），《邓小平文选》第1卷，人民出版社1994年版，第275、276页。

② 中国共产主义青年团中央委员会办公厅编：《团的文件汇编（1957）》，1959年内部印行，第15页。

针对"劳动、学习、团结"三项任务，报告指出，为把祖国建设成为一个工业化的社会主义国家，还需要相当长时间的艰苦劳动；青年们要学习马列主义，继承革命传统，要善于从书本中学习，从实践中学习，向老一辈学习，要把前人的一切劳动经验继承下来，把世界上一切先进的科学技术知识汲取过来；青年团"要在党的领导之下，把全国青年，不分民族，不分信仰，不分家庭出身，一齐团结起来，为社会主义的建设而奋斗"。

针对青年团的工作，报告提出，青年团要坚持既服从党的中心任务，又根据青年特点建立独立工作的方针。青年团应该是青年群众的兄弟和朋友，青年团要善于同团外青年合作共事，不要有包办代替、排斥别人的作风；青年团要善于代表和维护广大青年的利益；青年团在一切工作中都要贯彻说服教育、积极引导的原则；青年团在组织建设中要不断地提高团员的质量，在组织生活中要认真学习和讨论党的重大政策，讨论国内外大事，讨论本单位的工作，提出各种有益的建议和批评；领导少先队是党交给青年团的一项重要工作；青年团在工作中要主动地取得同级党委的密切领导，工作人员必须不断地努力学习，不断地加强集体领导，不断地运用批评和自我批评的武器。

大会通过了《关于将中国新民主主义青年团改名为中国共产主义青年团的决议》。关于青年团改名一事，早在1955年9月，团二届三中全会就通过了建议团改名的决议，并且得到党中央的批准，中共八大一次会议通过的党章在党团关系一章中，就已经明确使用了"共产主义青年团"这一名称。团三大通过决议则是正式完成了改名的组织程序。大会通过的决议指出：

由于新民主主义革命在我国绝大部分地区早已完成，社会主义革命也已经取得决定性的胜利，中国新民主主义青年团已经完成自己的历史任务，广大团员正在为把我国建设成为一个伟大的社会主义工业强国而辛勤地劳动着，并且把在将来实现共产主义当作自己崇高的思想，在这种情况下，再把我们团的名称继续叫作"中国新民主主义青年团"已经不合适了。为了确切地反映我们团所担负的政治任务和广大团员的意志，大会一致通过将"中国新民主主义青年团"改名为"中国共产主义青年团。"①

该决议强调：

为了继承和发扬我国青年运动的光荣传统，应该将改名以后团的全国代表大会和过去的中国社会主义青年团、中国共产主义青年团以及中国新民主主义青年团历次全国代表大会相衔接，依照次序加以排列，把下一次团的全国代表大会定名为中国共产主义青年团第九次全国代表大会。②

这次大会修改了团的章程，通过了新的团章。依照团的章程，大会选举了第三届中央委员会。这届团中央委员会由中央委员149名，候补中央委员63名组成，在5月26日举行的团三届一中全会上，选举胡耀

---

① 中国共产主义青年团中央委员会办公厅编：《团的文件汇编（1957）》，1959年内部印行，第57页。

② 中国共产主义青年团中央委员会办公厅编：《团的文件汇编（1957）》，1959年内部印行，第57—58页。

邦等 19 人为团中央常务委员，胡耀邦为团中央书记处第一书记，刘西元、罗毅、胡克实、王伟、梁步庭、项南为书记处书记①。

青年团三大召开期间，毛泽东发表《事情正在起变化》一文，这标志着从 1957 年春天开展的整风运动的主题开始发生转变。5 月 25 日下午，毛泽东、刘少奇、周恩来、朱德、陈云、邓小平等党和国家领导人接见了青年团三大的全体代表，与大家合影留念。毛泽东即席发表讲话：

> 你们的会议开得很好。希望你们团结起来，作为全国青年的领导核心。
>
> 中国共产党是全中国人民的领导核心。没有这样一个核心，社会主义事业就不能胜利。
>
> 你们这个会议是一个团结的会议，对全中国青年会有很大的影响。我对你们表示祝贺。
>
> 同志们，团结起来，坚决地勇敢地为社会主义的伟大事业而奋斗。一切离开社会主义的言论行动是完全错误的。②

青年团三大是在特殊时期召开的一次会议。会议贯彻了中共八大一次会议精神，对第一个五年计划期间团的工作进行了很好总结，为青年运动的健康发展创造了条件。但由于随后国内政治形势发生变化，大会提出的一些积极建议和正确意见，没有能够付诸实施。

---

① 在 1960 年 2 月 27 日至 3 月 4 日召开的团三届六中全会上，增选杨海波、张超、李琦涛、王照华为书记处书记，路金栋、曾德林为书记处候补书记。

② 毛泽东：《中国共产党是全中国人民的领导核心》（1957 年 5 月 25 日），《毛泽东文集》第 7 卷，人民出版社 1999 年版，第 303 页。

团徽的诞生

1956 年 5 月 10 日，青年团中央宣传部提出关于征求中国共产主义青年团团歌、团徽、团旗和中国少年先锋队队歌、队徽的工作意见。在组织地方团委开展征集活动的同时，他们也直接派人同中国美协联系，邀请中央美院实用美术系的青年教师参与设计。团中央宣传部对团徽的设计要求是：图案要体现"青年团的奋斗目标是建设社会主义和共产主义社会，表达青年团员建设社会主义共产主义的热情"；团徽的式样要和团旗统一起来，"色彩鲜明，不超过三种颜色""简单朴素，活泼大方和美观"。

截至 1956 年 10 月底，青年团中央宣传部共收到 18 个省市约 200 位作者寄来的近 600 件团徽、团旗、队旗、队徽设计稿件。通过广泛征求意见，大多数人都认为已经使用的团旗、队旗式样很好，无须重新设计，所以这项工作在事实上就是围绕团徽、队徽的设计进行的。团中央把征集到的团徽设计式样在 1957 年 2 月召开的团省、市委书记会议，5 月召开的新民主主义青年团二届五中全会和新民主主义青年团第三次全国代表大会上进行展示，征求与会者意见。大多数与会人员认为，现有的设计式样都不能令人满意。

这之后，共青团中央又陆续收到全国各地美术家和美术爱好者的团徽设计图样，到 1958 年 4 月已有近千件。团中央书记处和宣传部的领导形成一致意见：以征集到的团徽设计图样作参考，博采众长，由团内美术工作者重新设计完成。中国青年杂志社美术编辑李国靖接受了这一任务，他在很短的时间内向团中央宣传部提交了三幅团徽设计图样。其中一幅是根据中央美院实用美术系青年教师常沙娜的设计图样加工修改而成。

经研究，团中央书记处决定将三种团徽设计图样刊登在《中国青年》杂志的封底，征求各级团组织和广大团员的意见。

各地反馈意见是：大多数人认为第一个设计图样较好，但也有不足，即应把第二个设计图样上写有"中国共青团"五个字的绶带放到第一个图样中去，而团旗则应参照第三个图样的方案进行修改，使团旗有飘动感。1959 年初，李国靖根据大家的意见，综合三幅设计图样的优点又进行了认真的修改，并且很快拿出了修改后的式样与说明。这一修改后的团徽设计式样得到团中央书记处的认可。

4 月 29 日，共青团中央书记处第一书记胡耀邦将团徽设计式样和根据这个图样制作的样章呈党中央审定，并提出 5 月 4 日公布团徽的建议。4 月 30 日，邓小平批示：刘、周、彭阅后退耀邦，拟同意五月四日公布。刘少奇、周恩来、彭真圈阅同意。

团徽从设计指导思想到构图经历了一个集思广益、逐渐完善的过程，是全团上下和团内外热心参与者集体智慧的结晶。

1959 年 5 月 4 日，五四运动 40 周年纪念日，《人民日报》和《中国青年报》同时刊登了《中国共产主义青年团中央委员会颁布中国共产主义青年团团徽》。文中说：

> 今天是五四运动的 40 周年纪念日。中国共产主义青年团中央委员会决定在这个中国人民和中国青年的光辉节日颁布中国共产主义青年团团徽。中国共产主义青年团团徽是中国共产主义青年团的标志。它象征着中国共产主义青年团，在中国共产党和毛主席的领导和亲切教导下，紧密地团结全国青年，高举社会主义和共产主义的旗帜，朝着党所指引的方向奋勇前进；象征着

中国青年一代继承中国人民的革命传统，发扬艰苦奋斗的精神，永远忠于祖国，忠于人民，朝气蓬勃，努力向上。中国共产主义青年团中央委员会号召每一个共青团员，都要爱护自己的团徽，维护团的荣誉，积极工作，努力学习，团结群众，以自己的模范行为表明无愧于共青团员这一称号。

该决定把中国共产主义青年团团徽的内容归纳为：

团旗、齿轮、麦穗、初升的太阳及其光芒，写有"中国共青团"五字的绶带。……团徽涂色为金红二色。团旗的旗面和绶带为红色，团旗的五角星和环绕它的圆圈、旗边、旗杆、齿轮、麦穗、初升的太阳及其光芒、"中国共青团"五个字为金色。红为正红（徽章则用珐琅烧制成靠地红色），金为大赤金。

5月13日，共青团中央发布《关于团徽使用和徽章颁发的暂行规定》，就团徽的使用作了规定：中国共产主义青年团团徽制成徽章，颁发给共青团员佩戴；共青团各级组织在自己颁发的奖状、奖旗、奖章证书、光荣簿和其他荣誉性文书、证件上，在团的报刊上，可以加印团徽；凡是工商业品的标记、装饰、广告、图案和日常生活的陈设布置，都不得使用团徽。

二、参加"整风运动"和"反右派斗争"

苏共二十大后，国际社会主义阵营出现了以"波匈事件"为代表的大动荡，中国国内也出现了工人罢工、学生请愿、农民退社等不安定的情况。从 1957 年 4 月开始，中共中央决定在全党范围内开展整风运动，全面加强党的思想、组织、作风建设。在整风过程中，极少数右派分子向共产党的领导和社会主义制度发动进攻。于是，一场大规模的反右派斗争在全国迅速展开。共青团作为具有强烈政治色彩的群众团体，不可避免地被卷入其中。

《关于正确处理人民内部矛盾的问题》

1957 年 1 月，中共中央召开了省（自治区、直辖市）党委书记会议，分析了近一年来国际国内形势，要求加强思想政治工作，特别是加强青年学生的思想教育。2 月，毛泽东在最高国务会议第 11 次（扩大）会议上发表了《如何处理人民内部的矛盾》的讲话。这篇讲话后经整理并作了若干修改与补充，以《关于正确处理人民内部矛盾的问题》为题，于同年 6 月 19 日公开发表。这篇讲话全面地分析了社会主义社会的矛盾，科学地阐述了关于正确区分和处理社会主义社会中敌我矛盾和人民内部矛盾的学说，提出了一系列正确的方针政策。讲话在阐述新形势下加强对青年思想政治教育的问题时，形成以下要点。

第一，党、团组织和有关部门都要加强对青年的思想教育。他说：

在知识分子和青年学生中间，最近一个时期，思想政治工作减弱了，出现了一些偏向。在一些人的眼中，好像什么政治，什么祖国的前途、人类的理想，都没有关心的必要。好像马克思主义行时了一阵，现在就不那么行时了。针对着这种情况，现在需要加强思想政治工作。不论是知识分子，还是青年学生，都应该努力学习。除了学习专业之外，在思想上要有所进步，政治上也要有所进步，这就需要学习马克思主义，学习时事政治。没有正确的政治观点，就等于没有灵魂。……思想政治工作，各个部门都要负责任。共产党应该管，青年团应该管，政府主管部门应该管，学校的校长教师更应该管。

第二，提出了要使青年得到全面发展的教育方针。他说：

我们的教育方针，应该使受教育者在德育、智育、体育几方面都得到发展，成为有社会主义觉悟的有文化的劳动者。

第三，提倡艰苦奋斗勤俭建国的精神。他说：

要使全体青年们懂得，我们的国家现在还是一个很穷的国家，并且不可能在短时间内根本改变这种状态，全靠青年和全体人民在几十年时间内，团结奋斗，用自己的双手创造出一个富强的国家。社会主义制度的建立给我们开辟了一条到达理想境界的道路，而理想境界的实现还要靠我们的辛勤劳动。有些青年人以为到了社会主义社会就应当什么都好了，就可以不费气力享受现成的幸福生活了，这是一种不实际的想法。[①]

1957 年，中共中央许多领导人，直接面向青年群众做思想教育工作，为全党、全团干部树立了榜样。董必武在武昌向各界青年作《目前形势和青年》的报告；周恩来访问苏联期间在莫斯科大学大礼堂向中国留苏学生、研究生，以及教授、职员发表题为《帝国主义正同我们进行尖锐斗争，思想战线上不能有任何麻痹》的讲话；邓小平在清华大学就当前国际共产主义运动中的主要问题和艰苦奋斗等问题发表讲演；彭德怀在北京东城区对团员和青年讲理想和现实结合的问题；毛泽东、刘少奇、周恩来、陈云、邓小平和全国学联委员座谈，指示学联要发扬中国学生运动的光荣革命传统，团结全体学生，克服国家建设中的困难，建设社会主义事业；刘少奇在郑州学生、教师代表座谈会上讲了学生升学、合作化、工农生活等问题，勉励大家，不要怕个人吃亏，说建设需要艰苦奋斗，需要吃很多苦头。在中共中央领导人的带动下，许多省（自治区、直辖市）党政领导人也直接面向青年做思想教育工作。

在整风中教育青年

为了克服党内一部分党员干部开始滋长的骄傲自满情绪和特权思想，以及官僚主义、宗派主义和主观主义等不良作风，1957 年 4 月 27 日，中共中央正式向全党发出《关于整风运动的指示》，并在 5 月 1 日《人民日

---

① 毛泽东：《关于正确处理人民内部矛盾的问题》（1957 年 2 月 27 日），《毛泽东文集》第 7 卷，人民出版社 1999 年版，第 226 页。

报》上公开发表，号召在全党开展一次整风运动，借以加强党的建设，更好地调动一切积极因素，团结一切可以团结的人，将消极因素转化为积极因素，为建设一个伟大的社会主义国家而奋斗。正当全国人民响应党的号召，对党和政府的工作以及干部的思想作风提出大量的有益的批评建议的时候，极少数资产阶级右派分子借机向党向社会主义发起进攻。

5月31日，邓小平在同共青团各省市委书记谈话时讲道：

> 你们这次大会①提出的"劳动、学习、团结"六个字的方针，我看是提得好的。这六个字的方针就是总结工作。
>
> 你们可以仔细想一想"劳动"这两个字，实际上党也在总结这个经验，党中央在整风指示中讲了这个问题，另外还发了一个领导干部参加劳动的指示。你们也讲了这个问题，而且专门规定以后要逐步做到团干部大多是参加过劳动的。
>
> 关于学习问题。现在和过去的学习内容不同了，大会也总结了。团结的问题主要是反对宗派主义，脱离了两亿青少年是不行的，这也是一个根本的总结。党也是这样总结的。为什么整风，为什么提出反对宗派主义呢？现在提的和过去提的也有不同。党现在是执政的党，团现在是执政党的助手，它和党是"穿连裆裤子"的。青年团总不能离开共产党，而且应当同党"有福同享，有难同当"。②

① 指中国新民主主义青年团第三次全国代表大会。
② 邓小平：《共青团要当好党的助手》（1957年5月31日），《邓小平文集（1949—1974）》中卷，人民出版社2014年版，第322、323页。

6月8日，中共中央向党内发出了《关于组织力量准备反击右派分子的进攻的指示》。同日，《人民日报》发表了题为《这是为什么？》的社论。此后，在全国范围内开展了大规模的反击右派分子的斗争。

为了在整风反右斗争中加强对青年的思想政治教育，8月，共青团中央召开团省市委书记会议。会议认为，在当前的斗争中，共青团组织必须积极引导青年解决四个方面的问题：第一，"树立无产阶级立场和社会主义的政治方向"，分清社会主义革命时期的敌我界限。第二，"巩固党的领导"，更加热爱党，"接受基层党组织的领导"。第三，"树立为人民服务的思想和集体主义精神，反对资产阶级个人主义思想"。正确理解民主和集中、自由和纪律的关系，加强组织性和纪律性。第四，"加强劳动教育，大力提倡和工农相结合"，发扬艰苦奋斗、勤俭建国、勤俭持家、勤俭办一切事业的精神。①

在培养教育青年的问题上，共青团总结了值得吸取的经验教训：一要"爱护青年，但不能娇惯青年"，宣传青年的好典型一定要实事求是；二要"把严格要求和积极引导相结合"，对青年的政治思想和道德风气要抓得严一点；三要"发扬青年的积极性和创造性"，但同时要教育青年克服个人主义、自由主义；四要培养新生力量，鼓励青年的革新精神，但又强调必须服从党的领导，尊重老一辈人并向他们学习，培养脚踏实地的精神；五要运用理论联系实际和群众路线的方法，反对简单化的压服和脱离实际照本宣科的方法。②

---

① 中国共产主义青年团中央委员会办公厅编：《团的文件汇编（1957）》，1959 年内部印行，第106—107 页。

② 中国共产主义青年团中央委员会办公厅编：《团的文件汇编（1957）》，1959 年内部印行，第100—105 页。

1957 年 9 月中共八届三中全会以后，工矿企业、农村和学校的广大青年积极地参加全民整风运动，接受社会主义教育。各级机关的青年干部热烈响应党的号召，参加劳动锻炼。9 月 18 日，共青团中央发出《关于分期分批组织干部参加体力劳动的决定》。接着，团中央机关 180 多名干部首批分赴河北、陕西、山东、山西的农村去劳动锻炼。各级团委机关，先后有 3000 多人下放农村劳动锻炼。到 1958 年初，从中央到地方各级机关的青年干部，已有 100 多万人下放，形成了参加劳动锻炼的热潮。

1958 年 1 月，共青团三届二中全会通过《关于在整风、整团中处理犯有各种错误的团员的规定》，要求将团内划定的一批右派、反社会主义分子和各种坏分子，以及屡教不改的落后团员清除出团。根据这个规定，在 1958 年全国共开除团员 34.4 万人，占当年团员总数的 1.5%。许多存在不同思想认识的团员因此长期受到不公正的待遇，挫伤了广大团员和青年的政治热情和要求入团的积极性，损害了共青团和广大青年的联系。

团三届三中全会风波

从 1958 年 6 月 2 日开始，到 8 月 13 日结束，共青团三届三中全会历时 73 天，是团的历史上时间最长的一次会议。全会原定议程是交流“大跃进”以来团的工作经验，讨论少年儿童工作。会上听取和讨论了团中央常委会《关于开展蓬勃的共产主义儿童运动》的报告，通过了《关于改进少年先锋队工作开展共产主义儿童运动的决议》《中国少年先锋队队章》。胡耀邦以《全团带队开展共产主义的儿童运动》为题作了总结发言。大会在 6 月 28 日通过了《关于组织广大青年学习马克思列宁主义、学习毛泽东著作的决议》。

在会议议程即将结束之际，根据中共中央有关领导的要求，会议转入用整风的方法，解决"保证党对团的绝对领导"问题。随之，全会着重地算了所谓的"两本账"："第一是彻底揭发和批判了项南的严重的右倾机会主义和资产阶级个人主义。第二是检查和批判了团的领导机关主要是团中央领导思想上忽视党的领导的一些错误倾向。"[①] 会议通过了《共青团三届三中全会的总结》《关于项南错误的决议》等。

应该指出，新中国成立以来，青年团在恢复国民经济、社会民主改革、社会主义三大改造以及大规模经济建设中，对党的路线、方针、政策的执行是忠实积极的；贯彻党所规定的青年团的工作方针和任务是坚决努力的；在保证党的领导上是做得好的。这是全团的主导方面。但是，在团的领导机关，在某些问题上存在忽视党的领导的倾向。为了进一步增强党性观念，提高全团的认识，认真总结这方面的经验教训是十分必要的。全会关于青年团必须接受党的领导的观点，青年运动必须和全民运动紧密结合的观点，坚持以同级党委领导为主的原则和团干部的言行必须符合党的利益，努力做青年的表率等观点，对全团干部增强党性修养是有积极意义的。问题是如果把局部问题当全局问题，把一些建设性意见当作严重问题对待，采取批判处理的方法，则必然会在团内造成消极影响。

这次全会在检查共青团有无脱离党的领导问题时，把团中央书记处

[①] 《中共中央批转共青团中央书记处关于三届三中全会的报告和会议总结》（1958年9月4日），中国共产主义青年团中央委员会办公厅编：《团的文件汇编（1958）》，1959年内部印行，第60—61页。

书记项南在 1956 年团中央书记处扩大会上，讨论团三大的任务和方针时的发言（即《十点建议》）和其他一些同志的意见，重新印发，予以批判。在批判中，歪曲本意，断章取义，无限上纲，编织罪名。对项南的发言，扣上"是一个彻头彻尾的右倾机会主义纲领"，"攻击党的领导"，"反对党对团的领导，篡改青年运动的共产主义方向"，"犯了严重的右倾机会主义和资产阶级个人主义的错误"等帽子，并给予撤职、留党察看和降级处分。①

　　会议期间，7 月 12 日，邓小平主持中共中央书记处会议，听取共青团三届三中全会有关情况的汇报。他指出：

> 　　青年团干部基本上是个学生队伍，是个好队伍。但是要不断改造，不要把自己队伍估计高了。
>
> 　　先锋主义就是脱离党的领导。青年确实有先锋作用、突击作用，但不要误解为工作是青年单独做的。……只要跟党走，就不会犯大错。
>
> 　　党对团的领导最重要的是同级党委的领导，离开同级党委还

---

① 这是新中国成立以来共青团历史上的一个大错案。1979 年 5 月 14 日，共青团中央发出经中共中央批准的《关于为项南同志平反的通报》，予以彻底纠正。《通报》指出，项南的《十点建议》的发言，"分析了当时团的工作中存在的主要问题，提出了改进团的工作和加强团的战斗力的具体办法，基本思想是正确的、积极的，是建设性的意见，不是右倾机会主义的纲领"。《通报》还指出："在团中央书记处扩大会上讨论工作，发表意见，也是党内正常的民主生活所允许的，是符合党章规定的。"《通报》宣布，团的三届三中全会对项南的批判和通过的《关于项南错误的决议》以及对项南的处理，"都是错误的"，应予以撤销，并要求对受到株连的同志，"也应一律给予甄别平反"。至此，长达 21 年之久的这一错案终于得到了彻底平反。

有什么党的领导？……党领导一切，是一切问题根本的根本。[①]

由于团三届三中全会对项南和有关同志的错误批判和处理，团内较好的民主生活气息受到了严重破坏，在广大团员、青年中，特别是在团干部中留下了思想阴影。此后，有的团干部不敢在团的会议上发表自己的意见；有的地方不敢从青年的实际情况出发，积极主动地开展既有利于党的中心工作，又有利于青年身心健康的独立活动；有的地方产生了团不管团的问题。有的团干部认为，一切都由党包办了，青年团没有什么事可做了，可以提前"消亡"了。这些消极情绪，在一定程度上影响到青年工作的开展。为此，共青团中央在中共中央的直接领导下，曾多次通过会议讨论研究以求解决。但在思想政治文化方面"左"的错误仍在不断蔓延发展的形势下，这一问题很难得到很好解决。

三、复杂环境中青年工作的探索

"党有号召，团有行动"是共青团的政治本色。从"大跃进"到"上山下乡"，从学习毛泽东著作到学习雷锋，不论党的政策如何调整，各地共青团始终用特有的热情，团结带领广大青年为社会主义建设艰苦奋斗、奋勇争先，作出了应有贡献。

---

① 邓小平：《教育青年永远跟党走》（1958年7月12日），《邓小平文集（1949—1974）》中卷，人民出版社2014年版，第387页。

"大跃进"中的青年行动

1958 年，中共中央提出了"鼓足干劲，力争上游，多快好省地建设社会主义"的总路线。随后，发起"大跃进"和农村人民公社化运动。广大团员和青年还是怀着尽快改变我国"一穷二白"面貌的强烈愿望，积极地投入社会主义建设的各项事业中去，表现了高度的社会主义劳动热情。

当时，占全国职工人数一半以上的青年职工，是工业战线上的一支生力军。他们在学先进、比先进、赶先进的竞赛热潮中努力提高产品的产量和质量，不断突破生产定额。千千万万个青年技术小组，在工程技术人员和老工人的帮助下，学习技术，进行技术改革，提出了很多合理化建议，有了许多发明创造。上海润华染料厂青年技术员奚翔云试制成功了活性染料。重庆建设机械厂青年铣工廖世刚，先后实现 80 多件技术革新项目，大幅度地提高了劳动生产率。北京市第三建筑公司青年木工李瑞环，带领"木工青年突击队"试验成功大小革新 150 多项。他运用自学的三角、几何知识，创造出"木工简易计算法"，并运用在北京人民大会堂的建设中。他的创造改变了几千年来中国木工放大样的常规，而且写出 10 多万字的理论书籍，被人们誉为"青年鲁班"。

近 1 亿青年农民是农业生产的一支突击力量。在"千渠万库百万眼井"的兴修农田水利高潮中，全国每天出动到工地的青年就有几千万人。他们昼夜不停地战斗在高山峻岭和荒碱洼地。"改厕所修猪圈"为中心的千车万担积肥活动在农村广泛开展。在北方的农村，有些地方的群众不愿修厕盖圈，猪羊遍地跑，人畜到处拉屎尿。这既不卫生，又不能积肥。青年带头改变这一不良习惯，使猪羊有圈人有厕，开展了"修厕盖圈"的积肥活动。

1958 年 4 月，共青团中央在河南省许昌地区召开 15 省（自治区、直辖市）的省、地（盟）、县、乡的团干部和铁、木匠以及技术人员参加的农业技术革新现场会。号召农村青年积极参加以改造农具为主的技术革新活动。在这一活动中，许多青年献计献策，改造、仿造、创制了许多先进农具，不少青年农民成了"活鲁班""土专家"。

以青年丰产田、试验田为中心的农科实验活动不断高涨。云南省玉溪地区建立各种形式的试验田组织 379 个，试验田 1.3 万亩，参加试验田活动的青年近 1.9 万人。广东省新会县建立 626 个青年种子队，有 5000 多名青年学会了品种杂交试验新技术。陕西省醴泉县 27 岁的青年农民王保京，从 1952 年开始，就对农业科学技术"着了迷"，跟几个青年一起搞玉米高产试验，几年里他和他的伙伴们试验成功了麦棉两熟，创造了玉米丰产的经验，并运用有性杂交和无性杂交的办法，培育出四种玉米新品种，选育出棉花、小麦新品种。仅在 1958 年他试验的项目就有 44 个。鉴于他在农业科学研究上取得的突出成绩，陕西省农业科学研究所聘请他为特约研究员，人称"农民科学家"。

"红旗"竞赛遍布商业、服务行业。在商业、服务行业中的青年，学习北京天桥商场改善经营管理和做多面手活动的经验，开展了行业性的"红旗"竞赛活动。广大青年在为消费者服务、为生产服务的热潮中，纷纷登门访问，送货上门，方便群众。许多商店、饭馆、邮局成了"顾客之家"；许多客运火车站、汽车站、电车、轮船、飞机成了"乘客之家"；许多旅馆成了"旅客之家"。到处可见"待顾客如待嘉宾""不是亲人胜似亲人"的青年营业员、售票员、服务员。

各条战线上的青年，不但创造了丰硕的劳动成果，而且还发扬了共产主义精神，英雄模范人物不断涌现。他们为着祖国的建设事业，哪里需要，就奔向哪里，不讲价钱；叫干什么，就干什么，不挑肥拣瘦；哪里有困难，就到哪里去，不畏艰险。在生产劳动中，广大团员、青年"见荣誉就让，见困难就上，见先进就学，见后进就帮"，"把方便让给别人，把困难留给自己"，"我为人人，人人为我"蔚然成风。

西北国棉一厂细纱工、模范共青团员赵梦桃一直忘我地劳动，创造性地工作着。到1959年为止，创造了连续7年月月全面超额完成国家计划的先进纪录。生产中，她总是把困难留给自己，把方便让给他人，自己总是开"老虎车"①，有人怕由此而影响她的生产成绩，劝她不要这样，还是换车开吧。她却回答说："一个共产党员，要的不是个人名声，而是党的事业。""帮助同志是我最大的幸福。"她所带领的小组，在她的帮助下，几年中没有一个伙伴掉队，年年都完成了生产任务。

许多青年为了国家和人民的利益，不惜牺牲个人的一切，乃至宝贵的生命。广州市何济公制药厂共青团员向秀丽，为了抢救国家财产，保护人民生命安全，消除严重的爆炸事故，献出了年轻的生命。

1958年3月15日至23日，共青团中央书记处第一书记胡耀邦在江西瑞金主持召开共青团工作观摩学习会议，参加会议的有江西、湖南、福建、广东4省100个县的共青团负责人。会议期间，与会代表来到毛泽东等老一辈革命家从事过革命活动的沙洲坝植树造林50亩，建起"赣湘闽粤四省百县林"。代表们还合撰楹联"四省的友谊似果树花开红满地，百县的劳动为大地河山成园林"，悬于园门两侧。这次植树活动有力推动了全国青年植树造林绿化祖国活动向纵深发展。

---

① 老虎车：指不听使唤的纺纱车。

1958 年 11 月 21 日至 12 月 2 日，共青团中央召开第二次全国青年社会主义建设积极分子大会。这次大会是动员全国青年，发扬共产主义精神，努力建设社会主义的誓师大会。参加这次大会的青年积极分子和先进集体代表共 5000 人。党和国家领导人周恩来、朱德等出席了大会的开幕式。朱德代表党中央在开幕式上讲话，号召青年发扬共产主义精神，努力建设社会主义。团中央书记处第一书记胡耀邦在会上作了题为《发扬共产主义精神，努力建设社会主义》的报告。他根据"大跃进"期间青年运动的情况和存在的问题，从建设社会主义出发，向全国青年提出了四项要求：第一，青年必须积极地参加劳动，人人都要养成劳动的习惯，劳动要靠"干劲加钻劲"；第二，青年必须更加努力学习文化科学和马列主义理论，并运用于实践；第三，青年必须发挥积极性和创造性，破除迷信，解放思想，敢想敢做，并把敢想敢干的精神和实事求是的作风紧密结合起来；第四，青年一定要树立起共产主义理想，不断提高自己的思想觉悟和道德品质。

动员知识青年"上山下乡"

20 世纪 50 年代中期，为了解决逐年增多的城镇中小学毕业生在升学就业问题上与国家容纳能力的矛盾，国家有关部门开始动员一部分中小学生到农村和边疆参加农业生产。1957 年 10 月，中共中央在《一九五六年到一九六七年全国农业发展纲要（修正草案）》中指出："城市的中、小学毕业的青年，除了能够在城市升学就业的以外，应当积极响应国家的号召，下乡上山去参加农业生产，参加社会主义农村建设的伟大事业。"[①] 这一思想成为我国进入全国建设社会主义阶段后国家关于中学毕业生就业政策的主导思想。

上山下乡的动员对象是城市青年学生，因此，从20世纪50年代一直到"文革"之前，青年团在其中发挥了举足轻重的作用。50年代初，国家在倡导农村的中小学毕业生回乡参加农业生产的同时，开始尝试动员城市少数中、小学毕业生下乡务农。青年团一方面开展宣传鼓动，一方面实施组织策划。1955年8月，青年团中央书记处根据党中央指示，借鉴苏联的经验，决定在全国范围内有重点地组织青年志愿垦荒队，从而掀起一波小高潮。1956年9月，青年团中央在批转团湖南省委关于青年垦荒队问题的报告中指出：

> 垦荒队是国家移民的一部分，垦荒队员的权利与义务和当地居民完全一样，它的工作应当由各地党委和政府统一管理起来。当然，有关地区的团委，也需采取负责到底的精神，对于垦荒队的生产、生活，特别是政治思想教育工作加以关心和帮助，并及时地把垦荒队的情况和问题反映给党和政府。[②]

共青团中央于1957年8月与教育部联合召开工作会议，认真研究中小学生的升学和就业问题，并向中共中央作了汇报。北京、上海、武汉、

---

① 中共中央文献研究室编：《建国以来重要文献选编》第10册，中央文献出版社2011年版，第579页。

② 《青年团中央批转团湖南省委"关于青年垦荒队问题的报告"》（1956年9月19日），中国共产主义青年团中央委员会办公厅编：《团的文件汇编（1956）》，1958年内部印行，第256页。

成都等城市的知识青年，在各级团委的广泛动员、细致安排下，积极下乡。1957、1958 两年，全国下乡知识青年约有 1.5 万人。

20 世纪 60 年代前期的知识青年上山下乡工作，是在特殊背景下再次提出的。由于"大跃进"使基建规模盲目扩大，吸收了城镇许多劳动力，城镇青年一时间没有了下乡就业的必要。鉴于"大跃进"的后果和三年经济困难的实际，中共中央提出国民经济"调整、巩固、充实、提高"的方针，并决定大批精简职工和城镇人口数量，于是城镇知识青年上山下乡问题又被提出，因此共青团又面临着宣传、动员、组织知识青年上山下乡的工作。

1960 年 10 月，共青团中央书记处就关于动员青年投入农业生产第一线和广泛开展热爱农业劳动教育问题向中共中央作了请示报告。报告认为：

抽调大批劳力加强农业生产第一线，是全党正在抓的一件大事，也是当前青年团工作中一项中心的任务，需要突出地抓一抓。这不仅是因为，做好这件事对于加强粮食战线的劳力、确保粮食增产，为国家创造更多的物质财富，有极大的好处；而且更重要的是因为，要抽调的劳力中青年占着很大的数量，通过这项活动将使我国青年的精神面貌发生很大的变化。[1]

1962 年 7 月，共青团中央发表《中国共产主义青年团中央委员会给

---

[1]《共青团中央书记处关于动员青年投入农业生产第一线和广泛开展热爱农业劳动教育向中央的请示报告》(1960 年 10 月 22 日)，中国共产主义青年团中央委员会办公厅编：《团的文件汇编(1960)》，1962 年内部印行，第 451—452 页。

走向农业战线的团员和青年的一封信》，表达了团中央的关心和希望，并引导城市下乡青年正确认识形势，党的方针政策和到农村的前途问题，如何对待艰苦环境和如何帮助解决实际问题。这封信在社会上引起了强烈反响。团中央还在团中央机关和大中城市团委机关中组织专门的工作小组，集中精力做好城市青年上山下乡工作。1962年，在中共上海市委提议下，共青团上海市委组织"青年农业建设队"，专门招收高中毕业生，参加为期一到两年的农业劳动，作为以后长期下乡务农的准备。

共青团中央青农部分别于1963年10月下旬和11月中旬，在北京和苏州召开城市青年上山下乡工作汇报会，交流经验，并着重讨论进一步加强对知识青年上山下乡的领导问题。今后，要求各地团委加强领导，积极做好知识青年上山下乡的宣传动员工作，协助党和政府做好已下乡的青年的巩固工作，并引导知识青年在农业生产中各得其所，各施其长。各地团组织还积极协助后来各地知识青年上山下乡办公室的工作。

上山下乡运动越发展，越成为全国、全党乃至整个社会的任务，已经超出了青年团的自身能力和职责范围，但团组织仍然是不可或缺的辅助力量。对于青年团在上山下乡运动中应有的角色担当，党和国家领导人给予了明确指示。1963年10月，周恩来在《中国青年》创刊40周年晚会上提出，《中国青年》杂志的方针应该是"面向农村，兼顾城市"，整个青年团工作也应当如此。[①]随即，团中央组织调研组分赴各地调研，并召开动员城市青年下乡工作的汇报会；还准备于1964年五四青年节召开全国城市知识青年上山下乡积极分子代表大会，以便在夏秋时掀起一个热

---

① 共青团中央青运史工作指导委员会办公室编著：《中华人民共和国青年工作编年纪事（1949年10月—1994年12月）》，天津人民出版社1996年版，第169页。

潮；同时集中力量，保证国营农场和集中插队地区的团支部，都有一份《中国青年报》和《中国青年》杂志。

1964 年 4 月，中共中央批转了团中央《关于组织城市知识青年参加农村社会主义建设的报告》。中共中央成立了由国务院副总理负责的安置城市知识青年下乡领导小组；中央和地方设立了相应的办事机构——知识青年上山下乡办公室，具体组织实施知识青年上山下乡的安置工作。中共中央还曾批转《关于参加农业生产的知识青年受到歧视、打击、污辱的四份材料》，对有关问题作了明确批示。1965 年 2 月，周恩来在知识青年安置报告中又特别提到青年团。指出，安置工作总要有一个青年团做助手，青年团是党的帮手，对青年的安置工作，负责任最大。要使下乡青年有政治、有经济、有文化、有军事这四项主要的精神食粮。这是一个伟大光荣的任务，青年团要担负起来。[①]

在动员青年下乡过程中，团中央就动员方式提出五个结合：轰轰烈烈的宣传运动和精雕细刻的个别发动相结合，以个别发动为主；临时的集中动员和经常的教育相结合，以经常教育为主；自上而下的教育和群众的自我教育相结合，以自我教育为主；动员青年和说服家庭相结合，以动员青年为主；政治动员与必要的物质保证相结合，以政治动员为主。

总的来看，举国体制的动员范围，上至领导机关，下至基层单位，中间还有各级党委政府、青年团组织、教育部门、宣传部门等，各司其职，共同编织成纵横交错的强大的动员网络，后来被总结为："人人动口，个个上阵，处处重视，八方支持，打了一场知识青年上山下乡的人民战

---

① 共青团中央青运史工作指导委员会办公室编著：《中华人民共和国青年工作编年纪事（1949 年 10 月—1994 年 12 月）》，天津人民出版社 1996 年版，第 197 页。

争。"① 经过各有关方面的共同努力，上山下乡知识青年的人数逐年增加，从 1962 年春至 1964 年 7 月，全国有 20 多万名初、高中毕业生参加国营农场的生产建设；1965 年 1 月至 9 月，全国有 25 万名城市知识青年上山下乡。据统计，从 1962 年秋至 1966 年夏，全国城镇知识青年下乡的有 129 万人。

学习毛泽东著作

整风反右运动开展以后，1958 年 5 月，中共中央提出"鼓足干劲，力争上游，多快好省地建设社会主义"的总路线，并发动"大跃进"，稍后又发起人民公社化运动。国内形势发生重大变化，6 月 2 日至 8 月 13 日召开的共青团三届三中全会，通过了《关于组织广大青年学习马克思列宁主义、学习毛泽东著作的决议》，群众性的学"毛著"活动由此兴起。团三届三中全会关于学"毛著"的决议公布以后，各地团组织按照决议的要求，通过不同形式，组织青年学习马列主义理论，学习毛泽东著作。青年中迅速兴起学"毛著"、学理论的热潮。1958 年，参加学习活动的青年约有 1000 万人。1959 年，坚持继续学习的有 200 万人，他们大多是共青团干部和各条战线青年中的先进分子。到 1960 年 2 月，全国青年用各种形式组织起来学习毛泽东著作的人数又上升到 2000 万人，学习毛泽东著作活动开始出现持续发展的态势。

---

① 南京市革委会下乡上山办公室：《关于动员一九六六、六七、六八三届初、高中毕业生、半工半读、技工学校毕业生和社会青年下乡上山工作的情况总结》，南京市档案馆藏档案，全宗号 5076，目录号 1，案卷号 1。

全国青年学习毛泽东著作的活动得到党中央的关怀和引导。1960 年 1 月，中共中央批复了共青团中央书记处关于开展毛泽东著作学习运动的提法问题的请示。中共中央指出：

> 在青年中组织毛泽东著作的学习运动，在提正式的完整的口号的时候，用"学习马克思列宁主义、学习毛泽东著作"的提法较为妥当。
>
> "毛泽东思想"本身就是马克思列宁主义，并且是马克思列宁主义的重大发展。①

1960 年 3 月，共青团三届六中全会批准了《关于加强学习马克思列宁主义、学习毛泽东著作的工作规划》。1960 年 4 月 10 日至 20 日，共青团中央同全国总工会和全国妇联联合召开了"全国青年学习马克思列宁主义、学习毛泽东著作黑龙江现场会"，听取了工、农、商、学、兵各个方面 77 位代表所作的典型发言。团中央在现场会议后，组织了全国青年学习马列主义、毛泽东著作观摩团，分两路，历时 53 天，到 25 个省市区的 87 个城市进行观摩学习和交流经验活动，影响很大，使各地 100 多万人次受到宣传教育，推动了学习活动进一步发展。在 1963 年团中央发起的全国青年学雷锋活动中，共青团中央注意引导青年们在全面学习雷锋精神的同时，像雷锋那样发扬"钉子精神"，努力学习毛泽东著作。共青团各

---

① 《中共中央批复共青团中央书记处关于开展毛泽东著作的学习运动的提法问题的请示》（1960 年 1 月 12 日），中国共产主义青年团中央委员会办公厅编：《团的文件汇编（1960）》，1962 年内部印行，第 132 页。

级组织还大力组织青年结合社会主义教育的各个步骤和青年的思想实际学习毛泽东著作，使学习活动从城市向更广阔的农村发展。

对学"毛著"活动中出现的社会强制、形式主义等问题，共青团中央保持着相对清醒的头脑，1964 年 5 月批转团陕西省委宣传部《当前组织青年学习毛主席著作中几个值得注意的问题》的报告，提出各级团组织"必须做冷静的促进派"，"把学习运动建立在扎扎实实的工作的基础上面"，组织学习时"要区别对象，抓住重点，全面安排"①。1965 年 8 月，中共中央书记处听取了团中央书记处的工作汇报，针对青年学"毛著"运动中的问题，提出了许多重要意见，要求坚持自愿原则，不要形成社会强制；要根据不同情况进行组织指导，不要搞形式主义；学习内容要广泛些，学习方法要灵活多样等。为了在学习活动出现高潮的情况下，使学习活动能从实际出发，走群众路线，坚持自觉自愿原则，团中央于 1965 年 12 月在山东省临朐县召开了"全国农村青年学习毛主席著作李家庄现场会"，总结和交流了李家庄等先进单位组织青年学"毛著"的经验，并于 1966 年 4 月在北京举办了"李家庄团支部组织青年学习毛主席著作展览会"，展出 40 天，接待观众 7.1 万多人次。但是由于这时"文化大革命"已经拉开序幕，现场会提出的正确主张没有得到贯彻和实施。

随着共青团在青年中开展的学"毛著"运动的持续发展，在 1966 年"文化大革命"前的几年间，广大青年把毛泽东著作看作必修的教科书，以顽强的毅力学习毛主席著作。他们中的许多人读完了《毛泽东选集》第一、二、三卷，从中学习了观察、分析问题的立场、观点、方法，并在工作实践中加以运用，攻克了一个又一个生产科研中的难关。在学习中

---

① 共青团中央办公厅编印：《团的文件汇编（1964 上）》，1965 年内部印行，第 189 页。

涌现出牡丹江水泥厂、北京建筑三公司青年木工突击队、大连第二医院癌症研究小组等先进集体典型。哈尔滨市第七百货商店青年学习小组集体写成了《售货员研究》一书，上海求新造船厂等单位的青年自办了理论学习小刊物。青年学习理论的活动收到了积极的社会效果，产生了深远的影响。

开展学雷锋活动

雷锋，原名雷正兴，湖南望城人，1940 年出生，不满七岁就成了孤儿。1949 年 8 月家乡解放，雷锋参加儿童团。1950 年夏，乡政府保送他上小学免费读书。1954 年第一批加入少先队，1957 年加入团组织，1960 年加入共产党。在农村他是劳动模范，在工厂是生产上的标兵、先进生产者，在部队多次立功受奖，并当选为驻地抚顺市人民代表。他的人生是全心全意为人民服务的崇高思想和艰苦奋斗的实干精神的完美结合，1961 年 4 月 19 日《中国青年报》就以《苦孩子——好战士》为题作过报道。1962 年雷锋因公殉职后，共青团辽宁省委很快就在全省青少年中开展了学习雷锋的活动。1963 年 2 月 15 日，共青团中央发出《关于在全国青少年中广泛开展"学习雷锋"的教育活动的通知》。3 月 2 日，《中国青年》刊载毛泽东为雷锋题词"向雷锋同志学习"，出版学雷锋专号。这个专号还刊载了周恩来、董必武等其他领导人的题词或诗文。3 月 4 日，团中央书记处书记杨海波就学习雷锋向全国青年发表题为《光辉的榜样，伟大的号召》的广播讲话。3 月 5 日，《人民日报》《解放军报》《光明日报》《中国青年报》等都在头版显著位置刊登了毛泽东的"向雷锋同志学习"的题词；继《解放军报》之后，《中国青年报》于 3 月 7 日发表了刘少奇、周恩来、朱德、邓小平等中共中央领导人的题词。一场学习雷锋的全国性运动就这样轰轰烈烈地开展起来了。

1963 年 4 月 3 日，共青团中央书记处召开办公会议，要求各级团委制订学雷锋的计划，推动活动深入发展。4 月 30 日，团中央书记处第一书记胡耀邦在《中国青年报》上发表《把青年的无产阶级觉悟提高到新的高度》一文，阐述了学雷锋活动的意义。《中国青年报》在五四青年节发表了《论雷锋》的社论，进一步推动整个活动持续发展。共青团中央还于 7 月 26 日至 8 月 14 日在沈阳召开团的宣传工作座谈会，重点讨论了学习雷锋活动，确定要把这项活动广泛、深入、持久地开展下去。在学习雷锋活动中，团中央具体提出了学习雷锋的五个方面：一是忠实于党、忠实于社会主义事业的无产阶级立场；二是自觉服从祖国需要，以人民利益为重，全心全意为人民服务的精神；三是关心同志、助人为乐、毫不利己、专门利人的共产主义风格；四是坚韧不拔、勇于克服困难的意志和克勤克俭、艰苦朴素的作风；五是坚持又红又专的方向，努力学习毛主席著作，刻苦钻研业务技术，模范完成工作任务。

通过在全国范围内的大规模的宣传工作和认真的组织发动工作，广大青少年迅速掀起了学雷锋的热潮。在各地党、团组织的推动下，许多地方开展了写雷锋、画雷锋、演雷锋、唱雷锋的宣传活动，使雷锋的形象树立起来。各条战线的男女青年，人人都在谈雷锋、学雷锋，把雷锋当作自己进步的一面镜子，立志"学雷锋，做毛主席的好学生"，"像雷锋那样工作、学习和生活"，"做永不生锈的螺丝钉"，"写自己红色的历史"。至1963 年 3 月中旬，全国各省（自治区、直辖市）的主要报纸发表的有关报道，共计 160 余万字。中央和地方的广播电台、电视台也多次播送雷锋的生平事迹和学雷锋的报道。刊登毛泽东题词的《中国青年》"学习雷锋"专辑，发行达 300 万份。《中国青年报》在 40 天内，收到有关学雷锋的群众来信来稿 1.58 万件，比以往任何一次宣传先进人物的来件要多出好几倍。3 月 19 日至 6 月 12 日，解放军总政治部、共青团中央联合举办雷锋模范事迹展览会，影响很大，反响强烈，观众达 80 余万人次，留言 2.2 万多条。

随着学习雷锋活动的深入开展，一些青年纠正了认为雷锋"高不可攀"、学雷锋"无从下手"的认识，结合本地区、本单位的实际，远学雷锋，近学本地区、本单位的标兵、先进，激发起学习积极性。许多青年"探讨雷锋的精神世界，走雷锋的成长道路"，他们联系思想实际，普遍开展以解决人生观、世界观问题为主要内容的专题讨论会、"思想丰收会"，以雷锋为镜子对照自己，找出思想差距，把学习雷锋从模仿阶段上升到促进改造人生观、世界观的高度。广大青年从实际出发，继承雷锋精神，把雷锋精神融入日常工作、生活、学习的实际之中，注意把学习雷锋同国家的生产建设任务、同自己的本职工作紧密结合起来，本着"学雷锋，见行动"，"像雷锋那样对待劳动、对待学习、对待生活、对待困难、对待荣誉、对待同志"的态度，在实践中理解雷锋精神，落实学雷锋活动的内容。

在共青团中央的部署推动下，全国各地的少先队组织也迅速而热烈地开展了"向雷锋叔叔学习"的活动。广大少先队员和少年儿童普遍地熟知雷锋的主要事迹，踊跃地参观雷锋生平事迹展览，与雷锋班战士通信，学习雷锋日记，继承雷锋艰苦朴素的作风。通过学习雷锋，少年儿童们更加用功读书，在力所能及的范围内，自觉地为集体、为他人做好事。

在雷锋精神的感召下，广大青年思想品德健康成长，涌现出大批雷锋式的青年模范人物。如见义勇为、舍己保护铁路和旅客安全的爱民模范欧阳海；在抗洪抢险中英勇献身的优秀共青团员谢臣；在暴风雪中保护集体羊群的草原英雄小姐妹龙梅和玉荣；为抢救两名落水少年而英勇牺牲的模范共青团员张英男；为抢救在台风袭击中遇难群众而英勇献身的优秀共青团员林成；在战斗中负伤仍坚持作战的模范共青团员、海军战士麦贤得；为保护群众，舍身扑向意外爆炸点的战士王杰；为在惊马下抢救六名少年而英勇牺牲的战士刘英俊；还有敢于攀登科学高峰的上海合成纤维研究所红雷青年小组。以这些青年英雄模范人物为代表，整整一代青年以奋发向上的精神风貌成为弘扬雷锋精神的实践者。

中日青年大联欢

新中国成立后，中国政府一直坚持"争取日本"的政策，争取的方式便是"民间先行，以民促官"，通过共青团、妇联、红十字会等群众团体展开专属群体交流。1965 年 5 月 25 日，共青团中央向中共中央提交了《关于举办中日青年友好大联欢的请示》，建议发挥团中央与日本各界青年组织建立了广泛联系的优势，拟邀请 300 名日本各界青年，在中国举行中日青年友好会见。此时正值中共与日共交往的蜜月期。为取得日共对大联欢活动的支持，分管团中央工作的中共中央总书记邓小平、中联部副部长刘宁一、赵毅敏与常驻北京的日共中央政治局委员砂间一良进行了沟通。大联欢活动由国务院外事办主任、中日友好协会会长廖承志领导，全国青联副主席、团中央书记处候补书记胡启立具体负责，以团中央国际联络部为主筹办。

8 月 15 日，全日本学生自治会总联合会代表团等第一批代表团首先入境。代表团乘坐的列车驶过罗湖桥时，一眼望去，桥头一片人山人海，《国际歌》的歌声响彻云霄。所有人都激动得不知所措了。日本民主青年同盟代表团、日本农村工会全国联合会、日本关东地方各界代表团等代表团陆续入境。21日，23个代表团在广州举行大联欢，22日，乘专列进京。25日，人民大会堂举行了万人欢迎大会，胡启立讲话。随后，代表团成员观看文艺节目，访问博物馆、名胜古迹、街坊邻里，在紫竹院公园和中国青年共植中日青年友好林，参加别开生面的体育大联欢。8月26日下午，毛泽东、刘少奇、周恩来、邓小平、彭真、贺龙等党和国家领导在人民大会堂陕西厅接见日本代表团。

9月1日起，代表团结束了北京的行程，分三路前往中国15个城市参观。东北线前往沈阳、鞍山、北戴河、天津、南京；西北线到延安、西安、洛阳、郑州、无锡；南方线赴武汉、长沙、南昌、庐山和杭州。9月12日，先到的23个代表团从各路赶到上海，参加最后一周的联欢活动。三团体领导人廖承志、胡启立和伍绍祖也赶赴上海。9月14日，日本国内百万人民反美统一行动周开始。9月22日，日本1.3万人游行，庆祝北京中日青年大联欢成功，同时召开大会，决定继续坚持斗争。

1966年，共青团中央开始筹备第二届中日青年友好大联欢。邓小平特别指示，第二届大联欢不但要搞好，"规模要争取大于去年"。8月下旬，日中友好协会应中方要求，推选了670名日本青年代表。但此时，"文革"已经开始，各项工作都受到很大冲击。12月下旬的一个晚上，红卫兵冲进民族饭店，砸了大联欢筹备办公室。很快，团中央大联欢工作组成员收到通知：终止举办第二届中日青年友好大联欢。但是第一届大联欢活动的成功举办，毕竟开创了中日民间外交的新局面。

四、"六级团委办支部"和"四好团干部"

为了贯彻国民经济"调整、巩固、充实、提高"的方针，中共中央要求各个方面的工作都要做得更加细致，更加扎实。要达到这个要求，就必须把基层组织整顿好。团的基层组织是共青团组织的基础，是共青团工作和活动的基本单位，它最经常最直接最广泛最密切地联系着广大青年。一切指示、决议、计划以及团员、青年的组织动员，归根到底都要通过基层组织去贯彻实现。可以说，基层组织是共青团全部工作和战斗力的基础。

加强基层共识的形成

共青团组织要适应国民经济调整的要求，也必须把基层组织建设好。同时，一个时期以来，全国运动不断，一个接着一个。一个运动后，组织机构、人事变动比较大，加之团的组织对加强基层组织建设重视不够，抓得不力，对青年团是联系青年群众的纽带认识不足，不善于在大规模的群众运动中加强团的建设，致使基层团组织存在的问题比较多。特别是农村，有相当数量的基层组织松散无力（有的地方高达30%，甚至40%），领导核心不健全，团内生活不正常，活动不开展，甚至陷于瘫痪状态；不少团的基层组织不重视了解、反映和满足青年的意见和要求，不同程度存在着脱离青年群众的倾向。

但是，对"整顿基层组织，发挥团的组织作用"的问题，在团内有不同的认识和态度。有的人认为强调加强基层工作，共青团就失去了抓手。

他们习惯于把突击队、红旗手、先进班、先进小组、监督岗作为抓手，不善于发挥团基层组织的作用。有的人认为强调加强基层工作，会脱离中国共产党的中心，产生单纯的业务观点，等等。

为了统一全团的认识，1961年1月中旬，共青团中央召开北京、上海、河北、山西、辽宁、山东、江西、河南、湖北、广西、贵州、云南、陕西、新疆等省（自治区、直辖市）团委书记参加的座谈会。会议着重讨论加强基层工作的问题。会议认为，"班、组、队、岗、手"是推动青年进行各项竞赛的好形式，是共青团的抓手，但是，从共青团工作来说，最根本的抓手是基层团组织。只有通过基层团组织，才能运用这些好的组织形式，调动青年的积极性，发挥好青年的作用。加强基层组织建设的目的是更好地做好中心工作，在中心工作中发挥团组织的作用。把加强基层组织建设和做好中心工作对立起来是不对的；那种认为通过基层做工作是"多了一层"的想法，实际上是取消团的基层组织的观点，这就把团的组织变成了"空中楼阁"，同样是错误的。会议要求各级团委要集中力量加强基层组织建设，使团组织成为一支朝气蓬勃、奋发向上、密切联系群众的富有战斗力的队伍。只有依靠这样的队伍，才能更好地团结教育青年，带领青年去参加社会主义建设事业，并作出巨大的贡献。

为促进团组织的整顿，共青团中央转发了《中共广东省委关于在整风整社运动中切实整顿农村共青团组织的指示》，介绍了广东在整风整社中整顿农村团组织采取"统一安排、统一布置、统一检查，指定专人协助做好整团工作"的做法。团中央还推广了河南、山东、湖北等省在整风工作中设立管理整团工作的组织员，并在整风整社工作做完之时，对团组织的整顿实行验收，保证不漏掉一个团支部的经验。

1961年10月，共青团中央召开工作会议，就整顿团的基层组织问题进行了认真研究，通过了《关于加强农村团的建设问题的讨论纪要》和《共青团在学校中的思想政治工作纲要（试行草案）》。会后，各级团委根据纪要精神，进一步加强了农村团的基层组织建设，着重解决了四个问题：

第一，健全团内民主生活，改变团的基层委员会长期不改选，团员大会长期不召开，不听取团员意见；接收团员和处分团员不按团章办事；对团员态度粗暴，乱批乱斗，甚至体罚等违反民主法制的现象。同时，注意保障团员权利，对处分错了的给予甄别纠正。

第二，加强了对团员的教育，改变了教育工作不细致、不经常的现象，恢复了团课制度，经常对团员进行中国共产党的政策教育，道德教育，团的基本知识教育。

第三，加强了群众工作，改变了团的工作只局限在积极分子的圈子里，忽视对中间、落后青年的工作的现象；纠正了对落后青年、犯过错误的青年、剥削阶级家庭出身的青年不适当的做法；建立了联系青年群众的工作制度，注意吸收青年参加团的活动和团的一些会议；注意听取了青年的意见和要求，并及时向中共各级组织和上级团委反映；动员团员同广大青年交朋友，团结一切爱国青年一道前进。

第四，加强了基层干部的训练，有的地方形成了一年轮训一次的工作制度。学校团组织贯彻《共青团在学校中的思想政治工作纲要（试行草案）》精神，引导学生不要忽视读书，坚持又红又专方向；纠正思想工作简单粗暴，坚持民主的说服教育的方法，使学校团的工作又向前跨进了一步。

"六级团委办支部"

为了切实落实团中央工作会议精神，1961年12月，共青团中央在江西南昌召开12个省市团委书记参加的座谈会，讨论健全农村团的基层组织问题。团中央书记处第一书记胡耀邦代表团中央在会上提出了"六级团委办支部"的建议。所谓"六级团委办支部"，是指中央、省（自治区、直辖市）、地（市）、县（区）、公社、大队六级团组织都来办支部，以使团的组织建设更加落实，有利于克服团不管团的现象。"六级团委办支部"的内容主要是：抓好一个班子，建立一套制度，开展三项活动，贯彻两条原则。

"抓好一个班子"，就是要健全团的支部委员会。要物色和培养好团支部书记。支部委员会的人选除了政治、思想、作风、工作能力条件外，还必须是热心团的工作的积极分子，要帮助支委会学会做领导支部的工作。

"建立一套制度"，就是在提高团员思想觉悟的基础上，通过民主讨论，建立起一套团内生活的规章制度。如集体领导分工负责、团的组织生活、团员教育管理、接收新团员、群众工作等制度。

"开展三项活动"，就是要逐步开展生产活动、学习活动和文娱体育活动。

"贯彻两条原则"，就是团的一切活动都要实行民主集中制的原则；团的一切活动都要发挥支部的组织作用和团员的模范作用，团结青年大多数的原则。

根据团中央的建议，各地团委在办支部过程中，注重调查研究，依靠基层干部和团员，重视思想教育，坚持民主办支部。通过"六级团委办支部"，基层团组织的建设一般都得到了加强，改变了一部分支部的落后面貌，推动了团支部工作的开展；同时加强了领导机关和团干部注意了解情况，掌握第一手材料，取得直接的经验的工作意识，从而改进了工作作风，密切了上下级之间、干群之间的关系。

对于学校中共青团基层组织的整顿，团中央在1961年10月工作会议上，通过了《共青团在学校中的思想政治工作纲要（试行草案）》。学校中团组织认真贯彻这一工作纲要的精神，引导学生不忽视读书，坚持又红又专方向；纠正思想工作简单粗暴，坚持民主的说服教育的方法，使学校团的工作又向前跨进了一步。

各地按照团中央提出的"四好团支部"的要求，遵循着政治思想好、"三好"（身体好、学习好、工作好）活动开展好、组织生活健全好、联系群众作风好，广泛开展了"四好团支部"活动，并在每年的"五四"或"十一"进行评比表彰。这个活动使团支部工作有了一个具体方向和目标，在团内形成了一种竞赛的形势，促进了团委机关转变作风，因而在当时受到普遍的欢迎。

在整顿和加强团的基层组织工作中，取得了一定成绩，但也存在着缺点和不足。主要是忽视接收新团员的工作，对团的发展工作，思想上不够重视，认识不统一，抓得不紧，进展缓慢，致使团员数量从1957年的2336万人，减少到1963年的2188万人，其中的超龄团员还有700万人。在农村，团员只占农村青年总数的13%，约有10%的生产队没有团员，30%的生产队仅有一两个团员，建立不起团支部。这对于共青团这个有年龄限制的组织来说，意味着团的基层组织的削弱。同时，在"六级团委办支部"过程中，由于各地认识不一致、要求不明确，缺少具体的办法。这些问题的存在和未能很好解决，影响了"六级团委办支部"的应有效果。

在"六级团委办支部"的过程中，各地陆续开展了"四好团支部"活动。1963 年初，全国农村、厂矿团的基层工作会，总结了各地开展"四好团支部"活动的经验，正式把"四好"的内容确定为：政治思想好；"三好"①活动开展好；组织生活健全好；联系群众作风好。各地按照"四好"的要求，广泛地开展了这一活动，并在每年的"五四"或"十一"进行"四好团支部"的评比表彰。这项活动受到普遍的欢迎，一是团支部工作有了一个具体方向和目标，工作要求比较明确；二是在团内形成了一种竞赛的态势，互相学习，互相帮助，你追我赶，共同提高；三是促进了团委机关转变作风，深入基层，面向基层，实行面对面的领导。因此，普遍认为这项活动是"推动支部工作全面发展的一种好形式，是加强基层组织建设的一条好措施，一条重要的历史经验"。

团的基层工作会议

为了进一步研究基层组织建设，探讨加强基层组织建设的措施，总结交流基层工作的经验，1963 年 3 月，共青团中央在北京首次召开全国农村、厂矿团的基层工作会议。与会 171 人，半数以上是公社、生产队和厂矿、车间的基层团干部。他们直接从事基层工作，清楚基层组织的状况，他们聚集在一起共商基层组织建设大计，使会议取得了较大的收获。一是提高了认识。与会人员从团组织处于执政党助手的地位，担负着团结教育青年一代的重任的高度来认识加强团的组织建设的重大意义，把基层组织建设提到了应有的位置。二是明确了团的建设的任务。团的

---

① 指毛泽东号召的"身体好、学习好、工作好"。

组织建设的主要任务是提高团员素质，提高基层组织的活力。三是确定了一些加强基层工作的基本措施。这就是：坚持"六级团委办支部"；开展创造"四好团支部"活动；定期召开基层工作会议；训练和提高基层团干部；认真推行农村、厂矿企业两个基层工作条例。四是交流了基层工作经验。会后团中央发出通知，要求所有团的基层组织，都要学习和推广陕西长安县晨光大队团支部和沈阳五三工厂团委等六个基层组织的工作经验。

为了从制度上来加强团的基层组织建设和使基层组织的工作有一个可遵循的规范，会议还讨论拟订了《共青团农村支部的工作任务和工作方法》和《共青团厂矿企业支部的工作任务和工作方法》。两个文件分别规定了农村团支部和厂矿企业团支部工作总的原则；团支部的经常工作（包括思想政治教育，帮助青年做到生产好、学习好、身体好）以及上级团委的领导等。两个条例 ① 都是在认真总结农村、厂矿企业青年工作历史经验的基础上，反复讨论修改制定的我国最早的共青团支部工作条例。它的制定标志着团支部建设走向制度化、规范化、法制化的一个新阶段。两个条例的贯彻实施，对基层团组织建设起到了推动作用。

---

① 1963 年 7 月 4 日，《共青团中央关于印发农村、厂矿企业团的支部工作和工作方法两个试行草案的通知》指出："这两个条例，大体上概括了农村、厂矿企业团的工作的基本经验，每个团支部都应当按照这两个条例的要求去进行工作和开展活动。"

五、共青团九大及其影响

　　1962 年 9 月中共八届十中全会后，中共中央决定在全国城乡发动一次普遍的社会主义教育运动（简称"社教"运动，后来称"四清"运动）。社教运动全面铺开后，由于对国内政治形势的估计越来越严重，再加上中苏分歧日益尖锐，使全国政治氛围中"左"的味道越来越浓。

团九大提出"朝气勃勃，实事求是"

　　1964 年前后，由于贯彻了"调整、巩固、充实、提高"的方针，国民经济得到迅速恢复和进一步发展，国内形势逐步好转。但是，党的"左"倾错误不仅没有在经济工作指导思想上得到根本纠正，而且在政治思想文化方面有了发展，根据"阶级斗争，一抓就灵"方针确定的社会主义教育运动已在全国城乡展开。在这样的形势下，1964 年 6 月 11 日至 29 日，中国共产主义青年团第九次全国代表大会在北京人民大会堂举行。这次大会是中国共青团有史以来空前盛大的一次代表大会。出席大会的正式代表 2396 名，列席代表 927 人，是历届代表大会人数最多的。这时全国团员数量为 2200 万人。

　　毛泽东、刘少奇、周恩来、朱德、邓小平出席开幕式，接见全体代表，并同代表中的著名先进人物进行了亲切的谈话。参加大会开幕式和接见代表的还有部分中共中央政治局委员、政治局候补委员、中央书记处书记、书记处候补书记、国务院副总理、全国人大常委会副委员长以及全国政协、各民主党派、各人民团体的负责人，中国共产党各中央局和各省

（自治区、直辖市）委员会负责人也出席了大会开幕式并参加接见。所有这一切，都体现了共产党和全国各方面对共青团的关怀和重视。会议期间，邓小平向大会作了政治报告；谭震林、陆定一、薄一波分别就思想建设和经济建设问题向大会作了报告。

胡耀邦代表第八届团中央委员会作了题为《为我国青年革命化而斗争》的工作报告，胡克实作了《关于修改团的章程的报告》。大会一致通过关于工作报告的决议和新修改的团章；选出由178名委员和74名候补委员组成的共青团第九届中央委员会。7月2日至3日召开的共青团九届一中全会，选出胡耀邦等29人组成的团中央常委会，选出以胡耀邦为第一书记的团中央书记处。书记处成员还有，书记胡克实、王伟、杨海波、张超、王照华、路金栋、王道义、惠庶昌，候补书记张德华、李淑铮、徐惟诚、胡启立。

这次大会指出："中国青年运动正是有了毛泽东思想做指导，才沿着正确的方向蓬蓬勃勃地发展起来的。"在新团章中明确规定，共青团以"马克思列宁主义、毛泽东思想为指导思想"。[①]大会提出社会主义时期全国青年所面临的伟大历史任务是"要把我国建设成为具有现代农业、现代工业、现代国防和现代科学技术的社会主义强国，把社会主义革命进行到底"，强调"共青团在生产中开展活动是最经常最主要的形式，是动员团员和青年同成年人和老年人一道干，在一道干中起积极作用"。[②]

---

① 《关于修改团的章程的报告——胡克实同志在中国共产主义青年团第九次全国代表大会上的报告》（1964年6月13日），共青团中央办公厅编印：《团的文件汇编（1964上）》，1965年内部印行，第42、41页。

② 《为我国青年革命化而斗争——胡耀邦同志在中国共产主义青年团第九次全国代表大会上的工作报告》（1964年6月11日），共青团中央办公厅编印：《团的文件汇编（1964上）》，1965年内部印行，第12、27页。

大会强调指出："党经常教导我们，共青团一定要树立一种好的作风，要把广大青年的风气带好。作风是一种无声的号召，无形的精神力量。团的作风好坏，对青年的革命化有着直接的影响。"团干部应具有"朝气勃勃，实事求是"的作风。朝气勃勃，"就是要有勇于跟困难作斗争的革命干劲"，"开动脑筋，敢于和善于提问题，有负责精神和创造精神"，"有努力学习、永不自满的精神"，"防止脱离实际、脱离群众和沾染官僚主义习气"。实事求是，"就是做老实人，说老实话，办老实事"，"就是工作要扎扎实实，具有革命的坚定性"，"多做打基础的工作，讲究工作实效"，"学会善于做细致的工作，特别是要善于一点一滴地去做思想工作"。[①] 应该说，"朝气勃勃，实事求是"的作风既概括了共青团干部的优点和特点，也指出了"大跃进"以来干部作风方面存在的问题。

由于种种原因，这次大会不适当地提出国内并不存在的所谓"青年工作上两条根本对立的路线"，并且据此提出，"无产阶级要求青年革命化，要求青年不但要接生产斗争之班，而且要接阶级斗争之班，粉碎资本主义复辟的一切可能性"，因此"促进我国一代又一代青年的无产阶级革命化，这是无产阶级专政的一个重大战略任务，也是我们共青团工作的根本目的"。为此，会议强调共青团工作要以"阶级教育为纲"，认为"阶级教育是青年共产主义教育的基础"，"火热的革命斗争，是锻炼革命者的最好熔炉"，青年要成为革命的新一代，必须"投身到社会主义的群众革

---

① 《为我国青年革命化而斗争——胡耀邦同志在中国共产主义青年团第九次全国代表大会上的工作报告》（1964 年 6 月 11 日），共青团中央办公厅编印：《团的文件汇编（1964 上）》，1965 年内部印行，第 35、36、37 页。

命斗争的大风雨、大世面中去"。① 这些观点使共青团工作笼罩在"左"倾思想影响之下，对此后的青年运动和青年工作造成了不良影响。

青年"革命化"与社会主义教育运动

从 1963 年开始，中苏两党以相互致信和发表理论文章的方式，进行了一场大论战。在当时紧张敏感的形势下，毛泽东认为，中国共产党内也已经出现修正主义。国内开展的"四清"运动的一些试点单位总结出的被认为是"阶级敌人篡夺领导权"或干部"和平演变"的典型材料，使得毛泽东、刘少奇在 1964 年五六月间作出这样的估计：全国有 1/3 左右的基层单位，领导权不在我们手里，而在敌人和他们的同盟者手里。从 1964 年下半年到 1965 年初，中共中央发布一系列有关"四清"运动文件，意识形态领域中过火的错误批判和斗争愈演愈烈。从文艺界到学术界，陆续有许多知名的学者、作家、文化宣传工作的负责人被点名批判，在广大知识分子中造成了草木皆兵、人人自危的紧张气氛。

共青团第九届中央委员会就是在这样一种形势和氛围中开始工作的。由国内政治形势所决定，各级共青团组织的工作主要是本着为中国青年"革命化"这一工作指导方针，通过组织各种活动，引导团员青年紧跟形势，做好本身业务工作，把思想统一到党中央的路线、方针和政策上来。1965 年 3 月 29 日至 4 月 19 日，共青团九届二中全会召开。会议指出，

---

① 《为我国青年革命化而斗争——胡耀邦同志在中国共产主义青年团第九次全国代表大会上的工作报告》(1964 年 6 月 11 日)，共青团中央办公厅编印：《团的文件汇编（1964 上）》，1965 年内部印行，第 17、15、16、25 页。

共青团要迅速响应党的号召，以毛泽东思想为指针，把青少年组织起来，把工作活跃起来，使广大青年成为阶级斗争、生产斗争和科学实验三大革命运动中的一支生气勃勃的突击队；共青团必须发扬对党的中心任务跟得快、跟得紧、跟得好的主动精神和战斗作风，高举毛泽东思想红旗，以阶级斗争为纲，继续贯彻团的九大精神，为完成党交给的各项工作任务而奋斗。

为青年树立先进人物和英模榜样，引导青年健康成长，是共青团对青少年进行思想教育工作的重要方式之一。共青团九大以后，更是加强了这方面的工作。1965年11月，共青团中央发出通知，号召青少年开展学习王杰活动；1966年2月发出通知，号召共青团员、共青团干部开展学习焦裕禄活动。此外，还通过报刊宣传和组织报告会的形式，向广大青年介绍了上海合成纤维研究所红雷青年小组经过千百次试验，试制成功新型合成纤维的事迹，激励广大青年积极投身经济建设活动，开展科学研究，努力赶超国际先进科学技术。

在开展上述思想教育活动的同时，共青团组织还从自身的性质任务出发，在动员农村青年开展科学实验活动、协助党政部门做动员组织城镇知识青年上山下乡、解决青年先进人物负担过重的问题，以及共青团建设、少先队工作等方面，做了大量工作，并取得一定成果。1965年8月至12月，在党中央的关怀领导下，成功地组织了第一次中日青年友好大联欢，有力地配合了国家的外交工作。

在"四清"运动已经在全国城乡展开的态势下，共青团组织按照党的部署，动员和组织团员、青年投身运动，接受教育，发挥作用。各级团组织派出一批团干部作为"四清"工作队的成员，直接到工作第一线开展工作。1965年7月21日至8月12日，共青团中央在北京召开社会主义教育运动（"四清"运动）工作会议。会议通过了《团中央社教工作会议情况的报告》和《农村社会主义教育运动中青年工作的几个问题——共青团中央社教工作会议纪要》两个文件，会后报送中共中央。9月3日，中共中央转发了这两个文件。

对于社会上思想文化领域的批判斗争，共青团通过《中国青年报》《中国青年》杂志，为青年提供参与斗争的阵地。当时，在青年中主要开展了对《共产主义人生观》《平凡的真理》等青年读物以及一些电影和小说的批判活动。1964年8月至11月，《中国青年报》还开辟了《我们要唱什么样的歌曲》专栏，组织青年对一些在青年中传唱的歌曲进行批判。这些在"左"倾错误方针引导下开展的活动，助长了在青年中已经滋长蔓延的"左"倾情绪和"左"的思潮。

阶级斗争绝对化的影响

无产阶级的阶级教育，是青年思想政治教育的一个重要内容。由于青年对阶级压迫和阶级剥削没有亲身感受，对旧社会、对阶级斗争知道得很少，共青团采取适当的形式，正确地对青年进行阶级教育是完全必要的。无产阶级的阶级教育的内容是多方面的，它不但要了解阶级压迫阶级剥削，了解无产阶级的爱和憎，而且要懂得无产阶级的历史使命，无产阶级的伟大胸怀，无产阶级的阶级政策和无产阶级的优秀品质。多年来，结合各项政治运动，共青团对青年的阶级教育做了不少工作，对提高青年的政治思想觉悟、树立革命的人生观都起过一定的作用。

1963年到1965年间，我国部分农村和少数城市基层开展社会主义教育运动。这是阶级斗争扩大化理论的实践。在社会主义教育运动中，团中央要求各级团组织集中自己的主要力量，积极动员和组织广大团员和青年投入运动，发挥作用，接受教育。各地共青团组织在社会主义教育运动中主要抓了对青年的阶级教育。

由于阶级斗争扩大化理论的影响，这一教育在青年中不同程度地造成了思想混乱。有的青年想搞包产到户，想单干；有的青年嫌在家种田路子窄，外出做手艺，搞家庭副业。这些都被错误地批为"资本主义自发势力"，搞"小自由"，"走资本主义道路"，"这是产生修正主义的社会基础"。还有的地方对青年中有占小便宜毛病的人，批为"破坏集体经济"，对外出做小生意的批为"投机倒把"，对待地富成分的人，或同地富子女以及所谓"四不清"干部有来往的，笼统批为"立场不稳""政治上不清"。有些地方对青年的阶级教育只讲"不忘阶级苦，牢记血泪仇"，反复搞"忆苦思甜"，吃"忆苦饭"，方法简单，动辄上纲上线，分析阶级根源，搞人人过关，还认为"这是兴无灭资的需要"。

在社会主义教育运动中，有的把什么问题都看作是阶级斗争问题，还提出共青团也有一个"夺权"问题。认为团员青年中有问题的占的比例不小，有的地方估计为1/3。认为仅团员中有"四不清"问题的要占15%。安徽一个生产大队的团支部，63个团员中，被认为所谓"阶级立场模糊，敌我界限不清，以至丧失立场的"23人，占36.5%；1961年以来担任行政干部的39个团员，都有程度不同的"经济四不清"问题。从这种分析出发，在社教运动中错误地打击和伤害了一批团的基层干部和团员青年。

"唯成分论"的影响加深。共产党的无产阶级政策是"有成分论，不唯成分论，重在政治表现"。但在实际上，把"有成分论"变成"唯成分论"。

1961 年 10 月，共青团中央工作会议向中共中央书记处汇报，共青团团结青年的面比较窄，不少地方团结面只达到全体青年的 30% — 40%。对资产阶级家庭出身的子女，对"五类分子"（即地、富、反、坏、右）的子女，对落后层的青年团结不够。邓小平听了汇报后认为，团中央这个问题提得好。他说：团结面窄，实际上是一个"左"的倾向。对剥削阶级家庭出身的青年重在看本人的表现，对他们要做团结教育工作，不要不敢接近他们。青年团要打破小圈子，要搞大圈子，不要怕沾边，办法是要给团员和进步分子一个任务，要他们去接近中间和落后的青年，接近和帮助"五类分子"子女，要认真地耐心地做好这些人的工作。

但是，问题并没有解决，在阶级斗争扩大化的影响下，"唯成分论"的影响更加普遍。许多地方把地富子女同地主富农同样对待，有的规定没事不准地富子女串门；开地主富农会议，其子女代替参加；上工时，常把地富子女和地富分子分在一起干活评定义务工，也不加以区别；对地富子女常常采取训斥态度；有些青年任意辱骂地富子女；许多社会活动不准地富子女参加。

1964 年，共青团九大提出了最大限度地把青年团结起来和组织起来。1965 年，共青团九届二中全会又讨论了把绝大多数青年组织起来的问题。团中央也要求各地团组织做好地富子女的工作。

1965 年 7 月，周恩来、陈毅视察新疆生产建设兵团石河子垦区。了解到上海知识青年的思想、文化、家庭和工作等情况后，周恩来对知青们说：

　　　出身于剥削家庭和有复杂社会关系的人，都要看他们现在的表现和立场。一个人的出身不能选择，但前途是可以选择的。

只要能同原来的剥削阶级家庭划清界限，全心全意地为无产阶级革命事业服务，就会有光明的前途。[①]

周恩来、陈毅接见知识青年的照片和讲话在全国各大报刊报道后，许多青年特别是出身于剥削阶级家庭和有复杂社会关系的青年，受到了教育和鼓舞。但在"以阶级斗争为纲、以社会主义和资本主义两条道路斗争为纲"，"重新组织革命队伍"，在"阶级斗争要天天讲"的总体氛围中，党的"重在表现"的政策很难贯彻下去、落到实处。

---

① 中共中央文献研究室编：《周恩来年谱（1949—1976）》中卷，中央文献出版社 2020 年版，第721—722 页。

第九章

经受"文化大革命"的磨炼

从 1966 年 5 月开始，随着"文化大革命"的全面发动，长达十年的内乱使党、国家、人民遭到新中国成立以来最严重的挫折和损失。共青团组织在这场内乱中遭受了严重摧残。虽然经毛泽东的提议，共青团工作在"文化大革命"中得到了部分的恢复，但是由于党内"左"倾错误路线占据主导地位，极左思潮泛滥，加上江青反革命集团的干扰和破坏，直到"文化大革命"结束，共青团恢复自身的组织系统和开展正常有效的工作依然步履艰难。

一、处于政治运动的风口浪尖上

任何事物的发展都有一个渐进演变的过程。"文化大革命"这样一个极左局面的形成，也是多年逐渐升温的。共青团与广大青年身处历史旋涡之中，既是政治性很强的群众团体，所联系的又是血气方刚、相对单纯、易于冲动的年龄段人群，自然难以超脱。"文化大革命"不是任何意义上的革命和社会进步，给党、国家和各族人民带来了严重灾难。在全局性的"左"倾严重错误的影响和反革命集团的阴谋破坏下，共青团组织经历了一场前所未有的浩劫，遭受了严重的摧残。

"突出政治"的团九届三中全会

1965年11月10日，经毛泽东批准，上海《文汇报》发表了江青、张春桥秘密策划，姚文元撰写的《评新编历史剧〈海瑞罢官〉》，揭开了"文化大革命"的序幕。12月，毛泽东在上海主持中共中央政治局常委扩大会，林彪等人诬蔑罗瑞卿"反对突出政治""篡军反党"。1966年2月7日，以彭真为组长的五人小组向中共中央提出《关于当前学术讨论的汇报提纲》，试图对学术讨论中"左"的偏向加以适当的限制。中共中央同意并转发了这个提纲，但随后不久，该提纲就为毛泽东所否定和批判。3月，毛泽东严厉指责北京市委、中宣部包庇坏人，不支持左派。要解散北京市委、打倒"阎王"。说各地应多出一些孙悟空，大闹天宫。毛泽东的这一谈话，预示着"文化大革命"的风暴日益迫近。

在这种形势下，1966 年 4 月 1 日到 20 日，共青团召开九届三中全会，着重讨论了共青团"突出政治"的问题。全会认为：突出政治是青年工作的根本。所谓"突出政治"，"就是要以阶级斗争、两条道路斗争为纲，以毛泽东思想为武器，开展兴无灭资的斗争"。全会讨论了突出政治和青年工作的关系，指出：

突出政治是实现青年革命化的根本方针。在促进青年革命化的道路上，解决任何一个问题，都是打的兴无灭资的政治思想仗。不突出无产阶级政治，资产阶级政治就要乘虚而入。

突出政治是正确地充分地有效地调动青年社会主义积极性的途径。政治挂帅，思想第一，就能激发起革命的、社会主义的积极性。搞物质刺激、锦标主义、形式主义，只能走上个人主义、资本主义的邪路。

突出政治是共青团建设的保证。共青团是无产阶级进行阶级斗争的工具。只有从政治上建团，在阶级斗争中建团，才能保证组织上的巩固。政治上是非不清，组织上必然涣散。

突出政治才能真正保证党对团的绝对领导。不突出政治，就不能坚决贯彻党的路线，不能敏锐地识破修正主义的实质；就不能懂得从全局出发，局部必须服从全局的道理，党的绝对领导就会缺少保证。

突出政治是青年干部革命化的关键。团干部不懂得阶级斗争，不努力自我改造，不树立全心全意为人民服务的思想，革命化就会落于空谈。[①]

在"左"的思想指导下，全会把团干部中的一些不同意见，如"共青团是做政治工作的，自然突出政治"，"完成任务就是突出政治"等，上纲上线批评是所谓"折衷主义"，"单纯生产、技术、业务观点"。全会的报告还提出在突出政治问题上，"一定要反对'差不多'的思想"。报告说，现在团的工作在突出政治方面存在的主要问题是：没有自觉地把毛泽东著作当作共青团一切工作的最高指示，狠抓毛泽东著作的学习不够；"四个第一"抓得不狠；工作落实不够，缺乏力争性、坚持性、彻底性；对团干部的革命化抓得不够。

全会认为，"突出政治就是突出毛泽东思想"，一致通过《关于在全国青年中更好地开展学习毛主席著作运动的决议》。提出"共青团一定要把活学活用毛主席著作放在第一位"。全会提出要用毛泽东关于"反帝反修的学说""社会主义时期阶级和阶级斗争的学说""社会主义建设总路线""无产阶级革命接班人的五项条件"来"武装青年"。

在创造更多的四好团支部，加强团的基层组织建设问题上，全会强调"团的基层组织处在兴无灭资斗争的第一线，是无产阶级同资产阶级争夺青年的战斗堡垒"，因此创造四好团支部，也"必须突出政治"。全会要求各地团组织"把广大团员和青年发动起来，参加这场社会主义的文化大革命"。[②] 这次全会是在"文化大革命"前夕召开的，林彪等人的"突出政治"、神化领袖等"左"倾思潮已经严重影响着全会的走向。

---

① 《人民日报》1966年5月4日第1版。
② 《一定要把共青团办成活学活用毛泽东思想的学校》，《中国青年》1966年5月第10期。

向北京市中学派出工作组

1966 年 5 月 4 日至 26 日，中共中央召开政治局扩大会议。5 月 16 日，会议通过的毛泽东主持起草的《中国共产党中央委员会通知》（又称《五一六通知》），提出一整套"左"的理论、路线、方针和政策，成为指导"文化大革命"的纲领性文件。《五一六通知》的发表，标志着"文化大革命"开始全面发动。与中央政治局扩大会议的召开相伴随，《解放军报》在 5 月 4 日发表社论《千万不要忘记阶级斗争》；5 月 8 日，又发表署名"高炬"的文章《向反党反社会主义的黑线开火》。5 月 8 日，《光明日报》发表了署名"何明"的文章《擦亮眼睛，辨别真假》。此时，阶级斗争扩大化的"左"倾思潮已经在社会上广为流传，发动"文化大革命"的理论也通过主流媒体的宣传，不容置疑地说服了多数社会成员，并被大家所接受。

在这种社会氛围下，各级各类学校的青年学生在强烈但又带有盲目性的政治热情和革命责任感的驱使下，急切地希望在这个渴望已久的大的革命风暴中，通过"经风雨、见世面"的实践使自己成长为像毛泽东等革命前辈一样的新一代革命者，真正成为"无产阶级革命事业的接班人"。各级团组织根据中共中央的统一部署，以极大的热情，对广大团员和青年开展动员工作，引导他们积极投身"文化大革命"运动。于是，广大青年学生热烈响应号召，积极参加写大字报批判"黑帮"活动，同时以不同的形式向共产党和青年团组织表达投入"文化大革命"的决心。《中国青年报》在 1966 年 5 月 9 日至 26 日的十几天中，就收到青年批判"黑帮"或表示决心的来信、来稿近 4 万件。

青年学生的政治热情是纯真的，容易被氛围所感染，被形势所左右。

在5月中旬，当北京的一些大学和中学的学生得知中共北京市委被改组后，立即闻风而动，在批判"黑帮"的时候，把批判矛头指向中共北京市委，同时也对照批判了学校内部领导和老师的言论。6月1日，北京大学聂元梓等人的大字报和《人民日报》社论《横扫一切牛鬼蛇神》发表，后来《人民日报》连篇累牍地鼓吹开展"文化大革命"，全国的青年学生也纷纷行动起来，在开展批判社会中"黑帮"的同时，开始把批判的矛头指向了学校内部，对学校的党政组织和领导发起了"造反"行动。这股浪潮以北京学校里的学生为先导，迅速波及全国。报刊上也继公布北京大学"揪出"陆平之后，又公布南京大学"揪出"匡亚明，上海音乐学院"揪出"贺绿汀等。这样一来，全国各地学校的正常教学秩序相继被打乱，各类学校的党政领导都无法有效地开展各方面工作。这时，北京一些中学内出现了学生自发组织的红卫兵一类的组织，使得这些学校内部混乱进一步加剧。

面对骤然兴起的"文化大革命"狂潮，在北京主持中共中央日常工作的刘少奇、邓小平等人最初的反应是要把它纳入党组织领导下的有秩序的轨道。为此，他们在6月3日主持召开政治局扩大会议，决定依照以往开展这类工作的先例，向北京市各大中学校派遣工作组，协助学校党政组织领导运动，并且还拟定了保证运动有领导、有秩序地进行的不成文"八条规定"。在这次会议上，团中央接受了负责北京市中等学校的"文化大革命"工作的任务，并承担向各个中学派出工作组的任务。

在中共中央政治局扩大会议结束当天，团中央就召开书记处紧急会议，传达政治局扩大会议精神，成立由三位书记组成的领导小组，抽调60名干部同刚被改组的北京新市委一起，于6月3日晚至5日，派工作组进驻北京师大女附中、清华附中、北京四中等16所中学。6月7日至9

日，团中央又从北京和全国各地抽调 1800 多名干部，组成 300 多个工作组，陆续向北京市 8 个城区的中学派出。为便于对这些工作组的领导，6月 7 日，共青团中央成立"北京市中学文化大革命工作团"，团长和副团长分别由团中央书记处书记胡克实和惠庶昌担任。同时，在北京 8 个城区成立中学"文化大革命"工作队，由团中央书记处书记、常委或部长担任队长。

由上级党委派工作组到下级开展工作，是中国共产党过去经常采用的一种做法。"文化大革命"中的工作组也是按照这样一种习惯做法派出的，工作组的任务是到各个学校领导开展"文化大革命"。工作组进驻各个学校后，根据中央政治局扩大会议制定的开展"文化大革命"的"八条规定"，即要求各校开展运动要做到"内外有别""注意保密""大字报不要上街""不要示威游行""不要搞大规模声讨会""不要包围'黑帮'住宅"等精神开展工作，试图制止学校内的混乱现象，使运动能够有秩序地进行。在工作组刚刚进校的时候，对运动初期涌现出来的"左派学生"包括中学的红卫兵组织是支持的，但是对于他们的无政府主义和极左的做法则极力引导并加以制止。

6月 13 日，中共中央、国务院联合发出通知，决定改革高等学校招生办法，全国各级各类学校一律停课开展"文化大革命"。这个通知的传达进一步加剧了学校内的混乱，使得为贯彻中央使运动有序进行的决定而进驻学校的工作组非但无法控制运动的局势，反而与学校中的所谓"左派学生"发生了尖锐的矛盾和冲突。6月 18 日，北京大学出现了全校性的乱打乱斗事件，工作组及时加以制止。

鉴于当时出现的混乱局势，6月 14 日至 28 日，刘少奇多次召集中共中央政治局常委扩大会议，听取北京地区"文化大革命"情况的汇报，讨论运动中的有关问题。刘少奇在这些会议上先后提出：对这一场斗争，咱们都没有经验，工作组也没有经验，有的工作组是好的，能与学生"三同"，同吃、同住、同工作，不好的应该撤回；要划一个界线，不要把什么人都说成是黑帮；不要党的领导、中断党的领导是不好的，大部分党委是好人嘛，不要打倒一切；运动的整个过程，要抓生产、工作、生活，恢复星期日，注意劳逸结合，注意反革命的破坏；要用《二十三条》的精神，禁止打人、侮辱人和变相的体罚；就是当权派、黑帮，也允许他改正错误，给出路。[①]这些会议精神逐级贯彻下去，学校中基本的教学和工作秩序开始恢复，无政府主义现象得到相当遏制，社会治安开始好转。但也有一些被盲目的政治热情冲昏头脑的学生非但无法接受工作组的引导和制止，反而认为工作组是在"压制革命"了。

7月13日，刘少奇主持中共中央政治局常委扩大会议，听取共青团中央关于《北京市中学文化革命的初步规划》的汇报，对中学进行"文化大革命"的目的、要求和政策等作了指示：

（一）我们的教育，是从资产阶级的教育沿袭下来的，所以，不能对所有具有资产阶级教育思想的人都批判，只是批判少数代表人物，大多数人从中受到教育，树立无产阶级的教育路线。

（二）建立、健全党团组织生活，恢复和发挥党支部的领导作用、团支部的助手作用。这应单列一条。不要把党、团组织放在一边，要在运动中观察党、团组织，看它能不能领导，同时

---

① 中共中央文献研究室编：《刘少奇年谱（1898—1969）》下卷，中央文献出版社1996年版，第642页。

也锻炼党、团组织。

（三）清经济。政治清了，组织清了，思想也清了，趁这个机会把经济也清一下。

第一阶段的工作，初中在八九月底搞完，争取十月开学上课，高中在九十月搞完。[①]

工作组在批评中被撤销

1966 年 7 月 18 日，毛泽东从武汉回到北京，当天即听取了江青等人关于工作组的汇报，看了北大、北师大、清华、人大等校学生反工作组的材料。19 日至 23 日，刘少奇主持召开"文化大革命汇报会"，毛泽东发表了意见，他说，回到北京后感到很难过，冷冷清清，有些学校大门都关起来了，甚至有人镇压学生运动。谁才镇压学生运动？只有北洋军阀！又说，"内外有别"是怕革命，大字报贴出来又盖起来，这种情况不能允许。这是方向错误，赶快扭转。把一切条条打个稀巴烂，给群众定框框不行。[②]

从 7 月 22 日起，陈伯达、江青等人根据毛泽东的指示到北京一些高校了解"文化大革命"情况。但是他们支持反工作组的态度十分鲜明，他们的调查就是收集反工作组的材料。7 月 25 日，毛泽东召集中央常委和中央文革小组成员开会，批评了刘少奇、邓小平，作出了撤销工作组的

---

① 中共中央文献研究室编：《刘少奇年谱（1898—1969）》下卷，中央文献出版社 1996 年版，第 644—645 页。

② 参阅张晋藩等主编：《中华人民共和国国史大辞典》，黑龙江人民出版社 1992 年版，第 590 页。

决定。此后，江青、陈伯达等人便频繁地出现在北京高校的校园，煽动反工作组情绪。7月26日，陈伯达、康生、江青在北京大学万人大会上公开提出，要撤销工作组，罢工作组组长的官。7月27日，中央文革小组成员王力和中共北京市委书记吴德突然出席海淀区中学"文化大革命"师生代表会议，并且由王力在会上宣布罢海淀区中学"文化大革命"工作队队长周杰的官，宣布第二天还要在这个会场召开揭发批判周杰的会议。7月28日傍晚，批判会召开，江青、康生等人出席，清华附中红卫兵代表在会上发言并且把他们写的讲"造反精神"的两张大字报稿交给江青，并请她转呈毛泽东。江青在会上发表了煽动性讲话，说毛主席没有派工作组，还对运动中出现的打人问题发表了纵容的言论。

7月29日，北京市大专院校和中等学校师生文化革命积极分子大会在人民大会堂召开，中共北京市委正式宣布撤销工作组的决定。接着，刘少奇、周恩来、邓小平都讲了话，说明派工作组的经过，表示工作组是中央政治局在京常委决定派的，对工作组问题承担了责任。刘少奇在谈到对"文化大革命"的理解时说：

> 至于怎样进行无产阶级文化大革命，你们不大清楚、不大知道，你们问我们；我老实回答你们，我也不晓得。……主要的靠你们各个学校广大的师生员工在革命的实际中间来学会革命。①

---

① 中共中央文献研究室编：《刘少奇年谱（1898—1969）》下卷，中央文献出版社1996年版，第646—647页。

　　江青等人虽然到会却没有讲话，毛泽东在散会前出来与大家见了面，也没讲话。当晚，石油学院附中等 8 所学校的红卫兵和学生，便拥到团中央机关"造反"。第二天下午，张春桥、王力、关锋、戚本禹等来到团中央机关，对"造反"的红卫兵表示支持。这就更助长了红卫兵和学生利用工作组问题反对团中央的情绪，于是他们便频繁前来"造反"，搅得团中央的工作根本无法正常进行。

二、动乱中被摧残的组织

　　"文化大革命"初期改组团中央书记处，导致共青团系统领导中断，整个共青团组织呈瘫痪状态。失去了这一组织的日常引领，一部分团员、青年更加无约束地参加到狂热的政治运动中，更多的青年则被裹挟其中。青年力量对于助推形势和影响社会，常常也是双刃剑，只不过当时的青年们对自己所充当的角色浑然不觉。

动乱之初团中央书记处被停止工作

　　1966 年 8 月 1 日至 12 日，毛泽东在北京主持召开中共八届十一中全会。在会议开幕的当天，毛泽东给清华附中红卫兵写了信，对他们的两张大字报所表现的"革命造反精神"表示了"热烈支持"。8 月 3 日，北京红卫兵正式得知了这个消息，兴奋异常，各校的红卫兵组织也迅速膨胀和发展起来。

在中共八届十一中全会开幕那一天的下午，江青、陈伯达还以中央文革小组的名义，邀约团中央书记处成员胡耀邦、胡克实、王照华、李淑铮等谈话。在谈话中，他们对共青团工作无端指责，说团中央在中学"文化大革命"中犯了方向错误、路线错误，已经严重脱离了青年，害怕青年，是青年官了。青年团成了"老年团"了。康生甚至恶毒地说："我今年70岁了，你们好像150岁了。"

8月6日，北京一些中学生在天桥剧场召开一场关于血统论对联的辩论会，康生、江青也赶来参加。他们都作了长篇讲话，康生在会上指责说："共青团有严重错误"，"团中央某些人不是站在无产阶级文化大革命方面，而是站在资产阶级镇压革命这一方面"。还说，提出"改组共青团""这一要求是很正确的"，"红卫兵、红旗战斗小组应该成为改造共青团的主要骨干"。[①]

这些消息传出后，进一步加剧了青年学生与团中央的矛盾，并最终促使中共中央作出改组团中央书记处的决定。8月13日晚，北京市中学红卫兵和学生在工人体育场召开万人大会，至于会议主题，许多参加人都说不清楚。江青等人出席。中共中央政治局常委李富春到会宣布：团中央书记处书记胡耀邦、胡克实、王伟、张德华、胡启立停职反省，改组共青

---

① 参阅张黎群等主编：《胡耀邦传（1915—1976）》第1卷，人民出版社、中共党史出版社2005年版，第395、396页。

团九届中央委员会书记处，成立临时书记处①。散会后，立即有一批红卫兵拥到团中央机关连夜揪斗团中央书记处书记胡耀邦、胡克实等人。团中央机关和直属单位的工作人员一时都对改组团中央书记处这么重大的事情，不是召开团中央系统工作人员大会宣布，却先在学生群众大会上宣布，感到异常困惑。团中央机关大楼随即被一批批红卫兵和中学生占领，工作陷于停顿。

8月15日，团中央系统工作人员大会在团中央机关礼堂正式召开，李富春在会上再次宣布党中央的决定：改组九届团中央书记处，成立临时书记处，其任务是负责总结团九大以来的工作，筹备召开团中央全会。不久，《中国青年报》《中国青年》杂志以及团中央主办的《中国少年报》和《辅导员》杂志相继停刊，中央团校停办，团中央的系统领导随之中断。

"造反"与"改造"

共青团中央书记处被改组以后，团中央机关工作人员纷纷起来"造反"，表示支持红卫兵到团中央"造反"的行动。随即，团中央机关部分

---

① 1978年9月14日，时任中共中央组织部部长的胡耀邦在团十大筹委会第二次会议上，特意讲了"文化大革命"中团中央书记处改组的问题。他说："前几天查出来，当时改组团中央书记处完完全全是中央文革小组的阴谋。张春桥、关锋、戚本禹都跑到团中央来造反，诬蔑团中央'修到了家'，逼着党中央改组团中央书记处。为此，李富春同志还请示了周总理。周总理说，就这么办吧，让团中央书记退到第二线检查错误。后来毛主席曾经说，匆匆忙忙改组团中央干什么，看四个月再说。毛主席对这个事是表了态的。由此可见，改组团中央书记处不是党中央的决策，而是'四人帮'篡党夺权的阴谋。"（胡耀邦在团十大筹委会第二次会议上讲话记录稿，团中央档案处存）

人员成立了"团中央机关造反军团"，团中央各工作部门也出现了名称五花八门的群众组织，并且开始对团中央书记处书记和各部门负责人进行揪斗和批判。1967年1月19日，团中央机关的"革命造反联络总部"对团中央临时书记处实施"夺权"，使得共青团的领导机构最终被彻底"砸烂"了。

在一段时间里，胡耀邦、胡克实等团中央负责人被关在办公大楼二层的一间房子里，只要来团中央机关看大字报和"造反"的人站满机关大院，就会有人喊口号，胡耀邦、胡克实等几位书记也就会被从二楼的窗户押出来，站到二楼的平台上示众。这个示众的过程是，每个被示众的人自报姓名和家庭出身，自述自己的"罪行"，到场群众高呼口号，然后这些被示众的人再从窗户被押回室内。每次这样的活动要进行一个小时左右，每天要搞七八场。这些团中央书记还不时地被北京一些学校的学生揪斗。机关正常的工作根本无法进行。团中央机关由群众组织把持的这种混乱的现象一直持续了一年半左右的时间。

为了实现"彻底砸烂"的目标，1967年12月8日至21日，团中央机关造反组织联合全国12个省（自治区、直辖市），西安、宝鸡、咸阳等29个地市40多个单位，在西安地质学院召开了"摧旧团"联络站座谈会，专门讨论了"红卫兵代替共青团""红小兵代替少先队"的问题，会议还特地印发了《共青团向何处去？——关于红卫兵和共青团的关系及前途问题的调查报告》。在此前后，各地的红卫兵和造反派都是用江青等人的语言和观点对共青团展开批判，并由此导致共青团各级组织遭到严重摧残，大批团的干部受到残酷迫害，大批青年先进集体和模范人物受到株连，共青团在青年心目中的形象受到严重损害。

1968年3月8日，中共中央、中央军委、中央文革宣布向团中央机关派出军代表领导机关的"文化大革命"运动，但是每天依旧搞批判活动。400多人的团中央机关，竟有40多人被关进"牛棚"，接受无休止的批判和体罚。

1969年4月，团中央根据党中央走"五七道路"的指示，团中央机关全体干部和全部直属单位（包括中国青年报社、中国少年报社、中国青年杂志社、中国青年印刷厂、中国青少年出版社、中央团校等）的工作人员都被送到设在河南省潢川县黄湖农场的团中央五七干部学校。按照驻团中央军代表的想法，这些人要世世代代在这里当农民。团中央机关在北京市东城区正义路的办公地随后被外单位占用。

黄湖本是个蓄洪区，连年水灾，一眼望去，十里八里没有一棵树，只有半人深的杂草、泥泞的道路和片片水塘，十分荒凉。团中央的2000多名干部职工刚到这里时，挤在大仓库、大牛棚和农工留下的一些黑暗潮湿的茅草屋里住下，后来才开始自己建房子。由于是分散在稀落的几个自然村里，团中央的革命委员会就按村划分连队，比如团中央机关本部是一连、二连，中国青年报社是三连、四连，印刷厂是五连、六连。大家都有一个新的称谓："五七战士"。人们白天出工战天斗地，晚上收工"斗私批修"。初期黄湖没有电，每到晚上一人一盏小马灯，忍着蚊虫叮咬，在小板凳上写思想检查。

体力劳动是繁重的。修筑防洪大堤、挖排灌干渠、烧砖盖房、打井修路、改造条田，"晴天一身汗水淌，雨天一身湿泥浆"。一个战役接着一个战役，把生产仗当作政治仗、思想仗来打。基建工地、田间地头，都要开展大批判和"讲用会"。为了不让汽车、拖拉机、收割机代替"五七战士"的思想改造，到大别山远达80里路拉石头，全部是人拉架子车。还有手割5000亩小麦大会战、抗洪抢险、水中捞麦大会战……

每场战斗都是"五七战士"的一堂课。干校的口号是"一场战斗一堂课，一次总结一层楼"。在战斗中要"一事当前先分线，时时处处有路线"，总结时要在"灵魂深处闹革命"。

一般"革命群众"尚且如此，作为被审查的"走资派"胡耀邦，还要按照军代表的要求，扛着行李轮流到各连队去参加劳动，接受群众的批判"帮助"。1971年1月，在中央机关五七干校会议上，团中央五七干校被评为第二名（第一名是中央办公厅五七干校）。1973年4月，团中央五七干校人员陆续返回北京，部分转到罗山原全国总工会五七干校。1975年迁到河北固安与全国妇联五七干校合并，直到1978年停办。当年在五七干校劳动改造的团中央第九届书记处原负责人有胡耀邦、胡克实、王伟、杨海波、王照华、路金栋、王道义、张德华、李淑铮、胡启立等。

各地共青团受到冲击

1966年8月至1969年，各地的红卫兵和造反派秉承江青、康生、陈伯达等人散布的极左理论和思潮，对共青团组织实施全面的攻击和摧残。在这段时间里，共青团不仅被说成是"生产团""娱乐团""全民团"，已经"修到了家"，而且还说必须彻底"砸烂"。大批红卫兵开始"破四旧""大串联"后，各地共青团组织受到猛烈冲击，相继停止了工作。

有些地方共青团较早就受到冲击，共青团北京市委首当其冲。1966年6月16日《人民日报》社论指出：

对那些资产阶级顽固堡垒，一定要群起而攻之。那些反党反社会主义反毛泽东思想的资产阶级代表人物，他们继续骑在人民的头上作威作福，就要在报纸上点他们的名，撤他们的职，罢他们的官，夺他们的权，坚决进行改组。像坚持反党反社会主义反毛泽东思想的前北京市委，不改组怎么行呢！像作为前中共北京市委的帮凶、疯狂毒害青少年的前共青团北京市委，不改组怎么行呢！像这些反革命顽固堡垒的头头们，不罢他们的官怎么行呢！ ①

随后，共青团北京市委被改组，正常工作被停止。

较早受冲击的还有共青团广东省委。1966 年 5 月 25 日到 6 月 9 日，共青团广东省委在广州召开扩大会议，中共广东省委第一书记到会讲话，要求共青团应永远和绝对地忠于毛泽东思想，号召共青团员和革命青年要做"文化大革命"的生力军。接着，广东团省委受到冲击，全省共青团领导机构瘫痪。到了 8 月，从广州开始，广东各地大中学校出现了红卫兵组织，共青团、少先队、学生会停止活动。这些红卫兵组织掀起了造"修正主义"反的新狂潮，大揪大斗一批革命干部和知识分子。团的干部也受到冲击，例如团广东省委书记黄大仿因讲了一些真话受到批斗，"文革"中受到严重冲击；共青团新会县委书记李正声，被认作不抓阶级斗争、只抓生产的"唯生产论者"遭到批判。

1968 年 8 月 26 日，共青团河南省委机关成立"共青团河南省文化大革命筹备委员会"。9 月，团省委领导成员先后被"罢官"。团省委机构瘫痪。1968 年下半年，团省委机关"斗批改领导小组"成立，取代团省委。1969 年 10 月，团省委被"斗批改"，组织被取消，机关人员被遣散。

---

① 《放手发动群众 彻底打倒反革命黑帮》，《人民日报》1966 年 6 月 16 日第 1 版。

1967 年 1 月，共青团山东省委机关造反队在省团校造反学生的配合下，夺了团省委常委的权，团省委机关从此陷于瘫痪，停止办公。团省委领导被作为"执行资产阶级路线的当权派"遭受批斗。《山东青年周刊》被迫停刊。

上海是另外一种情况。1966 年 6 月 17 日，共青团上海市委打电报给共青团北京市委，对其前负责人成为"反党反社会主义的追随者"表示愤慨，对改组共青团北京市委表示拥护。7 月 1 日，上海团市委举行活学活用毛泽东著作讲用会，要求团员青年在"文化大革命"中"横扫牛鬼蛇神"。9 月，上海团市委机关（陕西南路 30 号）改作红卫兵接待站，团市委机关迁往岳阳路 45 号办公。

三、"整团建团"的努力

1969 年 4 月，毛泽东在中共九届一中全会上提出要开展"整团"工作，这使得那些想通过"文化大革命"搞垮共青团的阴谋彻底破产，共青团也从此开始了恢复组织活动的艰难历程。由于极左路线的影响，这次"整团"工作不但没能顺利完成，而且还搞乱了青年的思想，给共青团工作造成了不良影响。

《中共中央关于整团建团的通知》

1969 年 4 月，中国共产党第九次全国代表大会召开后，"文化大革命"转入所谓"斗、批、改"阶段。4 月 28 日，毛泽东在九届一中全会的讲话中明确指出：

> 团结起来，为了一个目标，就是巩固无产阶级专政，要落实到每个工厂、农村、机关、学校。……要一个一个工厂、一个一个学校，一个一个机关地去总结经验。……还有一个一个团支部，整团的问题，也提出来了。[①]

在此之前，毛泽东曾严厉批评过红卫兵，并说过希望共青团成为全国青年的核心。他的这一鲜明态度，使江青、康生等人要搞垮共青团，以红卫兵组织取代共青团的企图破灭，共青团也从此开始了整团建团、恢复组织活动的艰难历程。

由于"文化大革命"三年间在全国范围内对党组织、团组织的严重破坏，上下组织系统完全瘫痪，广大共产党员和共青团员都处于无组织领导、无组织教育、无组织生活的涣散状态之下，所以中共九大后的恢复党、团组织的工作实际上带有重新建立组织的成分，并且也因此把这方面工作称为"整党建党"和"整团建团"。各地的整团建团工作是在当地整党建党工作的基础上进行的，由于各地各单位整党建党工作的进度不一，所以整团建团工作发展也不平衡。

为了推进这项工作，在 1970 年 7 月 12 日，中共中央正式发出《关于整团建团工作的通知》，要求各级党的领导人要充分重视这项工作。随

---

① 共青团中央青运史工作指导委员会办公室编著：《中华人民共和国青年工作编年纪事（1949 年 10 月—1994 年 12 月）》，天津人民出版社 1996 年版，第 279 页。

后中共中央在中央组织部设立由五人组成的整团调查小组，在驻团中央机关军代表的主持下组织全国的有关整团建团方面的工作。1970 年 10 月，这个小组又扩编更名为整团小组，隶属中共中央组织宣传组，担负具体领导全国的整团建团工作和与之相关的调查研究工作。《关于整团建团工作的通知》对整团建团工作作了具体的部署和要求。《通知》强调，在整团中要突出思想教育，要组织团员青年学习"无产阶级专政下继续革命的理论"，"要批判修正主义建团路线"，并强调要在完成以上要求的基础上，恢复团的组织生活，建立领导班子，搞好"吐故纳新"，做好组织处理工作和超龄团员离团工作等。《通知》以附件形式，对"应当建设一个什么样的团""批判修正主义建团路线""思想整团""团的吐故纳新""团的领导机构""超龄团员离团""要求制定新团章"等 7 个问题，作了一些原则说明。同时要求各省（自治区、直辖市）革命委员会及党的核心小组，通过调查研究，就以上 7 个问题提出各自意见，并向中央提供一至两件典型材料和修改团章的草案，为中央召开整团建团座谈会作准备。

中共中央《关于整团建团工作的通知》的下达和整团工作领导机构的设立，促进了各地基层共青团组织的恢复工作。到 1971 年初，全国就有 50% 以上的地区开展了整团建团工作。上海、黑龙江等十几个省（自治区、直辖市）开展此项工作的面已达 70%—80%，有 26 个省（自治区、直辖市）向整团小组报送整团工作的典型材料或修改《团章》的草案。整团小组根据这些材料和自己的调查，向中共中央有关部门作了报告，并且在 2 月以后通过新华社、《人民日报》等新闻媒介，公开推广了 7 个典型材料的工作经验。这些材料是：中共上海国棉十七厂委员会的《用毛泽东思想建设共青团》、山西省昔阳县大寨大队的《党支部领导共青团工作》、中共长春第一汽车制造厂铸造分厂委员会的《突出思想教育工作，认真搞好整团建团》、沈阳部队某部防化连团支部的《在整团中对青年进行路线教育》、陕西省宝鸡县礄溪公社红旗大队的《从思想教育入手，整好建好团支部》、中共浙江建德县委的《加强党对整团建团工作的领导》、黑龙江大兴安岭地区新林区女子架桥连团支部的《用毛泽东思想育人建团》。

中共中央关于开展整团建团工作的文件刚刚发出一个月后，8月23日至9月6日，中共九届二中全会在江西庐山召开，毛泽东同林彪集团的斗争逐渐表面化。会后，中共中央决定开展"批陈（伯达）整风运动"，揭露陈伯达的反党问题。这场政治运动的开展，使整团建团工作受到延滞。原定于1971年2月下旬召开的整团建团工作座谈会未能按期举行，各基层单位的整团工作，也因此受到不同程度的影响。

"九一三"之后的恢复

1971年"九一三"事件①后，周恩来在毛泽东的支持下，主持党中央的日常工作。他排除大量干扰，为纠正"左"倾错误作出巨大努力，使各条战线的工作出现了转机。在这种形势下，整团建团工作也得到较快发展。到1971年底，除河南、新疆、四川、贵州等省区整团面还不到50%以外，其他省、自治区、直辖市团支部整顿工作已基本结束。全国建立起120万个团支部，占应建团支部总数的80%，建立基层团委的单位已达到50%。到1972年下半年，全国基层团支部的整建工作基本完

---

① "九一三"事件：1971年9月13日，林彪及其党羽在篡党夺权阴谋败露后，驾机叛国出逃，途经蒙古国温都尔汗附近，飞机坠毁，机上人员全部死亡。

成，大部分地区的基层团组织都恢复了组织生活。在开展整团建团的过程中，发展新团员达 1000 万人，超龄离团有 400 万人，全国团员总数达 3500 万人，占全国青年总数的 25%。

共青团基层组织整顿基本完成后，省、地、县三级团委的建立工作开始提到日程上来，各地普遍要求先将省、地、县三级团委逐步建立起来，并希望中央成立团的工作领导小组，恢复青年报刊的出版，以加强对全国团的工作的指导。为此，1972 年 10 月 14 日，中共中央向全国转发中共上海市委《关于筹建共青团上海市委的请示报告》。中央的批示指出：各省、自治区、直辖市经过整团建团，在绝大部分基层团组织建立的基础上，可以建立县、地两级共青团委员会，并积极筹备，在条件具备的时候，把省、自治区、直辖市一级团委建立起来。各地党委根据中央批示精神，为加强党对共青团工作的领导，加快了恢复三级团委的建立进程。截至 1973 年 7 月，各省、自治区、直辖市都先后召开了共青团代表大会，成立了团省（自治区、直辖市）委员会，建立了省级共青团工作机构。至此，除团中央工作机构没有建立，没有召开全国代表大会外，各级共青团组织都召开了代表大会并建立了相应的工作机构。到了这时，全国有 2100 万青年加入共青团，380 多万团员加入共产党，全国团员总数已发展为 4000 万人，基层团支部达 155 万个。比"文化大革命"发动前增加了 1000 万团员，5 万个团支部。

共青团虽然在组织上得到了初步的恢复，团员的数量也有了很大增加，但是并不意味着共青团已经走上了正常的健康的发展道路，因为此时开展的整团建团工作完全是在"左"倾错误指导方针下进行的。在整团建团过程中，始终强调要认真学习"无产阶级专政下继续革命的理论"，使阶级斗争扩大化的理论统率整团建团工作，并且按照这个理论进行整顿和吸收新团员，当时称为"吐故纳新"。其结果是将大批符合团员条件的优秀青年拒于共青团的大门之外，而接纳的新团员则有一部分不符合团员条件；一些好团员受到错误处理，部分目无组织纪律的"造反派"和"打砸抢"分子进入团内并且受到重用，造成了严重的组织不纯。发展团员时，搞"唯成分论"，也严重挫伤了一大批要求上进但出身于剥削阶级家庭青年的进取心。

整团建团过程中，还强调要批判所谓"修正主义建团路线"，事实上颠倒黑白、混淆是非，其结果是搞乱了广大团员和团干部的思想，损害了共青团的形象，同时也造成共青团内严重的思想不纯。特别是在整团时，团内超龄团员达1200万人，约占当时团员总数的40%，这批长期受到党团组织教育的老团员在整团后大批离团，给共青团各方面工作带来严重影响。

在"文化大革命"的斗批改形势下，刚刚建立起的省、地、县三级团委在开展工作的过程中，也遇到了一些亟待全国统一解决的问题。

第一，所谓"两条路线斗争"问题，即怎样认识共青团工作中的所谓"修正主义"路线问题。当时，全国绝大多数省、自治区、直辖市团代会的上报文件对这个问题持回避态度，等待中央的明确说法。

第二，共青团工作任务的问题。由于"文化大革命"以来，江青、张春桥等人不断插手共青团，混淆是非，人们已经弄不清共青团到底应该做什么，所以希望中央能够将共青团工作的一些基本任务明确下来，以便有所遵循。

第三，新建团委怎样开展工作的问题。各地团委在成立以后，怎样进行共青团系统的领导，能不能开展适合青年特点的独立活动，各地都需要明确指示。

第四，团干部队伍建设问题。鉴于新成立的团省委班子成员比较年轻，基本上是由基层提上来的，因此各地急需加强对团干部工作、思想、学习的指导，所以要求恢复《中国青年报》和《中国青年》杂志，并希望把中央和省级的团校（或团干部培训班）都办起来。

第五，共青团与红卫兵的关系问题。召开团代会的 29 个省（自治区、直辖市），只有 14 个省在工作报告或决议中对这个问题表示了意见。北京、辽宁、黑龙江、内蒙古、江西、云南、西藏 7 个省（自治区、直辖市）的提法是："共青团要加强对红卫兵的领导。"河北、福建、湖北、广东、甘肃、宁夏、新疆 7 个省区的提法是："共青团要协助和支持红卫兵工作。"唯独上海，在报告和决议中没有表示意见，但在提交团代会讨论的团章修改草案中提出："中国共产主义青年团在中学中的组织名称是红卫兵。"

江青集团干扰下的无结果

1973 年 8 月，中共十大结束不久，在全国省、地、县三级团组织普遍恢复的情况下，中共中央即根据各地团组织和广大团员、青年的要求，开始着手组建筹备召开全国团代会的工作机构，并且已经初步确定了相关人选。但在周恩来主持中央工作时领导开展对极左思潮的批判和纠正，遭到江青集团的极力反对。毛泽东也认为，批判极左思潮是同否定"文化大革命"联系着的。他认为当时仍然是反对极右，而不是批判极左。党的十大前后，毛泽东在多次谈话中提出要把批判林彪同批判中国历史上的孔子和儒家联系起来。1974 年 1 月，中共中央将供批判的《林彪与孔孟之道》转发全国，一场"批林批孔"运动立即在全国展开。已经结成

"四人帮"的江青集团，为巩固和扩大既得的权势，利用"批林批孔"大做文章，对周恩来前一段领导的各方面的整顿工作进行污蔑、攻击，使得刚有好转的国内局势又遭到严重破坏。

这种情况的出现，严重影响了共青团全国系统领导的恢复工作，刚刚建立起来的共青团地方组织不得不配合党政部门带领团员青年开展"批林批孔"运动，而江青集团安插在共青团内的亲信和爪牙则遵照江青集团的指令，大肆活动，制造出一些所谓"复辟、回潮"事件，力图把"批林批孔"的方向引到批判以周恩来为代表的老干部身上，图谋再次搞乱全国。毛泽东虽然支持"批林批孔"，但是毕竟不愿再看到社会出现大动乱的局面。1974 年 8 月他发出"要安定团结"的指示，11 月又指示要"把国民经济搞上去"。毛泽东的这些指示，使江青集团再次搞乱全国的图谋受到抑制。

1975 年 2 月，邓小平在周恩来病重情况下开始主持国务院工作。他根据毛泽东的指示，开始对各方面工作进行全面整顿。1975 年 2 月 21 日，中共中央发出通知说明，为了筹备召开中国共产主义青年团第十次全国代表大会，中央决定成立团十大筹备组，筹备组由 50 人组成，组长由谢静宜担任。2 月 26 日至 3 月 20 日，筹备组召开了第一次会议，讨论研究起草代表大会工作报告和修改《团章》问题、代表名额分配及产生办法。3 月 22 日，中共中央又发出通知，表示同意共青团十大筹备组讨论通过的代表产生办法和代表名额分配方案，并将这个办法和方案向全国转发，要求各省（自治区、直辖市）党委要"统筹安排，加强领导，认真做好"团代会代表的选举工作。

筹备组被江青集团安插的亲信谢静宜所把持，第一次会议后，就没有再认真做团代会的筹备工作。但是就在这次会议上，江青集团的王洪文以中共中央副主席的身份出席会议。他要求在中学把共青团和红卫兵两个组织合并，定名为红卫兵。他还不顾许多与会人的反对，强行要求把这个意见写入准备起草的团章草案中。谢静宜凭借筹备组组长的权势，操纵筹备组根据江青反革命集团的纲领行事，妄图把共青团变成其实施篡党夺权阴谋的工具。在谢静宜的操控下，共青团十大筹备组破坏共产党对共青团的领导。他们鼓吹"怀疑一切"和"打倒一切"，煽动青年反对以周恩来、邓小平为代表的一批老一辈无产阶级革命家；他们为了网罗党羽，安插"造反派"头目当地方团委的"第一把手"，"要建立一个王洪文指挥得动的领导班子"；他们全面否定新中国成立以来的青年团工作，要青年同"旧十七年"①开"对头车"，去开辟所谓"青年运动的新篇章"。他们的这些罪恶活动都极为严重地干扰和破坏了共青团的整顿工作，筹备共青团十大的工作始终未能正常进行。

自 1970 年正式开展整团建团工作以来，通过几年的艰苦努力，建立了省、地、县三级团委，共青团的基层组织建设得到了一定的恢复和发展，但由于"文化大革命"特殊的历史环境，这项工作一直受到"左"的方针路线的干扰，再加上江青集团的直接破坏，使得这项工作直到江青集团被粉碎，在长达 6 年的时间里始终没能完成。

---

① "旧十七年"指从 1949 年 10 月中华人民共和国成立到 1966 年"文化大革命"开始这段岁月。因为到 1966 年正逢新中国成立 17 周年，所以在当时又把这段岁月称为"十七年"，加"旧"是因为江青反革命集团出于篡党夺权目的，要全面否定"十七年"中的各方面工作。

四、团员青年的反思与抗争

马克思主义认为，人民群众是社会历史的主体，是历史的创造者。"文化大革命"期间，党和人民以及越来越多的理性青年对"左"的错误的斗争一直没有停止过。这种抵制与斗争，体现了对党、国家、社会主义事业的忠诚和战胜困难、走出激流险滩的坚定信念。正是由于这种抵制与斗争，使"文化大革命"的破坏受到一定程度的限制，社会主义建设在一些重要领域仍然取得一定进展。

十年内乱中的反思

在十年内乱中，由于极左思想的错误指导和林彪、"四人帮"的蓄意破坏，国家和社会经历了一场严重灾难，广大青年被挟裹其中，成为最直接的受害者。

参加"文革"的青年们，大多数是生在红旗下、长在新中国的青年，从小受的教育就是"听毛主席的话，跟共产党走"，这是他们真心相信的人生信条。20世纪60年代，党内"左"倾错误的急剧发展，在思想文化领域人为地渲染出一种严峻的、触目惊心的阶级斗争现实，在党内极力营造一种已出现修正主义和走资本主义道路当权派的危险。青年们接受这些极端混淆和难以辨别的思想之后，无形中产生一种神圣的使命感和阶级责任感，对党的信任，对领袖的崇拜，以及对资产阶级、修正主义的憎恨，便产生了一种内在的、前所未有的对政治运动的热情和冲动。然而，他们毕竟涉世未深，对社会运行和政治过程，对国家的历史和现状，对共产党的历史和对共产党的一些领导干部缺乏深入了解和清醒认知。"文化大革命"开始之时，青年们对自己估计过高，突然觉得重任在肩，只有自己是真正的革命者，能够有效地阻止资本主义，保卫社会主义，拯救中国，甚至拯救人类。在这种盲目的政治热情驱使下，青年们狂热地投身于"文化大革命"。而他们的这种狂热行为又得到了林彪、江青两个集团的赏识和利用，进而掀起了席卷全国城乡的"造反"狂潮，使得举国上下陷入大动乱之中。这既是国家和社会的不幸，也是青年们人生的不幸。

"文化大革命"的发动，使得党和国家的各项事业遭受严重损害，国民经济发展停滞，教育、科技、文化遭受严重破坏。在这种情况下，处于最佳学习年龄的青少年被迫中断了学业，不得不参加所谓的"大批判"和其他"阶级斗争"活动，同时投身于简单的体力劳动。再加上当时社会上鄙视知识、丑化人才的错误观念盛行，更导致一代青少年正常的人生发展阶段被阻断，在学习的黄金岁月只能蹉跎彷徨。这在后来使国家和民族出现了"科技断层""文化断层""人才断层"问题。

进入20世纪60年代后期的中国，要求青年人在"阶级斗争的大风大浪中成长为无产阶级革命事业的接班人"，青年们也希望自己能够像前辈那样在"阶级斗争"中建功立业。但是"阶级斗争为纲"和极左思潮造成价值观的混乱，几乎颠覆原有价值评判标准，一批青年们失去了理性的人生方向和正确的人生目标，失去了良知和道德，在社会上生成一些不良风气，影响日久。

各地青年的抗议

随着"文化大革命"向纵深发展，一些善于独立思考的青年逐渐冷静下来，盲目的政治热情有所衰减，但是他们并不消沉，依然在关注政治形势，关心祖国的前途。在那是非混淆的年代，他们走着坎坷的生活道路，现实生活的磨炼，使得他们天真狂热、盲目追从的心理逐渐被理性的思考所取代。他们开始对曾经深信不疑的理论和观点产生怀疑，对过去的行为认真反思。反思过后有人消沉，有人挣扎，但更有人站出来奋起抗争。到"文化大革命"后期，越来越多的团员青年变得冷静和成熟，对社会问题具有一定的辨别能力，有些勇敢的青年人开始用实际行动来抗争。

湖南省大庸县 24 岁的女共青团员丁祖晓，1965 年高中毕业后回乡参加农业生产。"文化大革命"发动时，她怀着满腔的热情和广大青年一样投身到这场运动中，但是，当她看到"革命"中被打倒的是一个又一个老一辈无产阶级革命家，看到林彪、江青一伙大搞个人迷信和个人崇拜，不禁对"文化大革命"产生了种种不解和疑虑。经过长时间的反复思考，1969 年 3 月 17 日，她给家乡所在地中共湘西土家族苗族自治州委员会写信，旗帜鲜明地反对开展个人崇拜的一些活动，接着，又于 4 月 21 日在大庸县城内繁华地带散发传单。这位勇敢的女青年很快就被捕入狱，并为真理献出了年轻的生命。她的支持者、同情者和亲友因此受到了株连。

中共九届二中全会以后，林彪反革命集团逐渐败露。周恩来在毛泽东的支持下主持中央工作，他巧妙地采取一系列措施，将批判林彪集团的罪行和批判极左思潮结合起来，推动党的各项政策的落实，以消除或减轻"文化大革命"造成的恶果，这对各条战线上的团员青年产生了很大思想触动。1970 年 6 月 27 日，经中央批准，北京大学、清华大学恢复了招生，此后全国高等学校也陆续开始了招生工作。尽管这时招生"实行群众推荐、领导批准和学校复审相结合的办法"，招收的学生称为"工农兵学员"，但却极大地鼓舞了广大青年学生，调动了他们学习的积极性。各高等学校有了久违的学习和研究的氛围，全国的中学和小学的教学秩序好转，学生开始重视文化课的学习。广大上山下乡的知识青年，也有许多人在繁重的劳动之余，拿起了书本，刻苦学习文化科学知识，以实际行动表明对批判极左思潮的拥护和欢迎。

各方面的整顿的开展，必然要触及"文化大革命"的错误，进行某种程度的纠正。江青集团利用毛泽东曾在 1972 年 12 月 17 日说过林彪是"极右""修正主义"这些话，再一次对以周恩来为代表的老一辈无产阶级革命家发起猖狂进攻。江青集团的反扑是首先从教育领域从青年群众开始的。

针对教育领域存在的严重问题，1973 年 4 月 3 日，国务院科教组在《关于高等学校 1973 年招生工作的意见》中提出，对招收的"工农兵学员"要重视文化程度的考查。江青集团首先抓住这个文件兴风作浪，说这个文件稿是"智育第一""文化至上"，诬蔑文化考查是大学招生的弊病。他们经过密谋策划后，抛出了《一份发人深省的答卷》。紧接着，他们又抓住了《一个小学生的来信和日记摘抄》大造舆论，攻击所谓的"师道尊严"，掀起反"回潮"的恶浪。

在紧锣密鼓"批林批孔"的运动中，广大团员青年也从报纸上大量刊载的文章中隐隐看出批"宰相"、批"周公"、批"现代大儒"、大讲"儒法斗争"的背后是有所指，伴随着一些传闻在青年中流传和扩散，便渐渐地明白了江青集团极力推行"批林批孔"的真正用心。加上看到粉碎林彪集团以来经过努力刚刚趋向好转的社会局势又急剧地恶化起来，全国重新出现混乱局面，许多青年开始醒悟了。一些敢于独立思考、敢于提出问题的青年勇敢地站出来，同江青集团进行针锋相对的斗争。

1974 年 10 月，长春市第一光学仪器厂的共青团员史云峰，给包括长春市在内的 14 个省市的党政机关寄了传单，用这种公开的方式对"文化大革命"的极左路线进行尖锐批评，向林彪、江青集团制造的现代迷信发起激烈抨击，同时呼吁人民群众要为改变祖国落后面貌而团结起来。史云峰的行动表明，已经觉醒了的共青团员开始为了祖国和民族的前途命运奋起抗争了。同年 11 月，广州市内出现一张署名"李一哲"的大字报，这张大字报质疑"文化大革命"，揭露林彪反革命集团破坏社会主义的民主和法制，大搞封建法西斯专政的事实，阐述其赖以生存的社会历史条件，并含蓄地指摘江青一伙。在当时的政治背景下，这样一批敢于公开向"四人帮"宣战的团员青年遭遇无端压制。但是，他们的行为却唤起了更多团员青年的深刻反思与勇敢行动。

"四五"运动的集中抗争

1976 年 1 月 8 日，在"文革"中一直苦撑危局的周恩来因病逝世。"四人帮"为压制人们参加悼念活动，作出了不准群众扎花圈、戴黑纱举行悼念活动的规定，甚至把人们参加的悼念活动诬蔑为"反动思潮""四旧活动"。在周恩来追悼会的前一天，"四人帮"在《人民日报》上抛出题为《大辩论带来大变化》的文章。这篇文章一发表，即刻引起人们的极大义愤。3 月 5 日，新华社在播发沈阳部队指战员学习雷锋的报道时，将原稿中周恩来关于学习雷锋的题词有意删掉。尤其是 3 月 25 日，"四人帮"控制的《文汇报》，在第一版上抛出《走资派还在走，我们就要同他斗》。公然提出："党内那个走资派要把被打倒的至今不肯改悔的走资派扶上台。"再一次把矛头指向周恩来，是存心反对周恩来和邓小平。

对"四人帮"的罪恶行径，南京市的青年学生于 3 月下旬首先起来声讨，举行"悼念总理，反对四人帮"集会，贴出打倒"四人帮"的标语。从3月底到4月初，北京、杭州、郑州、西安等城市出现抗议活动，各地青年利用公开信、小字报、大字报、大标语、传单、讲演等形式，对"四人帮"表示强烈义愤。北京群众自发地来到天安门广场，献上一个个花圈，一幅幅横匾，把人们埋藏在心底对周恩来的爱表达出来。悼念周恩来的活动中，人们又与揭批江青集团的斗争联系起来。如山西坞城路三局机电队一位共青团员在纪念碑上贴出的诗："欲悲闻鬼叫，我哭豺狼笑。洒泪祭雄杰，扬眉剑出鞘。"清明节前夕，前往天安门广场的人一天比一天多，大多数是青年。花圈覆盖了广场，大标语、小字报贴满了纪念碑和广场附近的墙壁。

北京的悼念活动在4月4日清明节这一天达到高潮，自愿参加悼念活动的群众达200万人次以上，青年又是这场斗争的主流。天安门广场如火如荼的斗争场面，引来了更加严厉的管控。当晚11时过后，开始逮捕抄诗词和可疑的群众。5日凌晨，广场上的花圈和诗文又被清除一空。早晨，当人们来到广场时无不悲愤满腔，围聚在人民大会堂东门的数十万群众发出了"还我花圈""还我战友"的怒吼。人民群众特别是青年，与"四人帮"的斗争达到白热化的程度时，满腔的悲愤再也控制不住，他们冲到"四人帮"控制的指挥部，夺回了花圈，烧毁了指挥部头头乘坐的轿车、面包车和吉普车，又向指挥部放了一把火。下午6时25分，天安门广场上的高音喇叭开始播放北京市委第一书记的广播讲话，宣称这是"反动"的"政治事件"，是"反革命破坏活动"。夜里9时30分，"四人帮"早已部署好的大批武装警察人员，从四面八方向天安门广场包围过来，许多无辜的群众被打伤，38人被捕入狱。"四五"天安门广场的正义斗争，虽然遭到了"四人帮"的残酷镇压，但为真理不怕坐牢杀头的斗争精神，将永载中国革命和中国青年运动的史册。

在这十年中，团员青年在遭受扭曲、折磨，经历思索和抗争的过程中，基本得不到团组织的关怀和引导，许多活动只有少数团的基层组织参与，多数是由共青团员以个人身份同极左思潮和林彪、"四人帮"的抗争。这说明作为先进青年的群众组织的共青团只有在思想路线端正、纲领正确、组织活动正常的基本条件下才能成为青年的核心。极左路线和极左思潮带给共青团和中国青年的伤痛，值得深刻反思。

第十章

历史性转折与
改革新局

"文化大革命"以"四人帮"被隔离审查而告结束，中国共产党深刻反思"文革"教训，通过1978年底召开的十一届三中全会，开始从根本上纠正指导思想上的"左"倾错误，实现了伟大的历史性转折。恢复工作后，共青团坚决拥护党中央的路线、方针和政策，跟随党完成工作重心的转移，带领全国各族青年奋勇前进，开拓进取，同全国人民一道，充满希望、充满活力地踏上了社会主义现代化的新征程。

一、恢复组织运转与工作重心转移

1976 年 10 月，粉碎"四人帮"的胜利，结束了"文化大革命"十年动乱。清除"文革"遗留下来的问题，进行全面的拨乱反正，探索社会主义现代化建设的新路径，成为中国共产党面临的迫切任务。在全国局势逐步稳定的基础上，在经历了真理标准讨论后，党的十一届三中全会召开，结束了在徘徊中前进的局面，实现了新中国成立以来党的历史上具有深远意义的伟大转折。各级共青团工作得到全面恢复。

揭批"四人帮"在青年工作中的罪行

粉碎"四人帮"之后，党和国家面临的最迫切需要解决的问题是，揭发、批判和清查"四人帮"的罪行，摧毁其帮派体系和残余势力，稳定全国局势。1976 年 10 月 18 日，中共中央向党内发出《关于王洪文、张春桥、江青、姚文元反党集团事件的通知》，通报了他们阴谋篡党夺权的罪行和党中央断然处置的措施，号召全党紧密团结起来，开展揭批"四人帮"罪行的斗争。

在中共中央领导下，共青团中央成立了临时领导小组，领导全系统的干部职工对团十大筹备小组组长谢静宜的罪行和几位副组长的错误进行揭发批判。各地团组织，特别是那些受"四人帮"干扰破坏最严重的北京、上海、广东等省市团委也都立即行动起来，在党委统一领导下，发动群众，揭发批判清查"四人帮"在各地摧残共青团、毒害青少年的罪行。通过这场揭发批判活动，广大团员青年深刻认识到"四人帮"篡党夺权的罪恶目的，以及对共青团打击诬陷的险恶用心，真正明确了团的工作任务。

各地团组织在深入开展揭批"四人帮"罪行的同时，广泛地开展了为实现四个现代化贡献青春的活动，把团员青年的积极性引导到全面完成和超额完成国家经济计划上来。工矿企业的团组织以生产为中心，开展了青年建设社会主义积极分子活动，如搞革新攻难关和修旧利废活动等。农村团组织以恢复发展农业生产为中心，开展了农田丰产高产活动和水利工程突击活动等。部队团组织开展了比战备观念、比干劲、比贡献的"三比三看"练兵活动，在部队建设中作出了新的贡献。学校共青团组织以"三好"为目标，以学习为中心开展了各种活动。

1977 年秋，国家恢复了高校招生统一考试、择优录取的办法。在这一举措的推动下，广大青年学习科学文化知识的热情与日俱增。许多地方团组织在青年中开展了"向'四人帮'讨还青春"的活动，还有许多团组织协助行政办起了各种类型的业余学校，把文化技术学习同生产实际紧密结合起来。

共青团十大的筹备

1977 年 8 月，在揭批"四人帮"取得较大成效的背景下，中国共产党召开了第十一次全国代表大会。这次大会初步总结了同"四人帮"的斗争情况，重申在本世纪内把中国建设成伟大的社会主义现代化强国是新时期党的根本任务。但是由于历史条件的限制，这次大会没有完全纠正

"文化大革命"的错误，未能完成从理论和党的指导方针上拨乱反正的任务。大会要求"加强党对工会、共青团、妇联等群众组织的领导"，并提出要把"这些组织整顿好、建设好，充分发挥他们应有的作用"的任务。

随着揭批"四人帮"和清查工作的深入，广大干部群众越来越强烈地要求纠正"文化大革命"的错误，但遇到"两个凡是"①的阻力。以邓小平为代表的老一辈无产阶级革命家纷纷发表文章和讲话，论述中国共产党"实事求是"的优良作风，批判"两个凡是"的错误方针。通过科学和教育工作座谈会、全国科学大会、全国文联三届三次扩大会议，科教文化领域率先冲破"两个凡是"的羁绊。中共中央组织部则以平反冤假错案工作为突破口，大力落实党的干部政策，在实际工作中打破了"两个凡是"的禁区。为了彻底摆脱"两个凡是"的思想束缚，1978年5月10日，中央党校内部刊物《理论动态》第60期刊登《实践是检验真理的唯一标准》一文。5月11日，《光明日报》以特约评论员文章的形式公开发表此文，新华社全文转发。5月12日《人民日报》《解放军报》全文转载，全国绝大多数省、自治区、直辖市报纸也都陆续转载。

1978年5月4日，中共中央发出《召开中国共产主义青年团第十次全国代表大会的通知》（简称《五四通知》），决定共青团十大在10月召开，其任务是，遵循党的十一大路线，深入揭批江青集团破坏共青团工作的罪行，总结新中国成立以来青年运动的历史经验，制定今后共青团工作的方针任务，动员团员、青年为实现党在新时期的总任务而奋斗。

---

① 1977年2月7日，《人民日报》、《红旗》杂志、《解放军报》发表题为《学好文件抓住纲》的社论。这篇社论在强调揭批"四人帮"是"当前的纲"，要"抓纲治国"的同时，公开提出"凡是毛主席作出的决策，我们都坚决维护，凡是毛主席的指示，我们都始终不渝地遵循"的方针。后来被称为"两个凡是"。

　　《五四通知》对新中国成立以来共青团的工作作了充分的肯定，明确指出：

> 　　二十八年的事实证明……共青团不愧为党的忠实助手，不愧为我国社会主义革命和社会主义建设的一支英勇突击队，不愧为青年学习马列主义、毛泽东思想的学校。
>
> 　　共青团是党团结教育青年一代的核心。做好青少年工作，是关系到革命未来的千秋事业。各级党委务必采取有力措施，加强对共青团的领导。
>
> 　　各省、市、自治区，在团的"十大"前，有条件的应召开团代大会，进行改选；一时不能召开的，也要结合团的"十大"筹备工作，调整好团委领导班子，尤其要配好一、二把手。
>
> 　　各级党委一定要把团的工作列入议事日程……积极为共青团创造必要的工作条件。
>
> 　　要抓紧共青团的整顿工作，坚决克服"四人帮"造成的思想、组织和作风的不纯。[1]

　　《五四通知》发出后，5月6日至10日，以韩英[2]为主任的共青团十大筹备委员会正式成立并召开了第一次会议。中共中央组织部长、第九届团中央书记处原第一书记胡耀邦受中共中央委托，在会上讲话指出，要

---

[1] 共青团中央办公厅编：《团的文件汇编（1978）》，1980年内部印行，第2、6、7页。

[2] 韩英，1935年生，辽宁阜新人。1978年5月，从中共山西省委书记（当时设有第一书记）任上调至北京，担任共青团十大筹备委员会主任。

正确对待共青团过去的历史。共青团是一部光荣的历史，新中国成立后三届团中央委员会都是执行了党中央的青年工作路线的，要敢于理直气壮地讲。但是，从领导上来说，在具体工作中，在工作方法上也是有缺点、有错误的。要采取分析的方法，扬弃的方法。要切实调查，想办法纠正对青少年的一些极端错误的做法。广大青少年是好的，对"文化大革命"初期犯过错误的青少年不能"以怨报怨，以仇报仇"；不能把青少年都看成"头上长角，身上长刺"的；对剥削阶级家庭出身的子女，犯有错误的人的子女要坚决执行"有成分论，不唯成分论，重在表现"的政策；不要乱用"青少年犯罪分子"这个词；要纠正有些事对青少年控制太死，束缚太死，采取压制的做法。最后胡耀邦还对青年干部提出了殷切希望。

《五四通知》发出前，鉴于共青团中央机关驻地在"文化大革命"中被外单位占用，在邓小平亲自过问下，在北京市前门东大街解决了团中央机关办公地问题。为了加强团干部培养，做好舆论宣传工作，1978 年 7月，停办了 12 年的中央团校正式恢复，8 月 10 日举行开学典礼；9 月 11日，停刊达 12 年之久的《中国青年》杂志复刊；10 月 7 日，团中央机关报《中国青年报》复刊。

共青团十大的成就与局限

1978 年 10 月 16 日至 26 日，中国共产主义青年团第十次全国代表大会在北京人民大会堂召开。出席大会的代表 2000 人，包括 54 个民族，代表着全国各个地区、各条战线的团组织和 4800 万团员。党和国家领导人华国锋、叶剑英、邓小平、李先念等出席开幕式，并在会议期间接见全体代表。中共中央副主席李先念代表党中央和国务院向大会致词，深刻地阐明了青年一代新的历史使命：

> 培养教育青年的工作，是全党的事业。……各级党委要
> 把青年和青年工作进步的大小，作为检查自己工作的一面镜
> 子。……要把关心青少年作为我们党的一条基本方针。[①]

韩英代表团十大筹委会作题为《为伟大的新长征贡献青春》的工作报告，首先对青年一代予以肯定：

> 这一代青年是大有希望，大有作为，完全可以信赖的。……
> 低估"四人帮"对青年造成的创伤是错误的。但看不到青年的主
> 流，看不到这一主流代表着我们国家的未来和民族的希望，同样
> 是错误的。[②]

报告接着从新时期青年一代的光荣使命、把共青团建设成团结教育青年的坚强核心、团结起来为人类的进步事业而斗争等三个方面进行了阐述。

大会听取和讨论了胡启立所作的关于修改团的章程的报告，通过了《中国共产主义青年团章程》。大会通过了恢复中国少年先锋队名称的决

[①] 《李先念同志在共青团第十次全国代表大会上的致词》（1978 年 10 月 16 日），共青团中央办公厅编印：《团的文件汇编（1978）》，1980 年内部印行，第 100 页。

[②] 《为伟大的新长征贡献青春——韩英同志在共青团第十次全国代表大会上的工作报告》（1978年 10 月 17 日），共青团中央办公厅编印：《团的文件汇编（1978）》，1980 年内部印行，第 104 页。

议，通过了新的《中国少年先锋队队章》和《关于中国少年先锋队队歌的决定》，决定把《我们是共产主义接班人》一歌作为中国少年先锋队队歌。

大会选出由中央委员201名、候补委员99名组成的共青团第十届中央委员会。在10月27日举行的团十届一中全会上，选出了由25人组成的团十届中央常务委员会和以韩英为第一书记的第十届团中央书记处。胡启立、王敏生、胡德华、刘维明、周鹏程、高占祥、李海峰当选为书记处书记①。

共青团十大完成了中共中央为大会所确定的工作任务，使共青团全面恢复了系统领导，领导机构和领导体系得到完善，从此共青团将以全新的面貌和姿态活跃在社会生活之中。

共青团十大是在党的十一届三中全会召开前夕召开的，此时，突破"两个凡是"桎梏、真理标准大讨论、拨乱反正的政治氛围正在形成，所以这次大会的基本思想是正确的，对中国青年运动具有继往开来的意义。但是，由于党的十一大仍然肯定"文化大革命"的错误理论、政策和实践，没有能够从根本上纠正"文化大革命"的错误，所以团十大保留了一些"左"的提法，不可能从根本上清除"文化大革命"中"左"倾错误影响。

---

① 1980年1月，团十届二中全会增选李瑞环为书记处书记，1981年十届三中全会增选克尤木·巴吾东、王建功、陈昊苏、何光��为书记处书记，1982年11月团十届四中全会增选王兆国为书记处第一书记。

党的十一届三中全会带来生机

共青团第十次全国代表大会召开不久，1978年12月18日至22日，中共中央召开了具有深远意义的十一届三中全会。这次会议从根本上冲破了长期"左"倾错误的严重束缚，重新确立了马克思主义的思想路线、政治路线和组织路线，果断地把党和国家的工作重心转移到社会主义现代化建设上来。共青团跟随党的步伐，开始了指导思想上的拨乱反正，在团的思想政治工作、带领团员青年投身经济建设、关心青年切身利益和共青团自身建设方面，逐步打开了工作局面。

1979年2月，共青团中央在北京召开了团省、自治区、直辖市委书记会议。这是共青团贯彻党的十一届三中全会精神的一次重要会议。会议着重研究了如何切实把共青团工作重心转移到社会主义现代化建设上来的问题。会议指出：

为适应全党工作重心的转移，共青团组织一定要以四化为中心把全团工作活跃起来。要摒弃"以阶级斗争为青年的主课"的"左"倾观点，理直气壮地把学四化、干四化作为新时期青年的主课。精心做好大转变中的思想工作，切实组织青年学文化、学技术、学科学，把争当新长征突击手活动推向高潮，协助党逐步解决青年中的实际问题。

共青团组织要从以参加政治运动为主转到以参加生产建设为主，团的思想政治工作要从离开生产、工作、学习单搞一套转到生产、工作、学习过程中来，工作方式要从一般化、大轰大嗡活动转到和风细雨、精雕细刻、深入细致的工作中来，要从简单的行政方法转到靠用生动活泼的方法吸引青年到党的政治路线轨道上来。①

中共中央政治局委员、中共中央秘书长兼中共中央宣传部长胡耀邦到会讲话，回答了青年团在转变中的任务、对团中央几个月来工作的评价问题。他要求团的工作要面向广大青少年、面向基层、面向实际，一切从实际出发。这次共青团省、自治区、直辖市委书记会议，使广大团干部的思想逐渐从"左"的束缚下解放出来，标志着共青团工作脱离"以阶级斗争为纲"的运行轨道，开始转到以四化建设为中心的轨道上来。

但是，共青团工作的"左"倾思想束缚毕竟是在一个较长时期的工作中形成的，彻底地解决问题不可能是一朝一夕的事情。1979年9月，共青团中央召开常委会，联系青年实际，学习和讨论实践是检验真理的唯一标准的问题。共青团各省、自治区、直辖市委负责人和团中央各部、各直属单位负责人列席了会议。会议指出，从团干部的现状看，参加真理标准问题的学习和讨论更有特殊的意义。广大团干部在这次讨论中，要探索、研究当代青年和青年运动，进一步拨乱反正，解放思想，从而使团的工作更加活跃起来。

由于"左"倾错误的影响，片面强调党的领导和全民根本利益，把青年具体利益同全民利益，共青团向党负责和向青年负责完全对立起来，从而抹杀了共青团作为青年组织代表和维护青年利益的社会职能。1979年9月底，叶剑英代表中共中央在庆祝建国30周年的讲话中明确指出：

---

① 参阅《韩英同志在共青团省、市、自治区委书记会议上的讲话》（1979年2月21日），共青团中央办公厅编印：《团的文件汇编（1979）》，1981年内部印行，第16—21页。

工会、青年团、妇联等团体是广大群众的重要代表者，一定要积极主动地、独立负责地工作，动员和组织工人、青年、妇女群众积极参加社会主义现代化建设，努力学习政治、技术和文化，维护国家和集体的利益；同时，一定要坚决维护自己所代表的群众的利益，积极解决他们日常生活中的切身问题，反对不关心群众痛痒的官僚主义。①

这个讲话为正处于拨乱反正中的共青团工作打开一个重要的突破口，在全团上下引起了强烈的反响。

共青团的各级组织针对青年中存在的许多需要解决的实际问题，从为青年的特殊利益服务的角度做了大量有益工作。这些工作涉及青年就业、求学、业余文化生活、婚姻恋爱等，使广大青年通过切身感受，真正体会到青年组织的温暖，从而扩大了青年团组织在青年中的影响，树立了新的形象。

1980 年 1 月 23 日至 28 日，共青团十届二中全会召开。会议通过回顾过去一年的工作，得出一个重要结论：

共青团作为党的助手，就是要下定决心，排除干扰，毫不动摇，把社会主义现代化建设作为自己全部工作的中心，为巩固安定团结的政治局面，为加强我国的经济和物质基础，为培养造就

---

① 叶剑英：《在庆祝中华人民共和国成立三十周年大会上的讲话》，中共中央文献研究室编：《三中全会以来重要文献选编》上册，中央文献出版社 2011 年版，第 213 页。

一代新人而竭尽自己的全力。①

全会在部署 1980 年工作时，在指导思想上强调：服从四化，服务四化，更自觉地把团的工作重心转到经济建设上来；代表青年，教育青年，在维护国家、集体利益的同时，努力为青年办好事、谋利益；加强基础，狠抓落实，扎扎实实地把团的工作提高到新水平。在工作安排上，要求除了继续做好思想教育、新长征突击手、团的建设三项工作以外，又把关心青年切身利益，活跃青年业余文化生活作为一项任务提出，以便使团的工作更能适应青年的特点和要求，使团组织能更好地吸引青年、帮助青年、教育青年，充分调动广大青年参加社会主义建设的积极性。

1981 年 8 月 7 日至 15 日，共青团十届三中全会、全国青联五届二次会议在北京同时举行。李先念、韦国清、习仲勋、宋任穷等出席了会议并在会上作了重要讲话。团的全会学习了党的六中全会精神，总结和研究了团的工作，通过了《关于学习贯彻党的十一届六中全会精神的决议》。全会总结新时期共青团工作的经验，概括为"一个中心，两个口号，四项基本工作"：

以"四化"为中心活跃团的工作；以"争当新长征突击手""争当社会主义精神文明的先锋"为口号；以加强和改善思想政治工作，带领青年为四化贡献青春，关心青年的切身利益，

① 《团十大以来的工作和一九八〇年的任务——韩英同志在共青团十届二中全会上的报告》（1980年 1 月 28 日通过），共青团中央办公厅编：《团的文件汇编（1980）》，1982 年内部印行，第 65 页。

提高团员质量、增强团的战斗力为四项基本工作。①

通过这几次会议的充分讨论和深入研究，共青团的决策层统一了思想，达成了基本共识，比较准确地把握住了团的工作指导思想和工作任务，从指导思想到工作实践都完全实现了工作重心的转移，为共青团更好地适应改革开放的新形势，开创共青团工作的新局面打下了基础。

共青团工作的恢复与基层整顿

在党的各级组织的关怀和支持下，从 1966 年 8 月开始被迫中断了 12 年的团的系统领导，在不长的时间里得到了重新恢复和健全。为了切实解决团干部的培训问题，继 1978 年中央团校复校以后，全国各省、自治区、直辖市也都陆续恢复或筹建团校，开办各种类型的团干部训练班，轮训了一批干部。到 1979 年 10 月，青少年报刊已发行到 1200 多万份，青少年读物 1979 年出版了 206 种，共发行 4000 余万册，地方还有青年报刊 19 种，少年报刊 31 种。

党的十一届三中全会之后，党中央十分关心团的系统领导和队伍建设问题。在 1979 年 9 月召开的全国组织工作座谈会上，要求各级党委组织部门注意对共青团干部的选拔和配备。12 月，共青团召开全国组织工作会议，讨论加强团的系统领导问题。1980 年 9 月，中共中央组织部批复同意团中央关于各级团委协助党委管理干部的意见。这样就使团干部的

---

① 参阅《韩英同志在共青团十届三中全会上的讲话》（1981 年 8 月 15 日），共青团中央办公厅编：《团的文件汇编（1981）》，1983 年内部印行，第 38 页。

配备、管理工作中的一些实际问题开始得到解决。

1980 年 1 月，共青团十届二中全会决定，在全国团的基层组织中广泛开展创先进团支部的活动。先进团支部的条件是：思想政治工作好；新长征突击手活动开展好；带领青年学习好；组织建设好；团结青年好。经过一年的努力，基层的团支部建设情况得到不同程度的改善，团的活动开展得比较好的基层组织基本完成了整顿和健全领导班子的工作。

4 月 9 日，共青团中央办公厅印发了关于工矿企业、农村、学校共青团工作的三个工作方法试行草案，要求各地基层组织试行，以推进基层团支部的建设工作和保证经常性工作的开展。这一系列措施的施行，把团的几项基本工作明确起来，统一起来，并且一起落实到基层，调动了基层团干部的积极性，同时也使得过去单调、呆板的团支部活动增强了活力。1980 年底，全国评出了 20 万个先进团支部，占全国全部团支部数量的9%，其中有 65 个团支部受到团中央的表彰。

10 月，共青团中央为了切实加强团的基层组织建设工作，进一步根据新形势的要求提高团员的质量，提高团组织在青年中的威信和团组织的战斗力，相继在北京召开了共青团全国基层工作会议和共青团省、自治区、直辖市委组织部长会议。会议着重讨论了如何加强团的基层组织建设，如何把创建先进团支部的活动深入下去和在全团普遍进行做一名合格共青团员教育的问题；同时就加强团员管理工作制定的几个文件征求与会同志的意见。

1981 年 2 月 9 日，共青团中央发出《关于普遍进行"做一名合格共青团员"教育的通知》，要求团组织对团员进行党的基本路线教育、团的基本知识教育和团员模范作用教育。当年 10 月，团中央在河南荥阳县召开了做一名合格共青团员教育的试点工作座谈会，以推动这一活动在全团普遍开展。经过这一系列工作，这一教育活动逐步开展起来。各地团组织根据通知精神，先调查研究，抓好试点，然后有步骤地全面展开，工作开展得比较扎实。到 1982 年 11 月，全国有 80% 的基层团组织开展了这项活动。经过这次教育，广大团员提高了政治觉悟，明确了团员的责任，有力地促进了团支部的建设。

共青团十大召开以后，经过 4 年的努力，各方面工作重新恢复和逐步健全起来。到 1982 年底，全国共有团员 4800 万名，其中有 2600 万名新团员是在这 4 年中新发展的。4 年中，有 270 万名优秀团员加入了中国共产党，一批共青团干部被输送到党、政府和其他部门工作。由于坚持全团带队的方针，少先队组织和少年儿童教育工作有了很大发展，全国有 70% 的适龄儿童戴上了红领巾。青年外事工作也有了发展，团的系统领导恢复以后，陆续与 90 多个国家和地区的 170 多个青年、学生组织建立联系，1979 年对外友好访问共派出 43 批 400 余人，取得新的进展。

二、新局面的开创在全面提速

党的十二大的召开，推动经济体制改革迅速在全国范围内展开，各方面积极性都被调动起来了。在改革开放全面发展的形势下，共青团工作也获得了新的活力，出现了新气象。各级团组织在党的十二大精神和邓小平提出的建设有中国特色社会主义思想指导下，积极团结带领团员和青年，怀着极大热情投身经济建设活动，关心和参加改革事业，成为国家建设和改革大军中的一支朝气蓬勃、富有生气的力量。

党的十二大提出新时期总任务

1982 年 9 月，中国共产党第十二次全国代表大会在北京召开。 邓小平在开幕词中明确提出，"把马克思主义的普遍真理同我国的具体实际结合起来，走自己的道路，建设有中国特色的社会主义"①。"建设有中国特色的社会主义"成为指引改革开放和社会主义现代化建设的伟大旗帜。胡耀邦在会上作了题为《全面开创社会主义现代化建设的新局面》的报告，提出中国共产党在新时期的总任务：

> 团结全国各族人民，自力更生，艰苦奋斗，逐步实现工业、农业、国防和科学技术现代化，把我国建设成为高度文明、高度民主的社会主义国家。②

报告还客观估价中国青年的现状，对共青团组织寄予殷切期望：

> 我国现在有两亿青年，他们是各项建设事业中最活跃的力量。尽管"文化大革命"使他们的成长受到很大损害，但是绝大部分青年的政治本质是好的，近几年的进步是明显的，少部分青年中的消极现象经过教育是可以改变的。现在的问题是，青年工作的状况还落后于现实生活的要求。各级党团组织要更多

---

① 邓小平：《中国共产党第十二次全国代表大会开幕词》(1982 年 9 月 1 日)，中共中央文献研究室编：《十二大以来重要文献选编》上册，人民出版社 1986 年版，第 3 页。
② 中共中央文献研究室编：《十二大以来重要文献选编》上册，人民出版社 1986 年版，第 13 页。

　　地同广大的青年接近，做他们的知心朋友，从政治、思想、工作、学习、生活上关心和帮助他们。①

　　报告在讲到精神文明建设时提出"三个首先"：一是"共产党员应当首先在思想道德方面起模范作用"；二是在"干部和青年中，加强马克思列宁主义、毛泽东思想教育，加强祖国历史特别是近代史的教育"；三是在今后五年内，"努力实现思想教育、道德教育、纪律教育在全国人民中首先是全国青少年中的普及"。② 由此足见执政党明察对青年这一特殊群体进行价值观引领的极端重要性。

　　报告还在第六部分"把党建设成为领导社会主义现代化事业的坚强核心"中论述到：

　　党要进一步加强对共青团的领导，支持它按照青年的特点进行工作，使它充分发挥党的助手和后备军作用，真正成为广大青年在实践中学习共产主义的学校。③

　　大会通过了重新修改的《中国共产党章程》，把中国共产党在新时期的总任务写进了总纲之中，作为社会主义现代化建设的指导方针。同时，党章恢复党的八大做法，重新写入"党和共产主义青年团的关系"一

---

① 中共中央文献研究室编：《十二大以来重要文献选编》上册，人民出版社 1986 年版，第 54 页。
② 中共中央文献研究室编：《十二大以来重要文献选编》上册，人民出版社 1986 年版，第 31—32 页。
③ 中共中央文献研究室编：《十二大以来重要文献选编》上册，人民出版社 1986 年版，第 54—55 页。

章①，对团的性质和任务、团的思想建设和组织建设、党团关系和团青关系等都作了明确阐述：

> 　　中国共产主义青年团是中国共产党领导的先进青年的群众组织，是广大青年在实践中学习共产主义的学校，是党的助手和后备军。共青团中央委员会受党中央委员会领导。共青团的地方各级组织受同级党的委员会领导，同时受共青团上级组织领导。
>
> 　　党的各级委员会要加强对共青团的领导，注意团的干部的选拔和培训。党要坚决支持共青团根据广大青年的特点和需要，生动活泼地、富于创造性地进行工作，充分发挥团的突击队作用和联系广大青年的桥梁作用。
>
> 　　团的县级和县级以下各级委员会书记，企业事业单位的团委员会书记，是党员的，可以列席同级党的委员会和常务委员会的会议。②

---

① 党的十二大在党章中写入党与共青团的关系，是党史上的第四次。1927 年《中国共产党第三次修正章程决议案》和 1928 年党的六大通过的《党章》有专门章节规定"党与青年团关系"。1945 年召开党的七大时，共青团组织改造为青年抗日组织，所以通过的党章删除了这一章。1956 年党的八大通过的党章恢复了"党同共青团关系"章节，对党团关系作了完整的表述。由于受"左"的影响，1969 年党的九大、1973 年党的十大以及 1977 年党的十一大通过的党章都没有专门的章节规定党团关系，只强调了加强党对团的绝对领导。

② 中共中央文献研究室编：《十二大以来重要文献选编》，人民出版社 1986 年版，第 89—90 页。对于党章关于党团规定的最后一条，1982 年 9 月 13 日，中共中央政治局委员胡乔木在接受新华社记者采访时解释道："这将有利于密切党同共青团的关系，帮助共青团组织领导人的成熟。对于县级以上，没有作同样的规定，因为中央一级和省一级，党委会讨论的问题比较广泛复杂，同级团委书记一般不适宜于参加这种讨论。当然，如果同级团委书记已经是党委的书记或常委，或者党委开会讨论青年工作，那就另当别论。"参阅胡乔木：《关于〈党章〉修改问题答新华社记者问》（1982 年 9 月 13 日），《胡乔木文集》，人民出版社 2012 年版，第 203 页。

党的十二大的召开，标志着拨乱反正的任务彻底完成，改革开放全面展开的条件已经成熟。大会报告中关于青年工作的论述和党章恢复党团关系一章，充分表明党对共青团和青年的关心和重视，多年被扭曲的党团关系得到恢复，党团关系的基本原则得以重新确立。

意义重大的共青团十一大

为了尽快贯彻落实党的十二大精神，1982 年 12 月 20 日至 30 日，中国共产主义青年团第十一次全国代表大会在北京人民大会堂举行。出席会议的正式代表 1964 人，候补代表 149 人，代表团员 4800 万人。这次大会最突出的特点是，会议始终洋溢着中国青年与革命前辈两代人亲密无间的气氛，表现出建设有中国特色的社会主义事业已经把两代人紧紧地联系在一起。团十一大召开时，邓小平、陈云、胡耀邦、邓颖超等 50 多位党和国家领导人及有关部门负责人出席了大会的开幕式，向青年们祝贺。彭真、徐向前、聂荣臻、万里、习仲勋、王震、乌兰夫、方毅、余秋里、宋任穷、陆定一等老同志或者寄语青年，或者出席会议，或者与青年们座谈，还有的老同志不顾医生劝阻抱病从医院赶来出席会议，表达他们对青年一代的殷切期望。

在大会开幕式上，中共中央书记处书记胡启立以《殷切的期望》为题向大会致祝词。祝词指出：

从 1919 年五四运动以来，在 60 余年的奋斗历程中，我国青年确实留下了数不胜数的、可歌可泣的英雄业绩。我国青年运动的光荣记录上铭刻着两条重要历史结论。第一条，我们党要领导革命和建设取得胜利，一定要唤起青年的觉悟，依靠青年的力量，充分发挥青年在各项事业中的先锋作用和突击作用。第二条，青年要在革命和建设中有所作为，一定要接受党的领导和马列主义的指引，紧紧地同人民站在一起，保持坚定正确的政治方向。[①]

在共青团十届四中全会增选的团中央书记处第一书记王兆国，代表团十届中央委员会向大会作了题为《团结全国青年，向社会主义现代化光辉前程进军》的工作报告。提出中国青年在争取实现国家财政经济状况、社会风气和党风三个根本好转中的主要任务是：为着四化建设而英勇劳动；依据四化需要而勤奋学习；适应四化要求而开创新风。同时在报告中还提出，共青团要扎扎实实加强自身建设，提高团组织的战斗力，要不断提高团员的觉悟和素质，积极为青年服务，使共青团成为团结教育青年的核心。

大会期间，全体代表听取了国务委员余秋里、中共中央宣传部部长邓力群、国家计委副主任房维中关于国防建设、中国青年成长道路和经济建设形势的报告。代表们还就会议的各项议题进行了认真负责的讨论。最后通过了关于工作报告的决议和《中国共产主义青年团章程》。

团十一大通过的团章，依据党的十二大通过的新党章重新列入的"党和共产主义青年团的关系"一章，针对团的建设方面现实存在的问题，对加强团的自身建设作了一些新的规定和补充。最重要的修改是，关于团的性质，恢复了"后备军"的提法，强调了共青团是广大青年"在实践

---

① 共青团中央办公厅编：《党的十一届三中全会以来共青团重要文件汇编》，中国青年出版社2001年版，第58页。

中"学习共产主义的学校；明确规定了培养青年的目标；对团员年龄上的规定为 14 周岁至 28 周岁；增加了"团的干部"一章。

大会选举产生了第十一届团中央委员会。新当选的中央委员 263 名，候补中央委员 51 名。

12 月 30 日，胡耀邦、邓小平、陈云、徐向前、聂荣臻等党和国家领导人会见了出席会议的全体代表，与大家合影，并同部分代表进行了亲切的座谈。

12 月 31 日，共青团十一届一中全会召开，中共中央总书记胡耀邦，书记处书记胡启立，候补书记乔石、郝建秀出席会议。胡耀邦作了题为《你们应当胜过我们》的讲话。讲话指出，共青团的任务是"带领、团结和教育团员、青年，为四个现代化英勇奋斗"，希望团的干部、共青团员"任何时候都要高标准地要求自己，任何时候都要密切地依靠大伙，一起做工作，一起搞建设"。[①]这次全会选举王兆国等 17 人为团中央常务委员，王兆国为团中央书记处第一书记，胡锦涛、刘延东、李海峰、克尤木·巴吾东、陈昊苏、何光晖为书记处书记，张宝顺为书记处候补书记[②]。

团十一大是在共青团实现了指导思想上的拨乱反正，使全团工作在恢复中发展、在继承中创新，取得较好成绩后召开的。其目的是全面贯彻党的十二大精神，明确共青团在历史转折时期的任务、地位和责任，使之能够承担带领青年站在社会主义现代化建设前列的历史重任。因此，这

---

① 《胡耀邦文选》，人民出版社 2015 年版，第 468、473 页。

② 1983 年 12 月，团十一届二中全会增选李源潮、宋德福为书记处书记，李克强为书记处候补书记。1984 年 12 月，团十一届三中全会选举胡锦涛为书记处第一书记。

次会议是动员全国各族青年积极投身改革开放的伟大实践，向社会主义现代化进军的一次盛会。

在整党中开展学习教育活动

根据党的十二大决定，1983 年 10 月，党的十二届二中全会作出了关于整党的决定，开始全面整党。这次整党是在"文化大革命"遗留下来的党内思想、作风、组织不纯和纪律松弛的问题还相当严重，而整个国家和社会生活又处于空前活跃和深刻变动之中的情况下进行的，任务是统一思想、整顿作风、加强纪律、纯洁组织。全会通过的《中共中央关于整党的决定》指出："共青团是党的助手和后备军，要组织团员学习整党文件，提高他们的思想政治水平。"①

根据党中央的指示精神，12 月 8 日至 12 日，共青团十一届二中全会召开，会议作出《关于学习整党文件，提高团的战斗力的决定》，提出在整党期间用两年时间，在全团普遍开展一次以学习整党文件为内容的教育活动（简称"学习教育活动"），把提高团员觉悟，健全组织生活，加强团的纪律，开展独立活动作为学习教育活动的基本要求。为了切实搞好学习教育活动，通过历时半年的试点工作，1984 年 7 月，团中央明确提出开展学习教育活动的主题是：热爱党，为四化奋斗，紧跟党，做改革先锋；指导思想是：议大事，懂全局，管本行。同时指出，要把学习教育活动与现实的总任务、总目标联系起来，用改革的精神指导学习教育活

---

① 中共中央文献研究室编：《十二大以来重要文献选编》上册，人民出版社 1986 年版，第 402 页。

动，以学习教育活动促进改革。

根据共青团中央的部署，各地团组织紧密联系改革的实际，对广大团员进行了党的路线、方针、政策的再教育和投身改革的再动员，正面解答了团员青年在改革中碰到的疑难问题，使他们认清了改革的方向，增强了改革的意识，坚定了改革的信心，激发了他们投身改革的积极性和创造性。在开展学习教育活动中，为了激发广大团员为党的事业而奋斗的献身精神，各级团组织都注意引导团员从掌握科学的思想方法入手，结合系统地学习党史，端正对党的认识。为了配合党史的学习和宣传教育，团中央还举办了"党在我心中"基础知识竞赛，数十万团支部组织团员青年参加了竞赛活动，收到了较好的效果。

通过这项学习教育活动，全团普遍受到了一次马克思主义教育，坚信党的领导的教育和组织纪律观念的教育，使全团的思想觉悟水平有了一定的提高，加深了对改革开放的方针和政策的理解，促进了团的自身建设和改革，在一定程度上增强了团组织的生机和活力。

共青团全国代表会议

1985 年 9 月，中国共产党全国代表会议通过了《关于制定国民经济和社会发展第七个五年计划的建议》，提出"七五"期间国民经济和社会发展的奋斗目标，经济和社会发展的战略方针和主要政策措施，以及经济改革的设想和步骤，向全国人民展示了未来五年经济和社会发展的蓝图。为了更好地贯彻党的全国代表会议精神，明确共青团在"七五"计划期间的任务，1985 年 11 月 28 日至 29 日，共青团全国代表会议在北京召开。会议通过《关于动员和带动全国各族青年在"七五"期间建功立业、做四有新人的决定》，提出中国青年的光荣使命是高举改革的旗帜，创四化大业，做四有新人。会议强调，共青团要培养一支符合"革命化、年轻化、知识化、专业化"标准的一专多能的团干部队伍，团的领导机关和广大团干部要面向基层、面向青年、面向实际开展工作。会议根据团章的规定和工作需要，对团中央委员会的成员进行了局部调整，有121名中央委员、9名候补中央委员不再留任，以无记名投票方式增选了121名中央委员、10名候补中央委员。11月30日，胡耀邦、薄一波、李鹏、胡启立等党和国家领导人接见了参加会议的全体代表和工作人员，并与大家合影留念。

共青团全国代表会议结束的当天，11月29日，团十一届四中全会召开。全会明确提出"工作到支部，全团抓落实"的工作方针，强调团干部要更加成熟起来，要加强党性，努力钻研马克思主义理论，在实践中增长才干。会议号召全团要以改革创新和开拓前进的精神，为全面完成"七五"计划的各项任务，胜利推进社会主义现代化建设事业，团结奋斗，再展宏图，谱写新时期青年运动的新篇章。会议选举宋德福为团中央书记处第一书记，增选张宝顺、李克强为书记处书记，增选洛桑、刘奇葆、冯军为团中央常委、书记处书记。

"推优"入党机制的形成

中国共产党自成立以来，始终把中国共青团视作为党培养新生力量和向党输送新鲜血液的后备军。1982年，共青团十一大把"推荐优秀团员作党的发展对象"作为团的基层组织的一项任务明确地写入团的章程，此后，这项工作就作为团的基层组织的一项工作任务在全团展开，开始了"推荐优秀团员作党的发展对象"工作的实践。

　　为进一步推动"推优"工作，1986年1月20日，共青团中央书记处在总结前一阶段工作经验的基础上，向中组部呈报《关于认真做好推荐优秀团员作党的发展对象工作的报告》。报告提出了建立团组织推荐优秀团员作党的发展对象的工作制度和推荐工作的步骤：团支部在做好积极分子培养工作的基础上，对推荐对象进行全面考察，经支部委员会讨论，由团支部填写推荐表或用其他方式说明推荐理由，报上级团委（总支）审核并签署意见，上级团组织同意后由团支部向同级党组织推荐。团支部书记由上级团组织向有关党组织推荐。一般每年推荐一次，或按党组织的要求随时推荐。团的基层委员会要经常检查下级团组织推荐工作的落实情况，并注意加强指导，认真审核团支部的推荐意见，严格把关。必要时可以直接向团员所在单位的党组织提出建议。要把是否做好推荐工作作为考核团支部工作的重要内容。在推荐具备党员条件的优秀团员入党工作的过程中，团组织要向党组织汇报情况，听取党组织的指示和意见，充分发挥党的助手作用。

　　2月，中组部批转了团中央书记处的报告，指出：

　　　　共青团是党的助手和后备军。团组织协助党组织做好对青年入党积极分子的培养教育工作，推荐优秀团员作党的发展对象，这一传统做法经过实践证明是行之有效的。希望各级党组织支持、帮助和指导共青团组织，加强对团员、青年进行共产主义理想和党的基础知识教育，在教育的基础上做好推荐工作。对被推荐的同志，党组织还要加强培养和考察工作，当他们具备党员条件时要及时把他们吸收到党内来；对暂时还不具备党员条件的应继续培养教育。任何情况下，发展党员都要坚持党员标准，把确保新党员质量放在第一位。①

文件下发后，许多基层党组织成立了"推优"工作领导小组，采取派出党员辅导员，吸收党员团干部担任党的组织员等有效方法，加强对"推优"工作的指导，使"推优"工作得到了实质性启动，并在基层得到蓬勃发展。

各级团组织根据党员发展工作的要求，进一步加强和改进团员教育，在大专院校和一些厂矿企业举办了业余党校，成立团员学马列、学党章小组，进行马克思主义基本理论、党的基本知识和基本国情教育，帮助团员加深对党的了解，增强党的观念，壮大团员中要求入党的积极分子队伍，加强生产和工作第一线，尤其是农村的"推优"工作，团员入党的数量逐年递增。在各级党组织的领导和重视下，"推优"工作成为党建工作的重要内容。

全团带队的新进展

全团带队一直是共青团工作的光荣传统，加强精神文明建设，培养"四有"新人的工作任务也要求共青团抓好少年儿童的培养教育工作，加强少年先锋队工作。在 1982 年召开的中国少先队工作学会的年会上，老少先队工作者还专门与当时主管少年部工作的共青团中央书记处书记胡锦

---

① 《中共中央组织部转发共青团中央书记处〈关于认真做好推荐优秀团员作党的发展对象工作的报告〉的通知》（1986 年 2 月 20 日），共青团中央办公厅编：《团的文件汇编（1986）》，1988 年内部发行，第 127 页。

涛进行座谈，提出意见和建议，希望团中央保留少年部，加强对少先队工作的领导。后来，团中央书记处在研究机构设置时提出，既要符合党中央的精简精神，又不削弱少先队工作，于 1983 年初，决定撤销少年部，成立团中央少先队工作委员会，由团中央书记处成员担任主任。

1984 年 7 月，中国少年先锋队队员和辅导员代表会议召开。会议决定成立中国少年先锋队全国工作委员会（简称"全国少工委"）。全国少工委主任仍由团中央书记处成员担任，日常工作在团中央书记处领导下进行。这一工作机构的设立对于协调社会各方面力量，共同做好少先队工作发挥了重要作用。

全国少工委成立以后，以"三个面向"①为指导思想，通过开展"创造杯"竞赛活动、"达标创优"活动等，对少年儿童进行政治方向、思想品德、心理素质、智力开发、美育体育、制作能力等综合性的素质培养和教育，活跃和加强少先队组织的基层工作。同时通过树立赖宁、"全国十佳少先队员"等少年儿童的学习榜样，开展劳动实践，促进少年儿童德（育）、智（育）、体（育）、美（育）、劳（劳动观念）的综合提高。

各级共青团组织按照思想带队、组织带队、工作带队的要求，遵循突出"时代性、实践性、自主性"的原则，用改革创新、深入扎实的工作，少先队工作出现了全面发展的新局面。

1986 年 11 月，共青团中央发出通知，在少工委办公室的基础上，恢复团中央少年部。少工委办公室主任、副主任同时担任团中央少年部部长、副部长。

---

① 1983 年 10 月 1 日，邓小平为北京景山学校题词："教育要面向现代化，面向世界，面向未来。"为方便宣传贯彻，被概括为"三个面向"。

三、在伟大历史转变中释放活力

党的工作重点转移在全党、全社会产生重大影响，各级共青团团结带领广大团员青年积极响应党的号召，以"振兴中华"为己任，践行"从我做起，从现在做起"的诺言，满怀豪情地投身到改革开放和社会主义现代化建设进程。从"五讲四美三热爱"到争做"四有新人"，从新长征突击手到"五小"科技发明，从青年星火带头人到采种支甘，共青团活力持续迸发，革故鼎新，勇立潮头，充分显示出朝气蓬勃、锐意进取的精神风貌。

在"五讲四美三热爱"中做精神文明的先锋

"文化大革命"的"左"倾错误，给在这十年间成长起来的青少年造成了极大精神伤害和价值迷失。"文革"结束后，在全国上下进行拨乱反正的社会氛围中，不少青年热望新的生活，但缺乏艰苦创业的准备；勇于探索，但有时难免良莠不分；乐于冲破旧传统，但往往容易导致文化虚无主义，产生信念上的动摇和思想上的偏差。为了给广大青少年健康成长创造良好社会环境和氛围，帮助青少年树立健康向上的人生观、价值观和良好的道德品质，1978 年 10 月，共青团十届一中全会提出开展"学雷锋，树新风"活动，在青少年群体中重燃精神文明之火。1979 年第一季度，一些大中城市的共青团组织用"学雷锋，树新风"活动月、活动周、活动日的形式，拉开了这一活动的序幕。上百万青少年走上街头，维护公共秩序，打扫环境卫生，为群众做好事，在社会上营造一代中国青少年的新形象，展示了助人为乐的良好风气，赢得社会的一致赞扬和好评。据山东省潍坊市统计，仅在1980年上半年，该市青少年做好事4.59万多件，收到表扬信6400多封。1982年5月2日，共青团中央作出决定，授予曹振贤等11人为"学雷锋树新风模范青年"的光荣称号，并号召全国共青团员和广大青少年向他们学习。

1980年12月，邓小平在中央工作会议上强调指出：

> 我们要建设的社会主义国家，不但要有高度的物质文明，而且要有高度的精神文明……没有这种精神文明，没有共产主义思想，没有共产主义道德，怎么能建设社会主义？ ①

为了响应党中央关于加强两个文明建设的号召，1981年2月，全国总工会、共青团中央、全国妇联等九个团体联合发出倡议，在全国人民特别是在青少年中开展讲文明、讲礼貌、讲卫生、讲秩序、讲道德和心灵美、语言美、行为美、环境美的"五讲四美"文明礼貌活动。当年3月以后，这项活动很快得到社会各界的普遍认同，并且作为建设社会主义精神文明的一项重要工作在全社会广泛地开展起来，青少年是推动这一活动广泛开展的先锋力量。当年12月，团中央批转了团沈阳市委《关于开展"三热爱"教育的情况报告》，指出开展热爱党、热爱祖国、热爱社会主义的"三热爱"教育是摆在各级团组织面前的一项重要任务，要求各地团组织把"三热爱"教育当作一件大事来抓，务求收到实效。从此，"五讲

---

① 邓小平：《贯彻调整方针，保证安定团结》（1980年12月25日），《邓小平文选》第2卷，人民出版社1994年版，第367页。

四美三热爱"活动成为对全国青少年进行思想政治教育的重要内容，在全国各地很快地开展起来。

根据开展青少年"学雷锋，树新风"活动的经验，1982 年 1 月，共青团中央等单位向中共中央建议，将每年 3 月确定为"全民文明礼貌月"，逐年开展有专项内容的活动，对活动内容列入计划，每年解决一项实际工作存在的具体问题。中共中央批准了这个建议。于是当年 3 月，第一个"全民文明礼貌月"①在全国范围内开展，很快为广大人民群众所接受。

在探寻人生意义中重构精神价值

党的十一届三中全会前后，一些城市中的青年开始较多地接受西方社会政治思潮，搞起了所谓"民主墙""民主论坛"，创办组织和刊物，发泄对共产党和社会主义制度的不满。还有一些青年人由于不能正确地认识和对待十年动乱造成的不好的社会风气和消极现象，加之个人遭遇的某种坎坷经历，产生了"人生的路越走越窄"的困惑。

针对社会上和青年中出现的问题，1979 年初，中共中央及时提出坚持四项基本原则的要求。共青团中央根据党中央的有关指示精神，在《共青团一九七九年工作要点》中指出：

工作重点的转移，绝不意味着思想政治工作可以取消或削

---

① 1985 年，根据经济改革全面发展的要求，中央有关部门认为精神文明建设贵在坚持，决定不再开展集中的"全民礼貌月"活动。

弱。相反，这个转移要求我们坚持正确的政治方向，切实加强思想工作，提高思想工作的水平。①

各级共青团在具体落实过程中，坚持正确的政治方向，积极协助党和政府做好青年的思想政治工作，向广大团员和青年深入地进行坚持四项基本原则的宣传教育；帮助广大团员和青年继续解放思想，发扬民主，坚持法制，防止发生"右"的或"左"的错误。为了切实解决青年中存在的思想问题，从1979年6月到1981年5月，团中央连续4次召开部分城市团委和教育、公安、文化部门负责人参加的青少年道德教育座谈会，探索如何开展青少年思想政治教育问题。与此同时，团中央还会同国家有关部门和人民团体，联合就青少年思想教育、大中学生的思想教育工作发布文件，指导基层工作。

1980年5月，《中国青年》杂志发表了一封署名"潘晓"的青年来信，由此开展了一场"人生的意义究竟是什么"的人生观问题的讨论。这个讨论持续了7个多月。《中国青年》和《中国青年报》两个编辑部共收到来信来稿14万件。《中国青年》在5至12期，共编发111位读者的来稿（信），约17.8万字。这是一次在全国引起强烈反响的讨论，也是在"文化大革命"结束后探索用宣传媒体对青少年进行思想教育的初次尝试。这次讨论在青年中形成了一种平等的、各抒己见的清新民主气氛，对于青年解放思想、坚持实事求是的思想原则起了一定作用。

1982年下半年党的十二大召开后，共青团中央在青少年中开展"学历史，爱祖国，做党的好儿女，当振兴中华的突击队"教育活动。各地团组

---

① 共青团中央办公厅编：《团的文件汇编（1979）》，1981年内部印行，第41页。

织运用多种形式，从学习历史，引导青年学理论，联系思想实际解扣子，结合本职工作抓落实，使教育活动步步深入，收到了较好的效果。当年10月，《中国青年报》发表了第四军医大学三年级学生张华为抢救一位老人而牺牲的事迹，并组织开展了"人生价值"讨论，引导青年正确认识人生的价值，澄清思想上的模糊认识，努力做社会主义精神文明建设的先锋。

学习张海迪、"一山两湖"英模活动

宣传先进青年典型，用青年榜样教育和引导青年树立正确的人生观、价值观，跟上时代前进的脚步，历来是共青团经常采用且行之有效的工作方法。

张海迪，山东文登人，山东省莘县广播局无线电修理工。她5岁时因患脊髓血管瘤造成严重高位截瘫，胸部以下全部失去知觉。她靠自学翻译了16万字的外文著作，不仅自学了中小学和大专的文化课，还学习医学知识和针灸技术，为群众治病达1万多人次。她满腔热忱地鼓励、影响周围的青年人，帮助他们提振精神，发奋工作，立志成才。她靠崇高的理想和坚强的毅力，做出了一个体魄健全的人都难以做出的突出成绩。

1983年3月1日，《中国青年报》以《生命的支柱》为题报道了共青团员张海迪的感人事迹，立即在广大青年中引起了强烈反响。3月7日，共青团中央决定授予张海迪"优秀共青团员"称号。5月9日，中共中央批复团中央、中共山东省委《关于进一步开展学习宣传张海迪活动的报告》。5月11日，党和国家领导人为张海迪题词公开发表。当日晚，共青团中央书记处第一书记王兆国发表广播电视讲话，号召全国各族青年，

特别是团员和团干部要以张海迪为榜样，为建设有中国特色社会主义现代化国家贡献青春。6月6日至20日，共青团山东省委组织的张海迪事迹报告团来北京并赴山东、河南等地巡回报告。6月18日，团中央、团山东省委、中国革命博物馆联合举办"张海迪事迹展览"，到6月底有6万人次参观。6月29日至7月2日，团中央宣传部在上海召开有12个大城市团委宣传部长参加的学习张海迪演讲报告观摩会，宣传和展示各地开展学习张海迪活动的情况和产生的效果。通过这些深入扎实的工作，张海迪的事迹给全国广大青少年留下深刻印象，她乐观向上的生活态度、刻苦学习的顽强毅力、为人民服务的奉献精神，深深地打动了亿万青年的心，激励越来越多的青年奋发前进。

张海迪身残志坚的感人事迹以及随后出现的华山抢险①、迎泽湖抢险②、沉绿湖抢险③等抢险救人的集体行为，共同彰显了20世纪80年代青年一代的自强不息、社会责任感和忘我奉献精神。为了在全社会弘扬这种精神，1984年1月，中共中央宣传部、解放军总政治部、教育部、共青团中央在北京中南海怀仁堂联合召开了"华山群英表彰大会"。在会上，华山抢险集体的代表作了报告，共青团中央第一书记王兆国宣读了以上4个单位联合发出的《关于进一步开展学习华山抢险战斗集体的通

---

① 1983年5月1日，以中国人民解放军第四军医大学100余名学生为主，并有许多群众参加抢救华山遇险游客。

② 1983年12月9日，在山西太原迎泽湖公园，为抢救因冰层塌陷而落水小学生，众多青年参加抢险活动。太原市第十五中学学生池越忠为救人英勇献身。

③ 1984年2月15日，在河北石家庄西郊动物园沉绿湖，为抢救掉入冰窟的小男孩，众多青年参加救助活动，10余人跃入水中救人。河北省国防工业建筑工程公司青年工人王德恒为救人英勇献身。

知》。2月，共青团中央在西安召开授予华山抢险英雄集体"全国新长征突击队"，授予徐军等11名学员"全国新长征突击手"称号大会，王兆国在会上讲话，代表团中央号召全国百万大学生向华山抢险英雄集体学习，肩负历史责任，争做时代先锋。

3月，共青团中央组织的由第四军医大学华山抢险集体代表、石家庄市沉绿湖抢险集体代表和太原市迎泽湖抢险集体代表组成的"一山两湖"英雄集体事迹报告团离开北京，前往上海、南京、天津等地巡回报告。3月30日，中共中央宣传部、共青团中央联合发出《关于向"一山两湖"等英雄群体学习的决定》，从而掀起学习这些英雄集体的热潮，在广大青少年当中播撒见义勇为、舍己救人、无私奉献的思想，激励他们奋发向上，争做社会主义精神文明建设的先锋。

引领风气："三优一学"与"四抓四建设"

树立良好社会风尚，是社会主义精神文明建设的重要内容。共青团组织结合20世纪80年代中期社会上和青年中存在的突出思想问题，选准主攻方向和突破口，开展一系列生动活泼的活动，教育和引导青年牢记全心全意为人民服务的宗旨，在建立和维护社会主义新型的人际关系，改变社会风气方面发挥了先锋作用。

1983年和1984年，共青团中央在各行业各领域广泛开展"三优一学"（优质服务、优良秩序、优美环境和学习雷锋与先进人物）竞赛，还积极推广商业、服务业的"综合包户服务"活动。1985年，团中央在广大青少年中普及推广文明礼貌用语10个字（请、您好、谢谢、对不起、再见）。这些做法旨在把社会主义精神文明建设与日常社会生活和工作紧密结合起来，以青少年群体为先导，着力在社会上营造新的文明氛围。

1986 年 9 月，中共中央作出《关于社会主义精神文明建设指导方针的决议》。为了贯彻中央决议，12 月，共青团十一届五中全会通过了《关于共青团员要做社会主义精神文明建设先锋的决议》，分别对各条战线的共青团员提出了具体要求，要在工作或学习的岗位上，在公共生活和家庭生活中，带头传播社会主义道德风尚，带头建设精神文明。1987 年元旦春节期间，各级团组织以"四抓四建设"为重点开展工作。一是抓优质服务，建设同改革开放相适应的职业道德；二是抓婚事新办，建设文明、科学、健康的风俗习惯；三是抓便民服务，建设友爱互助的新型人际关系；四是抓文化生活，建设丰富多彩的文化生活。

共青团中央派出 6 个巡回指导组，对 6 个省 144 个基层单位进行指导检查，推动了各地"四抓四建设"工作的发展。在这期间，共青团除继续组织团员青年开展帮困扶贫、综合包户等活动外，还开展了"商业文明经营示范活动"，在全国城乡深入开展了普及法律知识教育活动等。

争做"四有新人"与"学史建碑"

如何塑造一代新人，培养合格的接班人，是执政党高层长期思考的重要问题。1980 年 5 月，邓小平给《中国少年报》和《辅导员》杂志题词："希望全国的小朋友，立志做有理想、有道德、有知识、有体力的人，立志为人民作贡献，为祖国作贡献，为人类作贡献。"1982 年 5 月 4 日《人民日报》发表社论《当代青年的历史使命》，把邓小平的题词延伸为："培养青年成为有理想、有道德、有文化、有纪律、有强健体魄的新一代。这不仅是学校和共青团的责任，而且要靠所有家庭和整个社会的共同努力。"

随着改革开放的深入发展，中共中央提出要用建设有中国特色社会主义的共同理想动员和团结全国各族人民，在全社会树立和发扬社会主义的道德风尚，加强社会主义民主、法制、纪律的教育。1985 年，全国共青团思想政治工作会议提出，要加强和改进新时期的青年思想政治工作，在四化建设的伟大实践中培养和造就一代有理想、有道德、有文化、有纪律的共产主义新人。

从此，做"四有"新人的口号和以此为主题的活动在全国各行各业展开，比如 1985 年开展的"祖国在我们心中，做'四有'新人"活动，1991 年开展的"学雷锋精神，做'四有'新人"活动等。自 20 世纪 80 年代中期共青团为培育"四有"新人而开展的一系列思想教育活动，在帮助青少年把远大理想同党和国家的奋斗目标结合起来，培养良好的社会公德和职业道德等方面发挥了积极作用。

良好社会风气的树立和社会主义精神文明建设，必须以崇高的理想和高尚的情操为基础。因此，共青团中央在开展精神文明建设活动时没有停留在日常社会生活层面，而是着力对广大青少年进行爱国主义、集体主义和社会主义教育，进行革命传统教育。从 1983 年开始，全国相继有十几个省市的团组织带领青年开展寻访革命史迹、收集编写史料、兴建历史纪念物活动。这个活动后来被称为"学史建碑"活动。1984 年 4 月，共青团中央邀集北京、天津、上海等 8 个省（市）的团委有关人员，在天津和北京分别召开革命传统教育现场座谈会，肯定了学史建碑活动，并提出进一步开展此项活动的指导性意见，从而使这项活动在 20 世纪 80 年代中期被推广开来，收到良好效果。

为了激发广大青少年爱国主义精神和献身祖国社会主义建设的责任

感，1984 年 10 月，由共青团的报刊系统发起组织了"为边陲优秀儿女挂奖章活动"；1985 年 7 月，共青团中央推广了团山东省委对青少年进行爱国主义教育的经验，在全国范围内开展了"战士在我心中，祖国在我心中"活动；1985 年 4 月，由团中央会同教育部和国家民委共同发动组织了"招贤引才，振兴西北"活动。这些活动对于激发广大青年建设祖国、保卫祖国的爱国热情，培养青少年立志奋斗、刻苦学习、勇于献身的优良品质，对于促进全国各族青年的团结，促进社会主义物质文明和精神文明建设都起到了积极的推动作用。

共青团十一大闭幕以后，面对改革开放的崭新社会环境，各级团组织在开展政治思想教育工作中，由于能够认真贯彻"以四化为中心全面活跃团的工作"的指导思想，紧紧跟随党和国家前进的步伐，所以各方面工作都有很大的进步。全国各族青年为实现中华民族的腾飞发愤学习，立志成才，在青年中出现了持久不衰的"学习热"和"成才热"，标志着青年一代对自己的责任和使命的新认识。这种情况必将对提高整个中华民族的科学文化素质，加速实现社会主义现代化产生深远影响。与此同时，多种形式的青年服务队、助耕队、综合包户服务网和学雷锋小组活跃在全国城乡，一大批先进典型在各条战线接连出现，集中地反映了 20 世纪 80 年代青年的崭新风貌，为此受到各地党政领导和基层群众的肯定与好评。广大青少年用自己的实际行动为转变社会风气，建设社会主义精神文明作出了积极的贡献。

新长征突击手：经济建设的生力军

粉碎"四人帮"后，为尽快恢复国民经济，部分地区和基层单位的团组织发扬五六十年代开展的社会主义建设积极分子活动和"红旗手"活动的光荣传统，发起"争当新长征突击手"。共青团十大对此给予充分的肯定，提出"要把'争当新长征突击手'的活动广泛、深入、持久地开展下去"①。党的十一届三中全会决定把全党全国的工作重心转移到经济建设方面来，既为开展新长征突击手活动指出了明确的方向，也为广泛、深入开展这项活动提供了重要契机。

为了进一步调动广大团员青年参加社会主义现代化建设的积极性，充分发挥团员青年在经济建设中的突击作用，使共青团组织紧紧跟上全党工作重心转移的步伐，实现以四化为中心把团的工作活跃起来的目标，1979 年 3 月 1 日，共青团中央发出《关于在全国青年中开展争当新长征突击手活动的决定》。《决定》指出，新长征突击手应是各条战线上为实现四个现代化做出优异成绩的又红又专的青年先进人物。各地团组织要从实际出发，因时因地制宜，定出本地区、本单位的具体条件和措施，把争当新长征突击手具体化。还规定新长征突击手每年评选一次，分级表彰命名，对有特殊贡献的可随时给予表彰。在全国范围内命名新长征突击手，由各省（自治区、直辖市）团委负责评选，由共青团中央批准。《决定》一经发出，就得到各级团组织和广大团员、青年的热烈响应。在"争当新长征突击手"的总动员中，各地围绕增产节约、增产增收，在团员和青年最能显示实力的生产项目中组织形式多样的生产突击活动，推动争当新长征突击手活动在全国范围内迅速展开。

1979 年 9 月，共青团中央在北京召开全国新长征突击手命名表彰大

---

① 《为伟大的新长征贡献青春——韩英同志在共青团第十次全国代表大会上的工作报告》（1978 年 10 月 17 日），共青团中央办公厅编：《团的文件汇编（1978）》，1980 年内部印行，第 115 页。

会。中共中央政治局委员邓颖超代表党中央讲话，团中央书记处第一书记韩英作题为《在新长征中造就一代英雄》的报告。党和国家领导人在人民大会堂接见了全国新长征突击手（队）的代表。这次大会命名表彰了10个新长征突击队红旗单位，150个新长征突击手（队）标兵和1万名（个）新长征突击手（队）。这次命名表彰大会鼓舞了全国青年，推动了这项活动的蓬勃开展。

1980年以后，共青团中央根据贯彻国民经济"调整、改革、整顿、提高"方针的要求，确定开展争当新长征突击手活动的重点是鼓干劲、打基础，从增加经济效果和培养人才上提高活动水平。各级团组织认真总结前一时期的活动经验，开始注意从了解经济形势，学习经济政策，研究生产关键方面入手，带领青年和团员把劲用到最需要的地方，创造更多的经济成果，从而使新长征突击手活动开展得更加扎实，更有成效。农村团员青年围绕增产增收、治穷致富，开展了高产攻关、植树造林、承包揭榜、多种经营、各种能手等活动。在执行生产责任制的同时，对烈军属、五保户、困难户予以扶助。工交战线的团员青年围绕经济建设的调整目标，立足本职岗位，勇创一流成绩，在优质高产低消耗，增收节支，技术革新和广开生产门路上下功夫。财贸战线的团员青年继续深入开展文明经商、优质服务、争当商业小行家的活动。科教文战线的团员青年也在各自的岗位上为繁荣和发展国家的教育、科技和文化事业努力作出自己的贡献。1980年、1981年全国争当新长征突击手活动有了新的发展，全国县级以上团委命名表彰的新长征突击手已达100万之多。

1981年11月，共青团中央在北京召开全国新长征突击手、先进团支部代表会议。党和国家领导人接见了来自全国各条战线的300多位代表。中共中央书记处书记习仲勋代表党中央到会祝贺并发表讲话。300多位代表总结交流了争当新长征突击手活动的经验。在这次会议上，团中央号召全国青年要在本职工作、勤奋学习、绿化祖国、讲究卫生、遵纪守法五个方面争当模范。号召各级团组织要围绕建设社会主义物质文明和精神文明的目标，适应经济调整和推行生产责任制的要求，因地制宜地把新长征突击手活动推向深入，为提高经济效益和培养人才作出新的贡献。

1983 年 8 月，共青团中央发出《关于继续深入开展争当新长征突击手活动的意见》，号召各级团组织进一步动员、组织广大青年更加积极踊跃地投入"争当新长征突击手"的活动中去，同时进一步明确了活动的指导思想和主要内容，规范了评选条件和表彰方法。

1984 年 2 月，共青团中央又发出《关于开展"为重点建设献青春，争当新长征突击手竞赛"活动的决定》，号召广大团员青年关心重点建设、支援重点建设，争当重点建设的英勇突击手。

活动中，团组织积极带领团员青年以优质（确保质量，争创全优工程）、高速（加速施工，缩短建设工期）、低耗（厉行节约，堵塞浪费漏洞）为主攻方向，在重点建设中发挥了重要的突击作用，使活动内容有了新的发展。在活动中，青年突击工程建设已呈现出由单一分项承包向综合整体承包发展，由一般性承包向关联性项目承包发展的趋势，竞赛活动的辐射面进一步扩大，竞赛内容以"优质、高速、低耗、安全"为核心。这项活动不断取得新的成果，同时有效地促进了青年工人素质的提高。

为了促进国家旅游业的发展，在共青团北京市委倡议下，1989 年 9 月至 1991 年 4 月，共青团组织联合在全国旅游行业青年中开展"青春在旅游业中闪光"主题活动。这一活动展示了新一代旅游业青工的精神风貌，揭开了 20 世纪 90 年代国家旅游业发展的序幕；同时通过举办"第一届全国旅游行业青工服务技能表演大赛"，促进了旅游业青工服务技能的提高。"争当新长征突击手"活动的深入展开，在开创社会主义建设新局面时期的共青团的工作中占有相当重要的位置。由于这项活动具有形式灵活、内容丰富、组织起来容易、参加起来方便的特点，因此得以遍及各行各业各岗位，人人都可以参加，人人也都能够参加。如工矿建筑企业开展的"突击工程""献青春""百日赛"，企事业单位开展的"立足本职创一流""青春在岗位上闪光"等活动，农村开展的脱贫致富、科学种田、绿化造林等活动，部队开展的"大比武""标兵赛"等活动，都是由新长征突击手活动衍生并带动起来的。

"争当新长征突击手"活动既可以集体参加（突击队活动），又可以个人参加（突击手活动）；既可以以支部为单位开展，又可以具体划分为专业突击队（如攻关小组、维修分队等）进行。可以说，"争当新长征突击手"活动具有较强的适应性和普及性。正因为如此，"争当新长征突击手"活动具有较为广泛的社会基础和较高的社会效益。

兴起以"五小"为重点的科技发明之风

伴随着党和国家工作重心的转移和新长征突击手活动的开展，向科学要生产力，搞革新创造和发明，提高劳动效率，向最佳要效益等一些新观念、新认识在青年中逐渐萌发并且扩展开来。共青团组织及时抓住"苗头"，进行积极引导，使学习知识、掌握科学技术的观念在广大团员青年中扎根。

1979 年 10 月，共青团中央会同中国科协、教育部、国家体委在北京联合举办全国青少年科技作品展览。邓颖超出席开幕式并致词和剪彩，党和国家领导人叶剑英、邓小平、宋庆龄为展览题词。在这次活动中有

1114件优秀科技作品和40篇优秀学术报告、论文获奖。1982年，全国有300万团员和青年职工参加了青年小发明竞赛活动，创造发明的成果达10万项。这项活动改变了过去只靠简单拼体力提高工作效率的做法，把科学知识和技术引入了青年的生产突击活动，不仅为提高工作效率、增加生产作了贡献，而且有助于促进青年职工的健康成长。

农村在普遍推行各种形式的生产责任制以后，促进了农村青年学科学用科学活动的发展。到了1982年，许多地方的青年农民在团组织的引导带领下，打破了单一在种植业搞活动的局面，活动领域逐步扩展到林业、牧业、渔业、家庭副业、社队企业等各个方面，组织形式也由"一组三田"（青年科学实验组、实验田、样板田、高产田）发展到集体个人一齐上、站、队、组、户相结合，形成了新的科技网，涌现出许多靠科学致富的青年"生产能手""土专家""田参谋""小行家""革新迷"。1982年5月，共青团中央、国家农委在山西省夏县联合召开了"全国农村青年学科学、用科学经验交流会"。在这次会上有50个农村青年学科学、用科学的先进集体和100个先进个人受到了表彰。

共青团十一大之后，1983年4月20日，共青团中央与国家经委、全国总工会联合发出《关于在全国青年职工中开展"五小"①智慧杯竞赛活动的通知》。工交、基本建设、财贸战线的青年和团员焕发出极大的工作热情，他们关心企业改革、参与企业改革，踊跃参加"五小"智慧杯竞赛和"为重点建设献青春"等活动，在提高经济效益、促进技术进步、加快重点工程建设方面发挥了积极作用。在第一届"五小"智慧杯竞赛中，

---

① "五小"即小发明、小革新、小创造、小设计、小建议。

一年内全国有 1000 多万青年职工参加，共实现"五小"成果 40 多万项，为国家创造经济价值 7 亿多元，有的项目被推荐参加国际展览会，有 500 项优秀成果受到国家经委、全国总工会、共青团中央的联合表彰。在第一次"为重点建设献青春"活动中，在全国按合理工期组织建设的 123 项重点工程工地上，100 万青年、7000 多支青年突击队参加了竞赛。

在 20 世纪 80 年代初期兴起的"五小"发明活动，直接进入到企业的生产领域，立足于本职岗位锐意创新、顽强攻关。1987 年 1 月至 1990 年 5 月开展的第三届"五小"竞赛活动，是围绕党中央提出的治理整顿、深化改革的方针，以"双增双节"为目标进行的，最后评选出 776 项优秀成果。1991 年至 1992 年的第四届"五小"竞赛活动，是以质量、品质、效益为主攻方向，重点围绕企业技术改造、引进技术消化吸收、产品开发方面进行的，最后涌现出 30 余万项成果。

在"五小"活动中，各地团组织紧密围绕推动技术进步、促进企业管理现代化、提高经济效益开展适合青年特点的独立活动，开拓了企业共青团工作的新天地。各地团组织在活动实践中大胆探索，形成了一系列规章制度，一些地区相继成立了"青年五小协会""青年智力开发协会"，发挥了疏通渠道、传递信息、交流经验的作用。一些地区建立了"五小"奖励基金会，颁布了《"五小"成果奖励条例》等，促进了"五小"活动向经常化、制度化发展。一些地区的团组织还经常举办"五小"成果展览会、"五小"成果发布会、"五小"活动经验交流会，并通过技术市场、展销会、上门推销、上门咨询等形式，使"五小"成果得以尽快推广应用，变为现实的社会生产力。

农村共青团："两户一体"与青年星火带头人

在农业战线，各级团组织的工作目标是：紧紧围绕巩固、完善家庭联产承包责任制和调整农村产业结构，调动农村青年学科学、用科学的积极性开展活动，组织带领团员青年为推动农村商品经济的发展，改变贫穷落后地区面貌作贡献。1983年3月，共青团中央、农牧渔业部、中国科协发出《关于开展"全国农村学科学、用科学青年标兵奖"活动的联合通知》，得到了农村团组织的热烈响应，农村80%以上的团支部和65%以上的青年参加了这项活动。各地农村团组织结合本地实际，举办了诸如"夺标赛""天鹅奖赛""科学致富赛""五大能手赛"等各具特色的赛事，涌现出一大批先进集体和个人。

1984年2月，全国农村学科学用科学青年标兵表彰大会表彰了39个标兵队和198名标兵。随后，共青团在农村广泛开展了以勤劳致富报告团和发展青年专业户、科技示范户为内容的"一团两户"活动。勤劳致富报告团活动从1984年2月下旬开始到9月底基本结束，有25个省（自治区、直辖市）开展了活动。参加活动的青年有40多万人，报告16.6万余场，直接听众达6000万人次。

1985年，共青团中央在"一团两户"活动的基础上，根据农村改革发展的要求，在大力扶持青年专业户和青年科技示范户的同时，又倡导建立青年经济联合体活动，即开展"两户一体"活动。这个活动使"一团两户"活动的内容更实际化，通过成立经济联合体，把农村青年生产能手的优势聚合起来，释放出更大的能量，为带头促进农村产业结构调整，发展商品生产作出了贡献。

改革开放使整个农村经济获得了巨大的发展，粮食产量连续增长，乡镇企业异军突起，农村第三产业蓬勃发展，农村的经济构成由此发生了显著变化。但是，农业发展缺乏后劲的矛盾也开始显现。1988年下半年，国家科委、共青团中央根据"科技兴农"的需要，推出了青年星火带头人活动。在不到5年的时间里取得了多方面显著的效益，遍布乡村的40万名青年星火带头人，成为科技兴农的骨干力量。这项活动的宗旨是为农村改革和经济振兴服务，推动以科技为支柱的农村商品经济的发展；为农村青年服务，培养一大批懂科技、善经营、会管理，有商品经济观念和知识的青年人才，并通过他们扩散科技星火，带动更多农村青年用科技致富。

活动培养的对象，一是在实用技术培训活动中，学有所成并从事一定规模生产经营的青年专业户、科技示范户；二是有一定管理和技术水平的乡镇企业青年厂长。活动的主要内容是，学习先进、实用的科学技术和管理知识，承担扩散"星火"技术，发现并扶持青年人才。其活动的方式，一是培训，由地市以上团组织和科委部门利用星火培训基地、实用技术培训基地办学，委托有关院、校、所办培训班；二是服务，对参加活动的青年建档立卡，由科技干部和团干部当联系人，协调社会各方，在技术、生产资料等方面提供便利，对活动中的优秀青年进行农民技术员职称评定；三是表彰，每年表彰1000人，由国家科委、共青团中央授予全国"青年星火带头人"荣誉称号，并从中选出100名作为标兵，10名作为"杰出青年星火带头人"。

1988年，"青年星火带头人"活动首先在实用技术培训效果较好的黑龙江、吉林、河北、山东、福建、湖北、广东、陕西、四川、河南、山西11个省试行。第二年，活动扩大到了全国17个省、自治区、直辖市。为了加强对这项活动的领导，团中央和国家科委联合成立了活动评审表彰领导小组，负责活动表彰的部署、评审、批准和授予工作，指导各省、自治区、直辖市团委和科委的"青年星火带头人"的表彰工作；同时，还成立了领导小组办公室，负责活动的日常工作。各省、自治区、直辖市以及下属的有关地、县，也都成立了由团委、科委牵头，有关部门参加的领导协调机构。

为了引导活动向科学化、经常化、规范化的方向发展，1991 年，共青团中央和国家科委根据国家的十年规划和第八个五年计划纲要，制订了"八五"期间培养农村青年星火带头人活动规划要点，计划从 1991 年到 1995 年的 5 年内，培养农、林、牧、渔、乡镇企业的各业青年星火带头人 30 万名，平均每年 6 万名。每个省、自治区、直辖市 1000—3000人，使 50% 以上的行政村有一名带头人，地市级以上的青年星火带头人的 80% 要达到农民技术员水准并获得相应的职称。

显然，这是一个宏大的工程。如果平均每年有 50% 的青年星火带头人能够发挥"二传手"作用，则每年通过带头人培训或传带的青年就是十几万到几十万人，这对促使先进的农业科技成果转化成现实的生产力，在科技兴农的实践中培养一代新型农民将起到积极的推动作用。

环保行动：采种支甘及造林绿化

从 1983 年下半年开始，在党中央倡导下，共青团开展"采集草种树种，支援甘肃改变面貌"活动，连续开展 3 年，累计采集草种树种 600万千克，其中支援甘肃及西北地区 280 万千克，有力地推动了甘肃及西北地区改善生态环境的工作。同时，青年植树造林活动也持续开展。1983 年 3 月 9 日，中央绿化委员会、共青团中央联合作出《关于在全国青少年中开展义务植树竞赛的决定》，号召全国青少年从当年开始开展义务植树竞赛活动。在 1984 年 1 月，团中央、铁道部联合发起开展"万里铁路万里林"活动，要求全路广大青少年参加绿化铁路沿线的植树活动。2月25日，团中央又会同林业部、水利电力部发出通知，决定组织宁夏、内蒙古、陕西、河南、山西、山东6省区青少年，营造黄河防护林，7年内绿化黄河两岸。这些活动的连续发动组织，通过实实在在的成效展示了共青团服务四化建设的作为，同时也使青少年通过参加绿化劳动的实践，陶冶和升华了他们的爱国主义情操。

此外，共青团中央倡导和支持的"东西互助"活动和"脱贫致富小开发"活动，以及在这些活动中出现的700万个"脱贫致富小开发"项目，为老少边穷地区带来了告别贫困落后的希望之光。据不完全统计，1984年到1991年的8年中，全国每年有两亿多青少年参加植树造林活动，共建设有一定规模的青年绿化工程5500多个，工程绿化面积达2300多亩。其中3000公里长的青年防护林，以及长江中上游地区青年造林绿化工程，更是充分展示了广大青少年在林业重点工程建设中的生力军作用，在祖国大地上矗立起了共青团的绿色丰碑。

国门初开：中日青年友好联欢

1984年9月24日至10月8日，应中共中央总书记胡耀邦和中华全国青年联合会、中华全国学生联合会、中日友好协会的邀请，3000多名日本青年分四路来中国参加中日青年友好联欢活动。

9月29日，全国青联主席、联欢活动筹委会秘书长胡锦涛主持盛大招待会，中日友协名誉会长、联欢活动筹委会主任王震致欢迎词，日中青年友好交流日本组织委员会干事长坂本登也在招待会上讲了话。30日，首都1.5万多名青少年在首都体育馆隆重举行欢迎大会。大会由中日友好21世纪委员会中方首席委员、中共中央办公厅主任兼团中央书记处第一书记王兆国主持。胡耀邦在会上发表了热情洋溢的讲话。日本驻华大使中江要介宣读了日本国总理大臣中曾根康弘从东京发给大会的贺词。日中青年友好交流日本委员会总代表小野寺喜一郎代表日本青年讲了话。

10月1日，3000多名日本青年在北京参加了中华人民共和国建国35周年庆祝活动。参加联欢的日本青年还分别在上海、杭州、南京、西安、武汉等地与中国各界青年进行了广泛的接触，掀起了中日友好的热潮。这次联欢活动规模大，人数多，代表面广。参加这次活动的日方青年有3017人，组成了217个代表团。他们来自日本的方方面面，可以说是日本社会各阶层、各派别人群的一个缩影。中国参加联欢活动的青年达近百万人，也分别来自工厂、农村、学校、机关等社会的各个方面。联欢活动气氛热烈，人情味浓。日本青年走到哪里都受到中国人民和青年发自内心的热烈欢迎和友好接待。中日两方参加的人员全是青年人，从而使这次活动充满直率、诚恳、欢快、活泼的热烈气氛，给两国青年都留下了深刻印象。

这是建国35年来规模最大的一次民间外事活动。这次活动开创了中日两国青年和人民友好交往的新局面，把对日友好工作推进到一个新阶段，为两国人民世代友好打下了良好基础，促进了中日两国睦邻友好关系的发展。

四、执政党不断加强对青年工作的领导

中国经济体制改革已经逐步展开，中国社会开始产生了一系列前所未有的新变化，这给共青团的基层组织建设提出了许多新课题。如何搞好团的自身建设、丰富工作内容、改进工作方法、扩大团的活动领域和探索出适应改革开放需要且适合青年特点的新路子，成为摆在团的各级组织面前急需回答和解决的问题。从20世纪80年代中期开始，共青团开始了关于团的体制改革的探索。到了80年代末90年代初，国际局势发生了重大变化，苏联解体，东欧剧变，国内的改革开放和现代化建设也遇到了复杂困难的局面，1989年政治风波过后，邓小平明确告诫中央负责同志，要很好地总结过去，思考未来，要聚精会神抓党的建设。党的青年工作面临新挑战、新机遇。

党的十三大提出工青妇改革的命题

1987年10月25日至11月1日，中国共产党召开第十三次全国代表大会，大会的中心任务是坚持和发展十一届三中全会以来的路线，加快和深化改革，进一步确定经济建设、经济体制改革和政治体制改革的大政方针，确立在改革开放中加强党的建设的基本方针。大会的突出贡献，是系统阐述了社会主义初级阶段的理论，明确概括了党在社会主义初级阶段的基本路线。党的十三大的另一个重大贡献，是确定了"三步走"的发展战略。

实际上，党的十三大召开的重大背景是党和国家领导制度改革。

邓小平曾经讲道：

> 我们即将召开的党的十三大，主要有两个内容，第一，把政治体制改革提到议事日程上来；第二，使我们领导层比较年轻化一些。①

所以，党的十三大报告有关工会、共青团、妇联的作用发挥放在政治体制改革部分来论述。除了继续强调群团的"桥梁和纽带"作用之外，又明确提出"表达和维护"具体利益。较为明确地提出群众团体改革的命题，并细化有具体要求。也可以说，只有落实好"改革组织制度，转变活动方式，积极参与社会协商对话、民主管理和民主监督，把工作重点放在基层，克服'官'气和行政化倾向"这些措施要求，才能更好地实现"桥梁和纽带"与"表达和维护"功能。

> 党和人民总是把自己的最大希望，寄托在代表未来的蓬勃向上的青年身上。中华民族的振兴，美好未来的创造，社会主义现代化事业的胜利，要靠全体人民的努力，归根到底，要靠广大青年继往开来，脚踏实地，艰苦奋斗。②

---

① 中共中央文献研究室编：《邓小平年谱（1975—1997）》下册，中央文献出版社 2004 年版，第 1199 页。

② 中共中央文献研究室编：《十三大以来重要文献选编》上册，中央文献出版社 2011 年版，第 51—52 页。

在报告行将结束之处，把党对青年的希望和要求作为专段来论述，字数虽然不多，但意义重大而深远，尤其是在大学生对社会的焦灼情绪由潜性向显性转化的情形之下。

共青团十二大明确团的三项职能

1988 年 5 月 4 日至 8 日，中国共产主义青年团第十二次全国代表大会在北京人民大会堂举行，出席大会的代表 2027 名，代表全国 260 万个基层组织和 5600 万团员。老一辈无产阶级革命家、党和国家领导人对这次会议给予了热情关怀和高度重视。为了开好这次会议，在中共十三大闭幕之后，党中央曾先后 4 次在常委会、书记处办公会上讨论了团十二大的文件和青年工作。团十二大筹备期间，中央领导人还多次把团中央的负责同志找去研究关于会议的筹备工作。大会正式开幕前，老一辈无产阶级革命家彭真、徐向前、聂荣臻、薄一波分别向大会寄语，表达对青年的殷切希望。会议期间，许多中央领导同志到代表团驻地亲切看望各族代表。大会始终充满着党和国家领导人、老一辈无产阶级革命家对共青团和青年一代的关怀、信任和希望。

5 月 4 日，党和国家领导人出席了大会开幕式，接见了全体代表，并同全体代表合影。胡启立代表中共中央作了题为《希望在青年》的祝词。祝词指出：

青年一代要坚持正确的政治方向和崇高的理想，始终保持旺盛的爱国主义热忱，为建设有中国特色的社会主义建功立业。

各条战线的青年都要热爱本职工作……争创第一流成绩；

都要热爱劳动，热爱科学，做到自立、自强，用自己诚实的劳动去创造美好的生活……造福社会，造福后人，为国家和民族利益作出贡献。

青年一代要带头树立文明、健康的社会新风，在社会主义精神文明建设中发挥积极作用。①

祝词指出，在深化改革、扩大开放的新形势面前，共青团的任务就是带领青年投入改革和社会主义现代化建设的伟大实践，引导青年在这个实践中成为一代"四有"新人。祝词强调：

共青团要积极地有步骤地进行团的体制改革，积极参与社会协商对话、民主管理和民主监督，把工作重点放在基层，克服脱离青年的行政化倾向。要更好地代表和维护青年的切身利益和合法权益，活跃团的生活……使共青团组织真正成为青年之友和团员之家。

祝词还对党的各级组织提出要求：

各级党委应该认真研究新形势下青年和青年工作的新情况、新特点，进一步加强和改善对团组织的领导，要放手让团组织独立自主地开展工作，为他们提供必要的工作条件和活动条件。②

---

① 《中国共产主义青年团第十二次全国代表大会文件汇编》，中国青年出版社 1988 年版，第 4 页。
② 《中国共产主义青年团第十二次全国代表大会文件汇编》，中国青年出版社 1988 年版，第 6 页。

共青团第十一届中央委员会书记处第一书记宋德福，代表团十一届中央委员会向大会作了题为《在建设有中国特色社会主义的伟大事业中继往开来艰苦奋斗》的工作报告。报告指出，改革开放条件下共青团工作的指导思想是贯彻党的基本路线，改革和活跃团的工作，代表和维护青年利益，努力培养"四有"新人，为建设有中国特色的社会主义英勇奋斗。同时指出，带领青年为发展生产力艰苦创业和在改革开放环境下造就一代"四有"新人是当代共青团的重要历史使命。报告阐述了改革开放时期共青团工作的基本经验。这个基本经验是，必须正确地认识和引导青年，必须服从、服务于改革和经济建设的全局，紧紧结合社会主义建设实践培养"四有"新人，代表和维护青年利益，坚持面向基层，从实际出发，务实求实。

报告明确提出，共青团作为先进青年的群众组织，应具有三种主要的社会职能，这就是：团结、教育和引导青年在建设有中国特色的社会主义事业中建功成才，发挥党的助手和后备军作用；组织青年参与社会主义民主政治建设，发挥党和政府联系青年的桥梁和纽带作用；代表和维护青年的具体利益，发挥青年利益的社会代表作用。只有把这些职能有机结合起来，使团组织具有党政和其他社会组织所无法替代的作用，共青团的社会地位和存在价值才能充分体现。但这里面，居于第一位的，起核心作用的是党的助手职能。因此，同党中央在政治上、思想上和行动上保持高度一致，对共青团来说，不应该有丝毫的怀疑和动摇。

大会通过了《关于〈中国共产主义青年团章程部分条文修正案〉的决议》《关于实行团员证制度的决议》《中国共产主义青年团第十二次全国代表大会关于第十一届中央委员会工作报告的决议》，确定《光荣啊，中国共青团》为中国共产主义青年团代团歌，审议了《关于共青团体制改革的基本设想》。

大会选举产生了团的第十二届中央委员会，由中央委员 165 名、候补中央委员 70 名组成。

5 月 10 日至 11 日，团十二届一中全会召开。全会选举产生了由 25 人组成的团中央常务委员会，继续选举宋德福为团中央书记处第一书记，刘延东、李源潮、张宝顺、李克强、洛桑、刘奇葆、冯军为书记处书记[1]。这次中央全会认为，刚刚闭幕的团十二大确定了今后一个时期共青团工作的指导思想和任务，提出了共青团体制改革的基本设想，在团的历史上具有重要意义。

关于加强和改善党对工青妇工作领导的通知

1989 年 7 月 16 日，中共中央总书记江泽民会见团中央常委扩大会议代表，并同他们座谈。江泽民指出：

> 我们每一个党的组织、团的组织，每个党员、团员、国家干部，都应该通过这场斗争进行深思，有不少经验教训值得我们很好地总结。
> 对我们的青年一代既要满腔热情，又要严格要求。他们是国家的未来。当前，对青年一代应进行爱国主义、社会主义、民族自尊心的教育，对党员、团员要进行世界观和共产主义的思

---

[1]　1992 年 12 月，团十二届五中全会增选袁纯清为书记处书记。

想教育。要有针对性，对症下药，使他们了解中国的国情。全社会都要关心青年工作，都要关心青年的成长。①

12月15日，江泽民在接见出席团十二届二中全会的代表时说：

> 党的领导，包括党的助手共青团组织的作用是非常重要的。我们有4800万党员，5600万团员，数量不少，但关键是质量，要不断提高我们党员和团员的素质。党员、团员的素质好，就能发挥出巨大的作用。②

12月21日，中共中央下发《关于加强和改善党对工会、共青团、妇联工作领导的通知》，这是党中央加强和改善对群众团体领导的一个系统、全面的纲领性文件，既有对党委提出的要求，也有对工青妇提出的要求；既有对人民团体提出的共性要求，也有对共青团提出的个性要求。主要内容是：

> 各级党委必须……高度重视工会、共青团、妇联工作。
>
> 党组织要对工会、共青团、妇联实行统一领导。……共青团是党的助手和后备军，各级党组织应当按照党章的规定加强对同级共青团组织的领导。共青团县级和县级以下各级委员会书记，企事业单位的团委书记，是党员的，可以列席同级党委和党委常委的会议。

---

① 《对青年满腔热情严格要求》，《人民日报》1989年7月17日第1版。
② 《提高团员素质　发挥团组织作用》，《人民日报》1989年12月16日第1版。

支持工会、共青团、妇联依照法律和各自的章程独立自主地开展工作。……青年正处在世界观形成的关键时期。共青团开展教育，应把先进性同群众性的要求有机结合起来。要继续抓好"争当突击手""学雷锋、树新风""大学生社会实践教育"等活动，引导广大青年从我做起，从现在做起，为振兴中华建功立业、贡献青春，在实践中锻炼成为合格的无产阶级革命事业接班人。

发挥工会、共青团、妇联在国家和社会事务管理中的民主参与、民主监督作用。

增强基层工会、共青团、妇联组织的活力。

加强工会、共青团、妇联干部队伍的建设。[①]

12月29日，江泽民在中央宣传部、中央政策研究室、中央组织部、中央党校举办的党建理论研究班上，对如何正确处理党政关系问题作了深刻阐述：

我们的党是执政的党，党的领导要通过执政来体现。……凡属方针、政策的重大问题，都要经过党委讨论，然后分头执行。

我们在强调加强党的领导的同时，也要认真改善党的领导方式和活动方式。政治体制改革要坚定地继续进行下去。但是应当明确，这种改革不是要削弱、更不是要取消党的领导，而是要加强和改善党的领导。

---

① 中共中央文献研究室编：《十三大以来重要文献选编》中册，中央文献出版社2011年版，第216—226页。

> 党必须领导工会、共青团、妇联等群众组织，加强这些群众组织中党组织的建设。这方面中央将发出一个文件，要认真贯彻执行，把工、青、妇等群众组织的工作做得更好。[①]

在特定时空中青年工作重要性愈加凸显

1990年4月4日，江泽民等党和国家领导人接见共青团中央组织的"奋斗者的足迹"报告团成员。江泽民在讲话中指出，当代青年知识分子的成长道路，就是继承和发扬中国知识分子的优良传统，发扬爱国主义精神，和人民相结合，走艰苦奋斗之路。讲话强调：要增进党、政府和知识分子之间的理解和团结；要增进知识分子和工农大众之间的理解和团结；知识分子之间，特别是老、中、青知识分子之间，也要互相学习，加强团结。党和政府要通过各种渠道，听取知识分子的意见和呼声，为充分发挥知识分子的作用创造良好的环境和必要的条件。

5月3日，江泽民、李鹏、乔石、宋平、丁关根等党和国家领导人在北京人民大会堂出席首都青年纪念五四报告会。江泽民作了题为《爱国主义和我国知识分子的使命》的重要讲话。讲话指出：

> 在现代化建设和改革开放的实践中，我们越加深刻地认识到，同历史上任何时期相比较，中国人民从来没有像今天这样，对自己的知识分子提出如此广泛、如此迫切的要求。我们相信，

[①] 江泽民：《为把党建设成更加坚强的工人阶级先锋队而斗争》（1989年12月29日），《论党的建设》，中央文献出版社2001年版，第7—8页。

我国知识分子一定会遵循党的基本路线，努力学习马列主义、毛泽东思想，努力提高专业水平，努力增强民族自豪感，为实现社会主义现代化建设的伟大历史任务贡献全部聪明才智，担负起历史赋予的光荣使命。

对待青年知识分子，我们既要热情关怀，大胆使用，又要严格要求，积极引导。要鼓励他们按照祖国的需要考虑个人的发展，把个人的聪明才智汇入人民的历史创造活动，通过勤奋的努力实现远大的理想。要积极创造条件，把广大青年知识分子培养成为又红又专的社会主义事业接班人。①

1991 年 6 月 11 日到 14 日，中共中央在北京召开工青妇工作座谈会。部分省、自治区、直辖市党委的负责同志，全国总工会、共青团中央、全国妇联以及党中央和国务院有关部门的负责同志出席了座谈会。与会同志就如何进一步贯彻落实《中共中央关于加强和改善党对工会、共青团、妇联工作领导的通知》精神的问题，介绍了工作情况，交流了经验和体会，谈了今后的打算和意见。团中央书记处第一书记宋德福在会上作了发言。中共中央政治局委员丁关根主持会议并讲话，强调要处理好三个关系：第一，正确处理坚持党的统一领导与支持工青妇组织独立自主地开展工作的关系；第二，正确处理工青妇组织维护总体利益和维护具体利益的关系；第三，正确处理工青妇三个群众组织工作中的共性与个性的关系。

① 《江泽民文选》第 1 卷，人民出版社 2006 年版，第 126、129 页。

丁关根在讲话中对各级党委和共青团工作提出了要求：

共青团应当成为用共产主义思想团结教育青年的坚强核心。认真研究新的历史条件下青年成长的规律和特点，广泛开展各种富有教育意义的活动，充分发挥共青团员的模范作用，不断增强团组织的吸引力、凝聚力和战斗力，把改革开放条件下的青年工作开展得更活跃、更扎实、更富有生气。

各级党委要重视加强青年工作、共青团工作，使党的建设和团的建设衔接起来，用党的建设带动、促进团的建设。必须动员全社会的力量，帮助青年健康成长。一切与青年成长有关的部门、单位，都要为青年成长办实事、办好事，努力承担起培育青年的光荣责任，把培养社会主义事业接班人这项具有重大战略意义的工作做得更有成效。[①]

各级党组织认真贯彻落实中央文件和领导讲话精神，全国 30 个省级党委和中直、中央国家机关工作委员会结合本地实际，制定了贯彻落实的具体意见或实施细则，并对基层党委提出了明确要求。许多省以党委、政府名义相继召开了群众工作会或工青妇工作座谈会，并制定了配套政策，解决了共青团工作中的具体困难。许多地方党组织在明确一名副书记主管共青团工作外，还建立了党委成员定期听取、研究共青团工作的制度，党委主要负责同志定期向青年作报告制度等。一些地方的党委要求

---

① 《丁关根同志在中央工青妇工作座谈会上的讲话（要点）》（1991 年 6 月 14 日），共青团中央办公厅编：《团的文件汇编（1991）》，1993 年内部印行，第 116 页。

各级党委建议人大、政协在委员、代表候选人提名时应考虑团委的负责人。一些基层单位党委建立健全了 28 岁以下团员和青年入党要充分听取团组织意见和团干部交流、协管等制度。

在加强团的基层建设方面，各级党组织不仅坚持以党建带团建，而且注意为团组织办实事。主要体现在"五个纳入"上：一是把共青团工作纳入本地区党政目标责任制，有的地方把团的工作的好坏作为考核各级党政干部和评选"双文明"单位的重要依据；二是把农村团的建设纳入农村党支部建设和村级组织建设的轨道，出现了以党支部为核心、党建带团建同步发展的局面；三是把团干部培训纳入党校培训计划，有效地扩大了县以上团委书记的轮训面；四是有的地方把共青团和青联、学联、少先队的活动经费同时纳入财政预算；五是把青少年立法工作纳入人大立法审议的范围和程序。

五、在改革开放环境中探索前行

社会发展尤其是社会改革的历程，从来就不是一帆风顺的。1989 年政治风波严重影响了正常的经济发展和社会成长节奏，对青年群体产生了复杂的影响。为了把青年发展重新纳入正常轨道，中国共产党明显加强了青年工作的力度。中国共青团在党的政策框架下，积极引导广大青年学生通过深入的社会实践了解中国国情，推动团的各项工作继续前进。

引导青年学生在实践中了解社会

从 20 世纪 80 年代初兴起的大、中学生社会实践活动，到 80 年代中期有了很大发展。随着 1984 年以后勤工助学活动的出现和社会实践营的建设，社会实践活动已经由思想教育活动开始转向参与区域性经济技术与社会发展的开发性的活动，形成了社会实践活动向纵深发展的新势头。

进入 1987 年以后，在各级党政领导和社会各方面的重视、关怀和支持下，这个活动被逐步纳入国家教育计划，成为一项社会教育工程。社会实践活动成为有计划、有组织的活动，越来越多地直接参与到经济建设和社会发展的实践中，并且直接服务于这个实践，创造出直接和间接的经济效益。例如 1987 年开展的"百县扶贫，学习社会"活动，既使广大青年学生增强了对党的基本路线的认识，增进了工农感情和增强了社会责任感，同时又为贫困地区完成各类科技服务项目数万个，其中有 30 多项填补了国家空白，5 项申报了国家的专利。1988 年的"国情与改革"社会调查活动，既收到了思想教育效果，同时也为地方和基层领导机关决策提供了大量的基层第一手材料，为生产建设排忧解难，为贫困地区脱贫致富献计献策。其中山西大学学生的《关于柳林县土地多种经营等问题的建议》、兰州大学学生的《关于西北公路运输战略研究》《成县、徽县豆浆加工技术现状调查及出路分析》等，都受到当地党政部门的好评。中科院研究生的《皖西白鹅系列开发的可行性研究报告》，被六安县政府采用为申请开发项目的蓝本，向国家科委申报了皖西白鹅系列开发项目。

1990 年 2 月，共青团中央向全团发出《关于贯彻落实〈中共中央关于加强和改善党对工会、共青团、妇联工作领导的通知〉的意见》，提出必须坚持五个基本观点：在党领导全国人民建设具有中国特色的社会主义的伟大实践中，共青团始终是党的得力助手和可靠后备军；在党领导全国人民为实现共产主义而奋斗的征途中，共青团始终是引导和带领青年在实践中学习共产主义的学校；在抵御国内外敌对势力"和平演变"的长期斗争中，共青团始终担负着培养有理想、有道德、有文化、有纪律的无产阶级革命事业接班人的宏伟任务；在党领导全国人民实现我国经济发展战略三部曲的事业中，共青团始终是一支朝气蓬勃的突击队和生力军；在"稳定压倒一切"的关键时期，共青团始终是国家政权的重要社会支柱和稳定社会的基本力量之一。

共青团中央文件下发后，各级团组织把一条主线（治理整顿、深化改革）和三项任务（生动的思想教育、诚实的劳动创造、广泛的社会监督）作为贯彻《通知》的具体措施，在思想教育方面，广泛开展了"共青团学雷锋奉献日""岗位学雷锋，行业树新风"等多种形式的学雷锋活动。还通过组织"奋斗者的足迹"知识分子报告团、举办纪念五四报告会和青少年读书节等形式，加强对青年的正面教育，激励青年奋发向上。把高校团的工作作为工作重点之一，引导学生学习马列主义，掌握知识，参加社会实践活动。

1991 年 6 月，中共中央办公厅转发了团中央提出的《关于加强青年工作的意见》，分为五个部分：（一）大力加强和改进青年思想政治教育；（二）引导青年为社会主义现代化建设建功立业；（三）坚持抓基层、抓实事、抓落实的方针，进一步加强团组织建设；（四）加强以团干部为主体的青年工作者队伍建设；（五）社会各方面要通力协作，努力为青年工作提供必要的条件。《意见》强调：

重视青年思想教育阵地的建设，努力办好青年报刊、出版、

音像和专题电视节目等，用正确的舆论引导青年。注意通过正常的民主渠道反映青年的愿望、呼声和要求。

要突出抓好对共青团员的教育，继续搞好团员轮训工作。

各条战线的团组织，都要动员青年在本职岗位上辛勤工作，诚实劳动，争创一流成绩。

要在全团开展合格团委、合格团支部"双合格建设"活动。

要稳定和充实基层特别是企业、高等学校团干部队伍。[①]

1989 年政治风波以后，社会实践活动备受重视。1991 年，全国 1000 所高等学校的 150 万名学生参加了这项活动，占在校生人数的 70% 到 80%。大学生社会实践活动联系点和活动基地也取得较大进展，全国有 100 个县市成为大学生社会实践活动的联系县，1 万个厂矿企业、乡村、农场成为较稳定的大学生实践活动基地。大学生社会实践活动在思想教育和经济建设两个方面都收到了令人鼓舞的效果，正在学校读书的莘莘学子，也为社会主义现代化建设事业的发展作出了一份贡献。

为了全面提高团干部的素质，加强共青团工作的理论研究，1985 年 12 月，全国第一所培养青年工作专门人才的高等学校"中国青年政治学院"在北京成立，共青团干部的正规化教育进入了一个新的阶段。为了切实加强共青团工作理论研究和建设工作，1991 年 9 月，一个全国性的专门的青少年理论研究机构——中国青少年研究中心正式在北京成立，为全团加强共青团的理论研究工作构建了一个基地。

---

① 共青团中央办公厅编：《党的十一届三中全会以来共青团重要文件汇编》，中国青年出版社 2001 年版，第 22—24 页。

1989年12月20日，以"向未知挑战、向未来挑战、向明天挑战"为响亮口号的"挑战杯"首届大学生课外科技活动成果展览暨技术交流会在清华大学拉开帷幕。国务院总理李鹏为活动题词："勤奋学习、勇于实践、努力奋斗、振兴中华"。聂荣臻、薄一波、宋任穷等领导同志也热情题词。这次大学生科技盛会由清华大学、北京大学等34所高等院校和全国学联、中国科协及光明日报社、中国青年报社、中国教育报社、科技日报社、北京日报社共41个单位共同发起。来自全国21个省、自治区、直辖市的52所高校的430件作品参加这次展览和比赛。参赛作品涉及理工农医的绝大多数专业，绝大多数作品具有实际应用价值，有约10%的作品已申请或正在申请专利，有的科技成果已被开发利用并初见效益。

启动"希望工程"

教育问题事关广大青少年的成长和发展，需要最基本的物质条件。1989年10月30日，由共青团中央、全国青联、全国学联、全国少工委主办，刚刚成立半年多的中国青少年发展基金会在北京举行新闻发布会，宣布将长期开展"救助贫困地区失学少年"的活动，并建立起第一个"救助贫困地区失学少年基金"，同时把这项活动命名为"希望工程"。1989年10月，河北省涞源县桃木疙瘩村小学的张胜利等13名失学少年成为希望工程首批受助学生。由此，数以百万计的来自农村贫困家庭的学生接受了希望工程的捐助，得以继续学业。1990年5月，全国第一所希望小学在安徽省金寨县落成。1991年4月，金寨县张湾小学生苏明娟专注求知的眼神，被摄影记者定格。这双明亮眼睛，折射着贫困地区的教育困境和失学儿童的渴望。苏明娟后来回忆说："希望工程给我的帮助，不仅仅是物质上的，更多的则是精神上的，它让我懂得了爱的意义。"这项活动得到了党和国家领导人和老一辈无产阶级革命家的赞许和支持。邓小平、李先念、江泽民等 40 多位老革命家与党和国家领导人为希望工程题词。邓小平不但为希望工程题名，还两次捐款。在社会各界和海外人士的支持下，共青团倡导实施的"希望工程"取得良好社会效益，在扶助贫困地区、促进教育发展、服务青少年成长、引领社会风尚等方面发挥了重要作用。

实施"中国青年科技行动"

根据中共中央提出的"把经济建设转移到依靠科学技术和提高劳动力素质的轨道上来"的号召，1992 年 1 月，共青团中央决定，从当年开始在全团实施"中国青年科技行动"。重点是使亿万中国青年增强科技意识，掀起学科技、用科技的热潮，以适应当今世界进步与发展的潮流。4月，共青团中央、国家科委、农业部、财政部、中国科协联合发出《关于在全国开展农村团支部学习农业实用新技术竞赛活动的通知》；5 月，"中国青年科学家奖"评审工作在北京开始；6 月，共青团中央、劳动部、机械电子工业部、建设部、商业部等 9 家单位联合发出通知，决定在广大青年职工中，广泛开展青工技术能手示范表演活动，并组织"百名全国青工技术能手示范表演团"赴全国各地巡回表演；4 月至 10 月，共青团中央、全国学联组织实施"中国大学生实用科技发明大奖赛"，在 11 月举办了盛况空前的"中国大学生实用科技大奖赛成果展览暨技术交易会"。4 月至 11 月，共青团中央会同 50 多个单位，抽调 256 名青年学者或专家组成"青年科技服务团"，分 7 路到内蒙古、新疆、广西、贵州、青海、安徽和北京郊县山区开展科技扶贫、智力支边的活动。通过这一系列的活动，完成了青工、青农、青年科技人员及在校大学生的学科技、用科技的发动和组织工作，极大地调动了全国各界青年立足本职岗位，学习科学技术，实现岗位成才的积极性，并且在广大青年的心田里播下了学科技、用科技的种子，使得大量的新的科技成果或新技术得以在广大青年中迅速推广。

推动青少年立法工作

1979 年，针对"文化大革命"结束后青少年违法犯罪比较突出的问题，中共中央转发了中央宣传部、教育部、公安部、共青团中央等 8 家单位《关于提请全党重视解决青少年违法犯罪问题的报告》，要求全党动员，书记动手，依靠学校、工厂、机关、部队、街道、农村社队等城乡基层组织以及全社会的力量，加强对青少年的教育。1980 年 3 月 20 日至 25 日，共青团中央在北京发起召开"青少年保护法座谈会"。在全国人大常委会法制委员会及有关部门的支持下，由团中央牵头组织了《中华人民共和国青少年保护法》起草小组。经过半年多的努力，五易其稿，形成《中华人民共和国青少年保护法（讨论稿）》，这是我国第一部有关青少年保护的专门法律草案，虽因各种原因而未能正式进入立法程序，但是，它为我国青少年立法作了一次有益的尝试。

1985 年，中共中央下发《关于进一步加强青少年教育预防青少年违法犯罪的通知》，对预防青少年违法犯罪工作作出了进一步部署。鉴于保护青少年的有关法律还不完备，建议立法机关会同有关部门，根据宪法的精神，加紧制定保护青少年的有关法律。这个文件有力地推动了全国青少年立法。1987 年，团中央成立青少年立法工作领导小组及其办公室，并向党中央报送《关于建议制定青少年法律的报告》。1988 年 1 月，中办复函："同意团中央根据中央1985年的指示精神商请有关部门起草青少年保护法律。"团中央随即会同国家教委、最高法、最高检、公安部、司法部等部门，用两年多的时间，起草了《中华人民共和国未成年人保护法（草案）》。这个草案经过广泛征求和吸收来自中央和地方各方面的意见，11次修改，于1989年12月报国务院审议，1990年提交全国人大常委会审议。1991年9月，七届全国人大常委会第二十一次会议审议通过《中华人民共和国未成年人保护法》，并于1992年1月1日起在全国实施。

保护法的颁布和实施，为未成年人的健康成长提供了法律保证，也为共青团维护青少年合法权益提供了法律依据。这部法律的颁行是中国青少年工作开始纳入法制化轨道的标志，对于全团增强依法维护青少年合法权益的观念，提高广大未成年人遵纪守法观念和运用法律保护自己的意识将起到巨大的作用。与此同时，各地的青少年立法工作也取得较大进展。到1991年，全国有17个省（自治区、直辖市）相继通过了地区性的青少年保护法规，还有一些省份已经在着手青少年法规的制定工作。

六、基层与改革：团建两大着力点

改革开放中，共青团工作获得了良好的发展机遇，同时也遇到严峻挑战。改革开放深入发展的形势要求共青团不能再因循老路，而必须面对现实开拓进取。在各级党委的领导下，共青团迎难而上，积极推进共青团体制改革，千方百计破解基层组织出现的症结，为建构团结教育青年的坚强核心而不懈努力。

从衡南会议到龙海会议

由于农村经济改革开放搞得比较早，相应地各种组织性问题也率先暴露出来。在农村实行联产承包责任制之后，原来建立在"三级所有，队为基础"体制上的团的基层组织，普遍出现了团员难集中、时间难统一、活动难开展的问题，基层团组织开始出现大面积松散、瘫痪现象。到1983年，在全国130万个农村团支部中，班子健全或基本健全、有制度、活动比较经常的支部约占60%，班子不健全、活动不经常的支部约占30%，长期处于瘫痪状态的支部约占10%。一些牧区、山区、边远地区团组织的松散、瘫痪面高达60%以上。鉴于这种情况，1983年5月，共青团中央在湖南衡南县召开了全国农村基层团组织整顿工作会议，提出"全团动手，治'散'，治'瘫'，打好整顿农村基层团组织的战役"，决定用近一年的时间，集中力量整顿农村基层团组织。这次会议以后，经过近一年的整顿工作，收到了明显的效果，各地区农村团的工作状况得到不同程度的改善，各地松散、瘫痪面降到或接近本地区历史最低水平。

在改革开放形势下开展共青团组织建设工作的实践，使团中央清醒地认识到，改革团的基层工作是全团的一项紧迫任务；适应经济发展，适应青年特点，是团的基层工作改革的中心环节。各级团组织必须及时调整和改革工作中不适应改革形势的问题，在促进和推动经济改革中掌握主动权。1984年10月，共青团中央在福建省龙海县召开共青团基层工作会议。这次会议的中心议题是，研究团的基层组织如何带领青年投身经济改革和基层工作，如何实现自身改革。会议要求各级团组织按照有利于正常地开展团的各项活动，有利于加强对团员的教育和管理，有利于团员在经济建设中发挥作用，有利于积极分子的培养和团员发展工作的原则设置团的基层组织；调整团的组织生活内容、形式，实现组织生活的针对性、多样性和灵活性；适应大批团员外出从事商品生产和各种经济活动的需要，改变团员的管理办法，促进团员管理向多元化转变；改革基层团干部的选拔工作，通过团干部选聘制，把大批年纪轻、有热情、有文化、有能力、富于开创精神的团员选入基层团的领导班子。这次会议在总结经验、分析形势的基础上，集中研究了共青团基层建设如何适应经济体制改革和社会发展这一重大的理论和实践问题，及时地提出了"投身经济改革，实现自身改革"的工作要求，指明了以改革为动力，以改革求发展的工作方向，实现了共青团建设从理论到实践的重大突破，标志着团的基层组织建设的改革工作开始起步。

龙海会议以后，各级团组织根据这次会议精神，对共青团基层组织建设的改革工作不断进行尝试和探索。为了适应团员外出从事商品生产和各种经济活动，团中央决定在一些地区试行"临时外出团员证"制度，对临时外出团员实行"多元化"管理，团员凭证在所到地区或单位参加团组织活动和履行团员义务，享受团员权利。为了充分调动团员积极性，活跃基层团组织生活和拓宽用人渠道，一些地区和单位试行基层团干部招聘制，把那些年纪轻、有热情、有文化、有能力、富于开拓精神的团员选入基层团的领导班子。此外，各级团组织还在健全和完善团内民主制度，推进团内民主建设，转变团的工作方式等方面作了有益的探索和实践。团的基层工作开始走向在改革中发展、在适应中创新的道路，并且不断取得一些令人欣喜的成绩。

"工作到支部,全团抓落实"

进入20世纪80年代中期,如何使团的基层工作活跃起来成为一个十分尖锐的问题。1985年11月的共青团全国代表会议上,宋德福要求团的领导机关和广大团干部"要面向基层、面向青年、面向实际开展工作","要一个支部一个支部地抓落实,切切实实地研究新情况、总结新经验、解决新问题"。随后召开的团十一届四中全会又明确提出"工作到支部,全团抓落实"的工作方针,要求全团"采取措施,力争三五年内使基层团组织出现一个组织健全、工作活跃,能够在两个文明建设中充分发挥作用的崭新局面"。

1986年2月下旬至11月初,共青团中央机关先后抽调210人,组成15个工作分团,分3批到甘肃、北京、江西、云南、广西、黑龙江、广东、陕西、内蒙古、安徽、山西等12个省(自治区、直辖市),北京钢铁学院、复旦大学等10所全国重点大学和中直机关、中央国家机关团委,帮助基层团组织落实各项工作任务。主要为基层办四件实事:一是对广大团员青年进行形势政策教育。二是积极引导和带领基层团组织围绕脱贫致富开展活动。三是推动和加强团的基层组织建设。四是帮助基层团组织解决实际困难。

1986年初,农村整党在全国逐步展开。中共中央整党指导委员会对农村整党工作作了具体部署,并提出了"要重视和切实抓好农村共青团的建设,充分发挥他们党的助手和后备军作用"的要求。根据这一要求,结合团的工作,特别是农村团的组织建设的实际,共青团中央书记处向中共中央提交了《关于在农村整党中加强共青团建设的报告》。该报告写道:

建议在农村整党中，把加强对青年的思想教育，配好团的干部，健全团的组织，壮大团员队伍作为加强共青团建设的基本要求。①

2月3日，中央整党工作指导委员会向全党转发了这个报告，要求：

党的各级组织应从各地实际情况出发，把农村共青团建设作为整党工作的一项重要内容，认真地切实地抓好，使农村共青团建设在整党中有一个大的发展和提高。②

各省、自治区、直辖市积极贯彻落实，纷纷发出在整党中加强团建的文件，采取一系列有力措施，帮助团组织解决长期存在而自身又难以解决的经费和干部配备问题，推动整党团建工作顺利开展。在农村整党中，中共湖南省委重视并认真加强共青团建设。1986 年 7 月 5 日，《中国青年报》报道中共中央整党指导委员会为此发出通报，要求各地参考湖南经验，从"民主选举、配好团干、解决经费、搞好阵地"等方面搞好农村团的建设。

建立、健全、调整基层团的组织设置，是整党团建中的一项重要工作。各地本着"划小搞活"的原则，改革组织设置，并注意乡镇企业中的建团工作，广东、江苏、浙江、福建等沿海经济发达地区，从农村商品经济发展需要出发，创造了诸如以厂带村、厂厂联合、厂村并举等多种组织设置的新形式。1986 年，全国乡、村两级企业建立团组织近 15 万个，

① 共青团中央办公厅编：《团的文件汇编（1986）》，1988 年内部印行，第 25 页。
② 共青团中央办公厅编：《团的文件汇编（1986）》，1988 年内部印行，第 23 页。

在珠江三角洲和苏南农村基本实现了团的工作重点由乡村向乡镇企业的转移，内地农村团组织设置打破了过去以行政村设支部的模式，根据地域交通条件和团员青年居住分散的实际，在行政村设总支部，在自然村设专业联合体（片）、村办企业中成立团支部或团小组，使农村基层团组织设置趋向合理。1986年，全国农村新增加团支部近10万个。

在各级党组织的重视支持下，民主选举基层团干部逐步推行，农村团干部队伍壮大，素质有所提高。山东省对团支委以上干部普遍进行了民主选举，一大批热情高、能力强、受团员青年拥护的优秀青年走上团的基层领导岗位，广大团员青年也经受了团内民主的训练和教育，通过民主选举加强了团干部队伍建设。1986年，全国农村专职团干部增加4351人。福建平均每个乡镇有专职团干部七八人。各地还注意了对新团干部进行业务培训，农村团干部的培训面和培训质量都达到历史最高水平。

通过全团认真贯彻"工作到支部，全团抓落实"的工作方针，全团的基层工作有了较大改观，团的领导机关干部了解了基层的情况，提高了工作能力，磨炼了作风，对提高全团整体工作水平起了一定作用。1988年，全国农村新发展团员556万人，比1985年增加143万人，初步改变了农村团员少于党员的现象，各地把推荐优秀团员、团干部入党工作作为一项战略任务来抓。1986年，全国农村团员入党达23万多人，为党组织输送了大量新鲜血液。但是，团的自身建设并未得到彻底解决，农村团建的薄弱状况依然存在，到1986年底全国仍有一大批乡镇企业应建而未建团的组织。

在实行团员证中增强团员意识

为了切实贯彻落实团十二大提出的任务，1988 年 8 月，共青团中央召开了全国团员证制度工作会议。会议指出，管理和教育是团员队伍建设中不可分割的两个方面，团员管理以团员教育为基础，同时又是实现团员教育的手段之一，两者都以提高团员素质、严密团的组织、增强团的战斗力为目标。据此，会议提出开展团员教育活动，要求坚持教育与管理同步，在实行团员证过程中要改进和加强团员教育，帮助团员树立商品经济条件下的团员意识，使广大团员在纷纭复杂的社会环境中有一个发挥模范作用的思想基础，有一个规范自己的观念准则。

会议指出，对团员意识教育的内容包括五个方面。一是以共同理想为基础的政治意识。自觉树立共产主义远大目标下的共同理想，坚持和维护中国共产党的领导，脚踏实地地为四化、为振兴中华努力奋斗。二是参加团内与社会管理监督的民主意识。在团内生活和社会生活中学习和实践民主，参与团内和社会的民主管理监督，做推进团内民主和社会民主政治建设的积极力量。三是权利与义务平等一致的意识。能够正确认识和处理团员权利与义务的关系，敢于行使并维护团章规定的团员权利，自觉履行团员应尽的义务，在团内生活中实现权利与义务的统一。四是遵守社会经济、政治和社会行为规范的法制意识。学习和遵守在商品经济基础上逐步建立经济、政治和社会生活行为规范，用法律手段维护自己的正常活动和切身利益。五是高于一般青年的模范意识。牢记自己是一名共青团员，时刻注意用团员的标准要求和鞭策自己，在本职工作和社会生活的各个方面发挥创造精神，起带头作用。

团员证制度是共青团组织以团员证为媒介，进行团员管理的一项组织制度改革。团员证的主要功能是：证明团员的身份；接转团员组织关系；团籍注册；方便团员参加团的活动；作为超龄团员离团后的永久纪念。各级团组织把实行团员证的过程作为对团员进行思想教育的过程，根据团员意识教育的总要求，结合本地区、本单位的实际和团员青年的思想状况，以团员意识教育这一主线开展了内容丰富、形式多样、富有特色的主题教育活动。总括各级团组织的主题教育活动，有三个方面的内容及形式：一是以了解国情、认识改革、增强使命感为内容的"改革与团员"主题教育活动；二是以"学团章、爱团证、树新风"为内容的做合格团员主题活动；三是以立足本职，艰苦创业，为经济建设作贡献为内容的"立志成才建功"活动。这些主题教育活动使团员的思想政治素质有了不同程度的提高，使团组织的社会影响及作用日益扩大，对增强商品经济条件下的团员意识起到了积极的促进作用，同时也为改革开放形势下加强和改进团的思想教育工作提供了有益的启示。

1989年12月，党的十三届五中全会刚刚结束不久，团十二届二中全会召开。会议根据党的十三届五中全会精神和共青团工作实际，特别是根据团员队伍状况和共青团在治理整顿、深化改革中所肩负的使命，作出了《关于加强团员队伍建设、提高团员素质的决定》。决定在肯定团员队伍的主流尤其是大多数团员青年在政治风波中经受住了考验的同时，实事求是地指出了团员队伍中存在的问题，决定"从1990年开始，各地团组织要从实际出发，集中一段时间，对团员进行一次以团员意识教育为中心的思想整顿，使团员的政治素质和思想素质有一个明显的提高"。为了落实这一任务，1990年3月，团中央向全团发出《关于开展教育评议活动的意见》，提出在教育活动中要认真贯彻"热情爱护、严格要求"的方针，按照学习、实践、评议、表彰先进与组织处理的步骤进行；教育评议不另搞团员登记，采取对合格团员进行"教育评议活动注册"的方法，即在团员证"团籍注册"栏中注明评议情况。

各地共青团从本地的实际情况出发，认真研究和部署了团员教育评议工作，并先期选择了一些不同地区、不同行业、不同层次的基层单位进行教育评议试点工作。为了总结交流全团教育评议试点工作经验，推动教育评议活动深入、扎实而有效地开展，1990 年八九月间，团中央组织部在黑龙江省牡丹江市和浙江省宁波市分别召开了农村和城市团员教育评议试点工作座谈会，就存在的共性问题进行了深入的研究，就全面铺开教育评议活动提出了指导性的意见。会后，团员教育评议活动便由点到面，在全国范围普遍展开。

在开展团员意识教育和评议活动期间，各地广泛推动团员证制度的实施。到 1989 年底，全国共向 4000 多万名团员颁发了团员证，团员的组织管理工作得到明显提升，团员意识得到明显增强。

团要管团与团结青年

1990 年 2 月，共青团组织工作会议在广西南宁召开。会议提出"团要管团与团结青年"的要求和 90 年代团的基层整体化建设的新构想。团的基层整体化建设的思路，概括地说是"以支部为基础，以团委为主导，以阵地为依托，以活动为联结，全面建设团的基层"。这个要求和思路把基层团工作作为一个整体，在加强支部建设的基础上，进一步强化基层团委的作用，建立起适应生产力的发展水平和青年要求的基层工作机制，形成团的基层建设的整体效益。南宁会议以后，各地团组织遵循"团要管团与团结青年"的要求，从各地实际出发，有计划有重点地进行基层整体化建设试点，通过工作实践丰富和完善了这个构想，推进了团的体制改革工作。

为了总结改革开放以来团的组织建设的经验，使团的组织建设再迈上新台阶，1991 年 9 月，共青团全国基层工作会议在吉林省榆树市召开。这次会议回顾了 1984 年龙海会议以来团的基层建设所经历的"适应经济改革，实现自身改革"的道路，充分肯定了团的基层建设取得的丰硕成果，印发了《中国共产主义青年团基层建设纲要（试行）》，初步总结了改革开放以来团的基层建设的基本经验。其基本经验有：坚持适应经济改革，实现自身改革；坚持工作到支部、全团抓落实；坚持先进性与群众性相结合；坚持配合党的中心，适应青年特点；坚持建功立业和成长成才相结合；坚持优化外部环境、健全内部机制；坚持充分民主与正确集中相结合；坚持增强党的观念、增强团的意识；坚持团的建设与党的建设相衔接；坚持做细致工作、做深入工作的基本方法；坚持增强团内凝聚力，扩大团外吸引力。

积极稳妥推进共青团体制改革

1987 年初，共青团中央书记处组织起草了《关于青年工作和共青团改革的初步设想》。经上报党中央政治体制改革研讨组和团中央常委扩大会的讨论，广泛征求了意见。当年 10 月，共青团中央书记处又组建了专门的起草小组，完成《关于共青团体制改革的基本设想》，又上报党中央政治体制改革研究室征求意见。团中央根据党中央政治体制改革研究室的意见，进行了修改，然后提交 12 月召开的共青团十一届六中全会。全会原则通过了这个设想，同意将其内容写入团十二大工作报告，提交大会讨论。团十二大闭幕以后，1988 年 8 月 30 日，经团中央书记处原则同意，团中央向全团印发了《关于共青团体制改革的基本设想》，希望各地团委按照地方党委统一部署，结合本地区、本单位的实际，参照执行。

该文件指出，进行共青团体制改革是为了更好地体现团的性质，形成充满生机和活力的运行机制，而不是改变团的性质；是为进一步明确团的社会职能，而不是改变团的任务；是为了理顺党团关系，而不是摆脱党的领导。改革的内容是，明确团的社会职能，使团在党的领导下，充分体现本组织的社会地位和存在价值，更好地发挥社会功能；改革团的组织制度，克服官气和行政化倾向，焕发自身活力，把工作重点放在基层，健全民主集中制；明确代表和维护青年利益工作的原则和任务，增强团组织的凝聚力和吸引力；转变活动方式，放开搞活基层，充分调动广大团员、团干部的工作积极性；确定共青团在国家政治生活和社会生活中的法律地位，有效地履行自己的社会职能；拓展团的活动经费的来源，减轻国家财政负担，为祖国多作贡献。这些原则规定为共青团体制改革奠定了基础，指明了方向。

共青团十二大之后，全团的体制改革进入到实施阶段。1988年9月，共青团中央召开全国共青团体制改革试点工作会议，总结和分析了团十二大以来全团体制改革的进展情况以及存在的问题，讨论和交流了各地的试点经验，提出了深化团的体制改革的具体意见。会议还在广泛征求意见的基础上，经过团中央书记处研究，确定28个单位作为全团体制改革的试点单位。全国青联、全国学联、少年先锋队组织也分别制定了与团的体制改革基本思想相配套的改革方案。

随后，各级团组织通过贯彻团十二大精神，把团的体制改革工作纳入了议事日程。全国多数省级团委及时召开了常委会或全委会，从实际出发研究制定了推进团的体制改革的具体意见，把团的体制改革方案地方化、行业化、具体化。有的地方团组织坚持上下结合，内外并举，在健全内部机制的同时，优化团的工作的外部条件，形成有利于推进团的体制改革的"大环境"和"小气候"。有的地、市发出了关于加强共青团工作的意见；有的把青少年保护条例列入下次人代会的议题；有的由市委、市政府确定了解决经费问题的政策；有的转变团的活动方式，在当地两个文明建设中发挥了积极作用；有的在团内民主建设上取得了新的进展。各地团组织大多还比较注意正确处理团的体制改革与其他各项工作的关系，抓"中心"，促"一般"，从而通过改革带动了其他各项工作。到1988年底，全国已有20个省级团委研究制定了团的体制改革的设想和方案。

在做好试点工作的同时，共青团中央先后制定印发《团的中央和地方委员、候补委员卸职、递补制度的实施细则》《团的各级代表会议、代表大会议事规则》《团的地方各级代表大会选举规则》《团的基层组织选举规则》等一系列文件，以此来推进改革进程，巩固改革成果。

这样，团的体制改革从一个局部的、分散的、以试验为主的阶段，进入一个全面展开、多层推进、迅速发展的新阶段。此次团的体制改革工作主要是围绕职能部门设置、组织人事制度、活动方式等方面进行的，同时根据改革开放和现代化建设的要求，探索个体经济、三资企业、乡镇企业和沿海开放地区团的组织建设和活动方式的改革问题，认真抓好制定和完善有关青少年法律和改革工作及发展团的实业工作。短短几个月的时间，团的体制改革成为全团上下关注的热点和工作的重点。全团改革热情之高，发动面之广，都是前所未有的。

1991年7月，团十二届四中全会通过《关于共青团"八五"期间建设、改革、发展的规划要点》，对继续贯彻《共青团体制改革的基本设想》，有领导、有秩序、有计划地推进团的体制改革提出了以下要求：要坚持团的体制改革的正确方向，贯彻积极稳妥的方针和与国家经济体制、政治体制改革同步协调的原则；要从现有条件出发，从业已成熟的问题做起，单项突破、多层推进、综合配套；要分层次逐步落实团十二大提出的八个方面的体制改革任务。"八五"期间，要在团内民主建设、团的组织制度改革、团干部人事制度改革、团的活动方式改革、团的经费基地建设等五个方面有新的进展，并逐步在实践中探索出一条改革与建设协调发展的新路子。要加强三资企业、乡镇企业和沿海开放地区团的组织设置和活动方式的改革探索。按照总体布局、试点先行的要求，继续抓好团的体制改革试点工作，加强经验总结和理论研究，注意把成功的做法政策化、制度化。

第十一章

跨世纪搏击
市场大潮

邓小平南方谈话和党的十四大召开，有力地推动中国经济体制开始市场化转型。为了适应建立社会主义市场经济体制的要求和社会与青年需求的变化，共青团工作开始了自觉转型与主动创新。在探索过程中，共青团坚持青年工作发展战略与党和国家经济和社会的发展战略相一致，服从和服务于国家经济和社会发展大局；坚持青年工作发展战略与青年需求和发展相适应，服务青年，最大限度地满足青年成长和进步的需要，创造了一系列品牌活动，把党的青年工作推向一个新高度。

一、响应执政党的市场化经济改革方略

20 世纪 80 年代末、90 年代初，党和国家及中国社会主义事业的发展处于一个紧要关头。随着苏联解体、东欧剧变，国际共产主义运动出现低潮，西方七国集团联合对中国实行经济制裁。这种全球范围内的大变动、大改组对中国产生了巨大影响，相当一部分干部、群众、青年的思想产生了很多困惑。能不能顶住国内外各种压力和困难，如何坚持党的基本路线，怎么继续走好改革开放和社会主义现代化建设的道路，成为进入 20 世纪 90 年代后中国共产党必须解决的重大问题。

邓小平南方谈话和党的十四大提出市场改革取向

1992 年 1 月 18 日至 2 月 21 日，邓小平先后视察武昌、深圳、珠海、上海等地，发表了重要谈话。邓小平南方谈话澄清了判断姓"资"姓"社"的标准，鲜明指出市场和计划都是经济手段。谈话贯穿一个中心思想，就是要坚持党的基本路线不动摇，抓住有利时机，加快改革开放步伐，集中精力把经济搞上去，把有中国特色的社会主义事业推向前进。这一谈话不仅具有政治上的鲜明性和针对性，而且有着理论上的深刻性和创造性，在国内外引起强烈反响。

10 月，中国共产党第十四次全国代表大会在北京召开。中共中央总书记江泽民作了题为《加快改革开放和现代化建设步伐，夺取有中国特色社会主义事业的更大胜利》的报告。大会作出了三项具有深远意义的重大决策，一是抓住机遇，加强发展，集中精力把经济建设搞上去；二是明确我国经济体制改革的目标是建立社会主义市场经济体制；三是确立邓小平建设有中国特色社会主义理论在全党的指导地位。这是时代向跨世纪的中国人民和中国青年发出的召唤，是历史赋予跨世纪中国青年的重任。

十四大报告在第四部分"加强党的建设和改善党的领导"中特别指出：

> 社会主义的巩固和发展，需要一代又一代人坚持不懈地努力奋斗。我们的事业任重道远，希望寄托在青年人身上。赢得青年，才能赢得未来。共青团是党的助手和后备军，要充分发挥团结和教育青年的作用。全党、全社会都要关心青少年的健康成长，在改革和建设的实践中努力造就千百万社会主义事业接班人。
>
> 加强和改善党对工会、共青团、妇联等群众组织的领导，充分发挥他们作为党联系群众的桥梁和纽带作用。[①]

以邓小平南方谈话和党的十四大为标志，中国改革开放和社会主义现代化建设进入新的阶段。党的十四大确定的奋斗目标为跨世纪的中国青年和共青团指明了前进方向。

---

① 中共中央文献研究室编：《十四大以来重要文献选编》上册，人民出版社 1996 年版，第 41、42 页。

中共中央致信祝贺共青团建立 70 周年

在学习贯彻邓小平南方谈话过程中，1992 年 5 月 3 日，中共中央致信共青团中央，祝贺中国共青团成立 70 周年[①]。信中说：

中国共产主义青年团的建立，是中国革命史和中国青年运动史上的大事。70 年来，在中国共产党的领导下，共青团紧紧围绕党在各个时期的中心任务，团结带领青年英勇奋斗，为我国革命和建设作出了重大贡献。历史表明，共青团不愧为党的有力助手和可靠后备军，广大团员青年不愧是建设祖国、保卫祖国的一支重要的力量。

从现在起到本世纪末，是我国社会主义现代化建设的关键时期。最近召开的中共中央政治局全体会议和邓小平同志的重要谈话，提出了当前和今后相当长时期我国改革和发展的指导方针、战略思想和政策主张。共青团要把学习和落实中共中央政治局全体会议和邓小平同志重要讲话精神作为首要任务，积极主动地、创造性地开展工作。要教育团员青年牢牢把握党的"一个中心，两个基本点"的基本路线，一百年不动摇。要引导团员青年进一步解放思想，坚持实事求是，积极投身改革开放，大

①　1950 年 4 月 11 日《人民日报》（第 1 版）载："【新华社十日讯】中国新民主主义青年团中央委员会常委会，顷决定以五月四日中国青年节同时做为青年团成立纪念日。按'五四'运动是中国新民主主义革命也是中国革命青年运动的开端，青年团中央将'五四'定为青年团成立纪念日，具有使青年团承继和发扬'五四'以来中国青年光荣革命传统的意义。"

胆探索，奋发进取，在建设有中国特色社会主义的伟大实践中建功立业。要加强团的自身建设，充分发挥团组织在思想教育、劳动创造和社会监督等方面的作用。

未来是属于青年的。为社会主义中国的前途而奋斗，是当代青年最崇高的使命和荣誉。处在世纪之交的我国青年一代，肩负着历史重任。党和人民一向对青年寄予厚望，充分信任，充满信心。中央相信，在以江泽民同志为核心的党中央领导下，共青团一定能够团结带领广大团员青年，继承和发扬"五四"光荣传统，为我国社会主义现代化建设事业作出新的更大的贡献。[①]

5月4日，纪念中国共青团建立70周年暨五四运动73周年盛会在北京人民大会堂举行，江泽民、乔石、宋平等党和国家领导人与首都1万多名团员青年欢聚一堂。江泽民代表党中央向全国的共青团员、青年同志和青少年工作者致以节日的祝贺，向所有关心、支持和帮助青少年事业的社会各界人士表示衷心的感谢。江泽民指出：

伟大的五四爱国运动在中国历史上写下了光辉的一页。共青团在70年的奋斗历程中，为我国革命和建设事业作出了重要贡献，不愧为党的有力助手和可靠后备军。希望各级共青团组织发扬"五四"精神，继承光荣传统，团结带领广大团员和青年在党的领导下，坚定不移地沿着邓小平同志倡导的有中国特色的

---

① 《中国青年报》1992年5月4日第1版。

社会主义道路奋勇前进。希望广大团员和青年同志们认清自己的责任，解放思想，锐意进取，为社会主义现代化建设继续奉献青春、智慧和力量。党和人民对你们是充分信任和寄予殷切期望的。[①]

这次隆重纪念中国共青团成立日，在历史上是第一次，党中央的贺信和中央领导的关心给广大共青团员以极大激励和鼓舞。

不同寻常的共青团十三大

1993 年 5 月 3 日至 10 日，中国共青团第十三次全国代表大会在北京人民大会堂召开。出席这次大会的正式代表共 1420 人，代表着全国 5680 万团员，270 万个团的基层组织。这次大会的主要任务是：以邓小平建设有中国特色社会主义的理论和中国共产党的基本路线为指针，深入贯彻中共十四大和八届人大一次会议精神，总结改革开放 15 年来中国青年运动和共青团工作的基本经验，明确当代青年肩负的历史责任，确定此后 5 年中国青年和共青团的任务。

共青团十三大的召开受到中共中央的重视和关怀。党和国家领导人江泽民、乔石、李瑞环、朱镕基、刘华清、胡锦涛等出席了大会开幕式，并且接见了全体会议代表，还与全体代表合影。会议期间，李鹏专门写信向代表们表示问候，万里、宋平等老前辈分别与部分会议代表座谈。

在大会开幕式上，中共中央政治局常委、书记处书记胡锦涛代表中

---

① 《中国青年报》1992 年 5 月 5 日第 1 版。

共中央向大会作了题为《肩负起历史的重任》的祝词。祝词充分肯定"共青团十三大以来，团的工作有起色，有创新，有成绩，发展势头是好的"，深刻阐述了当代青年和共青团所应肩负的崇高使命和时代重任：

> 作为党的助手和后备军，共青团要大力发扬"党有号召，团有行动"的光荣传统，以建设有中国特色社会主义理论为指导，坚定不移地贯彻党的基本路线，紧紧围绕党的中心任务开展工作，动员和组织广大青年积极投身经济建设的主战场，充分发挥突击队作用，为发展社会主义市场经济、加强社会主义民主法制和精神文明建设、促进社会全面进步作贡献。[1]

祝词把15年来我国青年运动的基本经验概括为"两个离不开，两个任何时候"：

> 党领导的有中国特色社会主义的伟大事业离不开青年的继承和开拓；青年一代的健康成长离不开党的关怀和指引。任何时候，我们都要相信青年，关心青年，重视和发挥青年的进取精神和创造活力；任何时候，我国青年都要自觉地接受党的领导，保持坚定正确的政治方向，积极投身人民群众的伟大实践。[2]

祝词殷切期望广大青年认清形势、把握机遇，努力成为有远大理想的

---

[1] 共青团中央办公厅编：《团的文件汇编（1993）》，1995 年内部印行，第 7 页。
[2] 共青团中央办公厅编：《团的文件汇编（1993）》，1995 年内部印行，第 4 页。

一代、勤奋学习的一代、艰苦创业的一代和道德高尚的一代。

团十二届中央书记处第一书记李克强的工作报告分为六个部分：改革开放 15 年来我国青年和共青团的奋斗足迹；当代中国青年肩负的历史责任；用建设有中国特色社会主义的理论教育青年；带领青年投身经济建设主战场；积极为青年健康成长服务；努力加强和推进共青团建设。报告总结了党的十一届三中全会以来共青团的基本经验和重要原则，归纳为"八个坚持"：坚持党对共青团的统一领导；坚持贯彻党的基本路线；坚持带领青年为解放和发展生产力做贡献；坚持对青年进行生动有效的思想教育；坚持引导青年在学习和实践中成长；坚持正确代表和维护青年的具体利益；坚持适应青年特点独立自主地开展活动；坚持在改革中不断加强团的建设。报告提出，面对新形势、新任务，共青团要在加强建设的前提下推进改革，以改革的精神加强建设，使团的建设和改革有机结合，同步发展。

会议期间，中共中央政治局委员、国务院副总理李岚清于 5 月 6 日代表国务院向参加共青团十三次全国代表大会的代表作了题为《关于我国对外开放和对外经贸形势》的报告。

共青团十三大审议通过了李克强代表团十二届中央委员会所作的题为《高举建设有中国特色社会主义的伟大旗帜，团结带领各族青年为加快改革和现代化建设而奋斗》的报告；审议通过了《中国共产主义青年团章程（修正案）》；选举产生了由 165 名中央委员和 110 名中央候补委员组成的团十三届中央委员会。

共青团十三届一中全会选举产生了新的团中央领导机构。团十三届中央常务委员会由 30 人组成，书记处由 7 人组成。李克强当选为团中央书记处第一书记，刘鹏、袁纯清、吉炳轩、赵实、巴音朝鲁、姜大明为书

记处书记 ①。

　　大会根据改革开放以来团的工作实践，在总则部分增写了建设中国特色社会主义理论、党的十一届三中全会以来共青团工作新发展的表述、共青团在经济建设中发挥作用等内容。对团的章程的部分条文进行了修改、调整和补充。对团员入党后的团籍作了新规定，规定团员加入共产党后仍保留团籍，年满28周岁，没有在团内担任职务，就不再保留团籍。对团的基层组织的任期作了调整，规定团的支部、总支，每届任期由1年改为1年或2年，基层团委2年改为2年或3年。增写了团的经费一章，对团组织创办的经济实体的管理和发展方向提出了要求。在少先队工作方面，增加了中学少先队组织可以推荐优秀少先队员作团的发展对象的规定。

　　共青团十三大的召开，使改革开放，进行社会主义现代化建设时期共青团工作的任务、目标和原则得到进一步的明确，从而为共青团工作再上新台阶、再创新局面奠定了良好的基础。

制定青年工作战略发展规划

　　1993年11月，党的十四届三中全会通过了《关于建立社会主义市场经济体制若干问题的决定》，这一决定勾画了社会主义市场经济体制的基本框架，设计了继续深化改革，建立社会主义市场经济体制的总体蓝图。为了带领青年贯彻落实决定精神，12月，团十三届二中全会在北京举行。

---

① 1995年11月15日至17日召开的共青团十三届四中全会，增补孙金龙、周强为团中央书记处书记。

中共中央政治局常委、书记处书记胡锦涛在会上作了题为《把亿万青年的力量凝聚到深化改革、加快发展上来，努力培养和造就跨世纪的一代新人》的重要讲话，强调共青团工作要服从和服务于党和国家的工作大局，要求共青团积极探索社会主义市场经济条件下青年工作的新路子。

全会根据中共中央对青年和共青团工作的要求，提出共青团要通过广泛、深入宣传中国共产党跨世纪的发展战略目标和培养跨世纪一代新人的要求，用"跨世纪"这样一个具有鲜明时代特征、深刻历史内涵的观念，强化青年的跨世纪意识、明确青年的跨世纪责任，使他们以崭新的精神风貌积极投身到中华民族的跨世纪发展中去。会议强调，解决青年工作发展中的问题，要以经济、社会发展为大背景，要有全局观念和战略眼光，不能就团论团，要用办事业的方式对新时期青年工作的发展进行总体规划和战略部署，为共青团在建立社会主义市场经济体制进程中更好地跨入21世纪奠定基础。

全会审议通过了《在建立社会主义市场经济体制进程中我国青年工作战略发展规划》。该规划提出的总体目标是：

始终把培养和造就千百万跨世纪的社会主义事业建设者和接班人作为自己全部工作的出发点和落脚点，在适应、服务和推动社会主义市场经济体制建立的过程中，加快共青团起核心作用的青年工作的改革与发展，实施重点工程，调整运行机制，强化基础建设，整体推进青少年事业，使共青团更好地在经济建设中起推动作用，在青年思想教育中起引导作用，在服务青年中起促进作用，在社会稳定中起积极作用。①

规划强调必须牢牢把握四条指导原则：坚持与国家经济和社会发展战略相一致；坚持与建立和完善社会主义市场经济体制的过程相协调；坚持与青年需求和发展相适应；坚持与基层实际情况相符合。规划提出了实施"跨世纪青年文明工程"和"跨世纪青年人才工程"。这是在建立社会主义市场经济体制进程中青年工作战略发展规划的重点工程，是在新形势下落实团十三大精神的重要工作载体。

出台加强团的建设若干问题的决定

1994 年 9 月，党的十四届四中全会集中讨论党的建设问题，通过了《中共中央关于加强党的建设几个重大问题的决定》。内容包括四个部分：党的建设面临的形势和任务；坚持和健全民主集中制；加强和改进党的基层组织建设；培养和选拔德才兼备的领导干部。这是执政党在认真研究改革开放以来党的建设成就和经验，全面分析国内外形势和党的状况的基础上作出的，是新形势下加强党的建设的纲领性文件。《决定》把党的建设提到新的伟大工程的高度，提出了明确的总目标和总任务：

把党建设成为用建设有中国特色社会主义理论武装起来、全心全意为人民服务、思想上政治上组织上完全巩固、能够经受住

---

① 共青团中央办公厅编：《团的文件汇编（1993）》，1995 年内部印行，第 116 页。

各种风险、始终走在时代前列的马克思主义政党。①

　　这一总目标和总任务，体现了改革开放的新形势以及时代发展和进步对党的建设的基本要求，是对党的理论的进一步发展和完善。《决定》特别强调共青团要进一步做好推荐优秀团员作党的发展对象的工作，体现了党与共青团的密切关系。

　　为了贯彻中共十四届四中全会精神，1994 年 10 月，团中央召开常委扩大会议，作出《关于认真贯彻落实党的十四届四中全会精神的决议》。该决议指出：

　　　　各级团组织要牢固树立服务观念，强化服务功能，把服务青年与服务经济有机结合起来，按照建立新的经济运行机制的要求，在巩固发展现有联系纽带的基础上，积极创建各种形式的青年服务组织和服务网络，逐步构造起以共同理想为目标，以共同利益为基础，以具体服务为手段的联系青年的新型纽带，在为经济社会发展和青年成长提供切实有效服务的过程中，不断焕发出新的生机与活力。②

　　1994 年 11 月，共青团中央召开十三届三中全会，认真分析团的工作面临的形势和任务，就进一步贯彻落实《中共中央关于加强党的建设几个

---

① 中共中央文献研究室编：《十四大以来党的重要文献选编》中册，人民出版社 1997 年版，第 957 页。

② 《中国青年报》1994 年 10 月 10 日第 1 版。

重大问题的决定》精神，加强团的建设的若干问题进行讨论。时任中共中央政治局常委、书记处书记胡锦涛出席会议，并且发表题为《全面加强团的建设，更好地带领亿万青年在改革开放和现代化建设的伟大实践中建功成才》的重要讲话。他从党团关系的角度强调共青团要抓住当前加强党的建设的有利时机，全面加强共青团建设：

> 党的十四届四中全会的《决定》，对共青团的建设具有重要指导意义。共青团是党的助手和后备军，是党联系青年群众的桥梁和纽带，与党有着亲密的关系。无论是在民主革命时期，还是社会主义革命和建设时期，团的建设与党的建设始终是紧密联系在一起的。把党建设好，必然会带动和促进团的建设；把共青团建设好，使亿万青年紧密地团结在党的周围，坚定地沿着党指引的方向前进，也必然会壮大党的后备力量，推进党的建设。中央采取一系列重大措施加强党的建设，给加强团的建设带来了新的机遇。各级团组织要认清形势，振奋精神，抓住这个有利时机，积极主动地做好工作，认真抓好自身建设，努力开创共青团建设的新局面。[①]

共青团中央书记处第一书记李克强作了题为《在服务大局与服务青年的有机结合中推进共青团的建设》的讲话。讲话强调要结合实际贯彻中共十四届四中全会精神，全面加强共青团建设，抓住组织建设这个突出环节，把重点放到基层建设上，把团组织增强服务功能、形成有形手段、建

---

① 共青团中央办公厅编：《团的文件汇编（1994）》，1996年内部印行，第52—53页。

设服务体系方面的工作与巩固、调整和发展团的基层组织协调一致起来，在增强基层团组织的服务功能上求突破，在服务大局与服务青年的有机结合中，提高团组织的吸引力、凝聚力、战斗力，充分发挥团组织党的助手和后备军、国家政权的重要社会支柱、党联系青年的桥梁纽带作用。

团十三届三中全会根据中共十四届四中全会精神，作出《关于加强团的建设若干问题的决定》，进一步明确了在建立社会主义市场经济的形势下加强团的建设的指导思想：

> 以建设有中国特色社会主义理论和党的基本路线为指导，以基层建设为重点，用改革的精神和发展的观点研究新情况、解决新问题，突出抓好青年服务体系的建设和基层组织的巩固、调整、发展，构建起广泛联系青年的新型纽带，努力把共青团建设成用建设有中国特色社会主义理论武装，跟随党站在时代前列，为经济、社会发展服务，为青年建功立业、健康成长服务，思想上政治上组织上坚强巩固，在青年中具有吸引力和凝聚力的先进青年的群众组织。[①]

该决定提出在加强团的建设的实践中应遵循的工作原则：用建设有中国特色社会主义理论指导团的建设；在服务党的工作大局中加强团的建设；结合党的建设加强团的建设；坚持和健全民主集中制；加强团的建设与开展团的生活紧密结合；把服务青年作为加强团的建设的切入点和突破口；把团的建设重点放在基层；用改革的精神和发展的观点研究和推动团

[①]　共青团中央办公厅编：《团的文件汇编（1994）》，1996 年内部印行，第 58—59 页。

的建设。决定就增强服务意识、建设服务体系、进一步焕发团组织的活力，巩固、调整、发展团的基层组织，扩大团的工作在青年中的覆盖面，建设宏大的团员队伍，进一步做好"推优工作"等作了充分论述。

二、在市场大潮中推进两个"跨世纪工程"

共青团工作的一个最为明显的特点，就是通过丰富生动的社会实践来教育人、培养人。1993 年 12 月，共青团十三届二中全会通过《在建立社会主义市场经济体制进程中我国青年工作战略发展规划》，提出要重点实施"跨世纪青年文明工程"和"跨世纪青年人才工程"。1995 年 11 月，共青团十三届四中全会审议通过《跨世纪青年人才工程实施纲要》，表明这一工程开始进入系统、科学和规范的发展轨道。跨世纪青年人才工程的宗旨是高举"科学技术是第一生产力"的旗帜，通过参与在生产经营、推动技术进步的实践中，促进科技成果向现实生产力的转化，培养一代适应社会主义市场经济要求，掌握过硬实用技能的熟练劳动者和面向 21 世纪具有较高科学文化素质的青年人才。1996 年 12 月，共青团十三届五中全会通过《共青团中央关于深化跨世纪青年文明工程的决定》，提出要把构筑青少年一代精神支柱的任务落到实处，按照为人民服务的方向推动重点活动取得进展，以积极活跃的精神文化生活促进青少年的健康成长，用埋头苦干的实际行动狠抓落实的任务要求。

用邓小平建设有中国特色社会主义理论教育青年

不论做任何事情，把握方向是第一位的，解决思想观念是最为重要的。邓小平建设有中国特色社会主义理论无疑是 20 世纪 90 年代强有力的思想武器。《邓小平文选（1938—1965）》1989 年 8 月 20 日在全国公开发行，《邓小平文选（1975—1982）》1983 年 7 月 1 日在全国公开发行，《邓小平文选》第三卷 1993 年 11 月 2 日在全国公开发行。前两卷1994 年再版时，分别改称为《邓小平文选》第一卷、《邓小平文选》第二卷。1995 年 9 月 1 日《邓小平文选》（全三卷）线装本发行。

1992 年以来，团中央抓住《邓小平文选》一、二、三卷出版的机会，多次发出通知和决定，大力组织广大团员和青年，尤其是团干部深入学习和领会邓小平建设有中国特色社会主义理论，以从根本上提高广大团员青年的思想政治觉悟，提高全团的思想理论水平。团中央要求各级团组织要组织团干部和团员青年认真精读原著，把握精神实质，紧紧抓住解放思想、实事求是这个精髓，学习邓小平的思想和立场、观点、方法，学习他的革命风格、科学态度和创新精神。重点围绕什么是社会主义，怎样建设社会主义这个基本问题，深刻理解邓小平建设有中国特色社会主义理论的由来、形成和发展，加深对邓小平"三步走"发展战略思想的理解，坚定走建设有中国特色社会主义道路的信念，加深对改革、发展和稳定关系的理解，提高贯彻执行党的基本路线的自觉性和坚定性。

为了切实抓好这次学习，共青团中央要求各级团委领导先学一步、学好一点，一级抓一级，一级带一级。各级团校要将原著作为教材，举办学习班，培训骨干。业余团校、青年马列小组、党章学习小组的政治理论学习，也要把学习《邓小平文选》一、二、三卷，作为重点学习内容。

此外，团中央书记处还专门委托中央团校举办地（市）级团委书记读书班，学习邓小平建设有中国特色社会主义理论。同时还在团中央和各地团委的机关报、机关刊物和内部刊物上开辟理论学习专栏，提供学习园地，加强对学习的引导。

培养青年人才投身经济主战场

在经济建设的各个领域培养青年人才，是跨世纪青年人才工程的重要内容。培养青年岗位能手是一项在城乡企业中，以企业岗位规范为基本标准，通过组织企业青年职工广泛参加岗位训练，培养岗位文明，增强岗位技能，提高岗位效益，努力造就一支青工技术骨干队伍的群众性实践活动。1994 年 2 月，共青团中央、国家经贸委、劳动部联合发出《关于在全国企业青工中开展青年岗位能手活动的通知》，青年岗位能手活动开始启动，近百家有代表性的企业参与了试点。青年岗位能手的基本标准是：年龄 35 岁以下；敬业爱岗，有良好的岗位文明素质；勤学苦练，有熟练的岗位技能；达标创优，有突出的岗位效益。1994 年 9 月，共青团在全国推出第一个青年技能月，围绕推进青工岗位训练，培养青年岗位能手，迎接 21 世纪挑战这个主题开展了一系列活动，将试点经验普遍推广，使这项活动全面推进。进入 1995 年以后，这项活动转入以推广先进操作法为主要内容，面向全国稳步铺开，同时通过制定相关的政策，建立相应物质保障体系，促进了这项活动的规范化和科学化。

培养青年星火带头人是旨在贯彻加强农业、全面发展和繁荣农村经济的战略要求，推动农村科技进步，使一大批不同层次的跨世纪农村科技人才加速成长的一项活动。1994 年初，这项活动开始启动，并且与国家星火计划相配合进行。1994 年 5 月，共青团中央和国家科委联合发出了《关于印发〈培养"青年星火带头人"活动五年推进计划〉的通知》，具体规划了开展此项活动的目标和要求。同年 6 月，全国青年星火科技培训中心在北京落成，并且开始举办实用技术培训班。为了切实加强培训工作，团中央还着手在全国筹建 10 个左右的不同专业、分区域布点的农村青年人才培训基地，以适应培训不同层次、不同地区青年星火带头人的需要。通过这项活动，有效地把过去团组织开展的"东西互助——劳务协作"和培养农村星火带头人活动融为一体，并且能够切实发挥青年星火带头人的技术辐射作用，带动广大农村青年努力学习实用技术，走科技致富之路，推动农村经济的发展。到 1994 年底，青年劳务协作经过结对试点，有组织地把近 5 万名贫困地区的青年输入到经济比较发达的地区，既为东部地区解决了发展经济劳动力不足的问题，又为西部地区未来发展储备了人才。

1994 年 7 月，共青团中央为帮助青年科技人员解决科技成果技术孵化和工业投产、市场销售等方面的问题，在河北省廊坊经济技术开发区奠基兴建的"中国青年高科技园区"，起到了扶持青年科技人才和科技示范的双重作用。为了给优秀青年人才展现才华和发挥作用创造条件和提供舞台，各级团组织在开展表彰杰出青年、青年科学家、青年科技标兵、杰出农民、优秀青年企业家等活动中，着力在实践中建立和健全优秀青年人才的评选机制和举荐机制，进而逐步形成一系列稳定、规范的人才举荐制度。在这个过程中，各级团组织还通过有计划的宣传报道，扩大青年优秀人才在公众中的影响；通过有组织有步骤地向组织人事部门和社会有关方面介绍优秀青年人才的情况，努力把他们推上重要的工作岗位，以更充分地展示他们的才华。

启动"中国青年志愿者行动"

青年志愿者行动是"跨世纪青年文明工程"首先推出的实施项目。这一行动是由共青团组织出面招募或组织、以青年自愿参加为基本特征、以义务服务为基本内容的社会性活动，主要围绕社会公益性劳动、维护社会治安、抢险救灾、美化环境、移风易俗、扫盲治愚、社区服务、社会咨询服务、文体活动及维护青少年权益和青少年帮教等方面开展。

1993 年 12 月 19 日，共青团中央和全国铁道团委组织 2 万余名铁路系统青年志愿者，在北京至深圳 2.14 万余公里的铁路沿线上率先开展志愿服务活动，拉开了"中国青年志愿者行动"的帷幕，中国青年志愿者从此走入中国社会。此后，1994 年 1 月 23 日至 2 月 15 日，团中央和全国学联组织开展了"中国大中学生志愿者 94 新春热心行动"。2 月下旬，团中央、团北京市委、中央国家机关团工委等联合组织了"为科学家、教育家、老干部献爱心"青年志愿者行动。3 月 5 日至 6 日，是国家实行新工时制的第一个双休日，全国 1000 多万团员围绕社区服务、植树造林、环境美化和保护重点工程建设义务劳动等项内容开展了"青年志愿者学雷锋奉献日活动"。这一系列活动的开展，使青年志愿者行动深入到社区和千家万户，得到了各级政府的大力支持和人民群众的普遍欢迎。

在青年志愿者行动已经形成一种巨大声势的情况下，共青团中央和全国青联又采取一系列措施，使这项活动走入了经常化和规范化的轨道。以开展"青年志愿者学雷锋奉献日活动"为开端，团中央、全国青联、全国学联决定以定服务对象、定服务内容、定服务时间的方式实施青年志愿者"一助一"长期服务计划，实现一个青年志愿服务队或一名青年志愿者为一个人或一个家庭提供所需要的经常性服务。到 1995 年底，全国"一助一"长期服务对象已达到 70 万户。

1994 年 5 月，为帮助贫困地区脱贫致富，共青团中央、中央国家机关团工委、团北京市委联合组织了青年志愿者支教扫盲服务队、青年志愿者科技扶贫服务队、青年志愿者为贫困地区送温暖服务队、青年志愿者山区医疗服务队、青年志愿者绿化垦荒队、青年志愿者扶贫开发服务队、"希望工程"志愿服务队、青年志愿者重点工程服务队等 8 支青年志愿服务队，不断拓展青年志愿服务的领域，提升青年志愿服务的专业水平。

1994 年 9 月 22 日，共青团中央、全国学联在北京师范大学举行中国大中学生志愿服务总队成立大会，成立了全国性的学生志愿者组织。同年 12 月 5 日，中国青年志愿者协会成立，成为指导全国开展青年志愿者活动的统一性机构。12 月 6 日，全国青联、中国青年志愿者协会和联合国教科文组织、国际志愿服务协调委员会、欧洲志愿服务组织联盟，共同举办了"青年志愿服务国际磋商会"。这一系列活动，标志着中国青年志愿者活动开始走向社会化、规范化和经常化，并且开始同国际志愿服务活动接轨。

中国青年志愿者行动兴起以后，在为"远南"残疾人运动会、第四十三届世界乒乓球锦标赛、第四次世界妇女大会、第三届全国城市运动会等重大活动提供服务中发挥了不可替代的重要作用，在参与社区服务及扶贫帮困中更显示了其巨大的社会效能，受到社会各界的普遍重视和良好评价。

1996 年 7 月，在纪念唐山抗震救灾 20 周年之际，江泽民对唐山青年志愿者为残疾人开展志愿服务予以充分肯定，并准确地概括了青年志愿者行动的社会意义。指出这项活动体现了社会主义制度的优越性和中华民族的传统美德。这实际上是对整个青年志愿者行动成绩和方向的肯定，是对全国千千万万青年志愿者的勉励与期望。

1996年10月，党的十四届六中全会在北京召开。会议通过了《中共中央关于加强社会主义精神文明建设若干重要问题的决议》，对共青团在社会主义精神文明建设中的作用给予肯定：

> 充分发挥共青团、少先队团结和引导广大青少年进步的重要作用，深入开展"希望工程""青年志愿者"和"手拉手"等活动，发扬互相关心、助人为乐的精神。①

共青团的多项工作和活动被写入党的重要文献，充分体现了党对共青团和青年一代的重视与关怀，也反映了共青团在社会主义精神文明建设中的重要地位和作用。

开展"青年文明号"创建活动

创建"青年文明号"活动作为跨世纪青年文明工程的重要内容，以培养青年的敬业意识、创业精神，树立质量、安全、竞争、协作、服务、效益观念，提高青年的业务技能为目的，正适应了市场经济发展的客观要求以及青年成长、成才的内在需要。

1994年1月19日，中共中央直属机关"青年文明号（岗位）"挂牌仪式在中央电视台举行，30个单位、部门首获这项荣誉。这一活动标志着全团开展的"青年文明号"活动拉开了序幕。2月5日，共青团中央向

① 《人民日报》1996年10月14日第1版。

全国发出《关于在全国开展创建"青年文明号"活动的意见》，对开展这项活动进行了总体上的安排和部署。4月1日，中共中央总书记江泽民为"青年文明号"活动的牌匾题字。4月8日，团中央与国家民航总局联合在首都机场为民航系统的4个"青年文明号"先行示范单位授牌。此后，"青年文明号"创建活动迅速在各基层单位广泛展开。

1995年4月1日，共青团中央、公安部、铁道部、建设部、国内贸易部、邮电部、国家民航总局、国家旅游局、国家工商局、中国个协联合在北京人民大会堂召开全国首批"青年文明号"命名授牌大会，授予福州市公安局交警支队鼓楼大队五四岗等509个优秀集体"青年文明号"荣誉。通过总结一年多创建活动的经验，8月14日，共青团中央颁布《全国"青年文明号"管理试行办法》，同时还组建了由团中央、国家计委、公安部等十几个部委参加的全国"青年文明号"监察委员会，以加强对创建活动的指导和管理。1996年4月，在评选第二期"青年文明号"前夕，经过认真的自查和上级主管部门的检查，第一期"青年文明号"集体中有11个青年集体因不符合标准被摘掉牌匾。

随着社会的进步，"青年文明号"的创建活动也被不断引向深入。1996年4月，由共青团中央、内贸部、公安部、铁道部、邮电部、中国人民银行等20个部委组成的全国创建"青年文明号"活动组委会作出决定：在全国"窗口"行业的"青年文明号"集体中逐步推行青年文明号服务卡，以"卡"为载体，切实加强青年职业文明建设。当年8月22日，青年文明号服务卡优质服务活动在全国100个城市中的邮电、基建、卫生、公安、银行5个行业中举行了现场启动仪式。这项活动是以发放青年文明号服务卡为主要手段，以群众监督为保证，抓住老百姓最关心的难点、热点问题改善服务，推动青年职工职业道德建设，促进社会风气好转，促进精神文明建设。因此，这项活动的推出，牵动了青年，牵动了企业，牵动了社会，使建设"青年文明号"活动有了有效的载体，通过吸引广大群众的积极参加，使职业规范逐步成为每个人的自觉行为，从而使职业道德建设的目标落到实处。

截至 1996 年 9 月，这项活动已延伸到了工矿企业、机关事业等部门，在 20 个部委 32 个行业的青年集体中普遍开展，迅速形成了青年集体、青年岗位、青年工程创建"青年文明号"活动整体推进的良好态势。在活动中，各系统、各地区始终围绕中心工作，从实际出发，突出行业与地方特点，采取多种形式，使这项活动搞得十分扎实和有成效，取得了明显的经济、社会和人才效益。

颁发"中国青年五四奖章"

为了通过树立青年典型，弘扬时代精神，充分发挥青少年在社会主义精神文明建设中的生力军作用，1997 年 1 月 23 日，共青团中央、全国青联印发《关于颁发"中国青年五四奖章"的决定》。"中国青年五四奖章"是共青团中央、全国青联授予中国青年的最高荣誉，向在社会主义现代化建设中表现突出、作出重大贡献的先进青年颁授，原则上每年五四青年节颁发授予，有特殊贡献者，可以随时授予。

1997 年评出的"中国青年五四奖章"获得者共 5 人，他们是：秦文贵，男，36 岁，大学学历，中共党员，青海石油管理局高级工程师；李斌，男，37 岁，大学学历，中共党员，上海液压泵厂工人；刘笑，男，34 岁，高中学历，中共党员，山西省柳林县薛村乡王庄村农民；公举东，男，26 岁，大专学历，中共党员，南京军区上海警备区某部八连班长；

宋芳蓉，女，土家族，24 岁，中师学历，中共党员，湖北省五峰土家族自治县三坪小学教师。

"中国青年五四奖章"获得者来自全国各行各业，是中国改革开放和社会主义现代化建设实践中涌现出来的优秀青年典型。他们的先进事迹集中体现了当代青年报效祖国、热爱人民的崇高理想，艰苦奋斗、无私奉献的高尚情操，锐意进取、勇于探索的创新精神，不畏艰难、不折不挠的坚韧品格，爱岗敬业、脚踏实地的实干作风。他们的事迹充分反映了党和人民对青年一代的期望和要求，集中体现了当代青年崭新的时代风貌，昭示了在社会主义现代化建设过程中当代青年成长成才的必由之路，他们是全国广大青年学习的榜样。

文明习得与素质培育从青少年抓起

实施大学生跨世纪素质发展计划旨在推动大专院校学生增强社会责任感、适应力和创造力，完善智能结构，造就一支跨世纪的专门人才后备队伍。主要目标是从 1996 年起，使参加素质发展计划的在校大学生数逐年递增 10%，到 2000 年累计达到 150 万人以上。为此在实施过程中，高校团组织以扶持和培养学生中的优秀分子为重点，组织大学生深化对建设有中国特色社会主义理论的学习，深刻认识这一科学理论对实现跨世纪奋斗目标的重大指导意义，把广大青年学生的思想统一起来，精神支柱树立起来，行为目标一致起来，使他们全身心地投入建设有中国特色社会主义事业中来。同时，对于大学生中的优秀分子，加大"推优入党"的力度，积极发展大学生入党。

"青年文化园"活动是 1994 年 2 月开始的。该活动是以向青年推荐文化精品为内容的"三评一展"（评选"青年喜爱的书""青年喜爱的歌""青年喜爱的影视片"，举办"中国青年文化精品展"）和检阅基层青年文化活动的"青年文化巡礼"为牵动，通过推荐、鉴赏、评选、展示青年文化精品的活动为基本形式展开的。主要做法是两项活动交替进行，每两年举行一次。青年文化园的建设需要在社会实践中逐步发展。因此，这项活动的初始阶段把工作重点放在了活跃基层、服务青年，向青年推荐优秀作品，以青年文化组织和青少年宫、家、站为依托，稳步推进方面，以达到精心组织，确保实效的要求。这项活动的普遍开展，有力地推动了校园文化、企业文化、社区文化和村镇文化的发展。

实施跨世纪中国少年雏鹰行动是面向 21 世纪培养青年后备人才的重大举措。包括以生存教育为主要内容的"五自（自学、自理、自护、自强、自律）学习实践活动"，以互助服务为主要内容的"手拉手互助活动"，以启迪少年儿童学科学爱科学兴趣为重要内容的"启明星科技活动"，以提高少年儿童思想文化素质为主要内容的"百花园文化艺术活动"。这个行动以颁发"雏鹰奖章"，以及设立单项奖励和奖章为主要激励表彰措施。1994 年 1 月，共青团中央印发了全国少工委实施雏鹰行动的通知，标志着这个行动的正式启动。当时根据"先行试点，典型示范，强力推动，滚动发展"的工作方针，全国少工委要求部分省市先行试点。这本来是一种积极稳妥的工作布局，可是行动的内容一经公布，立即引起社会各界的广泛关注和各级少工委的主动参与。同时，这项活动得到党和国家的高度重视和支持。1994 年"六一"前夕，江泽民为雏鹰行动题词，勉励中国少年儿童要"自学、自理、自护、自强、自律，做社会主义事业的合格建设者和接班人"①。

"保护明天行动"是共青团借助社会各方面力量普及宣传《未成年人保护法》的有效措施，也是共青团组织抓住时机在促进青少年健康成长，为青少年营造良好的成长外部环境方面办实事的成功范例。1994年1月，共青团中央会同中宣部、全国人大司法委员会、国家教委、司法部在联合发起实施主题为"孩子·明天·责任"的跨世纪青年文明工程——"保护明天行动"。其目的是要增强社会各方面和广大公民依法保护未成年人的责任感，提高未成年人自学、自理、自护、自强、自律的能力，动员社会各方面的力量，为保护未成年人办实事，进一步优化社会环境，促进青少年健康成长。该行动以宣传贯彻国家《未成年人保护法》为重点，采取普法宣传与解决实际问题并举，保护与教育并重的一系列措施，用集中与分散相结合的形式在全国范围内普遍推开。从1994年初开始，在5月29日这一"保护明天行动"宣传日，全国各地开展一系列活动，掀起"保护明天行动"的热潮。

开展18岁成人仪式教育活动，旨在培养青年的成人公民意识和社会责任感，增强青年的成才意识和紧迫感，推动全社会形成关心、支持青年成长成才的共识和氛围。此项活动由下述系列活动构成：配合身份证的发放工作，在16岁至18岁的中学生中开展成人意识和成才意识教育；组织适龄中学生参加志愿服务；走访热爱祖国、奋斗成才的社会知名人士；举行18岁成人宣誓仪式。1994年以来，北京、上海、天津、广州、南京等一些大中城市的近百万青年人举行了成人仪式教育活动，一些地方还通过法规设立"成人节"。为使这项活动逐步走上规范化、制度化、普及

①《中国青年报》1994年5月31日第1版。

化的轨道，团中央在全国范围内公开征集了活动标志和主题歌曲，并确定了统一的活动程序和誓词，印发了统一的成人卡和《成人手册》，首先在1996年把这一活动内容在各大中城市中推广，1997年后开始普及到农村地区。

"希望工程"经过三年多的运行，实现了新的发展。1992年4月15日，中国青少年发展基金会（简称"中国青基会"）向社会宣布实施"希望工程——百万爱心行动"。"百万爱心行动"即通过希望工程实施机构牵线搭桥，使捐赠人（个人或集体）与贫困地区的失学少年结对挂钩，建立捐赠双方直接联系，实行定向资助直至其小学毕业的公益项目。这个项目的实施，开启了希望工程资助项目的一种新模式——"一对一"模式。到1993年，全国有32万名贫困地区失学少年在希望工程资助下重返校园。广大团员青年、少先队员通过直接参加希望工程活动，了解了国情，培养了互帮互助的集体主义精神。1994年1月，中国青基会启动"1（家）+1"助学行动，一个家庭拿出300元资助一个孩子（此时，救助标准已经提高到一名孩子300元）。当年，中国青基会和省级希望工程实施机构共接受海内外捐款1.8亿元，仅中国青基会就接受超过12万笔捐款，是前4年捐款总笔数的4倍。1994年希望工程资助失学儿童46万人（历年累计已达100万人），相当于前4年的救助总和，建设希望小学524所。到团十四大召开时，已接受海内外捐款13亿多元，救助失学儿童180多万名，资助建设希望小学5000多所。希望工程作为一项具有广泛影响的社会公益事业，不仅促进了贫困地区基础教育的发展，也弘扬了尊师重教、扶贫济困的良好风尚，成为社会爱心的一个象征。

三、从基层组织建设到团员发展成长

党的十四大以后，中国已开始进入社会转型、体制转轨的加速时期。社会分化和利益结构调整比以往任何时期都要深刻，出现了社会经济成分、组织形式、就业方式、利益关系以及分配方式的多样化。要迎接来自市场经济对基层组织的巨大冲击，共青团必须调整工作思路，创新工作方法，扩增基层活力。

加强新经济组织团的建设

改革开放以来，个体经济迅速发展。1987 年，全国青年个体劳动者达到 700 万人，其中团员 34 万人，加强青年个体劳动者中的团组织建设成为紧迫问题。1987 年，团中央联合中国个体劳动者协会制定了《关于加强青年个体劳动者中国共青团组织建设的暂行办法》，对个体经济中的团的组织设置、团员管理和团干部的选拔作了规定。此后，非公经济的团的建设开始起步。

随着改革开放的不断深化，各种新经济组织取代了传统的经济组织，如何团结凝聚进入新经济组织就业的青年劳动大军，已成为共青团工作的一项重要任务。1993 年 12 月，共青团中央印发了《关于加强发展团员工作的意见》，指出：

在改革开放和市场经济的发展过程中，经济结构的调整和青年从业流向的变化，使团的工作"空白点"增多，团组织在青年中的覆盖面下降，这是制约发展团员工作的重要因素。各级团组织必须下功夫、花力气，逐步解决乡镇企业、外商投资企业、股份制企业、私营企业以及个体工商户中团的工作"空白点"的建团问题。要把建团工作纳入党的建设和经济建设的总体部署，依托建党带动建团。①

1994年11月25日，共青团十三届三中全会通过《共青团中央关于加强团的建设若干问题的决定》，要求抓紧新经济组织的建团工作，指出：

乡镇企业具备建团条件的均要按照团章规定建立团的组织。建团暂有困难的，可以采取以村带厂、以厂带厂或以校带厂的方式管理企业中的团员，待条件成熟后独立建团。外商投资企业有条件建团的，应当及时建立团的组织。各类经济开发区和高新科技园区是新经济组织集中的地方，要建立团委或团工委，以领导和推动区内企业建团，指导和协调团的工作。积极推进在私营企业以及个体青年比较集中的集市、协会中的建团工作。②

1995年5月17日至19日，共青团中央在广西玉林市召开了"全国新经济组织团的建设座谈会"。会上特别强调了在加强新经济组织建团工作中，要充分依靠党建带团建的优势。对于已建立党组织的新经济组织，

---

① 共青团中央办公厅编：《团的文件汇编（1993年）》，1995年内部印行，第144页。

② 共青团中央办公厅编：《团的文件汇编（1994年）》，1996年内部印行，第65页。

应优先开展建团工作，争取党组织的指导和帮助，完成建团任务。正在开展新经济组织建党工作的地方和单位，团组织要争取党委重视和支持，及时把建团工作纳入建党工作之中。

1995 年 7 月 3 日，共青团中央印发《关于加强新经济组织团的建设的意见》，提出要抓紧在新经济组织中建立健全团的组织，并对如何运作作了具体而详尽的要求：

新经济组织中，凡团员在 3 人以上的，均应按照团章规定，建立团的组织。团员不足 3 人，青年在 30 人以上的，应由企业主管单位或所在地团组织在其中发展团员后，建立团的组织。团员不足 3 人，青年在 15 人以上的，一般也应在发展团员后建立团的组织。团员不足 3 人且青年数量较少的，可以就近与其他单位联合建立或依托行业协会建立团组织，也可以采取以村带厂、以厂带厂等方式管理企业中的团员，开展团的活动。各类经济开发区、高新科技园区及工业小区是新经济组织集中的地方，要建立团委或团工委。

新经济组织中的团组织，要从实际出发，采取灵活有效的方式开展团的活动，努力使团的活动为企业所需要，为团员青年所欢迎，并得到企业经营管理者的理解和支持。在活动内容上，要以服务为主，通过服务企业生产经营和青年建功成才，发挥团组织的作用，赢得企业对团的工作的进一步重视和支持，在服务的过程中，团结青年，教育青年，增强团组织的凝聚力、吸引力和战斗力；在活动空间上，要以岗位为主，以提高青年的岗位技能为着眼点，激励青年在本职岗位上创一流成绩；在活动形式上，提倡灵活多样，讲求成效，提高活动质量。①

1997 年党的十五大之后，新经济组织进一步发展。加强新经济组织团的建设，成为建立社会主义市场经济体制过程中团建工作的一个全局性、基础性问题。

各级团组织对新经济组织团的建设进行了积极的探索，做了许多开创性的工作，创造了独立创建、联合创建、依托村镇、转制延续、戴帽挂靠等有效的建团模式。在各级党委的重视下，新经济组织建团活动找准团的工作与企业发展需要的结合点，从企业最需要团员青年出力，团又能出上力的项目上切入。在党的领导和重视下，通过各级团组织的积极探索，共青团组织在新经济组织中开创了一方施展青年才华、体现自身价值的新天地。

"服务万村行动"

党的十四届四中全会后，1994 年 11 月，中共中央印发《关于加强农村基层组织建设的通知》，明确提出农村基层组织建设的目标要求。为落实中央《关于加强农村基层组织建设的通知》和团十三届三中全会确定的工作任务，1995 年 1 月中旬，共青团中央通过广泛征询和听取各省（自治区、直辖市）团委组织部长和团中央机关干部的意见，提出了在全国农村基层团组织中实施"共青团服务万村脱贫致富奔小康行动"（简称"服

---

① 共青团中央办公厅编：《党的十一届三中全会以来共青团重要文件汇编》，中国青年出版社 2001 年版，第 441、444 页。

务万村行动")的工作设想。同年 4 月 3 日,共青团中央发出《共青团中央关于在加强农村基层团组织建设中实施"共青团服务万村脱贫致富奔小康行动"的意见》,正式向全国部署了开展此项行动的工作。

"服务万村行动"通过团的中央和地方各级领导机关采取各种形式联系上万个农村团组织,以动员和扶持农村团支部兴办服务项目和服务实体为突破口,以加强农村基层团组织建设和促进农村脱贫致富奔小康为目标,立足于调动和发挥基层团组织和团员青年的积极性,广泛动员和依靠社会力量,促进万村脱贫致富,并以此辐射和带动百万农村团组织服务农村经济和社会发展,服务农村青年致富成才,真正实现共青团服务大局、服务社会、服务青年、服务基层的有机结合,进而焕发共青团新的生机和活力。

围绕实现这样一个目标,确定了三项任务:一是建设服务青年脱贫致富奔小康的团组织领导班子,增强团组织带领青年脱贫致富奔小康的能力;二是努力提高农村青年的思想道德和科技文化素质,通过培训使 70% 以上的青年掌握一到两门实用技术,20% 以上的青年成为致富能手或青年星火带头人,基本完成农村青年扫盲任务;三是兴办起团组织的服务项目和实体,促进经济发展,带领青年致富,增强自身实力。

为此,团中央要求团的各级领导机关强化服务意识,转变工作作风,积极主动地从科技、信息、文化、政策、资金 5 个方面向农村基层团组织提供服务,集中团内力量,调动社会资源,想方设法为农村基层团组织和农村青年办实事,根据当地经济与社会发展和青年建功成才的需要,提供具体服务,形成有载体、有机制的服务形式,进而建立服务体系,务必使各方面工作落到实处。

在推进过程中,团中央明确指出,要把"服务万村行动"纳入各地农村经济社会发展规划和农村基层组织建设的工作部署；要充分发挥各级团组织和广大农村团员青年的积极性、主动性和创造性，因地制宜，不搞"一刀切"，注意在实践中提高认识，积累经验；要明确"服务万村行动"不是一般扶贫工作，也不是扶持少数农村青年致富，工作基点要建立在增强基层团组织的实力与活力上；在工作中要找准工作位置，量力而行，防止超越自身能力，不切实际地大包大揽；防止把指导服务变成包办代替；在工作中还要处理好"万村"与百万农村团组织的关系，要明确这个行动的目标是通过榜样的力量辐射和带动百万农村基层团组织的全面活跃。

根据团中央的上述意见和要求，在全国省（自治区、直辖市）委书记扩大会议结束后，各团省（自治区、直辖市）委即着手贯彻落实会议精神。各地结合本地区实际，普遍制定了"服务万村行动"实施意见和工作方案，并打破部门界限，集中力量，组织专门机构开展工作，80%的团地（市）、县委明确了落实措施。4月底，团中央又派出6个检查组，分赴12个省（自治区、直辖市）对"服务万村行动"启动情况进行检查指导，推进工作进程。到当年6月，全国县以上团的领导机关确定的联系村已超过1万个，团中央规划的1000个先期启动村已完成布点工作。

1995年11月2日至9日，为总结交流"服务万村行动"启动以来的工作情况，研究部署推进"服务万村行动"的工作，团中央在四川成都召开了共青团"服务万村行动"推进会。有11个单位的代表在会上作了发言，播放了16个单位的工作录像。这些发言、录像从不同侧面、不同角度反映了"服务万村行动"开展8个月来的情况，介绍了一些各具特色的做法。这次会议的召开，促进了"服务万村行动"的进一步开展。

1996年9月23日至25日，中共中央、国务院召开了中央扶贫开发工作会议，再一次向全党发出了扶贫攻坚的动员令。9月27日，团中央召开电话会议，及时传达中央扶贫开发工作会议精神，提出"服务万村行动"要把服务与开发更加有机地结合起来，要求团的领导机关的服务要最终能够在焕发当地团组织的活力、调动青年农民的积极性这个结合点上产生成果。

各级团组织以"服务万村行动"为载体，紧密结合以党支部为核心的农村基层组织配套建设，围绕农村脱贫致富奔小康的目标，全面开展了农村基层团组织整顿和建设。三年中全国共整顿松散瘫痪团支部15万个。经过整顿的团支部80%以上工作进入正常状态。各地在整顿中适应农村经济发展需要，着重抓好乡、村干部配备和培训工作，积极推行在党、团员青年星火带头人中选拔团支部书记兼任村委会科技副主任的做法。全国近一半的农村团支部书记实现了"三位一体"配置。全国乡镇团干部配备率达90%以上，其中具有大专以上文化程度的占44%。由于加强了基层团组织整顿和建设，提高了团干部素质，农村基层团组织建设明显改善。三年中农村团组织共发展新团员1205万名。农村团员总数达2565万名，比三年前增加391万名，农村团员占青年的比例达13.3%，比三年前增长2.2个百分点。三年中共有79.5万名农村团员加入党组织。

"服务万村行动"的实施，使共青团加强基层组织建设工作走上了以服务促建设，以服务求活跃的新路，同时直接服务了全党全国农村工作大局，因而得到了各级党委和政府的重视和支持。1995年5月和7月，共青团中央书记处先后向全国基层组织建设联系会议和国务院领导汇报了"服务万村行动"的工作情况，得到了充分的肯定和支持。

深化"推优"入党

推荐优秀共青团员作党的发展对象，是培养造就社会主义事业接班人、充实党的新生力量的制度性安排。深入开展"推优"工作，有利于进一步激发广大团员青年为改革开放和社会主义现代化建设不懈奋斗的政治热情，不断增强共青团组织的吸引力和凝聚力。1992年6月13日至15日，中共中央组织部与共青团中央在上海联合召开全国推荐优秀团员作为党的发展对象工作座谈会。座谈会认真总结几年来"推优"工作的情况，提出新的要求。同年7月22日，中共中央组织部和共青团中央联合下发《关于进一步做好推荐优秀团员作党的发展对象工作的意见》，明确提出：今后28周岁以下的青年入党，一般应从团员中发展；发展团员入党，一般应经过团组织推荐。

该意见有力地推动了"推优"工作广泛深入的发展。各级团组织在党委的统一领导和党委组织部门的指导帮助下，认真落实座谈会和《意见》的精神，切实把"推优"工作的重心放在提高团员的思想政治素质上，通过业余党校、团校对团员进行培训，广泛建立党章学习小组、特色理论学习小组，开展实践教育活动，加大了对团员青年进行党的基本路线教育、党的光荣历史与优良传统教育和党的基本知识教育的力度，帮助团员加深对党的了解，增强党的观念，壮大团员中要求入党的积极分子队伍，加强生产和工作第一线，尤其是农村的"推优"工作，团员入党的数量逐年递增。"推优"工作逐步成为党组织发展青年党员的主要渠道，使共青团员成为党组织发展青年党员的主要来源。

1995年1月上旬，为了深入贯彻落实中共十四届四中全会《中共中央关于加强党的建设几个重大问题的决定》精神，进一步做好"推优"工作，中共中央组织部、共青团中央在辽宁省鞍山市召开加强在青年中发展党员暨深化"推优"工作座谈会。在这次座谈会上，团中央领导充分肯定了1992年以来"推优"工作的成绩，但同时指出，在肯定"推优"工作成绩的同时，我们还必须看到，"推优"工作离党的要求还存在差距；"推优"工作还跟不上发展党员工作的要求，尽管这几年团员入党数逐年递增，但团员入党数占发展党员总数的比例处在起伏徘徊的状态；"推优"工作发展还不平衡，一些工作基础较差甚至处于松散瘫痪状态的基层团组织，"推优"工作无法正常开展或处于空白；农村是团的基层建设的薄弱地带，也是"推优"工作的薄弱环节；"推优"工作的基本要求尚未完全落实。

针对这种情况，共青团中央提出要进一步深化"推优"工作，努力实现以下总体目标：

要在加强团的基层建设的同时，使绝大多数基层团组织能多开展"推优"工作并取得实际成效；在联系实际、富有成效的培养教育过程中，使绝大多数团支部都有团员提出入党申请，不断扩大申请入党的团员占团员总数的比例，建立一支数量稳中有升、素质较高的团员入党积极分子队伍；在党组织发展青年党员工作计划的指导下，以保证质量为前提，有步骤地推荐优秀团员作为党的发展对象，保证"推优"的质量和数量都能够满足青年党员工作的需要。

共青团中央还强调，加强和改进团员教育，提高全体团员的思想政治素质，是做好"推优"工作的前提，因此实现深化"推优"工作的总体目标，切实解决"推优"工作面临的问题，关键仍然是要进一步加大对团员培养教育的力度，要通过扎实有效的培养教育工作，引导团员坚定走有中国特色社会主义道路的信念，提高坚持和执行党的基本路线的自觉性。

这次座谈会后，1995年1月26日，共青团中央印发《关于深入开展推荐优秀团员作党的发展对象工作的通知》，就深化"推优"工作向全团作了进一步的部署，以加强共青团的思想建设。经过这些工作，这项工作取得一定进展，截至1997年底，在团十三大召开后的五年中，有392万名共青团员光荣地加入了中国共产党。

"向一切先进青年敞开团的大门"

20世纪80年代后期，随着改革开放不断深入，经济结构和社会结构发生了重大变化，但一时间团的组织结构未能迅速适应这种变化，因而造成团员队伍的发展工作受到一定程度的影响，全国团员总数出现大幅度下降现象，直到进入90年代中期尚未完全走出低谷，呈现十分严峻的形势。有些团组织不能坚持经常做好发展团员工作，发展团员存在紧一阵松一阵的问题，没有把这方面工作摆上相应的位置。有些基层团组织或处于松散瘫痪状况，或工作内容和活动方式不能适应改革开放深入发展的新形势，不能满足广大青年的需要，缺乏吸引力，使发展团员工作处于停顿状况。

究其原因，一是团的组织结构未能迅速适应社会结构的变化。随着改革开放的不断深入，外商投资企业、乡镇企业、私营企业、股份制企业和经济开发区等新型经济组织迅速发展，但由于多种原因，新经济组织的建团工作远远落后于这些组织发展的速度，以致在新经济组织中存在大量团的工作空白点。二是团员管理还未形成能够对流动团员实施较为严密有效管理的新机制。改革开放的深入发展，造成以青年为主体的流动劳动力日益增多，团的基层组织对外来团员还缺乏自觉管理意识，再加上组织关系转接环节存在漏洞，导致大批团员在流动中流失。三是由于市场经济发展中一些消极现象和思想的影响，一些青年政治信仰模糊，价值观念混乱，部分青年的政治热情消退，因而影响了团员的发展工作。

团员发展工作出现的问题，引起了共青团中央书记处的高度重视。1993年5月，共青团十三大工作报告强调，要在坚持团员发展标准的前提下，大量吸收先进青年加入团组织，注重在生产和科研一线发展团员。在这次大会上，将"做好经常性发展团员工作"作为基层团组织的重要任务写入了团的章程。1993年11月，在江苏吴县召开的共青团全国组织工作会议指出，当前和今后一个时期，发展团员工作应该成为新形势下团员队伍建设乃至整个团的组织建设的重点。会议提出了在坚持标准、保证质量的前提下，面向新的经济生长带，面向适龄青年集中的战线，加大发展团员的力度，壮大团员队伍的总体要求。1993年12月20日，团中央制定下发了《关于加强发展团员工作的意见》和《中国共产主义青年团发展团员工作细则（试行）》。这个文件指出，"发展团员工作要继续贯彻'积极地、有计划地发展团员，向一切先进青年敞开团的大门'的方针"，力争团员数量在今后5年内有较大的增长。

经过一段时间的工作，到1994年上半年，全国团员发展工作取得了一定的进展。1995年7月，共青团中央印发《关于加强新经济组织团的建设的意见》和《流动团员管理暂行办法》，以推进新经济组织团的建设工作，加强和完善团员管理工作。1996年4月，团中央又召开了共青团全国组织工作会议。会议强调，要认真贯彻落实中共中央关于加强思想政治建设的要求，适应团的工作全面发展的需要，进一步重视和加强团的组织工作；要认真研究团的组织工作所面临的新情况，及时总结新经验，解决新问题；要以提高思想政治和道德素质为重点，全面加强干部队伍和团员队伍建设。

截至 1998 年，全国团员总数由 1992 年的 5680 万名增加到 6850 万名。按照以党支部为核心的村级组织配套建设的要求，通过实施"服务万村行动"，开展了农村基层团组织 3 年集中整顿和建设，共整顿松散瘫痪团支部 15 万个，在 67 万个新经济组织中建立了基层团组织。

四、跨世纪会议与跨世纪使命

党的十五大对跨世纪的社会主义现代化建设事业作出了战略部署，对中国青年有更多要求和更多期许。中国共青团积极响应党的召唤，坚定自觉地拥护和贯彻党中央所作出的这一系列重大战略决策，提出跨世纪中国青年的历史使命、共青团的主要任务，制定中国青年跨世纪行动纲领，团结带领广大青年投身把有中国特色社会主义建设事业全面推向 21 世纪的伟大征程中。

党的十五大提出跨世纪发展战略部署

1997 年 9 月，中国共产党召开第十五次全国代表大会。大会通过了江泽民作的《高举邓小平理论伟大旗帜，把建设有中国特色社会主义事业全面推向二十一世纪》的报告。大会首次使用"邓小平理论"这个概念，把这一理论作为指引党继续前进的旗帜。大会通过的《中国共产党章程（修正案）》把邓小平理论确立为党的指导思想，明确规定中国共产党以马克思列宁主义、毛泽东思想、邓小平理论作为自己的行动指南。大会在进一步阐述了社会主义初级阶段理论后，明确指出：建设有中国特色社会主义的经济、政治和文化的基本目标、基本政策，有机统一，不可分割，构成党在社会主义初级阶段的基本纲领。

大会规划了我国跨世纪发展的战略部署，指出从现在起到 21 世纪的前十年，是我国实现现代化建设第二步战略目标、向第三步战略目标迈进的关键时期。在这个时期，建立比较完善的社会主义市场经济体制，保持国民经济持续快速健康发展，是必须解决好的两大课题。为此，一定要牢牢抓住历史机遇，开拓前进，坚持社会主义市场经济的改革方向，使改革在一些重大方面取得新的突破，并在优化经济结构、发展科学技术和提高对外开放水平等方面取得重大进展。

会议还从世纪之交的历史高度，科学地分析了国际国内形势，制定了中国共产党在社会主义初级阶段的基本纲领。会议强调依法治国，建设社会主义法治国家是党领导全国人民治理国家的基本方略；指出公有制实现形式可以而且应当多样化；非公有制经济是社会主义市场经济的重要组成部分；允许和鼓励资本、技术等生产要素参与收益分配。

大会报告在第六部分"政治体制改革和民主法制建设"中指出：

工会、共青团、妇联等群众团体要在管理国家和社会事务中发挥民主参与和民主监督作用，成为党联系广大人民群众的桥梁和纽带。[①]

---

① 中共中央文献研究室编：《十五大以来重要文献选编》上册，人民出版社 2000 年版，第 32 页。

党的十五大是在世纪之交的关键时刻召开的，这是一次承前启后、继往开来的盛会，是高举邓小平理论的伟大旗帜，把建设有中国特色社会主义事业全面推向 21 世纪的动员大会。大会确定的中国跨世纪的发展蓝图，明确回答了国际国内普遍关注的中国面向 21 世纪怎样继续前进这个重大的问题，为全国人民指出了正确的前进方向，向中国青年发出了跨世纪时代的召唤。

共青团十四大提出跨世纪中国青年的历史使命

为了动员全国各族青年积极响应党的召唤，全面贯彻落实党的十五大提出的各项任务，在中共十五大闭幕 9 个月后，1998 年 6 月 19 日下午，中国共产主义青年团第十四次全国代表大会在北京人民大会堂隆重开幕。党和国家领导人江泽民、李鹏、朱镕基、李瑞环、胡锦涛、尉健行、李岚清等在亲切接见全体代表和会议工作人员并与他们合影留念后，又出席了会议开幕式，向全国共青团员和青年表示祝贺。中共中央政治局常委、国家副主席胡锦涛代表中共中央发表了题为《迈向新世纪，创造新业绩》的祝词。

祝词回顾了一个世纪以来中国青年运动波澜壮阔的历史，高度评价了中国青年和共青团的历史作用，希望跨世纪一代青年，不负党和人民的期望，不辱时代赋予的使命，高举邓小平理论伟大旗帜、坚定科学信念，努力学习实践、掌握过硬本领，培养优良品德、弘扬文明新风，矢志艰苦创业、勇于开拓创新，在把建设有中国特色社会主义伟大事业全面推向 21 世纪的实践中成长进步，贡献力量，建功成才。祝词强调：

各级团组织，要始终坚持先进性与群众性的有机结合。在任何情况下都坚持党的领导，坚定正确的政治方向，自觉服从服务于全党全国工作大局，充分发挥共青团员和共青团干部的模范作用。同时，要突出团的特点，贴近青年实际，广泛团结青年，竭诚服务青年，在维护全国人民总体利益的同时更好地代表和维护青年的具体利益。要始终坚持建功与育人的有机结合。既广泛动员和组织青年在两个文明建设中充分发挥生力军和突击队作用，又引导青年全面提高素质，使他们成长为有理想、有道德、有文化、有纪律的社会主义事业建设者和接班人。要始终坚持继承与创新的有机结合。既继承和发扬长期以来形成的优良传统，又主动适应经济和社会的变革，以改革的精神认真研究新情况，解决新问题，创造新经验，全面履行各项职能，使共青团事业不断焕发出新的生机与活力。[①]

大会主席团常务主席周强代表共青团第十三届中央委员会向大会作了题为《在邓小平理论指引下团结带领各族青年为实现党的跨世纪宏伟目标而奋斗》的工作报告。报告共分四个部分：中国青年的时代风貌和共青团工作的新发展；面向新世纪中国青年的历史使命；跨世纪新征途中共青团的光荣任务；新形势下共青团的自身建设。报告指出，在跨世纪的新征途中共青团的主要任务是：

深入贯彻落实党的十五大精神，高举邓小平理论的伟大旗

---

① 共青团中央编：《中国共青团年鉴（1998—2002）》上册，中国青年出版社 2004 年版，第 7 页。

帜，坚持党的基本路线，紧紧围绕经济建设这个中心，自觉服从服务于改革、发展、稳定的大局，继续深化跨世纪青年文明工程、青年人才工程和服务万村行动，努力开拓新的工作领域，团结带领广大青年坚定信念、发愤学习、锐意创造、自觉奉献，在建设有中国特色社会主义事业中充分发挥生力军作用，为实现跨世纪宏伟目标而奋斗，努力把青年培养成为有理想、有道德、有文化、有纪律的社会主义新人。[①]

在这个基础上，报告对跨世纪新征途中国共青团工作的发展作了全面部署。与会代表经过认真的审议，最后通过决议批准了这个报告。

共青团十四大根据党的十五大对党章的修改，在团章中明确规定"中国共产主义青年团以马克思列宁主义、毛泽东思想和邓小平理论作为自己的行动指南"，"组织青年学习马克思列宁主义、毛泽东思想和邓小平理论"。这对于共青团组织在党的领导下，团结带领广大团员沿着有中国特色社会主义道路，把我国建设成为富强民主文明的社会主义现代化国家，具有重大而深远的意义。

6月23日上午，团十四大在人民大会堂举行第二次全体会议，以无记名投票方式选举产生了由177名中央委员和118名候补中央委员组成的第十四届中央委员会。当天下午举行了共青团十四届一中全会第一次会议。会议经差额选举，产生了由23人组成的团中央常委会。全会还选举周强为团中央书记处第一书记，巴音朝鲁、孙金龙、胡春华、黄丹华、崔

---

① 共青团中央编：《中国共青团年鉴（1998—2002）》上册，中国青年出版社2004年版，第13页。

波、赵勇为书记处书记①。

6月24日，中共中央总书记江泽民亲切接见了60多位来自56个民族的团十四大代表后，又与团中央新的领导成员及团十四大部分代表在中南海勤政殿举行了座谈。座谈会上，江泽民在听完新任团中央书记处第一书记周强关于团十四大情况的介绍和代表的发言后，即席发表了热情洋溢的讲话：

> 我们党历来高度重视青年，始终把青年看作祖国的未来和民族的希望。
>
> 20世纪中华民族和我们党经历的波澜壮阔的历史，是与一批又一批、一代又一代有志青年的不断探索和英勇奋斗紧密相连的。
>
> 我国跨世纪发展的目标已经确定：建国100年时，我们将基本实现现代化，建成富强民主文明的社会主义现代化国家。那时，你们大致是我现在这个年龄。我们这一代人年轻的时候，是在党的领导下为推翻反动统治，建立和建设新中国而奋斗。这是一个伟大的历史责任。当代中国青年，则是在党的领导下为实现祖国现代化的美好蓝图，实现中华民族的复兴而奋斗。这又是一个伟大的历史责任。②

他还语重心长地说，我们从事的社会主义现代化事业是伟大的事业，这个事业一定要成功也一定能成功。但是，任何伟大的事业在发展的过

---

① 2001年12月召开的团十四届五中全会增补胡伟、杨岳为书记处书记。

② 共青团中央编：《中国共青团年鉴（1998—2002）》上册，中国青年出版社2004年版，第3页。

程中都不可能是一帆风顺的，现代化建设也是如此，必然会遇到这样或那样的挑战、困难和风险的考验。广大共青团员要团结全国各族青年，牢固树立长期艰苦奋斗的思想，为党和人民的事业坚韧不拔地开拓前进。

在座谈会上，江泽民又重申了在纪念北京大学建校 100 周年时向全国青年提出的四点希望，就是坚持学习科学文化与加强思想修养的统一，坚持学习书本知识与投身社会实践的统一，坚持实现自身价值与服务祖国人民的统一，坚持树立远大理想与进行艰苦奋斗的统一。并且说，我再次向广大共青团员和广大青年发出号召，希望你们切实按照这些要求去做，真正成为对党、国家和人民有所建树有所作为的人。

6 月 25 日，团十四大举行第三次全体会议。会议通过《中国共产主义青年团第十四次全国代表大会关于十三届中央委员会报告的决议》《中国共产主义青年团第十四次全国代表大会关于〈中国共产主义青年团章程〉（修正案）的决议》。

制定中国青年跨世纪行动纲领

为了把团十四大制定的跨世纪青年工作任务切实落到实处，1998 年12 月，共青团十四届二中全会召开。这次会议的主要任务是以邓小平理论和党的基本路线为指导，深入贯彻落实中共十五大、十五届三中全会和中央经济工作会议精神，全面落实团十四大提出的各项任务，部署下一年度工作，审议通过《共青团工作跨世纪发展纲要》。《纲要》根据党的十五大精神和共青团十四大确定的主要任务，提出了共青团工作跨世纪发展的总体目标和基本任务：

通过深入学习邓小平理论，帮助青年牢固树立崇高理想和坚定信念，通过推进重点工作，形成与我国改革开放和现代化建设跨世纪发展的总体部署相适应的工作格局。通过构建工作体系和加强团的建设，在形成青年工作社会化运行机制和巩固工作基础方面作出新的探索，团结带领广大团员青年在以江泽民同志为核心的党中央领导下，为实现党的跨世纪宏伟目标而奋斗。

《纲要》还强调指出，共青团在实现跨世纪发展中，必须根据世纪之交经济、社会、科技发展的要求和青少年成长成才的需要，着力构建青少年工作体系，主要包括：青少年组织体系、青少年服务体系、青少年参与体系、青少年信息网络体系。在构建青年工作体系的过程中，必须注意发挥好党的助手和后备军的优势，发挥好协助政府管理青年事务的优势，坚持用办事业的精神和方式推动工作发展，充分发挥团组织联系社团的优势，运用有社会影响的活动载体，积极吸纳和整合社会资源，形成社会化运作机制，使团的工作得到社会的广泛支持。把基层团组织建设提高到一个新水平。

党在重大历史纪念日对团提出要求

1999 年 5 月 4 日，中共中央政治局常委、书记处书记胡锦涛在五四运动 80 周年纪念大会上发表了重要讲话。讲话回顾了 80 年来中国青年运动走过的风雨历程，指明了我国青年运动在改革开放和现代化建设时期所肩负的崇高历史使命，要求当代青年"坚定理想，服务人民；深入群众，投身实践；勤奋学习，勇于创造；脚踏实地，艰苦奋斗"。同时要求共青团组织"要发挥好作为党的助手和后备军的作用，为党的事业教育、团结、带领好青年；发挥好作为国家政权的重要社会支柱的作用，积极协助政府管理好青年事务；发挥好作为党和政府联系青年群众的桥梁与纽带的作用，依法代表和维护青年的利益，反映青年的意愿和呼声"①。

2001 年 7 月 1 日，中共中央总书记江泽民在庆祝中国共产党成立 80 周年大会上的讲话中，充满深情又热情洋溢地对全国各族青年提出了殷切期望：

> 全国各族青年，代表着我们祖国和民族的未来，代表着我们事业兴旺发达的希望。社会主义现代化的宏伟事业需要你们去建设，中华民族的伟大复兴将在你们手中实现。党和人民对你们寄托着殷切的期望。希望你们热爱祖国，热爱人民，志存高远，胸怀宽广，在改革开放和现代化建设的广阔舞台上，充分发挥自己的聪明才智，展现自己的人生价值，努力创造无愧于时代和人民的业绩。②

2002 年 5 月 15 日，在纪念中国共青团成立 80 周年大会上，中共中央总书记江泽民着眼于中华民族的伟大复兴，着眼于党和人民的要求，着眼于时代的发展，对新形势下青年工作和共青团工作作出新概括。对于党与青年的关系、党与共青团的关系问题，讲话指出：

---

① 胡锦涛：《当代青年要肩负起时代赋予的崇高责任》（1999 年 5 月 4 日），《胡锦涛文选》第 1 卷，人民出版社 2016 年版，第 369 页。

② 江泽民：《在庆祝中国共产党成立八十周年大会上的讲话》（2001 年 7 月 1 日），《江泽民文选》第 3 卷，人民出版社 2006 年版，第 299 页。

各级团组织都要加强自身建设，不断研究新情况和解决新问题，积极探索社会主义市场经济条件下新的运行机制，改进工作方式和工作作风，密切同团员青年的联系，努力扩大团组织的覆盖面，增强团组织的吸引力、凝聚力、战斗力，把最广大青年紧密团结在党的周围。

中国共产党与中国共青团有着特殊的政治关系。共青团的事业是党的事业的重要组成部分，青年工作是党的群众工作的重要内容。发挥好共青团的作用，对于做好党的青年工作尤为重要。各级党组织要加强对共青团工作的领导，支持共青团依照法律和自己的章程创造性地开展工作。要坚持党建带团建，把团的建设纳入党的建设总体规划之中。要热情关心团员和团干部，帮助和引导他们茁壮成长。

马克思主义政党只有赢得青年，才能赢得未来。中国共产党从诞生之日起，就同广大青年紧密联系。党的事业离不开青年，青年的成长更离不开党。我们党要赢得青年，就必须用先进的理论引导青年，用光辉的事业凝聚青年，用良好的作风吸引青年。①

关于当代青年运动的重大理论问题，讲话作了旗帜鲜明的回答，其中包括当代青年运动的旗帜是爱国主义，主题是实现中华民族的伟大复兴，方向是在党的领导下，同人民紧密结合，为祖国奉献青春。讲话指出：

① 江泽民：《在纪念中国共产主义青年团成立八十周年大会上的讲话》（2002 年 5 月 15 日），《江泽民文选》第 3 卷，人民出版社 2006 年版，第 487 页。

　　青年兴则国家兴，青年强则国家强。青年的茁壮成长决定着我们国家和民族的未来。当代中国青年是值得信赖、大有希望的一代。

　　实现中华民族的伟大复兴，需要你们去奋斗。希望你们珍惜大好年华，牢记党和人民的厚望，矢志奋斗，不懈进取，在建设有中国特色社会主义事业的伟大征程中谱写出更加壮美的青春之歌！向着祖国更加美好的明天，前进！[①]

五、跨世纪进程中的共青团工作

　　党的十五大以后，随着改革开放和社会主义市场经济的深入发展，经济和社会结构发生了深刻变化。面对新的挑战和机遇，中国共青团始终坚持以邓小平理论和"三个代表"重要思想为指导，紧紧围绕全党全国工作大局，努力把握当代青年特点和青年工作规律，团结带领全国亿万青年在服务大局中推动经济发展，在服务社会中促进社会进步，在服务青年中帮助青年成才，不断地把青年工作和共青团工作推向前进，在跨世纪新征途中取得了新的成就。

---

① 江泽民：《在纪念中国共产主义青年团成立八十周年大会上的讲话》（2002 年 5 月 15 日），《江泽民文选》第 3 卷，人民出版社 2006 年版，第 488、489 页。

以邓小平理论武装广大青年

在贯彻落实团十四大精神和《共青团工作跨世纪发展纲要》的过程中，各级共青团组织把掀起学习邓小平理论新高潮的任务放在一切工作之首，切实组织落实。在开展这方面工作中，共青团注重发挥团干部和青年学生的作用来推动青年理论学习深入开展。主要方式是通过发挥团干部、青年学生做理论学习的表率和骨干作用，带动引导青年，并且根据青年成长成才的内在需求开展形式多样的理论学习活动，从而促进群众性的学习局面的形成。与此同时，各级共青团组织还注意加强引导青年把学习理论与投身实践紧密结合起来，防止在学习过程中出现理论脱离实际的问题。1998 年 11 月，共青团中央和全国学联在上海召开了全国高校学生深入学习邓小平理论座谈会，来自全国各地 40 余所重点高校的团干部和大学生代表参加了座谈会。

1998 年 11 月，中共中央发出《关于在县级以上党政领导班子、领导干部中深入开展以"讲学习、讲政治、讲正气"为主要内容的党性党风教育的意见》，为了响应和贯彻落实江泽民总书记关于加强学习的重要指示，促进全团深入学习邓小平理论，推动全团深入开展"三讲"（讲学习、讲政治、讲正气）、"两思"（致富思源、富而思进）教育，切实加强团中央委员会建设，在广大青年中大兴勤奋学习之风，1999 年 3 月，共青团中央先后分两期在中央团校举办了团十四届中央委员学习邓小平理论读书班，150 多位团中央委员参加了学习。3 月 22 日，团中央发出《关于加强团干部思想作风建设的意见》，全面提出加强团干部思想作风建设的总的指导思想、目标和基本要求，强调要把组织团干部深入学习邓小平理论作为加强思想作风建设的根本性措施。为此，这个文件提出要从1999年起，用3年的时间对全国在岗的专职团干部进行一次较为系统的邓小平理论培训，以切实提高共青团干部的思想水平和理论水平，更好地适应跨世纪共青团工作发展的要求。为了推动此项工作的落实，团中央于当年10月和11月，连续在中央团校举办了3期全国基层团干部培训班，率先有计划地开展了团干部的培训工作，有效地促进了团干部培训工作的全面展开。

共青团抓住庆祝新中国成立50周年、建党80周年、建团80周年等重要契机，以"党在我心中""永远跟党走"为主题，广泛开展宣传教育活动。充分利用抗议以美国为首的北约悍然袭击我驻南斯拉夫大使馆、反对台湾地区领导人李登辉的"两国论"等时机，引导团员青年把满腔义愤化为成才报国、振兴中华的强大动力。

2000年5月15日至16日，中宣部、教育部、共青团中央在北京召开了全国青年学习邓小平理论经验交流会。胡锦涛、李岚清、丁关根、张万年以及中央有关部门负责人，各省（自治区、直辖市）党委宣传部、教育部门、共青团的负责人，解放军总政治部宣传部负责人，教育部直属高校负责人出席了会议。出席会议的青年学习邓小平理论先进单位的代表共计260余人。会议期间，上海市教委、清华大学党委、天津师范大学学生邓小平理论研究会、武汉大学党委学生工作部、团湖北襄樊市委、上海宝钢集团公司团委、团江苏吴江市委、空军某部分别介绍了组织青年学习邓小平理论的典型经验。

全国青年学习邓小平理论经验交流会闭幕以后，全国各级团组织深入贯彻落实会议精神，紧密结合青年和共青团工作的实际，通过抓实践、抓骨干、抓活动等有效措施，使得全国青年学习邓小平理论活动迅速进入了一个新的发展阶段。

带领青年在市场经济中锐意创造

团十四大之后，共青团中央认真研究国家经济建设和经济社会出现的深刻变化，研究这些变化对共青团组织和工作的影响，清醒地认识和把握全党和全国的大局，深刻认识和了解社会发展的根本需求，从而确定共青团工作的方向和任务，以增强共青团工作的主动性、适应性和前瞻性。

全国企业青年职工创新创效活动是紧紧围绕国有企业改革和发展，在青年职工中开展的一项群众性创新活动。1999 年 5 月 17 日，共青团中央、国家经贸委、国家知识产权局、中国科协联合发出《关于在全国企业青年职工中开展创新创效活动的通知》。6 月 18 日，全国企业青年职工创新创效活动现场启动大会在山东省淄博市齐鲁石化公司召开，活动随后全面展开。各有关行业部委对这一活动给予了积极的支持，铁路、电力、冶金、民航等行业部委相继与团中央联合发文推进青年职工创新创效活动。一位企业负责人说，企业的发展必须依靠创新，企业创新必须依靠青年，青年创新创效活动抓住了创新这一企业发展中具有战略意义的根本问题，也抓住了发挥青年职工聪明才智、促进青年成长成才的关键环节，这不仅是团中央为企业办的一件好事、实事，也是企业快速发展的必然选择。与此同时，各省级团委也立即对这项活动进行了部署。截至当年 9 月，有近 20 个省级团委与本（区、市）经贸部门、知识产权部门和科协联合发文部署了这项活动，并普遍建立了由省级团委书记任组长的省级青年创新创效活动领导小组。还有近 10 个省（自治区、直辖市）召开了青年职工创新创效活动动员大会。

农村青年增收成才行动是一项围绕农业和农村经济发展，以服务农村青年增收成才为主线，广泛开展青年农民科技培训，积极实施示范推广科技项目，带动大批农村青年增收致富的活动项目。2001年8月，共青团中央发布《关于开展促进农村青年增收成才行动的意见》。2002年4月，共青团中央、农业部联合发布《关于全面推进农村青年增收成才行动的意见》。活动开展以后，截至2003年底，系统培训农村青年200万人次，培养县级以上青年星火带头人1000多人，实施农业科技项目10万多个，扶植建立各类青年专业协会1800多个，会员近20万人，建设了中国农村青年信息网，初步构建了农村青年社会化的服务体系。

中国青年科技创新行动是围绕党提出的科教兴国战略提出的。1999年2月，中国青年科技工作者协会第二届会员大会暨第三届中国杰出青年科技创业奖颁奖典礼在北京举行，共青团中央、科技部正式宣布共同实施中国青年科技创新行动。其主要活动内容是通过青年专家科技服务团、科技创新论坛、大学生"挑战杯"科技竞赛、海外学人回国创业等形式，大力开展科技知识的学习传播活动，引导青年在科技创新实践中全面提高科学文化素质，在全社会营造科技创新的良好氛围，充分发挥青年人才在科技进步和经济发展中的作用，积极鼓励广大青年科技工作者大胆发明创造，推动科技创新事业的发展，研究市场需求，努力促进科技成果的推广和应用。随后，团中央联合中央组织部开展"博士服务团"、命名建立中国青年科技创新行动教育基地和示范基地等项活动，把"中国青年科技创新行动"稳步地推向全国。各地区、各部门团组织、青联都制定了具体的实施意见，精心组织，加强领导，积极开展这项活动。随着活动的深入发展，中国青年科技创新行动的重点逐渐向连接科研成果与市场、实现人才与项目对接方面转变，积极实施"金桥计划"，通过开展中介服务和信息服务，促进科技成果的商品化、产业化。同时，通过开展"海外学人为国服务系列活动""海外学人回国创业周活动"等，为海外学人以多种方式为国服务或回国创业营造了良好的社会氛围，搭建了方便、快捷的桥梁。大学生"挑战杯"科技竞赛活动作为中国青年科技创新行动的有机组成在共青团跨世纪期间有了新发展。1999年7月、2000年3月，团中央、全国青联先后建立了两批58个中国青年科技创新行动教育基地和85个示范基地，为青年科技创新行动的开展提供了阵地依托。2004年5月4日，共青团中央、全国青联、全国学联、全国少工委共同设立中国青少年科技创新奖励基金。

动员组织青年服务社会

共青团十四大以来，各级共青团组织充分发挥引领社会风气之先的作用，动员广大青少年参与群众性精神文明创建活动，弘扬了社会新风。在此期间，共组织青年5000多万人次参与扶贫开发、社区服务、大型活动、抢险救灾等方面的志愿服务，丰富和发展了雷锋精神的时代内涵。各级青年文明号集体以爱岗敬业、诚实守信、服务群众的实际行动促进了职业道德建设。大中专学生文化科技卫生"三下乡"活动，为农村两个文明建设作出了积极贡献。青年文明社区创建活动在活跃社区文化、方便群众生活、优化社区环境等方面发挥了积极作用。手拉手活动促进了广大少年儿童互助互学、共同进步。希望工程5年共筹资资助82万多名失学儿童重返校园，援建4034所希望小学和一批希望网校多媒体教室，进一步倡导了尊师重教、扶贫济困的良好风尚。颁布《全国青少年网络文明公约》，引导青少年文明上网。组织青少年与"法轮功"邪教作斗争，弘扬科学精神，维护社会稳定。大力表彰"中国青年五四奖章"获得者和"中国十大杰出青年"等青年典型。

2003年初，一场"非典"疫情突然降临，各级团组织坚决贯彻党中央、国务院的部署，统一思想，迅速行动，周密安排，动员组织广大团员青年充分发挥生力军作用。医疗卫生战线的团员青年发扬救死扶伤、无私奉献的崇高精神，临危不惧，舍己为人，奋战在抗击"非典"第一线。高校学生、进城务工青年和农村青年，积极参与群防群控，防止疫情蔓延。青年志愿者活跃在学校、社区、农村，为群众送医送药、咨询答疑、整治环境、捐款捐物、助耕帮困。广大团员青年与全国人民一道，万众一心、众志成城，团结互助、和衷共济，迎难而上、争取胜利，进一步弘扬了伟大的民族精神，筑起了一道坚不可摧的抗击"非典"的新长城，充分体现了党的助手和后备军的作用。

实施"保护母亲河行动"

"保护母亲河行动"是《共青团工作跨世纪发展纲要》中确定的"中国青年绿色行动"的第一项活动，同时也是团中央在1999年正式启动的第一个大型工作项目。该行动是围绕国家的可持续发展战略举办的，是以保护哺育中华民族和一方人民的"母亲河"黄河、长江及其他主要江河为主题，举全团之力，广泛动员各级团组织和广大青少年，充分吸纳社会资源，建设"保护母亲河"工程，开展"保护母亲河行动周（日）"活动，创建"保护母亲河基金"，在各江河流域大力开展植树造林、治理水土流失、保护生态环境，使广大青少年在参加这些活动的实践中树立和增强保护生态环境意识，同时在全社会倡导和培育绿色文明意识和可持续发展意识，以推动国家生态工程建设，使母亲河更好地造福于中华民族，为实现全球生态平衡作贡献。

1999年1月12日,共青团中央办公厅印发《关于建立团中央系统"保护母亲河行动"实施领导和工作机构的通知》。1月18日,共青团中央、全国绿化委员会、国家林业局和中国青少年发展基金会联合召开电视电话会议,全面启动"保护母亲河行动"。在中国青少年发展基金会设立"保护母亲河——绿色希望工程基金",面向国内外个人、企业、团体、组织等募集。不久,全国人大环境与资源保护委员会、全国政协人口资源环境委员会、水利部、国家环保总局、农业部也先后加入参与发起和组织这一社会公益性活动。为了动员全国青少年迅速参加到这项活动中来,2月25日,全国少工委下发《关于开展少先队"保护母亲河行动周"活动的通知》。2月26日,团中央办公厅又下发了《关于掀起"'99保护母亲河行动"春季热潮具体活动安排的通知》。一股强劲的绿色浪潮很快涌向中华大地。

在全国各地纷纷举行"保护母亲河行动"启动的时候,共青团中央、全国人大环境与资源保护委员会等部委共同组织的"保护母亲河行动江河行"新闻采访团,开始了沿黄河、长江流域生态环境状况的采访报道工作。采访团由首都各大新闻单位30余位记者参加。在3月21日至4月11日为期20天的实地采访报道中,如实反映了这一地区的生态环境状况,有力地配合了"保护母亲河行动"的全面启动工作。

由于有社会公众的广泛信赖和大力支持,"保护母亲河行动"正式启动以来,一直保持良好的发展势头。植绿护绿行动、"生态夏令营"活动成了全国青少年春夏的常规活动;"母亲河,我与你同行"绿色传递活动、"清洁江河水,保护母亲河"活动,吸引了黄河、长江等江河流域数千万青少年参加;"流域综合治理青年突击队竞赛活动"动员了各地大量的农村青年的积极参与；全国有上千万青少年参加各种宣传教育实践活动，让"保护母亲河行动"主题歌曲《别无选择》唱遍了全国。不仅如此，"保护母亲河行动"在海外也获得支持，北美中国绿色基金会发表公开信，号召"以纸换树，保护母亲河"，呼吁华侨华人参与保护母亲河活动。

按照总体规划，从1999年至2003年，"保护母亲河行动"将用5年的时间，先期在黄河、长江及其他主要江河流域国家重点生态工程治理区，建设100万亩以上"保护母亲河工程"。为了使"保护母亲河行动"得到健康、持续、稳定的发展和保证工程任务的完成，共青团中央在充分吸收国家生态工程建设成功经验和国际先进管理方式的基础上，组织制定了《"保护母亲河工程"实施暂行办法》和《关于"保护母亲河行动专项（绿色希望工程）基金"管理的暂行规定》，并于1999年8月9日正式颁布。

这一系列宣传教育活动及基础建设性工作的开展，使得"保护母亲河行动"赢得社会公众的普遍赞同。从2000年4月2日由《读者》杂志及其读者捐资兴建的"保护母亲河，共建读者林"开工以后，"中国青年报读者林"、全国IT业捐建的"IT林"、全国少先队组织捐建的"中国少年水保世纪林"及全国青年企业家捐建的"中国青年企业家世纪林"等先后开工，28个省（自治区、直辖市）先后规划了省级"保护母亲河"赞助项目65个，规划面积106万亩。截至2003年6月，"保护母亲河行动"已经收到社会个人募捐款2.2亿元，并得到日本小渊基金4.9亿日元的资助，完成工程项目882个，植树造林280多万亩。

竭诚服务青年：出发点和落脚点

共青团十三大后确立了服务经济、服务社会、服务青年的指导思想，这是共青团在基本职能上新的定位，也是在指导思想上的重要发展。随着我国进入市场经济，青年的需求不断增加，维护青年权益中服务青年的比重不断加大。1997 年 12 月，共青团十三届六中全会召开，中共中央政治局常委胡锦涛提出："要把竭诚为青年服务作为共青团工作的出发点和落脚点。"这一论断大大丰富了共青团社会职能的内涵，进一步充实和完善了共青团工作的指导思想，成为贯穿共青团各项工作的一条主线，促进青年就业创业也就成为服务青年中的重头戏。

进入 20 世纪 90 年代中后期，共青团围绕全国大局，以下岗失业青年、进城务工青年为主要服务对象，开展了培训技能、提升素质为基本内容服务项目和活动。主要包括：全国社区"千校百万"外来务工青年培训计划（1997 年 6 月由团中央与公安部、司法部、劳动部等 8 部委联合启动）、下岗青工创业行动（1998 年 3 月团中央与劳动部联合启动）、进城务工青年发展计划（2001 年 7 月由团中央启动）、大学生素质拓展计划（2002 年 3 月团中央、教育部联合启动）等。这一时期值得关注的还有两项重要工作，一是 1999 年 4 月团中央实施的中国青年创业行动。这一行动包括继续实施"千校百万"外来务工青年培训计划、深入开展"下岗青工创业行动"、实施"千名青年企业家扶持千名青年兴业领头人行动"、深入开展"振兴千家中小企业行动"等。中国青年创业行动在很大程度上是对共青团促进青年就业创业前期各项举措的一次有效整合。二是 2002 年 10 月团中央实施的"工岗快递"行动。该行动以定向结对、签订协议、发布信息、提供岗位为主要手段，通过省际工岗快递、省内工岗快递和网上工岗快递等形式，帮助下岗失业青年和城镇新青年劳动力、农村富余青年劳动力实现就业和再就业。从形式到内容，该行动都称得上是共青团促进青年就业创业工作的一次创新。此外，这一时期各地还创建了一些青年就业创业服务中心，以此为阵地依托，开展各项具体服务。针对海外学人的项目——"海外学人回国创业周"也于 2001 年 12 月启动，此后一年一度。这一阶段共青团促进青年就业创业工作比较活跃，各项工作多由团中央牵头，同时注重整合体制内资源。其明显趋势是整体化推进，由依托中小企业到走进劳动力市场，由提供技能培训到联系用工岗位，逐渐摸索规律，项目不断完善。

中国青少年新世纪读书计划是以共青团组织为主导，通过社会化和市场化方式运作，组织青少年开展读书活动并为他们提供服务的大型工作项目。其目的是引导青少年为迎接新世纪的挑战发愤学习，帮助青少年树立终身学习观念，养成主动学习、勤奋学习的习惯，不断用新知识、新科技、新技能武装和完善自我，通过读书在汲取知识营养的过程中成长成才，改善国民知识素质结构。1998 年 12 月 8 日，共青团中央召开中国青少年新世纪读书计划全国电视电话会议，就全团实施青少年新世纪读书计划作了部署。12 月 12 日，中国青少年新世纪读书计划读者日活动在北京图书大厦举行。1999 年 5 月 26 日，团中央宣传部在全国征集"中国青少年新世纪读书计划标志"，以推动这项活动的进一步开展和扩大活动的影响。经过这一系列的工作，青少年新世纪读书计划活动陆续在全国各地展开。截至 1999 年底，已在全国建立"新世纪"书屋、书亭上万个，各青少年"新世纪读书俱乐部"会员已超过 100 万名。

为贯彻落实共青团十四届二中全会通过的《共青团工作跨世纪发展纲要》，推动学校共青团工作面向 21 世纪实现新突破，1999 年 6 月，共青团中央决定推出"大中学生素质拓展计划"，山东大学、北京科技大学等高校积极探索。大中学生素质拓展计划是在继承、发展和完善过去学校共青团所开展一些活动的基础上制定的，大中学生的活动的目标及内容各不相同。大学生的活动目标是增强大学生的社会责任感、成效能力、社会适应能力，促进大学生向具有成效精神的复合型人才发展，重点活动内容包括：邓小平理论学习活动、"挑战杯"科技创新活动、社会实践活动和校园文化建设活动等。2002 年 3 月，团中央、教育部、全国学联下发《关于实施"大学生素质拓展计划"的意见》。中学生的活动目标是培养中学生的公民意识、科学精神、实践技能，促进中学生全面发展，重点活动内容包括 18 岁成人仪式教育活动、假日研修计划、创业教育活动等。

　　着眼于青少年成长发展的多样化需求，共青团提供了切实有效的服务。针对青少年学习成才的强烈愿望，推出了青少年新世纪读书计划、大学生素质拓展计划、千官百万培训、"新世纪我能行"体验教育等活动，帮助青少年全面提高素质。针对青年就业创业的迫切需求，大力实施帮助青年创业计划、进城务工青年发展计划，帮助青年提高就业和创业能力。针对青年日益增长的精神文化需求，广泛开展青年文化广场、青年文化节等活动，组织实施团的"五个一工程"，活跃青年文化生活。配合有关部门实施《未成年人保护法》和《预防未成年人犯罪法》，开展普法教育，深化优秀青少年维权岗创建活动和青少年自护教育活动，切实维护青少年合法权益。

协助政府管理青少年事务

　　充分发挥共青团作为国家政权的重要社会支柱作用，是共青团的政治属性在团与国家政权关系上的重要体现，是共青团职能作用的关键环节。1993 年 12 月，共青团十三届二中全会制定的《在建立社会主义市场经济体制进程中我国青年工作战略发展规划》指出：在政府职能转变过程中，共青团要"积极承担政府委托的青少年事务。"1998 年 12 月，共青团十四届二中全会制定并审议通过的《共青团工作跨世纪发展纲要》强调："必须注意发挥好受政府委托管理青少年事务的优势。"1999 年 5 月 4 日，中共中央政治局常委、书记处书记胡锦涛在纪念五四运动 80 周年大会的讲话中，明确要求共青团组织"发挥好国家政权重要社会支柱作用，积极协助政府管理好青年事务"。2003 年 7 月，共青团十五大通过的《中国共产主义青年团章程》第一次把"积极协助政府管理青年事务"写入总则。

　　1992 年以来，共青团在协助政府管理青少年事务，强化和完善团的社会职能方面进行了广泛的探索和实践，创造和积累了许多行之有效的做法和经验，使团的工作和建设不断适应形势的发展变化。在制度安排层面，推动制定青少年发展规划，并将其纳入政府经济和社会发展总体规划，列入公共财政预算体系，形成强有力的社会政策和制度保障；推进青少年立法，如会同国家教委，共同牵头起草《中华人民共和国未成年人保护法（草案）》《中华人民共和国预防未成年人犯罪法》等；建立健全联席会议等制度，创新青少年工作和事务管理的领导体制和协调机制。在机构设置层面，设立政府青少年事务管理机构，构建青少年事务管理的新格局。1993 年 10 月，上海浦东新区就设立了社会中介机构性质的青少年事务署，构建了融保护性、管理性和发展性为一体的青少年工作体系。①

---

① 在此基础上，2005 年 2 月和 8 月，上海闸北区和闵行区作为先行试点，在区政府成立了青少年事务局。

《中华人民共和国预防未成年人犯罪法》正式实施后，党中央于 2001 年 1 月决定成立中央综治委预防青少年违法犯罪工作领导小组，由党中央、国务院的 13 个相关部委参加，办公室设在团中央，每年由财政部划拨 1000 万元作为预算经费。在具体事务层面，着力解决青少年最直接、最现实、最关心的问题。重点围绕青少年学习成才、就业创业、扶贫济困等方面的需求，通过提供扎实有效的服务，吸引和凝聚广大青少年；加强对青年社团的组织和引导，上海闸北区青年事务局通过购买"阳光青少年事务中心"的服务，为全区近 6000 名失学、失业、失管的社区青少年提供了切实有效的服务。

从"保护明天行动"到青少年维权岗

共青团十三大以后，共青团把维权工作置于经济社会发展的大局之中，与服务大局和服务青年有机结合起来；不断拓展权益工作的新领域，动员和依靠社会力量齐抓共管；依法维护青少年权益，把维权工作纳入法制的轨道。

1994 年 1 月 20 日，团中央联合中宣部、全国人大内务司法委员会、国家教委、司法部推出的主题为"孩子·明天·责任"的跨世纪青年文明工程"保护明天行动"正式启动。活动开展以后，各级团组织从扎实有效地开展法律宣传普及工作入手，配合有关部门紧紧抓住家庭、学校、社会三个环节，充分利用各种形式开展《未成年人保护法》和地方未成年人保护法规的宣传工作，使"三五"普法在青少年中落到实处。

由于时代对未成年人保护工作提出了新的更高的要求，未成年人保护领域出现了许多新情况、新问题，需要通过修改法律来解决。2003 年，受全国人大内务司法委员会委托，团中央开展《未成年保护法》修订的前期调研和建议案起草，并派专人参加了整个修订工作。2004 年下半年，《未成年人保护法》修订起草工作正式启动。2006 年 12 月 29 日，十届全国人大常委会第二十五次会议审议通过了修订后的《中华人民共和国未成年人保护法》，2007 年 6 月 1 日正式施行。

《中华人民共和国未成年人保护法》实施后不久，团中央邀请专家学者讨论、研究制定预防青少年犯罪法问题。1994 年 5 月下旬，全国人大内务司法委员会和共青团中央开始立法的调研、论证和起草工作。1999 年 6 月 28 日，第九届全国人大常委会第十次会议审议通过了《中华人民共和国预防未成年人犯罪法》，并于 11 月 1 日起正式实施。

为了进一步深化"保护明天行动"，切实维护未成年人合法权益，1997 年 5 月 27 日，开始实施以救助城市社区中的特困未成年人为主要内容的"中国保护未成年人爱心计划"。此项计划以设立救助基金、招募志愿接待家庭等方式，动员社会各方面力量，通过直接经济资助、开展各类活动，为城市社区中处于特殊困境的未成年人提供帮助，解决他们的实际困难；通过开展中国"保护未成年人杰出（优秀）公民"和"未成年人保护工作先进集体"表彰活动，动员社会各方面更加关注和支持未成年人保护事业。"爱心计划"的推出，引起了社会各界的强烈反响。

1998 年，由团中央、中央综治委办公室联合最高人民法院、最高人民检察院、公安部、司法部等部门在全国范围内共同开展了一项青少年权益保护活动，旨在动员社会各方面力量，共同关注并参与青少年维权工作，营造有利于青少年健康成长的良好社会环境。此项活动实现了司法机关、教育机构与青年社会团体有关职能的有机结合，逐步构建了横向到边、纵向到底的维权服务网络，促进了与青少年权益保护相关的政府职能部门和单位合作，实现了跨行业的联动，促进了维权服务区域联动机制的形成，延伸了工作手臂，拓展了保护空间，进一步探索出新时期维护青少年权益社会化的新路子。

青少年自我保护教育活动是共青团中央和中央综治办于1999年8月在全国范围内全面启动的一项青少年权益保护活动。活动主要围绕增强青少年的法律意识和预警能力，开展实用法律常识教育；围绕培养青少年健全的人格，开展青春期心理、生理卫生教育；围绕提高青少年的安全意识，开展防灾避险教育；围绕增强青少年抵御不良诱惑的能力，开展健康娱乐教育。通过举办模拟法庭、以案说法、意外事件情景演示、自护训练营等活动，为青少年系统讲授法律、心理、防灾避险、健康娱乐等自护基础知识，并定期开展咨询，解答疑问，提供帮助。"优秀青少年维权岗——自我保护教育"项目还荣获1999年度亚太经社会人力资源开发奖。

六、构建教育服务青年的新型纽带

20世纪90年代后半叶至21世纪初，各级团组织始终坚持党建带团建的原则，坚持以服务求活跃，以服务促发展的方针，努力做到哪里有青年，哪里就有团的工作，努力扩大团的组织依托，切实增强团组织的适应性。为此，团的各级组织积极探索，努力增强组织设置的灵活性，扩大团组织的覆盖面，构建新的工作格局；同时还努力以团组织为核心，以青联和学联、少先队组织为骨干，提供各类青年社团、阵地和互联网，构建新型纽带，以延伸团的工作手臂，逐步构建能够广泛联系青少年、更有效教育服务青少年的青少年组织体系。

坚持党建带团建

坚持党建带团建，是加强和改进团的建设的根本要求，是新形势下加强团的基层建设、增强团组织生机和活力的重要途径和基本经验，通过贯彻落实全国基层党建带团建工作会议精神，使团的建设纳入党的建设总体规划之中。2000年8月，中共中央组织部、共青团中央在北京联合召开全国基层"党建带团建"工作会议，正式提出"党建带团建"的重要原则。这标志着全国基层党建带团建进入新的发展阶段，团的建设迈出新步伐。会议进一步明确了党建带团建的工作思路、基本目标和具体措施。会议要求各级党组织从制定规划、工作指导、组织建设、干部配备、团员管理、资源整合、机制建设等七个方面作出制度性安排，逐步形成良好的政策环境与体制机制，在区域性党建格局中扎实推进共青团基层组织建设。此后，在扎实推动创建五四红旗团委活动中，按照党中央的部署，通过认真开展"三讲"教育和农村"三个代表"重要思想学习教育活动，发布《共青团中央关于加强和改进团的作风建设的决定》，促进了团干部队伍建设。

共青团十四大以来，共青团在巩固国有企业和学校等领域团组织建设的基础上，着力推进非公有制经济组织、社区、民办高校等新领域的团组织建设。按照强乡带村的思路，大力加强农村基层团组织建设。积极推进团建创新，探索出联合建团、依托建团、社区建团、公寓建团等灵活多样的团组织设置方式。改革开放以来，尤其是随着社会主义市场经济的初步建立，非公经济逐步成为我国国民经济发展的重要力量。作为先进青年的群众组织，共青团按照党的要求，把加强非公经济组织团建作为一项紧迫的战略任务来抓，以扩大团的工作在非公经济组织青年中的覆盖面，更好地教育、引导和服务青年，巩固党的青年群众基础，更好地促进非公经济健康发展。2001年6月，全国非公经济组织团建工作现场推进会在浙江温州召开。会议对此后一个时期全团加强非公经济组织团建工作进行了部署，明确了非公经济组织团建的指导思想、基本原则、总体目标和主要任务。会后，各级团组织加强领导非公经济组织团建力度，进行大胆创新和有益尝试，逐步消灭空白点，力求做到"哪里有团员，哪里就有团的组织；哪里有青年，哪里就有团的活动"的良好局面，进一步夯实了团的组织基础和工作基础。截至2002年底，全国已有16.3万个非公有制经济组织建立了团组织，占应独立建团的非公有制经济组织的57.2%，其中独立建团的私营经济组织9.1万个、港澳台投资企业0.6万个。

在此期间，团员的教育和管理工作也得到加强，并且在工作实践中探索出了流动团员管理的新模式，再通过加大发展团员的工作力度，使得团员数量有了新的增加。团十五大召开前，团员数量达到6986万名，比1998年增加115万名。按国家统计局提供的青年数计算，团员占青年的比例是22.6%，为历史最高水平。截至2002年底，全国有专职团干部18.3万名，基层团委20.5万个，团支部、团总支295.2万个。推荐优秀团员作为党的发展对象工作得到进一步加强，共青团员已经成为党组织发展党员的主要来源。据统计，从1998年至2002年，全国共有299.5万名优秀团员经团组织"推优"入党。由于各级团组织坚持党建带团建，扎实开展创建"五四红旗团委"活动和团建创新工作，努力实现团组织对团员青年的组织覆盖和工作覆盖，使得共青团基层组织蓬勃发展，内在活力进一步增强，新形势下团的基层组织建设取得了明显成效。

在全国基层党建带团建工作会议的推动下，党建带团建工作进入一个全面发展、整体推进的新阶段。各地把基层团建作为党建的有机组成部分，纳入党建的整体格局，加大"带"的力度，使基层党建带团建工作形成了良好的发展态势。各级党组织从思想、组织、作风和制度等方面探索党建带团建的有效途径，31个省（自治区、直辖市）都下发了党建带团建的规划和意见，普遍成立了领导小组，制定了由党委组织部门牵头的基层党建带团建工作联席会议制度，把基层团建纳入了党建总体规划，并作为考核检查基层党建工作的重要内容，切实加强领导。

在各地党组织的高度重视下，基层党建带团建的工作机制初步形成并不断完善，党建带团建工作目标责任制和工作检查考核制正在普遍建立之中。许多地方党委吸收团委书记参加理论学习中心组学习，党组织负责人定期为党员团员上党课，围绕中心工作，结合他们的思想实际，开展工作研讨（简称"两学一研"活动）。在农村、企业、城市社区、学校广泛开展党团基层组织"联建联创"活动，促进党团建设的整体性提高。为了加强对团员青年的教育、培养和管理，有些地方的团组织把"推优"作为发展党员的一项重要基础性工作来抓，使党员队伍与团员队伍有机衔接起来；有些地方的团组织把共青团创建"合格团支部""五四红旗团委"与农村党建"三级联创"和城市评选"五好"党组织活动有效整合，充分发挥了基层团组织的作用。在党团组织的努力下逐步形成了较为完整的党建带团建的工作机制。2002年5月，中共中央总书记江泽民在共青团成立80周年纪念大会上明确提出："要坚持党建带团建，把团的建设纳入党的建设总体规划之中。"

创建"五四红旗团委"

为了增强团的凝聚力，更好地发挥团组织战斗堡垒和党联系青年的纽带作用，共青团认识到必须加强团的自身建设，尤其是基层团组织的建设。1998年12月17日，共青团中央下发了《关于创建"五四红旗团委"活动的方案》，决定从1999年开始在全团基层团组织中开展创建"五四红旗团委"的活动。制定了"五四红旗团委"的基本标准：班子建设好；主题活动好；支部建设好；活动阵地建设好。以"四好"基本标准为框架，分别制定了企事业、农村、学校、社区"全国五四红旗团委"标准。创建活动以邓小平理论和党的基本路线为指导，坚持把为青年服务作为突破口，以服务促建设，以服务求活跃；坚持结合党建加强团的建设；坚持用改革的精神研究新情况，解决新问题，积极探索适应社会主义市场经济新形势的组织机制和运行方式；坚持以加强基层团组织建设为重点。通过深入开展创建活动，充分调动和发挥基层团委加强自身建设、发挥主体作用的积极性和创造性，加大团的领导机关抓好基层团组织建设的力度，促进基层团的建设和团工作全面活跃。

随着活动的深入，这项活动又按照"形成新机制，抓好新载体，实现新发展"的目标，开展争创"全国团建先进县（市）"和创建"五四红旗团支部"活动，依托这两个载体，使创建工作向县、村两级延伸，配合农村基层党建"三级联创"，推动了县、乡、村团组织建设整体活跃。截至团十五大前，全国共有500个"全国五四红旗团委"，373个"全国五四红旗团支部"，120个全国团建先进县（市），以及563名全国优秀共青团干部和511名全国优秀共青团员受到表彰。

加强非公有制经济组织团的建设

改革开放以后，非公有制经济迅速发展，已经成为我国社会主义市场经济的重要组成部分。1997 年党的十五大正式提出，"非公有制经济是我国社会主义市场经济的重要组成部分"，"公有制为主体、多种所有制经济共同发展，是我国社会主义初级阶段的一项基本经济制度"[①]，并在 1998 年的宪法修正案中予以确认。2000 年 9 月，中共中央组织部印发《关于在个体和私营等非公有制经济组织中加强党的建设工作的意见（试行）》，非公有制企业党建工作全面推进。2000 年，在全国统战工作会议上，江泽民强调指出："要加强非公有制经济组织中党、团和工会组织的建设，凡是条件具备的企业，都要建立党、团和工会组织。"[②]2000 年底，党中央书记处明确要求，共青团要把非公有制经济组织的团建工作作为一项重要工作来抓。

为深入贯彻党中央关于加强非公有制经济组织团建工作的指示精神，2001 年 6 月，共青团中央在浙江省温州市召开了全国非公有制经济组织团建工作现场推进会。会议重点解决了为什么要在非公有制经济组织中建团以及如何在其中建团的问题。总结交流了各地加强非公有制经济组织团建工作的经验和做法，对当前和今后一个时期全团加强非公有制经济组织团建工作进行了研究部署。会上，为适应当前和今后一个时期加强非公有制经济组织团的建设的新形势，形成分工合理、职责明确、齐抓共

① 江泽民：《高举邓小平理论伟大旗帜，把建设有中国特色社会主义伟大事业全面推向二十一世纪》（1997 年 9 月 12 日），《江泽民文选》第 3 卷，人民出版社 2006 年版，第 20、19 页。

② 江泽民：《进一步开创统一战线工作的新局面》（2000 年 12 月 4 日），《江泽民文选》第 3 卷，人民出版社 2006 年版，第 152 页。

管的工作格局，对团中央有关部门在非公有制经济组织团建工作中的职责作了进一步明确。这次会议是共青团建设的一次重要会议，对推进全国非公有制经济组织团的建设迈上新台阶起到了重要作用。

会后，共青团中央印发《关于加强非公有制经济组织团的建设意见》，提出非公有制经济组织团的建设的总体目标：实现团组织对非公有制经济组织团员青年的组织覆盖和工作覆盖（组织覆盖指团员编入了团的基层组织，青年知道如何并且能够与团组织联系；工作覆盖指团的基层组织能够使团员青年知道如何并且实际参加团的活动），形成适应非公有制经济组织特点、有利于作用发挥、富有生机与活力的建团方式、活动方式和组织运行机制。到团的十五大前的工作目标是：符合独立建团条件的非公有制经济组织，建团率达到50%以上；通过联合建团、依托建团、公寓建团、社区建团等方式，使团组织对没有独立建团的非公有制经济组织中的团员青年的组织覆盖率和工作覆盖率均达到70%以上；已经建立的非公有制经济组织团组织中，"五个有"的比例达到60%以上；初步探索出一些适应非公有制经济组织特点的建团方式、作用发挥方式、工作推进方式和以团的组织生活制度为重点的组织制度。《意见》还对非公有制经济组织团组织的主要任务进行了明确，总结归纳了独立建团、联合建团、依托建团、公寓建团、社区建团等非公有制经济组织建团方式，就加强非公有制经济组织团组织的隶属关系、团建责任、活动方式以及团干部队伍、团员队伍建设、创新团的组织生活制度等方面进行了规定。

全国非公有制经济组织团建工作现场推进会以后，各地团组织认真贯彻落实会议精神，坚持"因地制宜、分类指导、注重实效"的工作方针，努力推动非公团建工作的开展。截至2005年底，全国有10.1万个非公有制经济组织建立了团组织，占应独立建团的非公有制经济组织的

57.6%，有效覆盖了 332 万名团员。

探索社会化运作和项目化管理

在发展社会主义市场经济的时代背景下，共青团的工作是社会事业的有机组成部分，需要得到社会的广泛支持。采用社会化的运作方式，积极动员社会各方面力量的支持和参与，共青团的服务事业就可以获得更大的推动力量，产生更好的社会效益。

在实施"服务万村行动"中，共青团中央要求县以上各级团委都要联系一定数量的村，直接为这些村脱贫致富提供服务。团中央在全国确定了 1000 个联系村，省、地、县团委确定的联系村达到 5 万多个。除了进行面对面的工作指导，帮助培训团的干部和青年致富带头人，提供信息、文化和一定的资金和物资服务之外，各级团委广泛动员企业、大专院校、机关和事业单位与联系村建立起结对互助关系，广泛利用社会资源共同支持农村发展。通过各级团委广泛发动、多方联系，有数万个城市企事业单位和机关学校加入了"服务万村行动"的行列，汇聚成了推动农村经济发展的巨大力量。

为推动青少年社会化服务体系的形成，各级团组织积极探索，从实际情况出发，先后建立了一批为青少年服务的社会专门机构。建立青少年法律服务所、顾问室，为青少年提供法律咨询和帮助。建立青年就业指导中心、培训中心，帮助青年了解国家劳动就业的形势和政策，提供择业指导，进行就业前的技能培训等。建立心理咨询中心，开通热线电话，为青少年健康成长释疑解难。建立青年婚恋介绍所，为青年婚恋牵线搭桥。为青少年解决工作、学习、婚恋等实际困难，为他们提供直接服务。

用办事业方式开展共青团的服务工作是这一时期共青团工作的重要思路。首先从小事情入手，从具体事情做起。希望工程是一项蜚声海内外的服务事业，但它是从 20 元钱起步的，即最初为每个失学的孩子提供 20 元的助学金。然而，就是这样的小事情中蕴含着大事业，带来了大发展。从小处着手，从具体事情做起，是一种从人民群众和青年的实际需要出发而又量力而行的工作方法，也是一种办事业的方法。体现的是一种真抓实干、务求实效、全心全意为人民服务的精神，是一种不做表面文章，深入扎实的工作作风。

共青团服务经济、社会和青年，零打碎敲是不行的。必须充分发挥自身网络健全的优势，依托服务项目，建立工作载体，逐步扩大服务事业的规模，形成健全的服务体系，这样才能做大事，才能把服务真正落到每一个基层团组织。共青团对跨世纪青年文明工程、跨世纪青年人才工程和"服务万村行动"等重点工作的推进，都是通过实施具体项目来实现的。青年岗位能手活动是跨世纪青年人才工程的一个工作项目，它作为一个工作载体，将共青团为企业发展的服务带进了数以万计的工厂、矿山、井队等，将共青团为青年成才的服务带到了数以千万计的青年身边，这一活动成为在实践中培养跨世纪劳动者的摇篮。依托项目抓服务，是团的各级领导机关的工作由虚变实，由抽象变具体，避免工作停留在文件上、口号上的有效方式，它能够有力地带动基层团组织走上服务的路子，带来的是服务的规模效应。

青年志愿者行动从 1993 年一推出，共青团中央就明确了一条重要的工作方针，即坚持活动开展和机制建设并举。1994 年上半年，青年志愿者"一助一"长期服务计划开始实施，为困难群众提供长期服务取代了随意性较大的活动，成为这一行动的主要形式。1994 年底，中国青年志愿者协会成立。此后，省级青年志愿者协会相继成立。1995 年 4 月，中国青年志愿者北京海淀服务站和朝阳服务站同时启用。服务站作为青年志愿服务实体，承担志愿者的招募、培训、中介服务等具体组织工作。1996 年下半年，"青年志愿者扶贫接力计划"实施，开始招募有一定专长的志愿者到贫困地区开展技术、医疗、教育等服务，并建立了定期轮换制度。同时，建立了"一助一志愿服务卡"及青年志愿者每人每年志愿服务 48 小时制度。

社会化运作和项目化管理的工作方式，使共青团工作适应了经济转轨社会转型的要求，增加了对青年的吸引力和凝聚力，保持了共青团组织旺盛的生机和活力。

共青团信息化建设及各项事业取得新突破

适应互联网快速发展的新形势，积极开辟网上青少年教育服务阵地，共青团信息化建设取得新突破。互联网对青少年学习、工作和生活产生日益广泛而深刻的影响，也对青少年工作提出了新课题。适应新情况、新趋势，全团大力加强信息化建设。中国青年网被列入国家重点扶持的 8 家新闻宣传网站，日益成为广大青少年学习知识的阵地、交流思想的家园和文化娱乐的场所。建设了"血铸中华""民族魂"和毛泽东、邓小平等 50 多个专题纪念网站，形成青少年爱国主义教育网站群。

中国共青团网站被评为政府上网工程网站建设示范单位，以中国共青团网站为龙头、包括 300 多个团属网站的工作网络，在各级团组织和广大青少年之间架起了新型桥梁。启动实施共青团县县上网工程，为实现县县上网、全团互联奠定了基础。通过互联网教育服务青少年，已成为共青团工作的一个崭新领域，团旗已高高飘扬在互联网上。

团十四大以来，共青团各项事业稳步发展。团属新闻出版机构坚持正确的舆论导向，稳步推进体制改革，制作生产了大批优秀的文化产品。以民族地区和西部地区为重点，加强青少年活动阵地建设。团属院校不断加强学科建设，综合办学能力进一步提高。全团大兴调查研究之风，青少年研究工作成果丰硕。团办实业在规范调整中实现了新的发展。青联组织广泛团结凝聚海内外各族各界中华青年，向各族青少年宣传党的民族和宗教政策，积极推动内地青年与港澳台青年的广泛交流。学联组织主动适应素质教育的要求，为广大学生学习成才提供了有效服务。少先队组织以体验教育为基本途径，开展了各种健康有益的实践活动。青年外事工作更加活跃，广泛开展同世界各国青年和青年组织的友好交流，成功举办中越、中日、中俄等大型青年友好交流活动和 APEC 青年节，积极拓展环境保护、志愿服务、青年人力资源开发等国际青年项目合作。团十四大至团十五大期间，团中央共派出各类出国访问团组 1025 批，8370 人次；接待各国访华团组 273 个，6132 人次。交流范围超出了青年组织及青年工作自身，上层至政府首脑、国会议员，横向涉及政治、经济、文化、环保、技术合作和体育等领域。以共青团为核心力量的全国青联及其会员组织，已同世界上 100 多个国家的近千个青年组织和青年机构建立了交往关系。

第十二章

奋进在全面建设
小康社会进程中

进入 21 世纪，随着改革开放的进一步扩大以及中国加入 WTO，经济全球化对中国的影响日益深刻。党的十六大提出充分利用 21 世纪头二十年的重要机遇期，全面建设惠及十几亿人口的更高水平的小康社会的奋斗目标。广大青年同全国人民一道，在中国共产党领导下，为创造美好生活而努力工作。新世纪新阶段，共青团事业发展正处在一个新的历史发展起点上。

一、小康社会奋斗目标与共青团使命

随着改革开放和社会主义市场经济的深入发展，经济和社会结构发生了深刻变化，社会主义经济体制不断完善，经济全球化的趋势日益明显。人类社会正在步入知识经济时代，信息化技术和国际互联网蓬勃发展，成为引领时代的新潮流。城市化进程的不断加快正在迅速改变着传统的城乡二元结构，给社会发展注入了新的活力。面对新世纪新变化，中共中央提出了全面建设小康社会的跨世纪宏伟目标，确立邓小平理论、"三个代表"重要思想为全党的指导思想，全面贯彻科学发展观，提出加强党的执政能力建设，转变政府职能的重要任务和建设中国特色社会主义的历史使命。这些政治环境、社会环境的新变化，使共青团工作面临重大挑战，同时也孕育着更大的发展空间。

党的十六大提出全面建设小康社会奋斗目标

2002 年 11 月，中国共产党第十六次全国代表大会在北京召开。这次会议把高举邓小平理论伟大旗帜，全面贯彻"三个代表"重要思想，继往开来，与时俱进，全面建设小康社会，加快推进社会主义现代化，为开创中国特色社会主义事业新局面而奋斗确定为大会主题。会议提出了中国共产党必须坚定地站在时代潮流的前头，团结和带领全国各族人民，实现推进现代化建设、完成祖国统一、维护世界和平与促进共同发展这三大任务，在中国特色社会主义道路上实现中华民族伟大复兴，这是历史和时代赋予中国共产党的庄严使命。

江泽民在大会上作了题为《全面建设小康社会，开创中国特色社会主义事业新局面》的报告。报告在第五部分"政治建设和政治体制改革"中指出：

> 加强对工会、共青团和妇联等人民团体的领导，支持他们依照法律和各自章程开展工作，更好地成为党联系广大人民群众的桥梁和纽带。①

报告在第十部分"加强和改进党的建设"中指出：

> 加强非公有制企业党的建设，企业党组织要贯彻党的方针政策，引导和监督企业遵守国家的法律法规，领导工会和共青团等群众组织，团结凝聚职工群众，维护各方的合法权益，促进企业健康发展。②

党的十六大从中国处于社会主义初级阶段的国情出发，提出要在 21 世纪头二十年，集中力量，全面建设惠及十几亿人口的更高水平的小康社会，使经济更加发展、民主更加健全、科教更加进步、文化更加繁荣、社会更加和谐、人民生活更加殷实，这是实现现代化建设第三步战略目标必

---

① 《江泽民文选》第 3 卷，人民出版社 2006 年版，第 555—556 页。
② 《江泽民文选》第 3 卷，人民出版社 2006 年版，第 572 页。

经的承上启下的发展阶段，也是完善社会主义市场经济体制和扩大对外开放的关键阶段，经过这个阶段的建设，再继续奋斗几十年，到 21 世纪中叶基本实现现代化，把我国建设成为富强民主文明的社会主义国家。大会首次提出了加强党的执政能力建设的命题，并强调党内民主是党的生命，对人民民主具有重要的示范和带动作用。

新世纪新阶段，中国共产党提出的奋斗目标就是共青团的行动方向。团结带领全国亿万青年积极投身全面建设小康社会的伟大实践，为实现中国共产党推进现代化建设、完成祖国统一、维护世界和平与促进共同发展的三大历史任务，在中国特色社会主义道路上实现中华民族伟大复兴而奋斗，就成为中国共青团义不容辞的光荣使命。

共青团十五大与"一个新起点""三个创新"

为了贯彻落实党的十六大精神，让具有光荣传统的中国共青团能够在新的征程中开好局、起好步，在中国人民刚刚战胜"非典"疫情不久，2003 年 7 月 22 日至 26 日，共青团第十五次全国代表大会在北京人民大会堂召开。来自全国各地的 1500 名团员代表出席了这次大会。与以往不同的是，团十五大是首都北京在抗击"非典"取得阶段性重大胜利之后规模最大的一次全国性会议，意义更为深远。

党和国家领导人胡锦涛、吴邦国、温家宝、贾庆林、曾庆红、黄菊、吴官正、李长春、罗干等出席了大会开幕式，并与代表们合影留念。中央政治局常委吴官正代表党中央致祝词。祝词指出：

共青团是党领导的先进青年的群众组织，是广大青年在实践中学习中国特色社会主义和共产主义的学校。团结和带领广大青年为党和人民的事业而奋斗，是共青团必须始终坚持的工作方向。要坚持以邓小平理论和"三个代表"重要思想为指导，自觉服从服务于党和国家工作的大局，主动适应时代发展和社会生活的变化，准确把握当代青年的特点和青年工作的规律，与时俱进，奋发有为，不断拓宽工作领域，全面履行各项职能，在全面建设小康社会的进程中努力开创共青团工作的新局面。①

周强代表共青团第十四届中央委员会作了题为《在"三个代表"重要思想指引下团结带领广大青年为全面建设小康社会而努力奋斗》的工作报告。大会明确了新世纪新阶段共青团工作的历史使命：用"三个代表"重要思想武装青年，动员和组织广大青年积极投身社会主义物质文明、政治文明和精神文明建设，充分发挥青年在全面建设小康社会伟大实践中的生力军作用和突击队作用。竭诚为青年成长发展服务，努力把服务青年工作提高到一个新水平。按照党建带团建的总体要求，加强团的组织体系建设和运行机制建设，提高团组织的学习能力和服务能力，建设一支党放心、青年满意的团干部队伍和先进性强、模范作用突出的团员队伍，不断提高团组织自我完善和发展的能力，进一步增强团组织的吸引力和凝聚力。

7月24日下午，大会经投票选出共青团第十五届中央委员会。这届委员会由委员189名、候补委员129名组成。7月25日，在团十五次全国代

---

① 吴官正：《在全面建设小康社会的伟大实践中谱写新的青春乐章——在中国共产主义青年团十五次全国代表大会上的祝词》，共青团中央编：《中国共青团年鉴（2003）》，中国青年出版社2004年版，第8页。

表大会上选出的新的团中央委员会举行了第一次会议，选举产生了由 26 人组成的新的团中央常务委员会，周强当选为团中央书记处第一书记，赵勇、胡伟、杨岳、尔肯江·吐拉洪、王晓、张晓兰当选为团中央书记处书记①。

7 月 25 日下午，中共中央总书记胡锦涛在北京中南海怀仁堂同团中央新一届领导班子成员和团十五大部分代表座谈，并发表重要讲话，高度评价共青团的作用：

> 青年是推动社会历史进步的一支伟大的力量。无论是在人类社会发展的历史中，还是在中华民族发展的历史进程中，青年都起到了重要作用。中国共产党成立后，在党领导人民进行的长期奋斗中，我国青年运动确立了正确的发展方向，各族青年获得了实现理想和施展抱负的广阔舞台。在革命、建设和改革的各个历史时期，一代又一代先进青年在党的领导下，为争取民族独立和人民解放，为实现国家富强和人民幸福，进行了不懈的斗争，建立了卓越功勋。在这次抗击"非典"斗争中，广大团员青年尤其是青年医务工作者和科技工作者，同全国人民一道，迎难而上，顽强拼搏，为抗击"非典"作出了重要贡献，再一次展示了当代青年的风采。②

讲话在向全国广大青年提出要"勤于学习、善于创造、甘于

---

① 在 2005 年 12 月召开的共青团十五届四中全会上，增补贺军科、卢雍政为书记处书记。2006 年 11 月 30 日，胡春华任团中央书记处第一书记。2008 年 5 月，陆昊任团中央书记处第一书记。

② 胡锦涛：《在同团中央新一届领导班子成员和团十五大部分代表座谈时的讲话》，共青团中央编：《中国共青团年鉴（2003）》，中国青年出版社 2004 年版，第 3 页。

奉献"的三点希望的同时，强调指出：

> 共青团事业的发展正处在一个新的历史起点上。在新的征程中，共青团要更好地担负起历史使命，必须坚持和发扬团的优良传统，结合新的时代特征与时俱进、开拓创新，推动共青团工作不断焕发出蓬勃的生机和活力。一是在工作思路上要创新。要紧密结合国内外形势的发展变化，紧密围绕党和国家的工作大局，主动适应我国改革发展的深入推进，深入思考新形势下共青团发展的重大课题，精心谋划共青团工作的创新思路，使共青团工作更好地体现党的要求，符合时代发展的需要。二是在工作方式上要创新。要根据当代青年的状况和特点，不断创新工作方式，丰富活动内容，使共青团工作既能符合党的要求、体现团的性质，又能为广大团员青年所接受、所欢迎。三是在自身建设上要创新。要适应社会结构发生的重大变化，适应社会经济成分、组织形式、就业方式、利益关系和分配方式日益多样化的新情况，合理设置团的组织，扩大团的工作的覆盖面，把更多的青年纳入到团的活动中来，增强团组织的吸引力、凝聚力和战斗力，发挥好党联系广大青年的桥梁和纽带作用。[①]

讲话提出的"一个新起点"和"三个创新"，不仅为共青团工作创新指明了方向，而且成为今后共青团事业把握新的历史方位，再铸新的辉煌

---

① 胡锦涛：《在同团中央新一届领导班子成员和团十五大部分代表座谈时的讲话》，共青团中央编：《中国共青团年鉴（2003）》，中国青年出版社 2004 年版，第 5 页。

必须遵循的根本方针。

大会还审议通过了中国共产主义青年团第十五次全国代表大会关于《中国共产主义青年团章程（修正案）》的决议。

大会同意将《光荣啊，中国共青团！》定为团歌。大会认为，团十二大将《光荣啊，中国共青团！》确定为代团歌以来，在广大团员青年中广为传唱，发挥了提振精神、增进共识的作用。将代团歌适当修改后定为团歌，有利于进一步加强团员意识教育，增强团组织的凝聚力和战斗力。

大会认为，适应新形势新任务的要求，总结近年来各级团组织在实践中探索形成的经验，在团章关于团的建设和工作的其他方面提出更加明确的要求，有利于共青团更好地完成党交给的任务，推进共青团事业在新世纪的新发展。

大会号召各级团组织和广大团员青年紧密团结在以胡锦涛同志为总书记的党中央周围，高举邓小平理论伟大旗帜，以"三个代表"重要思想为指导，以昂扬的斗志、不懈的努力，在全面建设小康社会，加快推进社会主义现代化的进程中，创造出无愧于党和人民、无愧于时代的辉煌业绩，谱写出新世纪中国青年运动的崭新篇章。

共青团工作战略发展规划

团十五大闭幕以后，共青团中央认真分析了社会主义市场经济的深入发展和经济全球化给共青团工作带来的影响，通过深入细致的调查研究，制定了《全面建设小康社会进程中共青团工作战略发展规划》，2003年12月召开的共青团十五届二中全会上审议并通过了这个规划。该规划根据党的十六大精神，落实团十五大提出的主要任务，确定了今后五年共青团工作发展的总体目标：

　　以邓小平理论和"三个代表"重要思想为指导，按照进一步加强青年思想教育、积极引导青年参与、努力促进青年发展、协助做好青年事务、加强青年组织建设的基本思路，引导青年勤于学习、善于创造、甘于奉献，在建设社会主义物质文明、政治文明和精神文明中发挥生力军作用，帮助青年成长为社会主义"四有"新人，团结带领青年在以胡锦涛同志为总书记的党中央领导下，为实现全面建设小康社会的宏伟目标而努力奋斗。

为实现这样的总体目标，规划提出了必须始终遵循的五条指导原则：

　　坚持党的领导，牢牢把握正确的政治方向；坚持与国家经济和社会发展战略相一致，从党政大局出发谋划团的工作；坚持与完善社会主义市场经济体制的进程相协调，建立健全与社会主义市场经济发展相适应的青年工作机制；坚持把竭诚服务青年作为全部工作的出发点和落脚点，把青年团结凝聚在党和政府周围；坚持以改革的精神推进团的建设，解决新问题，创新基层团组织形式，努力扩大团组织的覆盖面和影响力。①

　　规划还特别指出："加强青年思想政治工作，坚持对青年进行思想教育和正确的引导，始终是共青团的首要任务。"

---

① 共青团中央编：《中国共青团年鉴（2003）》，中国青年出版社2004年版，第359—360页。

在这次全会上，共青团中央书记处第一书记周强作了题为《以"三个代表"重要思想为统领，认真贯彻党的十六届三中全会精神，进一步加强共青团机制建设》的讲话，提出共青团机制建设的总体目标：

> 以"三个代表"重要思想为统领，立足新的历史起点，坚持解放思想、实事求是、与时俱进，坚持竭诚服务青年，坚持与完善社会主义市场经济体制的进程相适应，坚持与经济全球化和我国对外开放深入发展的要求相协调，构建起服务大局、服务青年的能力更强，社会化水平更高，青年参与面更广，能够实现持续发展的运行机制。[①]

讲话还从完善青少年教育机制、服务青年机制、动员青年参与机制、资源整合机制、青年事务机制、基层团组织机制建设、团组织联系青年机制、团干部队伍建设机制等八个方面提出了加强共青团机制建设的具体措施。

二、投身全面建设小康社会的生动实践

21世纪的头二十年，对中国来说，是一个必须紧紧抓住并且大有作为的重要战略机遇期。2002年中国人均国内生产总值首次突破1000美

---

① 共青团中央编：《中国共青团年鉴（2003）》，中国青年出版社2004年版，第120页。

元，经济社会结构即将进入深刻变化时期。中共中央统揽全局，见微知著，确定了全面建设小康社会的奋斗目标。随后根据新形势新任务，提出并全面贯彻科学发展观等重大战略思想，努力构建社会主义和谐社会。执政党的奋斗目标和重大战略，成为这一时期各级共青团和广大青年的行动指南。在共青团的组织动员下，广大团员、青年立足自身岗位，积极投身全面建设社会主义的生动实践之中。

从"我与祖国共奋进"到"青年马克思主义者培养工程"

为切实加强青少年思想道德建设，2004 年 2 月和 10 月，《中共中央 国务院关于进一步加强和改进未成年人思想道德建设的若干意见》《中共中央 国务院关于进一步加强和改进大学生思想政治教育的意见》先后下发。为了更好地贯彻中央两个文件精神，共青团中央下发《关于学习贯彻〈中共中央关于进一步加强和改进未成年人思想道德建设若干意见〉的通知》，制定《团中央加强未成年人思想道德建设主要工作推进计划》，还会同教育部下发《关于进一步加强和改进大学生社团工作的意见》，与有关部门一起联合下发了大学生党员发展和学生党支部建设、大学生心理健康、校园网络建设、校园文化建设的意见等文件。随着各级团组织的贯彻落实，有效地推动了全社会关心未成年人和大学生健康成长的工作，有利于形成良好的社会氛围。同时，共青团结合宣传贯彻《公民道德建设实施纲要》，采取灵活多样的教育方式，注重点点滴滴习惯的养成，不断提高青年的道德素质，推动社会主义荣辱观学习，教育引导青年自觉落实"八荣八耻"①要求。同时，充分发挥青年在道德教育与实践中的主动性和能动性，引导他们成为中华民族传统美德的传承者、体现时代进步要求的新道德规范的实践者、新型人际关系和良好社会风尚的倡导者。

为了进一步增强广大青年对全面建设小康社会和构建社会主义和谐社会的认同感和责任感，2006 年 3 月 17 日，共青团中央召开"我与祖国共奋进"主题教育实践活动协调会。3 月 21 日，团中央专门下发了《关于在全团开展"我与祖国共奋进"主题教育实践活动的通知》。按照统一部署，到 2006 年底，全团抓住五四、七一、国庆等契机，开展改革开放成就知识竞赛、"我与祖国共奋进"群英榜、唱响新时代的青春之歌、中国青年五四奖章评选表彰、大学生基层创业先进事迹报告会、全国少年儿童"祖国发展我成长"等活动，推动"我与祖国共奋进"主题教育实践活动深入开展。

2007 年 4 月，共青团中央举办"我与祖国共奋进"部长讲坛首场报告会，请国家发改委负责同志为首都青年学生作报告。湖北、贵州、云南等省邀请党政领导和省委党校教授为团员青年举办"学习贯彻党的十七大精神，我与祖国共奋进"形势政策报告、讲座。5 月 4 日，团中央组织 226 名新中国成立以来各个时期的青年英模代表汇聚北京，在北京人民大会堂隆重举行"中国青年群英会"。胡锦涛总书记专门发来贺信，希望广大团员青年"以英雄模范为榜样，努力成为理想远大、信念坚定的新一代，品德高尚、意志顽强的新一代，视野开阔、知识丰富的新一代，开

---

① "八荣八耻"：以热爱祖国为荣、以危害祖国为耻，以服务人民为荣、以背离人民为耻，以崇尚科学为荣、以愚昧无知为耻，以辛勤劳动为荣、以好逸恶劳为耻，以团结互助为荣、以损人利己为耻，以诚实守信为荣、以见利忘义为耻，以遵纪守法为荣、以违法乱纪为耻，以艰苦奋斗为荣、以骄奢淫逸为耻。

拓进取、艰苦创业的新一代"。会上，20 世纪 50 年代北京青年志愿垦荒队发起人杨华、80 年代优秀共青团员张海迪、航天英雄杨利伟、第十一届"中国青年五四奖章"标兵胡铃心代表新中国成立以来各个时期的青年英模发言，青年英模代表还宣读了《中国青年群英会全体代表致全国青年倡议书》。会议期间，参会代表分别到北京大学、清华大学与青年学生座谈，在奥林匹克公园东侧绿地种下了青年林。群英会后，部分代表分别赴辽宁、广东、陕西，到基层与青年交流座谈。这次群英会，通过重温新中国成立以来历代青年英模的成长奋斗历程，开展了一次生动的爱党爱国和敬业成才教育，在青年中和社会上引起了热烈反响。各地各系统团组织围绕"我与祖国共奋进"的主题，发起"共创和谐，从我做起""我为重点工程建设作贡献"等形式多样的活动，组织团员青年广泛开展劳动竞赛、学习竞赛、创新竞赛、技能竞赛等实践活动，激励广大青年立足本职争创一流，为推动经济社会又好又快发展发挥生力军作用。

　　为了贯彻落实胡锦涛在党的十六届六中全会上的讲话精神[①]，引导当代青年成长为中国特色社会主义事业的合格建设者和可靠接班人，共青团中央筹划启动"青年马克思主义者培养工程"。2007 年 5 月 15 日，共青团中央、全国学联在人民大会堂举行的全国大学生"学习科学发展观，共建和谐社会"汇报交流会，既是启动"青年马克思主义者培养工程"，也是"中国大学生骨干培养学校"的开学典礼，成立学校的目的在于对大

---

① 中共中央总书记胡锦涛在党的十六届六中全会上明确提出："要从赢得青年、赢得未来的高度，抓好大学生的理论学习，深入推进马克思主义中国化最新成果进教材、进课堂、进头脑工作，让青年知识分子了解和相信党的理论，在广大青年中培养一大批坚定的马克思主义者。"参阅胡锦涛：《牢牢掌握意识形态工作领导权和主动权》（2006 年 10 月 11 日），《胡锦涛文选》第 2 卷，人民出版社 2016 年版，第 528—529 页。

学生骨干进行集中培训和跟踪培养，为大学生理论学习树立导向。2007年10月，团中央印发《"青年马克思主义者培养工程"实施纲要》，确定重点培养对象为大学生骨干、共青团干部和青年知识分子。针对大学生骨干，主要开设理论学习、实践锻炼、志愿服务、对外交流、课题研究等课程，构建全国、省级、高校三级培养格局。团中央、各省级团学组织、高校团学组织每年对本级主要学生骨干进行培养分别不少于200人次。针对共青团干部，主要开设理论研讨、参观考察、挂职锻炼、出国培训等课程，团中央每年有计划地培训省级团委书记、副书记50人，培训地（市）级、县（市）级团委书记1000人，团的省级、地级各级领导机关负责下一级团组织班子成员的教育培训工作。针对青年知识分子，主要开设社会服务、国情考察、高端研讨等课程，重点完善全国、省（自治区、直辖市）两级青年知识分子培养网络，团中央每年至少组织开展300人次的社会服务、200人次的国情考察和200人次的高端研讨等活动，各省级团委加大对本地优秀青年知识分子的培养和团结力度。2007年5月，团中央、全国学联组建了"中国大学生骨干培养学校"。首期班从全国190所重点高校中选拔了208名学生骨干。

围绕大局着力开发人力资源

共青团紧紧围绕党政工作大局找准工作切入点、结合点和着力点，根据《全面建设小康社会进程中共青团工作战略发展规划》的要求，紧紧围绕党和国家工作大局，特别是围绕促进农民增收、西部大开发、振兴东北老工业基地、科教兴国、人才强国、可持续发展等方面的战略部署，开展有青年特点的活动，充分发挥青年在经济发展中的生力军作用。

为贯彻落实党的十六届五中全会和《中共中央国务院关于推进社会主义新农村建设的若干意见》精神，2006 年 6 月，共青团中央开始实施青春建功新农村行动，强调要切实服务农村青年增加收入，着力培养新型农村青年带头人，大力繁荣乡村青年文化，积极促进农村公共事业发展，扎实推进农村青年中心建设，提高团组织服务新农村建设的能力。以"青春建功新农村，共建和谐家园"活动为载体，以东西互助、青年能人帮扶、新型经济合作组织帮扶等形式，动员社会力量携手共建新农村。动员部分中国杰出青年农民利用自己的经验，发挥自身产业优势，直接结对一批农村青年，帮助他们发展蔬菜种植、畜牧养殖、加盟连锁店等现代农业项目和农村二三产业项目。实施中国移动文化服务项目，向农村青年赠送 100 万套科技信息挂图，开展百部电影农村青年中心巡映和百名农村青年奥运观摩活动。实施农村青年国虹发展项目，捐资 800 万元设立国虹发展基金，出资 500 万元建设 500 个农村青年服务中心，培训 500 名农村青年，资助 500 名农村青年创业发展。

围绕建设创新型国家，大力实施青少年科技创新活动。深化青年创新创效活动，积极推行"青年项目制"，举办青年创新创效大赛和成果推介转化等活动，推出一批青年创新成果。举办中国百名 IT 青年精英论坛、中国泰达生物论坛、青年科学家进校园、海外学人回国创业周等活动，组织动员青年科技工作者和海外学人为提高我国自主创新能力作贡献。举办"挑战杯"全国大学生课外学术科技作品竞赛，设立中国青少年科技创新奖励基金，开展青少年科技创新夏令营活动，引导广大青少年进行科技创新实践，促进了一大批创新型、技能型青年人才脱颖而出。

围绕促进区域经济协调发展，发挥青年人才的积极作用。积极响应国家西部大开发、振兴东北等老工业基地、促进中部崛起、加快老区建设等战略号召，组织开展青年企业家西部行、东北行、中部行、老区行等活动，引导青年企业家为促进区域经济协调发展作贡献。截至 2007 年 12 月，共组织 5330 多名青年企业家分赴内蒙古、广西、陕西、甘肃、宁夏、青海、新疆、重庆等西部地区，辽宁、吉林、黑龙江等东北老工业基地，山西、安徽、江西、湖北、湖南等中部地区及山东临沂等老区进行经贸考察，签订合同金额共计 422 亿元。积极配合中组部深化"博士服务团"活动，截至 2007 年共选派 700 名博士到中西部地区挂职锻炼。开展"科技之光"百名青年专家服务团活动，组织青年科技专家到四川等西部地区开展农业技术培训、医疗义诊等科技服务。继续实施"培养计划"，每年选派 50 名西部地区和少数民族地区团干部到东部地区挂职锻炼，组织 50 名边境地区乡镇团干部到北京、上海、江苏学习考察，为中西部地区培养人才。

在促进社会和谐中展示青春风采

共青团十五大以来，各级共青团围绕中心，服务大局，积极倡导文明新风，团结带领广大青年在实现科学发展、促进社会和谐的伟大实践中展示青春风采。

深入推进青年志愿者行动，在抢险救灾、扶贫开发、社区建设、生态环保、大型赛会等领域发挥积极作用。截至 2008 年，全国经过规范注册的志愿者达到 2511 万人，累计已有 2.68 亿人次的青年和社会公众为社会提供了超过 61 亿小时的服务，志愿服务已经成为促进社会和谐稳定的一支重要力量。参与扶贫开发是这一时期青年志愿服务的重要内容。2003 年至 2008 年，西部计划全国项目累计选派了 5 万多名志愿者赴中西部 26 省（自治区、直辖市）和其他省（自治区、直辖市）的 560 个贫困县开展志愿服务工作。北京、河北、山西等 26 个省（自治区、直辖市）自2003 年起相继实施了西部计划地方项目，累计选派了 33920 名大学毕业生到本省（自治区、直辖市）贫困乡镇开展服务。实施支教、支医、支农、青年中心建设和管理、农村党员干部现代远程教育、农村文化建设、西部基层检察院、法律援助、西部基层人民法院、开发性金融志愿服务行动、西部平安建设等 11 个专项行动。"中国青年志愿者扶贫接力计划"五年共选派 7736 名志愿者到中西部 20 个省（自治区、直辖市）236 个贫困县开展了为期半年至两年的基础教育、医疗卫生、农业科技、计算机培训等方面的志愿服务；与教育部联合开展的研究生支教团项目，从 83 所高校招募 2249 名志愿者到中西部 20 个省（自治区、直辖市）的 76 个贫困县开展支教服务。

大型赛会服务是一个亮点。数百万名青年志愿者为第十届全国运动会、中非合作论坛北京峰会、上海世界夏季特殊奥运会、中国—东盟博览会等各类国际和国内大型赛会提供了优质高效的志愿服务，集中展示了当代中国青年的崭新形象和良好素质。据北京奥组委公布的数字，2008年北京奥运会、残奥会，共动员了 150 多万名青年志愿者参与志愿服务，其中多数为年轻人。

推动青年志愿者积极参与社区建设，开展"一助一"长期结对志愿服务工作，由一名志愿者或一支志愿者服务队为一个困难家庭提供经常性服务。截至 2008 年，全国"一助一"结对已达 600 多万对。实施社区志愿服务和谐行动、志愿者为老服务金晖行动、百万青年志愿者助残行动、维护社会治安志愿者筑城行动、法律援助志愿者服务计划、禁毒志愿者行动、爱心助成长志愿服务计划等社区志愿服务专项行动。推进社区志愿者服务站点的创建工作，全国已经建成的各类志愿者服务站（服务中心、服务基地）19 万个。

共青团中央联合相关部委共同开展海（水）上救援、消防、地震应急救援等方面的志愿服务试点工作。2008 年初，数十万名青年志愿者不畏严寒，热诚奉献，广泛开展"爱心融冰雪，互助战严寒——志愿者抗雪救灾大行动"，深入车站、机场、码头、公路、社区、农村，采取多种形式开展应急救援志愿服务，为受到雨雪灾害和滞留在旅途上的群众提供帮助，以实际行动谱写了动人的青春篇章。2008 年 5 月四川汶川特大地震灾害发生后，广大青年志愿者积极响应党中央、国务院的号召，发扬勇于奉献、不怕疲劳、连续作战的精神，奔赴灾区积极开展救治和辅助救治、心理调适、卫生防疫、伤残护理、孤寡老人和儿童救助、救灾物资分发、协助维护秩序等工作；在未受灾地区，广大志愿者积极开展为灾区人民奉献爱心、义务献血、捐款捐物等活动，集中展示了青年志愿者的高尚情怀。从 2002 年起，先后有 229 名中国青年志愿者走出国门，赴老挝、缅甸、泰国、埃塞俄比亚、津巴布韦、塞舌尔、圭亚那、突尼斯等亚非拉发展中国家开展汉语教学、医疗卫生、农业科技等方面的服务，用辛勤的汗水、无私的奉献、扎实的专业知识，架起了中外友谊的新桥梁，展示了中国青年的良好风貌。

继续开展"青年文明号信用建设示范行动"。通过推广青年文明号信用评估模型、青年文明号职业实践档案等途径，组织动员 20 多万个青年文明号集体开展信用教育和信用实践，为构建国家社会信用体系作出积极贡献。联合中宣部、商务部等 7 部委继续开展"百城万店无假货"活动，在全国各大中城市组织开展"百城万店青年文明号"活动，动员青年文明号集体创新服务方式，优化服务过程，改善服务环境，提供优质、高效、便捷的服务。大力开展青年文明号促和谐行动，包括组织动员青年文明号集体开展诚信宣传，提供诚信服务，进行诚信监督，组织各级青年文明号集体主动上门为特困下岗失业青年家庭提供生活照顾、医疗保健、子女家教等服务。截至 2008 年上半年，全国各级青年文明号 30 万多个，全国青年文明号 8598 个。各级青年文明号集体已经成为传播职业文明的重要窗口。

围绕建设资源节约型和环境友好型社会，深化保护母亲河行动。开展各种主题教育活动和生态环保纪念日宣传实践活动，大力倡导绿色理念，宣传生态环保知识，建设青少年绿色家园。1998 年至 2003 年共面向海内外筹集资金 4 亿多元，建设生态环保示范林 239 万亩。加强与青少年生态环保社团的联系，引导青少年在国家重点生态环保治理区开展社会实践活动。实施"节能减排青少年行动"，宣传节能理念和知识，开展节能减排"绿手帕行动"、节约资源"四个一"等实践活动，引导青少年积极参与国家节能减排工作。保护母亲河行动得到了有关国际组织的高度评价，2005 年荣获联合国首届"地球卫士奖"①。

中国青年文化行动是推动和谐社会建设的又一重要举措。2004 年 4 月，中宣部、中央文明办、共青团中央、教育部、文化部、国家广电总局、新闻出版总署下发了《关于实施青年文化行动加强青年文化建设的通知》，共同实施中国青年文化行动。各级共青团组织按照抓引导、抓活动、抓人才、抓产品、抓产业事业的思路，积极推进中国青年文化行动，在创造青年文化精品、培养青年文化人才、引领青年文化潮流、壮大青年文化事业产业方面取得进展。导向鲜明、主题突出的重点活动有：纪

---

① "地球卫士奖"是联合国环境规划署于 2004 年创立的，旨在奖励来自亚太、非洲、拉美和欧洲等地区的杰出环保人士。2005 年 4 月 19 日，联合国环境规划署在纽约联合国总部举行颁奖典礼，授予中华全国青年联合会及其名誉主席周强等 7 人首届"地球卫士奖"。联合国副秘书长、环境署执行主任特普费尔在颁奖典礼上充分肯定了中华全国青年联合会所开展的保护母亲河行动。

念五四运动85周年"青春"晚会、"青春中华"中国青年文化周、"青春中华"中国青少年读书周、"青春中华"中国青年服装时尚周、"青春中华"中国青年欢乐节、全国青年时代风采电视大赛、"感动"中国青少年网络短信作品大赛、中国青少年书法美术大赛、"我与祖国共奋进"青年文化广场活动、深化青年文化建设研讨会等，取得广泛社会影响。深入实施共青团精神文明建设"五个一工程"，社会影响进一步扩大，共评选推出包括图书、歌曲、戏剧、电影、电视片等在内的各类优秀作品224部（首、套），优秀青年文化新人60余名，其中7部作品入选中宣部组织实施的精神文明建设"五个一工程"。

服务青年就业：从技能培训到提供岗位

进入21世纪以来，新增就业人口急剧增加，结构性就业矛盾日益凸显。中共中央要求共青团组织把促进和服务青年就业作为重要工作抓实抓好。各级共青团认真落实这一要求，扎实推进青年就业创业行动。各级团组织高扬服务旗帜，通过抓职业培训、抓中介服务、抓创业扶持、抓阵地建设、抓观念引导、抓再就业援助等有效途径，为青年提供了切实有效的就业和创业服务。2003年12月，共青团中央在山东济南召开中国青年创业行动现场推进会，推广"青春创业行动"的典型经验，会议印发《共青团中央关于深入开展"中国青年创业行动"进一步做好促进青年就业和再就业工作的意见》和《国家级青年再就业技能培训基地标准》，引导、帮助广大青年创业就业。

各级团组织争取相关政策支持，强化青年就业和再就业技能培训，推出"下岗失业青年技能培训项目"，实施"百万下岗失业青年技能培训工程"等活动，瞄准企业用工需求开展"菜单式"培训，确保了培训的实效性。2005年7月，共青团加大与国际劳工组织、国家劳动和社会保障部门的合作力度，在107个城市逐步推广国际劳工组织SYB培训项目，同时还继续加大青年就业服务力度，不断培训新项目，通过开展"温情助困进万家"活动，共提供有效就业岗位65872个。据统计，仅在2005年，经过参加共青团就业培训的43万多名青年中，有60%以上学员实现就业和再就业；截至2008年初，"中国青年就业创业行动"累计举办各类培训班4746期，培训青年116万人次。

2003年1月，全国首届下岗失业青年网上招聘大会开幕暨中国青年创业网开通仪式在北京举行。截至2007年底，依托"中国青年创业网"先后组织19届全国青年网上招聘大会，累计发布有效岗位238479个，网上访问量达到1983339人次，共有19744人次在网上直接申请职位，达成了初步的就业意向。各级共青团组织举办1377场专场招聘会，使得95万多名青年获得了关于就业指导、咨询、职业介绍等专门服务。"成功创业计划"在全国22个省（自治区、直辖市）推广，缓解了制约青年就业创业的资金"瓶颈"。"工岗快递"行动在2003年至2007年累计为青年提供中介服务约300万人次，帮助近120万人次青年实现就业和再就业。自2006年"中国青年创业小额贷款项目"开始实施，至2007年底，累计发放贷款46838万元人民币。

重点帮扶大学生就业创业是一个特点。2003年4月，共青团中央、教育部、全国学联联合下发《关于进一步做好促进高校毕业生就业工作的意见》。5月，由团中央学校部、全国学联秘书处、中国青少年发展服务中心共同主办的"彩虹工程——中国大学生创业就业信息网"正式开通。11月，团中央、全国青联在京举办青年创业国际论坛，正式启动中国青年创业国际计划。12 月 20 日至 26 日，团中央、全国青联、欧美同学会举办"科技创业、报效祖国——2003 海外留学人员回国创业周"活动。

2004 年 2 月底，共青团中央在南京召开促进农村青年转移就业工作会议，全面推进新阶段农村团的工作。5 月，团中央联合农业部、教育部、科技部、劳动和社会保障部、国务院扶贫办、民进中央等部门，共同下发了《关于实施全国农村青年转移就业促进计划的意见》，围绕农村青年技能培训、促进农村青年在农业内部转移、拓展农村青年对外输出渠道等方面出台了具体的指导意见和推进措施。据不完全统计，2004 年，全国各级团组织共培养全国农村青年创业致富带头人 1000 多名，创建省级以上农村青年转移就业培训基地 200 多个，开展农村青年技能培训 100 万人次，帮助 90 多万名农村青年实现了转移就业。2005 年，各级团组织紧密结合各地实际，创新工作方式，大力拓展转移渠道，形成了多层次、多途径、多元化的帮助农村青年转移就业的格局。全国共创建省级以上农村青年转移就业培训基地 200 多个，培训农村青年 50 多万人次，培养带头人 4 万多人，向农村青年提供岗位 35 万个，转移农村青年 30 多万人，有效地服务了农业和农村经济发展，服务了农村青年增收成才。

从"平安行动"到"为了明天工程"

共青团十五大以来，各级共青团组织稳步推进维护青少年合法权益工作，在继续深入推进"青少年维权岗"活动的同时，又大力开展预防青少年违法犯罪工作和青少年法制建设工作，着眼于建立青少年自我保护社会化机制，广泛动员社会力量积极参与保护青少年合法权益工作。继 2000年共青团中央、教育部、公安部、全国少工委共同成功开展了"少年儿童平安回家"活动的基础上，2003 年团中央又联合教育部、公安部、全国少工委启动了"中国少年儿童平安行动"。通过富有儿童情趣的"平安行动"启动、"火眼金睛"搜索、"安全隐患"曝光、"平安娃娃"自护、"平安快乐"展示等 5 部分活动，充分调动了少先队员的主动性和创造性，使得这项活动取得很好的成效。

2006 年，共青团在全国范围内开展了"为了明天——青春自护"暑期活动，以"青春拥抱和谐，自护伴我成长"为主题，动员各级团组织在暑期开展丰富多彩的活动项目。

一是围绕 12355 青少年服务台开展青少年自护教育活动，教育和引导青少年学会使用 12355 青少年服务台来寻求帮助。2006 年 9 月 8 日，全国各级共青团组织开始建立包括国家级、省级、地级市的三级"12355青少年服务台"。"12355 青少年服务台"是共青团组织以服务青少年的成长发展需求为导向，以整合服务青少年的社会资源为基础，以 12355青少年服务热线、网站等信息化服务手段为依托，在全国、省和自治区、地级以上城市建立的，为青少年提供咨询服务和有特色的实际帮助的工作平台。二是依托自护教育基地开展青少年自护教育培训，通过青少年喜闻乐见的方式向他们教授自我保护的基础知识和技能。三是面向社区青少年开展"青春自护"讲师团进社区活动，向青少年宣讲社会主义荣辱观、青少年生理和心理保健知识。四是广泛开展青少年自护技能学习竞赛活动，使青少年能够在轻松愉快的氛围中掌握必要的知识和方法，得到启迪和警示。截至 2007 年 10 月底，全国 200 多个城市开通了 12355 青少年服务热线，接受各类咨询 600 多万人次，受理青少年个案 3 万多个。

为了贯彻中共中央、国务院《关于进一步加强和改进未成年人思想道德建设的若干意见》，在中央社会治安综合治理委员会预防青少年违法犯罪工作领导小组的协调和组织下，2004年11月，共青团中央参与启动"为了明天工程"，广泛开展"青少年网络文明行动"等实践活动，以增强青少年思想道德教育的实效性、针对性，同时还开展了"为了明天——青少年法制教育宣传周"活动，对青少年进行深入扎实的法制教育，还广泛开展了针对青少年的系列禁毒宣传教育活动，创办了"中国大中学生心理健康教育在线网站"，启动"心理阳光工程"，呼吁公众关注青少年的心理健康和精神卫生问题。为了更好地贯彻和施行全国"青少年违法犯罪社区预防计划"，使之落到实处，各地团组织积极配合当地相关部门对基层单位进行指导，开展"未成年人零犯罪社区"创建活动，同时加强对闲散青少年的教育、管理和服务工作。与此同时，团中央还依托国内青少年研究机构，加强对预防青少年违法犯罪工作的调查研究、理论探讨和宣传工作。随着这项工作的深入发展，团中央会同相关部门又相继召开了"为了明天——全国流浪儿童保护工作会议"，开展了"为了明天——预防青少年违法犯罪工程"公益宣传，开展了"为了明天——全国强迫诱骗未成年人流浪乞讨整治工作"，开展了"明辨荣辱，自强奋进"社区青少年系列教育活动等，有效地配合了有关部门实施《未成年人保护法》和《预防未成年人犯罪法》工作，为预防青少年违法犯罪工作作出了一定的贡献。

2007年6月6日，共青团中央发出《关于印发"青少年维权工程"实施方案的通知》。"青少年维权工程"主要包括四方面的内容：一是参与制定和落实有关法律法规、公共政策和决策，做好青少年利益协调；二是收集和反映青少年的意愿和呼声，畅通青少年的诉求表达；三是认真细致地化解青少年利益纠纷，做好青少年矛盾调处；四是毫不妥协地与侵犯青少年合法权益的行为作斗争，加强青少年权益保障。重点做好五个工作项目：实施"青少年法制建设计划"；实施"12355维权行动"；推进"青少年维权岗在行动"活动；实施"未成年人保护行动"；深化"为了明天——预防青少年违法犯罪工程"。

港澳台与国际：青年交流范围持续延展

共青团十五大以来，青年统一战线认真贯彻中共中央关于港澳台工作的一系列方针政策，努力拓宽新渠道，搭建新平台，建立新机制，推动港澳台青少年交流工作不断迈上新台阶。坚持以青年学生为重点，以中华文化为纽带，举办"龙腾中华""两岸青年联欢节""相聚国旗下""同心同根万里行""红色之旅"等一批有声势、有规模、有影响的交流活动。2006年共接待港澳台青少年5321人次，派出290人次。2007年与港澳青少年交流总人数为8379人次，与台湾青少年交流总人数为3932名，港澳台青少年交流人数实现大幅增长。深入开展两岸青年论坛、海峡青年论坛、深港两地青年领袖大论坛、全国青联港澳特邀委员活动日等活动，邀请专家学者讲解国家发展形势，开展国情教育和政策培训，加强对港澳台地区在内地青年组织成员、港澳台青少年社团负责人、青年专家学者和学生领袖等青年才俊的服务，对青年代表人士的联络交流形式更加多样。此外，吸纳港澳台地区经贸、科技、金融等青年精英加入专业性青年社团，邀请港澳台青年专业人士参加高层论坛等活动，促进他们与内地青年开展交流。青年社团交往取得发展。进一步巩固与原有建立联系的港澳台青少年社团的交往，扩大了工作合作，同时又根据工作需要，发展与新近交往社团的合作，不断拓宽新的交流渠道。分别与港澳有关机构等合作举办社团领袖国情研习班、领导才能培训班，加强了对青年社团领袖和后备力量的培训。

青年国际交流工作认真贯彻落实党政外交方针，广泛开展同世界各国青年的友好交流，进一步巩固和发展与世界各国、各地区青年组织的友好合作关系，为增进中国青年与世界各国青年和人民之间的了解与友谊作出了积极贡献。青年对外交流事业全面发展，2003年至2007年共组派各类出访团组253批，5400人次，接待各国访华团组319批，10771人次，青年对外交流呈现出蓬勃发展势头。除巩固已有的中日、中越百名青年互访项目外，配合国家重大外交行动，相继开展了对韩国、泰国、菲律宾、印度、巴基斯坦、澳大利亚、俄罗斯、美国、法国、德国等国家的大规模青年交流活动，举办了两届"中非青年联欢节""首届中拉青年联欢节"，启动500名非洲青年访华项目等，促进了这些国家和地区年轻一代对我国的认识和了解。顺应区域经济合作在全球范围内蓬勃开展的趋势，配合中国—东盟、中国—东北亚、大湄公河次区域、中国—中亚等区域合作进程，举办中国—东盟青年系列交流活动、中日韩青少年友好会见活动、澜沧江—湄公河青年友好交流活动、上海合作组织青年友好会见活动等区域性青年交流活动。在世界青年事务交流与合作趋势不断加强、青年议题日益为各国共同关注的背景下，进一步深化与联合国在青年事务领域内的交流，积极参与亚欧会议、亚太经合组织等区域性国际组织框架下的青年交流活动，与欧洲委员会、欧洲青年论坛建立联系，树立中国青年组织的良好形象，国际项目合作不断深入。

充分利用业已形成的对外交流网络，积极调动国际国内两种资源，在青年就业、人力资源培训、环境保护以及文化、社会发展等领域实施了系列国际合作项目，取得了良好效益。与国际劳工组织、世界银行、联合国合作，在北京成立联合国青年就业网络中国项目合作办公室，在此框架内实施"中国青年创业国际计划"项目和 KAB 创业教育项目，积极引入国际资源，搭建国际交流平台，促进青年就业创业领域的信息交流、经验分享和项目合作。与联合国亚太经社理事会、联合国教科文组织、世界银行等国际组织合作，相继举办青年健康非正规教育、预防艾滋病同伴教育、青少年生活技能培训等一系列国际合作项目，扎实推进青年权益保护国际合作。人才培训国际合作有序开展，共选派 800 名团干部和青年工作者赴发达国家进行短期培训，派遣 387 名研修生赴日研修，并成功举办第三届全国青年归国研修生会议，对研修生事业未来发展进行规划和部署。实施中国青年志愿者海外服务计划，派遣青年志愿者在汉语教学、医疗卫生、农业科技、计算机培训等领域开展志愿服务。中日青年绿化合作项目不断深化，累计引进资金近 1.5 亿元人民币，造林面积近 17000 公顷。

三、在巩固的基础上推进团建创新

进入 21 世纪，市场化、网络化、全球化"三峰"叠加效应对中国经济社会尤其是青年群体产生越来越大的影响和冲击，共青团自身建设遇到了前所未有的挑战。在各级党组织的关怀和领导下，共青团主动谋划，积极作为，在巩固以往成果的基础上进一步推进团建创新。

党建带团建、组织创新与作风建设

2003 年 7 月，共青团十五大正式将党建带团建作为团的建设的基本要求写入团章，党建带团建在理论和实践两方面进入了新的发展阶段。2003 年 12 月 26 日，共青团十五届二中全会通过的《全面建设小康社会进程中共青团工作战略发展规划》提出，要以改革的精神加强和改进团的建设，坚持党建带团建，坚持以服务促建设、以服务求活跃，与时俱进，开拓创新，不断建立健全与社会主义市场经济发展相适应的基层团组织体系和运行机制。为此，着眼于推动基层的党建带团建工作，《规划》提出在基层要以落实"五带一优化"①为重点，使团的建设纳入党的建设总体规划，做到一同研究、一同部署、一同考核、一同落实。同时逐步建立健全党建带团建工作责任制度、联席会议制度、工作考核制度和团建工作情况通报制度，推动党建带团建工作机制的建立完善，为新形势下加强党建带团建工作指明了方向。2003 年至 2008 年共推荐 486 万名优秀团员加入党组织，"推优"入党工作取得了明显的进展。

在各级党组织的带领和推动下，各级团组织大力开展基层团建基础工程，积极探索与社会主义市场经济发展相适应的组织体系和运行机制，大力推动团建创新，突出重点领域，狠抓薄弱环节，巩固传统领域基层组织体系，推进新兴领域基层团建工作，着力构建新型基层共青团和青年工作网络，进一步扩大对团员青年的广泛覆盖和有效联系，提高团组织的学习能力和服务能力，扩大团内民主，不断完善团的运行机制，把团的基层组

---

① "五带一优化"，即带思想建设、带组织建设、带班子建设、带队伍建设、带工作发展、优化工作条件。

织建设成为运转有序、管理规范、充满活力的坚强集体，建设一支党放心、青年满意的团干部队伍和一支先进性强、模范作用突出的团员队伍，为开创共青团事业新局面提供有力的组织保障。

在组织创新中，适应经济社会结构和青年群体分布的变化，基层团组织突破了以单位为依托、与党政建制相对应的传统组织模式，实行了联合建团、依托建团、挂靠建团、社区建团、网上建团等多种建团新形式，农村团组织也按照"强乡带村"的思路，合理调整了基层团组织的设置和架构，加强了集中整顿和建设。《军队共青团工作条例》的颁发，推进了全军和武警部队共青团工作的科学化、制度化、规范化。全团带队工作得到深入推进，少年儿童工作出现不断创新的新局面。

在团员管理方面，突出以人为本、强化服务的思想，积极探索加强和改进流动团员管理与服务工作，通过建立流入地与流出地团组织的工作联动衔接机制，建立动态、开放和协作式的流动团员管理机制，并采取了多重组织覆盖的新型组织管理方式，积极探索和实施了电子团员证制度，广泛运用互联网等现代科技手段联系和管理团员，使得团组织的向心力和凝聚力进一步增强，团员流失现象得到一定程度的控制。由于创建"五四红旗团委"活动逐步深化，县（市）团委、基层团委和团支部三级联创活动的广泛开展，有力地促进了基层团建整体水平的提高。同时，通过不断加大社区和非公有制经济组织和新型社会组织的建团力度和团员发展工作力度，继续做好农村、中学团员发展工作，使得团员队伍保持基本稳定。截至2007年底，全国共有团员7543.9万名，比2002年底增加557.9万名，增长8%。

作风建设作为共青团一项长期的任务，任何时候都不能松懈。适应时代和社会发展和共青团工作发展的要求，共青团进一步加大团干部作风建设和团干部培养工作的力度。在 21 世纪初，团中央又先后下发了《2002—2005 年全国团干部教育培训规划》《共青团中央关于学习贯彻〈干部教育培训工作条例（试行）〉的实施意见》和《2006—2010 年全国团干部教育培训规划》等文件，在全团实施的"百千万"教育培训工程，教育引导广大团干部全面贯彻落实党的路线、方针和政策，自觉用中国特色社会主义理论体系武装头脑、指导实践、推动工作，以提高团干部队伍整体素质。在开展对团干部培训的同时，团中央还根据党中央的要求，不断开展加强团干部作风建设的工作。

2007 年 3 月，共青团中央在北京召开常委（扩大）会议，深入学习贯彻胡锦涛总书记在中央纪委第七次全会上的重要讲话和在参加全国政协十届五次会议工会、共青团、妇联界委员联组会时的重要讲话精神，部署加强团干部作风建设。会议强调新形势下加强团干部作风建设的重要性和紧迫性，全面剖析了在团干部中存在的一些突出的作风问题，对深入学习贯彻胡锦涛总书记重要讲话精神，切实加强团干部作风建设提出了明确的要求。会议通过《共青团中央关于进一步加强团干部作风建设的决议》，要求广大团干部注重深入实际、调查研究，树立求真务实的工作作风，树立勤政廉政的工作态度，自觉增强贯彻落实科学发展观的自觉性和坚定性。

增强团员意识主题教育活动

2004 年 11 月 7 日，中共中央下发《关于在全党开展以实践"三个代表"重要思想为主要内容的保持共产党员先进性教育活动的意见》，决定自 2005 年 1 月至 2006 年 6 月在全党开展以实践"三个代表"重要思想为主要内容的保持共产党员先进性教育活动。党员先进性教育试点的开展，为开展增强共青团员意识主题教育活动提供了契机。2004 年 12 月 7 日，共青团中央向党中央书记处汇报工作时，提出将增强共青团员意识主题教育活动作为 2005 年的重点工作，党中央书记处给予了充分肯定，并要求全团认真开展好增强共青团员意识主题教育活动。

2004 年 12 月 17 日，共青团十五届三中全会作出了《关于进一步加强团的基层组织建设的决定》，提出：

> 深入开展以学习实践"三个代表"重要思想为主要内容的增强团员意识教育活动。要加强对团员进行党的基本理论、基本路线、基本纲领和基本经验教育，坚定团员永远跟党走的信念，进一步增强团员的政治意识。加强团员的组织生活观念、组织纪律教育，进一步增强团员的组织意识。深入开展"戴团徽、唱团歌、举团旗"主题教育、志愿服务等形式多样的活动，进一步增强团员的模范带头意识。坚持正面教育，充分发挥团属新闻舆论阵地、青少年活动阵地、网络阵地在团员意识教育中的作用，多渠道教育团员。尊重团员在教育中的主体地位，进一步丰富团员意识教育的内容和方式，把团员意识教育贯穿到团员发展、团员评议、组织生活等各项工作中去，实现团员意识教育经常化、制度化。[①]

2005 年 6 月底，共青团全国基层组织建设工作会议在河南郑州召开，

---

① 共青团中央编：《中国共青团年鉴（2004）》，中国青年出版社 2005 年版，第 432 页。

会议对开展增强团员意识教育活动提出了要求。7 月 12 日，共青团中央正式印发了《关于在全团开展以学习实践"三个代表"重要思想为主要内容的增强共青团员意识主题教育活动的意见》，决定从 2005 年 9 月到 12 月，在全团部署开展增强共青团员意识主题教育活动。会议提出了增强共青团员意识主题教育活动的指导思想：

> 要以邓小平理论和"三个代表"重要思想为指导，深入贯彻党的十六大和十六届三中、四中全会精神，全面落实团十五大和团十五届三中全会确定的目标任务，紧密结合共青团和青年工作实际，以学习实践"三个代表"重要思想为主线，以"永远跟党走"为主题，切实增强广大共青团员的政治意识、组织意识和模范意识，解决基层团组织存在的突出问题，不断增强团组织的创造力、凝聚力和战斗力，进一步巩固和扩大党执政的青年群众基础。①

该意见还提出了教育活动的目标是实现"增强意识、健全组织、活跃工作"。2005 年 8 月 24 日，团中央在京召开了全国增强共青团员意识主题教育活动电视电话会议，全面启动了增强共青团员意识主题教育活动。

为确保教育活动扎实开展，取得实效，中共中央保持共产党员先进性教育活动领导小组和大部分省级党委将增强共青团员意识主题教育活动作为党的先进性教育活动的组成部分，纳入先进性教育活动的总体部署之中，统一安排，统一要求。切实加强对增强共青团员意识主题教育活动

---

① 共青团中央编：《中国共青团年鉴（2005）》，中国青年出版社 2006 年版，第 458—459 页。

的领导，确保教育活动取得实效。

各级团组织通过多种方式，广泛宣传，深入动员，充分利用报刊、电视、广播、互联网等各种媒体，开展全方位、多角度、立体化宣传，努力扩大教育活动在团员青年和全社会中的影响，为教育活动营造了浓厚的氛围。新华社、《人民日报》、中央电视台等中央主要新闻媒体都对教育活动进行了报道。《中国青年报》编发了4期评论员文章，开辟了"永恒的青春"等专栏，先后刊发了50多篇报道。《解放军报》以及各地主要新闻媒体也多次报道了开展教育活动的情况，这种力度在共青团的宣传工作中可以说是前所未有的。团中央在中青网上制作的教育活动专题网站，点击量达30多万人次。有的地方开展了"组织找团员、团员找组织"的"两找"活动，"给外出务工团员打一个亲情电话、发一封家信"等活动，力求使教育活动覆盖到每一个基层团组织，覆盖到每一名团员。广泛宣传，深入动员，基本实现了全面覆盖、广泛参与的工作要求。

2005年9月29日至30日，中华人民共和国成立56周年前夕，全团统一开展了"青春献祖国"主题团日活动，在全国2000多个主会场、5000多个分会场，数千万团员参加了团员宣誓、志愿服务、文艺演出等多种形式的团日活动，声势浩大，影响广泛，在广大团员青年中进一步弘扬了以爱国主义为核心的伟大民族精神。在开展全团性主题实践活动的同时，各地也结合实际开展了富有特色的主题活动。例如，北京开展了"青春迎奥运，团徽耀京城"活动；上海开展了"国旗迎朝霞，青春献祖国"活动；团黑龙江省委针对不同战线，在青工系统开展了"增强团员意识，提升青工技能，争当创业先锋"活动；团海南省委组织各行业优秀青年人才组成巡回报告团；胜利油田团委开展"奉献在岗位"系列活动；重庆市开展了团日活动创意设计大赛。这些主题实践活动切合地方实际，符合青年特点，受到广大团员青年的广泛欢迎，取得了较好效果。

全团开展增强共青团员意识主题教育活动，是共青团组织贯彻保持共产党员先进性教育活动要求、巩固党的青年群众基础的一项重要措施，也是加强团员队伍建设、加强团的组织建设的一项重要措施。活动涉及各行各业、各条战线的近 300 万个团组织、700 多万名共青团员，是改革开放以来共青团组织开展的规模最大、人数最多、涉及面最广的一次团员教育活动。

青年中心：组织青年新载体的有益探索

为了创新青年中心的运行机制，以增强基层团组织的生机与活力，2003 年 8 月，共青团中央开始在全国城乡社区推广青年中心建设活动。青年中心是在共青团领导下，面向广大青年，以联系、服务、引导青年为目的，以会员制、理事会制为主要运作方式的新型城乡社区青年组织。2003 年 8 月，全国农村青年中心建设试点工作推进会在浙江省台州市召开。会议期间，先期进行农村青年中心建设试点工作的浙江省台州市、辽宁省沈阳市、山西省灵丘县等地团组织交流了各地的做法和经验。为了加强对建立青年中心工作的领导，2003 年 11 月，共青团中央成立农村青年中心指导处。2005 年 11 月 11 日，团中央下发了《关于实施"城市青年中心建设推进计划"的通知》，要求各地团委进一步加强城市青年中心基础建设和项目建设，实施配备专职社会工作者等 10 项举措，并通过宣传推广、争取政策、项目扶持等措施大力推动城市青年中心建设。通过广泛试点，稳步推进农村青年中心建设的理论研究和实践探索。到2003 年 12 月底，全国已有 29 个省（自治区、直辖市）202 个县（市、区）开展了试点工作，建成农村青年中心 520 个；2004 年达到 1700 多个，2005 年增长到 3000 个。北京、上海、山东、浙江、福建、广东、广西等地城市青年中心陆续挂牌成立。到 2004 年，全国已挂牌成立了 1400 个城市青年中心；2005 年则达到 2400 多个，天津、青岛、南宁等城市已经达到 100% 的建设率。到 2007 年 12 月，全国共建立青年中心 8000 余个，并初步形成了一支以青年志愿者为主体的青少年事务工作队伍。

青年中心建设对于共青团服务青年，团结凝聚广大青年，参与构建社会主义和谐社会，发挥了一定的作用。伴随青年中心建设的发展，上海、江苏等地的团组织在协助政府管理青年事务方面也进行了新的探索。上海闸北和闵行两区在政府设立了青年事务局，浦东开发区设立了青年事务署。上海和江苏还分别制定了青少年"十一五"发展规划，并列入了省（市）国民经济和社会发展的规划纲要，在推动青年事务管理和协调机制方面迈出了新的步伐。

加强共青团能力建设

党的十六大提出加强党的执政能力建设，提高党的领导水平和执政水平。2004 年 9 月，党的十六届四中全会在总结了中国共产党 55 年执政经验的基础上，重点研究了党的执政能力建设问题，并作出了《中共中央关于加强党的执政能力建设的决定》。这是中国共产党历史上第一个全面总结党的执政经验、指导全党肩负起执政兴国历史使命的纲领性文件。2004 年 12 月，中共中央书记处听取团中央书记处工作汇报时对共青团 2005 年的工作提出明确要求：要围绕加强党的执政能力建设，切实提高共青团的服务能力、学习能力、凝聚能力、合作能力，增强团组织的吸引力和战斗力，将广大团员青年紧密团结在党的周围，巩固和扩大党长期执政的青年群众基础。

2004 年 12 月，共青团十五届三中全会专题研究了加强共青团能力建设问题。全会认为，共青团贯彻落实党的十六届四中全会精神，就是要充分认识到党加强执政能力建设的重要性和紧迫性，围绕和服务党的执政能力建设，按照党对青年群众工作提出的新要求，大力加强自身的能力建设。会议指出：

我们党要完善自己的执政方式，实行科学执政、民主执政、依法执政，加强政治、思想和组织领导，进一步做好总揽全局、协调各方的工作，就必须特别重视群众团体在国家政治、经济和社会生活中不可替代的重要位置，切实加强和改善对群众团体的统一领导，充分发挥群众团体在联系群众方面的桥梁纽带作用和在巩固国家政权方面的社会支柱作用。

青年是整个社会中一部分最积极最有生气的力量，昭示着国家的未来和民族的希望。做好青年群众工作，与我们党长期执政、党的事业长盛不衰息息相关。各级团组织和广大团干部一定要从关系党的执政能力建设全局的高度，充分认识做好新形势下共青团工作的重要性，进一步增强责任感和使命感，不断把共青团事业推向前进。[1]

①　共青团中央编：《中国共青团年鉴（2004）》，中国青年出版社 2005 年版，第 24—25 页。

关于加强共青团能力建设的总体目标，会议强调：

> 紧紧围绕和服务加强党的执政能力建设的总体要求，积极适应青年变化和社会变革，切实增强共青团的服务能力、凝聚能力、学习能力、合作能力，努力把共青团建设成为贯彻"三个代表"重要思想的组织者、推动者和实践者，成为党的得力助手和可靠后备军，成为具有强大吸引力、凝聚力和战斗力的组织。①

根据团十五届三中全会的部署，共青团在能力建设上切实抓好增强服务能力、凝聚能力、学习能力、合作能力，核心抓好共青团的服务能力建设。

互联网助力团的建设

互联网已经成为青年生活中不可或缺的一部分，共青团积极探索网络化手段，最大限度地扩大服务工作的覆盖面。通过推出具有金融卡和服务卡综合功能的青年卡，为青少年的学习、工作和生活提供便利，密切团组织与青年的联系。通过推进中青网、共青团县县上网工程等措施，进一步加强共青团信息化建设，从而把组织、工作和阵地有机地贯穿起来，更广泛、更有效、更及时地覆盖青年、引导青年和服务青年。

从团中央到各省市团委，共同实施青少年网络建设工程。充分发挥

---

① 共青团中央编：《中国共青团年鉴（2004）》，中国青年出版社 2005 年版，第 109 页。

网络的教育引导功能，把握青年思想动态，努力掌握青少年网络舆论引导的主动权。加强中青网、中国共青团网、中青在线和中少在线等网站建设，完善青少年网络信息服务平台。建好"民族魂""血铸中华"等爱国主义网站，开展"网上祭英烈，共铸中华魂"活动，激发了广大青少年网民的爱国热情和民族精神。大力倡导文明上网，配合有关部门净化网络环境，积极营造"绿色网络空间"。开展帮助未成年人戒除网瘾行动、青少年绿色网络行动、未成年人网络工程等活动，引导青少年文明上网、健康上网。

四、新时期党的政治要求与共青团的根本职责

中国共产党历来高度重视巩固和扩大青年群众基础。在革命、建设和改革的各个时期，党始终紧紧团结青年，青年始终跟随党前进。党的事业离不开青年，青年的健康成长更离不开党的领导。不断巩固和扩大党长期执政的青年群众基础，是加强党的执政能力建设的重要任务，是构建社会主义和谐社会的重要内容。共青团是党的助手和后备军，这一特殊政治关系决定了在党加强执政能力的建设中共青团必须有所作为。

党的十七大指明方向

2007 年 10 月，中国共产党在北京召开第十七次全国代表大会。这次大会是在中国改革发展关键阶段召开的一次非常重要的会议。胡锦涛

在《高举中国特色社会主义伟大旗帜，为夺取全面建设小康社会新胜利而奋斗》的报告中，分析了国际国内形势的新变化，鲜明回答了党在改革发展关键阶段举什么旗、走什么路、以什么样的精神状态、朝着什么样的发展目标继续前进的重大问题，对继续推进改革开放和社会主义现代化建设、实现全面建设小康社会的宏伟目标作出了全面部署，是中国共产党团结带领全国各族人民坚定不移走中国特色社会主义道路、在新的历史起点上继续发展中国特色社会主义的政治宣言和行动纲领，是马克思主义的纲领性文献，为新形势下做好党的青年群众工作指明了方向。

党的十七大对全面实现小康社会奋斗目标提出了新的要求：增强发展协调性，努力实现经济又好又快发展；扩大社会主义民主，更好保障人民权益和社会公平正义；加强文化建设，明显提高全民族文明素质；加快发展社会事业，全面改善人民生活；建设生态文明，基本形成节约能源资源和保护生态环境的产业结构、增长方式、消费模式。这一新的要求，为共青团团结带领广大青年为经济社会发展作贡献提供了重要遵循。

党的十七大确立了科学发展观的历史地位，并将科学发展观载入党章，实现了党的指导思想又一次与时俱进，为共青团事业的发展提供了新的行动指南。

大会报告在第六部分"坚定不移发展社会主义民主政治"中指出：

支持工会、共青团、妇联等人民团体依照法律和各自章程开展工作，参与社会管理和公共服务，维护群众合法权益。[1]

---

[1] 胡锦涛：《高举中国特色社会主义伟大旗帜，为夺取全面建设小康社会新胜利而奋斗》（2007年10月15日），《胡锦涛文选》第2卷，人民出版社2016年版，第636页。

共青团十六大与两个"全体青年"要求

2008 年 6 月 10 日至 13 日，中国共产主义青年团第十六次全国代表大会在北京人民大会堂举行。这次大会是在全党全国各族人民深入学习贯彻中共十七大精神的形势下召开的一次重要会议，是全国各族团员青年政治生活中的一件大事。召开这次大会是为了进一步动员广大团员青年，紧密团结在以胡锦涛同志为总书记的党中央周围，高举中国特色社会主义伟大旗帜，以邓小平理论和"三个代表"重要思想为指导，深入贯彻落实科学发展观，为夺取全面建设小康社会新胜利而努力奋斗。

胡锦涛、吴邦国、温家宝、贾庆林、李长春、习近平、李克强、贺国强、周永康[①] 等党和国家领导人出席大会开幕式，中共中央政治局常委李长春代表党中央致题为《在发展中国特色社会主义的伟大征程上创造新的青春业绩》的祝词。祝词指出：

要牢牢把握党对共青团提出的根本要求。在我们党成为执政党并长期执政的历史背景下，党对共青团的根本要求就是不断巩固和扩大党执政的阶级基础和群众基础。把握这一根本要求，共青团必须坚持用马克思主义中国化最新成果教育广大青年，努力培养一大批坚定的青年马克思主义者；必须坚持用党的先进性吸引广大青年，加强对青年的教育、锻炼和培养，为党源源不断

---

① 2014 年 12 月，鉴于周永康严重违纪，中共中央经立案审查后决定给予其开除党籍处分。2015 年 6 月，周永康因受贿、滥用职权、故意泄露国家秘密罪被天津市第一中级人民法院判处无期徒刑，剥夺政治权利终身。

地输送新鲜血液；必须坚持竭诚服务青年，密切联系青年，努力把广大青年紧紧团结在党的周围。

要把推动科学发展、促进社会和谐作为共青团工作的重要任务。推动科学发展、促进社会和谐是党和国家的重大任务，同样应当成为共青团的重要任务。共青团要认真思考和把握推动科学发展、促进社会和谐对自身工作的新要求，紧紧围绕这一重要任务来谋划、推进工作，采取切实有效的措施，团结带领广大青年在推动科学发展中大显身手，在促进社会和谐中发挥作用。

要以改革创新精神推进共青团工作和建设。共青团要主动适应我国经济社会的深刻变革和当代青年在思想观念、行为方式、群体分布等方面呈现的新特点，在工作思路、工作方式、自身建设上不断创新，在强化基层基础、稳步推进团内民主等方面积极探索，不断扩大团的工作的覆盖面和影响力。[1]

陆昊代表共青团第十五届中央委员会作了题为《高举中国特色社会主义伟大旗帜团结带领广大青年为夺取全面建设小康社会新胜利而奋斗》的报告。报告主要阐述了过去5年的工作、改革开放进程中的中国青年、新时期共青团的光荣职责、组织动员青年为全面建设小康社会作贡献、用社会主义核心价值体系教育引导青年、把服务青年工作提到一个新水平、代表和维护好青少年的合法权益、以改革创新精神推进团的建设8个主题。会议提出，全团要全面贯彻党的十七大精神，高举中国特色社

---

① 李长春：《在发展中国特色社会主义的伟大征程上创造新的青春业绩——在中国共产主义青年团第十六次全国代表大会上的祝词》（2008年6月10日），《人民日报》2008年6月11日第1版。

会主义伟大旗帜，以邓小平理论和"三个代表"重要思想为指导，深入贯彻落实科学发展观，牢记使命，坚定信念，开拓创新，锐意进取，团结带领广大青年为夺取全面建设小康社会新胜利而奋斗。会议要求全团紧紧围绕履行根本职责，坚持先进性与群众性的统一，充分发挥党的助手和后备军作用、国家政权的重要社会支柱作用、党和政府联系青年群众的桥梁和纽带作用，切实做好组织青年、引导青年、服务青年和维护青少年合法权益的工作。

大会还通过了关于《中国共产主义青年团章程（修正案）》的决议。大会一致同意把深入贯彻落实科学发展观写入团章。大会认为，科学发展观是同马克思列宁主义、毛泽东思想、邓小平理论和"三个代表"重要思想既一脉相承又与时俱进的科学理论，是国家经济社会发展的重要指导方针，是发展中国特色社会主义必须坚持和贯彻的重大战略思想。作为党的助手和后备军，共青团必须深入贯彻落实科学发展观，自觉用科学发展观武装头脑、指导实践、推动工作。大会一致同意在团章中对共青团的奋斗目标、现阶段的基本任务进行充实，一致同意在团章中强调团的建设必须坚持改革创新精神。

在2008年6月13日召开的共青团十六届一中全会上，经差额选举产生了由27人组成的团十六届中央委员会常务委员会，同时选举陆昊为团十六届中央委员会书记处第一书记，杨岳、王晓、贺军科、卢雍政、罗梅、汪鸿雁为书记处书记。

6月14日上午，中共中央总书记胡锦涛在中南海怀仁堂同团中央新一届领导班子成员和团十六大部分代表座谈，中央政治局常委李长春，中央政治局常委、中央书记处书记、国家副主席习近平出席座谈会。胡锦涛在讲话中指出：

共青团是党领导的先进青年的群众组织，是党的助手和后备军。自建团以来，共青团始终以党的政治纲领为奋斗目标，以党的指导思想为行动指南，以党的中心任务为神圣使命，为实现党在不同时期的历史任务作出了突出贡献。在现阶段，党需要共青团更好地团结带领广大团员青年，为实现全面建设小康社会的奋斗目标而不懈努力。各级团组织一定要发扬"党有号召、团有行动"的优良传统，把广大青年紧紧团结在党的周围，为实现党的任务努力奋斗，保证党的事业兴旺发达、后继有人。要不断完善工作思路，在深入研究当代青年基本特征的基础上，找准工作位置，丰富工作内容，创新工作手段，努力形成服务党的事业、服务青年群众有机统一的工作格局。要全面履行职能作用，着眼新的形势和任务，进一步提高组织青年、引导青年、服务青年、维护青少年合法权益的能力和水平。[①]

讲话进而提出两个"全体青年"的工作要求：

要大力加强自身建设，坚持眼睛向下、重心下移，力争使团的基层组织网络覆盖全体青年，使团的各项工作和活动影响全体青年，切实增强团组织的创造力、凝聚力、战斗力，更好地发挥共青团作为党联系青年的桥梁和纽带的作用。[②]

---

① 共青团中央编：《中国共青团年鉴（2008）》，中国青年出版社 2009 年版，第 4 页。
② 共青团中央编：《中国共青团年鉴（2008）》，中国青年出版社 2009 年版，第 5 页。

讲话还对全国青年提出"要坚定理想信念""要勤奋刻苦学习""要勇于艰苦创业""要培养高尚品德"四点希望，强调广大青年一定要认清历史使命，勇担时代重任，用坚定的信念、顽强的意志、持续的奋斗，为夺取全面建设小康社会新胜利、开创中国特色社会主义事业新局面贡献更大力量、赢得更大光荣。

《共青团工作五年纲要（2009—2013）》

2008年12月，共青团十六届二中全会在北京召开。会议的主要任务是：高举中国特色社会主义伟大旗帜，以邓小平理论和"三个代表"重要思想为指导，深入贯彻落实科学发展观，认真贯彻落实党的十七大、十七届三中全会和中央经济工作会议精神，围绕团十六大提出的各项任务，研究和部署明年和今后五年的工作，努力推动共青团工作实现新发展。会议传达学习了中共中央书记处对共青团工作的重要指示精神，学习了王兆国同志在全会上的重要讲话，审议通过了《共青团工作五年纲要（2009—2013）》。这份纲要明确了今后五年共青团工作的总体思路：

全面贯彻党的十七大精神，高举中国特色社会主义伟大旗帜，坚持以邓小平理论和"三个代表"重要思想为指导，深入贯彻落实科学发展观，认真落实团十六大的总体部署，在组织青年方面，以加强团的基层组织建设和基层工作为突破口，着力增强对广大青年的吸引和凝聚，团结带领广大青年为经济社会发展作贡献；在引导青年方面，针对不同领域、不同年龄段青少年思想意识的关键点，探索有效教育引导方式，坚定广大青少年跟党走中国特色社会主义道路的理想信念；在服务青年方面，把促进青年就业创业作为重中之重；在维护青少年合法权益方面，积极探索维护青少年普遍性利益诉求的方式和渠道。[①]

会上，共青团中央书记处第一书记陆昊报告了团十六大以来的主要工作情况，阐述了关于当前共青团工作和建设若干重大问题的思考和思路，对《共青团工作五年纲要（2009—2013）》作了说明，就下一年全团重点工作进行了部署。

重大纪念节点党的要求

2009年5月4日，纪念五四运动90周年大会在北京人民大会堂举行。党和国家领导人胡锦涛、吴邦国、温家宝、贾庆林、李长春、习近平、李克强、贺国强等出席大会。中共中央政治局常委李长春代表中共中央在大会上讲话。讲话强调，在新的历史条件下，当代青年要进一步弘扬五四精神，按照胡锦涛总书记提出的要求，把爱国主义作为始终高扬的光辉旗帜，把勤奋学习作为人生进步的重要阶梯，把深入实践作为成长成才的必由之路，把奉献社会作为不懈追求的优良品德，努力成为理想远大、信念坚定的新一代，品德高尚、意志顽强的新一代，视野开阔、知识丰富的新一代，开拓进取、艰苦创业的新一代，切实肩负起时代赋予的光荣使命。对于共青团的使命和工作，讲话指出：

---

① 共青团中央编：《中国共青团年鉴（2008）》，中国青年出版社2009年版，第210页。

共青团是党领导的先进青年的群众组织，团结带领各族青年为党的事业而奋斗是共青团的光荣任务。长期以来，共青团组织紧紧围绕党在不同历史时期的中心任务，团结带领青年积极投身中国革命、建设和改革的伟大事业，充分发挥了党的助手和后备军作用。在新的历史条件下，共青团组织要牢牢把握不断巩固和扩大党执政的阶级基础和群众基础这一根本要求，认真研究和解决共青团工作面临的新情况新问题，切实履行好团结青年、组织青年、引导青年、服务青年和维护青少年合法权益的职能，不断创新工作思路，丰富活动载体，打牢组织基础，努力把广大青年紧紧团结在党的周围。①

2011 年 7 月 1 日上午，庆祝中国共产党成立 90 周年大会在北京人民大会堂隆重举行。党和国家领导人吴邦国、温家宝、贾庆林、李长春、习近平、李克强、贺国强等出席大会。中共中央总书记胡锦涛在会上发表重要讲话，回顾中国共产党 90 年的光辉历程和取得的伟大成就，总结党和人民创造的宝贵经验，提出新的历史条件下提高党的建设科学化水平的目标任务，阐述了在新的历史起点上把中国特色社会主义伟大事业全面推向前进的大政方针。胡锦涛在讲话行将结束之时，特别强调：

回顾我们党九十年的发展历程，我们有一个共同的感觉，这

---

① 共青团中央编：《中国共青团年鉴（2009）》，中国青年出版社 2010 年版，第 11 页。

就是，我们党从成立之日起，就始终代表广大青年、赢得广大青年、依靠广大青年。我们党的创始人之一李大钊说过，为世界进文明，为人类造幸福，以青春之我，创建青春之人类。我们党的创始人，一代又一代中国共产党人，大多数都是从青年时代就满腔热血参加了党，决心为党和人民奋斗终生。我们党的队伍里始终活跃着怀抱崇高理想、充满奋斗激情的青年人，这是我们党历经九十年风雨而依然保持蓬勃生机的一个重要保证。青年是祖国的未来、民族的希望，也是我们党的未来和希望。全党都要关注青年、关心青年、关爱青年，倾听青年心声，鼓励青年成长，支持青年创业。党对青年寄予厚望，人民对青年寄予厚望。全国广大青年一定要深刻了解近代以来中国人民和中华民族不懈奋斗的光荣历史和伟大历程，永远热爱我们伟大的祖国，永远热爱我们伟大的人民，永远热爱我们伟大的中华民族，坚定理想信念，增长知识本领，锤炼品德意志，矢志奋斗拼搏，在人生的广阔舞台上充分发挥聪明才智、尽情展现人生价值，让青春在为党和人民建功立业中焕发出绚丽光彩。[1]

2012 年 5 月 4 日下午，纪念中国共产主义青年团成立 90 周年大会在北京人民大会堂隆重举行。此次大会由时任中共中央政治局常委、国家副主席习近平主持。党和国家领导人胡锦涛、吴邦国、温家宝、贾庆林、李长春、习近平、李克强、贺国强等出席了大会。共青团中央书

---

[1] 胡锦涛：《在庆祝中国共产党成立九十周年大会上的讲话》（2011 年 7 月 1 日），《胡锦涛文选》第 3 卷，人民出版社 2016 年版，第 543 页。

记处第一书记陆昊，青年典型代表、武汉理工大学管理学院青年教师郎坤，中华全国总工会副主席、书记处第一书记王玉普先后在纪念大会上发言。

中共中央总书记胡锦涛发表重要讲话。讲话对有着90年历史的共青团给予了高度评价：

> 90年来，共青团组织始终发扬"党有号召、团有行动"的优良传统，自觉围绕党在各个历史时期的中心任务，发挥自身优势，团结带领广大团员青年，推动中国青年运动始终沿着与民族同命运、与祖国共奋进、与时代齐发展的方向前进。特别是改革开放以来，共青团组织主动适应新形势新任务，积极探索、大胆创新，组织带领广大青年为改革开放和社会主义现代化建设赤诚奉献，开创了共青团事业发展新局面。实践充分表明，共青团不愧是党的忠实助手和后备军，不愧是党联系青年的牢固桥梁和纽带，不愧是社会主义国家政权的重要社会支柱。[①]

讲话指出，当代青年是无比幸运的一代，又是责任重大的一代。祖国发展的巨大成就为青年成长进步创造了良好条件，祖国建设的艰巨任务为青年大展身手提供了广阔舞台。广大青年要以邓小平理论和"三个代表"重要思想为指导，深入贯彻落实科学发展观，牢记光荣使命，珍惜宝贵机遇，以坚定的信念、宽广的胸怀、创造的激情、务实的态度，踊跃投身改革开放和社会主义现代化建设伟大实践，努力做科学发展的奋力推动

---

① 共青团中央编：《中国共青团年鉴（2012）》，中国青年出版社2013年版，第3—4页。

者、和谐社会的积极构建者，用自己的双手为全面建设小康社会、建成富强民主文明和谐的社会主义现代化国家奉献力量，谱写中国青年运动浓墨重彩的新篇章。

对于当代共青团如何发挥基本功能，讲话特别强调：

共青团作为党领导的先进青年的群众组织，肩负着团结带领广大青年为党和人民事业而奋斗的光荣任务。共青团组织一定要适应新形势，以改革创新精神推进各项工作和自身建设，更好履行组织青年、引导青年、服务青年、维护青少年合法权益的职能，不断提高共青团工作科学化水平。要着力把牢正确政治方向，把党的理论路线方针政策和中央决策部署贯彻落实到共青团各项工作中去，增强青年思想政治工作的针对性和实效性，引导广大团员青年真心实意紧跟党走中国特色社会主义道路。要着力提高服务青年能力，把为青年服务作为共青团一切工作的出发点和落脚点，为广大团员青年学习、工作、生活提供实实在在的帮助，让他们真正感受到党和政府的关怀、团组织的关爱。要着力创新活动方式，把贴近实际、贴近生活、贴近青年作为开展工作的重要原则，提高团的活动对广大团员青年的吸引力和感召力，推动共青团工作提升整体水平、实现全面活跃。要着力夯实基层基础，把加强团的基层建设当作全团的重点工程来抓，增强基层活力和战斗力，努力使团的基层组织网络覆盖全体青年，使团的各项工作和活动影响全体青年。广大团干部是推动共青团事业发展的骨干力量，要以增强政治意识、提高业务本领、转变工作作风、坚持严格自律为重点，加强团干部队伍建设，努力

打造一支让党放心、让青年满意的高素质团干部队伍。[①]

为了贯彻落实胡锦涛总书记在纪念中国共产主义青年团成立90周年大会上的重要讲话精神，2012年5月11日至12日，由团中央青运史工作指导委员会、团中央宣传部、中国青少年研究中心主办的纪念中国共青团成立90周年理论研讨会在北京举行。团中央书记处第一书记陆昊出席会议并讲话。陆昊指出，胡锦涛总书记在五四重要讲话中指出，共青团要以改革创新精神推进各项工作和自身建设，不断提高共青团工作科学化水平。全团要深刻认识到，重视和加强理论研究和思考，积极推进共青团工作创新，是党中央对共青团工作的一贯要求，既是共青团学习和发扬党的思想路线和理论品格的生动体现，也是新形势下共青团推进实践探索、破解现实挑战的客观要求。

五、为夺取全面建设小康社会新胜利而奋斗

新世纪新阶段，中国共青团面临三大挑战：一是党的历史方位变化对共青团组织功能的挑战，二是政治文化的世俗化趋势对共青团引领青年思想的挑战，三是移动互联带来的一系列加速变迁对共青团产生全方位挑战。各级团组织紧紧围绕巩固和扩大党执政的青年群众基础，团结带领

---

① 共青团中央编：《中国共青团年鉴（2012）》，中国青年出版社2013年版，第6页。

青年为实现中华民族伟大复兴而奋斗这一根本职责，切实做好组织青年、引导青年、服务青年和维护青少年合法权益的工作。

正面引导与分类引导

坚持正面引导是青少年思想教育工作的基本要求，而广泛开展各类主题教育实践活动是正面引导青少年的基本途径，有利于形成青少年思想教育工作的强大声势和良好氛围，增强工作普遍性。2008年至2013年，共青团抓住新中国成立60周年、建党90周年、党的十八大召开、建团90周年等重大契机，通过组织宣讲报告会、动员基层团队组织学习、发挥青年典型示范作用、吸引青少年参与媒体互动等方式，深入开展主题教育实践活动，引导广大青少年坚定不移跟党走中国特色社会主义道路。

以理想信念教育为核心，广泛开展"学党史、知党情、跟党走"、青年马克思主义者培养工程、"红领巾心向党"等活动。围绕纪念中国共产党成立90周年，全团先后开展"千网联动学党史"活动、"万场党史学习交流会"、团干部"学党史、强党性、铸信仰"学习教育活动、党史题材动漫片编创和观摩活动、全国团媒"学党史、知党情、跟党走"宣传教育活动、"与信仰对话——万场党史报告进校园"活动，在全团、在青年中广泛营造浓厚的学习党史氛围，让青年在学习、交流、探讨中深化对读书、看影视片、参观教育场所等各种渠道所获得的党史知识的理解，增进对党的真心认同。以大学生骨干、团干部和青年知识分子为重点，把理论学习、社会实践和社会观察结合起来，不断深化青年马克思主义者培养工程。通过举办各级大学生骨干培训班、组织社会实践活动等途径，努力提高青年的理论素养和政策水平。在党中央领导同志的关心下，青年马克思主义者培养工程正式纳入中央马克思主义理论研究和建设工程，获得中宣部专项工作经费以及专家库、理论教材等方面的大力支持。在中组部和中共江西省委支持推动下，2012年7月，全国青少年井冈山革命传统教育基地正式建成启用，连续举办五期中国大学生骨干培养、学校学员暑期实践锻炼活动和六期学员理论学习活动。广泛开展"红领巾心向党"主题教育活动，以在全队普遍开展"学唱一首爱党歌曲，了解一个党史故事，观看一部红色影视剧，参观一个革命纪念地，了解党的一个新成就，寻访一位优秀党员"等"六个一"活动为主要内容，以集中开展主题队日活动为重点，努力灌输培养少年儿童对党和社会主义祖国的朴素感情。

以培养青少年爱国奋斗精神为重点，大力开展"我与祖国共奋进"主题教育和民族团结教育。全团大力开展形势政策教育活动，引导青年充分认识我国"十一五"发展成就和"十二五"规划宏伟蓝图。2011年共组织开展形势政策报告会、宣讲会8268场，直接覆盖团员青年266.5万人，通过视频播放、网络电台、手机微博等多种形式收听收看、参与互动的青年达4000余万人。抓住庆祝新中国成立60周年的契机，以学习研讨、座谈交流、主题报告会、主题歌会、网上专题活动、社会实践等形式，推动全团形成了爱国主义教育的热潮。在互联网上开展"传挂灯笼·祝福祖国"活动，参与网友2900多万人，留言超过300万条。广泛开展"民族团结代代传"主题宣传教育活动，组织编辑出版多语种《民族团结教育青年读本》和《民族团结十知道——小学生读本》，依托团属报刊、网站开设"祖国大家庭"专栏和专题网页，引导各族青少年自觉维护民族团结和社会稳定。

以基本道德规范教育为基础，引导青少年树立正确的世界观、人生观、价值观。加强青少年基本道德规范教育，先后开展"做一个有道德的人"主题团队日活动、"知荣辱、讲道德"道德评议活动、"道德榜样面对面"活动，帮助青少年树立良好道德规范，养成正直、善良、诚实、有爱心等基本道德品格。深入推进"劳动·创造·奋斗"青少年励志教育活动，让青少年懂得诚实劳动、艰苦奋斗、辛勤创造对于自身成长发展和社会进步所具有的普遍意义，形成健康积极的生活态度和奋斗精神。结合团的重点工作和品牌，广泛开展青少年道德实践活动。引导广大青少年践行基本道德规范，从身边做起，从最基本的要求做起。以青年志愿服务为主要牵动，推动学雷锋活动常态化、机制化，深入推进共青团关爱农民工子女志愿服务等工作。注重把青年志愿者的热情、专长、服务时间与社会需求结合起来，努力形成社会功能，使青年在参与过程中受到精神洗礼和教育。开展青年文明号"诚实守信，从我做起"主题活动，强化重点领域道德实践，食品行业、窗口行业团组织在团员青年中加强道德底线教育、职业精神教育、法制宣传教育。深化保护母亲河、希望工程、手拉手等品牌活动，引导青年自觉提高文明素养，以实际行动践行基本道德规范，倡导社会文明新风。

借助市场力量推出文化精品，传播社会主流价值观。各级团组织加强与文化领域各种专业力量、市场力量合作，推出的动漫、微电影、电视栏目等青少年文化产品更加丰富。团中央与知名文化创作生产单位合作，联合推出电影《雷锋的青春岁月》《西单女孩》《阿里木的故事》，电视剧《新青年》，民族团结教育动漫片《兄弟姐妹一家亲》，联合《故事会》杂志开设"青春励志故事"专栏，推出《青年文摘》典藏图书等有一定影响力的文化产品。省级、地市级团组织大力加强与社会力量的合作，仅2012年就推出图书5195部、影视2710部、歌曲919首、动漫333部、游戏 137 款，广播剧、舞台剧等其他文化产品 468 个。在向青少年推介优秀文化产品方面，团中央和各省级团委开展"五推"活动，向青少年重点推介一大批优秀影视产品、图书、歌曲、动漫片和绿色游戏。在文化活动的组织开展方面，各地团组织更加注重时尚和创意，更加注重与市场力量、专业力量的结合。

分类引导是共青团在坚持正面引导为主的基础上，提出的教育引导青年的一种新的工作理念和方法。在青年的思想意识更加多元、多样、多变的条件下，仅靠正面宣传教育是不够的，必须触及青年当中深层次的思想问题，有针对性地开展引导。分类引导青年，主要是指针对不同类别、不同群体青年的特定的思想差异和关键点，寻求运用不同的话语体系，按照青年人思想形成的特定逻辑进行有针对性的思想引导，以达到增强引导工作内容针对性、方法适用性和对象普遍性的效果。分类引导和正面引导有机结合、相互补充，成为共青团在引导青年方面两个基本的工作方向、理念和方法。

全团对于分类引导青年工作的探索分为两步。第一步是在 2009、2010 年，团中央组织开展试点。分大学生、企业青年、进城务工青年、农村青年、机关青年 5 个群体，在全国选取了 369 个基层单位进行试点。试点工作中，发放调查问卷 8 万多份，访谈青年 8000 多人，围绕如何使广大青年坚定中国特色社会主义信念这一根本目标，初步归纳提炼了四类青年群体思想意识中的 40 个关键点，梳理分析了这些关键点背后的主要思想逻辑 143 条，运用各类青年群体习惯的思维方式和话语体系，初步提出四类具有不同侧重点、逻辑和语言风格的青年思想意识引导大纲。同时，充分发挥基层试点单位的创造性，努力探索能够广泛吸引青年、生动传递正确思想准则的引导方式和载体。试点工作为全团开展分类引导工作、提高针对性打下了基础。第二步是 2011 年以后在全团全面铺开和推进分类引导青年工作。在推动基层团组织广泛实施分类引导工作中，坚持多点推进，不同的层级承担不同的重点任务。团中央层面，在基层团组织与青年反馈、互动的基础上，对试点的工作成果进行了再修改、再补充，最后才形成了四类青年群体《思想引导大纲》和案例集，逐级地往基层团组织复制和发放，供各地团组织作为开展引导青年工作的基本依据和素材。同时结合重大契机抓好一批示范性的思想引导活动，建立团中央机关局级以上干部分类引导青年工作基层联系点制度。地方各级团的领导机关层面负责全面部署本地分类引导青年工作，直接开展一些示范性的思想引导活动，同时中层以上干部每人确定一个基层单位作为分类引导青年工作联系点。基层团组织层面，各基层团组织，特别是高校、国有和国有控股企业团组织，参照团中央下发的《思想引导大纲》，研究本单位青年的思想状况，运用本单位的事例和素材，编写本单位的《青年思想引导大纲》，探索符合青年特点、能够传递正确思想准则的新的路径载体，推动《思想引导大纲》应用和分类引导实践。

截至 2012 年底，全团累计开展了三批基层单位团组织《思想引导大纲》转化工作，指导基层单位团组织参照团中央编写的四类青年群体《思想引导大纲》，经过调查研究、释疑解惑、创新载体的步骤，编写出本单位《青年思想引导手册》三批合计覆盖 81449 个基层单位，其中包括 1912 个高校团委、3554 个国有或国有控股企业团委、73707 个非公企业团委和 2276 个县级团委，全团《思想引导大纲》基层转化工作基本完成。以此为标志，分类引导青年工作实现了在基层的全面展开。分类引导工作历经四年多持续大力推进，从思想方法到工作实践，从形成共识到共同行动，从试点探索到逐步推开，不断深入推进，在基层全面展开。

做全面建设小康社会的排头兵

作为党的助手和后备军，共青团遵循"围绕党政中心，充分运用组织化、社会化动员手段，把握社会机理，发挥社会功能"的基本工作思路，不断创新工作方式方法，组织带领广大团员青年走在全面建设小康社会的前列。

紧紧围绕党和政府工作大局，组织带领广大团员青年服务经济社会发展。团十六大以来，共青团充分发扬"党有号召，团有行动"的优良传统，紧密围绕党政工作中心和经济社会发展大局，始终把团的工作放到国家经济社会的大局中去思考、去把握、去部署，结合不同阶段党政工作重点找准切入点，努力构建与经济发展相适应的工作格局。例如，党的十七届三中全会提出了关于推进农村改革发展的决定，团中央积极响应，采取有力措施，进一步吸引和凝聚农村青年，帮助农村青年就业创业、增收致富，促进了农村社会全面进步。为全面贯彻党的十七届五中全会精神，团中央提出了团结动员广大团员青年为实现"十二五"时期的目标任务作贡献的要求，积极引导团员青年坚定理想信念，组织动员团员青年为实现经济社会又好又快发展贡献力量。按照党的十七届六中全会的要求，团中央提出要在推动社会主义文化大发展大繁荣中充分发挥共青团组织作用，使共青团参与文化建设的工作真正融入广大青少年之中。通过这些富有成效的举措，共青团在党政大局中凸显了作用和价值。

运用组织化、社会化动员手段，组织带领广大团员青年服务经济社会发展。提高共青团组织动员青年的能力，关键是要把组织化动员方式与社会化动员方式紧密结合。组织化动员方式就是依托团的组织网络和体系，一级一级地对青年进行联系和发动。例如，组织建设中，在全面巩固县级团组织的基础上，努力把"桥头堡"推向乡镇街道一级，进而带动村、社区团的工作。在青年文明号、青年岗位能手、"振兴杯"技能竞赛、农村青年致富带头人、"挑战杯"竞赛等活动中，着力探索创新了在新的经济社会变革中组织化动员的有效途径，取得了良好效果。社会化动员方式就是不同层级的团组织直接面向社会、面向广大青年，运用和吸引各类社会资源参与团的工作和活动。共青团积极探索在市场经济条件下进行社会化动员的新方式，取得了明显成效。例如，在基层组织建设中，探索推进非层级化的组织载体，实现对广大普通青年的多领域、多渠道覆盖。积极利用市场经济平台进行社会化动员，在博士服务团、"三下乡"、"科技之光"青年专家服务团、海外学人回国创业周、保护母亲河行动、青年志愿者行动等工作开展过程中充分发挥作用。

把握社会机理，发挥社会功能，组织带领广大团员青年服务经济社会发展。近年来，各级团组织认识到，共青团工作必须深深植根于经济社会生活之中，必须深入研究和把握经济社会生活的重要机理，找准工作切入点和着力点。例如，针对工业化、城镇化进程中变化最突出的进城务工青年群体，注重发挥好亲情、乡情的力量；针对青年就业和创业的现实比例关系，在发挥创业对就业带动作用的基础上，注重了就业经验的积累对成功创业的支撑作用；针对促进大学生到西部、到基层就业，通过西部计划志愿服务的过渡性安排，帮助他们在西部和基层找到自身事业的发展空间。积极承担政府青少年事务，探索共青团工作的职能化。随着党的历史方位的重大转变，我们党为人民服务的宗旨主要通过执政路径来实现，党开展与青年有关的工作，也更多地以政府青少年事务的形式出现。这就要求共青团必须努力适应这一重要转变，把一些青少年事务逐渐变成共青团组织长期化、规范化的职能，更好地带领青年为经济社会发展作贡献。例如，共青团在服务党政外交方面，承担了青年外事工作；在履行青少年社会团体主管单位职责方面，形成了青少年社团管理的重要职能；在社会财富的第三次分配方面，形成了希望工程的社会覆盖功能；在提高行业服务标准方面，形成了青年文明号的社会功能。

青年重中之重：促进青年创业就业

共青团十六大以来，团中央提出要调动一切可以调动的资源，全面推进青年就业创业工作，强调全团要高举促进青年就业创业的旗帜，把促进青年就业创业作为服务青年工作的重中之重。

建立青年就业创业见习基地建设是这一时期共青团促进青年创业就业的重要举措。2009 年 1 月，共青团中央书记处明确提出把青年就业创业见习基地建设作为全团重要的工作品牌全力推动。注重在基地建设中发挥共青团组织的社会化动员能力，推进过程不能变成行政化再分配资源的过程。筹建见习基地的路径主要通过依托青企协、青联、青年文明号集体、青年星火带头人，依托行业协会比如中国烹饪协会、中钢协等国家级协会建立；浙江等地依托省软件协会、金融协会等地方性行业协会建立；围绕园区、商业圈等产业集群，整合政府职能部门资源建立；与大型国有企业、连锁企业等合作以"项目"形式打包建立；利用现代传媒手段社会化发动建立。截至 2012 年底，累计建立共青团"青年就业创业见习基地"3.9 万个，累计上岗人数为 71.5 万人。

青年创业，一靠意愿，二靠能力，三靠条件。共青团推进青年创业小额贷款项目，关键是为有创业意愿的青年提供必要的条件。团中央在认真研究小额贷款的担保制度的基础上，与银监会联合出台《关于实施农村青年创业小额贷款的指导意见》。各地团组织积极与农信社等有关金融机构合作，但不介入具体的贷款审核过程，主要通过团组织网络推荐创业青年及项目。同时，充分考虑各地的文化传统差异，尊重青年的创业意愿，因地、因人开展相关工作。

为加强青年就业创业技能培训，共青团中央与人社部联合发文积极推动。第一，培训时间要在一周左右，为青年提供一点实实在在的帮助和指导。第二，接受培训的青年必须是团组织联系的，不能简单把培训交给社会机构。第三，积极借助政府力量，争取获得更多的政策资源；同时做好操作环节的各项工作，上级团组织负责协调，同级团组织做好沟通衔接。第四，善于与某些特定产业经济组织的扩张性用工需求和新商业模式相结合，进一步挖掘培训资源，努力使培训与就业相结合。2008年至2013年，各级共青团对1016万人次青年进行就业技能培训。

一定的经费是青年创业的必要支撑。全团要求并全力推动建立团中央和省（自治区、直辖市）两级青年创业就业基金会，作为共青团发挥社会化动员优势募集资金的重要载体，作为管理型、控制型机构，本身不运作项目，获得的资源都要往下放，支持基层团组织开展相关工作。到2012年底，中国青年创业就业基金会募集4.9亿元，各省级基金会募集4.11亿元，全部用于支持基层团组织开展相关工作。

服务青少年工作中的另一项重头戏就是"关爱农民工子女志愿服务行动"。共青团十六大以来，团中央书记处经过多次调研、反复讨论、慎重考虑后作出"关爱农民工子女志愿服务行动"的重大决策，通过打造全团各级团组织、青年志愿者组织广泛、持续开展的品牌项目，广泛开展学业辅导、亲情陪伴、感受城市、自护教育、爱心捐赠等寓教于乐、生动活泼的活动，切实服务青年农民工及其子女。"关爱行动"是促进团的中心工作的重要手段。"关爱行动"帮助的对象是团组织比较难以覆盖和影响的农民工群体，可以与农民工建团、非公企业建团等全团的重大工作相结合，在实现"两个全体青年"目标中发挥积极作用。以结对为突破口推进"共青团关爱农民工子女志愿服务行动"深入发展。按照"青年志愿者小组（或团队）＋农民工子女＋接力"的项目实施模式，组织青年志愿者小组（或团队）与农民工子女建立结对关系，进行结对服务，并建立接力机制，形成长期有效帮扶。狠抓结对工作，力争实现对在校农民工子女的全覆盖。针对随父母进入城市的农民工子女，以城市团组织为工作支点，以农民工子弟学校、部分接收农民工子女的公办学校为主要对象；针对留在农村的农民工子女，以县级团委为工作支点，以留守子女相对集中的乡镇、村中小学为主要对象。明确职责，整合资源，协同推进结对工作。省级团委是本地区结对工作的第一责任人，城市团委、县团委作为属地团组织是链接结对双方的枢纽，是结对工作的直接责任人。团中央对各地开展结对工作情况进行督导和评价，努力确保"全覆盖"目标的顺利实现。

通过制度性安排维护青少年权益

根据中共中央的要求和青少年维权工作实际，共青团中央提出"三个结合、一个制度性安排"的工作思路。"三个结合"就是注重把维护青少年合法权益与引导青年有序政治参与结合起来；注重把关注个案与关注普遍性的权益问题结合起来；注重把代表和反映青少年的普遍性利益诉求与相关法律法规的贯彻落实结合起来。"一个制度性安排"就是探索建立维护青少年合法权益的制度性安排，即"共青团与人大代表、政协委员面对面"活动。

2009 年以来，各级团组织先后围绕促进青年就业创业、互联网与青少年健康成长、促进新生代农民工的社会融入、丰富新生代农民工精神文化生活和社会教育与青少年全面发展等统一主题，在县级以上层面广泛开展"面对面"活动。2011 年，共青团中央提交的《努力促进新生代农民工的社会融入》提案被全国政协列为重点提案，组织委员赴浙江、四川视察并形成报告上报中央。各级团组织还依托"面对面"活动推动出台了一系列促进青少年成长发展的政策措施，为青少年健康成长营造了更为有利的社会舆论环境，有效代表和维护了青少年的合法权益。由此，"共青团与人大代表、政协委员面对面"活动成为共青团代表和反映青少年普遍性利益诉求的一项重要制度性安排。

预防青少年违法犯罪工作是共青团在社会管理综合治理总体框架中所承担的一项重要任务。早在 2001 年，中央综治委就成立了预防青少年违法犯罪工作领导小组，办公室设在团中央。2011 年，中央综治委更名后设立预防青少年违法犯罪专项组，团中央为组长单位。长期以来，团中央联合 20 多家成员单位，以"为了明天——预防青少年违法犯罪工程"为统揽，充分发挥各自职能作用，协同配合、攻坚克难，做了大量实实在在的工作。特别是团十六大以来，预防专项组和各地各部门认真贯彻中央领导同志的指示精神，以重点青少年群体试点、未成年人司法制度建设、净化社会文化环境等方面为重点，推动预防青少年违法犯罪工作取得明显成效。

重点青少年群体试点工作有了重要进展。在准确掌握闲散青少年等五类重点青少年群体底数的基础上，在 23 个全国试点城市和 227 个省级试点城市开展了为期两年的试点工作，在信息汇总和动态监测、引入专门力量教育矫治、利用正面力量接触联系、动员社会力量关爱帮扶等方面取得初步经验，并推动相关职能部门形成一系列制度安排。比如，针对有不良行为青少年的教育矫治，就加强专门学校建设制定工作意见；针对流浪乞讨未成年人，健全"分层分类"救助保护机制，组织开展行为矫治、心理疏导、法律援助等专项救助工作；针对闲散青少年的就业问题，联合社会保障部门开展多种形式的就业援助工作。2012年，试点工作被评为第七届"中华慈善奖——最具影响力慈善项目"，所取得的各项工作成果在全国县级以上层面普遍推开。

共青团中央联合六部委出台了《关于进一步建立和完善办理未成年人刑事案件配套工作体系的若干意见》，强化了法院、检察院、公安机关、司法行政机关在办理未成年人刑事案件中的衔接和配合。推动在《刑事诉讼法》中设置"未成年人特别刑事案件诉讼程序"专章，进一步优化了对未成年人进行司法保护的法律环境。指导和推动21个省（自治区、直辖市）完成了实施《未成年人保护法》地方性法规的修订。

未成年人保护工作持续开展。编写青少年网络素养教材和自护游戏，开展网络素养教育和自护活动，青少年网络素养和自护能力有新的提升。以新媒体为平台，集中宣传推广科学的家庭教育理念和方法，加强了对青少年不良行为的源头预防。进一步推动12355青少年服务台的专业队伍和阵地建设，截至2017年底，各地已建成服务台254个，联系心理、法律、社工等方面专业队伍5000余人，每年接受咨询100余万人次，跟踪办理个案3万个。每年4至6月，各地服务台统一开展以中高考减压为主题的"阳光行动"，直接联系、服务考生和家长超过300万人次。专项整治网络淫秽色情等低俗信息，制止"网络欺凌"等不良信息在网上传播，遏制网上社会极端现象对青少年的负面影响。

新媒体建设呈现新局面

适应新媒体和各类文化载体对青年的深刻影响和青年学习方式、生活方式、娱乐方式、阅读方式发生的深刻变化，共青团中央书记处明确提出"推动引导青年工作由'内容供应'向'产品供应'的全面转变"，"构建共青团新媒体和文化工作系统化格局"的目标，要求全团全面推进新媒体阵地建设、微博应用、新媒体活动、电视栏目合作、文化产品创作和推介、文化活动等各项工作。

共青团中央先后印发《关于在全团广泛运用微博开展工作的实施意见》《关于加强共青团文化工作的实施意见》《关于推动形成共青团新媒体和文化工作系统化格局的通知》等文件，对全团发出加强新媒体和文化工作的明确的工作信号和作出系统化的工作部署。引导青年工作更加注重"产品供应"，更加注重发挥新媒体和文化、艺术、时尚元素的作用，更加注重与专业力量、市场力量合作，初步形成重视推动新媒体和文化工作的整体态势。

各地共青团全面加强团属新媒体建设。一方面，团的各级领导机关把自己所属的工作网站、手机报等新媒体阵地建设好，加强了各类团属青少年网站建设，鼓励有条件的地方尝试编发手机报，条件不具备的可以建立手机短信、彩信群发平台，积极运用这些平台联络、动员、服务、引导青年。另一方面，加强庞大的共青团基层组织的新媒体建设，积极通过QQ、MSN、飞信等即时通信工具扩大对青年的覆盖和影响。5年来，开通并运行未成年人专属网站"未来网"，中国青年网影响力大幅提升。很多基层团组织开通QQ群、飞信群，28个省级团委和87.5%的地市级团委创办手机报。

各级团组织依托国内主要门户网站和中央重点新闻网站微博服务平台，积极构建共青团微博工作体系，共青团系统微博数量大幅跃升。截至 2012 年，省、地市、县三级团组织和团干部在新浪、腾讯建设实名微博 4.6 万多个，初步建成包括 40 多万个高校团支部微博在内的高校微博群，在全国政务系统微博中名列前茅。全团基本实现"县县开博"。一批在青年中颇具影响力的共青团官方微博和团干部"名 V"博主应运而生。广东共青团、中国青年志愿者新浪微博粉丝超过 100 万，广东共青团、团中央学校部、深圳共青团腾讯微博粉丝数超过 50 万，安徽共青团被评为腾讯"2012 政务微博最佳新锐奖"。专职团干部个人认证微博中，有 1 人在 2 个网站粉丝总数超过 50 万。

各级团组织积极与在本地具有广泛影响的电视台合作，推出了一批集思想性、娱乐性于一体的电视栏目，并在合作栏目中显著标明共青团标识，有效扩大了共青团组织在青年中的影响力。经过各级团组织的集中推动，全国省级、地市级团组织与同级电视台合作，推出固定电视栏目和广播电台栏目均超过 200 个。其中，省级、地市级团组织与本地电视台合作开办电视栏目分别达 39 个、179 个。

全国少工委与团中央网络影视中心共建未来网"红领巾集结号"网上活动平台。制作和推广一批"红领巾心向党"主题歌曲、动漫宣传片、网络游戏。建设了"红领巾心向党"和"辅导员分级全员培训"两个专题网站，与腾讯网开展网络旗帜传递活动。在中央电视台少儿频道增设每周一次少先队专题节目，在主流媒体上保持和扩大少先队的影响。

开创港澳台和国际青年交流新局面

为加强在与港澳青少年交流方面，共青团主导实施内地杰出青年赴港交流、澳门与内地青年交流计划、香港青年看世博、全国青年社团骨干港澳培训、内地大学生赴港实习计划等项目。在接待港澳来访团组时，着力加强思想交流。按照"既要看、又要讲"的思路，对交流活动进行"模块化"设计，根据交流主题和港澳青少年特点，开展有针对性的思想交流活动。实施"港澳大学生暑期内地实习计划"，组织港澳大学生到内地企事业单位开展就业实习，增进了港澳大学生对内地经济社会发展的认识和国家认同感。选派内地大学生到香港知名企业和机构开展了交流实践等活动。

在共青团中央统一部署下，全国青联、全国学联切实做好港澳青年代表人士工作。统筹推动内地相关高校与香港大学、香港理工大学、香港城市大学、香港浸会大学、香港科技大学和香港树仁大学等六所高校的学生会建立了不同层次的联系。举办"海外杰青汇中华""相聚国旗下"——香港青少年走进内地、香港青商总会国情研习班、"澳门青年议政能力训练计划"等青少年交流活动，增进了与港澳青年代表人士的交流和友谊。接待香港青年联会、澳门青年联合会等团组来访，组织青年社会组织骨干赴香港培训交流。进一步密切青年社团合作，与香港青年联会、香港青商总会、香港制服团体、澳门青年联合会、澳门青商总会、澳门中华总商会青年委员会等青年社团建立合作关系。

加强与台湾青少年交流，增进两岸青年联系。共青团中央、全国青联举办"两岸同心·我们同行"两岸万名青年大型交流活动。以"同根同祖、同心同行"为主题，举办"两岸青年联欢节"。举办"两岸大学校园歌手邀请赛",请高校歌手参赛,台湾部分电视媒体全程直播,在台湾岛内产生了广泛影响。开展"民族之光"海峡两岸少年儿童民族文化交流活动,民族地区青少年在台湾开展文艺演出、参访中小学校、民宿等活动,在两岸少年心中植下友谊的种子。

为加强两岸青年同业交流,共青团中央主导举办"两岸青年菁英论坛",两岸青年人士在台湾岛内就青年与两岸共同发展的主题进行深入交流,巩固了党际青年代表人士之间的制度化交往平台。开展"两岸青年中秋联欢活动",邀请台湾的青年社团骨干参访交流,举办专题研讨会,两岸青年工作者分享工作经验和研究成果。

全国青联积极落实"两岸青年社团负责人圆桌会议"成果,推动对台重点工作省市与台湾相关青年社团开展对口交流。推动中国青年科技工作者协会、中国青年企业家协会、中国乡镇致富带头人协会、中国青少年官协会、中国预防青少年犯罪研究会等与台湾专业社团开展专业领域交流与合作。

共青团十六大以来,团中央紧紧围绕党政外交大局,密切配合党和政府重大外交行动,积极服务共青团重点工作和团的事业发展,广泛开展了同世界各国青年组织和机构的友好交流与合作。

与之前相比,国际青年交流规模不断扩大。2008年至2013年,共青团贯彻国家领导人指示或落实政府间协议而开展的百人以上交流团组,遍及亚洲、非洲、欧洲等多个地区和国家。开展对法德等欧洲国家和对印度、马来西亚、印度尼西亚、泰国和上海合作组织成员国等大型青年交流项目。积极开展中美、中俄、中英和中欧人文交流高层磋商机制框架下的有关活动。开展中朝、中韩、中蒙大规模青年交流。与老挝、缅甸、文莱、阿根廷和秘鲁等国开展双边互访交流。开展中日、中老、中越、中法、中巴等青年互访活动。实施中非青年联欢节、中拉青年节等大规模青年交流项目，举办中国—东盟青年系列交流、中日韩青年领导人论坛、上海合作组织青年友好会见等多边青年交流活动。

在共青团中央指导下，全国青联配合做好有关交流项目。2008 年，成功举办"中日青少年友好交流年"活动。2009 年，开展"中朝友好年"百名青年互访活动。2010 年，成功举办以"青年·城市·未来"为主题的上海世博会青年高峰论坛和世博高峰论坛青年平行论坛。500 余名国际和地区青年组织领袖、外国青年政治家和企业家代表、内地及港澳台地区各界青联代表、世博会各参展方推荐的优秀青年代表参加论坛。2011 年，成功举办"中欧青年交流年"。举办了中欧青年文化论坛、创业论坛、语言论坛、可持续发展论坛等 7 个主题论坛。中欧各方合作开展交流活动120 多项，组织 1 万多名青少年直接参与，动员 16 万名中欧青少年通过网络论坛、微博等新媒体参加活动，传播受众超过 1 亿人，推动了中欧人文交流的机制化发展。

在对外交流中，国际青年交流重点不断凸显。在对美国青年交流中，全国学联与美国常春藤联盟学生理事会开展交流活动。积极开展中美人文交流高层磋商机制框架下的有关活动；继续与美国青年政治领袖理事会合作实施中美青年领导人互访项目。在对俄罗斯青年交流中，抓住重点交往对象，如俄罗斯青年公众院、国家杜马青年议员，深入做好俄青年领导人工作；积极参与或举办文化、艺术和经贸领域的中俄青年交流活动，如派遣大学生代表团参加俄"大学生之春"艺术节，在中俄"旅游年"框架下举办俄罗斯青年中国游学活动，与有关方面合作举办中俄青年企业家论坛，开展中俄青年友好伙伴地方组织结对活动，推动两国地方青年组织开展交流。

在实施对外交流项目时，共青团十分注意发挥青年对外交流群众性的特点。大型代表团组成人员涵盖了政治、经济、教育、文化、科技、艺术、体育、社会工作等各个行业和领域。为配合共青团工作，服务基层团组织建设，进一步提高了基层团干部在出访团组中的比例，5 年来共有 2000 多名基层团干部随团出访，为培养具有国际视野的青年人才发挥了积极作用。

共青团针对交往对象的实际情况，根据交流活动所要达到的主要目的，在交流形式上不断创新：既有参观考察，也有专题研讨；既有政治对话，也有经贸合作；既考察农村，也深入社区、家庭；既走访基层组织，也拜会国家机关；既有精英对话，也有普通青年互访；既有主题交流活动，也兼顾常规交流项目等。青年对外交流质量不断提高。

六、"眼睛向下，重心下移"：夯实基层组织

随着工业化、城市化、信息化进程不断加快，青年原子化趋势越来越明显。面对经济社会的深刻变革，中国共青团适应党的事业发展需要，顺应广大青年期待，始终坚持党建带团建，把握现实突出问题，积极推进团的建设理论创新、制度创新和工作创新，切实加强和改进团的自身建设。

"创先争优"：党建带团建的重要载体

2010 年 9 月 26 日，全国基层党建带团建暨共青团系统深入开展创

先争优活动座谈会在北京召开。会议总结了自 2000 年以来基层党建带团建工作经验；安排部署了加强基层党建带团建及共青团系统深入开展创先争优活动的工作任务；讨论研究了《关于加强新形势下基层党建带团建工作的意见（讨论稿）》。中共中央政治局委员、中央书记处书记、中组部部长李源潮指出，共青团是党的后备军和得力助手，抓党建必须抓团建。要把党建带团建落在实处、取得实效，形成党团基层共建创先争优的良好局面。党建带团建要实带而不是虚带。要带干部队伍建设，从优配备、从严要求、强化培训、长期考察，尤其要重视带好团干部的思想作风建设，帮助团的领导干部养成讲政治、讲大局、讲原则的作风，查实情、说实话、干实事的作风，不争名、不争利、不争官的作风，努力建设一支让党放心、让青年满意的高素质团干部队伍。要带基层组织建设，坚持组织共建、阵地共建共享，充分发挥团组织和团员青年的生力军、突击队作用。要带创先争优活动，坚持基层党组织创先争优与基层团组织创先争优同推进、同讲评、同表彰，引导广大团员青年围绕中心工作、立足本职岗位争当先进、争创优秀。共青团中央书记处第一书记陆昊在会上讲话，要求各级团组织发挥积极性、主动性、创造性，把党建带团建的要求落到实处。要把创先争优作为加强党建带团建的重要载体，全面加强团员队伍建设、团干部队伍建设和阵地建设，在团员青年中形成学习先进、争当先进、赶超先进的良好氛围。

各级团组织深入贯彻落实全国基层党建带团建暨共青团系统深入开展创先争优活动座谈会和《关于加强新形势下基层党建带团建工作的意见》精神，推动各地各系统把有关制度性安排落实到位。全国共有 28 个省份和系统、226 个地市召开了党建带团建工作会议，30 个省份和系统、210 个地市下发了党建带团建文件。

深入开展创先争优活动，推动全团建立 3000 多个创先争优活动联系点，各级团的领导机关干部深入基层联系点开展工作。对"青年五四奖章"获得者、优秀团员、优秀团干部和优秀团组织进行表彰和宣传，在广大团员中努力营造学习先进、争当先进的氛围。依托"青年文明号"等载体，深入推进窗口单位和服务行业"为民服务创先争优"活动，带动各行业青年职工比技能、比作风、比业绩。各级青联组织广泛开展创先争优主题实践活动，动员青联委员立足本职建功成才，为广大青年作出表率。

尽最大努力支持基层工作

加强团的基层组织建设和基层工作，既要靠各级团组织在工作内容设计方面的探索创造，靠广大团干部的全身心投入，也需要建立规范化、常态化的制度性安排，特别在经费保障方面，离不开党政部门的重视与支持。基于这样的认识和考虑，共青团第十六届中央委员会书记处抓住纪念共青团成立 90 周年的重大契机，在财政部的大力支持下，于 2012 年 8 月联合下发《关于进一步支持和推动共青团基层组织建设和基层工作的意见》，阐述了基层团组织建设和基层工作的重要意义，客观分析了当前基层存在的主要问题，进一步提出了支持基层的主要措施，特别对完善基层团组织基本财力保障机制、强化对基层工作经费的支持提出了明确要求。

《意见》下发之后，团中央办公厅第一时间为各地推动落实创造良好条件。通过财政部全国财政系统的文件发送渠道向各省（自治区、直辖市）财政厅发送文件，以便地方财政部门尽快掌握文件精神。同时，加大传达工作力度，要求全国所有的38个省级团委[①]、333个地市级团委和2857个县区级团委尽快将文件精神向各自层级的分管领导报告，及时与同级财政部门具体衔接。

各地团组织采取各种有效措施积极推动《意见》的落实。第一，及时汇报，争取支持。许多省级团委主要负责同志抓住《意见》下发的契机，及时向党委分管领导和政府有关领导汇报《意见》精神和团中央关于支持乡镇经费的明确要求，既全面汇报《意见》的整体内容，又抓住《意见》在政策意义上的重点与核心，争取获得党政支持。第二，加强与同级财政部门的沟通协调。许多省级团委的同志积极主动地与同级财政部门的同志进行多次沟通协调，结合省情进一步细化具体标准、各级财政分担比例等内容，并争取将此项经费列入财政年度预算。截至2012年底，全国30个省份联合省级财政部门出台了落实每个乡镇团委每年2万元工作经费的具体措施。

针对长期以来基层团组织工作经费缺乏、工作力量薄弱等问题，共青团十六大以来，全团尽最大努力加强对基层的支持。一是为基层支持工作经费。团中央主要靠募集社会资金，2008年至2013年，每年为2219个中西部地区和部分东部地区县级团委提供各3万元、累计3.11亿元的经费支持。同时，从团中央实际能力出发，为起到必要的示范带动作用，向工作较好的4910个乡镇街道团委提供了4910万元经费支持。联合财政部下发《关于进一步支持和推动共青团基层组织建设和基层工作的意

[①] 包括22个省、5个自治区、4个直辖市共31个共青团省级委员会，共青团新疆生产建设兵团委员会、共青团全国铁道委员会、共青团全国民航委员会，共青团中央直属机关工作委员会、共青团中央国家机关工作委员会、共青团中央金融工委工作委员会、共青团中央企业工作委员会。

见》，在支持基层共青团工作经费保障方面取得新的进展，截至2012年底，已有30个省（自治区、直辖市）结合省情出台了相关落实措施。二是选派团干部到基层支持工作。全团先后选派6批共4297人次地市级以上团的领导机关干部到县级团委驻点工作半年，选派2批共5042名高校团干部到团县（市、区）委挂职1年，选派8400多名青年志愿者到中西部地区县级团委工作。三是加强对基层团干部的培训。通过分批集中轮训和电视电话会的方式，全国对市、县、乡镇、中学、企业90多万人次的团干部进行了培训。四是推动市、县级团组织的干部配备，建立团干部配备情况通报制度。

共青团中央联合教育部大力加强中学中职共青团工作和建设，研究制定《关于加强中学共青团工作的意见》《关于加强中等职业学校共青团工作的意见》，提出中学共青团、中职共青团如何面对新形势、新挑战，找准工作切入点的具体要求。编辑出版了中学中职共青团干部读本，拍摄优秀中学中职团委书记讲堂节目，开展全国中学中职团委书记轮训。编辑出版《中学生校园游戏100例》《中等职业学校学生社会化技能培训游戏100例》，在全国66个地级市推广试点。

乡镇街道"桥头堡"

2008年至2012年，全团大力推进乡镇街道团组织格局创新和乡镇实体化"大团委"建设，共青团面向基层的"桥头堡"朝着乡镇一级迈出坚实步伐。乡镇街道团的组织格局创新和乡镇实体化"大团委"建设这两项工作，都是针对乡镇街道团的工作缺少活力的问题提出并实施的。2009年，团中央书记处针对乡镇、街道一级团组织普遍存在工作力量薄弱、组织机制不健全、工作资源匮乏的问题，在贵州积极推进乡镇、街道团的组织格局创新工作试点。2010 年又在全国绝大多数地市分别确定 1个乡镇、1 个街道（共 269 个乡镇、279 个街道）进行第二轮试点，而后在全团推开。

在创新乡镇街道团的组织格局基础上，共青团全力推进乡镇实体化"大团委"建设。基于全国还有相当数量的青年学习、工作、生活在农村，其中超过 2/3 的青年因学习、工作在"村外镇内"形成聚集的状况，根据"青年在哪里，团组织就建在哪里；社会使青年怎样聚集，就用怎样的方式建立团组织"的原则，在农村基层团建中既关注村，也关注镇区，特别是"村外镇内"的青年，同时用各种方式巩固和守住村团组织，并且在两者之间探索新的联系。

在工作中，一是抓住区域聚集，如商业街区、工业园区、集贸市场、农业产业化基地、居住社区等；二是抓住功能聚集，如学校、机关事业单位、企业、农村专业合作组织、文体兴趣组织、社会组织等来作为基层团组织的建设载体，建设一大批直属于乡镇团委的团组织，使乡镇团委不再只是过去简单的"领导层级"，而是除了有下属团组织外，还有大量直属团组织的实体化团委。

按照这一思路，全团集中推、整体推，每名乡镇专兼职团委成员负责新建平均不少于 2 个直属团组织。同时为每个乡镇团委落实一年 2 万元的工作经费而努力。全国乡镇共新建基层团组织超过 60 万个。

各地基层团组织在两年时间内，通过体制内外、编制内外相结合的方式，选拔吸收青年能人、青年企业家、教育工作者、大学生村官、银行信贷员等担任乡镇街道团委的兼职副书记或委员，使全国每个乡镇街道团委平均增加了 10 名、全团增加约 40 万名兼职团干部，实现了充实基层团干部力量、拓宽联系青年渠道、丰富乡镇街道团委工作资源的目标。

非公团建和驻外团工委

随着经济体制的深刻变革、社会结构的深刻变动、利益格局的深刻调整、思想观念的深刻变化，以及共青团组织自身遇到了一些重要挑战，企业共青团工作总体上也面临着许多新情况和新问题。突出表现在两个方面，一是非公企业团建工作与非公企业快速发展的现状相比严重滞后，二是非公企业团组织开展工作的活力不足，找不到工作的切入点和结合点。针对这些突出问题，一方面，全团加大非公团建的力度，截至目前，共青团独立建立组织的非公企业已累计超过 41 万家，联系 35 岁以下团员青年达 2191 万人。另一方面，各级团组织认真研究企业组织的根本功能和市场经济发展的基本要求，坚持将服务企业生产经营作为开展企业共青团工作的前提，探索和明确了共青团组织的根本属性、根本任务与企业根本功能相融合的六个方面的工作切入点：一是辅助企业人力资源开发，二是辅助企业增强内在凝聚力，三是帮助企业青年员工理解和支持市场经济条件下企业发展所必需的正确思想意识，四是帮助青年员工理解和支持企业的严格管理，辅助形成有效的激励约束机制、决策和决策执行机制，五是积极为企业员工提供非正式交流的渠道和机制，六是通过选拔使用企业专兼职团干部，为企业培养复合型后备经营管理人才。

以此为基础，各级团组织围绕企业生存发展的根本任务，以服务企业青年成长进而为企业发展作出更大贡献为突破口，在青年中倡导适应企业生存发展的新观念，帮助青年提升技能和岗位价值，做到服务企业与服务青年相结合，支持非公企业新建团组织围绕思想性、技能性、文化娱乐性等方面开展工作，日益受到企业和青年职工的信赖和欢迎，有效调动了企业的积极性，实现了非公团建工作的快速、深入开展。

流动青年驻外团组织建设和非公团建密切相关，主要目的都是为了填补团建空白点，找回游离于组织体系覆盖之外的团员青年。这一时期，超过1.5亿的农民外出务工，8000万左右的农民工就地就近流动，其中的大多数青年脱离了团组织的覆盖，成为共青团组织建设和基层工作的突出空白点。为有效应对流动团员青年组织覆盖的难点，2010年以来，共青团中央牢牢抓住乡情、亲情这些特定的、在人类情感中起着极其重要作用的要素，按照"建组织以流出地为主、流入地配合，发挥组织作用以流入地为主、流出地配合"的原则，创造性地探索了驻外团组织这一对外出务工青年进行大规模组织化梳理的组织建设载体，全面推进驻外团工委建设，有效实现对外出务工青年的联系和组织覆盖，并取得了积极成效。各驻外团组织围绕外出务工青年在城市融入、学习成才、情感婚恋、身心健康、就业创业、子女成长、文化生活等方面的需求，积极提供力所能及的帮助和服务，吸引凝聚越来越多的外出务工青年。全国共建立省、市、县级驻外团工委98个、862个、3757个，建立和联系基层团组织29948个，覆盖了除西藏外的所有省份。

狠抓党性锻炼和作风改进

2008年以来，各级共青团扎实开展深入学习实践科学发展观和创先争优活动，教育引导广大团干部深入学习领会党的理论和路线方针政策，深刻认识中国共产党，深刻理解党团之间的重要政治关系，继承和发扬党的优良传统，坚定理想信念，做到讲党性、讲原则、讲纪律，努力把党的宗旨、使命和优良作风内化为自己的思想自觉。

加大学习教育和培训力度。建立健全集体学习理论学习中心组、学习交流会等制度，在各级团组织和广大团干部中营造浓厚的学习风气。深入开展成长观教育，要求广大团干部深入思考"为什么当干部"这一重大问题，全身心投入工作，锐意进取，迎难而上，在遇到问题、挑战和矛盾不回避、不退让的过程中，练就过硬本领，不断增长才干。分级分类开展团干部培训，团中央负责对新任职县级团委书记进行全员培训，并对地市级团委书记进行全员培训，省级团委负责对乡镇一级团干部培训，地市级团委负责对村级团干部的培训，共培训各级团干部219.4万人次。

努力提高群众工作意识和能力。要求广大团干部牢固树立群众立场和群众观点，并不折不扣地贯彻到青年群众工作的实践中去，始终保持与广大普通青年的密切联系，力所能及、尽力而为地帮青年做事，不怕事情小，关键是做得要实。大规模推动团的领导机关干部深入基层、走进青年，接地气、受锻炼，增进对群众的感情和对基层的了解，全团实施了地市以上团的领导机关干部到县级团委驻点制度，共选派6批共4297名团干部到县级团委指导和帮助工作，每批为期半年，2011年、2012年，连续两年选派5042名高校团干部到县级团委挂职工作，每批一年。

建立和完善团干部管理制度。要求团的领导干部大力倡导狠抓落实、敢于批评的风气，坚持原则、敢抓善管，进一步强化团干部的纪律观念。制定出台并严格执行《关于严格管理团的专职干部的几项规定》《关于加强省级团委班子工作制度建设的通知》《关于做好省级团委换届期间有关工作的通知》等关于团的领导班子建设、作风建设、廉政建设以及重点工作督促检查通报等一系列制度，制定落实中央八项规定精神的具体措施，要求广大团干部在全身心投入工作中锻炼成长，努力做到让党放心、让青年满意。

第十三章

走进新时代

党的十八大以来，中国特色社会主义进入新时代。在以习近平同志为核心的党中央坚强领导下，党和国家事业取得历史性成就，发生历史性变革。2012 年，中国国内生产总值为 51.9 万亿元，到 2021 年达到 114 万亿元。中华民族伟大复兴展现出无比广阔的光明前景。新时代赋予中国共产党重大历史使命和难得历史机遇，这一伟大的无产阶级政党将带领亿万中华儿女为实现民族复兴这一伟大梦想踔厉奋发、勇毅前行。新时代的中国共青团以实现中国梦为强大动员令，团结带领广大团员青年用青春的能力和创造力激荡起民族复兴的澎湃春潮，为全面建成社会主义现代化国家而不懈奋斗。

一、中国梦引领共青团前进方向

改革开放 30 多年来，中国社会主义现代化建设充满勃勃生机，朝着中华民族伟大复兴的宏伟目标奋力迈进。前进必然需要目标指引，新时代需要有更为生动的目标表述。中国共产党提出的"中国梦"这一概念，言简意赅，鲜活时尚，催人奋进。为实现中华民族伟大复兴的中国梦而奋斗，是中国青年运动的时代主题。"中国梦是民族的梦，也是每个中国人的梦。"中国共青团和中国青年以昂扬的时代精神，释放青春的创造能量，朝着实现中国梦的道路迅跑。

党的十八大与"中国梦"的提出

2012 年 11 月 8 日，中国共产党第十八次全国代表大会在北京召开。这是在全面建设小康社会的关键时期和深化改革开放、加快转变经济发展方式的攻坚时期召开的一次十分重要的大会。胡锦涛作了题为《坚定不移沿着中国特色社会主义道路前进，为全面建成小康社会而奋斗》的报告。

党的十八大进一步明确今后一个时期的发展目标和宏伟蓝图，提出了全面建成小康社会目标。这就是经济持续健康发展，转变经济发展方式取得重大进展，在发展平衡性、协调性、可持续性明显增强的基础上，实现国内生产总值和城乡居民人均收入比 2010 年翻一番；人民民主不断扩大；文化软实力显著增强；人民生活水平全面提高；资源节约型、环境友好型社会建设取得重大进展；坚决破除一切妨碍科学发展的思想观念和体制机制弊端，构建系统完备、科学规范、运行有效的制度体系，使各方面制度更加成熟更加定型。

大会报告在第十二部分"全面提高党的建设科学化水平"中强调："支持工会、共青团、妇联等人民团体充分发挥桥梁纽带作用，更好反映群众呼声，维护群众合法权益。"

报告对青年一代提出明确要求：

> 中国特色社会主义事业是面向未来的事业，需要一代又一代有志青年接续奋斗。全党都要关注青年、关心青年、关爱青年，倾听青年心声，鼓励青年成长，支持青年创业。广大青年要积极响应党的号召，树立正确的世界观、人生观、价值观，永远热爱我们伟大的祖国，永远热爱我们伟大的人民，永远热爱我们伟大的中华民族，在投身中国特色社会主义伟大事业中，让青春焕发出绚丽的光彩。[1]

11月29日，党的十八大刚当选的新一届中央领导集体走进国家博物馆，参观《复兴之路》展览。中共中央总书记习近平在参观过程中发表重要讲话，首次提出"中国梦"：

---

[1] 胡锦涛：《坚定不移沿着中国特色社会主义道路前进，为全面建成小康社会而奋斗》（2012年11月8日），中共中央文献研究室编：《十八大以来重要文献选编》上册，中央文献出版社2014年版，第44页。

现在，我们比历史上任何时期都更接近中华民族伟大复兴的目标，比历史上任何时期都更有信心、有能力实现这个目标。

实现中华民族伟大复兴，就是中华民族近代以来最伟大的梦想。①

2013年3月17日，新当选的中华人民共和国主席习近平在第十二届全国人民代表大会第一次会议闭幕会上，全面阐述了"中国梦"的内涵、意义与实现路径：

实现全面建成小康社会、建成富强民主文明和谐的社会主义现代化国家的奋斗目标，实现中华民族伟大复兴的中国梦，就是要实现国家富强、民族振兴、人民幸福，既深深体现了今天中国人的理想，也深深反映了我们先人们不懈追求进步的光荣传统。

实现中国梦必须走中国道路。

实现中国梦必须弘扬中国精神。

实现中国梦必须凝聚中国力量。

中国梦归根到底是人民的梦，必须紧紧依靠人民来实现，必须不断为人民造福。②

① 习近平：《中国梦，复兴路》（2012年11月29日），中共中央文献研究室编：《十八大以来重要文献选编》上册，中央文献出版社2014年版，第83、84页。

② 习近平：《在第十二届全国人民代表大会第一次会议上的讲话》（2013年3月17日），中共中央文献研究室编：《十八大以来重要文献选编》上册，中央文献出版社2014年版，第234、235页。

2013年5月4日，习近平总书记在中国航天科技集团公司中国空间技术研究院同各界优秀青年代表座谈时强调指出：

> 共青团要在广大青少年中深入开展"我的中国梦"主题教育实践活动，为每个青少年播种梦想、点燃梦想，让更多青少年敢于有梦、勇于追梦、勤于圆梦，让每个青少年都为实现中国梦增添强大青春能量。①

在中国改革开放进入关键时期，提出"中国梦"这一生动性目标，有利于进一步凝聚社会共识，激发创造活力，提升中国人民的自信心，更能触动广大青年的心弦，激起了广泛而强烈的共鸣，激励他们与全国人民一道，共同享有人生出彩的机会，共同享有梦想成真的机会，共同享有同祖国和时代一起成长与进步的机会。

共青团十七大吹响中国梦青春号角

2013年6月17日至20日，共青团第十七次全国代表大会在北京人民大会堂召开。大会的主题是：高举中国特色社会主义伟大旗帜，以邓小平理论、"三个代表"重要思想、科学发展观为指导，深入学习贯彻党的十八大精神，坚定信念，牢记使命，脚踏实地，锐意进取，团结带领广大团员青年满怀信心地紧跟着党，为全面建成小康社会、加快推进社会

---

① 习近平：《在同各界青年代表座谈时的讲话》（2013年5月4日），《论党的青年工作》，中央文献出版社2022年版，第22页。

主义现代化、实现中华民族伟大复兴的中国梦而奋斗。来自全国各地的1508名团员代表出席了本次大会，部分在京中共中央政治局委员、书记处书记，全国人大、国务院、全国政协领导同志出席会议。中央和国家机关各部门、解放军总政治部、武警总部、各人民团体、北京市的负责同志，部分在京离退休的曾在团中央书记处工作的领导同志，首都各族各界团员青年代表参加了开幕式。

党和国家领导人习近平、李克强、张德江、俞正声、刘云山、王岐山、张高丽等到会祝贺，刘云山代表党中央发表了题为《在实现中国梦的伟大实践中谱写壮丽的青春篇章》的祝词。祝词指出：

为实现中华民族伟大复兴的中国梦而奋斗，是中国青年运动的时代主题。共青团作为党领导的先进青年的群众组织，作为党的助手和后备军，必须牢牢把握党的要求，主动适应时代发展要求和当代青年特点，全面履行各项职能，切实担负起团结带领广大青年为实现中国梦而奋斗的历史使命。

要牢牢把握共青团工作的根本任务。围绕坚持和发展中国特色社会主义，以理想信念教育为核心，深入开展"我的中国梦"主题教育实践活动，用中国梦打牢广大青少年的共同思想基础，用中国特色社会主义理论体系武装青年头脑，努力把广大青少年培养成为中国特色社会主义事业的合格建设者和可靠接班人。

面对新形势新任务，广大团干部要在继承优良传统基础上，进一步加强思想建设、能力建设、作风建设，不断提高服务大局、服务青年的本领。①

祝词对广大青年提出五点要求，即坚定理想信念，练就过硬本领，勇于创新创造，矢志艰苦奋斗，锤炼高尚品格。

秦宜智代表共青团第十六届中央委员会作了题为《高举团旗跟党走 奋力实现中国梦》的报告。报告分为六个部分：共青团事业的新发展；肩负起实现中国梦的青春使命；坚持用社会主义核心价值体系引导青年；在全面建成小康社会进程中充分发挥生力军作用；竭诚帮助青年成长发展；全面提高团的建设科学化水平。

大会通过了关于团十六届中央委员会报告的决议，通过了关于《中国共产主义青年团章程（修正案）》的决议。大会一致同意把科学发展观写入共青团的行动指南。

6月20日上午，团十七届一中全会选出由21名同志组成的团中央常务委员会，秦宜智当选为团中央书记处第一书记，贺军科、罗梅、汪鸿雁、周长奎、徐晓、傅振邦当选为书记处书记。

6月20日下午，中共中央总书记习近平等党和国家领导人在中南海同团中央新一届领导班子成员集体谈话。习近平总书记在听取大家的发言后指出：

当前，全党全国各族人民正在为实现党的十八大提出的奋斗目标而奋发努力，正在朝着实现中华民族伟大复兴的中国梦而奋勇迈进。这是党和国家工作大局，也是中国青年运动的时代主

---

① 共青团中央编：《中国共青团年鉴（2013）》，中国青年出版社2014年版，第6、7页。

题。团的工作要把握住根本性问题，把培养中国特色社会主义事业建设者和接班人作为根本任务，把巩固和扩大党执政的青年群众基础作为政治责任，把围绕中心、服务大局作为工作主线。

团的工作要把握住广大青年的脉搏。要提高团的吸引力和凝聚力，关键是要高举理想信念的旗帜。共青团要做好青年思想引导工作、增强吸引力和凝聚力，必须站在理想信念这个制高点上。

扩大团的工作有效覆盖面，关键是要把工作延伸到广大青年最需要的地方去。青年在哪里，团组织就建在哪里；青年有什么需求，团组织就要开展有针对性的工作，努力使团组织成为联系和服务青年的坚强堡垒。……使团组织成为广大青年遇到困难时想得起、找得到、靠得住的力量。①

习近平总书记对加强团干部队伍建设提出明确要求：

推动共青团事业不断开创新局面，关键在团干部。团的干部必须坚定理想信念，应该最富有理想、富有理想主义，团干部要在广大青年中树立威信、形成号召力，首先要高扬理想旗帜。团的干部必须心系广大青年，坚持以青年为本，深深植根青年、充分依靠青年、一切为了青年，做青年友，不做青年"官"，努力增强党对青年的凝聚力和青年对党的向心力。团的干部必须提高工作能力，勤奋学习，向书本学习，向实践学习，向青年学习，在同广大青年的密切交往中提高工作本领，在同他们打成一片中

---

① 共青团中央编：《中国共青团年鉴（2013）》，中国青年出版社2014年版，第3、4页。

找到做好青年工作的有效办法。团的干部必须锤炼优良作风，既要有干事创业的激情，更要有脚踏实地的作为。要深刻领会中央八项规定的精神实质，养成慎始、慎独、慎微的意识，走好人生每一步。要坚决反对形式主义、官僚主义、享乐主义和奢靡之风这"四风"，着力解决广大青年反映强烈的突出问题，为做好团的工作提供坚强作风保证。①

集体谈话由李源潮主持。刘奇葆、赵乐际、栗战书、杜青林、赵洪祝、杨晶参加谈话。

中央4号文件与中央党的群团工作会议

2015年1月，中共中央印发《关于加强和改进党的群团工作的意见》，深刻阐述新形势下加强和改进党的群团工作的重要性和紧迫性，科学概括中国特色社会主义群团发展道路，对加强和改进党对群团组织的政治领导、思想领导、组织领导，发挥群团组织作用、推动群团组织改革创新提出明确要求和一系列政策举措，是指导和推动党的群团工作不断开创新局面的纲领性文件。《意见》指出：

群团事业是党的事业的重要组成部分，党的群团工作是党治国理政的一项经常性、基础性工作，是党组织动员广大人民群众为完成党的中心任务而奋斗的重要法宝。

---

① 共青团中央编：《中国共青团年鉴（2013）》，中国青年出版社2014年版，第4页。

中国特色社会主义群团发展道路，是对党的群众工作长期奋斗历史经验的科学总结。这条道路是中国共产党开展群众工作、推进党的事业的伟大创造，是党领导群众实现共同梦想的历史选择，是群团组织与时俱进、发展壮大的必由之路。这条道路是中国特色社会主义道路的重要组成部分，其基本特征是各群团自觉接受党的领导、团结服务所联系群众、依法依章程开展工作相统一。

各级党委要明确对群团工作的领导责任，健全组织制度，完善工作机制，从上到下形成强有力的组织领导体系。①

《意见》要求各级党委要推动群团组织团结动员群众围绕中心任务建功立业，推动群团组织引导群众自觉培育和践行社会主义核心价值观，支持群团组织加强服务群众和维护群众合法权益工作，支持群团组织在社会主义民主中发挥作用，支持群团组织参与创新社会治理和维护社会稳定，推动群团组织改革创新、增强活力，加大对群团工作的支持保障力度，加强群团组织领导班子和干部队伍建设。

7月6日至7日，中央党的群团工作会议在北京召开。这在党的历史上是第一次。会议的主要任务是分析研究新形势下党的群团工作面临的新情况新问题，贯彻落实《关于加强和改进党的群团工作的意见》，总结成功经验，解决突出问题，推动改革创新，努力开创党的群团工作新局面。习近平总书记出席会议并发表重要讲话，他强调：

---

① 中共中央文献研究室编：《十八大以来重要文献选编》中册，中央文献出版社 2016 年版，第 304、306、308 页。

　　由于党的群众工作对象众多、层次多样，党需要建立旨在广泛联系各方面群众的群团组织来帮助党做群众工作。这是我们党的一大创举，也是我们党的一大优势。

　　新形势下，党的群团工作只能加强、不能削弱，只能改进提高、不能停滞不前。

　　我们的共青团是先进青年的群众组织，是党的助手和后备军，决不能成为国外那种自发的或者具有各种政治色彩甚至光怪陆离的青年团体。①

讲话明确要求，工会、共青团、妇联等群团组织一定要坚持解放思想、改革创新、锐意进取、扎实苦干，切实保持和增强党的群团工作和群团组织的政治性、先进性、群众性，切实克服工作中存在的机关化、行政化、贵族化、娱乐化倾向，组织动员广大人民群众更加紧密地团结在党的周围，把广大人民群众对美好生活的追求汇聚成强大动力，共同谱写实现"两个一百年"奋斗目标、实现中华民族伟大复兴中国梦的新篇章。

　　由中共中央召开党的群团工作会议，在党的历史上还是第一次。这表明新常态下执政党通过群团组织动员群众、整合社会的传统优势得到高度重视和强力推动，也标志着各群团组织应对社会变革的探索和努力将进入里程碑意义的新阶段。

---

① 中共中央文献研究室编：《习近平关于社会主义政治建设论述摘编》，中央文献出版社 2017 年版，第 186、187、193 页。

《共青团中央改革方案》

2016年8月2日，中共中央办公厅印发《共青团中央改革方案》，标志着新时代共青团改革全面开启。该方案强调，共青团是党的助手和后备军，是党和政府联系青年的桥梁和纽带。推进共青团改革，是全面从严治党的一部分，是焕发共青团生机活力的重要举措。方案从四大方面、十二个领域提出了改革措施。

第一，改进团中央领导机构人员构成、机构设置和运行机制。完善代表大会和委员会制度，增强团的代表大会、全委会、常委会的代表性，在团中央领导机构中明显提高基层和一线团干部、团员的比例；扩大代表大会代表的参与渠道，建立代表大会发言制度、团中央委员会向代表报告工作和听取意见建议制度、团代表走访团员青年制度；完善全委会委员议事建言机制，建立委员重点发言制度、委员提案制度；更好发挥常委会作用，提高决策科学化水平。改革优化机关职能和机构，实行工作力量"减上补下"，团中央精减机关行政编制，补充相应数量的挂职干部，带动省级团委根据实际情况适当精简编制、充实县级团委和直接服务青年的工作领域；改革团中央直属单位；改进团的领导体制和机关运行方式，完善双重领导体制；推动机关干部到基层一线开展工作，建立完善团中央机关干部常态化下沉基层、向基层服务对象报到工作机制，推动机关干部摆脱文山会海、走出高楼大院；建立扁平化、项目化工作机制，让青年了解团的历史、参与机关工作、增强主人翁意识、找到家的感觉。

第二，改革团中央机关干部选拔、使用和管理。把团的岗位作为党政等各领域、各行业优秀年轻干部提高群众工作能力、培养群众工作作风、丰富群众工作经验的重要平台，坚持德才兼备、五湖四海，突出"知青少年、懂青少年、爱青少年"，不拘一格从党员、团员中选拔优秀人才，建设专职、挂职、兼职干部相结合，符合群团组织特点、充满生机活力的团中央机关干部队伍；改进机关干部选任交流，注重人岗相适，不搞年龄层层递减，从严选拔专职干部，挂职、兼职干部在机关所任职务从工作需要出发，不完全对应行政级别；完善机关干部综合考核评价机制，增加基层团组织和团员青年评价权重。建立团干部直接联系青年制度，每名专职、挂职团干部经常性联系 100 名左右不同领域的团员青年，兼职团干部直接联系 10 名左右普通青年，努力做到经常有声音、有互动、有话题、有线下活动、有面对面交流。

第三，改革创新团的工作、活动和基层组织建设。把思想政治引领贯穿团的各项工作和活动，深入学习贯彻习近平总书记系列重要讲话精神，广泛开展中国特色社会主义和中国梦宣传教育，积极培育和践行社会主义核心价值观。提高服务青年和维护青少年合法权益的能力，推动出台面向青年的普惠性服务政策，推进基层服务型团组织建设，建立团内外资源区域化统筹配置机制，形成共青团工作品牌体系；更加注重直接服务普通青年，努力打造直接联系服务青少年的阵地依托，推动团的各级领导机关组织实施直接面向青年的重点服务项目；改革创新青少年维权工作，构建"大权益"工作格局，明确维护青少年权益工作的对象和权责边界。大力实施"网上共青团"工程，以"智慧团建"和"青年之声"为重点，建设工作网、联系网、服务网"三网合一"的"网上共青团"，形成"互联网＋共青团"格局，实现团网深度融合、团青充分互动、线上线下一体运行。着力夯实基层基础，改进团员发展和教育管理，增强团员先进性光荣感，严格入团程序，加强团员意识教育，推动全体团员成为注册志愿者；改革创新团的基层组织设置，构建纵横交织的网络化组织体系；建设

"团干部＋社工＋青年志愿者"队伍，充实基层工作力量；加强联系服务引导，把青年社会组织紧密团结起来。

第四，加大党委和政府对共青团工作的支持保障力度。落实党建带团建制度，推动把团建纳入各级党委党建工作规划和年度考核内容，团建工作占一定比重；建立抓落实的督导机制，对省级落实党建带团建工作的情况进行定期检查；把"推荐优秀团员作入党积极分子人选"作为基层团组织的重要工作职责，推动党组织将推优纳入党员发展工作规划。健全政府协调工作机制，制定青年发展规划，各地制定相应规划，注重与经济社会发展规划及相关专项规划衔接；加强共青团和青年工作学科建设，推动把青年群众工作列入各类干部培训课程；健全稳定规范的共青团工作经费保障制度；加大对团的基层工作阵地建设支持力度，推动群团组织基层工作和服务阵地共建共享。

《共青团中央改革方案》要求，以团中央改革为牵引，加强统筹指导，带动地方各级、各领域共青团在党委领导下，结合工作实际谋划改革、推进改革，形成以上率下、全团抓改革的工作局面。

中长期青年发展规划

为了更好体现党的青年群众工作的内在要求，在党中央领导下，共青团中央牵头起草《中长期青年发展规划（2016—2025年）》。团中央深入青年调研普遍性发展需求，与相关部委密切沟通协调提出青年发展政策和项目，经中央政治局常委会会议、国务院常务会议审议后，2017年4月以中共中央、国务院名义印发。这是新中国历史上第一个青年发展规划，首次明确提出了"党管青年"的重要原则和"党和国家事业要发展，青年首先要发展"的战略判断。规划聚焦当前我国青年成长发展迫切需要关注的核心权益和突出问题，构建了涵盖 10 个发展领域、44 项发展措施和 10 个重点项目的青年发展政策体系，从促进青年全面发展的视角，形成了促进和保障青年成长发展的重要顶层设计。规划对实施工作的组织领导作出明确规定：

> 在党中央统一领导下，设立推动规划落实的部际联席会议机制，共青团中央具体承担协调、督促职责。各地区各部门要高度重视青年工作，关心、支持青年事业的发展，形成工作合力。县级以上党委和政府建立青年工作联席会议机制，负责推动本规划在本地区的落实，协调解决规划落实中的问题，县级以上团委具体承担协调、督促职责。在规划实施中，要积极回应和解决青年关心的问题，多为青年办实事。

规划要求共青团在维护青年发展权益中充分发挥重要作用：

> 共青团要按照《中共中央关于加强和改进党的群团工作的意见》和中央党的群团工作会议精神，全面推进自身改革，保持和增强政治性、先进性、群众性，始终紧跟党走在时代前列、走在青年前列，切实代表和维护青年发展权益。同时，要引导青年识大体、顾大局，依法理性表达诉求，自觉维护社会和谐稳定。[①]

---

① 《中共中央国务院印发〈中长期青年发展规划（2016—2025 年）〉》，《人民日报》2017 年 4 月 14 日第 1 版。

这就是说，共青团不仅是规划的重要参与方，更是推动规划落实的主导力量。共青团认真履行规划实施的协调、督促职责，针对青少年在学业就业、身心健康、婚恋交友等方面的突出需求，重点做好政策协调、信息对接、社会支撑等普惠性服务，让更多青年感受到党和政府的关心。同时，共青团积极编制监测指标、开展项目论证，努力推动从国家政策层面系统解决青年发展的不平衡、不充分问题，形成青年发展的大格局。

二、青春建功新时代

共青团十七大以来，全团上下坚决贯彻以习近平同志为核心的党中央要求，牢牢把握保持和增强政治性、先进性、群众性的前进方向，紧紧围绕党和国家大局，准确把握团的根本任务、政治责任、工作主线，奋发改革、锐意进取、真抓实干，在组织青年、引导青年、服务青年、维护青少年合法权益方面，做了大量富有成效的工作，共青团事业实现了新发展，为全面建成小康社会贡献青春力量。

以中国梦构筑青年一代的强大精神支柱

党的十八大后，"中国梦"成为广大青年关注的"第一热词"。共青团广泛开展了"我的中国梦"主题教育实践活动，各行各业青年通过宣讲报告认识中国梦，通过主题团日交流中国梦，通过典型故事感知中国梦，通过网上话题谈论中国梦……全团举办的"我的中国梦"主题团日活动，有超过 2.4 亿人次青年直接参与。"实现中国梦、青春勇担当"成为鼓舞当代青年奋力前行的最强音。团中央书记处带头组织集体学习，全国青联、全国学联、全国少工委以及各级团的领导机关分别组织座谈会，深刻领会中国梦凝心聚力的伟大历史意义，深刻领会广大团员青年在实现中国梦进程中肩负的光荣使命。团中央和各级团组织广泛邀请党政领导、青年典型、专家学者、文化名人，深入到高校学生、城市青年、农村青年等群体中，开展"与信仰对话——名家报告进校园"、创业成才报告会、西部计划巡回报告团等活动 1 万余场。同时，各级共青团在青年节、儿童节、国庆节、少先队建队日等节点，全国数百万个基层团组织和少先队组织分别开展"我的中国梦"主题团日和"红领巾相约中国梦"主题队日活动，超过 4000 万团员青年和 6614 万少先队员参与其中。2013 年，青年马克思主义者培养工程被纳入中央马克思主义理论研究和建设工程；2017 年"青马工程"被列为《中长期青年发展规划（2016—2025 年）》重点项目的第一项。5 年来，共青团不断深化"青马工程"。依托大学生骨干培养学校，采取理论教学、政策宣讲、社会实践、志愿服务等形式，仅 2013 年就培训全国、省、校三级大学生骨干近 20 万人次。共青团充分利用清明、五四、六一、七一、八一、国庆、抗战胜利纪念日、烈士纪念日等重要节点，结合庆祝新中国成立 65 周年、纪念抗日战争暨世界反法西斯战争胜利 70 周年、纪念红军长征胜利 80 周年、庆祝中国共产党成立 95 周年等重要契机，把"我的中国梦"主题教育实践活动推向深入。

这一时期，共青团大力开展青少年励志教育和道德教育。一是深入开展奋斗精神教育，以"奋斗的青春最美丽"系列分享活动为载体，组织一批来自青年身边的，包括大学生、青年工人、进城务工青年、农村青年等各类别一线青年优秀代表，到全国 20 个省讲述自己的奋斗历程和先进事迹，共举办分享会 229 场，现场参加的青年 1.7 万人；邀请 250 多名青年典型在网上与青年互动交流，有关活动网页访问量达 8.3 亿次，中国青年网推出的青春励志故事网络专栏获得了中国新闻奖一等奖，引导广大青少年树立"奋斗成就人生"的鲜明导向。二是广泛开展世界观、人生观、价值观教育，在中学生中开展"与人生对话"教育活动，引导广大中学生进行正确的人生思考；在中职学生中开展"彩虹人生"主题活动，帮助中职学生自信自强。三是引导青少年参与社会公益，探索开展微公益活动，通过开展大学生微公益大赛、建设微公益网站平台等途径，帮助广大青少年树立随时、随地、随手做公益的意识。四是开展"青春践行核心价值观"主题活动。2014 年国庆节前后，共举办活动 34.9 万场，吸引 2880 万青少年参与。

2014 年 10 月，共青团中央启动实施了"全国向上向善好青年"推选活动，把"选树身边好青年""青年典型青年选"的理念同新媒体充分融合，动员青年积极发现身边典型，每年推选 100 名爱岗敬业、创新创业、崇义友善、诚实守信、孝老爱亲 5 个类别的"全国向上向善好青年"。到 2018 年，团中央已示范带动超过 2000 个县（市、区）开展了好青年推选活动，全团累计推树各类好青年近 2 万名，网络参与学习、讨论和点赞量达 3.58 亿人次。"争做向上向善好青年"成为青年一代的奋进目标。

这一时期，共青团进一步强化引导青年工作的新媒体和文化手段。2013 年团属网站建设近 4000 家，其中，中国青年网的日浏览量历史高峰值达 2.3 亿，在国内主流网站中综合排名第 99 位，成为中央重点新闻网站和国内最大的青年主流网站；未来网的日均浏览量超千万，已成为全国最大的未成年人专属网站。共青团系统的新浪、腾讯微博认证总数超过 10.5 万个，数量居全国政务系统微博第一，初步形成了团中央、省、市、县四级微博工作格局。2014 年组织开展"我为核心价值观代言"主题网络活动，利用网上流行的"代言体"，吸引青少年通过上传图片、微视频等方式"秀"出对"24 字"的理解感悟，90 多万人参与创作主题微博作品，话题总阅读量超过 3.3 亿次。组织开展"我和国旗合个影"活动，吸引超过 30 万青少年，在网上鲜明表达爱国情感，微博话题总阅读量达 4.5 亿次。发挥文化育人功能，重点开展全国青少年微电影大赛和书法美术大赛，超过 2000 部微电影、10 万件书画美术作品参赛。推出动漫片、拼图、"童谣 100 首"等文化产品，生动活泼地传播核心价值观。广泛开展诵读经典、国学讲堂等文化活动，引导青少年学习传承中华优秀传统文化。2016 年，共青团系统开设微博账号 7.2 万个、微信公众号 2.1 万个，粉丝总量 1.2 亿人；团中央微博位居政务微博影响力排行榜首位，中国青年网、未来网分别进入国内网站排名前 10 位和前 60 位，共青团新媒体矩阵已成为全国政务新媒体的"第一方阵"。

同时，共青团勇于亮剑交锋，当好清朗网络空间的生力军、突击队。认真贯彻习近平总书记的重要指示，把"一手抓思想引导、一手抓舆论斗争"作为总思路，把做好网络舆论斗争工作作为新形势下共青团服务大局、参与具有许多新的历史特点的伟大斗争的重大任务。加强建设团属网宣员、网评员、网络文明志愿者和中国好网民等队伍，在重大事件、关键节点勇于发声亮剑，激浊扬清，团结带领广大团员青年义无反顾、冲锋在前，坚决捍卫理想、捍卫主权、捍卫历史、捍卫英雄，为构建清朗网络空间、维护主流意识形态发挥了积极作用。

做全面建成小康社会的生力军

2013 年以来，共青团始终把服务党和国家工作大局作为共青团团结引领广大青年施展才华、建功立业的主战场，紧紧围绕党的十八大和十八届三中全会确定的目标任务，坚持组织化动员与社会化动员相结合，坚持深化老品牌与探索新载体相统一，推动青年投身经济社会发展。

全团吹响"脱贫攻坚青春建功行动"的集结号。在贫困山区、偏远乡村、基层一线，一个个帮扶项目、一项项扶持政策落地实施。希望工程累计筹集资金近 50 亿元，资助建设希望小学 1700 所，资助家庭经济困难学生 110 万名，改善了贫困地区的教学条件，一大批贫困学生因此改变命运；共青团对口援藏援疆工作筹措资金 15 亿元，已完成首批 1021 个援助项目，为新疆、西藏开展青少年民族团结进步教育、青少年交往交流交融提供了有力支持；全国大中专学生暑期"三下乡"社会实践每年组织不少于 700 万名青年学子，累计组建 1 万余支全国重点实践团队，深入基层贫困地区开展实地调研、农业技术培训、政策宣讲等实践项目；"博士服务团"共选派 1594 名具有博士学位的优秀人才，到西部地区、革命老区和边疆民族地区扶贫支教、服务锻炼；团中央和团的省、市共三级机关选派多批机关干部组建扶贫工作队，进驻 402 个贫困县的 853 个贫困乡村开展扶贫工作，与基层干部群众同劳动、同奋斗，积极争取帮扶政策，培育发展农业支柱产业，努力帮助更多贫困户脱贫致富。

共青团以电商扶贫为切入点，努力为贫困地区发现、培育青年创业领军人才，成立中国青年电商联盟、举办青年电商扶贫周和众筹活动，与阿里巴巴、京东集团、苏宁云商等合作，建设青年电商创业孵化中心，将技能培训、站点创建、网上众筹、小额贷款等服务，送到了贫困地区创业青年身边。参加了团齐齐哈尔市委组织的电商培训后，一位返乡青年找到了既适合自己创业又带动群众脱贫致富的"钥匙"。他线上利用淘宝、微商城等平台销售产品，线下辐射 60 多户农民发展养殖，累计出售土鸡蛋 6 万余箱，实现销售额 300 余万元，直接带动近 30 个贫困户致富脱贫。共青团发挥组织优势，推动各级团委参与东西扶贫协作，2017 年共对接实施 334 个项目；"西部计划"面向西部边疆贫困地区选派大学生志愿者 1.83 万人；坚持扶贫与扶智相结合，面向深度贫困地区团员青年开展电商、汽修等免费技能培训。

围绕实施创新驱动发展战略和推动高质量发展，带领青年投身创新创业创优。以创业联盟建设、教育培训、赛事组织、金融服务、园区建设、网络服务为依托打造青年创新创业服务体系，中国青年创新创业大赛共吸引 8 万余个项目、30 余万名青年参与；深化"挑战杯"竞赛和"小平科技创新团队"评选，着力培养青少年的创新意识和能力；持续开展农村青年致富带头人培养、青年文明号、青年职业技能大赛等岗位创优活动，引导各行各业青年立足本职、创先争优，培育劳模精神和工匠精神。引领青年在时代前列创新创业创优。创新是青春远航的动力，创业是青春搏击的能量。青年是社会的新生细胞，最富探索精神，最具创造活力，是推动创新创业创优的生力军。"振兴杯"大赛举办 13 届以来，全国各地各系统团委组织了超过 2000 万人次青工参与，22 万人通过竞赛晋升技术等级，在青年职工中形成了"技能成才、岗位建功"的良好导向。"蛟龙"号载人深潜团队、航天科技八院 812 所空间环模试验技术组、中铁二十局集团巴基斯坦卡·拉公路Ⅲ标项目、邯郸市公安消防支队涉县大队……这些优秀的青年集体，都有着同一个闪光的名字——"青年文明号"。这个以倡导职业文明为主旨，组织青年集体立足本职争创一流、成长成才的活动，是共青团最响亮的活动品牌之一，至今已连续开展了24年，覆盖了42个行业（系统）的一线青年集体，涌现出全国青年文明号集体16510个，50多万青年集体参与各级创建活动，一大批青年人才、先进集体、行业经验从中脱颖而出，成为带领青年践行职业精神、弘扬职业道德的一面旗帜。青年岗位能手、青年安全生产示范岗等共青团岗位建功品牌持续做强擦亮，激励青年创新创造、精益求精，在攻坚克难中展现青春风采，在改革创新中贡献智慧力量。2017年初秋的西安，创业的青春激情与悠远的古都风韵融为一体，来自全国的优秀创业青年济济一堂，共话"创青春"的精彩故事。在这场第四届"创青春"中国青年创新创业大赛上，融合了路演、培训、投融资对接、展示交流、国际论坛等20余项活动，形成了"创青春2017"微博话题2.5亿次阅读量的热点。5年来，"创青春"已形成青创群、青创课、青创赛、青创板、青创园、青创云工作体系，努力为青年创客提供全链条服务。累计吸引31.3万个青年创业团队、150万名青年参加大赛，实现青创板融资17.6亿元，为支持青年敢创业、能创业、创成业搭建了平台。从"创青春"到"挑战杯""五小"，从中国青少年科技创新奖到中国青年创业奖，共青团大力激发青年的创新创业激情和活力，积极培育青年的创新意识和创业能力，推动青创力量充分涌流。

这一时期，中国青年志愿者行动不断深化。以纪念行动实施20周年为契机，进一步调动青年参与和谐社会建设的热情，提升青年志愿者队伍的专业化水平，全国累计6770万的注册青年志愿者在扶贫济困、抢险救灾、社区服务、大型赛会、海外援助等方面作出了积极贡献。至2018年，"大学生志愿服务西部计划"已连续实施15年，27万多名高校毕业生带着理想奔赴祖国最需要的地方，为西部基层提供 1 至 3 年的志愿服务，他们中的相当一部分最终选择了扎根在那里；在 G 20 杭州峰会、"一带一路"高峰论坛、南京青奥会、世界互联网大会等大型赛会活动中，数以十万计的青年志愿者"小青荷""小青柠""小梧桐"精彩绽放；在抗击芦山地震、云南普洱地震和 2017 年洪水等自然灾害中，广大青年志愿者、青年突击队冲在一线，屡立新功；在塞舌尔等 23 个亚、非、拉国家，先后有十几批次青年志愿者参与海外志愿服务，为树立中国负责任大国的国际形象作出了积极贡献；2014 年，全国性志愿服务综合平台——志交会应运而生，牵动了全国 4 万多个志愿服务组织和 14682 个项目，累计获得项目资金超过 2.3 亿元。

各级共青团积极促进生态环保事业，深入开展保护母亲河行动，以筹资造林、理念宣传、社团培育为重点，动员 529.2 万人次青少年参与，全军和武警部队青年官兵捐款 7238 万元，为生态文明建设作出积极贡献。河北省塞罕坝机械林场总场党委办公室副主任、团委副书记王栋，一家三代都是塞罕坝林场的务林人。明知务林艰辛，大学毕业后，他还是毅然接过父辈的接力棒，在清贫奉献中完成了造林 1236 亩、皆伐 1432 亩、间伐 1086 亩，用汗水浇灌着"绿色明珠"塞罕坝。他也是第八届"母亲河奖"绿色卫士奖获得者。至 2018 年，保护母亲河行动 19 年来共筹集资金 4.62 亿元人民币、35 亿多日元、30 多亿韩元，建设了近 5600 个总面积 570 万多亩的绿化工程，吸引 6 亿多人次青少年参与。久久为功的保护母亲河行动，增强了全社会的生态环保意识，探索了社会公众参与国家生态环保建设的途径，让绿色环保成为青年推崇的精神时尚和生活方式。

坚持服务青年的工作生命线

作为党领导的先进青年的群团组织，传递党的温暖、服务青年发展是共青团的重要职责。"青年有什么需求，团组织就要开展有针对性的工作，努力使团组织成为联系和服务青年的坚强堡垒。"共青团按照习近平总书记的重要要求，贯彻以人民为中心的发展思想，坚持服务青年这一共青团工作的生命线，以青年普遍性需求和特殊困难群体为重点，帮助青少年在新时代成长成才、施展抱负。

学习教育是青少年最关注的发展权益，学习成才是青少年最基本的发展任务。共青团组织围绕青少年学习提高的普遍需求，在推动公平教育、实践教育、高质量教育等方面积极作为，促进青少年思想成长和全面发展。作为我国最有影响力的助学公益品牌，由共青团发起的希望工程坚持"救助—发展"模式，形成以学生资助为基础，以助学育人、帮助受助学生全面提升能力为目标的助学体系。从 2013 年到 2018 年，希望工程筹集资金近 50 亿元，资助建设希望小学 1700 所，资助家庭经济困难学生 110 万名，为农村学校配备希望厨房、希望工程图书室、电脑室、体育园地，帮助农村贫困地区青少年上好学、读好书。读万卷书，行万里路。青年成长发展所需的知识能力不仅来自书本，还来自实践。已经连续举办 15 届的"挑战杯"全国大学生课外学术科技作品竞赛，累计吸引 1300 多万学生参赛，成为普及创新意识、培育创新能力的校园"全运会"。2300 余所高校开展的"走下网络、走出宿舍、走向操场"主题群众性课外体育锻炼活动，参与学生达 6800 余万人次，营造了加强体育锻炼的浓厚氛围。每年夏天，数以百万计的青年学生走出"象牙塔"，走进企业社区、乡村田野广泛开展"三下乡"社会实践活动，在改革开放和现代化建设一线受教育、长才干。各地中小学普遍开展的"红领巾小健将""红领巾小百灵""红领巾小书虫""红领巾小创客""红领巾小主人"活动，深受小队员们喜爱。这些实践活动，已经成为广大青少年学习成才人生经历中与青春记忆不能分割的"第二课堂"。

在就业这一青年最紧迫、最普遍的需求上，共青团也没有缺位。2013年3月，共青团中央办公厅印发《关于开展2013年度"见习助就业·牵手毕业生"活动的通知》。各级共青团组织持续实施青年就业见习计划，重点面向大学毕业生建设青年见习基地。同时开展"千校万岗"大学生就业帮扶行动，通过就业讲堂、职业规划辅导等方式，为青年实现更高质量和更充分的就业搭建桥梁。实现了稳定就业，青年的下一个需求就是职业发展。每年初入职场又充满抱负的青年，都渴望得到职业生涯指导、职业技能提升的机会。共青团组织深入开展"振兴杯"技能竞赛，选树一大批青年身边的"青年岗位能手"，以青年典型生动描述岗位成才故事，激励青年爱岗敬业，培养青年的工匠精神。在这个大众创业、万众创新的黄金时代，创业成为许多青年追逐梦想、施展才华的自主选择。从2014年起，团中央已成功举办了4届"创青春"中国青年创新创业大赛，共吸引31.3万个青年创业团队、150余万名创业青年参赛，通过青年创新创业板为创业项目融资17.6亿元，建设"青年创业示范园区"2000余家，形成了青创群、青创课、青创赛、青创板、青创园、青创云的工作体系，为青年创业提供全链条服务。

不遗忘任何一个身处困境、需要组织关心的青少年，为他们提供常态化、接力式的帮扶，是共青团服务青少年工作的重中之重。全团广泛开展"七彩假期"关爱留守儿童志愿服务项目，全国2324个项目服务点直接服务47.4万名农村留守儿童，覆盖率达77%。"七彩小屋"已在2805

个县市区旗实施，参与结对的志愿服务团队 5.56 万多个，参与的青年志愿者达到近 600 万人。截至 2018 年上半年，全国 2800 多个县市区旗都启动了关爱农民工子女行动。以乡镇、街道团组织为主，开展了大量的调查、摸底和结对工作。共摸底农民工子女较集中学校 4.8 万所，摸底农民工子女有 1400 万人，其中结对 4.6 万所学校，结对 1140 万农民工子女，结对率分别为 96% 和 81%。北京、内蒙古、辽宁、吉林、黑龙江、上海、江苏、安徽、福建、江西、湖北、湖南、广东、海南、重庆、云南等省（自治区、直辖市）已实现了结对全覆盖。参与这项工作的青年志愿者达 460 万人。团中央志愿者工作部开发了网上统计系统，初步实现了关爱行动常态化、动态化管理。

由共青团发起的中国青年志愿者助残"阳光行动"，也在全社会引发了爱心热潮。2014 年以来，184 万名青年志愿者结对服务了残疾青少年245 万人，选拔认证 10150 名项目专员，建立 2 万余个助残志愿服务阵地，涌现出了中日友好医院"健康守护共享阳光"社区助残项目、武汉理工大学助残志愿服务队"声音绘光影"助残志愿服务项目等优秀志愿服务项目。广东 12355 青少年服务台实现全省统一平台一年来，接听青少年来电 12 万个，帮扶个案 1100 个。各级团组织以"青少年维权在线"、12355 青少年服务台为依托，建设线上线下紧密衔接的维权工作平台，接受青少年咨询和求助，用好青少年事务社工，及时关注、介入权益典型个案，为困难青少年开展关爱帮扶、心理健康等服务。

恋爱成婚是青年的人生大事，婚姻幸福也是支撑青年发展、构建和谐社会的重要基础。一项针对北上广深及其他 15 个大城市的抽样调查显示，近年来职场青年单身率持续攀升。青年婚恋问题已经成为党政关心、社会关注的青年"刚需"。随着各级团组织围绕青年婚恋开展越来越多的工作，"团团帮我找对象"逐渐成为网络热词。各级团组织立足本地实际，提供公益性的婚恋交友服务，帮助青年收获幸福生活。团广东省委持续发力打造"粤团聚"网站平台，整合婚恋产业链企业资源为青年提供优惠服务。团重庆市委通过购买社会组织服务的方式，广泛开展"青年之声·幸福大讲堂"活动，帮助青年调适心理压力、提高社交能力。团青海省委联合银行为牵手成功的男女青年提供青年置业信用基金，帮助青年搭建幸福小窝。陕西汉中团市委举办的"三生三世·情定汉中"汉式集体婚礼，诠释民俗魅力，唱响城市名片。这些别出心裁的婚恋活动设计，引起广大青年网友一片共鸣。中国航天科工二院206所团委举办的"春风十里·我们约会吧"植树联谊活动，刷出"谁说恋爱只能吃饭看电影"的新境界。这些活动不仅帮助大批青年找到了"另一半"，也展示了青年引领社会风尚、践行正确婚恋观的新面貌，在青年当中叫好又叫座。

青年有获得感，共青团才有存在感。周末到"青年之家"去，已成为云南省昆明市新闻里社区很多青年的习惯做法。学外语、学绘画、做志愿服务……对于这些平日忙于工作的年轻人来说，在这里，他们能遇见志同道合的伙伴，得到用心贴心的帮助，感受"家"的温暖。在全国，这样的"青年之家"并非个例。到2018年，全团已在基层建设各类"青年之家"综合服务平台4万余个，其中1.4万余个入驻统一的云平台，有效破解了基层阵地资源短缺的瓶颈，成为团员青年身边24小时不打烊的共青团"门店"。在重庆，2017年有35名团支部书记因在"背靠背"测评中满意率低于50%而被罢免"下课"，这源于重庆近年探索的"团员说了算"评价机制。在无锡，青年只要打开手机就能定位附近的团组织服务点，动动手指就能获取社区团干部的联系方式，轻轻一点就能报名参加家门口的各类活动。共青团改革启动以来，为更好体现青年主体地位，让更多青年直接参与团的工作，各地进行了许多有益探索。江苏省建立"青年观察员"制度，邀请青年代表对团的重点工作落实情况进行暗访、评价；青海省探索午休错时服务制度，确保为来机关办事的青年提供不断时服务……通过这些具体实践，青年们普遍反映，现在的共青团更接地气、更有生气，更像青年人自己的组织了。

让青少年想得起、找得到、靠得住

维护青少年权益，是共青团作为党联系青年群众的桥梁和纽带的重要职责之一，也是各级团组织凝聚人心、助力青少年成长发展的重要领域。各级团组织主动代言诉求、回应社会关切、关注弱势群体，积极展现、提升共青团维护青少年权益的社会形象，努力成为他们遇到困难时想得起、找得到、靠得住的力量。

各级团组织针对新时代青少年成长发展和权益维护的突出问题，努力拓宽渠道、丰富形式、搭建平台，引导他们有序政治参与、理性表达诉求。2008年以来，全团持续开展"共青团与人大代表、政协委员面对面"活动，通过深入倾听、调研，"两会"之前和代表、委员凝聚共识，共同形成建议或提案发出集中呼吁，并通过建议提案的办理来推动解决实际问题。在此基础上，积极参与人大、政协各类协商活动，在涉及青少年相关法律法规和政策制定过程中，代表青少年提出意见建议。10年来，各级团组织举办相关活动3万余场次，联系各级人大代表、政协委员近40万人次，提出促进青少年成长发展的建议、提案、议案8万余件，推动修改《未成年人保护法》《预防未成年人犯罪法》等法律法规，推动解决未成年人监护侵害、提高"西部计划"志愿者补贴等一系列问题。

如何把个案帮扶的经验上升为健全的工作机制，成为共青团维护青少年权益工作者共同面对、认真思考的问题。柳州共青团将青少年预防犯罪、权益维护和成长护航有机整合、统筹推进，构筑起"党政领导、综治委协调、共青团牵头、各部门齐抓共管、社会力量广泛参与"的工作格局，取得了显著成效。"柳州模式"成为共青团参与社会治理创新的典范，团柳州市委荣获"全国社会治安综合治理先进集体"荣誉称号。在各地探索的基础上，团中央持续加强维护青少年权益工作社会支持体系的顶层设计。2013年以来，团中央与全国律师协会未成年人保护委员会合作，在17个城市推进青少年法律服务中心建设试点，通过各级律协的公益律师承办青少年权益侵害个案，帮助青少年及时获得来自身边的法律服务。2017年，团中央联合最高人民检察院，就全国检察机关和共青团加强未成年人检察工作达成合作协议，明确共青团发挥群团组织的动员优势，积极培育、扶持相关社会组织、青少年社工服务机构、公益法律机构等，协助检察机关组建合适成年人队伍、开展社会调查、建设未成年人观护基地，推动完善未成年人检察"捕、诉、监、防"一体化工作格局。在团中央的示范带动下，各地团组织陆续与公检法司机关强化资源整合、实现优势互补，建立全方位的合作关系。除少年司法领域外，2018年1月，团中央和民政部合作，明确12355青少年服务台承接民政部门未成年人保护专线工作，以留守儿童和困境儿童为工作对象，打造融"监测预防、发现报告、应急处置、评估转介、帮扶干预、督查追责"为一体的工作平台，建立"一门受理、协同办理"的多部门联动、社会各方参与的工作机制。

各地共青团积极创新，努力打造线上线下衔接配合的维权工作平台。2014年起，共青团苏州市委抓住全国"青少年权益工作创新"试点契机，以苏州12355青少年服务台为枢纽和终端，开发成长服务、亲子服务、城市融入、文康体艺等专业课程和服务项目，通过所联系的社工机构推送到全市社区、乡镇，建立青少年身边触手可及的"笑果社区服务体系"。不仅苏州，结合全团基层综合服务平台建设，387个12355青少年服务台拓展已有功能、丰富服务内容、加快转型升级，广泛布局建设社区、学校、商圈工作站点，让有困难、有维权诉求的青少年第一时间能想到共青团、找到共青团，获得专业服务。除了线下的实体化平台，必须让维护青少年权益工作插上互联网的翅膀，实现网上网下供需对接。2015年起，按照专业、有效、公益、便捷的要求，团中央建立并不断优化"青少年维权在线"网络平台，到2018年全国已有90%的县级团委和30%高校团委微信公众号接入，共享共用后台近7000名法律、心理专家，线上接受青少年咨询求助，线下及时关注、跟进和介入典型个案。2016年3月，"青少年维权在线"接到大学生陷入校园贷款纠纷的咨询和求助持续增多，引起团中央的高度关注。在安排律师进行线上答复的同时，积极协调当地团组织和12355专家团队，先后介入河北佟银侠案、江西兰彪案、四川梅曦案、天津田文顺案、湖南胡堃案等个案，为当事人提供专业支持，维护大学生合法权益。在此基础上，推动职能部门加强专项整治，银监会、教育部先后出台政策文件，有效遏制了"校园贷"乱象蔓延。各地团组织适应青少年成长环境的新变化，建好用好网络和新媒体平台，开通12355微博240余个、微信公众号47个，新浪"共青团12355"微博粉丝265万，有力扩大了维护青少年权益工作覆盖面和社会影响力。团中央根据"网上共青团"和"青年之声"建设总体部署，整合各级权益部门工作微博和"共青团12355"微博群，深入开展法治教育、自护教育、关爱帮扶、倾听恳谈等专题活动，密切与主流网络媒体、热门论坛的联系，建立常态化青少年舆情收集机制，及时发布青少年权益保护权威信息和对热点事件的回应。

不断扩大的"朋友圈"

共青团十七大以来，各级团组织深入实施青年社会组织"伙伴计划"、青少年事务社会工作专业人才队伍建设"2020计划"、新兴青年群体"筑梦计划"，不断加强对新兴领域青年的联系服务和引导，着力扩大共青团开展青年群众工作的伙伴队伍，努力汇聚为实现中华民族伟大复兴中国梦而奋斗的青春正能量。截至2018年5月，全国共注册社会组织80.01万个，其中以青少年为主体和以服务青少年为主业的青年社会组织占据相当一部分。这些社会组织日益成为青年聚集联络和社会参与的重要载体，在社会建设领域发挥着积极作用，是现代社会治理的重要力量。各级团组织紧紧抓住共青团改革契机，充分发挥桥梁纽带作用，通过组织孵化、骨干培训以及主题沙龙、青年风尚节、青年社会组织招贤令等活动，直接联系有一定规模和影响力的青年社会组织近4万个，共青团的"朋友圈"不断扩展。

"找得到、联系上"是共青团做好青年社会组织工作的第一步。为了尽快找到更多的青年社会组织，重庆的团干部用了个"笨办法"：向民政局要到了17000多个注册社会组织的大名单，一条条地挑选出1000多个青年社会组织，之后又经过各区县进行第二轮筛选，最后形成了包含800多个青年社会组织的信息库。既辛苦又烦琐，但是基本摸清了"家底"。随着工作的推进，也逐渐联系到了更多没有注册的青年自组织。有了花名册、联系表还不够，要建立和青年社会组织的紧密联系，还需要了解他们的需求，提供有针对性的服务。

在广州市青年文化宫七楼，有一个团市委牵头成立的青年社会组织孵化基地。这个基地为150余家青年社会组织提供"大管家"式的服务，入驻的组织不仅能够享受免费的办公卡座、公共会议室，还能得到导师支持、资源对接、伙伴协同、分享交流等服务。2014年6月23日，32位来自社工机构、志愿服务队、企业、媒体等领域的青年人围绕"如何更好关怀露宿者"的主题进行热烈讨论。据广州市青年文化宫主任助理吴俊介绍，这样的讨论每月会进行3次左右，这是孵化基地知名度很高的"羊城公益咖啡馆"，通过设置青少年服务、公益支持、公益人职业发展规划等议题，让青年社会组织在此进行跨界"头脑风暴"，一起研讨解决社会问题的行动方案。这样的孵化基地，在全国分布广泛、数量众多。

各级共青团努力把工作对象变为工作力量。2015年5月23日，首届"南京创益青年节"在南京国家领军人才创业园举行。为这场活动忙前忙后的不仅有团干部，还有"嘤鸣读书会"的成员们。活动的方案设计、主题确定、嘉宾邀请，编外的小伙伴们都发挥了重要作用。借助他们的专业优势和经验积累，活动吸引了海内外30多家创业公司和50多个公益组织参加。2018年6月5日，一段街舞视频风靡网络。视频中的160余位青年舞者相约8个城市的地标性建筑，用极具吸引力和青春活力的街舞快闪，发出"向塑料袋Say No""光盘行动"等环保倡议，吸引30余万青少年点赞，在线观看量超过1400万。这是共青团在第47个世界环境日开展的"汇聚青春力量·建设美丽中国"活动中的一个。团组织提供了具体方向和大致构想，而执行和完成这段视频制作的是中国舞蹈家协会街舞委员会全国联盟。专业的舞蹈、配乐和视频剪辑，社会化的宣传推广方式，使共青团青少年生态环保工作"涨粉"无数。基层共青团常常面临着缺人手、缺资源的困难，青年社会组织有热情、有专长，在联系服务青年方面有一些独特优势。把青年社会组织聚拢在身边，壮大伙伴队伍、延伸工作手臂，已经逐渐成为各级团组织的工作共识。

在公益领域发挥作用，努力服务社会、服务群众，是很多青年社会组织的成立初衷。"公益"也成为团组织和青年社会组织之间的"最大公约数"。2014年，全团启动实施了青年社会组织"伙伴计划"，通过专门培训、公益创投、项目资助与推介等方式广泛链接社会资源，从而凝聚和引导青年社会组织在精准扶贫、社区治理、留守儿童关爱、特殊青少年帮扶等领域发挥作用，有效服务了青少年现实需求。2017年，共青团创新实施了中国青年社会组织公益创投大赛，面向青年社会组织征集涉及社区建设、扶贫、环保、科普、健康、文化等14个领域的参赛项目，鼓励青年参与解决社会问题，并动员各级团组织为参赛项目提供一定经费支持。此外，团组织还带着小伙伴们共同"上网"募集资源。2017年，团中央社会联络部与中国妇女发展基金会合作，从全国遴选40个优秀公益项目，在腾讯"99公益"平台上线，开展网络众筹，帮助这些项目募集了近500万元的公益资金。益青春，益精彩。用公益的价值导向凝聚行动共识，团结带动青年社会组织共同围绕大局作贡献，共青团的伙伴之路越走越精彩。

各级共青团积极帮助新兴群体实现梦想。2017年9月，团中央和中国作协联合举办"网著梦想"青年网络作家培训班，全国各地100余名青年网络作家及网络写手齐聚井冈山，听知名作家讲创作，与网络文学大咖学经验，在交流中结下深厚友谊。帮助青年网络作家"网著梦想"，只是共青团"筑梦计划"的一个板块。"筑梦计划"是共青团针对社会组织从业青年、青年独立音乐人、青年网络作家等新兴青年群体创新实施的工作项目，按照"找得到、联系紧、服务好、会引导"的目标，通过组织专门培训、开展职业导航、进行梦想孵化、提供展示平台等方式，加强与新兴青年群体的联系与沟通，激发创新创造活力，帮助他们实现专业提升、职业发展、价值实现和社会参与的梦想。在重庆，共青团联合相关机构发起了"青少年音乐发展基金"，启动"新腔调青年音乐人计划"。在南宁，共青团举办了"匠心致青春·筑梦新时代"艺术交流会，激发新兴青年群体创作热情，促进职业技能提升。在张家港，团市委开展了"耳朵借我"流行音乐趴，10余名歌手和音乐人通过各具特色的演唱风格，为青年们献上视听盛宴……在72个"筑梦计划"重点联系城市及各级各地团组织，各具特色的活动异彩纷呈。青年歌手风采展示、青年音乐人唱作大赛、创意创新设计大赛、青年美术工作者书画展等特色赛事和活动接连举办；利用已有的文化产业园、众创空间、特色文化街区和团属阵地，一批服务新兴青年群体创新创业的平台纷纷建立；各具特色的青春沙龙和培训讲座在各地举办，一大批知名专家和业内人士先后被聘请担任新兴青年群体"梦想导师"。与此同时，新兴青年群体的"伙伴功能"逐渐体现。团西安市委联合西安新文艺青年协会的成员，开展了2018"西安年最中国"曲江音乐街区活动，全天候不间断地表演演唱、乐器、舞蹈、杂技、相声等近800个节目，600多人次先后参演，吸引来自世界各地的游客驻足欣赏。团桂林市委组织独立制片人公益体验行，团株洲市委举办大型慈善音乐节……一大批新兴青年群体在团组织的带领下，主动投身公益事业，积极参与社会建设。经过全团的共同努力，"筑梦计划"成效初显，越来越多的新兴青年聚拢过来，"抱'团'取暖"的态势初步形成。

随着经济社会快速发展，青少年工作对专业化、个性化的要求越来越高，这些青少年事务社会工作专业人才和专业机构开展的工作，日益成为共青团服务青少年成长、维护青少年权益等工作的重要补充和手臂延伸。各级团组织积极联系、培育、扶持具有专业化水平的青年和机构，将他们作为共青团和青少年工作力量的重要组成部分。2014 年，团中央联合相关部委印发意见，提出到 2020 年初步建立 20 万人的青少年事务社会工作专业人才队伍。《中长期青年发展规划（2016—2025 年）》将"青少年事务社会工作专业人才队伍建设工程"纳入 10 项重点工程进行规划。《共青团中央改革方案》进一步提出，要推动将青少年社会工作服务纳入政府购买服务支持范围。

2017 年，团中央联合民政部、财政部制定下发了《关于做好政府购买青少年社会工作服务的意见》，列出了政府购买青少年社会工作服务清单，同时对相关工作提出了明确要求。广大团干部和青少年事务社工纷纷表示，这是一个"含金量"很高的顶层设计。据统计，2018 年全国青少年事务社工人数已达 10.6 万人，专业岗位 1.9 万个，社工服务机构达到 4300 个。2017 年地市级以上政府购买青少年社会工作服务资金达到 8.2 亿元，其中，以团组织为购买主体的资金占到近 60%。青少年事务社工队伍建设的政策框架逐步建立，工作机制日趋完善，项目载体不断丰富。青少年事务社工作为共青团的重要工作力量，在帮助青少年健康成长、促进社会事业发展等方面发挥着越来越重要的作用。

加强港澳台青少年交流与青年外交工作

这一阶段，共青团中央、全国青联在继续办好港澳青年领袖国情研习班、高级研讨班、交流学习团，以及"两岸青年社团负责人圆桌会议""海峡青年论坛"等活动的基础上，针对涉港重大事件加强与香港青年代表人士的联系，积极发声、主动作为；按照"往下沉，向南移"的思路，进一步加强对台湾南部基层青少年的交流。选派内地杰出青年与3万名香港青少年开展近百场面对面交流；组织千名香港大学生参与暑期内地实习计划；组织港澳青年代表人士开展了相聚国旗下、国情研习班、海外杰青汇中华等活动。举办两岸青年联欢节、海峡青年论坛、两岸青年社团负责人圆桌会议、青年菁英交流研讨会等活动，努力增进两岸青年的情感联系和对口合作；应国民党荣誉主席连战邀请，举办大陆青年领袖赴台交流活动，建立起两岸青年精英交流平台。围绕增进国家认同、文化认同，做好港澳台青少年工作。认真履行港澳青年工作专责小组职能，持续开展三地青少年交流活动，每年都有超过15万人次港澳青少年参与，有效加深了他们对祖国历史、发展成就、政治制度的理解。以中华文化为纽带，继续办好海峡青年论坛、两岸青年联欢节等活动，保持对台青年工作不断线。

"国之交在于民相亲"，"民相亲"要从青年做起。共青团中央、全国青联共接待国外来访团组181批次、11824人次，派遣出访团组522批次、6716人次，派出360人次参与国际和区域性会议122次，助力构建人类命运共同体的宏伟事业，为"民心相通"搭起了一道青春桥梁。顺应我国外交进入新的活跃期、发展期和开拓期这一大势，按照总体均衡、重点突出的思路，以加强思想交流和情感互动为着力点，承接办好"中俄青年交流年""中法建交60周年青少年交流活动"等重大项目，全年共组织2959人次中外青少年互访，有力配合了党政外交工作大局。2016年11月，以"携手开创中越关系的美好明天"为主题的第三届中越青年大联欢首次在越南举办。共青团派遣1000名中国青年代表赴越南与9000名越南优秀青年一起，参加在越南7个省市展开的丰富多彩的交流、参观与联谊活动，创造了改革开放以来出访团组规模的新纪录。深入开展同"一带一路"共建国家的青年交流与合作，认真落实国家级人文交流机制框架下青年领域相关工作，建立多领域多渠道多层次青少年对外交流格局。

三、努力使团组织成为"坚强堡垒"

中国共青团作为超大规模的群团组织，一头连接着党政，一头连接着青年，而凝聚青年的多少决定着共青团对党政的价值大小。进入21世纪的第二个10年，正如中国经济社会各领域的改革已走进深水区一样，包括中国共青团在内的群团组织的整体性改革也被提上日程，群团改革的根本目的就是解决脱离群众的问题。新时代中国共青团重要的改革议题，就是通过改革不断加强与广大青年群众的密切联系，成为"联系青年和服务青年的坚强堡垒"。

改革从机关开始

共青团的改革与发展其实是与中国的改革开放事业同频共振的。从20世纪70年代末开始，中国共青团就开始走上了转型与改革之路。2016年8月中共中央正式印发《共青团中央改革方案》后，共青团中央第一时间成立改革工作领导小组，建立双周会议机制和改革任务销号制度，下发改革攻坚重点任务清单，逐项推动落实。作为全团的领导和首脑机构，团中央自身改革是重中之重。根据共青团改革方案，团中央提出改革将力争达到四个方面的目标，实现四大变化。

一是团中央领导机构的广泛性、代表性将显著增强。针对团代会代表、团中央委员中普通青年比例偏低的问题，保证基本群众代表的合理比例，注重吸收农民工、社会组织骨干、自由职业者等新兴青年群体中的优秀党员、优秀团员，明显提高基层和一线团干部、团员的比例。到2018年团十八大召开时，团的全国代表大会、团中央委员会、团中央常委会中基层和一线代表的比例分别不低于70%、50%和25%。同时，还将进一步改革完善团中央领导机构的议事决策机制，使代表性、广泛性不仅体现在人员构成上，也体现在功能发挥上。

二是团中央机关部门设置将更加适应时代要求。这次团中央机关部门改革，不是简单地做加减法，而是重在根据时代发展和青年变化调整职能、理顺机制、提高效率，新设立了青年发展部、基层组织建设部、社会联络部等部门。同时，这次部门调整更加突出面向全团的宏观指导功能，将工作重心从过多过繁的具体事务转移到研究规划、资源整合和指导推动上来，有利于大幅削减机关日常性、事务性工作，为机关干部更多走进青年、沉到基层创造条件。

三是团中央机关干部来源将更加丰富。这次改革从优化党的干部培养和成长路径的角度，提出要把团的岗位作为党政等各领域、各行业优秀年轻干部锻炼群众工作能力的重要平台，打破年龄、学历、身份、职级限制，不拘一格从党员、团员中选拔优秀人才。改革后，团中央机关各层级挂职、兼职干部比例均达到42%以上。一大批挂职、兼职干部的加入，将大大优化团中央机关干部结构，在数量、质量两个方面都是对团中央工作力量的加强。

四是团中央机关工作运行机制将更加注重直接面向青年。这次改革把改变机关运行模式、从机制层面解决脱离青年问题作为重点。提出建立"8+4"工作机制，力争每年50%的干部在机关工作8个月，在区县团委工作4个月；建立"4+1"工作机制，在岗干部力争每周在机关工作4天，在基层单位工作1天；建立"1+100"直接联系青年制度，每名专职、挂职团干部经常性联系100名左右不同领域团员青年，直接服务和引导普通青年。同时，将大幅精简会议、文件、简报，更加注重运用网络新媒体等手段推动工作、开展活动。

各省、区、市先后出台共青团改革方案，地市、县区一级共青团改革同步推进。从白山黑水到天涯海角，从铁道民航到机关企业，从大学校园到中学支部，"全团一盘棋，奋力抓改革"日益成为全面深化改革大背景下一道靓丽的青春风景线。

让团旗在互联网上高高飘扬

作为网络世界的原住民，当代青年几乎无人不网、无时不网。在推进改革过程中，共青团深刻认识到，赢得青年，首先就要进驻网络。共青团主动适应信息化深刻变化，坚持以青年为本，坚持改革创新，将网络新媒体摆在团的工作和建设中全局性、战略性、基础性位置，举全团之力，打造活力四射、影响广泛、触手可及的"网上共青团"。团中央官方微博、微信粉丝数超过千万，知乎、B站等网上青年聚集地到处活跃着团的身影，仅2017年全团点击量过亿的话题活动就超过30个，团属新媒体矩阵成为传播正能量、弘扬主旋律的重要引领力量……"团团"，这一充满青春气息的昵称，折射出广大青年网友发自内心的认可和喜爱。"每逢大事看团团""亮剑发声听团团""路见不平@团团"成为越来越多青年下意识的选择。

"只要青年在的地方，无论千山万水，团团都赶来见你。"团中央进驻B站的开篇语中的这句话，在青年网友中普遍传扬，已经成了共青团的网上宣言。青年在哪里，团的建设和工作就要延伸到哪里。共青团深刻认识到，当绝大多数青年都在刷着微博、聊着微信、玩着抖音，要加强对青年群体的覆盖和引领，就必须瞄准网络空间，着力开拓新平台新阵地。2013年12月27日，共青团中央微博、微信上线了。这不仅标志着覆盖中央、省、市、县四级团组织的新媒体矩阵形成，更吹响了全团进军网络新媒体的嘹亮号角。几年下来，人们欣喜地看到，共青团已成为各大平台上的"网红""KOL（关键意见领袖）"。共青团中央微博、微信粉丝超过千万，稳居政务新媒体方阵前列，各级各类团属微博超过7.2万个，微信公众号达2.1万个；陆续进驻知乎、B站、QQ空间、今日头条、网易云音乐，结合不同平台特点生动发声；在火爆网络的抖音、快手、微视等短视频平台和各大直播平台，也出现了共青团的身影。这些空间的共青团，被网友亲切地称作"团团"。这里没有空泛的说教，也没有生硬的照搬，有的是积极理性的观点、生动活泼的语言、亲切温暖的互动。很多网友说，看到了微博上勇敢正直的"团团"、微信上温暖积极的"团团"、知乎上深度智慧的"团团"、QQ空间里热血青春的"团团"、B站里和大家"皮在一起"的"团团"，不同的样态、不同的风格，在青少年心间注入了同样真挚热烈的情感。

2018年清明节，一个名为《今天，请给他们一分钟》的H5在人们的朋友圈刷屏。这个H5用简洁的画面和体感技术，引导人们在这个慎终追远的日子，用1分钟默哀来祭奠革命英烈。产品发布后不到一天，就吸引 1400 多万网友在线参与，话题阅读量超过 5 亿次。这项由团中央发起的"清明祭英烈·共铸中华魂"网络爱国主义活动已连续举办了 17 年，特别是在移动互联网时代，连续 4 年推出爆款——2015 年"献花留言"、2016 年"描金碑文"、2017 年"传递火种"、2018 年"默哀 1 分钟"，在网上掀起了爱国热潮。

共青团以"青年好声音"网络文化行动和青年网络文明志愿者行动为统领，持续传播正能量、弘扬主旋律。从"我的中国梦"到"青年大学习"，从"中国制造日"到"我深深爱着这个国家"，从"光盘行动"到"阳光跟帖"，全团推出了一大批精彩纷呈的主题网络活动。截至 2018 年 6 月，已有 30 多个话题活动阅读量个个过亿。同时，共青团中央还联合各大直播平台发起"团团直播间"大型栏目，邀请青年榜样、明星名人共话新时代，累计在线人数达 6600 多万人次；连续两年举办"网络青晚"，打破"次元壁垒"，COS 圈、国风音乐圈、电竞圈、体育圈、主播圈等网络青年共同参与；发起"中国华服日"活动，激发青年群体对中华传统文化的热情；联合"蜗牛读书"推介"总书记同款书单"，联合"唱吧"动员网友"万人歌唱祖国"，联合 B612 向数百万网友分发"国旗贴纸"，联合"脉脉"引导青年网友"字述一年"，唱响励志奋斗的青年好声音。

正面宣传高歌猛进，对负面信息的抵制也未曾懈怠。对于那些攻击中国共产党的领导、危害国家利益的，对于那些影响青少年健康成长的，共青团就是要激浊扬清、正本清源。近年来，在曝光"台独""港独"艺人、揭批"精日"分子、反对侮辱革命英烈等事件中，全团旗帜鲜明发声，广大青年网友坚决行动，巩固和壮大了主流思想舆论。

互联网是宣传平台，更是工作手段。各级团组织积极利用网络新媒体联系服务青年、推动工作创新、加强资源整合，线上线下联动，在服务青年学习成长、创新创业、婚恋交友、权益维护，推进团建团务工作创新等方面，取得了很多新成效。

——"青年之家"云平台系统，在全团建设 4 万余个"青年之家"的同时，1.6 万家"青年之家"进驻云平台，让青年可随时查看、参与团组织举办的丰富活动。

——"智慧团建"系统于 2016 年启动，旨在实现全团基本信息数据采集管理和基础团务管理。

——"青年之声"互动社交平台，旨在反映青年呼声、回应青年诉求、维护青年权益、服务青年成长，上线以来受到成千上万青少年关注，为他们成长成才提供了许多帮助。

——"青少年维权在线"，向全国青少年提供免费的法律、心理服务，并针对校园欺凌、"裸贷""邪典视频""娈童"等现象和事件，配合公安、网信等部门进行处置。

——"志愿中国"信息系统，已有 6600 多万名志愿者、40 余万个志愿服务组织在线注册，有力促进青年信用体系建设。

——"创青春"云平台，吸引 5 万家青创企业入驻，"掌上双创生态圈"建设初见成效。

借助互联网力量，共青团新的工作阵地和品牌层出不穷，青年文明号、青年志愿者、"创青春"、"挑战杯"、青工技能大赛等传统品牌也进一步提升了参与、优化了模式、扩大了影响，焕发出新的强大活力。一位通过网络报名参加了基层团组织"青年之家"活动的青年说："共青团通过互联网实现了升级换代，为青年提供了零距离的服务和引领，团组织不在高楼深院里，团组织就在我们身边。"

打通"最后一公里"

基层团组织是团的组织和工作体系的"神经末梢",是青年群众感知共青团、评价共青团的终端窗口,是共青团战斗力、凝聚力的基础源泉。近年来,团的基层组织建设在改革中破题、在创新中加强、在规范中发展,有效地扩大了组织覆盖面,焕发了组织新活力。

随着中国特色社会主义进入新时代,党和国家各项事业大踏步前进,青年群体正在发生深刻变化,共青团的基层组织建设,是在与党给定的改革时间窗口赛跑,与青年社会组织发展壮大的速度赛跑,与青年主动选择组织的分化速度赛跑。全团上下紧紧围绕习近平总书记的重要指示,不断提升责任感紧迫感,坚持眼睛向下、重心下移,坚持把组织化作为开展工作的基本方式,坚持把管根本、管长远的体制机制改革作为加强基层组织建设的突破口,不断提升基层团建科学化水平。

领导机关从"叠床架屋"转向"精简高效",组织架构从"头重脚轻"转向"纵横交织",部门设置从"与上对口"转向"对下适应",工作方式从"逐级传达"转向"直接联系"……共青团改革推进以来,各级团的领导机关按照改革要求,推动建立"小机关、强基层、广覆盖"的扁平化组织架构和运行机制。

做好"加减法",基层组织"强筋骨"。在推进团的基层组织建设过程中,共青团着力做好"加法",提升的是"政治性、先进性、群众性",加注的是组织高质量发展的动能;同时做好"减法",去除的是"机关化、行政化、贵族化、娱乐化",夯实的是组织可持续发展的根基。

为了破解基层团组织长期缺少人手的问题,团中央改革方案提出,上级团的领导机关挤一点编制,县一级整体盘子里调一点编制,再增配挂职干部、兼职干部，充实县级团委工作力量。而针对更广大的乡镇（街道）、村（社区）团组织，全团着眼构建稳定专业高效的基层工作队伍，联合有关部门出台了政府购买青少年社会工作服务等政策，并不断拓展注册志愿者队伍，努力把工作对象转化为工作力量。在浙江等地，还通过县、乡团干部统筹使用的方式，探索充实基层工作力量的新途径。德清县建立了团干部后备人才库的试点，按团委班子职数1:2的比例，择优确定乡镇（街道）团（工）委书记、副书记培养人选96人，建立"成长档案"，加强跟踪培养，实行动态管理，建起了基层团干部队伍的"人才蓄水池"。

除了千方百计充实基层工作力量，各级团的领导机关还打造了全方位加强基层的"专属套餐"：通过团干部常态化下沉基层、直接联系青年等方式，直接指导帮助基层团组织开展工作；大幅精简会议、文件、简报，注重用新媒体手段，让基层切实"减负"；进一步健全完善乡镇街道基层团建经费保障机制、加大送服务项目下基层力度；指导帮助基层团组织打破行政化思维定式，通过承接政府购买服务项目、网络众筹等方式整合资源……全团为基层建设"赋能"、基层助全团工作落地的良好态势正在不断形成。

从"有形覆盖"到"有效覆盖"

长期以来，团的组织体系主要依托传统行政单位构建，条块分割、活力不足、组织空白等问题日益凸显。随着经济社会深刻变革，青年横向流动日益频繁，各级团组织也开始探索立足青年空间分布、职业聚集、日常交往等特点，努力构建纵横交织的网络化组织体系。

推进城乡区域化团建。打破"单位"界限，推动各类驻地团组织与属地的街道、乡镇团组织加强沟通对接、整体分工协作、统筹各类资源，努力实现对城乡团员青年的最大覆盖。目前，全国已有90%以上的街道和具备条件的乡镇建立了区域青年工作共建委员会，在乡镇普遍开展了直属团组织建设，通过对组织的再组织、资源的再配置，努力建设活跃的共青团城乡基层组织生态。

坚持"固本""培新"。在国企、机关事业单位、学校等传统领域"固本强基"，提升活力。同时针对大量团员青年"两新"组织聚集的实际，积极借助党建带动、行业推动、园区联动、产业互动、活动牵动等建团路径，在非公有制经济组织、社会组织、互联网行业等新兴领域迅速"扩容增量"。驻外团组织、农村专业合作组织团组织等新型团组织广泛建立。

创新基层组织载体，建设青年身边的团组织"青年之家"。团旗、团徽、青春励志奋斗口号等标识随处可见，"身边的好伙伴""身边的好道理"等青年活动经常化开展……走进河南漯河市"致尚健身"的8家连锁店，就像走进了共青团的"营业厅"，处处洋溢着青春气息。在漯河市"黄金地段"漯河会展中心旁的包商村镇银行，一楼200平方米的面积全部建成"青年之家"，比办理业务的营业厅面积还要大，"青年之家"和银行同时建成开门"营业"。

当代青年群体高度流动、高度分化，基层团建"有组织无青年""有青年无组织"的困境不时显现。2014年起，共青团将"青年之家"建设作为突破口，大力推进团的组织建设和工作创新。各地团组织以打造共青团"门店""连锁店"的思维，整合党政、社会和市场资源，着力建设面向社会、面向青少年的服务场所。

在这些"青年之家"里，汇聚了共青团和青年元素，提供内容丰富的"菜单式"服务，青年在这里学习理论知识、参与志愿服务、开展交友联谊、交流兴趣爱好、接受就业创业培训、办理基础团务……团的组织网络、工作力量、服务项目，在青少年身边实现了有形化、日常化，受到青年广泛欢迎。截至2018年，全国已建成具有一定规模的各类"青年之家"4万余家。各级团的领导机关也按照团中央要求，全部建成向青年开放的"青年之家"，青年与团干部一起参加活动成为常态。

与此同时，线上的"青年之家"云平台建设也同步推进开来，数万个"青年之家"和团的领导机关在线进驻。通过地图定位就可以就近找到团组织，了解活动信息，报名参与活动，"我身边的共青团"正在成为越来越多团员青年的现实体验。一名负责"青年之家"工作的基层团干部说："一种基于O2O模式的共青团组织和工作体系正在形成，不管团员青年怎么流动、流动到哪里，共青团都能以这种崭新的组织形态，实现最广泛的服务和凝聚。"

"宁肯少些，但要好些"

共青团中央在持续规范团员发展工作，突出政治标准、控制入团规模、提高团员质量的同时，连续制定出台"三会两制一课"实施细则、基层团组织工作条例等文件规定，推动落实团员教育、团内选举、团费收缴等各项制度，使团的组织生活真正严起来、实起来、规范起来。一次次规范的组织生活，使团员的政治觉悟、组织意识、纪律观念得到锤炼；一次次高质量的组织生活，使团员学习理论、交流思想、坚定信仰的过程得到升华；一次次制度化的组织生活，使团员经常感受到组织的存在、组织的力量、组织的帮助。渐渐地，基层团组织的运行从"宽松软"开始向"严紧实"深刻转变。

共青团员是团组织肌体的细胞和团的活动的主体，发展团员和团员管理工作是团的建设的基础工程。2016年3月，团中央制定印发《关于加强新形势下发展团员和团员管理工作的意见》，提出"坚持标准、控制规模、提高质量、发挥作用"的总要求，从发展标准、发展程序、培养教育、工作纪律等方面严格发展团员工作。截至2018年5月，全国初中毕业班团学比已降至30%以下。

"每一个新发展的团员名额都显得弥足珍贵，团员的先进性得到了更好的体现。现在，学生们觉得入团是一件非常荣耀的事情。"团员先进性教育的难点在于常态、长效，切实把团员理想信念的精神支柱立起来，实现"思想入团"。各级团组织与时俱进创新工作方式，深入开展"学习总书记讲话做合格共青团员"教育实践，坚持不懈地用习近平新时代中国特色社会主义思想武装团员，教育引导团员牢固树立"四个意识"，切实增强"四个自信"。

大力推动从严治团

从严治团作为新时代加强共青团改革和建设的重要举措，是在全面从严治党的大背景下实施的。2015年1月，共青团十七届三中全会强调"要落实全面从严治党要求，大力推进从严治团"。2017年1月，共青团十七届六中全会审议通过《关于落实全面从严治党、大力推进从严治团的决议》和《关于新形势下推进从严治团的规定》，把从严治团纳入整个工作规划并置于重要地位。2018年1月，共青团十七届七中全会召开，主题是"深入学习贯彻习近平新时代中国特色社会主义思想，深化改革攻坚，抓实从严治团，努力把共青团锻造成为新时代党的有力助手和可靠后备军"。团干部是共青团改革发展的"关键少数"，从严从实抓团干部教育管理，是推动从严治团的重要内容和基本前提。

一是全面加强团干部理论武装。全团深入开展了"学理论·强党性·铸信仰"活动，通过理论中心组学习、专题讲座、学习交流、集中培训等形式，组织团干部认真学习习近平新时代中国特色社会主义思想，深入学习党史国史、党章党规，了解把握经济社会发展状况。

二是大力开展团干部主题教育。团的各级领导机关认真深入开展党的群众路线教育实践、"三严三实"专题教育、"两学一做"学习教育，不断提高广大团干部的宗旨意识和党性觉悟。同时，广泛开展"团干部如何健康成长"教育实践，以省市县三级团的领导机关干部和各领域专职团干部为重点，带动各类兼职团干部广泛参与，通过"学习""讨论""落实"三个阶段，教育引导团干部树立正确成长观，做到忠诚、干净、担当。

三是组织实施大规模团干部培训。突出政治培训，强化政治纪律和政治规矩，引导团干部在政治立场、政治方向、政治原则、政治道路上同以习近平同志为核心的党中央保持高度一致。仅2017年，共青团中央直接面向各领域团干部举办培训班63期，共计培训9300余人次，指导推动省级、地市级团委举办培训班1898期，累计培训各类团干部21万人次。在这些培训班中，政治培训成为最为重要的核心板块，在课程设置、师资配备、结业考试等环节得到了突出体现。

四是切实强化制度和纪律约束。团中央制定出台《关于新形势下推进从严治团的规定》《共青团中央贯彻落实中央八项规定实施细则精神的办法》等团内规章，坚持严字当头，督促各级团干部把严格遵守党的政治纪律和政治规矩作为安身立命的"压舱石"。进一步规范和加强团干部协管工作，推动地方团委协助党委从严选拔、从严管理团干部。

四、新思想引领新时代

立足我国发展新的历史方位，面对"两个一百年"奋斗目标的历史交汇期，党的十九大确立习近平新时代中国特色社会主义思想的指导地位，对决胜全面建成小康社会作出战略部署，描绘了全面建设社会主义现代化国家的宏伟蓝图，进一步指明了党和国家事业的前进方向。"党旗所指就是团旗所向"，中国共青团不断增强引领力、组织力、服务力，团结带领广大团员青年用青春奋斗奏响"请党放心，强国有我"的时代强音，展现出自信自强、刚健有为的精神风貌，努力成为实现中华民族伟大复兴的先锋力量。

党的十九大提出新思想

2017年10月，中国共产党第十九次全国代表大会在北京召开。大会的主题是：不忘初心，牢记使命，高举中国特色社会主义伟大旗帜，决胜全面建成小康社会，夺取新时代中国特色社会主义伟大胜利，为实现中华民族伟大复兴的中国梦不懈奋斗。习近平总书记代表第十八届中央委员会向大会作了题为《决胜全面建成小康社会，夺取新时代中国特色社会主义伟大胜利》的报告。报告深刻阐述了新时代中国共产党的历史使命，确立了习近平新时代中国特色社会主义思想的历史地位，提出了新时代坚持和发展中国特色社会主义的基本方略。大会提出，从 2020 年到本世纪中叶可以分两个阶段来安排。第一个阶段，从 2020 年到 2035 年，在全面建成小康社会的基础上，再奋斗 15 年，基本实现社会主义现代化。第二个阶段，从 2035 年到本世纪中叶，在基本实现现代化的基础上，再奋斗 15 年，把我国建成富强民主文明和谐美丽的社会主义现代化强国。

报告在第十三部分"坚定不移全面从严治党，不断提高党的执政能力和领导水平"中指出：

增强群众工作本领，创新群众工作体制机制和方式方法，推动工会、共青团、妇联等群团组织增强政治性、先进性、群众性，发挥联系群众的桥梁纽带作用，组织动员广大人民群众坚定不移跟党走。[①]

报告强调：

青年兴则国家兴，青年强则国家强。青年一代有理想、有本领、有担当，国家就有前途，民族就有希望。中国梦是历史的、现实的，也是未来的；是我们这一代的，更是青年一代的。中华民族伟大复兴的中国梦终将在一代代青年的接力奋斗中变为现实。全党要关心和爱护青年，为他们实现人生出彩搭建舞台。

---

① 习近平：《决胜全面建成小康社会，夺取新时代中国特色社会主义伟大胜利》（2017 年 10 月 18 日），人民出版社 2023 年版，第 56 页。

广大青年要坚定理想信念，志存高远，脚踏实地，勇做时代的弄潮儿，在实现中国梦的生动实践中放飞青春梦想，在为人民利益的不懈奋斗中书写人生华章！①

共青团十八大明确新任务

2018 年 6 月 26 日至 29 日，中国共青团第十八次全国代表大会在北京人民大会堂召开。大会的主题是：高举习近平新时代中国特色社会主义思想伟大旗帜，全面贯彻党的十九大精神，不忘跟党初心，牢记青春使命，奋发务实进取，勇于自我革命，团结带领广大团员青年为决胜全面建成小康社会、全面建设社会主义现代化国家、实现中华民族伟大复兴的中国梦努力奋斗。1500 多名来自全国各地的团十八大代表，肩负着 8100 多万共青团员的重托出席大会。

习近平、李克强、栗战书、汪洋、王沪宁、赵乐际、韩正等党和国家领导人到会祝贺。王沪宁代表党中央发表了题为《乘新时代东风 放飞青春梦想》的致词。致词指出：

习近平总书记关于青年工作的重要思想，深刻阐明了党的青年工作的地位作用、目标任务、职责使命、实践要求，深刻回答了新时代培养什么样的青年、怎样培养青年，建设什么样的共青团、怎样建设共青团等方向性、全局性、战略性重大课题，把我

---

① 习近平：《决胜全面建成小康社会，夺取新时代中国特色社会主义伟大胜利》（2017 年 10 月 18 日），人民出版社 2023 年版，第 57 页。

们党对青年工作的规律性认识提升到了新的高度，为做好新时代党的青年工作指明了前进方向、提供了根本遵循。

党的十九大擘画了决胜全面建成小康社会、开启全面建设社会主义现代化国家新征程的宏伟蓝图。当代青年既生逢其时，也重任在肩，既是追梦者，也是圆梦人。我国广大青年要牢记紧跟党走的初心，牢记习近平总书记的谆谆教诲，勇当实现中华民族伟大复兴的生力军，奏响新时代的青春之歌。

致词对共青团工作提出明确要求：

要坚持不懈用习近平新时代中国特色社会主义思想武装全团、教育青年……要积极服务党和国家工作大局，围绕党的十九大提出的各项任务部署，找准工作切入点、结合点、着力点，带领团员青年创造青春建功新时代的崭新业绩。要扎实推动和服务青年发展，帮助青年解决最关心最直接最现实的利益问题，多为困难青少年群体做好事、解难事、办实事，维护青少年发展权益，不断把党的温暖传递给青年。要推动共青团改革向纵深发展、在基层落地，坚持从严治团，让共青团同青年的联系更加紧密，让青年的获得感更加切实，让各级团组织更加坚强，紧跟党走在时代前列、走在青年前列。①

---

① 王沪宁：《乘新时代东风 放飞青春梦想——在中国共产主义青年团第十八次全国代表大会上的致词》，《人民日报》2018年6月27日第1版。

　　贺军科代表共青团第十七届中央委员会作了题为《高举习近平新时代中国特色社会主义思想伟大旗帜 奋力谱写决胜全面建成小康社会 全面建设社会主义现代化国家的壮丽青春篇章》的报告。报告分为八个部分：进入新时代的中国青年和共青团；强国时代青年的历史使命；用习近平新时代中国特色社会主义思想统领共青团工作；培养担当民族复兴大任的时代新人；青春建功新时代；大力促进青年发展；共青团改革再出发；全面从严治团。

　　会议通过了中国共产主义青年团第十八次全国代表大会关于十七届中央委员会报告的决议。大会通过了关于《中国共产主义青年团章程（修正案）》的决议，决定这一修正案自通过之日起生效。大会一致同意把习近平新时代中国特色社会主义思想写入共青团的行动指南。大会选举产生了由 170 名委员、129 名候补委员组成的共青团十八届中央委员会。

　　大会号召，全团要更加紧密地团结在以习近平同志为核心的党中央周围，高举习近平新时代中国特色社会主义思想伟大旗帜，团结带领广大团员青年在决胜全面建成小康社会、全面建设社会主义现代化国家进程中，奋力谱写壮丽的青春篇章！

　　6 月 29 日下午，中国共产主义青年团第十八届中央委员会第一次全体会议在北京举行。全会选举贺军科为团十八届中央书记处第一书记，汪鸿雁、徐晓、傅振邦、尹冬梅（挂职）、奇巴图（挂职）、李柯勇（挂职）为书记处书记。

　　7 月 2 日，中共中央总书记习近平在中南海同团中央新一届领导班子成员集体谈话并发表重要讲话。习近平总书记指出：

　　共青团是党的助手和后备军，这体现了我们党对共青团的

高度信任和殷切期望。团的所有工作，归结到一点，就是要当好这个助手和后备军。关键是要抓住 3 个根本性问题，就是必须把培养社会主义建设者和接班人作为根本任务，把巩固和扩大党执政的青年群众基础作为政治责任，把围绕中心、服务大局作为工作主线。要加强对青年政治引领，党旗所指就是团旗所向。要在广大青年中加强和改进理论武装工作，引导广大青年运用马克思主义立场、观点、方法观察分析问题，从而坚定正确政治方向，增强道路自信、理论自信、制度自信、文化自信，坚定听党话、跟党走的人生追求。要广泛动员青年建功新时代，全面贯彻党的十九大精神，围绕统筹推进"五位一体"总体布局和协调推进"四个全面"战略布局，主动配合党和国家重大工作部署，动员广大青年把报国之志转化为实际行动，努力成为担当民族复兴大任的时代新人。要更好联系服务青年，扩大团的工作覆盖面，强化服务意识、提升服务能力，千方百计为青年排忧解难，做广大青年信得过、靠得住、离不开的贴心人，增强团的吸引力和凝聚力。要落实好《中长期青年发展规划（2016—2025 年）》。

要切实落实从严治团要求。政治上要严，坚持以政治建设为统领，加强共青团系统党的建设，增强"四个意识"，坚定"四个自信"，坚决维护党中央权威和集中统一领导，旗帜鲜明抵制各种歪风邪气，保持清风正气和良好形象。团的干部队伍建设要严，政治上、思想上、能力上、担当上、作风上、自律上要强，做到对党忠诚，敢于挑急难险重的担子，敢于到条件艰苦、环境复杂的岗位锻炼，脚踏实地、一步一个脚印干。团员队伍建设也要严，在团员标准要求上严起来，从把好入团质量关入手，抓好入团以后的教育实践，带动广大青年一起前进。①

会上，共青团十八届中央书记处第一书记贺军科汇报了共青团第十八次全国代表大会和十八届一中全会的召开情况，团中央书记处书记汪鸿雁、徐晓、傅振邦、尹冬梅、奇巴图、李柯勇分别发言。

"百年之际"党对共青团提出明确要求

2019 年 4 月 30 日，纪念五四运动 100 周年大会在北京人民大会堂隆重举行。习近平、李克强、栗战书、汪洋、王沪宁、赵乐际、韩正、王岐山等出席大会。习近平总书记在会上发表重要讲话强调，五四运动以来的 100 年，是中国青年一代又一代接续奋斗、凯歌前行的 100 年，是中国青年用青春之我创造青春之中国、青春之民族的 100 年。新时代中国青年运动的主题，新时代中国青年运动的方向，新时代中国青年的使命，就是坚持中国共产党领导，同人民一道，为实现"两个一百年"奋斗目标、实现中华民族伟大复兴的中国梦而奋斗。习近平总书记指出，青年是整个社会力量中最积极、最有生气的力量，国家的希望在青年，民族的未来在青年。新时代中国青年处在中华民族发展的最好时期，既面临着难得的建功立业的人生际遇，也面临着"天将降大任于斯人"的时代使命。新时代中国青年要继续发扬五四精神，以实现中华民族伟大复兴为己任，

① 《习近平同团中央新一届领导班子成员集体谈话》，《共青团十八大报告辅导读本》，中国青年出版社 2018 年版，第 3—4、5 页。

不辜负党的期望、人民期待、民族重托，不辜负我们这个伟大时代。

习近平总书记对新时代中国青年提出六点要求：一是要树立远大理想，二是要热爱伟大祖国，三是要担当时代责任，四是要勇于砥砺奋斗，五是要练就过硬本领，六是要锤炼品德修为。习近平总书记强调，中国共产党立志于中华民族千秋伟业，必须始终代表广大青年、赢得广大青年、依靠广大青年，用极大力量做好青年工作，确保党的事业薪火相传，确保中华民族永续发展。把青年一代培养造就成德智体美劳全面发展的社会主义建设者和接班人，是事关党和国家前途命运的重大战略任务，是全党的共同政治责任。各级党委和政府、各级领导干部以及全社会都要充分信任青年、热情关心青年、严格要求青年，关注青年愿望、帮助青年发展、支持青年创业，做青年朋友的知心人、青年工作的热心人、青年群众的引路人。

习近平总书记指出，共青团要毫不动摇坚持党的领导，增强"四个意识"、坚定"四个自信"、做到"两个维护"，坚定不移走中国特色社会主义群团发展道路，不断保持和增强政治性、先进性、群众性，坚持把培养社会主义建设者和接班人作为根本任务，把巩固和扩大党执政的青年群众基础作为政治责任，把围绕中心、服务大局作为工作主线，认真履行引领凝聚青年、组织动员青年、联系服务青年的职责，团结带领新时代中国青年在实现中华民族伟大复兴中国梦的进程中不断开拓创新、奋发有为。一切党政机关、企业事业单位，人民解放军和武警部队，各人民团体和社会团体，广大城乡基层自治组织，各新经济组织和新社会组织，都要关心青年成长、支持青年发展，给予青年更多机会，更好发挥青年作用。

王沪宁在主持大会时表示，习近平总书记的重要讲话，深切缅怀了五四先驱崇高的爱国情怀和革命精神，高度评价了五四运动的历史意义，明确提出了新时代发扬五四精神的重要要求，深情寄语当代青年。我们要认真学习领会、抓好贯彻落实，在实现"两个一百年"奋斗目标、实现中华民族伟大复兴中国梦的宏伟征程中，不断谱写无愧于前辈、无愧于时代、无愧于人民的壮丽篇章。

2021年7月1日，在庆祝中国共产党成立100周年大会上，中共中央总书记、国家主席、中央军委主席习近平发表重要讲话。讲话全面回顾100年来我们党围绕实现中华民族伟大复兴，团结带领中国人民开辟的伟大道路、创造的伟大事业、取得的伟大成就，庄严宣告我们实现了第一个百年奋斗目标，在中华大地上全面建成了小康社会，深刻总结了伟大建党精神，系统阐述了以史为鉴、开创未来的"九个必须"，是一篇马克思主义的纲领性文献，为全党全国各族人民向第二个百年奋斗目标迈进指明了前进方向、提供了根本遵循。

讲话对新时代青年提出明确要求：

> 未来属于青年，希望寄予青年。一百年前，一群新青年高举马克思主义思想火炬，在风雨如晦的中国苦苦探寻民族复兴的前途。一百年来，在中国共产党的旗帜下，一代代中国青年把青春奋斗融入党和人民事业，成为实现中华民族伟大复兴的先锋力量。新时代的中国青年要以实现中华民族伟大复兴为己任，增强做中国人的志气、骨气、底气，不负时代，不负韶华，不负党和人民的殷切期望！[1]

---

[1]　习近平：《在庆祝中国共产党成立一百周年大会上的讲话》（2021年7月1日），《习近平著作选读》第2卷，人民出版社2023年版，第488页。

2021 年 11 月 11 日，中国共产党第十九届中央委员会第六次全体会议通过《中共中央关于党的百年奋斗重大成就和历史经验的决议》。决议认为，中国共产党自 1921 年成立以来，始终把为中国人民谋幸福、为中华民族谋复兴作为自己的初心使命，始终坚持共产主义理想和社会主义信念，团结带领全国各族人民为争取民族独立、人民解放和实现国家富强、人民幸福而不懈奋斗，已经走过一百年光辉历程。党和人民百年奋斗，书写了中华民族几千年历史上最恢宏的史诗。决议强调：

党和人民事业发展需要一代代中国共产党人接续奋斗，必须抓好后继有人这个根本大计。要坚持用习近平新时代中国特色社会主义思想教育人，用党的理想信念凝聚人，用社会主义核心价值观培育人，用中华民族伟大复兴历史使命激励人，培养造就大批堪当时代重任的接班人。

要源源不断把各方面先进分子特别是优秀青年吸收到党内来，教育引导青年党员永远以党的旗帜为旗帜、以党的方向为方向、以党的意志为意志，赓续党的红色血脉，弘扬党的优良传统，在斗争中经风雨、见世面、壮筋骨、长才干。①

2022 年 5 月 10 日，庆祝中国共产主义青年团成立 100 周年大会在北京人民大会堂隆重举行。习近平、李克强、栗战书、汪洋、王沪宁、赵乐际、韩正等党和国家领导出席大会。习近平总书记在会上发表重要讲话，全面回顾了 100 年来共青团坚定不移听党话、跟党走的青春历程，

---

① 《中共中央关于党的百年奋斗重大成就和历史经验的决议》，人民出版社 2021 年版，第 74 页。

充分肯定了共青团在党的领导下、团结带领一代代团员青年为实现中华民族伟大复兴中国梦所作出的重要贡献，深刻阐明了共青团和青年工作的历史经验，对做好新时代共青团工作提出明确要求，具有很强的政治性、思想性、战略性、指导性。

讲话强调，100年来，共青团坚定理想、矢志不渝，形成了宝贵经验。百年征程，塑造了共青团坚持党的领导的立身之本，塑造了共青团坚守理想信念的政治之魂，塑造了共青团投身民族复兴的奋进之力，塑造了共青团扎根广大青年的活力之源。

讲话指出，在新的征程上，如何更好地把青年团结起来、组织起来、动员起来，为实现第二个百年奋斗目标、实现中华民族伟大复兴的中国梦而奋斗，是新时代中国青年运动和青年工作必须回答的重大课题。讲话对共青团提出四点希望：第一，坚持为党育人，始终成为引领中国青年思想进步的政治学校；第二，自觉担当尽责，始终成为组织中国青年永久奋斗的先锋力量；第三，心系广大青年，始终成为党联系青年最为牢固的桥梁纽带；第四，勇于自我革命，始终成为紧跟党走在时代前列的先进组织。

讲话强调，在实现中华民族伟大复兴的征程上，中国共产党是先锋队，共青团是突击队，少先队是预备队。入队、入团、入党，是青年追求政治进步的"人生三部曲"。共青团要履行好全团带队政治责任，规范和加强少先队推优入团、共青团推优入党工作机制，着力推动党、团、队育人链条相衔接、相贯通。各级党组织要高度重视培养和发展青年党员，特别是要注重从优秀共青团员中培养和发展党员，确保红色江山永不变色。①

---

① 习近平：《在庆祝中国共产主义青年团成立100周年大会上的讲话》，人民出版社2022年版，第5—13页。

五、奏响"请党放心，强国有我"时代强音

党的十九大吹响了新时代新征程的号角，中国共青团作为广大青年跨上新征程的组织者和动员者，积极推动广大青年以强烈的新时代主人翁意识和责任感，在统筹推进"五位一体"总体布局、协调推进"四个全面"战略布局、贯彻新发展理念，在实施科教兴国、人才强国、创新驱动发展、乡村振兴、区域协调发展、可持续发展、军民融合发展等战略中大显身手，为建设富强民主文明和谐美丽的社会主义现代化强国贡献青春智慧和力量。

实施"青年大学习"以强化思想锻造

共青团十八大以来，各级团组织突出用习近平新时代中国特色社会主义思想教育青年这一主线，不断强化青年思想政治引领工作的针对性和实效性。

2018年3月9日，共青团中央印发了《关于在全团实施"青年大学习"行动的方案》，部署全团开展"青年大学习"行动。《方案》指出，紧密围绕用习近平新时代中国特色社会主义思想武装全团、教育青年，把深入学习宣传贯彻党的十九大精神作为首要政治任务和核心业务，在全团部署实施"青年大学习"行动，突出理论武装和思想引导，通过构建"导学、讲学、研学、比学、践学、督学"六位一体的学习体系，着力提升学习的制度化和实效性，推动党的创新理论深入人心，引导广大青年不忘初心、牢记使命，切实增强"四个意识"、树立"四个自信"，坚定不移听

党话、跟党走。各级团组织依托主题团日活动、"青年之家学习社"等平台载体，通过制作传播理论学习文化产品、身边人讲身边事等途径，努力把宏大理论讲实在、讲生动、讲"有感"，着力体现时代感、青年味。开设每周一期的网上团课，每期在线学习人数超过 500 万人次，累计 1.5 亿人次的团员青年参与自主学习。到 2020 年，"青年大学习"网课全年共推出 39 期青年化理论学习课程，累计 41 亿人次在线学习，2 万人规模的青年讲师团克服疫情影响，积极深入基层开展面对面解疑释惑，共青团思想政治工作的影响力明显增强。

2019 年，共青团中央将青年马克思主义者培养工程作为履行根本任务和政治责任的重要载体，明确以科学化培养具有"忠诚的政治品格、浓厚的家国情怀、扎实的理论功底、突出的能力素质，忠恕任事、人品服众"的青年政治人才为目标，突出"培养培训"并重，着力"提质扩面"，着重描绘青年政治人才的鲜明底色。2020 年，共青团中央联合教育部、民政部、农业农村部、国务院国资委等部委印发了《关于深入实施青年马克思主义者培养工程的意见》，对新时代深入实施"青马工程"作出部署安排。在具体实施中，始终紧扣习近平新时代中国特色社会主义思想这一主题，紧密结合"两个大局"①，深刻理解"两个确立"②，自觉做到"两个维护"③，做党的创新理论的坚定信仰者和忠实实践者。历时 15 载，青年马克思主义者培养工程坚定为党的事业和队伍输送新鲜血液的政

---

① "两个大局"是指中华民族伟大复兴的战略全局、世界百年未有之大变局。
② "两个确立"是指确立习近平同志党中央的核心、全党的核心地位，确立习近平新时代中国特色社会主义思想的指导地位。
③ "两个维护"是指坚决维护习近平总书记党中央的核心、全党的核心地位，坚决维护党中央权威和集中统一领导。

治站位，育英才百万，已成为共青团组织彰显政治性特征、突出思想引领、聚焦主责主业的重要工作品牌。

充分发挥共青团实践育人优势和青年人同伴教育功能，引导广大青少年扣好人生第一粒扣子。在爱国主义教育方面，既用中华优秀传统文化、革命文化和社会主义先进文化涵育青年爱国思想；又用现实案例，帮助青年认清美国遏制我国发展的真实图谋，青年的民族自尊心和爱国热情得到了充分激发，一致表达出"紧密团结、自力更生、同仇敌忾"的共识。在奋斗精神教育方面，深入开展"中国青年五四奖章"等各类青年典型选树和"争做新时代向上向善好青年"主题活动，通过加强典型人物宣传、青年典型面对面交流等方式，引导青少年充分认识到"幸福都是奋斗出来的"。在奉献精神教育方面，广泛开展"三下乡"、志愿服务、学雷锋、中国青年诚信行动等实践活动，带领广大青年在各类道德实践活动中提升个人修为、引领社会风尚。

抓住改革开放40周年、新中国成立70周年、五四运动100周年、中国共产党成立100周年等重大契机，厚植广大青年爱国、爱党、爱社会主义的政治情感。2020年以《习近平与大学生朋友们》连载、出版为契机，引导青年大学生通过一个个具体生动的小故事感悟习近平总书记对青年一代的关心关爱，领悟人生成长的正确航向。同时，推动该书的多语种的翻译出版，向各国青年讲好中国领袖故事。2021年扎实开展"学党史、强信念、跟党走"学习教育，讲党的故事、革命的故事、英雄的故事，广泛开展打卡红色地标、缅怀革命先烈、寻访历史遗迹等沉浸式、体验式、互动式实践，引导青少年在亲身体验中学深党史知识，引领广大青少年增进对党的思想认同、政治认同、实践认同、情感认同。其中，全国1000多家革命纪念场馆活跃着"红领巾讲解员"，全部5000多处在册的革命烈士纪念设施都有团、队组织开展清明节祭扫，上千万少先队员接受了实景化红色教育。

全面加强网上思想引领工作，着力强阵地、建队伍、发声音、搞活动、做产品，团中央微博、微信平台粉丝数量超过 6000 万，长期居全网影响力前列、政务账号首位，青年舆论引导的影响力、引领力不断提升。团中央在各类新媒体平台的粉丝总量突破 1.2 亿，影响力居全网前列。以《青年网络公开课》《中国好青年》等为代表的产品体系日趋成熟，《长津湖》等主旋律影视成为新增长点。共青团网络直播实现井喷式增长，多场直播活动实现亿级传播效果。遵循互联网传播规律和青少年接受习惯，充分发挥共青团新媒体矩阵作用，综合运用 H5、小程序、短视频、动漫等手段，推出系列青少年党史课程和网络文化产品，在青少年中引发热烈反响。

带领广大青年决胜全面小康社会

共青团十八大以来，各级团组织紧盯党和国家中心任务，努力在大局中找准共青团工作的结合点、着力点，着力团结引领广大团员青年在全面建成小康社会决胜阶段彰显生力军和突击队作用，将相对有限的资源用在刀刃上，共青团在大局中的贡献度得到提升。

深入实施脱贫攻坚青春建功行动。2018 年 10 月，共青团中央正式印发《共青团投身打赢脱贫攻坚战三年行动的意见》，按照中央总体部署，统筹全团力量聚焦切入点助力脱贫攻坚。到 2020 年，全团扎实做好 2446 个贫困村的定点扶贫工作，选派 2740 多名专职团干部奋战在脱贫攻坚一线。结合团的工作特点，以学业资助、就业援助、创业扶持为重点，累计资助 926 万名贫困家庭学生完成学业，帮助 22.7 万名贫困家庭大中专毕业生就业，扶持贫困地区创业青年超过 15 万人，如期完成团十八大提出的"3 个 10 万 +"目标。适应网络化发展趋势，探索电商培育、直播带货、网络主题活动相结合的共青团消费扶贫新模式，以加强团组织建设和志愿服务工作为重点，积极参与易地扶贫搬迁安置社区治理。各级团组织在全国 22 个省（自治区、直辖市）277 个县（区、旗）实施项目 793 个，覆盖搬迁青少年 90 多万人。认真落实中央西藏工作座谈会精神和中央新疆工作座谈会精神，扎实推进共青团对口援疆援藏工作。

组织动员青年在决胜全面小康各条战线拼搏奋斗。着眼高质量发展要求和科技强国建设、创新驱动战略等国家重大战略实施，持续深化"挑战杯""创青春""振兴杯"等品牌工作，带动广大青年激发创新热情、投身创业实践、立足岗位创优。持续深化中国青年志愿者行动，广泛宣传志愿服务精神，数以百万计的青年志愿者活跃在抗疫防汛、服务西部、支教支农、社区治理、大型赛会等第一线。2021 年，面对河南、陕西、山西等地汛情，各地共青团动员青年力量、筹措社会资源，仅河南共青团就组建 1400 多支青年突击队、组织 2900 多名驻村团干部和 22.2 万名大学生团员投身救灾。深入实施乡村振兴青春建功行动，积极推进"两助两帮"①重点任务。推动青年创业社团县域覆盖，帮助农村青年提高创业技能、应对市场风险、搭建合作平台。继续参与易地扶贫搬迁安置社区治理，2021 年在全国 854 个社区开展助学、就业帮扶等项目，覆盖搬迁青少年超过 92 万人。

广泛开展中国青年志愿者行动。2018 年 3 月，共青团中央印发《关

---

① "两助两帮"是指助力乡村青年人才成长，助力乡村社会建设；帮助乡村困难学生学业，帮助农村青年创业。

于推进青年志愿服务工作改革发展的意见》指出，中国青年志愿者行动是党领导共青团在新的历史条件下的重要工作创新，是共青团工作奉献的重要品牌，提出到 2025 年实名注册的青年志愿者总数突破 1 亿人的目标。深入推进"西部计划"，2018 年选派 1.83 万名西部计划志愿者到中西部地区开展基层服务，2021 年组织 4.1 万名大学生到西部地区、边疆地区开展支教、支农等志愿服务。在首届中国进口博览会、上合组织青岛峰会、世界互联网大会、北京服贸会、上海进博会、西安全运会、冬奥会与冬残奥会、海外援助中，"小叶子""小梧桐"等青年志愿者成为一道亮丽风景线。深化办好第四届中国青年志愿服务项目大赛暨志愿服务交流会，加快推进优秀项目的复制推广。

创新实施"美丽中国·青春行动"。2019 年 9 月，团中央书记处以习近平生态文明思想为根本遵循，进一步明确了新时代共青团参与生态文明建设的基本定位、工作目标、重点任务，提出实施"美丽中国·青春行动"。该行动聚焦国家污染防治攻坚战重点领域，以保护母亲河、"三减一节"、垃圾分类为主要内容，通过推广绿色公开课、开展网络接力活动、创作公益文化产品等时尚方式，引导青少年树立"绿水青山就是金山银山"的理念。广泛建设"河小青"队伍，动员广大青少年开展巡河护河、立体植绿、环保马拉松、公益骑行健走等生态环保活动，在全社会倡导爱护环境、简约适度、绿色低碳的生活方式。通过举办专题培训、组织交流活动等手段，团结了一批环保志愿服务队、环保宣传队等共青团主导的"青"字号队伍。

全力投身打赢新冠肺炎疫情防控的人民战争、总体战、阻击战。2020 年年初，面对突如其来的疫情，团中央认真领会习近平总书记重要指示精神，及时向全团发出动员令，各地团组织迅速进入战时状态，不打折扣、不掉链子，始终紧跟党奋战在抗疫一线。组织动员团员青年冲锋在前、真情奉献。疫情暴发初期，全团短时间内动员165万余名团员青年、组建起7.4万余支青年突击队，招募应急志愿者170余万人，有力支援了医疗救护、联防联控、应急物资生产运输等最吃紧的领域。各级团属基金会广泛开展社会化募捐，着力激发青年群众的主人翁意识和集体主义精神，所募得的5.81亿元爱心资金全部透明高效地用于支援疫情防控工作。适应疫情防控常态化要求，全团常态化做好志愿者招募培训、青年突击队组建管理等工作。2021年，面对多地疫情散发状况，各级共青团闻令而动，累计出动25.3万支青年突击队，组织388.1万名团员青年投入志愿服务，成为各地疫情防控中一支靠得住的力量。

扎实推进中长期青年发展规划

共青团十八大以来，各级团组织扎实推进《中长期青年发展规划（2016—2025年）》实施，以帮助青少年解决突出困难为重点，多措并举深化服务引领，共青团服务青年的路径更加清晰，青年群体的获得感进一步增强。

规划实施向纵深推进，青年发展政策不断丰富。在中央层面，规划实施工作部际联席会议制度日趋成熟，青年发展监测指标体系初步建立，各部门齐抓共管青年发展的工作格局不断完善，一批普惠性青年发展政策陆续出台。2021年，推动青年发展纳入"十四五"规划和2035年远景目标纲要，并衔接13个"十四五"国家专项规划。在地方层面，省级规划全部出台，青年工作联席会议机制实现省级全覆盖，2020年市、县两级覆盖率分别达95.5%、79.5%，深圳等地明确提出青年发展型城市建设理念。2021 年省市县工作联席会议推动各地青年发展中的"急难愁盼"问题，出台具体政策 1700 多项，探索青年发展型城市建设的地市达到 80 个。青年优先发展的理念日益成为共识，青年发展的政策环境和外部条件日益优化。

具体服务项目广泛开展，共青团的服务意识、服务能力明显提升。团中央在梳理全团服务项目、研究青年需求实际的基础上，制定出台《共青团服务青年发展重点领域和重点群体工作指引》，为全团明确了着力方向和实施路径。各地团组织围绕青少年在学业就业、身心健康、亲子抚育、婚恋交友等方面的现实困难，持续开展大学生就业实习、爱心暑托班、"四点半"课堂、关爱农村留守儿童、青年廉租房等项目，"青年之家"、12355 青少年服务台建设持续推进，成为共青团线上线下联系服务青少年的桥头堡。深入贯彻习近平总书记寄语精神，聚焦帮助低收入家庭青少年接受公平而有质量的教育这一目标，深化推进希望工程事业，疫情防控期间实现近十年来公众参与面最广的募捐，体现了良好的动员能力和服务效能。2021 年，各级团干部与非"双一流"高校家庭困难毕业生结对子，帮助 5.9 万名大学毕业生找到工作。

认真做好青少年利益表达工作，青少年有序政治参与得到加强。发挥平台作用，连续 13 年开展共青团与人大代表、政协委员"面对面"活动，2020 年指导各地开展协商活动 5645 场，地市级团组织覆盖率达 96.7%，成为常态化反映青少年诉求的重要渠道。认真履职尽责，做好全国"两会"建议、提案起草工作，其中三件政协提案被列为 2020 年度重要提案。拓宽参与渠道，依托新媒体手段面向青年征集对"十四五"规划编制的意见建议，上百万青年参与，共征得有效建议 4210 条。2021 年通过法定渠道形成人大代表建议 3379 件、政协提案 4134 份，团中央在

"两会"期间提交的《关于促进新职业青年成长发展的提案》被列为重点提案。

青少年法律体系和实施机制建设取得新进展。配合做好《未成年人保护法》《预防未成年人犯罪法》修订工作，其中，《未成年人保护法》经全国人大常委会审议通过，大幅充实各方面保护内容。联合最高检持续深化未成年人司法社会支持体系建设，重点加强对未成年当事人的教育和保护。落实平安中国建设有关要求，完善工作机制，进一步深化预防青少年违法犯罪工作。推动建设未成年人检察工作社会支持体系，进一步优化青少年成长的法治环境。

新兴青年群体工作不断加强

2019 年 9 月，为贯彻落实习近平总书记关于新兴青年工作的指示，共青团中央专门印发了《关于切实做好新兴青年群体工作的意见》，对做好相关工作的重要意义以及工作的理念原则、主要目标、重点内容和工作机制、载体方法进行整体系统的规划部署，并围绕《意见》形成具体工作方案，推动新兴青年群体工作迈上新台阶，更好地激励新兴青年群体在实践中成长，为实现中国梦作出积极贡献。

掀起学习热潮，新兴青年更有使命感。各级共青团以深入学习宣传贯彻习近平新时代中国特色社会主义思想和党的十九大精神为主线，在新兴领域青年中广泛开展"青年大学习"活动，引导他们坚定不移听党话、跟党走，弘扬青春正能量。近年来，团中央努力打造新兴青年群体"青社学堂"学习品牌，在江西井冈山、陕西延安等地举办了 15 期全国示范培训班，通过理论学习、国情考察、红色教育、实践锻炼等方式，对全国各地、不同领域的新兴青年骨干进行培训，激发他们的社会责任感和爱国、爱党、爱中国特色社会主义的内在热情和理性认同。仅 2019 年，各级团组织依托"青年大学习"等主题教育活动，举办各类学习活动 381 场，直接覆盖新兴领域青年 3.2 万人。

聚焦成长服务，新兴青年更有获得感。围绕重点新兴领域青年群体成长发展需求，按照"找得到、联系紧、服务好、会引导"的目标，各级团组织联合相关部门，整合多方资源，围绕搭建展示交流平台、提供就业创业服务、切实维护合法权益、推动社会有序参与等方面提供精准服务。团中央示范开展"网著梦想"全国青年网络作家培训服务计划、"音为梦想"才艺展示交流、"美绘梦想"写生采风和作品巡展、"感动梦想"主题展演等活动；深入快递企业调研，开展快递业团员青年学习"4·30"重要讲话主题团日活动。先后聘请陈思思、郭蓉、郑源、廖昌永、玖月奇迹、唐家三少等各领域青年领军人物为团中央新兴青年群体"筑梦计划"梦想导师，为新兴领域青年成长发展提供专业指导和职场规划。

深化港澳台交流与服务"一带一路"建设

这一时期，共青团中央、全国青联认真履行港澳青年工作专责小组职能，2018 年共有超过 15 万人次港澳青少年参与各类交流活动；推进粤港澳大湾区青年家园建设，密切联系 200 多家港澳地区青年社团，为港澳青年在内地发展提供个性化服务。保持对台青少年交流持续发展态势，以中华文化为纽带，继续举办海峡青年论坛、两岸青年联欢节等品牌活动，增进台湾与大陆青少年之间的了解和信赖；依托福建等重点省份，为台湾青年在大陆就业创业提供便利化服务。2021 年，推出全国青联惠港澳青年八条，以粤港澳大湾区战略为重点，为港澳青年在内地学习、工作、生活提供便利。

2019 年 6 月以来，在党中央坚强领导下，共青团中央参与应对香港"修例"风波，认真分析研判网上与网下两种形态、内地与香港两个空间的不同特点，有策略、有重点地开展工作。在做好舆情监测、防范风险隐患向境内倒灌的同时，不失时机地面向内地青年进行宣传引导。在线下，充分发挥各级青联作用，动员港区青联委员发出理性声音、支持止暴制乱；动员香港青年社团开展清洁社区、走访社区等建设性活动，弥合社会裂痕；同时组织香港青年来内地交流，努力增进两地青年的理解和共识。11 月中旬，针对暴力活动向大学校园蔓延、部分在港内地生自发离港的情况，及时回应学生关切，依托深圳共青团"青年驿站"做好离港学生安置引导工作。

根据新时代国家总体外交大局，共青团中央认真落实习近平总书记在双边及多边等场合关于加强青年对外交往的重要指示精神，以服务"一带一路"建设为重点，深入开展共建国家机制化互访交流和青年骨干培训，配合各类重大主场外交办好青年领域活动，落实国家级人文交流机制框架下青年领域相关工作；多渠道多层次开展青年国际交流活动，努力提升中国青年组织的国际影响力，不断扩大中国青年的"朋友圈"。2021 年组织 30 多个实践团队开展深度社会考察，500 多名中外大学生结对参与，全方位推介中华文化、中国政治的独特魅力和脱贫攻坚、社会治理等实践成就。助力政党外交，举办 9 场"我和我的党"全球青年党员对话，面向世界讲好中国共产党故事。

六、"把新时代共青团的好形象树起来"

2018 年 3 月，党的十九届三中全会在部署深化党和国家机构改革时，也对深化群团组织改革提出了新的要求。中国共青团始终牢记习近平总书记重要要求，牢牢把握团的根本任务、政治责任、工作主线，统筹推进"全团大抓基层""全团抓学校"，推动改革举措落到基层，使基层真正强起来，做广大青年信得过、靠得住、离不开的贴心人，努力"把新时代共青团的好形象树起来"。

在团改攻坚中优化体制机制

中国共青团在全面总结评估共青团改革成效的基础上，坚持目标导向、聚焦薄弱环节，统筹推进各领域改革，团的政治性、先进性、群众性进一步提升，改革对事业的推动作用更加明显。

各地共青团改革不断向纵深推进。2018 年在省级共青团改革方案全部出台的基础上，地市级出台 330 个，占全部地市的 97.34%；县级出台 2710 个，占全部区县的 95.36%。各地以提高基层一线代表在团的领导机构中的比例、建设专挂兼相结合的团干部队伍、推动团干部直接联系青年、充实基层工作力量、推进"青年之家"和"智慧团建"系统建设等为重点，持续深化改革，取得阶段性成效。在此过程中，共青团中央、团省（自治区、直辖市）委注重系统牵动，开展综合督导，持续推动改革向基层延伸。

体制机制改革不断深入。持续完善团的各级领导机构及成员发挥作用的机制，共青团中央、团省委、团市委三级委员会普遍建立专门委员会，全国 1870 个县建立团代表联络站，初步构建"委员—代表—团员青年"的扁平化联系路径。健全机关联系基层、干部联系青年制度，结合疫情防控工作需要和青年群体分布实际，探索形成基层联片挂点、高校结对联系、就近就便参与社区治理等常态化工作机制，引导各级团干部真正在青年中开展工作、把工作做到青年心里。改革机关运行机制，结合参与疫情防控、防汛救灾等工作实践，尝试打破习以为常的惯例和套路，在工作决策、信号传递、项目推进、资源整合等方面探索形成了一些行之有效的扁平化、项目化机制。

直属单位改革全面加强。共青团中央持续深化直属宣传思想文化单位融合改革，报网、报刊一体化建设在抗击新冠肺炎疫情宣传中初步展现了战斗力；三家行业协会脱钩改革。在此基础上，指导各省级团委进一步聚焦主责主业，深化直属单位改革，夯实共青团工作的事业化支撑。按照 2018 年 3 月中办、国办联合印发的《中央团校改革方案》，中央团校牢牢把握团校姓党根本原则，把旗帜鲜明讲政治作为办学灵魂，致力于建设党在青年工作领域特色鲜明的政治学校。在完成剥离本科教育后，中央团校不断聚焦团干部教育培训主责主业，突出习近平新时代中国特色社会主义思想教育和党性教育，全面改革教学内容、教学组织，完善教学设施，充实党的青年运动史研究力量，加强中国特色社会主义理论体系研究中心和青年工作智库建设，基本达到改革预期目标。

协同推进青联学联少先队改革。深化青联改革，以纠正"贵族化"问题为目标，推动 22 个省级青联、195 个地市青联按改革要求完成规范换届，委员结构得到明显优化；以破除"娱乐化"问题为目标，整合各级青联力量，积极投身脱贫攻坚主战场，努力提高青联对党和国家中心任务的贡献度。认真落实新修订的《青年联合会组织办法》，规范地方青联组织形态，推动 85% 以上的地市级青联落实团体会员制要求。深化学联学生会改革，在落实改革方案要求的同时，针对社会上反映突出的问题，从严格选拔机制、优化管理激励等方面入手，着力改进学生会作风，重点解决学生干部功利化、"小官僚"问题。2020 年以召开青学联大会为契机，深入学习贯彻习近平总书记重要指示精神，持续深化青联和学联学生会改革。新一届全国青联委员中的基层一线代表比例达 70% 以上，省市两级青联委员结构不断优化；青联组织的思想政治引领功能和大局贡献度明显提升。通过改革，高校学生会工作人员数量从 2018 年底的 50 万人缩减到 16 万人，学生会根在院系、服务同学的定位日益清晰。持续防范化解学生社团发展存在的风险，联合教育部印发《高校学生社团建设管理办法》，指导学生社团规范发展。持续加强对青年社会组织和新兴青年群体的联系服务，厚植工作基础，着力引导他们在共青团的带领下发挥积极作用。深化少先队改革，突出思想教育和政治启蒙功能，加强少先队员光荣感建设，探索实行分批入队、分层教育、分级激励，进一步规范少先队组织标志礼仪，充分发挥仪式教育的重要作用。全面推动落实《中共中央关于全面加强新时代少先队工作的意见》，各省（自治区、直辖市）把少先队工作纳入中小学党建督导考核，88% 的中小学首次建立学校少工委，实现全国小学分批入队全覆盖，八成中小学开展红领巾争章活动。落实中央"双减"① 政策要求，持续推进校外实践教育营地（基地）建设。

　　党、团、队相衔接的育人机制有效加强。团员先进性建设取得积极

---

① 2021 年 7 月，中共中央办公厅、国务院办公厅印发的《关于进一步减轻义务教育阶段学生作业负担和校外培训负担的意见》，简称"双减"政策。

成效，全国初高中毕业班团学比稳定在 30%、60% 以内，学社衔接率保持在 85% 以上，入团后的教育管理进一步规范，团员意识、组织意识特别是对党的向往明显增强。制定出台《共青团推优入党工作实施办法（试行）》，全面规范和加强共青团推优入党工作，推动各级团组织将其作为履行政治功能的首要业务。深入学习贯彻习近平总书记重要论述，认真落实全团带队职责，倡导各级共青团主要负责人直接抓少先队工作，着力畅通团队衔接，激发红色链条的育人功能。

加强新时代团的基层建设

为深入学习贯彻习近平新时代中国特色社会主义思想和党的十九大精神，全面贯彻习近平总书记关于青年工作的重要思想，落实共青团十八大工作部署，树立大抓基层的鲜明导向，推动团的组织力明显提升，不断增强团的政治性、先进性、群众性，更好地发挥党的助手和后备军作用。2019 年 2 月，共青团中央印发《关于加强新时代团的基层建设着力提升团的组织力的意见》。4 月，团中央又下发了《基层团组织规范化建设工作的实施方案》。方案提出，2019 年 4 月至 2021 年底，按照"一年整顿打基础、两年达标见成效、三年规范上台阶"的要求，采取统一部署、梯次展开、压茬进行的办法，通过整理整顿、对标定级、规范提升三个阶段，推进全团基层组织标准化、规范化建设，促进团的组织建设成果转化为团的工作成果。

在中共中央书记处直接指导下，2019 年 10 月，共青团中央制定实施《共青团基层组织改革综合试点方案》，聚焦改革团员发展和教育管理、改革团的基层组织设置方式和运行机制、改革团干部队伍建设和管理模式、优化保障机制，着力破解团的基层建设中一些关键性问题、深层次问题。此项改革于10月中旬在全国9个省的18个县（市、区）和2个团中央机关定点扶贫县启动。团中央靠前指挥，成立项目组，组建指导员队伍，直接推动有关县（市、区）团委在当地党委具体领导下实施。

基层团组织规范化建设持续推进，到2020年，覆盖300多万个团组织、7000多万名团员的"智慧团建"基础数据库基本建成，软弱涣散团支部得到有力整顿，"两新"组织和社会青年中的组织覆盖快速增长。在中央书记处直接指导下，共青团基层组织改革综合试点稳步推进，初步提炼形成了一批可复制、可推广的制度成果，基本实现试点目标。基层组织形态创新更加活跃，共青团主导建立的志愿服务类、创业就业类、文艺体育类青年社团纷纷涌现，县域一级到2021年底达到9800多个，推动基层团组织培育或联系青年社团近16万家，各级共青团累计建设4.9万个"青年之家"实体阵地。2021年新建"两新"组织团组织17.8万家，比2018年底翻了一番，对社会领域特别是互联网行业和网约车司机、快递小哥、网络作家等新兴青年群体的覆盖得到明显加强。

在共青团中央统一部署下，各级团组织持续加强团员队伍先进性建设。一是严把入口关，突出政治标准、严控发展规模，推行入团前接受8小时团课教育规定，如期实现县域初、高中阶段毕业班团学比分别降至30%、60%以内的目标；开展集中核查和问题整改，对存在违规发展团员的省级团委通报批评。二是优化教育管理，组织团员认真学习新修改的团章，规范和强化入团仪式、团费收缴、"三会两制一课"、规范使用团组织标识等工作，切实增强团内生活的严肃性。2019年创新推出39期网上主题团课，平均每期净学习人数超过1400万。三是把志愿服务作为展现团员先进性的重要实践载体，不断探索完善团员先进性锻造的日常机制。深入研究、积极推动共青团推优入党制度规范落实，加强少先队推优入团探索，进一步激发党、团、队政治录用链条的优势和效能。

深化学校共青团改革

2020年6月，共青团中央、中共教育部党组联合印发了《深化学校共青团改革的若干措施》，就深化高校、中学（含中等职业学校、技工学校）共青团改革提出12项重点措施。《若干措施》指出，深化学校共青团改革要以习近平总书记关于青年工作的重要思想为遵循，在"大思政"和"三全育人"格局中，推动学校团组织发挥政治功能。要激发自我奋斗精神，进一步破解制约学校共青团发展的思维定式和重点难点问题，不断增强团的政治性、先进性、群众性。要强化目标导向，全面理解和落实全团抓学校要求，推动改革措施2021年底基本落实到位。《若干措施》提出，高校共青团改革要聚焦主业，把握为党育人的根本任务，着力解决高校共青团政治功能发挥不充分、团员先进性不突出、团组织运行不规范、团学组织协同不够有力等问题。一是改进政治教育机制，把用习近平新时代中国特色社会主义思想武装团员队伍作为首要任务，把推优入党作为高校团组织履行政治功能的重要抓手，使经过团组织规范程序推优入党的团员比例达到60%以上，完善高校青年马克思主义者培养机制，高校"青马工程"学员中学生团干部应占60%以上。二是健全实践教育机制，要创新团员服务社会的常态化方式和载体，促进大学生团员在社会生活和全体公民中彰显先进性，突出"三下乡"、"返家乡"、志愿服务的教育功能，推动高校青年志愿者协会建设全覆盖，推动高校团组织融入地方区域化团建，建立大学生团员向社区（村）和"青年之家"报到工作机制，将团员社会实践表现作为"二课堂成绩单"、综合素质评价、团内评优、推优入党的重要参考依据。三是改进组织运行机制，要突出团支部在班级同学思政学习、志愿服务、社会实践等工作中的引领主导作用，倡导学生党员担任班级团支部书记，鼓励团支部书记兼任班长，持续开展基层团组织规范化建设，未达标的团组织及其委员不能参评团内荣誉，高校团委要协助党委加强对学生会、学生社团工作人员的遴选把关和日常教育，优先推荐班级团支部委员担任学生代表大会代表和学生会工作人员，从骨干力量配备上保障团学组织形成合力，严实团组织、学联组织从严指导管理高校学生会的政治责任。四是创新组织动员方式，要创新规范开展"三会两制一课"，探索组织生活新模式，提升组织生活的时代性，把"第二课堂成绩单"制度作为团组织发挥作用的重要载体，逐步纳入高校人才培养和学科建设考核评估体系，推动高校"第二课堂成绩单"制度全覆盖，突出"团"字号、"青"字号品牌的育人功能，扩大团组织活动的参与面。

严出战斗力和新形象

2018年6月，共青团十八大报告把"全面从严治团"作为专章论述，并明确提出加强各级团组织的革命性锻造，队伍建设也要严。共青团中央认真反省团内政治文化、政治生态存在的突出问题，明确改进提高的着力方向。团中央书记处认为，团内存在的问题源于"官本位"思想，派生出的宗派主义、脱离青年、漂浮作风等表现都会严重影响团的事业发展、严重削弱党的助手和后备军作用发挥，必须与之坚决斗争，将其彻底清除。为此，团十八大闭幕不久，2018年7月，团中央印发《关于提高政治站位 改进工作作风的六条规定》。这是团十八届中央书记处第一次会议研究通过、团十八大后以团中央名义印发的第一份文件，是十八届团中央书记处作出的庄严的政治宣示，表明了团中央勇于自我革命、全面从严治团的决心和勇气，为全体团干部拉起了不可触碰的纪律红线。

从2019年9月到2020年9月中央巡视整改过程中，共青团中央特别注意举一反三、建章立制，在解决具体问题、实现点上突破的同时，着力加强对产生问题的共性原因和普遍规律的剖析，深入查找制度机制层面存在的漏洞和短板，在最终确定的92项整改举措中，涉及制度机制建设的共有67项，占比超过七成。针对巡视发现的直属单位问题多发、部分领域风险集中的现象，全面梳理直属单位管理规范，对标全面从严治党要求，及时予以制定修订，切实堵上制度漏洞。

团十八大以来，共青团中央以优化直属机关干部选拔任用工作机制和规范直属单位人事管理为重点，持续深化KPI考核机制，树立正确用人导向。切实加强团干部协管工作，建立派员列席下级团委领导班子民主生活会机制，确保全团信号畅达、步调一致；持续推动各级按规定配备团干部，截至2020年，全国省、市、县三级团的领导机关干部配备率87%、干部在岗率95%、班子配备率88%，较从前有明显提升。以破除形式主义、官僚主义为重点，在团内大力倡导一心为党、筋骨强健、干净纯粹的良好作风，坚决反对投机钻营、唯唯诺诺、作风漂浮。针对疫情防控期间个别基层团干部发生的典型违纪案件，公开发表《从严治团当从团委书记严起》等评论文章，向全团、全社会鲜明传递从严治团的强烈信号。

2022年1月，共青团十八届六中全会审议通过《新时代全面从严治团实施纲要》等文件，对全面从严治团作了专题部署。纲要明确了"以政治建设为统领，以抓团组织建设从严、团干部队伍管理从严、团员队伍管理从严为重点，以制度建设为保障"的整体工作格局，提出了16条具体措施和26项重点机制。全面从严治团具体从三个方面展开：

一是从严抓好团组织建设。加强团中央委员会建设，发挥"一专一站两联"作用，增强各级团的代表大会、委员会功能。全面完成《新时代团的组织力提升三年行动计划（2019—2022）》目标，落实"全团大抓基层""全团抓学校"要求，攻坚"两新"领域和行业系统团建，夯实"强基工程"。制定高校党建带团建若干措施和创新共青团高校思想政治工作行动方案。建立健全团的形象标识及相关规范，塑造和维护新时代共青团的好形象。带动青联、学联学生会组织从严治会。

二是从严抓好团干部队伍管理。深入学习习近平总书记对年轻干部特别是团干部提出的一系列重要要求，以制度机制建设为重点，教育各级团干部提高政治能力、增强事业心，锻造忠诚干净担当的干部队伍。完善KPI考核机制强化团干部激励约束，树立以实绩论英雄的鲜明导向。加强作风建设，落实深入基层调查研究、密切联系青年等机制。抓好团干部教育培训，以团县委书记为重点，狠抓党性修养和业务能力提升，发挥中央团校带动作用，强化各级团校培训功能。

三是从严抓好团员队伍管理。严格入团程序，突出政治性标准和先进性要求，落实推优入团、积分入团、评议入团等制度，科学统筹团员发展结构，提高团员发展质量。落实"三会两制一课"制度，实施团员先进性评价、团内荣誉等激励机制。保持毕业学生团员组织关系"学社衔接"率在90%以上。落实《中国共产主义青年团纪律处分条例（试行）》《中国共产主义青年团团员教育管理条例（试行）》等制度，严格开展违规违纪团员组织处置和纪律处分。推动完善推优入党机制并督导落实，为党源源不断输送新鲜血液。

结束语

中国共青团的事业是中国共产党事业的重要组成部分，党的奋斗主题就是团的行动方向，共青团 100 年的奋斗历程体现着深刻的历史逻辑、政治逻辑和社会逻辑。作为兼具政治性、先进性、群众性的群团组织，100 年来，中国共青团始终坚持党的领导，紧扣时代脉搏，发挥自身优势，团结带领广大青年在革命、建设和改革中发挥着突击队和生力军作用，建立了重要功勋，推动中国青年运动始终沿着与民族同命运、与祖国共奋进、与时代齐发展的正确方向勇毅前行。历史和实践充分表明，共青团不愧为中国青年运动的先锋队，不愧为党的忠实助手和可靠后备军。

一、中国共青团的根本价值在于当好中国共产党的助手和后备军

自 20 世纪 20 年代起，在中国的政治舞台上，中国共产党由小到大、由弱到强，逐渐成为民族独立和民族解放的中流砥柱。它是新民主主义革命的领导者，新中国的缔造者和建设者，社会主义改革的推动者。青年团作为共产党最早创建的先进青年的群众组织，始终坚持党的领导，一切服从党的大局，积极投身到革命、建设和改革之中。

第一，中国共产党两次创建了青年团，党与团是一种"特殊的政治关系"。

同其他政治组织一样，中国共青团诞生不是一些年轻人突发异想搞出来的，而是有其深刻政治逻辑和社会逻辑的，更为重要的是由中国共产党这一马克思主义政党指导创建的。1920 年下半年，上海、北京等地的先进知识分子在创建共产党早期组织不久，就组建了各地的社会主义青年团作为辅翼。1921 年 7 月在党的一大上专门研究各地建立和发展社会主义青年团作为党的预备学校的问题。随后，中国共产党指导召开团一大，直接推动了中国社会主义青年团的诞生。解放战争时期新民主主义青年团的筹建，是在中共中央书记处五位书记尤其是毛泽东、任弼时的直接指导下完成的。1949 年 4 月，中国新民主主义青年团第一次全国代表大会

通过的团章宣示，本团"是在中国共产党的领导之下，以马克思列宁主义理论、毛泽东思想教育团员"，"为独立、和平、民主、富强、统一的中华人民民主共和国的建设与新民主主义的彻底胜利而奋斗"①。

由此可见，不论是青年团早期组织的筹建，还是 1922 年中国社会主义青年团的正式成立，以及 1949 年中国新民主主义青年团的建立，都是由中国共产党力倡，并在其直接领导下进行的。这一史实充分说明了"没有中国共产党，就没有中国共青团"这一历史铁律。进而言之，中国共产党创建青年团这一青年人的先进组织，不仅在革命年代能起到唤醒、动员广大青年的作用，而且在夺取全国性胜利之后的国家建设中同样能够在最大范围内、最大程度上把各界青年凝聚起来。

在实际工作中，中国共产党与中国共青团密切互动。从 1923 年到 1934 年 12 年间，党中央与团中央联合发文 38 次，其中 1925 年达 11 次之多，由此足见党团关系的密切和特殊。新中国成立后，随着中共成为执政党，党团关系明显地进入到一个良好的制度化阶段。新中国成立十七年，党中央转发团中央的报告一年总有七八件，党中央机关报《人民日报》登载《中国青年报》和《中国青年》杂志的社论和专论，一年也有五六件，充分体现了共青团工作是党的事业的一个组成部分。而且，中共五大、六大、八大、十二大及以后历次党代会通过的党章，均将中国共产党与中国共青团的关系作为专章阐述。从改革开放到新时代，中国共青团紧跟党的步伐，在建设中国特色社会主义事业中锐意创新，不断适应

---

① 《中国新民主主义青年团团章（1949 年 4 月 17 日青年团第一次全国代表大会通过）》，共青团中央青运史指导委员会、中国青少年研究中心、中央档案馆利用部编：《中国青年运动历史资料（1948.11—1949.9）》第 19 册，中国青年出版社 2002 年版，第 388 页。

全球化、网络化、新型工业化带来的挑战，进一步创新党建带团建的机制和形态，续写党团密切关系新的篇章。

1957年5月，邓小平强调指出："党现在是执政的党，团现在是执政党的助手，它和党是'穿连裆裤子'的。青年团总不能离开共产党，而且应当同党'有福同享，有难同当'。"①2002年5月，江泽民在纪念建团80周年大会上明确指出："中国共产党与中国共青团有着特殊的政治关系。共青团的事业是党的事业的重要组成部分，青年工作是党的群众工作的重要内容。"②2012年5月，胡锦涛在纪念建团90周年大会强调指出，共青团作为党领导的先进青年的群众组织，肩负着团结带领广大青年为党和人民事业而奋斗的光荣任务。进入新时代，习近平总书记多次强调，共青团必须把培养社会主义建设者和接班人作为根本任务，把巩固和扩大党执政的青年群众基础作为政治责任，把围绕中心、服务大局作为工作主线。

第二，坚持中国共产党的领导是中国共青团最根本的政治原则。

作为先进青年集合体的共青团不是个人英雄主义式的单兵突进，恰恰相反，它是在先进政党即中国共产党的领导下在社会变革中发挥先锋作用的。100年来波澜壮阔的历史充分证明，中国共产党是团结带领全国各族

---

① 邓小平：《共青团要当好党的助手》（1957年5月31日），《邓小平文集（1949—1974）》中卷，人民出版社2014年版，第323页。

② 江泽民：《在纪念中国共产主义青年团成立八十周年大会上的讲话》（2002年5月15日），《江泽民文选》第3卷，人民出版社2006年版，第487页。

人民夺取事业胜利的坚强领导核心。一部中国共青团历史，说到底，就是一部共青团团结带领广大青年在党的领导下不懈奋斗的历史。只有坚持中国共产党的领导，广大青年才能朝着正确方向奋勇前进，中国青年运动才能沿着正确道路蓬勃发展。中国共产党的使命就是共青团的任务，围绕中心服务大局是共青团的行动必然。2008 年 6 月，胡锦涛高度评价自建团以来，共青团始终以党的政治纲领为奋斗目标，以党的指导思想为行动指南，以党的中心任务为神圣使命。2022 年 5 月，习近平总书记在庆祝建团 100 周年大会上特别总结道："共青团从诞生之日起，就以党的旗帜为旗帜、以党的意志为意志、以党的使命为使命，把坚持党的领导深深融入血脉之中，形成了区别于其他青年组织的根本特质和鲜明优势。听党话、跟党走始终是共青团坚守的政治生命，党有号召、团有行动始终是一代代共青团员的政治信念。"①

这一历史经验的获得并非一帆风顺。大革命时期，在反对陈独秀右倾机会主义斗争中，产生了脱离党的领导的"先锋主义"和第二党作风。1927 年 11 月，团中央总书记任弼时在团中央扩大会议清醒地指出，先锋主义是一种极端的主张，其结果只能是削弱无产阶级青年在革命中的作用，共青团应该毫不动摇地集合在党的旗帜下，坚决贯彻党的八七会议精神，开展土地革命和武装斗争，跟着党把革命进行到底。同年 12 月，任弼时起草以党中央、团中央名义联合发出的通告，进一步明确了党团关系，要坚决反对不顾共产党的领导，而企图代替党的领导的错误倾向，坚

---

① 习近平：《在庆祝中国共产主义青年团成立 100 周年大会上的讲话》，人民出版社 2022 年版，第 5—6 页。

持认为团"是帮助党获得青年工农群众参加革命斗争的组织"①。抗战胜利后，在中共中央书记处重建青年团的座谈会上，任弼时告诫道，如果重建青年团，要防止重犯"先锋主义"、第二党作风的错误，并着重强调："团的性质，是带政治性的青年先进分子组织，是党的助手。"②

新中国成立后，随着国内外政治形势的发展变化，1958 年 7 月，邓小平严肃指出："先锋主义就是脱离党的领导"，"要教育青年永远跟党走。只要跟党走，就不会犯大错"③。8 个月之后，1959 年 3 月，邓小平又特别指出："共青团犯一千条错误都没有关系，但是有一条错误不能犯，就是脱离党的轨道。"④进入新时代，2015 年 7 月，习近平总书记在中央党的群团工作会议上引用邓小平的告诫，来强调坚持党的领导的极端重要性。

事实上，在 100 年的奋斗历史中，中国共产党也时常反思对共青团的领导方式方法。1927 年 4 月至 5 月，中共五大检讨"从前党对于青年运动，未尝加以充分的注意"，"C.Y. 与 C.P. 的关系不甚密切与完好，重要原因是因党没有注意予团的工作斗争以帮助，甚有些妨害团的工作（如调动 C.Y. 工作人员过频），这是很大的缺点"。因此，"今后党应处处积

---

① 任弼时：《纠正取消主义和先锋主义倾向》（1927 年 12 月 6 日），《任弼时选集》，人民出版社 1987 年版，第 33 页。

② 任弼时：《提议建立青年团的两次讲话》（1946 年 8 月—9 月），《任弼时选集》，人民出版社 1987 年版，第 404 页。

③ 邓小平：《教育青年永远跟党走》（1958 年 7 月 12 日），《邓小平文集（1949—1974）》中卷，人民出版社 2014 年版，第 387 页。

④ 邓小平：《把共青团的活动放在党委的统一规划下》（1959 年 3 月 7 日），《邓小平文集（1949—1974）》下卷，人民出版社 2014 年版，第 26 页。

极指导团的工作，精神物质以与团帮助"。①1953年10月，中共中央在关于加强党对青年团的领导给各级党委的指示中写道："经验证明，青年团工作能否获得健康的发展，首先是取决于党的领导。但必须指出，至今仍有部分党委——主要是部分地委、县委及区委对青年团工作的重要意义，尚缺乏深刻的理解。"②2015年7月，习近平总书记在中央党的群团工作会议上特别强调："党的群团工作做得好不好，关键在党的领导。各级党委必须从党和国家工作大局出发，切实加强和改进对党的群团工作的领导。"③

因此，中国共产党的正确领导是中国共青团健康成长的根本保障，"党有号召、团有行动"是中国共青团组织始终发扬的优良传统，"党旗所指，就是团旗所向"是中国共青团最大的政治逻辑，坚持党的领导是中国共青团最根本的政治原则。

第三，中国共青团始终是中国共产党的助手和后备军。

任何一个政治组织，面对错综复杂的政治社会局面，只有厘清大势，定位准确，才可能具有持续的生命力。2018年7月，习近平总书记在同

---

① 《对于共产主义青年团工作决议案》（1927年4月27日—5月9日），中共中央文献研究室、中央档案馆编：《建党以来重要文献选编（1921—1949）》第4册，中央文献出版社2011年版，第210页。

② 《中共中央关于加强党对青年团的领导给各级党委的指示》（1953年10月16日），《中共中央关于加强党对青年团的领导给各级党委的指示》（1953年10月16日），中共中央文献研究室编：《建国以来重要文献选编》第4册，中央文献出版社2011年版，第423页。。

③ 《在中央党的群团工作会议上的讲话》（2015年7月6日），中共中央文献研究室编：《习近平关于青少年和共青团工作论述摘编》，中央文献出版社2017年版，第104—105页。

团十八届领导班子成员集体谈话时指出："共青团是党的助手和后备军，这是很高的政治定位，这体现了我们党对共青团的高度信任和殷切期望。团的所有工作，归结到一点，就是要当好这个助手和后备军。"① 从组织功能的角度是这样，从组织成员的角度也是这样。

所谓助手，就是协助他人办事的人，帮他人完成事情或任务。共青团作为党的助手主要职责，正如邓小平在 1957 年所讲："在党的领导下，有些事情要由党做，有的要由共青团做，有的由政府做。……团要经常把'温度'的高低告诉给党，这就是角度，所谓助手也主要是这个问题。"② 新中国成立初期，关于如何服从党的领导，当好助手，团中央形成如下共识：一是认真地研究党的方针政策，并把这些方针政策贯彻到自己的工作中去。二是不要过分强调团的系统领导，而要切切实实地尊重各地党委的领导。三是每个团委要切实服从党委的整个工作部署，特别要服从党委的中心工作，在党委的整个意图下，参照上级团委的工作方向，提出切实可行的工作计划。四是团委不懂得的东西，要随时向党委请示。1978 年之后，共青团在一个较高的起点上，围绕党政工作中心，服务改革开放大局，忠实地做好党的助手。

广大共青团员是中国共产党新生力量的重要来源，这是共青团作为后备军的功能之一。建党、建团初期及大革命时期，党团工作是糅合在一起的，党员、团员的区别并不是十分明显。很多早期党员参加了社会主义青年团。而且，共产党早期组织是秘密的，而青年团是半公开的，党

① 习近平：《党旗所指就是团旗所向》（2018 年 7 月 2 日），《论党的青年工作》，中央文献出版社 2022 年版，第 155 页。

② 邓小平：《共青团要做好党的助手》（1957 年 5 月 31 日），《邓小平文集（1949—1974）》中卷，人民出版社 2014 年版，第 325—326 页。

的许多活动常常以团的名义出现。党的一大专门研究了建议和发展青年团作为党的预备学校的问题，还研究决定了吸收优秀青年团员加入共产党的办法。1924年6月，党中央、团中央就团的青年化问题联合发出通告，命令地方党、团共同组成审查委员会，在三个月内将超龄团员尽量加入党组织。在不同的历史时期，优秀团员被吸纳为中共党员，这是顺理成章的事情。从1949年青年团重建到1957年，共200多万名优秀团员加入党组织。1978年到1982年四年间，加入党组织的团员有270万人。为了更好地推荐优秀团员做党的发展对象，1982年团的十一大将这项任务写入团章。1986年中共中央组织部批转了共青团中央书记处《关于认真做好推荐优秀团员做党的发展对象工作的报告》。1992年7月22日，中组部和团中央印发了《关于进一步做好推荐优秀团员做党的发展对象工作的意见》，使共青团推荐优秀团员做党的发展对象的工作不断制度化、规范化。从1982年到2008年，通过"推优"加入中国共产党的优秀团员将近2000万。2019年9月，团中央出台《共青团推优入党工作实施办法（试行）》，指出团的基层组织把"推优"作为一项经常性重要工作，认真落实"28周岁以下青年入党，一般应从团员中发展，发展团员入党一般应经过团组织推荐"的要求。

包括团干部在内的广大青年干部是党的干部队伍的组成部分，这是后备军的另一重要体现。中国共产党和青年团成立的早期，很多青年团的负责人本来就是党的负责人。比如俞秀松、施存统、张太雷、高君宇、张国焘、邓中夏以及旅欧的赵世炎、周恩来等。还有的一开始是在青年团任职，后来成为党的干部，著名的有任弼时、关向应、邓颖超、博古、凯丰、陆定一等。在大革命及土地革命时期，共产党干部队伍的来源最初主要是知识分子群体、工人群体，后来大多从军队和农村提拔党的干部，其中包括录用青年团系统中优秀的知识分子、工人、军人和农民。在解放战争中试建青年团目的，"主要是学习，但也不限止于学习，要在各种运动中起作用。青年团实际也是训练干部的后备军学校。训练的结果是成为人民拥护的干部"[1]。新中国成立后，中共中央明确要求：必须"加强党对团的思想、政治领导，使团充分发挥其作为党的后备军的作用及使团有可能源源不断地向党和国家输送干部"[2]。1978年12月之后，中共重新确立实现国家现代化为政治生活的核心导向，录用干部以"四化"为标准，初级干部以高校毕业生为主要来源，共青团干部则成为党政系统重要的后备力量之一。

从党的政治文本和制度设计上，一直贯穿着一根红线，即把以共青团员为主体的优秀青年、包括团干部在内的青年干部视为助手和后备军。从文献上看，改革开放以来党的历次全国代表大会都要强调青年和青年干部在中国特色社会主义现代化建设中的重要意义。2021年11月，党的十九届六中全会通过的《中共中央关于党的百年奋斗重大成就和历史经验的决议》，站在新的历史起点上明确提出两个"源源不断"，一是要源源不断培养选拔德才兼备、忠诚干净担当的高素质专业化干部特别是优秀年轻干部，二是要源源不断把各方面先进分子特别是优秀青年吸收到党内来。

---

[1]　刘少奇：《青年团要有正确的作风》（1947年9月），共青团中央办公厅编：《革命领袖论共青团工作》，中国青年出版社1992年版，第133页。

[2]　《中共中央关于加强党对青年团的领导给各级党委的指示》（1953年10月16日），中共中央文献研究室编：《建国以来重要文件选编》第4册，中央文献出版社2011年版，第425页。

二、始终团结带领广大青年走在时代前列是
中国共青团的职责使命

中国共产党是工人阶级的先锋队，同时也是中国人民和中华民族的先锋队。五四运动以来，中国青年在党的领导下，总是能够勇敢地走在时代和社会潮流之前。中国共青团作为党领导的先进青年的群团组织，始终走在时代前列是其内在规定性。在 100 年的奋斗历程中，中国共青团紧跟党的步伐，以开风气之先的精神和勇气，在革命、建设、改革各个历史时期，组织动员广大青年为民族独立、人民解放、国家富强、人民幸福作出积极贡献，成为实现中华民族伟大复兴的先锋力量。

第一，中国共产党在不同历史时期总是推动共青团走在时代前列。

1921 年诞生的中国共产党是由经过五四运动洗礼的先进分子（多数为青年）组成的，由党直接领导创建的中国社会主义青年团是由先进青年分子组成的。这两个政治组织在人员构成上互为交叉，在行动上高度统一，团作为党的助手紧跟党走在时代前列，在 20 世纪 20 年代初期的革命舞台上充当着先锋的角色。

随着党与团的组织定位、职能切分不断明晰，中国共产党领导共青团在大革命时期和土地革命战争时期冲锋陷阵，奋勇当先。党对共青团提出更为明确的要求："共产主义青年团是党指导下的青年无产阶级的革命的组织，其任务在扩大共产主义的宣传与共产党的意识和政策的影响到广大的革命青年群众中去，吸收他们在共产主义旗帜之下积极参加共产党所

领导的各种斗争。"①

在抗日战争和解放战争中，中国共产党对青年群体以及共青团在历史的先锋作用给予充分肯定。1939 年 5 月，毛泽东在延安纪念五四运动 20 周年大会上指出："五四以来，中国青年们起了什么样的作用？起了某种先锋队的作用"，"就是带头作用，就是站在革命队伍的前头"②。1949 年 4 月，任弼时代表党中央在新民主主义青年团一大报告中指出："在五四运动、五卅运动、北伐战争、土地革命、一二·九运动、八年抗日战争、抗战以后的民主爱国运动和三年人民解放战争中，中国青年都曾站在英勇斗争的最前列"，新民主主义青年团的"基本任务是要团结和教育整个青年一代"。③

新中国成立后，1957 年 5 月，邓小平代表党中央向新民主主义青年团第三次全国代表大会致祝词时指出："在这个极其光荣伟大的事业中，青年团员的模范行动和创造精神将起重大的作用。我们要在社会主义建设的胜利史上写下青年们的光辉的一页"。④1957 年 11 月毛泽东在莫斯科大学会见留学生时，生动地把青年比作早晨八九点钟的太阳，指出青年是整个社会力量中的一部分最积极最有生气的力量。⑤中国共青团作为中国

---

①　《对于共产主义青年团工作决议案》（1927 年 4 月 27 日至 5 月 9 日），中共中央文献研究室、中央档案馆编：《建党以来重要文献选编（1921—1949）》第 4 册，中央文献出版社 2011 年版，第 209 页。

②　毛泽东：《青年运动的方向》（1939 年 5 月 4 日），《毛泽东选集》第 2 卷，人民出版社 1991 年版，第 565 页。

③　《中国新民主主义青年团第一次全国代表大会文献》，新华书店 1949 年 8 月发行，第 26、29 页。

④　邓小平：《在中国新民主主义青年团第三次全国代表大会上的祝词》（1957 年 5 月 15 日），《邓小平文选》第 1 卷，人民出版社 1994 年版，第 278 页。

⑤　《在莫斯科大学会见中国留学生时的讲话》（1957 年 11 月 17 日），《建国以来毛泽东文稿》第 6 册，中央文献出版社 1992 年版，第 65 页。

共产党最亲密的助手，其总任务就是团结和教育全国青年，在党的领导下为完成社会主义建设时期的历史任务而奋斗。

　　改革开放之初，邓小平就明确指出："青年一代的成长，正是我们事业必定要兴旺发达的希望所在。"①1992 年 10 月，江泽民在党的十四大报告强调："我们的事业任重道远，希望寄托在青年人身上。赢得青年，才能赢得未来。共青团是党的助手和后备军，要充分发挥团结和教育青年的作用。"②2008 年 6 月，胡锦涛在同团中央新一届领导班子和团十六大部分代表座谈时指出："在中国革命、建设、改革的伟大进程中，一代又一代青年在中国共产党领导下，始终站在时代前列，自觉奔赴党和人民最需要的地方。"③党和国家领导人总是一如既往地推动中国共青团走在时代的前列。

　　进入新时代，2013 年 6 月，习近平总书记对共青团提出明确要求："做好青年工作，必须有能力引领时尚、引领风气，这样才能把广大青年吸引到自己的周围，把他们最广泛地集聚到党和人民事业中来。"④2017年 10 月，习近平总书记在党的十九大报告中指出："青年兴则国家兴，青年强则国家强。青年一代有理想、有本领、有担当，国家就有前途，民

---

① 邓小平：《在全国科学大会开幕式上的讲话》（1978 年 3 月 18 日），《邓小平文选》第 2 卷，人民出版社 1994 年版，第 95 页。

② 江泽民：《加快改革开放和现代化建设步伐，夺取有中国特色社会主义事业的更大胜利》（1992年 10 月 12 日），《江泽民文选》第 1 卷，人民出版社 2006 年版，第 268 页。

③ 胡锦涛：《在同团中央新一届领导班子成员和团十六大部分代表座谈时的讲话》，《求是》2008年第 13 期。

④ 习近平：《团结带领广大青年在实现中华民族伟大复兴的征途中续写新的光荣》（2013 年 6 月 20日），《论党的青年工作》，中央文献出版社 2002 年版，第 32 页。

族就有希望。"① 中国梦"更是青年一代的","终将在一代代青年的接力奋斗中变为现实。"以习近平同志为核心的党中央立足于世界百年未有之大变局和中华民族伟大复兴的战略全局，对广大青年寄予深切希望，对中国共青团寄予深切希望。

第二，中国共青团总是以党的价值理念和先进思想理论引领广大青年。

100 年的历史表明，共青团只有始终站在理想信念的制高点，树立为党和人民事业奋斗的伟大追求，才能始终走在时代前列，走在青年前列，才能真正吸收有识有志的优秀青年加入团的队伍，更加紧密地团结在中国共产党周围。

青年团在 20 世纪 20 年代诞生之初，就积极投身工人运动之中。要动员青年工人为改良自身处境、争取切身利益而参与集体斗争，就要讲出让他们信服的道理，唤醒他们的政治觉悟。1923 年团二大的《教育及宣传决议案》指出："教育工作是本团根本工作之一，以共产主义的原则和国民革命的理论教育青年工人、农民、学生群众是本团最重大责任"；"教育青年应以向他们宣传改良目前利益为起点（如青年工人、学徒之工作苦况；学生在学校的生活，他们所受的古典、机械和非政治的教育，等等），以此引导他们到改造社会的思想，以致国民革命和共产主义的理

---

① 习近平：《决胜全面建成小康社会，夺取新时代中国特色社会主义伟大胜利》（2017 年 10 月 18 日），《习近平著作选读》第 2 卷，人民出版社 2023 年版，第 57 页。

论"①。在大革命时期，青年团一方面通过青年团掌握的报刊如《先驱》发表文章，号召青年工人要与成年工人协力合作，通过请愿、游行、罢工以及其他示威运动，为自己的利益而奋斗。《先驱》停刊后，《中国青年》又成了"为革命的青年作革命的指导"的著名刊物。1927年上半年，该刊最高发行额达到3万份。《中国青年》上发表的许多重要文章，在青年中广为传诵。另一方面，组织团员深入工人、农民、学生之中，宣讲革命道理。协助党组织开办工人补习学校，串联青年工人前来学习，在学习中教育他们。

新中国成立后的17年间，为了帮助广大青年树立共产主义理想，认同社会主义道路，培养新型道德，共青团在广大青年中开展了一系列的思想教育活动。比如，1953年至1954年开展的过渡时期总路线的宣传教育活动，1954年至1955年开展的共产主义道德教育活动，1958年开始的学习毛泽东著作活动，1963年开始的学习雷锋活动，以及在社会主义改造和社会主义建设中的各种实践活动，都取得了较好的成效。广大青年建设社会主义的热情空前高涨，共产主义信念和道德在广大青年心中深深扎根。

经历了"文革"十年内乱，青少年群体中传统美德出现缺失，是非荣辱观比较混乱，加之国门初开，一些西方的价值观念和生活方式对部分青年产生了很大的负面影响。1981年，全国总工会、团中央、全国妇联等九个单位联合发出倡议，开展以讲文明、讲礼貌、讲卫生、讲秩序、讲道德和心灵美、语言美、行为美、环境美为内容的"五讲""四美"文明礼貌活动。1982年团中央又将热爱党、热爱祖国、热爱社会主义的"三

---

① 中国新民主主义青年团中央委员会办公厅编:《中国青年运动历史资料》第1册，1957年内部印行，第368页。

热爱"教育内容加入其中。"五讲四美三热爱"活动经历多年，影响深远，成为 20 世纪 80 年代共青团组织最有影响的活动之一。

随着市场经济的深入发展和互联网的广泛普及，常态下青年的政治意识进一步淡化，价值多元化趋势不断增强。为了在广大青年中树立社会主义核心价值体系，加强理想信念教育，引导广大青年按照党的要求，自觉把个人成长进步和祖国发展紧密联系在一起，2005 年共青团开展了以"永远跟党走"为主题的"增强共青团员意识主题教育活动"，全团近 3 万个团组织、7000 多万名团员参加，是改革开放以来全团范围内开展的人数最多、规模最大、涉及面最广的一次集中教育活动。自 2006 年起持续开展"我与祖国共奋进"主题教育实践活动，主要内容包括学理论，打牢与祖国共奋进的思想基础；讲形势，坚定与祖国共奋进的信心；抓实践，推动与祖国共奋进的实际行动；树典型，宣传一批与祖国共奋进的青年榜样。同时，在大学生群体中实施"青年马克思主义者培养工程"，重点培养大学生骨干、共青团干部和青年知识分子。

党的十八大以来，中国梦成为"第一热词"，各级共青团广泛开展"我的中国梦"主题教育实践活动，各行各业青年通过宣讲报告认识中国梦，通过主题团日交流中国梦，通过典型故事感知中国梦，通过网上话题谈论中国梦，有超过 2.4 亿人次青年直接参与。"实现中国梦、青春勇担当"成为鼓舞当代青年奋力前行的最强音。中国共青团以"奋斗的青春最美丽"系列分享活动为载体，组织一批来自青年身边的，包括大学生、青年工人、进城务工青年、农村青年等各类别一线青年优秀代表，到全国 20 个省讲述自己的奋斗历程和先进事迹，共举办分享会 229 场，现场参加的青年 1.7 万人；邀请 250 多名青年典型在网上与青年互动交流，有关活动网页访问量达 8.3 亿次。

第三，中国共青团响应党的号召总能在行动上开风气之先。

青年团之所以组建，就是要更为有效地动员青年，唤醒他们的爱国心和自信力，激励他们勇做时代先锋，当好党和人民事业的排头兵。在不同的历史阶段，青年团紧扣时代主题，团结带领广大青年，总是站在革命、建设、改革的前列。

中国社会主义青年团诞生之际，国内阶级矛盾日益突出，中国共产党发动和领导的第一次工人运动高潮正在来临。青年团一经组建，就战斗在斗争的前列。在当时各地区出现的工人罢工斗争中，到处可见青年团员英勇斗争的身影，同时也有一大批青年工人加入青年团中来。1922年9月，安源路矿工人举行大罢工。当年冬天，安源的团员就发展到160多人（占全国团员总数的8.4%，其中工人团员占全国工人团员总数的60%）。1925年5月30日，为了抗议日本资本家枪杀工人顾正红，共青团中央局通过上海学联发动青年学生举行反帝大示威，共青团三届中央局成员恽代英亲自担任上海学联组织的学生反帝示威活动总指挥。五卅惨案发生的当晚，驻上海的党、团中央召开紧急会议，决定组织行动委员会，领导工人罢工、学生罢课、商人罢市，把斗争扩大到各个阶层，发动更大规模的爱国反帝群众运动。在五卅运动期间，全国有200余位共青团员被帝国主义或军阀杀害，由此可见共青团在运动中的作用。而且，在北伐战争以及广东、湖南和湖北的农民运动中，青年团员都是积极参加者。

大革命失败后，各地团组织遭遇空前损失，被迫转入秘密状态。随着中共领导的工农武装割据的形成，共青团的发展逐渐移向革命根据地之内。尽管团的领导层一直存在对团内青年工人成分少，无产阶级基础薄弱的忧虑，但时局的发展要求必须面对现实。1928年7月，青年农民约占团员总数的70%到75%，青年工人约占18%到20%。苏区共青团带领团员积极参加土地革命，在分配土地、查田运动、建立政权、组织少年先锋队和儿童团、动员青年参军、发展教育等方面做了很多有益的工作。1933年中央苏区第五次反"围剿"前，共青团成功完成组建"少共国际师"的任务，近万人的部队，平均年龄18岁，共青团员占到70%，在此后的战争中发挥了重要作用，直到长征中被编入红军主力军团。

青年团试建伴随着整个解放战争的进程。革命的性质决定战争的方式。解放战争是以包括农民在内的广大劳苦大众翻身做主人为目的的战争，当然也是以青年农民为主要兵源的战争。1946年11月5日，中共中央发出建立民主青年团的提议后，陕甘宁、晋察冀、晋绥、山东、东北等解放区陆续在工厂、学校尤其是广大农村试建青年团，发挥进步青年在土地改革中的先锋作用，动员团员青年参军参战。在山东广饶县广九区参军动员大会上，一次就有1180名团员青年报名参军。试建中青年团所开展的各项工作，有力地支援了前方的战争。

新中国成立后，百废待兴，恢复和发展国民经济需要各行各业青年的积极参与。青年团的主要任务就是："动员全体青年团员，站在工业、农业、国防和文化的战线上的最前列，以对祖国对人民的无限忠诚，积极参加建设祖国的伟大事业，在各种工作岗位上努力学习，努力发挥自己的积极性和创造性，并团结全国青年和全国人民一起为完成和超额完成国家工农业生产计划而努力。"[1] 在团中央的积极推动下，各地团组织协调有关部

---

[1] 《中共中央关于加强党对青年团的领导给各级党委的指示》（1953年10月16日），中共中央文献研究室编：《建国以来重要文件选编》第4册，中央文献出版社2011年版，第422页。

门建立了各种技术夜校、技术培训班、技术传授站等，引导青年逐步掌握先进的生产技能，提高他们参与国家经济建设的能力。随着社会主义建设高潮的来临，在共青团的支持下，各地青年群众建立和发展了各种青年突击队，组织青年在工业、商业、交通运输业等领域的"急、难、险、重、新"任务中发挥突击作用。这一时期，广大青年抱着对新社会美好前景的憧憬，对国家建设充满着无限激情。

党的十一届三中全会之后，经济建设成为时代的主旋律。共青团不失时机地在全国青年中推出"争当新长征突击手"等活动，有效地调动了广大青年投身现代化建设的积极性。随着改革开放的不断深入，中国进入到一个开放的、多元的、全新的时代。共青团全方位参与经济社会建设，创造出希望工程、中国青年志愿者行动、青年文明号、大学生"三下乡"、保护母亲河、青年马克思主义者培养工程、"12355"青少年服务台、青年中心、中国青年创业行动等知名品牌，在青少年思想教育、青年就业创业、志愿服务、环境保护、青少年权益维护等方面发挥着不可替代的作用。

进入新时代，中国共青团面对新形势新任务，不断聚焦"国之大者"，立足组织化动员优势、社会化动员经验、网络化动员特色，深入推进青春建功新时代行动，共青团在党和国家工作大局中的贡献度进一步提升。各级团组织团结带领广大青年深入实施乡村振兴青年建功行动，持续参与易地扶贫搬迁安置社区治理，深化推进"西部计划"，在乡村振兴的广阔天地担当尽责。深入开展创青春、挑战杯、振兴杯等各类竞赛比武活动，激发广大青年创新创业创优热情。引领社会文明新风，持续深化中国青年志愿行动，在国庆70周年、建党100周年、北京冬奥会、冬残奥会等重大活动中，动员数以百万计的志愿者参与奉献。尤其是2020年新冠疫情暴发之初，全团短时间内组建起 7.4 万余支青年突击队，招募应急志愿者 170 余万人，其中很大一部分是团员。这些年轻人关键时刻冲得上去，展现了新时代共青团员的青春风采。在疫情进入常态化防控阶段，青年突击队、青年志愿者依然保持常备不懈的精神状态，时刻做到拉得出、打得赢。

三、坚持融入社会，投身人民伟大实践是中国共青团的生命之源

马克思主义认为，人民群众不仅是物质财富和精神财富的创造者，而且是社会变革的决定力量。无产阶级政党的群众路线是党的生命线。共青团事业是党的事业的重要组成部分，看似联系特定年龄段的人群和相对独立的工作空间，在机制运作、资源获取、利益平衡等方面与社会各阶层、各领域有着千丝万缕的联系，绝对不可以脱离整个社会结构而自行运转。因此，作为党的助手和后备军，中国共青团必须紧跟党投身人民群众的壮阔实践中。融入社会，才能认清形势和国情，找到正确的方向和策略；融入大众，才能获得更多支持，汲取不竭的力量源泉；向人民群众学习，才能寻得生机勃勃的创造泉源，增进智慧和胆识。

第一，中国共青团始终坚持"群众化"，从人民群众中汲取力量。

中国共产党一成立就认识到劳苦大众的重要性。1922 年 7 月，中共

二大强调，"我们既然是为无产群众奋斗的政党，我们便要'到群众中去'，要组成一个大的'群众党'"①。中国社会主义青年团成立后，尽管一直在努力加强与普通青年的联系，但1923年青年团的一份总结中写道："我们一年来运动的成绩除去得着一部分学生的同情外，千千万万的青年工人几不知有我们团体名字。我们与群众隔离，不能在民众中伸张势力，不能引导民众"②。1923年8月，毛泽东以中共代表的身份参加在南京举行的团二大并致祝词。他剖析了青年团的特点，并提出明确要求：青年团一年来的缺点就是不与群众接近，而又自露色彩太甚，令人望而生畏。今后应训练团员到群众间去。青年团以前的运动太空洞，不合实际生活的要求。希望今后由空想进于实际，注意民众痛苦症结之所在，而从事于脚踏实地的工作。③

1928年1月，任弼时在《对于暴动问题的意见》中说："每个共产党员和青年团员，每个党和团的工厂与乡村支部……应当时刻注意自己周围的群众，应当很详细地去调查研究群众生活，替他们（就是替自己）提出很实际的极切身的要求，领导他们为这些要求而争斗。"④他强调，我们不能孤立地去做这项工作，而是要将这项工作同解决青年的实际生活问题结合起来，通过对实际问题的解决，进而解决广大青年深层次的思想认识问题，使其在各个领域的各项工作中起先锋作用。

---

① 《关于共产党的组织章程决议》（1922年7月），中共中央文献研究室、中央档案馆编：《建党以来重要文献选编（1921—1949）》第1册，中央文献出版社2011年版，第162页。

② 敬云：《青年共产主义运动在中国的意义》，《先驱》第19号，1923年6月1日。

③ 参阅共青团中央档案馆编、胡献忠主编：《中国共青团历次全国代表大会概览》，中国青年出版社2012年版，第28页。

④ 《任弼时选集》，人民出版社1987年版，第40页。

共青团三届一次扩大会议提出"深入群众",到二次扩大会议又提出"青年群众化",这是共青团工作理念的进一步深化。在这一过程中,任弼时要求各级团组织要在各工人区域,用适当的名义(工会或某种团体)召集各种没有党派的青年群众会议或代表会议,以扩大团的宣传工作,以便巩固党在工人中的势力,争取更多的青年参加政治运动,为他们本身利益而斗争,促进实现青年群众化。

新中国成立前夕,一直指导青年团重建的共产党领导人充分认识到,青年团要想不断发展壮大,必须获取更多民众(包括青年在内)的认同和支持。周恩来在中国新民主主义青年团一大的讲话中就认为:"今天,青年团员才二十万,连党员一共也不过三百万,比起全国人口四万万七千五百万来,这个数目是很小的,还没有达到百分之一。我们要带动全国人民前进,如果不同广大党外团外的人士合作,如何能做好呢!"对于广大人民群众,"我们应该去团结他们,教育他们,改造他们。有了这样的精神,在社会上才能团结更多的人一道前进","共产党青年团要有这样的气概"。① 要对社会大众施以影响,一是准确把握社会需求,能够设计出合理的、进步的,符合时代潮流和民众意愿的工作项目和活动,把青年团的奋斗理想与社会现实紧密结合起来。二是要适应现实社会的土壤(人们的认识水平、思维习惯、传统风俗、道德伦常、价值取向等),采用适应当时当地的社会机理的方式方法去落实。

历史活动是群众的事业,任何脱离人民群众的事业都不可能长久。1957年2月,邓小平透过政治风云,告诫团的干部:"青年团不站在青年

---

① 周恩来:《团结广大人民群众一道前进》(1949年4月22日),《周恩来选集》上卷,人民出版社1980年版,第326、328、330页。

中间不行，结论叫脱离群众。"① 同年3月，刘少奇以警示的口吻严肃指出："青年团的干部计较名利，这是不好的。……追求名利这叫做什么理想？要把自己的利益和眼前的利益服从集体的利益和长远的利益，为人民多做事才是理想，为了理想薪水少一点也要干。"② 同年5月，邓小平在团三大祝词中指出："共产主义青年团应该克服自己队伍中任何脱离群众的宗派主义的倾向，努力使自己成为中国全体爱国青年的知心朋友和核心力量。而为了达到这个目的，就要特别提倡谦虚，反对骄傲自大，就要要求每一个青年团员努力去帮助别人，而不要怕自己吃亏。吃苦在前，享受在后，这就是我们的口号。"③ 到了1961年，邓小平更加透彻地指出："我们要把大量的工作放到群众中去，同他们一块生活，一块活动，一块说笑话，一块下棋，然后去做工作。一不要党气，二不要团气。这就难了。所以，我们做细致的工作，不是比过去更容易。最容易的工作是开大会，发个一般号召，敲锣打鼓，搞得热热闹闹，那个工作究竟见多少效？"④

从改革开放之初到中国特色社会主义新时代，中国共青团在党的领导下，本着服务大局、服务社会的原则，团结带领一代代青年，以国家富强、人民幸福为己任，书写了新的历史条件下与人民群众相结合的新篇章。正如习近平总书记所指出的："当代中国青年要有所作为，就必须投

---

① 邓小平：《如何做团的工作》(1957年2月18日)，《邓小平文集（1949—1974）》中卷，人民出版社2014年版，第290页。

② 共青团中央青运史工作指导委员会办公室编著：《中华人民共和国青年工作编年纪事（1949.10—1994.12）》，天津人民出版社1996年版，第78页。

③ 邓小平：《共产党要接受监督》(1957年4月8日)，《邓小平文选》第1卷，人民出版社1994年版，第277页。

④ 邓小平：《提倡深入细致的工作》(1961年10月23日)，《邓小平文选》第1卷，人民出版社1994年版，第289页。

身人民的伟大奋斗。同人民一起奋斗，青春才能亮丽；同人民一起前进，青春才能昂扬；同人民一起梦想，青春才能无悔。"[1] 这些要求是面向广大青年的，而作为先进青年的共青团员首先要做到。

第二，中国共青团坚持把握社会需求，把奋斗理想与社会现实有机结合。

20 世纪 20 年代之初的青年团，成员多是怀抱改造社会理想的学生和青年知识分子。如何把握社会需求，融入社会，确实是一个重要问题。团组织认为，"共产青年团团员应该到群众中，往活动处去，不可坐在房子里读死书，我们是行动的共产青年团团员，不是沉静的研究会员"[2]。团组织要求团员"常和工人农人接近、谈话"，"每个团员，至少要担任唤醒三四个工人或农人，来加入本团"[3]。青年团员常常深入工厂矿区创办工人补习学校，对工人开展宣传。当然，青年团初期的工作还有一个量的要求，由于各种原因的限制，难以形成更大的社会影响，"不能在民众中伸张势力，不能引导民众"[4]。但青年团毕竟走上了与工农结合的正确道路。正如 1939 年毛泽东所指出的，"看一个青年是不是革命的……只有一个标准，这就是看他愿意不愿意、并且实行不实行和广大的工农群众结

---

① 习近平：《致全国青联第十二届全委会和全国学联二十六大的贺信》（2015 年 7 月 24 日），《论党的青年工作》，中央文献出版社 2022 年版，第 111 页。

② 中国共产主义青年团中央委员会办公厅编：《中国青年运动历史资料（1928）》第 4 册，1957 年内部印行，第 81 页。

③ 樵子：《对于青年团的意见》，《先驱》第 6 号，1922 年 4 月 15 日。

④ 敬云：《青年共产主义运动在中国的意义》，《先驱》第 19 号，1923 年 6 月 1 日。

合在一块。愿意并且实行和工农结合的，是革命的，否则就是不革命的，或者是反革命的"①。这里评价的是青年，对于青年团同样适用。

在土地革命时期，根据地的共青团组织联系的社会面相对单一，主要限于革命阵营。为了更好服务革命战争，激励前线红军战士英勇杀敌，共青团从 1931 年 12 月开始，在根据地开展起群众性的"共产青年团礼拜六"活动，组织团员、少先队员每星期抽一天时间参加拥军优属活动，无偿地为红军家属搞生产、做家务，或者帮助红军挖战壕、送弹药、修枪械、缝补军衣鞋袜等。

在新民主主义青年团建立的过程中，"青年团究竟是干什么的"？很多人（特别是农民）一时对这种新的组织形式还存在疑惑。基层团组织根据各地的实际需要开展工作，在农村地区普遍赢得了良好声誉。比如，山东莒南县金沟官庄的青年团员带头组织群众学习文化，以前村里只有 2 人会记账，12 个人粗通文字，通过学习，全村认上两三千字的就有 52 人。又如，河北定县的团组织，按照自愿两利的原则，组织了 234 个互助组，包括 1021 户，相互帮助农业生产。各地青年团还引导农村青年改正赌博、打架等陋习，受到家长们的赞扬，也使群众了解了团组织。

随着市场经济的不断完善，中国正在步入现代社会。任何组织（包括政府）不可能提供所有公共产品，社会的广泛需求使社团组织存在成为必然。现代社会志愿服务兴盛，慈善事业发展，而这两项都是政府职能范围之外的事。共青团敏锐地意识到，谁提供的公共产品越多，谁在社会中的价值就越大。从 20 世纪 80 年代末至新世纪初，共青团不失时

---

① 毛泽东：《青年运动的方向》（1939 年 5 月 4 日），《毛泽东选集》第 2 卷，人民出版社 1991 年版，第 566 页。

机开展了希望工程、青年志愿者行动等项工作，目前已成为被全社会广泛认同的两大品牌项目。其他如青年文明号、保护母亲河、"挑战杯"等工作，也吸引了众多青年的踊跃参与和广大民众的热切关注。团的十六大以来开展的共青团"青年就业创业见习基地"建设，则是抓住了扩张型企业的招工用人与青年的就业创业这两大需求，并创造出见习基地这一平台将两者有效对接起来，从而产生了良好的社会效应。

进入新时代，在各级共青团的组织动员下，广大青年自觉把个人梦想融入实现中国梦的伟大实践。比如，各级团组织结合自身特点积极参与脱贫攻坚行动，聚焦学业资助、就业援助、创业扶持，充分发挥希望工程、西部计划等社会资源动员机制作用，在生产扶贫、教育扶贫、人才扶贫中发挥积极作用。又如，围绕建设美丽中心，各级团组织不断拓展保护母亲河行动内涵，动员广大青少年参与植绿护绿、绿色出行、"光盘行动"、垃圾分类等生态环保实践。

第三，中国共青团努力遵从社会机理开展工作，服务社会。

在新民主主义革命时期，共青团在组织发动群众参加斗争时，就提出要十分注意工作方法。比如，提出"一切自发的群众组织（如兄弟团、姊妹团、互助会、同乡会等）及一切群众集会（如追悼会、游艺会、纪念节等）的机会都不能轻易地放过，无孔不入钻进去发展我们的组织起领导作用"[1]。又如，"宣传的总方法，是随环境、随机会、随客观的需要，多

---

[1] 中国共产主义青年团中央委员会办公厅编：《中国青年运动历史资料（1928）》第 4 册，1957 年内部印行，第 158 页。

方面去刺激人、兴奋人、启发人、引导人，切不必开口阶级斗争，闭口资本主义。用共产主义的名词去宣传，实不如用日常生活的事实和政治问题去宣传。善宣传者，贵在处处宣传人于无形之中，使人受宣传影响而反不自觉。"[1] "宣传煽动工作……方法应当极力通俗化群众化，如采用工农言语编辑歌谣、小报、快报、画报，改良飞行集会、散发传单、涂画墙壁各种技术，注意个别煽动游说等等。"[2]

在社会主义建设时期，为了完成一件"急、难、新"的事情，共青团就组织一个青年突击队，集中发挥青年人高效率的突击作用。这是一个符合青年特点的好形式，但同时需要结合社会常理把握分寸，予以完善。1958 年 8 月，团的三届三中全会的总结就认为："青年是各项工作中的一支积极力量，应当在党的领导下，采用适合青年特点的方法和形式，去动员和组织他们发挥突击作用和带头作用，必要时也可以把一部分青年集中起来，去进行试验、示范或突击性的活动。但是在任何情况下，都应当注意取得成年人老年人的支持和帮助。团的组织要教育和引导青年善于同成年人老年人合作，向成年人老年人学习。"[3] 这是符合当时社会机理的。1961 年 10 月，邓小平在谈到青年突击队时也认为："问题是怎么个做法，不是什么事都要普遍那么搞，而是真正按照需要去搞。"[4] 这里说到

[1] 中国共产主义青年团中央委员会办公厅编：《中国青年运动历史资料（1928）》第 4 册，1957 年内部印行，第 79 页。

[2] 中国共产主义青年团中央委员会办公厅编：《中国青年运动历史资料（1928）》第 4 册，1957 年内部印行，第 158 页。

[3] 《共青团三届三中全会的总结》（1958 年 8 月 13 日），中国共产主义青年团中央委员会办公厅编：《团的文件汇编（1958）》，1959 年内部印行，第 71—72 页。

[4] 邓小平：《提倡深入细致的工作》（1961 年 10 月 23 日），《邓小平文选》第 1 卷，人民出版社1994 年版，第 289 页。

的"需要"也可以理解为"社会机理"。

在社会主义市场经济条件下，基层团组织的活力是共青团生命力的具体体现。实践证明，哪个地方的团组织遵从社会机理，哪里就有活力。比如，北京、上海、深圳等地很多驻外团工委就是利用乡情、亲情的情感逻辑组建起来并提供各种服务的。又如，很多民营企业的团组织通过组织青年员工写家书、组织家人参观企业等方式，来稳固职工队伍，提升企业的凝聚力。再如，河北省廊坊市芦阜庄村团组织依托"青年之家"开展"一帮一"活动，团员青年不仅帮助困难青年联系贷款帮助创业，还将"安抚老人情绪、帮助老人做家务"这样的"小事"作为活动内容。这一下子就提升了村民对团组织的信任度和认同感。

新时代的共青团在脱贫攻坚这场硬仗中，根据各地实际探索工作新空间新路径。在贵州龙里县，东北农业大学、武汉理工大学研究生支教团在做支教工作的同时，积极参与易地扶贫搬迁社区志愿服务工作，用真情去感知基层社会、贫困群众。团甘肃省委在风景秀丽的宕昌县启动"青春扶贫·能量助农"共青团助力消费扶贫直播活动，来自全省各地的几十名网红主播卖力地向直播间的粉丝介绍着甘肃特色产品。兰州百合、陇南蜂蜜、敦煌骏枣、天水苹果等甘肃特产琳琅满目，主播们现身说法，大力推介，以直播带货的形式，将甘肃特产远销省内外。活动持续近 3 小时，累计在线观看 3 万人次，通过直播带货销售金额达 82 万元。

四、照顾青年特点，坚持以青年为本是中国共青团最大的工作特色

青年团在 1922 年成立之际，就是由进步青年构成的，"为改良青年工人农民的生活状况而奋斗，并为青年妇女青年学生的利益而奋斗"的组织，其工作对象是学生、青年工人、青年农民等。1926 年 7 月，团的三届二次扩大会议指出："团的组织是群众的组织，团要在大多数青年群众中发生影响。"[①] 1928 年团五大的团章规定："中国共产青年团是无产阶级青年的革命的政治组织，他吸收广大的劳动青年参加革命的斗争，从斗争中给予共产主义的教育和训练，中国共产青年团是中国青年工人唯一的组织，他赞助城市和农村中被剥削青年的一切政治经济和文化的要求。"[②] 1949 年 4 月中国新民主主义青年团一大通过的团章第一次明确将青年团表述为"先进青年的群众性的组织"[③]。这就是说，青年团既有政治性，又有社会性；既有先进性，也有群众性。因此，青年团除了动员自己的成员参与之外，同时还应该吸引凝聚广大青年一道奋斗。这是青年团之所以成为青年团的根本所在，也是青年团朝气蓬勃的动力源泉。

---

① 《中国共产主义青年团中央第三次扩大会议文件》（1927 年 7 月），中国新民主主义青年团中央委员会办公厅编：《中国青年运动历史资料（1926—1927）》第 3 册，1957 年内部印行，第 191 页。

② 《中国共产青年团章程》（1928 年 7 月），中国共产主义青年团中央委员会办公厅编：《中国青年运动历史资料（1928）》第 4 册，1957 年内部印行，第 160 页。

③ 《中国新民主主义青年团团章（1949 年 4 月 17 日青年团第一次全国代表大会通过）》，共青团中央青运史工作指导委员会、中国青少年研究中心、中央档案馆利用部编：《中国青年运动历史资料（1948.11—1949.9）》第 19 册，中国青年出版社 2002 年版，第 388 页。

第一，中国共青团工作坚持"照顾青年特点"，尊重青年主体地位。

与成年人相比，青年人的特点是非常明显而且区别很大，因而青年团的工作应该符合青年人的特点。组建中国社会主义青年团之初，团的负责人对这一点的认识也是很明确的。1923年6月，青年团的骨干邓中夏在与团中央执委会书记施存统讨论青年团工作应该采取的方针时，认为须包括"体育与娱乐"，"至娱乐亦为必要，青年人当此身体发育之会，如无娱乐，往往不能起引他们的兴趣"①。施存统也极表赞同。1923年8月，团二大在《教育及宣传决议案》中提出："青年群众富活泼冒险的精神，少具成见而思想新颖，勇于有为，本团应注意此等青年特性，施以革命的教育。"②1930年《中国共产党、中国共产主义青年团中央通知》（第93号）指出："团的工作对象是广大的劳苦青年群众，团要在这广大的劳苦青年群众中，活泼的应用适合于青年心理与情绪的工作方式与方法去进行团的工作。"③

1953年6月，毛泽东在接见新民主主义青年团二大代表时，明确要求青年团的工作"要照顾青年的特点"，"青年就是青年，不然，何必要搞青年团呢？青年人和成年人不同，女青年和男青年也不同，不照顾这些特点，就会脱离群众"④。20世纪50年代，青年团采取和创造了青年喜闻

---

① 中夏：《讨论本团此后进行的方针》（1923年6月），《先驱》第22号，1923年7月1日。

② 中国新民主主义青年团中央委员会办公厅编：《中国青年运动历史资料（1915—1924）》第1册，1957年内部印行，第368页。

③ 中国共产主义青年团中央委员会办公厅编：《中国青年运动历史资料（1930年1月—6月）》第7册，1959年内部印行，第176页。

④ 毛泽东：《青年团的工作要照顾青年的特点》（1953年6月30日），《毛泽东文集》第6卷，人民出版社1999年版，第276、279页。

乐见的方式方法，开展各项工作和活动。1955 年 2 月，青年团二届二中全会通过《关于加强青年业余文化工作的决议》，着重在扫除青年群众中的文盲，提高青年文化、科学技术水平；组织和指导青年阅读书报；开展业余艺术活动；开展体育运动，增强体质。各地团组织积极开展大规模的群众文化活动，形成了长久的历史影响。北京团市委在驻京部队的协助下，广泛开展多种多样的军事体育活动，比如参观国防体育表演，了解枪械构造、原理，实弹射击，夜行军等。这些活动受到青年的普遍欢迎，连过去很少参加活动的机关团委、教职员青年、私营企业青年及街道青年都积极参与进来。

进入 21 世纪以来，青年的思维方式、行为特点、兴趣爱好等都发生了较大的变化。一个最为突出的特点是，新媒体深度介入青年的工作、学习和生活。对于共青团而言，不论是组织青年、引导青年，还是服务青年，维护青少年权益，都离不开新媒体的运用。因此，各级团组织紧紧抓这一突出特点，认真研究新媒体的规律和特点，多方借助社会新媒体力量，大力加强团属新媒体阵地建设，推动基层团组织广泛建立务实、灵活、多样的新媒体平台，努力探索新媒体运用的新途径、新办法。尤其是进入新时代以来，各级团组织倾听青年之声，推进智慧团建，团的工作和建设向互联网转型。其中有特点的做法是，大力推进网络舆论引导，进驻青年聚集的各类网络空间，形成覆盖广、影响力强的新媒体矩阵；针对青少年思维特点和接受习惯，努力开发网络公开课、动漫、音频栏目、情景视频产品等。

第二，中国共青团始终关注广大青年的普遍需求。

服务青年同代表和维护青年利益密切相关。共青团在各个历史时期，十分关注对青年需求的服务。特别是在大革命时期，服务青年需求的工作很难同代表和维护青年利益严格区别开来。1926 年 7 月，《C.P. 第二次扩大会议对于中国共产主义青年团工作议决案》中指出：中国共青团"要力求工作青年化，因为没有关于青年切身的工作，团的组织是不会深入青年群众的"①。这里说的"青年切身的工作"指的就是青年的基本利益和需求。在具体实践中，青年团努力为青年工人争取各种利益和正当需求，比如提出"无论成年未成年的青年工人，凡作同量工作者，须得同量工资"，"童工（十三岁至十八岁）之工作时间，每天至多六小时"，"禁止师傅使用学徒替他私人服务"，"举办青年工人义务教育"，"改良工厂及店铺有害童工或学徒卫生之事"②。对于农民，青年团认为应"为他们要求减租、减税，增加农产品的价格，并帮助他们反对地主的预收租、额外租、官厅额外税、贿赂，高利借贷者的剥削，恶劣绅士的敲诈，兵匪的勒逼，及其他一切剥削者的剥削行为，使他们的生活得逐渐改良"③。经过几年的斗争，1928 年任弼时再次强调指出："每个共产党员和青年团员，每个党和团的工厂与乡村支部，每个革命的工人和农民，应当时刻注意自己周围的群众，应当很详细地去调查研究群众生活，替他们（就是替自己）提出很实际的极切身的要求，领导他们为这些要求而争斗。"④

---

① 中国新民主主义青年团中央委员会办公厅编：《中国青年运动历史资料（1926—1927）》第 3 册，1957 年内部印行，第 220 页。

② 《青年工人运动决议案》（1923 年 8 月 25 日）中国新民主主义青年团中央委员会办公厅编：《中国青年运动历史资料（1915—1924）》第 1 册，1957 年内部印行，第 363、364 页。

③ 《农民运动决议案》（1923 年 8 月 25 日）中国新民主主义青年团中央委员会办公厅编：《中国青年运动历史资料（1915—1924）》第 1 册，1957 年内部印行，第 367 页。

④ 任弼时：《对于暴动问题的意见》（1928 年 1 月），《任弼时选集》，人民出版社 1987 年版，第 40 页。

　　新中国成立后，青年工人、青年农民、学生的工作、生活、学习境况大为改观，青年的普遍要求就是如何能够掌握更多知识，更好地参与社会主义建设。当时，青年最重要的任务是学习。这一点，在中国新民主主义青年团一大、二大、三大上被多次强调。针对农村青年大多处于文盲或半文盲状态，渴望有一个学习文化、摘掉文盲帽子的现状，1955年12月团中央作出《关于在七年内扫除全国农村青年文盲的决定》。决定用7年时间，即从1956年到1962年，依靠已有3000多万农村识字青年，扫除全国7000多万农村青年文盲，使他们每人识字1500个左右。团中央还作出《关于奖励扫除文盲运动中青年积极分子的办法》，更大限度地发挥有文化青年的作用。1956年1月，团中央又发出《关于普遍建立青年扫盲队的通知》。各地团组织都积极行动起来，在全国范围内掀起了扫盲热潮。同时，各地共青团广泛组织青年工人学习技术。1956年在党的号召下，共青团大力动员，全国知识青年迅速掀起一个向科学进军的热潮。

　　改革开放以来，尤其党的十四大确定市场经济的改革取向后，青年需求的多样化趋势迅速增强。针对这一情况，共青团明确提出"服务青年"的工作理念，而且越来越得到加强。1993年团的十三大确定了各级团组织"服务经济、服务社会、服务青年"的工作主题，1998年6月，中共中央在团十四大上的祝词明确强调，共青团要"竭诚服务青年"。1998年团的十四大报告中提出共青团要"服务大局、服务社会、服务青年"，其中12次提到"服务青年"。2003年团十五大报告提到"服务青年"多达23处。2008年团的十六大报告将"服务青年"作专章论述。各地团组织结合本地区具体情况，在教育培训、就业创业、恋爱婚姻、维护权益、休闲娱乐等方面不断加大对青年的服务力度。"服务青年"因而成为共青团吸引凝聚青年的重要途径之一。

2017 年 4 月，中共中央、国务院印发《中长期青年发展规划（2016—2025 年）》，把服务青年成长发展上升到国家战略。共青团乘势而上，在党中央统一领导下，具体承担协调、督促职责，推动形成专项青年政策，优化青年发展环境。各级团组织聚焦服务青年学习成长、就业创业、身心健康、社会融入、婚恋交友等迫切需求，为家庭经济困难学生提供希望工程资助，为未就业青年提供见习培训机会和就业岗位信息，为残疾青少年、农村留守儿童提供关爱服务，为新兴青年群体成长发展搭建筑梦圆梦平台。

第三，中国共青团始终代表和维护广大青年的利益。

利益是人们生存、发展需要之本，是青年的重大关切。马克思有句名言："'思想'一旦离开'利益'，就一定会使自己出丑。"[1]如果一个社团组织不能代表其成员的某些利益，就很难得到长期认同，久而久之，就会丧失凝聚力。青年团代表和维护青年利益，既是团的宗旨，更有党的要求。

青年团自一开始就把青年利益作为自己的重大关切。1922 年 5 月，中国社会主义青年团第一次全国代表大会发表的《中国社会主义青年团纲领》就明确指出："中国社会主义青年团，一方面为改良青年工人、农人的生活状况而奋斗，并为青年妇女、青年学生的利益而奋斗。"[2]这是青年

① 《马克思恩格斯全集》第 2 卷，人民出版社 1957 年版，第 103 页。
② 中国新民主主义青年团中央委员会办公厅编：《中国青年运动历史资料（1917—1924）》第 1 册，1957 年内部印行，第 129 页。

团成立的初衷和基本宗旨。

1925 年 9 月，任弼时主持召开共青团三届一次扩大会议，会议认为"本团目前根本责任不外：在思想上与斗争中去获得青年工人群众，并在其中扩大团的组织去指导他们为自己利益而奋斗"①。任弼时认为，"领导群众为其本身利益而斗争。使他们在斗争中，认识我们是代表他们利益而奋斗的团体而取得其信仰"②。这是一个非常重要的观点，道出了对普通青年进行思想引领的基本规律。

1951 年 11 月，新民主主义青年团一届二中全会指出，"团如果不去经常关心广大青年群众的生活和利益，要达到团结群众的目的是不可能的"③。1957 年 5 月，胡耀邦在中国新民主主义青年团三大上的报告提出："青年团要善于代表和维护广大青年的利益……人民的整体利益就是青年的最大利益和根本利益……青年又是整个人民当中的一个特殊的部分，有自己的特殊利益和特殊要求。合理照顾青年的特殊利益，适当地满足青年的特殊要求，使青年更积极地参加社会主义建设，这也完全符合于人民的整体利益。"④1988 年团的十二大把"代表和维护青年的具体利益"列为共青团的社会职能。团的十三大提出"要坚持正确代表和维护青年的

---

① 《关于本团目前任务决议案》（1925 年 9 月），中国新民主主义青年团中央委员会办公厅编：《中国青年运动历史资料（1925）》第 2 册，1957 年内部印行，第 311 页。

② 弼时：《本届扩大会议的重要意义及其解释》，中国新民主主义青年团中央委员会办公厅编：《中国青年运动历史资料（1925）》第 2 册，1957 年内部印行，第 339 页。

③ 《青年团的目前情况与工作》（1951 年 11 月 20 日），中国新民主主义青年团中央委员会办公厅编：《团的文件汇编（1951.11—1953.7）》，1955 年内部印行，第 13 页。

④ 《团结全国青年建设社会主义的新中国——胡耀邦同志代表中国新民主主义青年团第二届中央委员会向第三次全国代表大会的报告》（1957 年 5 月 15 日），中国新民主主义青年团中央委员会办公厅编：《团的文件汇编（1957）》，1959 年内部印行，第 28—29 页。

具体利益"。团的十六大把"代表和维护好青少年的合法利益"作为专章来论述。

　　每到重要的历史关头，作为青年团的领导者，中国共产党总是强调、重申青年团要代表和维护青年的具体利益。1949年1月1日，中共中央公布的《关于建立中国新民主主义青年团的决议》指出："青年团应在最大多数人民的最大利益的基础上，经常地注意和努力为青年群众的特殊利益与切身需要而服务。"①1979年国庆前夕，叶剑英（时任中共中央副主席）在庆祝新中国成立30周年大会上讲道："工会、青年团、妇联等团体是广大群众的重要代表者……一定要坚决维护自己所代表的群众的利益，积极解决他们日常生活中的切身问题。"②这是在经历"文革"极左思潮之后，党中央第一次在重大的场合公开提出人民团体代表部分群众利益的问题。1989年12月，中共中央《关于加强和改善党对工会、共青团、妇联工作领导的通知》中，充分肯定共青团代表青年利益的职能，要求各级党的组织"支持工会、共青团、妇联在维护全国人民总体利益的同时，更好地维护各自代表的群众的具体利益"。

　　"12355"青少年服务台与"共青团与人大代表、政协委员面对面"活动，是进入21世纪以来共青团维护青少年权益的两项重要品牌工作。"12355"青少年服务台启动于2006年，是共青团组织以服务青少年的成长发展需求为导向，以整合服务青少年的社会资源为基础，以服务热线、网站等信息化服务手段为依托，在全国、省和自治区、地级以上城市建立

---

① 中共中央文献研究室、中央档案馆编：《建党以来重要文献选编（1921—1949）》第26册，中央文献出版社2011年版，第3页。

② 叶剑英：《在庆祝中华人民共和国成立三十周年大会上的讲话》（1979年9月29日），中共中央文献研究室编：《三中全会以来重要文献选编》上册，中央文献出版社2011年版，第213页。

的，为青少年提供咨询服务和有特色的实际帮助的工作平台。2018 年 1 月，团中央和民政部合作，明确 12355 青少年服务台承接民政部门未成年人保护专线工作，以留守儿童和困境儿童为工作对象，打造融 "监测预防、发现报告、应急处置、评估转介、帮扶干预、督查追责" 为一体的工作平台，建立 "一门受理、协同办理" 的多部门联动、社会各方参与工作机制。"共青团与人大代表、政协委员面对面" 活动启动于 2008 年，是共青团通过已有制度性安排整合体制内资源维护、实现青少年合法权益的有效载体。同时，推动团干部常态化深入青年调研，引导青少年合理反映利益诉求、有序参与政治议题。2021 年，各级共青团通过法定渠道形成人大代表建议 3379 件、政协提案 4134 份。团中央提交的《关于预防未成年人沉迷网络游戏的提案》被评为全国政协 2019 年好提案。

五、坚持适应性调整和改革创新是中国共青团砥砺前进的内生动力

中国共青团作为中国共产党联系青年的制度性组织化载体，诞生锤炼于农业经济下的革命年代，蓬勃成长于国家开始工业化的建设年代，发展探索于现代化进程中的改革年代，转型求变于进入信息化的 21 世纪。也就是说，随着时代和环境的变化，党的历史方位出现变迁、政策开始调整，产业结构、经济成分、组织形式加速转型，社会阶层、利益格局、思维范式、政治文化日益革新，青年世代形成新特征，青年群体结构出现新特点，共青团这一政治组织如能及时适应，则事业与时俱进，别开天地；

如果僵化于旧的组织形式和工作模式，则难以发展甚至终结存在。历史证明，哪里有改革，哪里就有生机；哪里有创新，哪里就有活力。正如习近平总书记所指出的，"共青团只有勇于自我革命，才能跟上时代前进、青年发展、实践创新的步伐"①。

第一，中国共青团应对时代挑战而持续变革。

20 世纪上半叶的中国处于小农经济的汪洋大海，仅有少量近代工业，阶级矛盾、民族矛盾相当尖锐，时代主题是由政党主导的革命与战争，打倒军阀除列强，抵御外侮，建立工农群众当家做主的新型国家。那一时代的普通青年同多数国人一样，处于一盘散沙状态，中国共产党组建青年团的目的，就是要通过这一革命的青年组织，以宣传唤起青年的革命精神，以新的组织形式动员他们投身革命的洪流之中。但共青团适应环境变化而转换角色的历程并非一帆风顺。1947 年 9 月 19 日刘少奇在中央青年工作会议上指出：青年团在大革命前搞得好，大革命后犯了先锋主义错误，抗战时取消了，现在正是重新建立的好时机。②

新中国成立后，在农业经济的基础上开启国家工业化进程，执政党的主要任务是开展社会主义改造和社会主义建设。在计划经济体制下，个体青年都处于单位制的网格之中，同质性很强，共青团通过体制内层级路径宣传党的思想方针路线，动员青年在经济建设中发挥突击队作用，并在

---

① 习近平：《在庆祝中国共产主义青年团成立 100 周年大会上的讲话》，人民出版社 2022 年版，第 10 页。

② 中共中央党史和文献研究院编：《刘少奇年谱》增订本第 2 卷，中央文献出版社 2018 年版，第 268 页。

这一过程中培育更多社会主义新人。

1978 年改革开放之后，中国从农村首先开始了经济体制改革——实施家庭联产承包责任制，进而推动城市经济体制改革，直到确立社会主义市场经济体制，更加速推进农业产业化、新型工业化、城镇化，最明显的时代特色就是执政党主导的改革开放，政治组织的重要任务就是调动一切力量建设中国特色社会主义。随着单位制的式微，青年开始原子化、流动性、多元化，共青团的双重功能更为明晰，一是思想引导，二是利益实现，工作方式转变为体制内动员结合社会化动员。进入 21 世纪之后，市场化、全球化、网络化三峰叠加，时代主题是实现中华民族伟大复兴中国梦。青年状况是个性化彰显、多元化加剧、原子化增强，共青团更多地采用互联网动员方式以适应工作环境变迁和工作对象的变化，在竭诚服务青年中实现对青年的思想引导。

新时代十年，共青团在投身伟大斗争、伟大工程、伟大事业、伟大梦想波澜壮阔的实践中，守正创新、踔厉奋发，不断增强引领力、组织力、服务力，不断提升对党和国家大局的贡献度。面向新的征程，如何更好地把青年团结起来、组织起来、动员起来，为实现第二个百年奋斗目标、实现中华民族伟大复兴的中国梦而奋斗，是新时代中国青年运动和青年工作必须回答的重大课题。

100 年来，共青团应对各种挑战有一个较长的历史跨度，其间经历了风风雨雨，不同时期面临着不同的挑战。在中国共产党领导下，共青团在危机中转型，在困境中奋起，在变革中创新。其实，就组织整体而言，和平建设时期共青团面临的挑战甚至大于革命战争年代。革命年代，同革命党一样，作为革命阵营中的政治组织，其使命是扭转、改变所处的环境地位；和平年代，作为执政体系内的政治组织，是要转变自身以适应环境。

革命时期的目标很明确，以唯物史观和阶级斗争为武器，竭力使政治两极
分化，通过分裂社会力量，分清敌我阵线，造成阶级冲突，把政治问题简
单化。而 1949 年以来，是要驾驭社会力量，有策略地兼顾青年群体与中
年群体、老年群体的利益，平衡各阶层青年之间的利益，把广大青年整合
到制度体制之内。而其中，共青团每一次应对环境变迁的成功经历，都会
为后来者留下宝贵经验和遗产，从而促进"适应性"的延续与增效。

**第二，随着现代化建设进程的推进，共青团在适应环境中不断
加强自身现代性建构。**

1978 年改革开放以来，在现代国家和现代社会建构过程中，僵化的
计划经济被多彩多姿的市场经济所取代，"大一统"单位制让位于灵活多
样的就业方式和生活方式，社会由垂直控制结构向扁平社会结构转变，单
位体制下的政治联结、福利联结受到来自市场"利益联结"的巨大冲击，
政治组织或政治团体所秉承的"道德正义"与市场经济的"发财原则"产
生激烈对撞。整个社会关系被利益最大化冲淡。以前是单位掌控个人命
运，现在是市场提供了多种选择。与此同时，公共服务单一的政府供给融
汇于社会化服务体系之中，排浪式消费式微而个性化"定制"勃兴，全球
化促使社会成员更加便利地开展国际交流，互联网大数据为多元需求得以
满足提供了诸多可能，青少年的成长发展获得了多重选择和机会。一个多
元化、个性化的时代到来了。在此背景下，青少年发展多元化成为必然
趋势。

共青团的"适应性"是围绕"时代需要什么样的共青团""现代国家
需要什么样的共青团"展开的，而这一不断变革的时代正是由中国共产党

领导亿万人民创造的。在变革过程中，原有的经济结构、利益结构、社会结构等都悄然发生了重大甚至颠覆性变化，反过来要求附于其上的政治结构、政治组织、政治文化必须作出适应性调整和内部改革，执政党、政府概莫能外。对于中国共青团这样一个执政党领导的庞大青年群众组织来讲，涉及五大关系的重构。也就是说，共青团改革创新的种种探索、经验做法，基本是在这五重关系框架下展开的。（1）团与政党的关系。其基调是两者构成特殊的政治关系，共青团是党在工作中的助手和事业上的后备军。如何做得到，做得好，真正成为培育青年人才的组织载体而不被利益集团所"捆绑"，也不被裙带关系所异化，需要重新审视发展导向，不断完善运作机制。（2）团与政府的关系。共青团是国家政权的重要社会支柱之一，承担政府青年事务。如何既承接政府转移职能、参与政府购买服务，又不沦为"二政府"或政府的下属执行部门，需要理论与实践的双重探索。（3）团与青年的关系。共青团作为先进青年的群众组织，本身应该具有较强的引导力和吸引力，但现实中团与青年的关系却是选择与被选择的关系，如何通过服务实现引导，考验共青团的适应能力和创新能力。（4）团与市场的关系。市场经济模式是一切政治组织、社会组织发展的物质背景，共青团在适应市场规律，借助市场力量，整合市场资源服务青年的同时，要注意摒弃市场经济中等价交换、唯利是图等负面影响。（5）团与社会的关系。现代社会中民间组织重要的价值追求是公益与慈善，这与共青团服务社会的职能多有交叉。共青团要发挥枢纽性作用，搭建伙伴关系，实现与社会组织的合作共赢，在潜移默化中施以影响和引导。

在以上五重关系框架中，发挥决定性作用的当属团与政党这一组关系。如何在自觉坚持党的领导下独立开展工作，如何创造性坚持党的领导？如何在组织运作中保持张力？是一个常释常新的难题。在现实工作中存在两种严重的路径依赖。一方面，一些地方党组织怕出事，不希望群团组织搞自己的活动，捆住了群团组织的手脚。还有的党政习惯于把群团当成下属部门，下指标，派任务，认为这样用起来方便。另一方面，一些群团也怕出事，也习惯于听党政安排，觉得跟着党组织的活动亦步亦趋最保险，四平八稳少惹麻烦，推一推，动一动，不推不动。但是，如果只喊口号不做工作，没有通过自身努力创造性地把党的意志和主张落实到广大群众中去，也不能说是坚持党的领导。毛泽东当年就曾批评道："盲目地表面上完全无异议地执行上级的指示，这不是真正在执行上级的指示，这是反对上级指示或者对上级指示怠工的最妙方法。"①

第三，中国共青团在破解"机关化、行政化、贵族化、娱乐化"过程中持续加强革命性磨砺。

中国共产党是以革命起家的，100年来一直在同消极、反动、腐朽的旧思想、旧事物进行忘我斗争，而且一直在以党的自我革命引领社会革命。共青团以党的旗帜为旗帜、以党的意志为意志、以党的使命为使命，勇于组织革新、不断自我革命是各级团组织的常态。

从1988年的《关于共青团体制改革的基本设想》到2016年的《共青团中央改革方案》，从1989年的中央12号文件到2015年的中央4号文件，共青团的改革创新经历了不断适应新环境，不断破解新问题的艰辛历程，已经取得不少阶段性成果。但是，共青团工作和建设还存在一些

---

① 毛泽东：《反对本本主义》（1930年5月），《毛泽东选集》第1卷，人民出版社1991年版，第111页。

与时代要求不相适应的地方。比如，基层基础薄弱问题没有得到根本解决，思想引导的吸引力、感染力尚需持续加强，服务青年的能力、水平和实效有待提升，团的组织和工作有效覆盖还存在不少空白，"机关化、行政化、贵族化、娱乐化"问题的思想根子有待进一步清除。

随着中国特色社会主义进入新时代，全球范围的市场化、网络化和全球化进一步深化。这些变化对人们的交往方式、生存形态产生深刻影响，作为执政党的青年组织，中国共青团必须根据这些变化创新自身组织形态和运行机制。我们还应该看到，中国现阶段所处的是一个快速变动的时代，在构建面向未来的中国文明过程中，执政党所遇到的挑战是具有迭代性与叠加性的，所需要解决的问题也同样是具有迭代性与叠加性的。作为党的助手和后备军，中国共青团必须超越线性思维，遵循历史唯物主义和辩证唯物主义来把握发展的本质问题，在党的统一领导下，统筹推进各项工作和改革创新。[①]

因此，中国共青团只有勇于自我革命，不断消除"机关化、行政化、贵族化、娱乐化"产生的土壤，才能跟上时代前进、青年发展、实践创新的步伐。要把党的全面领导落实到工作的全过程各领域，聚焦不断保持和增强政治性、先进性、群众性的目标方向，探索团的基层组织建设新思路新模式。尤其要自觉对标全面从严治党经验做法，以改革创新精神和从严从实之风加强自身建设，严于管团治团，全方位加强各级团组织的革命性磨砺。

---

① 参阅郑长忠：《关系空间再造的政治逻辑——中国共青团组织形态创新研究》，天津人民出版社2020年版，第166、169页。

100 年来中国共青团全国代表大会简介

1. 中国社会主义青年团第一次全国代表大会

1922 年 5 月 5 日至 10 日在广州举行。出席代表 25 人，共有团员 5000 余人。大会通过了团的纲领，确定中国社会主义青年团的性质是中国青年无产阶级的组织。大会建立了全国统一的领导机构，选举产生了由施存统、高君宇、张太雷、蔡和森、俞秀松等 5 名委员，冯菊坡、林育南、张秋人等 3 名候补委员组成的团第一届中央执行委员会。施存统当选为团中央执委会书记。

1922 年 8 月，青年团中央执行委员会第 15 次会议决定，高君宇为团中央执委会书记。

1922 年 9 月，青年团中央执行委员会第 16 次会议改选，俞秀松为团中央执委会书记。

1922 年 10 月，青年团中央执行委员会第 21 次会议改选，施存统为团中央执委会书记。

2. 中国社会主义青年团第二次全国代表大会

1923 年 8 月 21 日至 25 日在南京举行。出席代表 29 人，共有团员 2000 多人。大会着重讨论了如何贯彻党的第三次全国代表大会所确定的同孙中山为首的国民党建立统一战线的问题，指出以共产主义的原则和国民革命的理论教育青年工人、农民、学生群众是本团最重大的责任。大会选举产生了由邓中夏、施存统、刘仁静、夏曦、卜世奇、林育南、李少白等 7 名委员和恽代英、梁鹏云、李求实、张秋人等 4 名候补委员组成的团第二届中央执行委员会。刘仁静当选为委员长。

1924 年 4 月，团中央通告，刘仁静为秘书。

1924 年 7 月，团中央通告，林育南为代理秘书。

3. 中国社会主义青年团第三次全国代表大会

1925 年 1 月 26 日至 30 日在上海举行。出席代表 18 人，共有团员 2400 余人。大会修改了团章，决定把中国社会主义青年团改名为中国共产主义青年团。大会选举产生了由张太雷、任弼时、恽代英等 9 名委员和张伯简、林育南等 5 名候补委员组成的团第三届中央执行委员会。张太雷当选为团中央局总书记。

1925 年 5 月，中共中央与团中央联席会议决定，任弼时为代理总书记。

1925 年 7 月，团中央局决定，任弼时为总书记。

4. 中国共产主义青年团第四次全国代表大会

1927年5月10日至16日在武汉举行。出席代表39人，共有团员约3.8万名。大会确定今后团的任务是领导工农青年参加争取革命领导权的斗争，发展农村土地革命，建立工农自卫武装，领导工农青年进行政治经济斗争。会议明确了团的性质和使命："本团是无产阶级青年的革命组织。它应当在党的领导之下吸引广大劳动青年群众参加革命斗争，同时在这些斗争中，去养成他们共产主义者的精神。"大会选举产生了由16名委员、13名候补委员组成的团第四届中央执行委员会。任弼时当选为团中央局总书记。

1927年11月，团中央扩大会议决定，萧子暲为代理总书记。

5. 中国共产主义青年团第五次全国代表大会

1928年7月12日至16日在苏联莫斯科举行。出席代表46人，共有团员7.5万多人。大会修订了团章，选举产生了由关向应、华少锋、陆定一等13名委员组成的团第五届中央委员会。关向应当选为团中央局书记。

1929年9月，中共中央政治局决定，温裕成为代理书记。

1931年3月，共青团五届四中全会决定，博古为书记。

1931年9月，中共中央临时政治局决定，胡鉴鹤为书记。

1932年11月，中共中央临时政治局决定，王云程为书记。

1933年1月，中共中央临时政治局决定，顾作霖为书记。

1933年5月，中共中央临时政治局决定，凯丰为书记。

1936年4月，中共中央任命，冯文彬为书记。

6. 中国新民主主义青年团第一次全国代表大会 ①

1949 年 4 月 11 日至 18 日在北京举行。出席代表 340 人，共有团员 19 万人。任弼时向大会作政治报告，周恩来、朱德等到会讲话。大会通过了《中国新民主主义青年团工作纲领》《中国新民主主义青年团团章》。根据 1949 年 1 月 1 日中共中央发布的关于建立中国新民主主义青年团的决议，正式成立中国新民主主义青年团。大会选举产生了由冯文彬、廖承志、蒋南翔等 45 名委员和区棠亮、高朗山等 15 名候补委员组成的中国新民主主义青年团第一届中央委员会。任弼时为青年团中央委员会名誉主席，冯文彬当选为团中央书记。

1952 年 9 月，青年团一届三中全会选举胡耀邦为团中央书记处书记（排名第一）。

7. 中国新民主主义青年团第二次全国代表大会 ②

1953 年 6 月 23 日至 7 月 2 日在北京举行。出席代表 495 人，共有团员 900 万人。刘少奇代表中共中央向大会致祝词。胡耀邦代表青年团第一届中央委员会作《团结全国青年，在建设祖国的伟大行列中奋勇前进》的工作报告。朱德总司令到会讲话。6 月 30 日，毛泽东主席接见青年团全国代表大会主席团，对青年团的工作作重要指示，并向全国青年祝贺"身体好、学习好、工作好"。大会一致决定把帮助青年实现"三好"作

① 这次大会是青年团第六次全国代表大会。
② 这次大会是青年团第七次全国代表大会。

为今后团的工作方向。大会通过了新的团章，选举产生了由胡耀邦、廖承志、蒋南翔等143名委员和丁浩、魏文英等56名候补委员组成的青年团第二届中央委员会。胡耀邦当选为团中央书记处书记（排名第一）。

8. 中国新民主主义青年团第三次全国代表大会 ①

1957年5月15日至25日在北京举行。出席代表1493人。共有团员2300万人。邓小平代表中共中央向大会致祝词。胡耀邦代表青年团第二届中央委员会作《团结全国青年建设社会主义的新中国》的工作报告。大会通过决议，将中国新民主主义青年团改名为中国共产主义青年团。会议通过《中国共产主义青年团章程》，选举产生了由胡耀邦、廖承志、区棠亮等149名委员和胡修道、陈立富等63名候补委员组成的青年团第三届中央委员会。胡耀邦当选为团中央书记处第一书记。

9. 中国共产主义青年团第九次全国代表大会

1964年6月11日至29日在北京举行。出席代表2396人。邓小平向大会作了政治报告。胡耀邦代表青年团第三届中央委员会作《为我国青年革命化而斗争》的报告。大会通过关于工作报告的决议和新修改的团章，选举产生了由胡耀邦、胡克实、王伟等178名委员和王敬、刘文元等74名候补委员组成的共青团第九届中央委员会。胡耀邦当选为团中央书记处第一书记。

---

① 这次大会是青年团第八次全国代表大会。

10. 中国共产主义青年团第十次全国代表大会

1978 年 10 月 16 日至 26 日在北京举行。出席代表 2000 人，共有团员 4800 万人。李先念代表中共中央和国务院向大会致词。韩英代表共青团第九届中央委员会作《为伟大的新长征贡献青春》的工作报告。大会通过了工作报告的决议和中国共产主义青年团章程。选举产生了由韩英、胡启立、王敏生等 201 名委员和马成华、王军涛等 99 名候补委员组成的共青团第十届中央委员会。韩英当选为团中央书记处第一书记。

1982 年 11 月，共青团十届四中全会选举王兆国为团中央书记处第一书记。

11. 中国共产主义青年团第十一次全国代表大会

1982 年 12 月 20 日至 30 日在北京举行。出席代表 1964 人，共有团员 4800 万人。胡启立代表中共中央作了题为《殷切的期望》的祝词。王兆国代表共青团第十届中央委员会作了题为《团结全国青年，向社会主义现代化光辉前程进军》的工作报告。大会通过工作报告的决议和新团章，选举产生了由王兆国、胡锦涛、刘延东等 263 名委员和李仁柱、卢兆平等 51 名候补委员组成的共青团第十一届中央委员会。王兆国当选为团中央书记处第一书记。

1984 年 12 月，共青团十一届三中全会选举胡锦涛为团中央书记处第一书记。

1985 年 8 月，中共中央决定，宋德福任团中央书记处第一书记。

1985 年 11 月，共青团十一届四中全会选举宋德福为团中央书记处第一书记。

12. 中国共产主义青年团第十二次全国代表大会

1988 年 5 月 4 日至 8 日在北京举行。出席代表 2027 人，共有团员 5600 万人。胡启立代表中共中央作了题为《希望在青年》的祝词。宋德福代表共青团第十一届中央委员会作《在建设有中国特色的社会主义的伟大事业中继往开来艰苦奋斗》的工作报告。会议通过了关于第十一届中央委员会工作报告的决议、关于实行团员证制度的决议，关于中国共产主义青年团章程部分条文修正案的决议。会议确定《光荣啊，中国共青团》为中国共产主义青年团代团歌。大会选举产生了由宋德福、刘延东、李源潮等 165 名委员和徐芳、张文等 70 名候补委员组成的共青团第十二届中央委员会。宋德福当选为团中央书记处第一书记。

13. 中国共产主义青年团第十三次全国代表大会

1993 年 5 月 3 日至 10 日在北京举行。出席代表 1868 人，共有团员 5800 万人。胡锦涛代表中共中央作了题为《肩负起历史的重任》的祝词。李克强代表共青团第十二届中央委员会向大会作了题为《高举建设有中国特色社会主义的伟大旗帜，团结带领各族青年为加快改革开放和现代化建设而奋斗》的报告。大会通过了关于十二届中央委员会报告的决议，关于《中国共产主义青年团章程（修正案）》的决议，决定经修正后的《中国共产主义青年团章程》自通过之日起即行生效。大会选举产生了由李克强、刘鹏、袁纯清等165名委员和许志怀、林青海等110名候补委员组成的共青团第十三届中央委员会。李克强当选为团中央书记处第一书记。

14. 中国共产主义青年团第十四次全国代表大会

1998年6月19日至25日在北京召开。出席代表1469人，共有团员6850万人。胡锦涛代表中共中央作了题为《迈向新世纪创造新业绩》的祝词。周强代表共青团第十三届中央委员会作了题为《在邓小平理论指引下团结带领各族青年为实现党的跨世纪宏伟目标而奋斗》的报告。大会通过了共青团十四大关于《中国共产主义青年团章程（修正案）》的决议。大会选举产生了由周强、巴音朝鲁、孙金龙等177名委员和邹峰、黄惠华等118名候补委员组成的共青团第十四届中央委员会。周强当选为团中央书记处第一书记。

15. 中国共产主义青年团第十五次全国代表大会

2003年7月22日至26日在北京召开。出席代表1500人，共有团员6986万名。吴官正代表中共中央作了题为《在全面建设小康社会的伟大实践中谱写新的青春乐章》的祝词。周强代表共青团第十四届中央委员会作了题为《在"三个代表"重要思想指引下团结带领广大青年为全面建设小康社会而努力奋斗》的工作报告。大会通过了共青团十五大关于《中国共产主义青年团章程（修正案）》的决议。大会一致同意把"三个代表"重要思想写入共青团的行动指南。大会选举产生了由周强、赵勇、胡伟等189名委员和孙柱、许晓峰等129名候补委员组成的共青团第十五届中央委员会。周强当选为团中央书记处第一书记。

2006年11月，中共中央决定，胡春华任团中央书记处第一书记。

2008年4月，中共中央决定，陆昊任团中央书记处第一书记。

16. 中国共产主义青年团第十六次全国代表大会

2008年6月10日至13日在北京召开。出席代表1500人，共有团员7544万人。李长春代表中共中央作了题为《在发展中国特色社会主义的伟大征程上创造新的青春业绩》的祝词。陆昊代表共青团第十五届中央委员会作了题为《高举中国特色社会主义伟大旗帜团结带领广大青年为夺取全面建设小康社会新胜利而奋斗》的报告。大会通过了共青团十六大关于《中国共产主义青年团章程（修正案）》的决议。大会一致同意把深入贯彻落实科学发展观写入共青团的行动指南。大会选举产生了由陆昊、杨岳、王晓等191名委员和蒋代娟、林凤玉等129名候补委员组成的共青团第十六届中央委员会。陆昊当选为团中央书记处第一书记。

2013年3月，中共中央决定，秦宜智任团中央书记处第一书记。

17. 中国共产主义青年团第十七次全国代表大会

2013年6月17日至20日在北京召开。出席代表1508人，共有团员8900余万人。刘云山代表中共中央作了题为《在实现中国梦的伟大实践中谱写壮丽的青春篇章》的祝词。秦宜智代表共青团第十六届中央委员会作了题为《高举团旗跟党走 奋力实现中国梦》的报告。大会通过了共青团十七大关于《中国共产主义青年团章程（修正案）》的决议，一致同意把科学发展观写入共青团的行动指南。大会选举产生了由秦宜智、贺军科、罗梅等165名委员和周立国、陈琛等110名候补委员组成的共青团第十七届中央委员会。秦宜智当选为团中央书记处第一书记。

18. 中国共产主义青年团第十八次全国代表大会

2018年6月26日到29日在北京召开。出席代表1529人，共有团员8124.6万人。王沪宁代表中共中央作了题为《乘新时代东风 放飞青春梦想》的致词。贺军科代表共青团第十七届中央委员会作了题为《高举习近平新时代中国特色社会主义思想伟大旗帜 奋力谱写决胜全面建成小康社会 全面建设社会主义现代化国家的壮丽青春篇章》的报告。大会通过了共青团十八大关于《中国共产主义青年团章程（修正案）》的决议。大会一致同意把习近平新时代中国特色社会主义思想写入共青团的行动指南。大会选举产生了由贺军科、汪鸿雁、徐晓等170名委员和闫研、吴志强等129名候补委员组成的共青团第十八届中央委员会。贺军科当选为团中央书记处第一书记。

中国共青团组织机构百年变革实录

共青团走过了百年光辉历程。在这一波澜壮阔的历史进程中,中国共青团在中国共产党的直接领导下,顺应时代发展和形势任务的不断变化,对团的组织机构进行了多次调整。系统地考察这一变迁历史,总结组织结构调整的经验教训,对于深刻认识历史规律,推动共青团改革持续深化,具有重要的参考价值和指导意义。

一、从上海社会主义青年团成立到共青团实施改造
(1920—1937 年)

从 1920 年 8 月上海社会主义青年团创立到 1937 年 4 月共青团改造完成,共青团的组织机构从无到有,从小到大,从比较单一到多面覆盖,从简约创制到相对规范,不断适应革命斗争的发展需要而变化。

1. 青年团初创时期的组织机构

1920 年 8 月 22 日，中国第一个共产主义性质的青年团组织——上海社会主义青年团成立，设书记一人。当时的青年团"带有训练班的性质"。

北京社会主义青年团于 1920 年 11 月成立，半年之后实行执行委员会制，设书记委员、会计委员、出版委员、组织委员。同样是 1920 年 11 月成立的广州社会主义青年团，设立书记部、教育部、劳动部等机构。1921 年 1 月，长沙社会主义青年团成立后，设立学生运动委员会、劳工运动委员会、教育委员会。

1921 年 11 月，由张太雷起草的《中国社会主义青年团临时章程》明确规定："正式中央机关未组成时，以上海机关代理中央职权。"

1922 年 5 月，中国社会主义青年团在广州召开第一次全国代表大会，标志全国性组织的正式成立。大会通过了团史上第一部正式章程《中国社会主义青年团章程》，规定青年团的组织机构从基层到中央依次划分为"小团体"、地方执行委员会、区执行委员会和中央执行委员会四级，全国代表大会为青年团最高领导机关，在全国代表大会闭会期间，以中央执行委员会作为最高机关。

团中央执委会设书记一人，"总理事务，并对外代表本团"；设立三个工作机构：书记部（掌理组织财政搜集报告，发给通告等事）、经济部（掌理关于改良青年工人农人经济状况等事）、宣传部（掌理教育及政治的工作，主义宣传及出版事业等事）。在实际工作中，书记部的主要工作由执委会书记直接负责；《先驱》作为中国社会主义青年团中央的机关报，其编辑工作先由宣传部主任兼任，后由书记直接担任。

2. 适应大革命洪流的机构调整

1923 年 6 月,中国共产党第三次全国代表大会召开,通过《中国共产党中央执行委员会组织法》。8 月,青年团第二次全国代表大会通过了《中国社会主义青年团中央执行委员会组织法》。团版组织法从结构到内容与党版组织法保持高度一致,如中央一级的主要负责人称"委员长",中央执行委员会设"秘书""会计"各一人,组织的"一切函件须由委员长及秘书签字"等。只不过青年团中央特设"编辑"一职,这是党版组织法中所没有的。

但这次机构调整很快暴露出"工作集于委员长与秘书之身,其他委员除开会外不作事之流弊"。1924 年 3 月,青年团二届二次扩大会议根据少年共产国际的提议,通过了《修正中央局组织法决议案》。取消了"委员长"职务,决定"秘书为本团对内对外的总代表",同时,新设立组织部、宣传部、农工部、学生部 4 个工作机构。这些组成机构奠定了后来共青团组织架构的基础。

值得注意的是,在两个月之后即 1924 年 5 月,中共中央执行委员会扩大会议决定,"为履行种种职任起见……中央及区亦应分设宣传、组织、工农等部,分担责任"。这就是说,此时团的机构设置与党的机构设置基本对应。

1925 年 1 月,青年团三大根据刚刚结束的中共四大"中央执行委员会须互推总书记一个总理全国党务"的做法,将团中央局主要负责人称谓也改为"总书记"。鉴于工作范围扩大,团中央新增设了妇女部、非基督教部两个工作机构。当时,团中央有《中国青年》《平民之友》《团刊》《非基督教运动》四种刊物,编辑工作由相关部门负责人兼任。

随着五卅运动在全国范围内的展开，1925 年 9 月，共青团三届二次扩大会议决定：（1）撤销农工部，设立经济斗争委员会；（2）进一步厘清了组织部、宣传部职能；（3）以学生运动委员会、妇女运动委员会、非基督教委员会，替代学生部、妇女部、非基督教部。此时，团中央乃至地方的组织机构设置，基本覆盖了工作对象与工作内容，形式上常备机构与机动机构并存。

1926 年 7 月，共青团三届三次扩大会议决定增设儿童运动委员会。至此，在总书记之下，团中央局工作机构设为两个部（分管组织、宣传）、五个委员会（分别负责经济斗争、学生运动、非基督教、妇女运动、儿童运动）。

从现有资料来看，1927 年 5 月团四大之后，团中央机关增设了秘书长、劳动部。

3. 土地革命时期机构的曲折变迁

1928 年 7 月，共青团五大在莫斯科召开，大会通过的团章明确规定："为便于指导各部工作起见"，在中央之下设立秘书处、组织部、宣传部、经济斗争委员会、农村工作委员会、军事工作委员会、妇女运动委员会、儿童工作委员会。"各部部长或委员会主任，由中央局指定，部长尽可能的应该是中央委员"，"中央局应选举中央书记一人"。

1930 年上半年，随着革命运动的复兴和局势的好转，党内"左"倾情绪逐渐发展起来，并在中央占据统治地位。8 月 6 日，中共中央总行动委员会（简称总行委）在上海成立，党、团、工会的领导机构被合并在内，只是在总行委之下设立青年秘书处，负责共青团工作。

中共中央很快就感受到了这种合并所带来的工作混乱。9月19日，中共中央和共青团中央联合发出第八十九号通告，部分承认了政策失误。随后召开的中共中央六届三中全会决定，立即恢复党、团、工会的独立组织和日常工作。

11月11日，团中央五届三中全会分析了团的组织危机，提出坚决反对组织上的取消主义错误，加强团的无产阶级化和群众化。在这次会议上，团中央第一次提出建立团校的问题。1932年12月，苏区列宁团校正式创立。

1933年1月，团中央随党的临时中央从上海迁到江西中央苏区。根据新的革命任务和工作形势，团中央机构作出调整，设秘书长、组织部部长、宣传部部长、儿童局书记、少年先锋队总队长各一人。

红一方面军长征到达陕北后，1935年11月，共青团中央（少共中央局）在瓦窑堡恢复工作，工作机构设秘书长、组织部、宣传部、军事体育部、少年先锋队总队部、儿童局。1936年夏，团中央机关迁入保安县后又创办了中央团校。

4. 共青团改造后机构的全新变革

根据青年共产国际的要求和国内革命斗争形势的需要，1936年11月1日，中共中央发出《关于青年工作的决定》，提出"根本改造青年团及其组织形式，使团变为广大群众的非党的青年组织，去吸收广大青年参加抗日救国的民族统一战线"。

1937年4月12日，中国共产党在延安召开了西北青年救国第一次代表大会，决定建立西北青年救国联合会，作为"全国青年救国会成立前现有各地青年团体的最高领导机关"。会后，共青团中央机关开始以西北青年救国联合会的名义开展工作。

7月，中共中央设立青年部以指导全国的青年运动（1938年5月撤销青年部成立青年工作委员会，简称"中央青委"）。各地共青团组织开始改造，成立县、区、乡各级青年救国会。团中央还将中央团校改名为"鲁迅青年学校"，为团的改造及之后的青年运动培训青年干部。

1939年4月，《中国青年》在延安重新出版，名义上由中华青年救国团体联合办事处主办，毛泽东题写刊名。1941年3月停刊。

二、从青年团重建到"文革"初期团中央工作停摆
（1949—1966年）

从1949年新民主主义青年团正式建立，到1966年团中央被迫停止工作，团的组织机构在广大团员青年参与社会主义革命和建设的历史进程中，不断得到充实、调整和发展。

1. 重建之初组织机构的基本盘面

抗战胜利后，青年救国会完成了历史使命，建立一个先进的青年组织以凝聚解放区青年积极分子，成为一个新的时代课题。中共中央经过深入调研和两次讨论，于1946年11月发出《关于建立民主青年团的提议》。在解放区建团实践的基础上，1948年9月，中央团校正式创办；

12月，《中国青年》复刊，毛泽东再次题写刊名。1949年1月1日，中共中央发布《关于建立中国新民主主义青年团的决议》，正式决定在全国普遍建立中国新民主主义青年团的组织。

1949年4月，中国新民主主义青年团第一次全国代表大会在北平召开，选举产生了新民主主义青年团第一届中央委员会，选举书记一人，副书记两人。5月25日，团中央常委会召开第四次会议研究机关机构、业务方针等工作，确定设立组织机构的原则为"逐渐树立领导机构，按实际需要与可能，开始小些，逐渐扩大、充实和健全"，明确团中央常委会下设七部一处二室，即组织部、宣传部、联络部、文教部、青工部、青农部、学生部、秘书处、办公室、研究室；另有中央团校，校长由团中央书记担任；《中国青年》社长、总编辑则由宣传部负责人分任。这是自1922年建团以来最为完整的一套组织机构设置，为新中国成立团中央工作机构设置奠定了基础。

1949年6月，团中央常委会决定，先后成立团中央党的总支、全国铁道工作委员会、团中央艺术工作委员会。7月，团中央常委会作出决议：设立出版委员会，统一负责管理团中央及所属各部与全国学联、全国青联的所有出版、印刷、发行工作，包括《中国青年》《学联通讯》《团内通讯》、团员读本、少儿读物、各种青运文献等；设立社会服务部，做社会服务事业，组织青年的各种文化、娱乐体育活动，开办各种职业训练班和夜校，适当地解决青年的职业、学习问题。

2. 新中国成立后的机构充实

1949年10月，团中央委员会扩大会议作出《关于建立中国少年儿童队的决议》。据此，团中央增设少年儿童部，作为主管少年儿童工作的职能部门。

1950年1月，青年出版社成立，直属团中央领导，为全民所有制事业单位。

1951年4月27日，《中国青年报》创刊。上半年，设机关党委，负责机关部门、单位党的建设；成立统战部，在书记处领导下，对工商、宗教、少数民族、归国华侨等方面青年开展各种活动。

1951年8月，团中央要求县以上各级组织成立军事体育部，区及区以下设立军事体育委员。11月5日，《中国少年报》创刊。

经党中央批准，1951年11月，团一届二中全会决定成立团中央书记处，以加强对全团工作的领导，书记处由6人组成。

到1952年底，团中央机关内设机构由10个增加到15个，即在七部一处二室基础上增加了少年儿童工作部、统战部、军事体育部、社会服务部、出版委员会。

1953年1月，团中央撤销文教部、社会服务部，其职能由宣传、军体等部门分担。4月，团中央出版委员会建制取消，青年出版社与开明书店合并组建中国青年出版社。青年团二大后不久，团中央研究室编制撤销，并入办公厅。

1954年6月，中央人民政府撤销大区一级行政机构，大区团委也随之撤销，团中央工作任务相应加重。为适应新的管理体制，团中央在原有办公室基础上扩大建制，成立办公厅。团中央办公厅在秘书长直接领导下与各部门分工合作，协助书记处指导各地工作和处理日常事务。

1954年7月12日，《辅导员》杂志创刊，毛泽东题写刊名，团中央主管、主办。该刊作为中国少年先锋队队刊，指导全国少先队工作。

1956 年 3 月 20 日，团中央决定将学校部改名为"大学工作部"，少年儿童部改名为"学校和少先队工作部"。

3. 团三大之后的机构再调整

经党中央同意，1957 年 5 月青年团三大决定设立团中央书记处第一书记，书记处共由 7 人组成。

团三大之后，团中央书记处精简机构，将青工部、青农部并入办公厅设工农组，军体部并入宣传部，团中央机关内设机构减为 10 个。

1959 年 11 月，团中央机关恢复设立军事体育部。1960 年上半年，又恢复设立了青工部、青农部、学校部、少年部。

1960 年 8 月，团中央书记处决定撤销统战部，将一部分人调至国际联络部工作，另一部分人调至办公厅成立统战组（对外仍保持全国青联办公室名义）。1962 年 4 月团中央召开全国青联四届一次全国委员会，重新恢复了团中央统战部。

1964 年 8 月，团中央设立思想理论小组。

这样，从 1964 年 6 月共青团九大至 1966 年 5 月"文化大革命"前，团中央机关的机构设置为：办公厅、组织部、宣传部、青工部、青农部、国际联络部、统战部、学校部、少年部、军事体育部、思想理论小组。

1966 年 8 月，九届团中央书记处被停职反省，《中国青年报》《中国青年》杂志相继停刊，中央团校停办，团中央的系统领导随之中断。

三、改革开放进程中共青团机构变迁
（1978—2012 年）

党的十一届三中全会之后，共青团跟随党和国家机构改革的节奏，多次进行组织机构调整和改革。

1. 改革之初的恢复与微调

1978 年 10 月 16 日至 26 日，共青团十大召开，团中央开始恢复工作。此前的 7 月中央团校正式复校，9 月《中国青年》复刊，10 月 7 日《中国青年报》复刊。

团中央书记处参照"文革"前的编制机构重建工作体系，1979 年 1 月，经党中央批准设置机构：办公厅、组织部、宣传部、青工部、青农部、学校部、少年部、统战部、军体部、国际联络部、研究室、落实政策办公室。

1980 年 12 月，以团中央研究室为基础成立青少年研究所，属中国社会科学院，团中央研究室撤销。

共青团十一大后，为解决分工过细、任务重复的问题，1983 年 3 月，团中央把军体部并入宣传部，青工部与青农部合并为工农青年部。同月，为加强对青年工作理论、方针、政策以及青年运动史的研究，恢复设置了研究室，新设置团中央青运史研究室（由于承担青运史教学任务，所以机构设在中央团校）。

1983 年初，撤销少年部，成立团中央少先队工作委员会。1984 年 8

月，成立中国少年先锋队全国工作委员会（简称"全国少工委"）。

由于工农青年部成立后涉及的工作面过宽，难于开展工作，1985 年 2 月，团中央书记处又将工农青年部分拆为青工部、青农部。

1986 年 11 月，团中央发出通知，在少工委办公室基础上，又恢复了团中央少年部的名称。少工委办公室主任、副主任同时担任团中央少年部部长、副部长。两块牌子，一套班子。

这样，在团十二大召开前，团中央内设机构 11 个，即研究室、办公厅、组织部、宣传部、青工部、青农部、学校部、少年部、统战部、国际联络部、青运史研究室。

2. 团属事业单位的兴起

改革开放前，团中央直属事业单位有中央团校、中国青年杂志社、中国青年报社、中国少年报社、中国青年出版社、中国少年儿童出版社、辅导员杂志社。

1980 年 6 月，经中共中央同意，以全国青联名义成立中国青年旅行社。1984 年成立中国青年旅行社总社，总社设在北京。中国青年旅行社是接待外国青年旅游者和华侨、台港澳青年回国和到大陆旅游的机构，成为继"中旅""国旅"之后，中国第三家全国规模的旅行社。1988 年 12 月，在旅游行业率先成立中国青年旅行集团。

1984 年 3 月，日本首相中曾根康弘访华，提议为促进两国交流，用日本对华无偿援助贷款修建中日青年交流中心，得到中共中央赞同。1986 年 11 月 8 日，中日青年交流中心举行奠基仪式。1991 年 5 月 3 日正式开业。

1986 年，辅导员杂志社由中国青年出版社代管。

　　1987 年 10 月，党的十三大明确提出政治体制改革的任务并对工青妇的改革提出明确要求。共青团十二大闭幕的三个月后，1988 年 8 月，团中央印发并公布《关于共青团体制改革的基本设想》，其中首次把"兴办团属实体"确定为共青团改革的重要内容。

　　1988 年 7 月，《中华儿女》杂志创刊，邓小平题写刊名，共青团中央主管、中华全国青年联合会主办，主要面向海内外优秀中华儿女。

　　同年 8 月，中国青年实业发展公司成立，主营业务为进出口贸易和医药商业。

　　1989 年 3 月，共青团中央发起成立中国青少年发展基金会，主要通过资助服务、利益表达和社会倡导，帮助青少年提高能力，改善青少年成长环境。

　　1991 年 2 月，中共中央批准团中央机关内部局级机构 12 个，即研究室、办公厅、组织部、宣传部、青工部、青农部、学校部、少年部、统战部、国际联络部、直属机关事务管理局、机关党委。

　　同年 9 月，团中央决定在团中央青运史研究室和中国青年政治学院青少年研究所的基础上，组建中国青少年研究中心，作为团中央直属事业单位。至此，团中央设有直属事业单位 10 个、事业编制的社团 1 个、企业编制的单位 1 个，分别是中国青年政治学院（中央团校）、中国青少年研究中心、中国青年报社、中国少年报社、中国青年杂志社、中国青年出版社、中国少年儿童出版社、辅导员杂志社、中国青年旅行集团、中华儿女杂志社、中国青少年发展基金会、中日青年交流中心。

3. 中共十四大之后的机构改革

1992年10月，党的十四大召开，明确提出"我国经济体制改革的目标是建立社会主义市场经济体制"，改革开放进入快车道。

1993年5月共青团十三大之后，团中央书记处根据团的事业发展需要，开始进行新一轮内设机构调整和事业单位改革。10月，经团中央书记处批准，成立团中央引进国外智力工作的实施机构——中国青年国际人才交流中心。

1994年2月，为加强对日益增长的团办实体的管理和指导，团中央成立了实业发展部。

同年9月，为加强维护青少年权益工作，整合团中央办公厅、研究室的部分职能成立权益部，同时撤销了研究室，原研究室的调研、编辑职能划归办公厅。

1994年3月，经团中央书记处批准，中国少先队事业发展中心成立。辅导员杂志社由该中心代管。

1995年，经中央机构编制委员会批准，团中央机关内设11个局级单位，比1991年原编制数减少1个。随后，团中央又对职能机构进行了部分调整，将与共青团主责主业关系不大的部门划转为事业单位。

1995年8月，撤销了设置仅一年的团中央实业发展部，改为团中央实业发展中心。9月，将行政后勤服务部门从机关行政序列划分出来，成立团中央机关服务中心（机关服务局），原设在办公厅内的行政处和基建处机构和人员也一并划归机关服务中心。

1997年11月，中国青年旅行社总社改制为中青旅控股股份有限公司，并于同年12月上市，是国内A股首家旅行社类上市公司。

为了更好地推动飞速发展的青年志愿者行动事业，1998 年 8 月，青年志愿者行动指导中心正式成立。作为共青团中央书记处领导下的专门工作机构，该中心负责规划、协调、指导全国青年志愿服务工作，承担中国青年志愿者协会秘书处职能。

同月，中国青少年发展服务中心成立。

本轮机构改革后，团中央机关内部设局级机构 11 个，即办公厅、组织部、宣传部、青工部、青农部、学校部、少年部、统战部、国际联络部、维护青少年权益部、机关党委。

设直属单位 18 个（含事业单位、社团、企业），即团中央青年志愿者行动指导中心、团中央机关服务中心（机关服务局）、团中央实业发展中心、中国青年政治学院（中央团校）、中国青少年研究中心、中国青年报社、中国少年报社、中国青年杂志社、中国青年出版社、中国少年儿童出版社、中青旅控股股份有限公司、中日青年交流中心、中国青年国际人才交流中心、中国少先队事业发展中心、中华儿女杂志社、中国青年实业发展总公司、中国青少年发展服务中心、中国青少年发展基金会。

4. 进入 21 世纪的机构改革

根据《中共中央办公厅、国务院办公厅关于印发〈21 个群众团体机关机构改革意见〉的通知》（中办发〔2000〕31 号）的精神，2003 年 2 月，团中央制定了《团中央机关职能部门和机关党委机构改革方案》，确立了 1 厅、9 部和机关党委的职责和内设机构。

2002 年 8 月，团中央将维护青少年权益部改名为社区和维护青少年权益部，意图借此充实加强日益重要的城市社区共青团工作。

2007 年 12 月，团中央决定对社区和维护青少年权益部进行职能调整，明确权益部集中力量从事青少年维权工作，将社区工作的职能分离并入了青工部。

2008 年 1 月，为适应青年群体的结构性变化，团中央书记处决定按照整体建设的思路，对城乡团员青年由战线管理改为区域性管理，经中央编委批准，团中央青工部更名为城市青年工作部，青农部更名为农村青年工作部。

团属事业单位在进入 21 世纪之后，发展速度较快。

2000 年 5 月，中国少年儿童出版社与中国少年报联合组建中国首家少年儿童传媒集团——中国少年儿童新闻出版总社。

2002 年 7 月 1 日，共青团中央网络影视中心成立，主要职责是通过网络、影视和新媒体手段，服务党的中心任务、团的工作大局，引导、凝聚和服务广大青少年健康成长。

2003 年 10 月，为了进一步加强对全国青年志愿者行动的指导、协调和管理，团中央书记处决定，团中央青年志愿者行动指导中心同时以"团中央青年志愿者工作部"的名义开展工作。

同年 12 月，中国青年出版社和中国青年杂志社合并，组成中国青年出版总社。

中央综治委预防青少年违法犯罪领导小组成立后，2004 年 8 月，中国青少年犯罪研究会的主管单位由中国社会科学院变更为共青团中央。该研究会 1982 年 6 月由团中央推动成立，初名中国青少年犯罪研究学会，主管部门为中国社会科学院，1991 年 7 月改为现名。

2004 年 1 月，团中央书记处明确将原来由办公厅管理的中国共青团杂志社划归中国青年出版总社管理。该杂志创刊于 1988 年 6 月，一直由团中央办公厅编辑管理。

同年 4 月，中日青年交流中心与中国青年国际人才交流中心合并，成立中国国际青年交流中心，对以上两家单位的资产、经营、财务和国际交流与合作等业务实行集中统一管理。中日青年交流中心、中国青年国际人才交流中心对外从事活动地位和名称不变。2007 年 12 月，全国青联项目合作中心（由全国青联国际项目合作中心和全国青联中华青年交流中心于 2005 年合并成立）整体并入中国国际青年交流中心。

2004 年 10 月，中国光华科技基金会业务主管单位由国防科工委变更为共青团中央，成为服务青少年科技事业和青少年成长成才的重要载体。该基金会成立于 1993 年 6 月，是在民政部登记注册的全国性公募基金会。

2006 年，中国青少年宫协会由团中央宣传部代管变为独立的团中央直属单位，设党组。该协会成立于 1988 年 9 月，名称为全国青少年宫协会。2000 年 1 月，经民政部批准更改为现名。

2008 年 8 月，原来由团中央办公厅代管的中国青少年社会服务中心，并入中国青少年宫协会。

2009 年 6 月，中国青年创业就业基金会成立。这是由共青团中央发起成立、在民政部登记的全国性公募基金会。

2010 年 7 月，中国青年企业家协会由团中央青工部管理变为团中央直属单位。该协会成立于 1985 年 2 月，是在民政部登记注册、具有独立法人资格的全国性非营利社会团体。

经中共中央组织部批准，2010 年 7 月，全国青少年井冈山革命传统教育基地开工建设。2012 年 2 月，中编办批复同意设立全国青少年井冈山革命传统教育基地管理中心，成为团中央唯一一家在京外的直属单位。同年 7 月，基地正式运营。

截至 2011 年末，团中央直属正局级单位 22 家，即团中央青年志愿者行动指导中心、团中央机关服务中心（机关服务局）、团中央实业发展中心、中国青年政治学院（中央团校）、中国青少年研究中心、中国青年报社、中国青年杂志社、中国青年出版社、中国少年儿童新闻出版总社、中国青少年发展基金会、中青旅控股股份有限公司、中国国际青年交流中心、中国光华科技基金会、中国少先队事业发展中心、中华儿女杂志社、中国青年实业发展总公司、中国青年企业家协会、中国青少年发展服务中心、中国青少年宫协会、团中央网络影视中心、中国预防青少年犯罪研究、全国青少年井冈山革命传统教育基地管理中心、中国青年创业就业基金会。

在这 22 家正局级直属单位中，既有从战火和硝烟中一路走来的团报、团刊、团校，也有在改革开放年代发展壮大起来的企业实体，还有新世纪新形势出现的新的组织模式（基金会、交流中心、教育基地等）。

四、新时代的共青团机构改革
（2012—2022 年）

党的十八大之后，中国特色社会主义进入了新时代。新一轮共青团机构改革在群团改革的大背景下加快了节奏。

1. 党的群团工作会议之后共青团中央机构改革

2015年2月《中共中央关于加强和改进党的群团工作的意见》（中发〔2015〕4号）下发后，团中央随即成立了改革工作领导小组，围绕共青团组织存在的突出问题和改革发展重大课题，开展集中调研和专项论证，总结梳理基层经验，广泛听取意见建议，起草了《共青团中央改革方案》初稿。

为深入贯彻2015年7月的中央党的群团工作会议精神，共青团中央对《共青团中央改革方案》进行了修改完善，广泛征求意见，形成了改革方案送审稿。

2016年8月，中共中央办公厅印发了《共青团中央改革方案》，明确了共青团中央改革的指导思想、基本原则、主要目标和改革措施。10月，团中央办公厅印发《团中央机关职能部门和机关党委机构调整方案》，团中央机关内设11个部门，分别为办公厅、组织部（机关党委）、宣传部、青年发展部、基层组织建设部、学校部、少年部、统战部、维护青少年权益部、社会联络部、国际联络部。其中青年发展部、基层组织建设部、社会联络部是此轮改革中新设置的部门。

2018年11月，团中央办公厅印发《团中央机关部门和机关党委优化调整方案》，决定：（1）原组织部（机关党委）分设，恢复两个独立的部门：组织部、机关党委。（2）撤销原学校部，将其职责按性质分别归口相关内设职能部门。（3）将基层组织建设部更名为基层建设部。（4）进一步厘清青年发展部、维护青少年权益部的权责。

2. 聚焦主责主业视野下的团中央直属单位改革

对于数量众多、结构复杂的下属企事业单位，《共青团中央改革方案》区分不同类型提出区别化的改革思路。

2017年1月，辅导员杂志社划归中国少年儿童出版总社管理。

同年5月，中国青年政治学院本科教育和部分研究生教育划转至中国社会科学院，组建中国社会科学院大学。

6月，中国青少年发展服务中心、中国少先队事业发展中心、中国青少年宫协会重组整合，成立中国少年儿童发展服务中心。

6月，中国青少年犯罪研究会不再作为团中央直属单位管理，保留其社团法人资格，由中国青少年研究中心代管。

2018年1月，中国青年旅行社有限责任公司、中国青年实业发展总公司及所属嘉事堂药业股份有限公司的国有产权整体划转至中国光大集团股份公司。

2019年3月，团中央网络影视中心主要业务并入中国青年报社，部分业务并入中国少年儿童出版总社；团中央实业发展中心并入中国青年报社。

2020年12月，团中央不再作为中国青年企业家协会、中国农村青年致富带头人协会、中国青少年宫协会的主管单位，3家协会顺利完成脱钩改革。

2022年5月，中华儿女报刊社整体并入中国青年出版总社有限公司，保留法人资格并作为中青总社下属单位管理。

至2022年5月，团中央共设10个机关工作部门，即办公厅、组织部、宣传部、青年发展部、基层建设部、少年部、统战部、维护青少年权益部、社会联络部、国际联络部，同时设机关党委。

直属单位共有 13 家，分别是团中央机关服务中心、团中央青年志愿者行动指导中心、中央团校、中国青少年研究中心、中国青年报社、中国青年出版总社有限公司、中国少年儿童新闻出版总社、中国青少年发展基金会、中国少年儿童发展服务中心、中国国际青年交流中心、中国光华科技基金会、中国青年创业就业基金会、全国青少年井冈山革命传统教育基地管理中心。

中国共产主义青年团第十九次全国代表大会简介

2023 年 6 月 19 日至 22 日，中国共产主义青年团第十九次全国代表大会在北京召开。出席代表近 1500 人，共有团员 7300 多万人。习近平、赵乐际、王沪宁、丁薛祥、李希等党和国家领导人到会祝贺，蔡奇代表党中央发表了题为《在强国建设民族复兴新征程上书写壮丽青春篇章》的致词。阿东代表共青团第十八届中央委员会作了题为《在习近平新时代中国特色社会主义思想指引下 动员引领广大青年为全面建设社会主义现代化国家而团结奋斗》的报告。大会选举产生新一届中央委员会，通过了关于共青团十八届中央委员会报告的决议、关于《中国共产主义青年团章程（修正案）》的决议，一致同意把深刻领悟"两个确立"的决定性意义写入团章。

大会强调，我们党确立习近平同志党中央的核心、全党的核心地位，确立习近平新时代中国特色社会主义思想的指导地位，反映了包括广大青年在内的全党全军全国各族人民共同心愿，对新时代党和国家事业发展、对推进中华民族伟大复兴历史进程具有决定性意义。"两个确立"是新时代最大政治成果、最重要历史经验、最客观实践结论，是我们应对一切不确定性的最大确定性、最大底气、最大保证，共青团倍加珍惜、坚决捍卫。全团必须以习近平新时代中国特色社会主义思想为指导，全面贯彻党的二十大精神，深入贯彻习近平总书记关于青年工作的重要思想，高扬理想主义，心系广大青年，锐意开拓进取，勇于自我革命，动员引领广大青年在全面建设社会主义现代化国家、全面推进中华民族伟大复兴的历史进程中挺膺担当、团结奋斗。

大会强调，习近平新时代中国特色社会主义思想，是当代中国马克思主义、二十一世纪马克思主义，是中华文化和中国精神的时代精华，实现了马克思主义中国化时代化新的飞跃，是党和国家必须长期坚持的指导思想。习近平总书记深刻把握中国青年运动时代规律，系统回答党的青年工作战略课题，作出一系列重大判断，提出一系列重要要求，集中体现为习近平总书记关于青年工作的重要思想。这一重要思想清晰指明青年工作的方向道路、青年工作的根本任务、中国青年运动的时代主题、青年工作的战略地位、青年工作的群众导向、党的青年组织的目标定位、中国青年的时代风貌、青年工作者的价值追求，为新时代共青团和青年工作提供了根本遵循。

大会认为，党的二十大擘画了全面建设社会主义现代化国家的宏伟蓝图，开启了以中国式现代化全面推进中华民族伟大复兴的崭新征程。全面建成社会主义现代化强国、实现第二个百年奋斗目标，以中国式现代化全面推进中华民族伟大复兴，是党的中心任务，也是新时代中国青年运动和青年工作的鲜明主题。大会同意报告对未来五年共青团工作的部署。要紧紧围绕培养社会主义建设者和接班人这个根本任务，坚持不懈用习近平新时代中国特色社会主义思想武装青年，广泛开展成就教育和形势政策教育，着力加强青少年精神素养培育，健全完善党、团、队一体化育人链条。要胸怀"国之大者"，时刻关注习近平总书记和党中央在关心什么、强调什么，时刻对标对表党中央决策部署谋划和推动工作，锚定党的二十大确定的目标任务，找准工作切入点、结合点、着力点，培养堪当时代重任的青年人才，激发推进高质量发展的青春动能，展现发展全过程人民民主的青春热情，奏响繁荣社会主义文化的青春旋律，汇聚社会治理创新的青春活力，投身美丽中国建设的青春行动，组织动员广大青年争当伟大理想的追梦人，争做伟大事业的生力军。要竭诚服务青年成长发展，统筹协调实施青年发展规划，千方百计为青年办实事、解难事，切实维护青少年合法权益。要巩固和扩大青年爱国统一战线，建强青年爱国统一战线组织力量，联系凝聚新兴青年群体，引导各民族青少年铸牢中华民族共同体意识，发展壮大港澳台青年爱国力量。要汇聚起构建人类命运共同体的青春力量，主动服务党和国家对外工作大局，务实推进青年发展国际合作，织紧织密全球青年伙伴关系。

大会强调，共青团改革只有进行时，没有完成时。必须锚定保持和增强政治性、先进性、群众性的改革方向，着力克服机关化作风和行政化依赖，着力巩固去贵族化、去娱乐化成效，树牢大抓基层的鲜明导向，努力成为适应国家治理体系和治理能力现代化要求、紧跟党走在时代前列的先进组织。

大会强调，共青团必须深刻领悟党的自我革命战略思想，自觉对标全面从严治党经验做法，不折不扣落实习近平总书记关于从严治团的重要要求，着力锻造对党忠诚、心系青年、勇于担当、作风过硬的马克思主义青年组织。

大会认为，共青团要扎实履行全团带队这一党赋予的光荣政治责任，着力把少先队政治底色带得更红，把少先队工作空间带得更广，把少先队工作者队伍带得更强，把少先队工作保障带得更实，推动新时代少先队事业守正创新、蓬勃发展。

中国共产主义青年团第十九届中央委员会第一次全体会议选举产生了新一届团中央领导机构。全会选举阿东为团十九届中央书记处第一书记，徐晓、王艺、胡百精、胡盛（挂职）、夏帕克提·吾守尔（挂职）、余静（兼职）为书记处书记。

6月26日下午，中共中央总书记、国家主席、中央军委主席习近平在中南海同团中央新一届领导班子成员集体谈话并发表重要讲话。他强调，党和国家事业的希望寄托在青年身上。希望共青团中央深入贯彻党中央要求，切实肩负起新时代新征程党赋予的使命任务，传承弘扬优良传统，坚持改革创新，更好把青年一代团结凝聚在党的周围，为推进强国建设、民族复兴伟业接续奋斗。中共中央政治局常委、中央书记处书记蔡奇参加集体谈话。

后 记

　　"没有中国共产党，就没中国共青团。"共青团历史是中共党史的青年篇。不深入了解党史，就不能真正懂得团史。只有讲清楚党的奋斗历程，才能谈明白团的作为空间。如何看待团史不是孤立的一件事，而是观察整个历史的一个侧面。从党领导的革命、建设、改革进程等大格局去了解、研究团史，才能把握共青团百年征程的意义和真谛。

　　研究政治组织的发展历程，离不开意识形态认同、组织形态变迁、核心功能发挥、制度机制建设等基本维度。《中国共青团的一百年》每章的历史叙事大体都是沿着这一路径展开的。历史终究是在不同环境条件下发生的，不能把历史事件同今天的情况作生硬对比，一定要从当时政治氛围、经济结构、社会心态、风俗习惯的基本特征与相互关系中，理解那段历史的发生发展。中国共青团是党领导的先进青年的群团组织，是中国青年运动的先锋队。中国共青团的一百年，是团结带领一代代青年跟党奋斗的一百年。突出青年特色、照顾青年特点是本书的分外着力之处。作为超大规模的青年组织，共青团基层末梢处于实实在在的社会关系之中。从社会逻辑解读政治逻辑，是本书的又一重要尝试。

马克思说："现代历史著述方面的一切真正进步，都是当历史学家从政治形式的外表深入到社会生活的深处时才取得的。"共青团属于政治团体，团史研究当然应以政治史为主，但这并不存在排他性。梁启超的"新史学"、美国鲁滨逊"新史学派"、法国"年鉴学派"不约而同地对既有的政治史提出质疑，强调经济生活、社会结构、文化心理、人口变迁等因素对历史进程的影响。这些主张各有其时代原因和现实考量，"新史学"理论自身也存在一些局限和不足，但它毋庸置疑打开了历史研究的视野，拓宽了历史研究的范围。共青团历史研究应该坚持马克思主义唯物史观，以政治史为纲，整合或借鉴社会史、文化史、青年史、人口史、心态史等领域的研究，使共青团历史丰富起来、生动起来。

历史是一个发展过程，不会停留，也没有终点。任何历史事件无非是这个发展过程的特定阶段中出现的一种现象。人类历史发展有其基本规律，但具体历史进程不是铁轨上的列车，它没有预先铺设的轨道。历史进程是充满矛盾的运动，有着相互冲突的多种力量和利益在起作用，但它并不以个人意志为转移。任何历史人物、历史事件都是在一定历史条件下产生的。历史一旦形成，可以有不同的解读和认知，但永远无法改变既成的史实。

因此，需要回归历史场景中去理解历史、把握规律，不能超越历史。要从当时的时代背景、社会环境对人物、事件的优缺点、长短处加以说明和理解，不能过于苛求前人。

本书立足于已有研究成果，结合自己的学术积累，注重挖掘新史料，提炼新观点，形成新框架，力求做到政治性、思想性、学术性、生动性有机结合，确保立意明确、导向正确、史实准确，努力打造出一部可信可读的共青团通史。本书与《中国青年运动一百年》可以说是姊妹篇。这两本书各有侧重，有区别也有联系：一个是以中国共产党领导的青年运动发展为主要叙述对象，其中也必然要写到共青团的组织动员；一个是以共青团的政治追求、组织变迁、功能发挥为重点关注，其中也肯定涉及青年运动和青年发展。

历史是最好的教科书，也是最好的清醒剂。尊重历史才能超越历史，善待前人才能超越前人。通过对共青团历史的了解和领悟，广大读者尤其是青年朋友可以更好地学习革命先烈、青年英模的家国情怀和担当务实精神，学习前人处理矛盾、解决问题、摆脱困境的思路和做法，把握马克思主义政党青年组织发展的基本规律，培养历史意识、历史思维，增强历史自信。

本书的撰写、修改与出版，是在共青团中央书记处的指导下完成的。感谢业内专家学者的相关研究成果，使本书能够站在厚实的理论和史实基础之上；感谢中共中央党史和文献研究院的审读把关，使本书的整体逻辑更为合理，行文表述更为严谨；感谢团中央直属机关单位领导、同事的热情支持和不吝赐教，使本书得以吸纳来自各方面中肯的意见建议；感谢中国青年出版总社的倾力投入和精心校勘，使本书得以呈现与百年厚重历史更为匹配的分量与品质；感谢所有朋友持续无私的关注、关心、关爱，使本书能够以它应有的样貌展示给广大读者。

要写好中国共青团一百年的历史，绝对不是一件轻松容易的事情。书中不当和不足之处，希望得到广大读者朋友的批评指正，以待日后进一步修订完善。

胡献忠

2023 年 12 月于北京南长河畔

图书在版编目（CIP）数据

中国共青团的一百年 / 胡献忠著 . —— 北京：中国青年出版社，2024.5

ISBN 978-7-5153-7076-7

Ⅰ . ①中… Ⅱ . ①胡… Ⅲ . ①中国共产主义青年团—历史 Ⅳ . ① D293

中国国家版本馆 CIP 数据核字（2023）第 209099 号

中国青年出版社 出版 发行

中国共青团的一百年

胡献忠 著

总 策 划：皮 钧 陈章乐

责任编辑：李钊平 彭慧芝

书籍设计：今亮後聲 HOPESOUND 2580590616@qq.com

出版发行：中国青年出版社

社 址：北京市东城区东四十二条 21 号（邮编：100708）

网 址：www.cyp.com.cn

编辑中心：010-57350578

营销中心：010-57350370

经 销：新华书店

印 刷：北京中科印刷有限公司

规 格：710mm×1000mm 1/16

印 张：57.5

字 数：718 千字

版 次：2024 年 6 月北京第 1 版

印 次：2024 年 6 月北京第 1 次印刷

定 价：168.00 元

如有印装质量问题，请凭购书发票与质检部联系调换

联系电话：010-57350337